СТРАТЕГИИ УСПЕХА

ROBERT GREENE

THE ART OF SEDUCTION

СТРАТЕГИИ УСПЕХА

РОБЕРТ ГРИН

24 ЗАКОНА ОБОЛЬЩЕНИЯ

РИПОЛ
КЛАССИК

УДК 316.6
ББК 88.5
Г85

Перевод с английского Е. Я. Мигуновой

Грин, Р.
Г85   24 закона обольщения / Р. Грин ; [пер. с англ. Е. Я. Мигуновой]. — М. : РИПОЛ классик,   — 800 с. — (Стратегии успеха).

ISBN 978-5-519-65167-7

Все мы наделены властью привлекательности — способностью притягивать к себе людей, порабощать их и делать своими невольниками. Но не каждый из нас осведомлен о своем внутреннем потенциале, напротив, мы воспринимаем привлекательность как некую почти мистическую черту, овладеть которой большинству не суждено.

Для того чтобы обрести власть над людьми, совсем не обязательно кардинально менять свой характер или заниматься совершенствованием внешнего облика. Обольщение — это игра, построенная на психологии, а не на красоте, и практически каждый способен овладеть ею наилучшим образом. Все, что для этого требуется, — взглянуть на мир другими глазами, глазами обольстителя.

УДК 316.6
ББК 88.5

ISBN 978-5-519-65167-7

Памяти моего отца

Благодарность

Во-первых, я хочу поблагодарить Анну Биллер за ее вклад в книгу: за содействие в работе с материалом, за многочисленные дискуссии, за бесценную помощь в работе с собственно текстом и не в последнюю очередь за владение искусством обольщения, счастливой жертвой которого я не раз оказывался.

Я должен поблагодарить свою маму, Лоретту, за то, что она неизменно поддерживала меня во все время работы над этим проектом и была самым преданным моим сторонником.

Я хотел бы также поблагодарить Катрин Люзон, которая несколько лет назад открыла для меня «Опасные связи» и мир Вальмона.

Хочу также поблагодарить Дэвида Фрэнкела за мастерское редактирование и его ценнейшие советы; Молли Стерн из издательства «Викинг» за то, что она курировала проект и помогала придать ему окончательную форму; Раду Пэнкем за то, что она все систематизировала и была такой терпеливой; и Бретта Келли за то, как он продвигал работу вперед.

С болью в сердце я хочу отдать дань благодарности своему коту Борису, который в течение тринадцати лет присматривал за мной, пока я писал, и которого мне сейчас мучительно не хватает. Правда, и его преемник Брюс уже проявил себя как достойная муза.

В заключение я хочу почтить память отца. Словами не выразить, насколько мне его недостает и в какой мере он был вдохновителем моей работы.

Содержание

ЧАСТЬ 1
ТИПЫ ОБОЛЬСТИТЕЛЕЙ

Сирена

Часто мужчина втайне тяготится навязанной ему социальной ролью, которая обязывает его всегда владеть собой, быть ответственным, рациональным. Сирена — наивысшее воплощение мужских фантазий, ведь она предлагает полное освобождение от всех и всяческих ограничений в его жизни. Ее облик, как правило, подчеркнуто ярок, а то и преувеличенно сексуален. В ее присутствии мужчина ощущает себя так, словно его перенесли в мир чистого наслаждения. Она опасна, и, энергично преследуя ее, мужчина может потерять над собой контроль, а именно этого ему втайне и хочется. Сирена — это мираж; она манит мужчин, используя для этого особый облик и манеру держаться, которые тщательно культивирует. В нашем мире, где женщины по большей части слишком скованны, чтобы создавать подобный имидж, вы сможете научиться брать под контроль либидо мужчины, если станете воплощением его фантазий 39

Повеса

Женщина никогда не чувствует себя в достаточной мере желанной и любимой. Она нуждается в постоянном внимании, а мужчина так невнимателен и нечуток. Фигура Повесы — стержневая женская фантазия: если уж такой желает женщину (не важно, что это мгновение может быть совсем кратким), то ради нее готов отправиться на край света. Он может оказаться вероломным изменником, бесчестным и аморальным, но все это лишь добавляет ему привлекательности. В отличие от обычного, осмотрительного представителя мужского пола, повеса необуздан, несдержан, весь во власти своего чувства — и это восхитительно! В его скверной репутации таится дополнительная приманка: неспроста столько женщин уже пали его жерт-

Идеальный Возлюбленный

Многим в юности свойственно предаваться мечтаниям, которые с годами разбиваются вдребезги или просто блекнут. Всё приносит разочарование: люди, события, реальность, неспособная соответствовать их юношеским идеалам. Идеальные Возлюбленные расцветают на разбитых мечтах, превратившихся в иллюзии всей жизни. Вы мечтаете о романтике? приключениях? возвышенном духовном общении? Идеальные Возлюбленные воспроизводят ваши фантазии. Он или она — мастера своего дела, они артистично сотворяют ту иллюзию, которая требуется вам, идеализируют ваш портрет. В мире разочарований, низости и подлости вы обретете бесконечную власть, если пойдете по пути Идеального Возлюбленного

Денди

Большинство ощущают себя зажатыми в тиски навязанных извне ограниченных ролей, исполнения которых ожидает от нас окружающий мир. Поэтому нас так тянет к другим, более гибким, раскрепощенным и неоднозначным, чем мы сами, — к тем, кто способен самостоятельно слепить собственную личность. Денди пробуждают в нас интерес тем, что, не подпадая ни под одну из категорий, наводят на размышления о той свободе, который мы желали бы и для себя. Они забавляются игрой с женским и мужским началом в себе; они сами лепят свой внешний облик, всегда необычный и блестящий; они таинственны и неуловимы. Кроме того, они пробуждают у обоих полов тягу к самолюбованию: для женщин они психологически женщины, для мужчин — мужчины. Денди покоряют, соблазняют и обольщают людей в массовых масштабах. Используйте власть Денди, сотворите неясный, манящий образ, пробуждающий скрытые подавленные желания!

Естественный

Детство — это золотой рай, который все мы, сознательно или бессознательно, пытаемся воссоздать. Естественный человек воплощает те качества детства, о которых тоскует наша душа, — непосредственность, искренность, безыскусность. Нам так хорошо и просто в присутствии Естественных людей, их игривый, беспечный дух берет нас в плен, унося назад в тот золотой возраст. Естественные люди обращают слабость в добродетель, их суждения вызывают у нас сочувствие, нам хочется защищать их и помогать им. Есть в этом много настоящего, действительно детского, но в значительной степени мы имеем дело с хитростью, осознанным маневром, цель которого —

обольщение. Усвоив роль Естественного человека, вы сможете нейтрализовать естественную подозрительность окружающих и покорить их своей милой прелестью

Кокетка

Способность оттягивать удовольствие свидетельствует о том, что обольститель виртуозно владеет своим искусством, ведь, заставляя жертву томиться в ожидании, он прочно удерживает ее в своей власти. Кокетки — великие мастера этой игры, заключающейся в «перетягивании каната» между надеждой и разочарованием. Они предлагают жертве приманку, суля награду в виде надежды на плотские удовольствия, счастье, славу, власть; все это, однако, оказывается слишком труднодостижимым, и все же это лишь придает их жертвам сил и энергии, чтобы гнаться за ускользающей мечтой. Кокетки кажутся абсолютно самодостаточными — они держатся так, словно хотят сказать: мы в вас не нуждаемся, — но их нарциссическое самолюбование только добавляет им притягательности. Вы стремитесь одержать верх в этой игре, но карты-то сдают они. Стратегия Кокетки заключается в том, чтобы никогда не давать полного удовлетворения. Подражайте Кокетке, чередуя жар с холодностью, и те, кого вы хотите обольстить, падут к вашим ногам

Чаровник

Очарование — это обольщение, к которому не примешивается секс. Чаровники — превосходные манипуляторы, но свою сноровку они умело маскируют, создавая ощущение комфорта и удовольствия. Их метод прост: они отвлекают внимание от самих себя, помещая в центр свою жертву. Они понимают вас, как никто, они чувствуют вашу боль, они проникаются вашим настроением. В присутствии Чаровника вы приободряетесь, начинаете лучше относиться к себе. Чаровники не ссорятся, не спорят, не жалуются и не докучают — что может быть обольстительнее? Вы привыкаете к тому, что вас балуют, потворствуют вашим слабостям. Незаметно они добиваются того, что вы начинаете зависеть от них, а их власть растет. Овладейте волшебным искусством Чаровника, целя в наипервейшие людские слабости: тщеславие и самолюбие

Харизматик

Харизма — это некая таинственная сила, вызывающая у нас восторженное почитание. Происходит она из какого-либо внутреннего качества — уверенности, сексуальной энергии, целеустремленности, — отсутствующего, но желанного для большинства людей. Эта сила присутствует явно, она выплескивается через край, пронизывает все существо Харизматиков, придавая им вид исключительных, высших существ и заставляя нас воображать, что за ними стоит больше, чем видно глазу, что они боги, святые, звезды. Харизматики могут научиться усиливать свою харизму с помощью пронизывающего взгляда, пылких речей, загадочного вида. Они способны повести за собой огромные массы людей. Научитесь создавать иллюзию харизмы, излучая энергию и оставаясь при этом отстраненным и невозмутимым

Звезда

Будничная жизнь невыносима, и большинство людей только и думает о том, как бы убежать в мир фантазий и грез. Звезды используют эту человеческую слабость: они выделяются среди остальных благодаря своей яркости и неповторимости, они приглашают любоваться ими. В то же время они недоступны и будто бесплотны, держатся на расстоянии, и мы невольно фантазируем, представляя их более значительными, чем они есть на самом деле. Они напоминают мечту, и это сильнейшим образом будоражит наше подсознание, мы даже сами себе не отдаем отчета в том, сколь во многом им подражаем. Научитесь этому искусству, станьте объектом восхищения, создав образ блестящей и недоступной Звезды

Анти-Обольститель

Обольстители притягивают к себе тем пристальным индивидуальным вниманием, которое они сами проявляют к нам. Анти-Обольстители им противоположны: неуверенные, поглощенные собой, неспособные проникнуть в психологию другого человека, они в буквальном смысле отпугивают людей. Анти-Обольстители неспособны к самоанализу и потому не замечают за собой, что надоедливы, навязчивы или не в меру болтливы. Им недостает тонкости, чтобы создать то предвкушение удовольствия, без которого немыслимо обольщение. Искорените в себе антиобольстительные качества и научитесь распознавать их в окружающих — иметь дело с Анти-Обольстителем неинтересно и даже опасно

ЧАСТЬ 2
ПРОЦЕСС ОБОЛЬЩЕНИЯ

Закон 01
Выбери подходящую жертву

Все зависит от того, какие цели вы преследуете, начиная обольщение. Тщательно изучайте возможные объекты охоты, останавливая выбор только на тех кандидатах, которые кажутся вам восприимчивыми к вашим чарам. Правильно выбранные жертвы — это те люди, чью внутреннюю пустоту способны заполнить именно вы, люди, которым видится в вас что-то экзотичное, необычное. Часто они одиноки, несчастливы или, по крайней мере, чем-то подавлены (например, пережитой неудачей). Если же это не так, то их можно и нужно привести в такое состояние, ведь полностью удовлетворенного жизнью, счастливого человека обольстить почти невозможно. Идеальная жертва должна обладать каким-либо природным свойством, которое вас притягивает. Сильные эмоции, вызываемые этим свойством, придадут вашим ухищрениям естественность и жизненную силу.

Закон 02

Создай обманчивое ощущение безопасности: чтобы не спугнуть, подбирайся кружным путем

Если с первых же шагов вы проявите чрезмерную прямоту, то рискуете вызвать ответное сопротивление, преодолеть которое потом будет трудно, почти невозможно. Поначалу ничто в вашем обхождении не должно и отдаленно напоминать об обольщении. Начинать его следует не в лоб, а исподволь, окольными путями — так, чтобы объект ничего не заподозрил. Для начала появитесь где-то на периферии жизни интересующего вас объекта. Помаячив там, постепенно начните сближение с помощью третьего лица, при этом должна создаваться видимость совершенно нейтрального отношения. Постарайтесь из случайного знакомого стать другом, а из друга — возлюбленным. Обставьте первую «случайную» встречу так, словно ваше с объектом знакомство предначертано судьбой — ничто не может быть обольстительнее ощущения рока. Убаюкайте бдительность объекта, создайте ощущение безопасности, тогда и нанесите удар.

Закон 03

Подавай противоречивые знаки

Окружающие заметили ваше присутствие и, возможно, в некоторой степени заинтересовались вашей персоной. Теперь вам необходимо посильнее заинтриговать их, закрепить интерес, прежде чем они переключатся на кого-то другого. Какие-то бросающиеся в глаза, явные обстоятельства могут поначалу привлечь внимание, однако это внимание недолговечно, в конечном итоге неопределенность обладает несравненно большей потенцией. По большей части все люди очень уж предсказуемы и понятны. Вы же, в отличие от них, постарайтесь стать непостижимым. Посылайте противоречивые сигналы, свидетельствующие одновременно о жесткости и нежности, духовности и приземленности, невинности и хитрости. Смешение качеств в одном человеке предполагает неоднозначность, глубину, которая не может не восхищать, даже если приводит в замешательство. Неуловимая аура таинственности вызывает у людей желание разобраться, узнать о вас побольше, притягивает их на вашу орбиту. Вы добьетесь такого рода власти, намеком обозначив некие противоречивые черты своей натуры

Закон 04

Предстань предметом вожделений — создавай треугольники

Мало кому покажется притягательным человек, которого все избегают или кем пренебрегают: люди кружат вокруг тех, кто уже вызвал чей-то интерес. Нам подавай то, чего хотят другие. Чтобы привлечь внимание своих жертв, чтобы заставить их возжаждать того, чем вы обладаете, сотворите этакую ауру популярности — покажите, что вы желанны и востребованны, что за вами гоняются толпы обожателей. В этом случае тщеславию объекта польстит роль избранника, ему будет приятно отвоевать вас у толпы. Сотворите иллюзию своей популярности, окружив себя представителями противоположного пола — друзьями, бывшими любовниками, теперешними воздыхателями. Пусть возникают треугольники — это стимулирует дух соперничества и повышает вашу ценность в глазах других. Пусть созданная репутация бежит впереди вас — нет дыма без огня: если многие пали жертвами ваших чар, значит, на то есть причины

Закон 05

Создай потребность — возбуди тревогу и неудовлетворенность

Полностью удовлетворенного человека обольстить невозможно. Следует поселить в душе ваших объектов напряженность и дисгармонию. Внушите им чувство беспокойства, неудовлетворенности жизненными обстоятельствами и самими собой: в их жизни недостает приключений, они утратили юношеские идеалы или попросту стали скучны. Ощущение неполноценности, созданное вами, позволит втереться в доверие; в вас должно увидеть ответ на все жизненные вопросы и средство для разрешения проблем. Боль и тревога — характерные предшественники удовольствия. Научитесь вызывать потребность, которую сумеете удовлетворить

Закон 06

Овладей искусством внушения

Заставить жертву почувствовать неудовлетворенность и потребность в вашем внимании крайне важно, но если вы проявите недостаточно тонкости и поведете себя слишком прямолинейно, то вас могут раскусить, а это вы-

Закон 07

Проникнись духом жертвы

Закон 08

Создай соблазн

Закон 09
Томи неизвестностью — что же дальше?

В тот самый момент, когда человек понимает, чего от вас можно ожидать (точнее, ему кажется, что он понимает), ваша власть над ним ослабевает. Более того, вы проигрываете ему в силе. Единственный способ по-прежнему вести соблазняемых за собой, не теряя власти над ними, — постоянно держать их в напряжении, то и дело эпатируя тщательно подготовленными неожиданностями. Люди любят тайну, это и есть главная хитрость, которая позволит вам заманивать жертву все глубже в свою паутину. Ведите себя так, чтобы постоянно вызывать удивление. Что вы собираетесь делать? Что вы задумали? Ваши неожиданные поступки заставят испытывать восхитительное ощущение непредсказуемости: несмотря на все усилия, обольщаемым не удается предугадать, каким будет ваш следующий шаг. Вы всегда оказываетесь чуть впереди, всегда владеете ситуацией. Позвольте жертве испытать радостный трепет, пусть у нее захватит дух на очередном крутом

Закон 10
Сей смятение, прибегая к великой силе слова

Трудно вынудить окружающих выслушать себя. Люди находятся во власти собственных мыслей и желаний, для ваших у них не находится времени. Заставить их слушать можно только одним способом: говоря то, что они захотят услышать, вкладывая им в уши то, что им интересно и приятно. В этом — квинтэссенция языка обольщения. Воспламените чувства людей многообещающими фразами, льстите, утешайте и успокаивайте, окутывайте их мечтами, сладкими словами, обещаниями, и они не просто выслушают вас, но утратят желание вам противиться. Ваши слова должны быть расплывчатыми, неконкретными, чтобы каждый мог прочитать и понять их по своему усмотрению. Используйте и письменный язык, чтобы рождать мечты, фантазии,

Закон 11
Не пренебрегай деталями

Возвышенные слова и красивые жесты могут показаться подозрительными: с чего это вы так стараетесь понравиться? Детали, мелочи обольщения — неявные, не бросающиеся в глаза поступки, маленькие экспромты — часто оказываются куда более обаятельными и красноречивыми. Научитесь привлекать к себе внимание жертвы с помощью множества маленьких приятных вещиц и ритуалов. Это могут быть подарки — недорогие, но продуманные, предназначенные именно для нее, — одежда и аксессуары, выбор которых свидетельствует, что вам известен ее вкус. Это могут быть, наконец, какие-то шаги и поступки, показывающие, как много времени и внимания вы уделяете ей. Умело срежиссированные детали оказывают воздействие на все органы чувств. Устройте для своей жертвы зрелище, яркое действо, пустите ей пыль в глаза; тогда, загипнотизированная, она и не заметит, что у вас на уме на самом деле. Научитесь с помощью деталей внушать нужные вам чувства и настроения

Закон 12
Поэтизируй свой образ

Что происходит, когда ваша жертва остается наедине с собой? Это имеет большое значение: плохо, если у нее возникает — пусть даже едва заметное — чувство облегчения, вызванное тем, что вас нет рядом и все наконец закончилось. Подобная реакция возможна, если вы проявите излишнюю фамильярность или навязчивость. Поэтому ускользайте, не давайтесь в руки, чтобы вызывать только приятные ассоциации. Пусть, расставаясь с вами, жертва всякий раз будет стремиться поскорее увидеть вас снова. Заставьте ее неотступно думать о вас, демонстрируя поочередно то пыл, то холодную отстраненность, чередуя краткие свидания с рассчитанными исчезновениями. Пусть ваша фигура ассоциируется с поэтичным, возвышенным эталоном; воспоминания о вас должны рисовать в воображении жертвы идеализированный образ, словно окруженный ореолом. Чем чаще ваш образ будет всплывать в ее памяти, тем более обольстительные фантазии она будет связывать с вами. Искусно направляйте воображение жертвы с помощью таинственных, едва уловимых противоречий и перемен в поведении

Закон 13
Обезоруживай, представляясь слабым и уязвимым

Слишком очевидные маневры с вашей стороны могут возбудить подозрения. Лучший способ замести следы — заставить другого почувствовать себя сильнее, ощутить свое превосходство. Если вы сыграете роль слабого, уязвимого человека, целиком находящегося во власти другого и неспособного владеть собой, то ваши действия будут выглядеть более естественными, в них не будет заметен расчет. Внешние проявления слабости — слезы, робость, бледность — дополнят впечатление искренности. Для закрепления результатов поступитесь добродетелью ради честности: докажите свою искренность, признавшись в каком-то своем грехе, необязательно реально существующем. Искренность важнее, чем добродетель. Сыграйте роль жертвы, чтобы затем трансформировать сочувствие вашего объекта в любовь

Закон 14
Смешай мечту с реальностью

В качестве компенсации за жизненные трудности люди проводят массу времени в мечтаниях и грезах, воображая себе будущее, полное приключений, успеха и романтики. Если вам удастся создать иллюзию, благодаря которой их мечты воплотятся наяву, вы получите полную власть над ними. Очень важно начинать не торопясь, завоевывая доверие и постепенно возводя здание фантазии, которая будет соответствовать их желаниям. Избирайте целью тайные чаяния, не осуществленные до сих пор или подавляемые, вызывающие неуправляемые эмоции, парализующие способность здраво рассуждать. Идеальная иллюзия — та, которая не слишком оторвана от реальности, но несет в себе отпечаток нереального, словно сон перед самым пробуждением. Доведите обольщенных до того, чтобы они утратили способность отличать вымысел от реальности

Закон 15
Изолируй свою жертву

В изоляции человек слабеет. Постепенно изолируя жертву, вы добьетесь того, что она все легче будет поддаваться вашему влиянию. Изоляция может быть психологической: заполняя все поле зрения жертвы приятным и лестным вниманием, которое вы ей оказываете, вы вытесняете из ее мыслей все прочее. Она видит только вас и только о вас может думать. Изоляция может быть и физической: вы изымаете жертву из привычного окружения, отдаляете от друзей, семьи, дома. Дайте ощущение, что она находится на грани, в преддверии: покидает один мир и, оставляя прошлое позади, решительно вступает в другой. Изолированная подобным образом, жертва лишена поддержки извне, и ее гораздо легче ввести в заблуждение. Заманите обольщаемого на свою территорию, где для него нет ничего привычного

Закон 16
Покажи себя

Люди в большинстве своем хотят быть обольщенными, они идут вам навстречу добровольно и с желанием. Если вашим усилиям сопротивляются, то причина, возможно, в том, что вы недостаточно далеко зашли и не успели помочь жертвам подавить одолевающие их сомнения относительно ваших мотивов, глубины ваших чувств и тому подобного. Достаточно одного, но точно подгаданного по времени действия, поступка, демонстрирующего, насколько сильно вы желаете завоевать их, чтобы все сомнения рассеялись. Не бойтесь глупо выглядеть в глазах своих жертв или совершить ошибку — любое ваше деяние, напоминающее самопожертвование или совершенное во имя их, настолько потрясет их чувства, что всего остального они просто не заметят. Ни в коем случае не показывайте, что вас обескураживает сопротивление, не жалуйтесь. Вместо этого примите вызов — совершите любой безрассудный, героический или по-рыцарски благородный поступок. Настала очередь окружающих, пусть они проявят себя, а вы теперь недосягаемы, за вас придется побороться

Закон 17
Возвращение в прошлое

Люди, испытавшие в прошлом что-то приятное, впоследствии тяготеют к тому, чтобы повторить эти переживания. Самые добрые наши воспоминания относятся, как правило, к счастливому периоду раннего детства и зачастую связаны с фигурой родителя. Постарайтесь вернуть свою жертву к моментам детства. Включив себя в эдипов треугольник, поместите ее в позицию ребенка. Не понимая природы своей эмоциональной реакции, она даже не заметит, как полюбит вас. Можно обратиться к прошлому по-другому, позволив жертве сыграть роль ласкового и заботливого родителя. В любом случае вы предлагаете осуществить запретную фантазию: шанс вступить в любовную связь с мамочкой или папулей, сыном или дочуркой

Закон 18
Попирай запреты и табу

В любом обществе существуют социальные ограничения, диктующие, как далеко можно зайти в своих действиях. Некоторые из них, самые фундаментальные запреты и табу, уходят корнями в глубь времен; другие, более поверхностные, определяются правилами вежливости и пристойного поведения. Ощущение, что вас подводят к самому краю любых подобных ограничений, чрезвычайно обольстительно — воспользуйтесь этим. Люди прямо-таки жаждут приоткрыть и исследовать свою темную сторону. Даже самая романтическая влюбленность не должна состоять из одной нежности и мягкости; намекните на то, что вам присуща некоторая жестокость, даже с привкусом садизма. Разница в возрасте для вас ничего не значит, брачные узы не останавливают, не пугают и родственные связи. Достаточно, подведя свою жертву к запретной черте, вызвать в ней желание переступить ее вместе с вами, а потом ей будет трудно остановиться. Ведите жертву дальше, чем она рассчитывала, — чувство общей вины и соучастия создаст крепкие узы

Закон 19

Обращайся к духовным соблазнам

Каждому человеку свойственна неуверенность — нет ни одного, кого бы ни одолевали сомнения в своих внешних данных и достоинствах иного рода, в своей сексуальности. Если ваше обольщение слишком прямолинейно и обращено исключительно к плотской стороне, вы рискуете возбудить неуверенность у намеченной жертвы, в результате чего она будет ощущать себя крайне скованно. Вместо этого выманите ее из скорлупы комплексов, направьте ее внимание на утонченные и возвышенные материи, религиозный или оккультный опыт, произведения высокого искусства. Покажите себя с лучшей стороны: ненарочито выкажите пренебрежение к приземленным, бездуховным вещам, говорите о звездах, судьбе и предопределенности, о скрытых нитях, связывающих вас с объектом обольщения. Затерянная в тумане возвышенных материй, жертва почувствует легкость и раскованность. Углубите действие своего обольщения, трактуя кульминацию сексуальных отношений как духовное слияние двух душ

Закон 20

Смешивай наслаждение с болью

Грубейшая ошибка обольстителя — показаться слишком хорошим. Поначалу, конечно, доброта и любезность производят хорошее впечатление, но они очень скоро приедаются; если вы же слишком усердно стараетесь угодить, это может показаться признаком слабости и неуверенности в себе. Довольно быть приятным, вместо этого попытайтесь добавить в ваши отношения немного боли. Подманите жертву подчеркнутым вниманием, а потом резко смените курс, напустив на себя безразличие. Пусть волнуется, теряется в догадках, в чем ее вина. Можно даже спровоцировать разрыв, оставив жертву с ощущением пустоты и боли: это даст вам пространство для маневра — ваше сближение, примирение и возврат к прежним добрым отношениям обезоружат ее и повергнут на колени. Чем в большие глубины отчаяния вы повергнете свою жертву, тем к большим высотам вы воспарите вместе. Чтобы заострить эротическую составляющую, вызовите возбуждение и смятение

Закон 21

Время падения — погоня за преследователем

Если намеченная жертва слишком привыкает видеть в вас агрессора, она начинает отдавать вам все меньше своей энергии, и напряжение ослабевает. Необходимо взбодрить ее, повернуть ситуацию на 180 градусов. Для начала напустите на себя равнодушный вид, а то и исчезните на время — неожиданная отлучка наведет на мысль, что вам становится скучно. Усугубите впечатление, притворившись, будто заинтересовались кем-то другим. Не переигрывайте и не слишком нажимайте, дайте только уловить этот намек, и воображение жертвы довершит картину, вызвав сомнение — то, чего вы добиваетесь. Вскоре она захочет владеть вами, удержать вас в руках, всю ее сдержанность и скованность как рукой снимет. Ваша цель — вынудить жертву добровольно упасть в ваши объятия. Создайте иллюзию того, что это она обольщает обольстителя

Закон 22
Обращение к плотским соблазнам

С объектами, обладающими деятельным, живым умом, иметь дело рискованно: уж если они раскусят ваши манипуляции, то могут засомневаться и во всем остальном. Осторожно отвлеките их внимание, а тем временем пробуждайте в них дремлющие чувства, комбинируя безобидное поведение, не вызывающее ни малейших подозрений, с обликом, полным сексуальности. В то время как ваш сдержанный, невозмутимый, даже бесстрастный вид убаюкивает их мысли и усыпляет бдительность, ваши взгляды, ваш голос, ваша манера говорить должны источать сексуальность и влечение. Пусть эти тонкие флюиды проникают им под кожу, возбуждая чувства и распаляя кровь. Но ни в коем случае не следует принуждать к физическому контакту. Вы должны заражать объекты своим жаром, соблазнять их, пробуждая страсть. Подведите их к этому моменту — такому интенсивному, яркому, настоящему, что нравственность, рассудительность и беспокойство о будущем тают без следа, исчезают, а тело отдается наслаждению

Закон 23
Искусство решительного шага

Момент настал: уже очевидно, что вашу жертву влечет к вам, но она пока не готова это признать, не говоря уж о том, чтобы действовать. Теперь пора отбросить рыцарственность, доброту, кокетство — наступило время решительных действий. Не давайте жертве времени задуматься о последствиях, спровоцируйте конфликт, напряженность — так, чтобы ваш решительный поступок показался ей избавлением. Колебания или осторожность покажут, что вы думаете о себе, вместо того чтобы полностью находиться в плену чар жертвы. Ни в коем случае не отступайте и не останавливайтесь на полпути, проявляя терпение и понимание, — как раз сейчас от вас требуется обольстительность, а не такт. Один из вас должен пойти напролом, и этот человек вы

Закон 24
Остерегайся наступления реакции

Опасность подстерегает вас уже после успешно проведенного обольщения. После того как эмоциональный накал достиг максимума, может начаться движение в противоположном направлении — переход к охлаждению, недоверию, разочарованию. Остерегайтесь длительного, затянувшегося прощания: встревоженная жертва начнет цепляться за вас изо всех сил — страдать при этом придется обеим сторонам. Коль скоро вы намерены прервать отношения, милосерднее сделать это быстро, внезапно. В случае необходимости вы должны сами разрушить влюбленность, которую вызвали. Если же вы намерены продолжать отношения, опасайтесь утраты энергии, бойтесь того, что подкрадется обыденность, привычка — она может разрушить фантазию. Ни под каким видом не допускайте, чтобы партнер свыкся с вами и перестал ценить ваши отношения, да и вас, скройтесь на время, причините боль, идите на конфликт, лишь бы удерживать интригу и напряжение в обольщении

Предисловие

Тысячелетия тому назад люди добивались власти благодаря физическому превосходству и удерживали ее, применяя грубую силу. В тонкости, изяществе не было никакого прока — вождям и властителям приходилось быть безжалостными. Властью обладали лишь немногие, но никто не страдал от подобного положения вещей так, как женщины. У представительниц слабого пола не было никаких шансов одержать победу, не было в их распоряжении оружия, которое помогло бы подчинить мужчин в политическом, социальном смысле или хотя бы в семье.

Конечно, одна слабость у мужчин все же имелась: их безудержное стремление и постоянная готовность к любовным утехам. Конечно, женщина всегда могла поиграть с этим желанием, оттягивая его удовлетворение, но стоило только ей уступить, и мужчина мгновенно обретал утраченные было самообладание и власть; если же она продолжала отказывать, он просто мог поискать в другом месте или применить силу. Что толку во власти, если она столь хрупка и неустойчива? Однако иного выхода у женщин не было, приходилось мириться с подобным положением дел. Но среди них встречались и более честолюбивые, желавшие власти устойчивой и не такой эфемерной. Именно эти женщины, вкладывая свой ум, хитрость и немалый творческий потенциал, изобрели со временем способ повернуть ситуацию в свою пользу, добившись для себя более долговечной и эффективной формы власти.

Эти женщины, а среди них Вирсавия из Ветхого Завета, Елена Троянская, китайская Сирена

Угнетение и пренебрежение, таким образом, было, как правило, уделом женщин в примитивных и отсталых культурах, и так продолжалось до тех пор, пока опыт столетий не научил их заменять силу хитростью. Женщины наконец почувствовали, что, поскольку они слабее, их единственный шанс — обольщать; они поняли, что если мужчины одерживают верх благодаря силе, то сами они могут одержать верх над ними с помощью наслаждения. Находясь в менее благоприятных условиях, чем мужчины, женщины поневоле раньше мужчин научились думать и размышлять. Они первыми поняли, что воображение опережает действительность и что само наслаждение всегда было ниже, низменнее представления

Си Ши и самая прославленная соблазнительница — Клеопатра, изобрели обольщение. Сначала внимание мужчин привлекали чарующей внешней красотой, с помощью краски, благовоний и украшений создавая подобие сошедшей на землю богини. Они дразнили воображение мужчины, позволяли ему лишь мельком, урывками увидеть тело и вызывали тем самым не просто сексуальное возбуждение, но нечто большее: желание обладать плодом своего воображения, фантазией. Завладев вниманием жертвы, женщины увлекали ее из мужского мира войны и политики в мир женский — мир роскоши, блеска и удовольствий. Они могли вести их за собой в буквальном смысле, подобно Клеопатре, которая отправилась вместе с Юлием Цезарем в путешествие по Нилу. Мужчина не мог устоять перед утонченными, чувственными удовольствиями — он влюблялся. Но тут, как правило, женщина становилась холодной, безразличной, приводя жертву в замешательство. Как раз тогда, когда мужчине хотелось получить больше, всё обрывалось. Его вынуждали броситься в погоню — и вот, пытаясь вернуть те милости, которых еще недавно он был удостоен, он слабел на глазах, становился мягким, чувствительным. Мужчины, обладавшие физической мощью и всей полнотой социальной власти — такие, как царь Давид, Парис Троянский, Юлий Цезарь, Марк Антоний, китайский правитель Фу Чай, — сами не замечали, как попадали в рабство к женщине.

Перед лицом жестокости и насилия эти женщины превратили обольщение в изощренное искусство, дающее им высшую форму власти. Научившись воздействовать вначале на разум, порождая фантазии, побуждая мужчину желать большего, вызывая надежду и разочарование, они овладели основами обольщения. Их власть была не физической, а психологической, не прямолинейной — она действовала окольными путями, но тем вернее приводила к достижению цели. Этих первых великих обольстительниц можно уподобить полководцам, планирующим разгром неприятеля, и в самом деле, издревле обольщение уподобляли сражению — женской разновидности военного дела. Клеопатра прибегла к нему, чтобы укрепить свою империю. Отныне женщина не была более пассивным объектом сексуальных домогательств, она стала активным действующим лицом, фигурой власти.

За немногими исключениями — древнеримский поэт Овидий, средневековые трубадуры — мужчины поначалу не вникали всерьез в тонкости обольщения, считая это фривольное искусство уделом прелестниц. Позднее, в семнадцатом столетии, произошла грандиозная перемена: мужчины заинтересовались обольщением как способом сломить сопротивление молодой женщины, отказывающей им в физической близости. Первые в истории великие обольстители мужского пола — герцог Лозаннский и те многочисленные испанцы, которых людская молва соединила, создав обобщенный образ Дона Жуана, — начали перенимать у женщин их традиционные приемы. Они научились использовать свой внешний облик (часто андрогинный от природы), возбуждать воображение, кокетничать. Мужчины добавили к игре и новый элемент — язык обольщения, стоило им только обнаружить слабость женщин к нежным речам. Нередко случалось, что две формы обольщения — женская, использующая зрительные образы, и мужская, вербальная, использующая слова, — выходили за границы собственного пола: Казанова вызывал восхищение женщин своими нарядами, Нинон де Ланкло завораживала мужчин своими речами.

Пока одни мужчины совершенствовали традиционные способы обольщения и разрабатывали свои собственные, другие с успехом по-

о нем. Осознав эти важнейшие истины, женщины прежде всего научились прятать свои прелести с тем, чтобы пробудить любопытство; они овладели непростым искусством отказывать даже тогда, когда тянет уступить.

С этого момента они поняли, как воспламенять воображение мужчин, как пробуждать и направлять желание, заставляя его служить себе. Так в мире появились красота и любовь. Отныне женщины утратили грубость и жесткость, необходимые им для выживания прежде. Нельзя сказать, чтобы им удалось целиком и полностью избавиться от того гнета, на который их обрекала слабость. Однако в состоянии той непрерывной войны, которая по-прежнему реально существует

пытались применить это искусство в социальной сфере. По мере того как в Европе постепенно отступала в прошлое феодальная система правления, придворным приходилось пробивать себе дорогу, не используя при этом грубой силы. Они овладевали искусством продвижения и свержения соперников через обольщение сильных мира сего, искусством психологических игр, нежных слов, легкого кокетства. По мере того как культура становилась более демократичной, актеры, художники и денди обращались к искусству обольщения как способу очаровывать и завоевывать сердца зрителей и слушателей. В девятнадцатом веке произошла новая важнейшая перемена: политики, подобные Наполеону, начали осознавать силу обольщения в своей деятельности и взяли его на вооружение. Люди этого толка — общественные и политические деятели, — как и всегда, уповали на искусство красноречия, но не гнушались и теми методами, которые некогда были прерогативой женщин: постановкой масштабных зрелищных спектаклей, применением театральной атрибутики, созданием ярких образов. Они пришли к пониманию того, что все это способствует появлению харизмы, и с тех пор до наших дней ничего не изменилось. Благодаря использованию приемов обольщения им удавалось и удается достичь колоссальной власти, не прибегая для этого к насилию.

В наши дни человечество достигло высшей точки в эволюции обольщения. Насилие и принуждение как способы воздействия на массы исторически себя не оправдали. Сегодня, более чем когда-либо, они не только не поощряются, но и считаются предосудительными. Во всех областях общественной жизни необходимо другое: умение воздействовать на людей убеждением, не оскорбляя их и не задевая человеческого достоинства. Различные элементы обольщения можно встретить во всех сферах, причем традиционно мужские и женские методы окончательно перемешались. Предпочтение отдается неагрессивным методам убеждения, скажем, ненавязчивой рекламе, мягко закрадывающейся в умы. Если требуется воздействовать на общественное мнение — а в основе такого воздействия лежит обольщение, — необходимо оперировать тонкими способами, воздействуя на подсознание. Ни одна политическая кампания современности не обходится без применения приемов обольщения. После Джона Ф. Кеннеди в мире наступила эпоха, когда трудно представить себе крупного политического деятеля, не обладающего хоть в какой-то степени харизмой, этим удивительным даром притягивать внимание публики. Наличие харизмы означает, что сражение наполовину выиграно. Мир кино и журналистики создал целую галактику обольстительных звезд и образов. Мы все пропитаны обольщением, погружены в него. Но даже притом, что внешне многое изменилось, суть обольщения неизменна: ни под каким видом не оказывать прямого давления, вместо этого использовать удовольствие как приманку, играя на чувствах людей, порождая желания, сбивая с толку, приводя к психологической капитуляции. В наши дни методы Клеопатры не утратили своей актуальности.

Окружающие постоянно пытаются воздействовать на нас. Нас постоянно наставляют и учат, как следует поступать, но мы всякий раз отвергаем эти попытки, сопротивляемся доводам, встречаем аргументы в штыки. В жизни, однако, наступает такой момент, когда все меняется и человек начинает действовать иначе. Это происходит, когда мы влюбляемся. Мы словно попадаем под воздействие волшебных чар. В обычное время наша голова занята собственными заботами, теперь же ее переполняют мысли о возлюбленном. Мы становимся эмо-

В любви требуется одаренность неизмеримо большая, чем для командования армиями.

Нинон де Ланкло

Убить ее похвально... Но страшись Ее красы — вновь истомишься страстью. Красою полонит глаза мужские, Твердыни рушит; города горят От чар ее, — о, нам ли их не знать, — Тебе, и мне, и всем, кто пострадал!

Еврипид, «Троянки» (Пер. С. Шервинского)

Этот важный обходной путь, позволивший женщине ускользнуть от грубой силы мужчины и самой утвердиться во власти, появился не вследствие рассуждений историков. Тот момент, когда женщина выделила себя из общей массы, осознала себя как личность, как «штучное изделие», сулящее такие радости, каких невозможно добиться силой, а только с помощью лести и нежности... этот самый момент ознаменовал начало царствования жриц любви. В истории цивилизации это событие имело невероятные важные последствия... Только двигаясь по извилистой дороге искусства любви, женщина могла обрести власть, и так она и поступала, возносясь на самую вершину в то время, когда, казалось бы,

циональными, утрачиваем здравомыслие, делаем глупости, каких ни за что не натворили бы в другое время. Если это состояние затягивается, внутри нас что-то надламывается: мы в конце концов уступаем, подчиняемся воле любимого человека, а заодно и собственному желанию обладать им.

Обольстители в полной мере осознают, что в эти моменты капитуляции получают головокружительную власть. Они копаются в душах влюбленных людей, изучают психологические аспекты этих процессов: что будит воображение, откуда берется обаяние? Руководствуясь инстинктом или набираясь опыта, они учатся искусству сознательно и направленно вызывать в людях состояние влюбленности. Уже самые первые обольстители знали: куда важнее вызвать влюбленность, чем похоть. Влюбленный чувствителен, уязвим, легко поддается обману (латинское *seductio* — обольстить — означает «ввести в заблуждение, сбить с пути»). Человека, находящегося во власти похоти, труднее контролировать, и к тому же, получив удовлетворение, он без сожаления покинет вас. Обольстители действуют неспешно, они околдовывают, опутывают свою жертву узами любви, добиваясь того, что физическая близость лишь сильнее поработает ее. Вызвать влюбленность, а затем покорить — это модель обольщения всех типов — сексуального, социального, политического. Влюбленный просто вынужден капитулировать.

Бесполезно восставать против этой силы, стараться внушать себе, что вы не испытываете к этому никакого интереса, что это безнравственно или некрасиво. Чем сильнее пытаетесь вы противиться соблазну обольщения — как идее, как форме власти, — тем больше он вас захватывает. Причина проста: почти всем нам приходилось хоть раз почувствовать власть над теми, кто в нас влюблялся. Наши поступки, жесты, произносимые нами слова — всё кажется прекрасным влюбленному в нас человеку. Мы, возможно, и сами-то не вполне понимаем, как и почему это происходит, но ощущение власти проникает в нас, подобно сладкой отраве. Оно придает нам уверенности, а она, в свою очередь, добавляет обольстительности. Возможно, вам случалось испытать нечто подобное в другой жизненной сфере, например на работе, — каждому, наверное, знакомы дни особого воодушевления, подъема, когда окружающие лучше понимают нас, поддаются нашему влиянию. Такие мгновения власти мимолетны, но они навсегда врезаются в память яркими воспоминаниями. Нам хочется вернуть их. Кому может нравиться чувство скованности и смущения? А как неприятно сознание, что ты не можешь достучаться до окружающих, которые просто не обращают на тебя внимания! Поэтому люди не в силах устоять перед зовом Сирены, и ничто в современном мире не приносит большей власти, чем умение быть обольстительным. Если же вы пытаетесь подавить в себе потребность обольщать, поверьте — за этим кроется своего рода истерическая реакция. В действительности она лишь свидетельствует о том, что в глубине души этот процесс доставляет вам удовольствие. Неизбежно наступит день, когда ваши истинные желания выйдут на поверхность.

Для того чтобы приобрести над людьми власть такого рода, совсем не обязательно кардинально менять свой характер или заниматься совершенствованием внешнего облика. Обольщение — игра, построенная на психологии, а не на красоте, и практически каждый из нас способен овладеть ею наилучшим образом. Все, что для этого требуется, — взглянуть на мир другими глазами, глазами обольстителя.

Обольститель в человеке не должен то вспыхивать, то отключаться, помните: всякий социаль-

ее уделом было полное и безоговорочное подчинение мужчине. Она открыла могущество соблазна, тайну искусства любви, демоническую власть страсти, возбуждаемой искусственно и не утоляемой никогда. Сила, выпущенная, таким образом, на волю, оказалась одной из наиболее могущественных сил мира, ибо временами она подчиняет себе даже жизнь и смерть… Вольное манипулирование чувствами мужчины оказывало магическое воздействие, открывая для него неизмеримо больший спектр ощущений и подстегивая его так, как если бы его манила к себе несбыточная мечта.

Из «Соблазна мира» А. Гляйхен-Руссвурма

Сочетание двух этих элементов, очарования и уступки, жизненно важно, таким образом, для той любви, которую мы обсуждаем... Любовь и представляет собой уступку, обусловленную очарованием.

Хосе Ортега-и-Гассет, «О любви»

Что хорошо? — Все, что повышает в человеке чувство власти, волю к власти, самую власть. Что дурно? — Все, что происходит из слабости. Что есть счастье? — Чувство растущей власти, чувство преодолеваемого противодействия.

Фридрих Ницше, «Антихрист» (Пер. В. А. Флеровой)

ный или личностный контакт представляет собой потенциальную возможность обольщения. Не следует упускать такие возможности, нужно постоянно быть начеку. Причин тому несколько. Власть, которую имеют обольстители над мужчинами и женщинами, актуальна и в социальной сфере благодаря тому, что хотя они и приглушают сексуальный элемент, однако полностью его не исключают. И пусть нам кажется, что мы видим таких людей насквозь, находиться рядом с ними настолько приятно, что все остальное просто не имеет значения. Попытка разделить жизнь на эпизоды, в которых вы то прибегаете к обольщению, то воздерживаетесь от него, только приведет к путанице и смятению. Практически в любом контакте между людьми, какой бы характер он ни носил, каким бы мимолетным ни был, обязательно таится потенциальная возможность зарождения эротического желания и даже любви. Уж лучше дать волю своему искусству, чем подавлять его, оставляя лишь для спальни. (По сути дела, каждый обольститель и каждая обольстительница рассматривает весь мир как собственный альков.) Такое отношение порождает сильнейший импульс для обольщения, и с каждым новым обольщением вы набираетесь опыта. Одно обольщение — не важно, сексуальное или социальное — облегчает последующее, уверенность в себе растет, а это придает вам притягательности. Все больше людей тянется к вам по мере того, как ваша аура обольстителя разгорается все ярче.

Обольстители рассматривают жизнь, как полководцы — поле сражения. В каждом человеке им видится крепость, которую предстоит подвергнуть осаде. Обольщение — процесс захвата, проникновения, вначале проникновение в мысли, захват первого рубежа обороны. Стоит обольстителю завладеть мыслями намеченной жертвы, заставить ее думать о себе, и ему уже не представляет труда сломить сопротивление и добиться капитуляции. Обольстители не импровизируют, не пускают процесс на самотек. Подобно любому хорошему полководцу, они планируют, обдумывают стратегию, выискивают слабые места жертвы и целят в них.

Основная трудность на пути того, чтобы стать обольстителем, состоит в глупом предрассудке, свойственном каждому из нас: любовь и романтические отношения представляются нам этакой священной, волшебной страной, в которой все понимают друг друга с полуслова и события происходят естественным образом, сами по себе. Все это очень романтично, и такое восприятие может казаться привлекательным и изящным, но в действительности это — не что иное, как оправдание нашей лени. Пускать дело на самотек, позволять идти, как идет, — верный рецепт неудачи, такой подход лишь говорит о том, что на самом деле мы не слишком серьезно относимся к любви и своим романам. Именно усилия, которых не жалел Казанова для каждого своего любовного приключения, делали его столь неотразимым. Влюбленность — предмет рассмотрения не магии, но психологии. Стоит разобраться в психологии вашего объекта и обдумать стратегию, как вы обретете способность произнести «колдовское заклинание». Для обольстителя любовь — не чародейство, а военная кампания, в которой все просто и понятно.

Обольстители не погружены в себя. Их взгляд направлен вовне, а не вовнутрь. При встрече с кем-либо их первое устремление — заглянуть в самое нутро этого человека, примерить на себя его кожу, увидеть мир его глазами. Этому есть несколько причин. Во-первых, погруженность в себя есть признак неуверенности, а неуверенность антиобольстительна. У каждого человека есть комплексы, но обольстителям удается справиться со своими. В те мину-

Будь уверен в одном: нет женщин, тебе недоступных! Ты только сеть распахни — каждая будет твоей! Смолкнут скорее весной соловьи, а летом цикады, А меналийские псы зайцев пугаться начнут, Нежели женщина станет противиться ласке мужчины, — Как ни твердит «не хочу», скоро захочет, как все.

Публий Овидий Назон, «Наука любви» (Пер. М. Гаспарова)

31

ты, когда их одолевают сомнения, они не уходят в себя, а сливаются с миром. Это придает им жизнелюбия, и нам хочется находиться рядом с такими людьми. Во-вторых, умение влезть в чужую шкуру, вообразить себя другим позволяет обольстителям собрать ценную информацию, понять, что волнует этого человека, от чего он теряет способность здраво рассуждать, как можно заманить его в ловушку. Вооружившись такими сведениями, они дарят нам свое внимание, индивидуальный подход с учетом именно наших особенностей, а ведь это редкая штука в современном мире, где большинство окружающих взирает на нас сквозь завесу собственных предубеждений и комплексов. Умение влезть в шкуру своего объекта — первый и важнейший ход в захватнической войне.

Обольстители — поставщики удовольствия, они подобны пчелам, которые собирают цветочную пыльцу и предоставляют ее в распоряжение другим. В детстве мы проводим значительную часть жизни в играх и развлечениях. У взрослых впоследствии нередко возникает ощущение, что их изгнали из этого рая: они лишены радости, задавлены грузом забот. Обольститель знает, что людям в жизни недостает удовольствия, радости — сами себе они помочь не в состоянии, даже друзьям или любовникам не под силу удовлетворить эту потребность в полной мере. Именно поэтому невозможно устоять перед тем, кто входит в нашу жизнь и предлагает приключения и романтику. Удовольствие — это ощущение, которое выводит нас за пределы обыденности, захлестывает нас. Удовольствие — это увлеченность, будь то другим человеком или необычными переживаниями. Люди страстно хотят, чтобы эти ощущения захватили их, закрутили, оторвали от обыденной скуки и рутины. Порой даже их сопротивление — не что иное, как своеобразный

Неудовлетворенность, невроз, страдание и фрустрация, которые рассматривает психоанализ, проистекают, вне всякого сомнения, от неспособности человека любить и быть любимым, от неспособности дарить и получать удовольствие, но главное разочарование происходит от соблазна, точнее, его отсутствия. Только те, кто сторонится и избегает соблазна, больны, даже если при этом они сохраняют способность

способ сказать: «Пожалуйста, увлеки меня, поведи за собой». Обольстителям известно, что людей заставляют следовать за ними надежда и предвкушение удовольствия; испытав же его, люди раскрываются, становятся слабыми и уязвимыми. Они вырабатывают и в себе чувствительность к удовольствию, понимая, что так им будет гораздо легче увлечь окружающих.

Для обольстителя жизнь видится театром, все люди для него — актеры. Большинству кажется, что их роль в жизни предопределена и ограничена узкими рамками. Сознание этой безысходности, невозможности изменить что-либо делает человека несчастным. Обольстители, напротив, многолики, они могут становиться кем угодно и играть любые роли. (Архетипом здесь можно считать античного бога Зевса, ненасытного соблазнителя юных дев, главным оружием которого была способность принимать облик любого животного или человека, наиболее привлекательного для жертвы.) Обольститель лицедействует с наслаждением, его не гнетет потребность сохранять индивидуальность, быть самим собой или быть естественным. Вот эта его свобода, телесная и душевная подвижность и привлекает в нем. Если людям чего-то и недостает в жизни, так не реальности ни в коем случае, а, напротив, вымысла, фантазии, игры. Одежды, в которые рядятся обольстители, места, куда они приводят вас, их слова, их жесты слегка преувеличены — не то чтобы неестественно театральны, ходульны, но с восхитительной примесью нереальности, как если бы вы с ними очутились в сказке или были персонажами кинофильма. Обольщение — своего рода театр в обыденной жизни, встреча иллюзии и реальности.

И наконец, признаем: обольстители совершенно аморальны в своем понимании жизни. Для них жизнь — не что иное, как спектакль или игра. Они считают, что моралисты — эти раздражительные, депрессивные типы, брюзжащие о порочности обольщения, — просто втайне завидуют их власти. Обольстителей не слишком волнует мнение окружающих. Их не интересуют мораль и морализаторство, ведь на свете нет ничего менее обольстительного. Всё в мире изменчиво, подвижно, как и сама жизнь. Обольщение — форма обмана, но люди сами хотят быть обманутыми, они жаждут, чтобы их соблазнили. Если бы это было неверно, у обольстителей не нашлось бы такого количества *добровольных* жертв, с радостной готовностью летящих на их свет. Откажитесь от ханжеского желания нудно и пресно рассуждать о морали, примите игривую философию обольстителя, и все остальное покажется вам легким и естественным.

«Искусство обольщения» призвано снабдить вас оружием обаяния и шарма, благодаря которому люди будут с радостью подчиняться вам, не отдавая себе отчета в том, что происходит и почему. Это — военное искусство эпохи утонченности и деликатности.

Всякое обольщение включает два компонента, каждый из которых следует глубоко проанализировать и понять: первый — вы сами и то обольстительное, что имеется в вас; второй — ваша жертва и действия, предпринимаемые для того, чтобы сломить ее сопротивление и добиться капитуляции. И то и другое в равной мере важно. Если вы начнете действовать, не задумываясь о том, какие именно стороны вашей личности привлекательны для окружающих, из вас выйдет обольститель механический, неискренний и негибкий. Если же вы будете опираться только на себя, не учитывая характерологических особенностей партнера, то наделаете грубых ошибок и тем самым ограничите свои возможности.

Поэтому книга «24 закона обольщения» состоит их двух разделов. Первый раздел, «Типы обольстителей», описывает девять типажей обольстителей и в дополнение к ним антиобольстителя. Исследуя эти типы, вы сможете определить, к какому типу относитесь, ведь именно ваша личность будет служить основным строительным материалом любого обольщения. Второй раздел, «Процесс обольщения», включает двадцать четыре главы с описанием основных стратегических ходов обольщения. Эти главы познакомят вас с тем, как очаровывать, как сломить сопротивление, как придать обольщению живость и силу и склонить жертву к капитуляции. Между двумя разделами перекинуто что-то вроде мостика — это глава о восемнадцати типах жертв обольщения. Каждому из них чего-то недостает в жизни, каждый ощущает некую внутреннюю пустоту, заполнить которую способен обольститель. Понимание того, с каким именно типом имеешь дело, поможет осуществить на практике рекомендации обоих разделов книги. Если вы оставите без внимания любой из этих разделов, из вас не выйдет полноценного обольстителя.

Идеи, тактические и стратегические ходы, описанные в этой книге, проиллюстрированы литературными и документальными свидетельствами о наиболее ярких и удачливых обольстителях в истории человечества. Источники включают как собственные мемуары обольстителей (среди них Казанова, Эррол Флинн, Натали Барни, Мэрилин Монро), так и жизнеописания (Клеопатры, Жозефины Бонапарт, Джона Ф. Кеннеди, Дюка Эллингтона), а также руководства по предмету (среди которых выделяется «Наука любви» Овидия) и вымышленные истории («Опасные связи» Шодерло де Лакло, «Дневник обольстителя» Сёрена Кьеркегора, «Повесть о Гэндзи» Мурасаки Сикибу). Герои и героини этих литературных произведений списаны, как правило, с реальных обольстителей. Стратегии, к которым они прибегают, наглядно демонстрируют тесную связь между вымыслом и обольщением и показывают, насколько важны иллюзии для того, чтобы воздействовать на человека в нужном вам направлении. Пытаясь применить на практике уроки книги, вы будете следовать опыту величайших мастеров этого искусства.

И наконец, последнее: станете ли вы виртуозным обольстителем, зависит от того, с каким душевным настроем вы станете читать эту книгу. Французский философ Дени Дидро написал однажды: «Я предоставляю своему разуму свободу следовать за первой же возникающей мудрой или глупой мыслью. Вот так же точно беспутные юнцы на авеню де Фуа увязываются за первой юбчонкой, затем оставляют ее ради другой, готовы преследовать их всех разом и в результате не поспевают ни за одной. Мои мысли для меня — те же уличные девчонки». Дидро говорит здесь о том, что позволяет мыслям соблазнять себя, беззаветно отдается одной фантазии до тех пор, пока на смену не придет следующая, лучшая. Погружаясь в размышления, такой человек испытывает нечто сродни любовному экстазу. Углубившись в страницы этой книги, последуйте совету Дидро: позвольте повествованию захватить вас, уступите ему, откройте навстречу свой ум, откинув предвзятость и предубежденность. Постепенно вы ощутите, как сладкая отрава медленно просачивается сквозь вашу кожу. Постепенно постигая это искусство, вы научитесь быть зорким, видеть обольщение во всем, включая строй собственных мыслей, и отныне это будет определять ваше восприятие мира.

Величайшая добродетель — потребность безоглядно поддаться соблазну.

Натали Барни

Часть 1
ТИПЫ ОБОЛЬСТИТЕЛЕЙ

Все мы наделены властью привлекательности — способностью притягивать к себе людей, порабощать их и делать своими невольниками. Далеко не каждый из нас, однако, осведомлен об этом своем внутреннем потенциале, напротив, мы воспринимаем привлекательность как некую почти мистическую черту, которую лишь немногие избранные получают от рождения и овладеть которой большинству не суждено. А ведь для того, чтобы осознать свои возможности, требуется немногое — нужно лишь понять, что именно в человеческой личности вызывает естественное восхищение у людей, а затем разбудить, разработать эти дремлющие в нас качества.

Обольщение, если оно успешно, очень редко начинается с настоящих интриг и применения хитроумных уловок. Такие действия наверняка показались бы подозрительными. Успешное обольщение начинается с индивидуальных свойств вашей личности, с вашей способности излучать нечто, что привлекает к себе людей и пробуждает столь сильные чувства, что люди теряют над собой контроль. Загипнотизированные вашей обольстительной личностью, ваши жертвы уже не заметят последующих ваших манипуляций. Вот теперь закрутить и соблазнить их будет просто детской игрой.

В мире существует девять типов обольстителей. Каждому из них свойственны особые черты, заложенные в глубине натуры и придающие привлекательность. *Сирены* обладают бьющей через край сексуальной энергией и знают, как этим пользоваться. *Повесы* с жадностью тянутся к противоположному полу, и их ненасытность заразительна. *Идеальные Возлюбленные* наделены чувством прекрасного и применяют его в романтической любви. *Денди* любят поиграть со своим имиджем, создавая притягательный, эпатажно андрогинный образ. *Естественные* непредсказуемы и открыты. *Кокетки* самодостаточны, пленительно холодны и равнодушны. *Чаровники* хотят доставлять удовольствие и умеют делать это — они суть существа социальные. *Харизматиков* отличает необычная уверенность в себе. *Звезды* — эфирные создания, окутанные тайной.

Главы этого раздела введут вас в мир каждого из девяти типажей. По крайней мере, одна из глав затронет в вас струну, и в описываемом типе вы узнаете частицу самого себя. Эта глава станет ключевой, на нее вы будете опираться, чтобы развить в себе привлекательность. Предположим, к примеру, что в вас обнаружилась склонность к кокетству. Глава «Кокетка» продемонстрирует, как заманивать жертвы, опираясь на свою самодостаточность и чередуя пылкость с холодностью. Она покажет, как затем можно, используя ваши природные качества, стать великой Кокеткой. Обольстителю скромность ни к чему, это качество излишне. Нас чарует беззастенчивый Повеса, и мы прощаем ему неуемность, но Повеса, который стыдливо останавливается на полпути, уважения не заслуживает. Определив, какой именно тип обольстителя в вас преобладает от природы, не пускайте дело на самотек. Начинайте развивать эти естественные качества, овладевайте ими, словно искусством. Затем вы можете переходить ко второму, а там и третьему типу, выявляя и разрабатывая в себе их черты. Такая работа добавит вашей личности глубины и загадочности. Наконец, десятая глава раздела, «Анти-Обольститель», познакомит вас с противоположными свойствами, которые также имеются у каждого из нас, — свойствами, вызывающими у окружающих антипатию, даже отвращение. Любыми способами постарайтесь изгнать из своего характера все антиобольстительные тенденции, которые вы в нем обнаружите.

Сирена

Часто мужчина втайне тяготится навязанной ему социальной ролью, которая обязывает его всегда владеть собой, быть ответственным, рациональным. Сирена — наивысшее воплощение мужских фантазий, ведь она предлагает полное освобождение от всех и всяческих ограничений в его жизни. Ее облик, как правило, подчеркнуто ярок, а то и преувеличенно сексуален. В ее присутствии мужчина ощущает себя так, словно его перенесли в мир чистого наслаждения. Она опасна, и, энергично преследуя ее, мужчина может потерять над собой контроль, а именно этого ему втайне и хочется. Сирена — это мираж; она манит мужчин, используя для этого особый облик и манеру держаться, которые тщательно культивирует. В нашем мире, где женщины по большей части слишком скованны, чтобы создавать подобный имидж, вы сможете научиться брать под контроль либидо мужчины, если станете воплощением его фантазий.

Быстро несся наш прочный корабль, и вскоре пред нами Остров сирен показался — при ветре попутном мы плыли.
Тут неожиданно ветер утих, неподвижною гладью Море простерлось вокруг: божество успокоило волны.
Встали товарищи с мест, паруса корабля закатали, Бросили в трюм их, а сами, к уключинам сев на скамейки, Веслами стали взбивать на водной поверхности пену.
Круг большой я достал пчелиного воска, на части Мелко нарезал и сильными стал разминать их руками.
Быстро воск размягчился от силы, с какой его мял я,
И от лучей Гелиоса, владыки Гиперионида.
Воском я всем по порядку товарищам уши замазал, Те же, скрутивши меня по рукам

Ослепительная Сирена

В 48 году до н. э. Птолемею XIV Египетскому удалось низложить с престола свою сестру и супругу, царицу Клеопатру, и отправить ее в изгнание. Желая предотвратить ее возвращение в страну, он предпринял серьезные меры предосторожности и царствовал единолично. Позднее, в том же году, Юлий Цезарь прибыл в Александрию, желая удостовериться, что, несмотря на внутренние распри, Египет остается лояльным по отношению к Риму.

Однажды ночью Цезарь, собрав своих военачальников в египетском дворце, обсуждал с ними дальнейшие действия. Вошедший стражник доложил о греческом купце, что стоит у дверей с богатым и ценным даром для римского правителя. Цезарь, будучи в хорошем расположении духа, решил немного позабавиться и велел впустить купца. Вошел человек, несший на плечах огромный, свернутый рулоном ковер. Он развязал веревку, которой был обвязан ковер, и, позвякивая браслетами на запястьях, развернул его, открыв взглядам собравшихся юную Клеопатру. Она была спрятана внутри ковра и теперь, полуодетая, предстала перед Цезарем и его гостями, словно Венера, выходящая из волн.

Римлян поразила красота юной царицы (в то время ей был только двадцать один год), возникшей перед ними внезапно, словно во сне. Удивительным показалось им это дерзкое и театрально эффектное появление — тайно, с контрабандным грузом она была доставлена ночью в порт в сопровождении одного-единственного, хотя и отчаянно смелого помощника. Цезарь был просто околдован. Как писал римский литератор Кассий, «Клеопатра была в расцвете красоты и молодости. Ее завораживающий голос не мог не очаровать всякого, кто его слышал. Такова была колдовская сила ее личности и ее речи, что даже самые закоренелые женоненавистники оказывались затянутыми в ее сети. Цезарь подпал под власть ее чар, как только он увидел ее и услыхал ее голос». В ту же ночь Клеопатра стала любовницей Цезаря.

У Цезаря прежде было множество наложниц, помогавших ему развеяться и отвлечься от тягот сурового военного быта. Но он всегда быстро от них избавлялся, возвращаясь к тому, что любил по-настоящему, — политическим интригам, влекущим опасностям, римскому театру. Многим женщинам хотелось привязать его к себе, ради этого они прибегали к самым разным ухищрениям, однако великий полководец не поддавался женским чарам. И все же Клеопатра застала его врасплох. Ночами она нашептывала ему о том, что вдвоем они могли бы превзойти славой Александра Македонского и править миром, подобно богам. Иногда она развлекала его, одевшись богиней Изидой, окружая себя пышной свитой. Клеопатра устраивала для Цезаря роскошные пиры и праздники, становясь в его глазах олицетворением всей экзотики Египта. Их совместная жизнь представала для него постоянной игрой, не менее влекущей, чем война. В то самое мгновение, когда ему казалось, что он изучил ее до конца и может быть в ней уверен, она, внезапно переменившись, поражала его холодностью или сердилась, и он вынужден был прибегать к различным ухищрениям, чтобы вновь заслужить ее милость.

Шли недели. У Клеопатры теперь совсем не осталось соперниц, а Цезарь не расставался с нею и находил все новые поводы и оправдания, чтобы задержаться в Египте. Однажды она уговорила его совершить путешествие по Нилу. Поездка была подготовлена со свойственной ей расточительностью. Они плыли на корабле, отделанном с немыслимой роскошью — его несколько палуб, расположенных уступами, и

и ногам, привязали
Стоя к подножию
мачты концами
ременной веревки,
Сами же, севши,
седое ударили
веслами море.
На расстоянье,
с какого уж крик
человеческий
слышен,
Мчавшийся быстро
корабль, возникший
вблизи, не укрылся
От поджидавших
сирен.
И громко запели
сирены: — К нам,
Одиссей многослав-
ный, великая
гордость ахейцев!
Останови свой
корабль, чтоб пение
наше послушать.
Ибо никто в корабле
своем нас без того
не минует,
Чтоб не послушать
из уст наших
льющихся сладост-
ных песен...
Так голосами они
прекрасными пели.
И жадно мне захо-
телось их слушать.
Себя развязать
приказал я,
Спутникам бровью
мигнув...

Гомер,
«Одиссея», песнь XII
(Пер. В. Вересаева)

венчающий их храм с колоннадой в честь бога Диониса возвышались над водой на высоту 54 фута. В конце путешествия Цезаря ждало нечто удивительное: первым из римлян он увидел величественные египетские пирамиды. Он еще долго оставался в Египте, вдали от Римской империи, которую тем временем потрясали беспорядки.

Цезарь был убит заговорщиками в 44 году до н. э. Ему на смену пришел триумвират правителей, одним из которых был Марк Антоний. Храбрый воин, он, однако, не чуждался удовольствий, ценил красоту, зрелища и мнил себя кем-то вроде римского Диониса. Спустя несколько лет, когда Антоний находился в Сирии, Клеопатра пригласила его посетить ее в египетском городе Тарсе. Царица заставила его дожидаться, зато ее появление было столь же, если не более, поразительным, как и первое ее появление перед Цезарем. По реке плыла великолепная золотая ладья с пурпурными парусами. Рабы, сидящие на веслах, гребли под аккомпанемент удивительной, неземной музыки. На палубе танцевали прелестные девушки, изображающие нимф. Клеопатра сидела в окружении купидонов, которые овевали ее опахалами, — она изображала Афродиту, и толпа в восторге выкрикивала имя богини.

Подобно всем жертвам Клеопатры, Антоний испытывал смешанные чувства. Экзотическим наслаждениям, предлагаемым ею, было трудно противиться. Но ему хотелось укротить, приручить ее — победа над этой горделивой, блестящей женщиной стала бы подтверждением его величия. Поэтому он остался — и, подобно Цезарю, был постепенно околдован ее обаянием. Она потворствовала всем его прихотям — азартные игры, удалые пирушки, разработанные до мелочей ритуалы и пышные спектакли. Чтобы вернуть Антония в Рим, другой член римского триумвирата, Октавиан, подыскал для него супругу — собственную родную сестру Октавию, одну из первых красавиц Рима. Всем были известны добродетель и целомудрие Октавии — уж она-то, конечно, сможет отвлечь Антония от «египетской потаскухи». Уловка сработала, но лишь на время — Антоний так и не сумел забыть Клеопатру: после трех лет разлуки он вернулся к ней. И сделал это напрасно: как и следовало ожидать, отныне он стал добровольным рабом Клеопатры. Он наделил ее безмерными полномочиями, приняв египетские обычаи, он даже одевался как египтянин и в конце концов объявил, что не вернется в Рим.

Из древности до нас дошло единственное изображение Клеопатры — едва проступающий профиль, отчеканенный на монете, — но мы располагаем многочисленными описаниями ее внешности. Тонкое, удлиненной формы лицо, чуть заостренный нос, особенно выделялись на лице чудесные большие глаза. Ее обольстительная власть, однако, заключалась не в облике — наверняка многие женщины в тогдашней Александрии были куда красивее. Над прочими женщинами ее возносило нечто другое — способность ошеломить мужчину. В самом деле, во внешности Клеопатры не было ничего исключительного, не обладала она и политическим могуществом, однако ни Цезарь, ни Антоний, смелые и умные мужчины, этого не замечали. А видели они женщину, непрерывно преображающуюся у них на глазах, исполнительницу блестящего моноспектакля. Ее наряды и макияж ежедневно менялись, но всегда придавали ей величественный вид богини. О ее голосе, певучем и пьянящем, упоминают решительно все источники. Слова ее могли быть откровенно банальными, но она произносила их с такой нежностью, что впоследствии вспоминалось не то, о чем она говорила, а то, как это было сказано.

Очарование ее [Клеопатры] было неодолимым, и была притягательность в ее облике и голосе, а также и в примечательной силе ее характера, силе, сквозившей в каждом ее слове, каждом поступке и пленявшей всех, кто с ней общался. Просто слышать звук ее голоса уже было наслаждением — используя его как музыкальный инструмент с многими регистрами, она легко переходила с одного языка на другой.

Плутарх, «Основатели Рима»

Клеопатра постоянно придумывала что-то новое — подношения, шутовские сражения, путешествия, костюмированные пиры и оргии. Все это было очень театрально, и во все была вложена колоссальная энергия. Наконец подходило время — и ее возлюбленный опускал голову на подушку рядом с ее головкой, при этом перед его мысленным взором проносилась вереница ярких, фантастических образов. И как раз тогда, когда казалось, что эта переменчивая, необыкновенная женщина принадлежит ему, она ускользала, делаясь холодной, сердитой, и становилось ясно, что все это время игра шла на ее поле. Клеопатрой невозможно было обладать, ей можно было только поклоняться. Вот так женщине, изгнанной и обреченной на скорую гибель, удалось возвратить себе все и править Египтом на протяжении почти двух десятилетий.

У Клеопатры мы учимся тому, что Сирену делает Сиреной совсем не внешняя красота, а нечто другое: эффектность, даже театральность, благодаря которой женщина и становится воплощением мужских фантазий. Женщина, пусть самая красивая, рано или поздно наскучит мужчине: он стремится к новым ощущениям, его влекут приключение, риск. Чтобы изменить ситуацию в свою пользу, женщине только и нужно, что создать иллюзию, будто она предлагает эту новизну и приключение. Мужчин легко ввести в заблуждение видимостью: они питают к внешним эффектам необоримую слабость. Дайте ему физически ощутить присутствие Сирены (повышенную сексуальную притягательность в сочетании с царственными, театральными манерами) — и он попался. Вы не надоедите ему, и он не сможет отказаться от вас. Удерживайте его в таком состоянии, кружите ему голову — и ему никогда не узнать, какая же вы на самом деле. Он будет следовать за вами без оглядки, пока не пойдет ко дну.

Сексуальная Сирена

Норма Джин Мортенсен, будущая Мэрилин Монро, часть своего детства провела в сиротском приюте Лос-Анджелеса. Дни были заполнены рутинной работой, а не играми. В школе она держалась особняком, редко улыбалась и часто мечтала. Однажды, когда ей было тринадцать, Норма Джин стала одеваться, чтобы идти в школу, и тут вдруг обнаружила: белая форменная блузка, выданная в приюте, порвалась. Пришлось взять взаймы свитер у девочки помладше. Свитер оказался мал на несколько размеров. В тот день неожиданно мальчики стали собираться вокруг нее, куда бы она ни шла (для своих лет она была прекрасно развита физически). Она записала в дневник: «Мальчишки пялились на мой свитер так, будто там золотая жила».

Откровение было простым, но ошеломляющим. Норма Джин, которую другие ученики прежде не замечали, а то и посмеивались над ней, теперь вдруг нащупала путь, который обещал всеобщее внимание, а возможно, и власть (эта девочка, надо заметить, была чрезвычайно честолюбива). Она начала больше улыбаться, стала пользоваться косметикой, одеваться иначе. Вскоре она осознала кое-что поистине поразительное: не нужно ничего делать, не надо даже говорить ни слова — мальчишки и без того теряют от нее головы. «Все мои обожатели твердят об одном и том же на разные лады, — записывала она. — В том, что им хочется целовать и обнимать меня, виновата я. Одни говорят, что все дело в том, как я на них смотрю — глазами, полными страсти. Другие, что их искушает мой голос. А третьи говорят, что я испускаю какие-то особые вибрации, которые выбивают их из колеи».

Через несколько лет Мэрилин попыталась пробиться в киноиндустрию. Все режиссеры твердили одно: хотя она довольно миленькая,

Запах пантеры — тоже сигнал, лишенный смысловой нагрузки, а за этим сигналом пантера становится невидимой, скрывается, как женщина за ее макияжем. Сирены тоже оставались невидимыми. Очарование лежит в том, что скрыто.

Жан Бодрияр, «О соблазне»

для кино у нее недостаточно красивое лицо. Время от времени ей удавалось получить эпизодическую роль, причем стоило Мэрилин появиться на экране — хотя бы на несколько секунд, — мужчины в зале сходили с ума, а кинотеатры взрывались оглушительным свистом. Но никто из режиссеров не усматривал в этом ничего особенного, во всяком случае, никому в голову не приходило, что это качество могло бы сделать ее звездой. В 1949 году ей было уже двадцать три, а карьера все не двигалась с места. Но вот в один прекрасный день случайно, из разговора в ресторане, Монро узнала, что снимается новый фильм с Граучо Марксом «Счастливая любовь». Режиссер Дэвид Миллер искал актрису, которая должна была прогуливаться рядом с актером и при этом двигаться так, чтобы, как выразился сам Маркс, «мое престарелое либидо поднялось на дыбы, а из ушей повалил дым». Добившись свидания с режиссером, Монро прошлась перед ним, импровизируя особую походку. «Да это же Мэй Уэст, Теда Бара и Бо Пип в одном лице, — заявил Маркс, просмотрев пробу. — Завтра же утром приступаем к съемкам». Так Мэрилин создала свою особую походку — не то чтобы очень естественную, но представляющую собой странную и зажигательную смесь невинности и сексуальности.

В последующие годы Мэрилин, пробуя и ошибаясь, училась тому, как еще усилить свое воздействие на мужчин. Голос у нее всегда отличался притягательностью — тихий голосок маленькой девочки. Но в кино его воздействие было ограничено, пока кто-то не подсказал ей изменить тембр, сделав его немного пониже, и придать интонации глубокие, теплые нотки, ставшие в конечном итоге ее фирменным знаком: обольстительная смесь ребенка и чувственной самки. Перед каждым выходом на съемочную площадку, да что там, даже перед каждой рядовой вечеринкой Мэрилин проводила перед зеркалом долгие часы. Большинство считали это проявлением не то тщеславия, не то нарциссизма, странной влюбленностью в собственную внешность. На самом деле она часами работала над внешностью, совершенствуя имидж. Мэрилин потратила годы на изучение и практическое освоение этого искусства. Голос, походка, лицо, взгляд — все было построено, сконструировано, отработано. Находясь на пике славы, она обожала без привычного макияжа и шикарных нарядов ходить по нью-йоркским барам, где в таком виде ее никто не узнавал.

Успех наконец пришел, но вместе с ним выявилось крайне досадное обстоятельство: все киностудии рвались снимать ее, но лишь в одном образе — белокурой секс-бомбы. Ее тянуло к серьезным ролям, но никто не принимал ее всерьез как актрису, сколь ни старалась она приглушить в себе выработанные годами черты Сирены. Однажды, когда она репетировала сцену из «Вишневого сада», великий Михаил Чехов, занимавшийся с ней актерским мастерством, спросил: «Пока мы с вами играли эту сцену, вы думали о том, чтобы заняться любовью, так?» Когда же она ответила отрицательно, он продолжил: «На всем протяжении работы над сценой я постоянно ощущал исходящие от вас сексуальные вибрации. Как если бы передо мной стояла женщина, охваченная страстью. ... Теперь мне понятны ваши проблемы с киношниками, Мэрилин. Вы — женщина, от которой исходит мощный сексуальный зов, о чем бы вы ни думали в действительности. Этот зов настолько силен, что весь мир готов ответить на него. Сам киноэкран начинает испускать эти вибрации, как только вы на нем появляетесь».

Самой Мэрилин нравилось магическое воздействие, которое ее тело оказывало на мужское

БОГИНИ И ПАРИС

Он пас свое стадо на горе Гаргар, высочайшей вершине Иды, когда Гермес, сопровождаемый Герой, Афиной и Афродитой, доставил ему золотое яблоко и передал слова Зевса: «Парис, поскольку ты столь же красив, сколь и мудр в сердечных делах, Зевс повелевает тебе решить, какая из этих богинь красивее всех». — «Хорошо, — вздохнул Парис. — Но прежде всего я смиренно прошу проигравших не мстить мне. Я ведь всего-навсего человек, а люди способны делать глупейшие ошибки». Богини согласились покорно принять его суждение. «Достаточно, если я оценю их такими, какими вижу, — спросил Парис, — или нужно, чтобы они разделись?» —

«Тебе предоставлено право самому решать, как ты будешь судить», — сдержанно улыбнувшись отвечал Гермес. «В таком случае, не окажут ли они любезность снять с себя одежды?» Гермес велел богиням обнажиться, сам же учтиво повернулся к ним спиной. Афродита управилась быстрее всех, однако Афина настаивала, чтобы был снят и знаменитый волшебный ее пояс, который давал Афродите незаслуженное преимущество, поскольку все влюблялись в того, кто его носит. «Очень хорошо, — сказала злорадно Афродита. — Я сниму пояс, но только при условии, что ты снимешь свой шлем — без него ты выглядишь просто отвратительно». — «Теперь, с вашего позволения, я буду оценивать вас

либидо. Она настроила свою внешность, свои физические данные, подобно тому, как настраивают музыкальный инструмент, она сделала ярким и блистательным свой внешний облик, она превратила себя в сосуд, до краев наполненный сексом. Уловки, усиливающие сексуальность, известны большинству женщин, однако преимущество Мэрилин заключалось в том, что она применяла их совершенно бессознательно. В детстве и юности ей недоставало очень важной вещи — восхищения. Самой насущной потребностью для нее было стать любимой и желанной, из-за этого она выглядела такой беззащитной и уязвимой, словно маленькая девочка, нуждающаяся в защите. Эту потребность в любви она излучала и перед кинокамерой, для этого ей не требовалось усилий, потребность была реальной, рождалась изнутри. Взгляд или жест, с помощью которых она и не думала вызвать желание, как раз потому и оказывали столь сильное воздействие, что были непреднамеренными,— мужчин сводила с ума именно ее невинность.

Сексуальная Сирена оказывает куда более сильное и быстрое воздействие, чем эффектная Ослепительная Сирена. Воплощение сексуальности и желания, она не затрудняется обращением к другим, более тонким чувствам, равно как и созданием театральных эффектов. Она, кажется, никогда не работает и не хлопочет по дому; создается впечатление, что она живет лишь для наслаждений и доступна в любое время. От куртизанки или блудницы Секс-Сирену отличает присущий ей оттенок невинности и беззащитности. Эта гремучая смесь дает мужчине иллюзорное ощущение самого себя как защитника, отца, хотя по сути дела развитие событий полностью находится под контролем Секс-Сирены.

Женщине совсем не обязательно обладать от рождения внешностью Мэрилин Монро, чтобы играть роль Сексуальной Сирены. Внешний облик по большей части можно создать, выработать: ключ к образу — образ невинной школьницы. С одной стороны, ваш облик откровенно сексуален, с другой — это облик робкой и наивной девчушки, которая и сама не осознает того, какое воздействие производит на окружающих. Походка, голос, манеры — всё в вас восхитительно двойственно: вы одновременно кажетесь опытной, охваченной желанием женщиной и невинной девчонкой.

Прежде всего ты сирен повстречаешь, которые пеньем всех обольщают людей, какой бы ни встретился с ними ... Звонкою песнью своею его очаруют сирены, сидя на мягком лугу. Вокруг же огромные тлеют груды костей человечьих, обтянутых сморщенной кожей.
Цирцея Одиссею, «Одиссея», песнь XII (Пер. В. Вересаева)

Ключи к портрету

Сирена — наиболее древний тип обольстителя из всех описываемых. Ее прототип — богиня Афродита, но не воображайте, что эта фигура целиком принадлежит прошлому, что все это лишь легенда и история: нет, и сейчас она олицетворяет самые яркие мужские фантазии о суперсексуальной, уверенной в себе, притягательной женщине, сулящей бесконечные наслаждения и одновременно чуть опасной. В наше время эта фантазия особо актуальна, она так и манит, так и притягивает мужскую душу. Это и понятно — ведь современный мужчина живет в мире, который более, чем когда бы то ни было, ограничивает и подавляет его агрессивные инстинкты, все делает безопасным и пресным, этот мир почти не оставляет ему шансов на риск и приключения. В прошлом у мужчины были какие-то клапаны, чтобы выпускать

по одной, — объявил Парис. — Подойди, о божественная Гера! А вы, две другие богини, если только это вас не затруднит, не могли бы ненадолго оставить нас одних?» — «Осмотри меня как следует и суди добросовестно, — сказала Гера, медленно поворачиваясь вокруг себя и демонстрируя безупречную фигуру, — да помни, если суждение твое окажется справедливым, я сделаю тебя правителем Азии и самым богатым из смертных». — «Не пытайся подкупить меня, госпожа... очень хорошо, благодарю тебя. Теперь я видел все, что мне нужно было увидеть. Подойди, о божественная Афина!» — «Вот и я, — сказала, торопливо подходя, Афина. — Послушай, Парис, если тебе хватит здравомыслия вручить награду мне, я сделаю тебя непобедимым воином, а также самым красивым и мудрым человеком в мире». — «Я жалкий пастух, а вовсе не воин, — отвечал Парис, — но я обещаю беспристрастно рассмотреть твое притязание на яблоко. Теперь ты можешь снова облачиться в свои одежды и надеть шлем. Афродита, готова?» Афродита робко приблизилась, и Парис покраснел, потому что она подошла очень близко, так близко, что они почти касались друг друга. «Пожалуйста, смотри вниматель-но, ничего не пропусти... Кстати, когда я тебя увидела, то подумала: „Слово даю, это — самый красивый юноша во всей Фригии! Ну не обидно ли, что он пропадает здесь, в глуши, с этим

пары — войны, мореплавания, политические интриги. Что же касается секса, то в прошлом куртизанки и содержанки были тем социальным институтом, который предоставлял мужчине и выбор, и возможность удовлетворить насущную потребность приударить за женщиной, ощутить атмосферу флирта. Не имея выхода, его нерастраченная энергия обращается внутрь, гложет его, становится все более неуловимой, вытесняется из сознания. Случается ведь, что сильный, прекрасно владеющий собой мужчина вдруг совершает совершенно безрассудные поступки: например, заводит любовную интрижку в самый неподходящий момент просто ради того, чтобы пощекотать себе нервы, ради опасности, как таковой. Безрассудство порой бывает неодолимо обольстительным, а для мужчин, что так стремятся продемонстрировать свое здравомыслие, это верно даже в большей степени.

Если говорить о силе обольщения, то Сирена обладает наибольшим могуществом. Она взывает к основным, самым глубинным человеческим чувствам, и если сыграет свою роль должным образом, то может превратить мужчину, в других обстоятельствах рассудительного и отвечающего за свои действия, в мальчишку или покорного раба. Сирена отлично управляется с сильным, волевым типом мужчин — воинами и героями. Именно так Клеопатра завоевала Марка Антония, а Мэрилин Монро — Джо Ди Маджио. Но ни в коем случае не следует думать, что эти мужчины — единственные, на кого распространяются чары Сирен. Юлий Цезарь был не солдафоном, а мыслителем и поэтом, применявшим свои интеллектуальные дарования на полях сражений и на политической арене; писатель Артур Миллер попал в такую же глубокую зависимость от обаяния Мэрилин Монро, как и Джо Ди Маджио. Интеллектуал зачастую особенно восприимчив к воздействию чар Сирены, сулящих чисто физическое, плотское наслаждение, именно потому, что в его жизни недостает этого. Словом, Сирене не приходится заботиться о правильном выборе жертвы. Ее магия действует на всех и каждого.

Прежде всего Сирена должна выделяться среди прочих женщин. По природе своей она — редкость, миф, одна из множества, это ценный приз, за который стоит побороться с другим мужчиной. Клеопатра смогла выделиться благодаря врожденному чувству высокой драмы; императрицу Жозефину Бонапарт отличала томность, граничившая с апатичностью; изюминка Мэрилин Монро — ее имидж маленькой девочки. Крайне важен внешний облик, ибо в первую очередь Сирена представляет собой не что иное, как зрелище для созерцания. Облик, для которого характерны подчеркнутые, порой шаржированные женственность и сексуальность, позволит вам без труда выделиться из общего ряда, поскольку большинству женщин для создания такого образа недостает уверенности в себе.

После того как Сирена станет особняком от прочих, ей следует позаботиться и о двух других необходимых и важнейших качествах: первое — умении побудить мужчину очертя голову погнаться следом, второе — привкусе опасности. Опасность на удивление обольстительна. Заставить мужчину преследовать себя сравнительно несложно: сексуальная внешность позволит без труда добиться этого. Но при этом вы ни в коем случае не должны походить на куртизанку или доступную женщину, которых мужчина преследует лишь затем, чтобы, получив свое, тут же потерять всякий интерес и забыть о них. Вы, напротив, должны казаться неуловимой, ускользающей — фантазией, претворившейся в реальность. Великие Сирены эпохи Возрождения — такие, как Туллия д'Арагона, — манерами и

своим дурацким стадом".

Но что же тебя здесь держит, Парис? Почему бы тебе не перебраться в город, поближе к цивилизации? Что ты потеряешь, если женишься на Елене Спартанской, которая так же прекрасна, как я, и не уступает мне в страстности?..

Я предлагаю тебе прямо сейчас отправиться в путешествие по Греции с моим сыном Эротом — он станет твоим проводником.

А как доберетесь до Спарты, уж мы с ним позаботимся, чтобы Елена потеряла голову от любви к тебе». —

«Ты можешь дать мне честное слово?» — взволнованно спросил Парис. Афродита торжественно поклялась, и Парис, нимало не раздумывая, отдал ей золотое яблоко.

Роберт Грейвз, «Греческие мифы», том I

внешним обликом напоминали греческих богинь — фантазию, актуальную для того времени. В наши дни вы можете взять за образец богинь из мира кино — что-то сказочное, неправдоподобное, даже внушающее трепет. Эти свойства заставят мужчину преследовать вас, забыв обо всем на свете, а чем усерднее он вас преследует, тем тверже верит, что действует по собственной инициативе. Это превосходный способ скрыть, до какой степени вы им манипулируете.

Может показаться, что сама идея опасности, вызова, смертельного риска в наши дни вышла из моды, но в искусстве обольщения опасности отведена ведущая роль. Она добавляет эмоциональной остроты и особенно привлекает современных мужчин, в обыденной жизни сверх меры рациональных и подавляющих естественные инстинкты. Опасность — важная часть оригинального мифа о Сиренах. Заглавному герою «Одиссеи» Гомера пришлось вести корабль у скал, где сирены, странные создания, своим чарующим пением увлекают мореплавателей на погибель. Они пели о былой славе, о светлом, напоминающем детство мире, в котором нет ответственности, мире, полном чистого наслаждения. Их голоса были подобны воде — текучие, зовущие. Моряки бросались в воду им навстречу — и тонули, другие, заслушавшись пением, забывали об управлении судном — и разбивались о скалы. Чтобы защитить своих товарищей от сирен, Одиссей залепил им уши воском, себя же приказал привязать к мачте — так, чтобы и слышать сирен, и, оставшись в живых, поведать о них, — странное желание, учитывая, что прелесть сирен уступает искушению следовать за ними.

Точно так же, как древние мореплаватели, не в силах противиться песне, шли ко дну или устремлялись на скалы, ничего не замечая вокруг себя, современные мужчины помимо своей воли прокладывают свой путь и следуют по нему. Зов опасности, эмоций, неизведанного потому так и силен, что в нем есть что-то запретное. Подумайте о жертвах, на которые шли ради великих Сирен в истории человечества: Парис развязал войну из-за Елены Троянской; Цезарь ради Клеопатры рисковал империей, а Антоний лишился из-за нее власти и жизни; Наполеон выставлял себя на посмешище из-за Жозефины; Ди Маджио так никогда и не оправился после романа с Мэрилин, а Артур Миллер годами не мог писать. Часто Сирены разрушают мужчин, а те все же не могут от них оторваться. (Многим сильным мужчинами присуще это свойство — мазохизм.) Для вас не составит труда дать понять, что с вами связана какая-то опасность. Такой элемент риска оттеняет другие свойства, присущие Сирене, как, например, легкий налет безумия у Мэрилин, столь притягательный для мужчин. Сирены часто фантастически безрассудны, и это уже само по себе неотразимо для мужчин, уставших от собственной рассудительности и предсказуемости. Элемент боязни тоже принципиально важен: удерживая мужчину на надлежащем расстоянии, вы тем самым вызываете почтительное к себе отношение. Это послужит вам гарантией, что он не станет и пытаться приблизиться, а следовательно, будет лишен возможности рассмотреть вас поближе или заметить ваши слабые стороны. Поддерживайте в нем этот страх внезапными переменами настроения, выводите его из равновесия, время от времени устрашая раздражительностью и капризами.

Для Сирены важнее всего телесное, плотское — именно в этом кроется основной инструмент ее власти. Ароматы духов, преувеличенная женственность, добиться которой помогает косметика или изысканно обольститель-

…Кому могу я уподобить эту милую девушку, благословенную судьбой, если не сиренам, способным своими чарующими голосами увлекать корабли в море? Так же, полагаю я, и Изольда притягивала к себе умы и сердца, которые мнили, что находятся в безопасной дали от превратностей любви. И в самом деле, неплохое и довольно точное сравнение — лишенные якоря корабли и смятенные мысли. И тем и другим редко удается встать на верный курс, и те и другие часто прибиваются к ненадежным гаваням, их носит по воле волн, качает из стороны в сторону, то вверх, то вниз. Точно так же беспредметное желание и беспорядочные метания в поисках любви напоминают дрейф потерявшего

ная манера одеваться, — все эти возбудители потому так безотказно и действуют на мужчин, что не несут смысловой нагрузки. Они настолько опережают все остальное, что воздействуют в обход рассудка, а эффект сходен с тем, как влияет приманка на животное или мулета тореадора на быка. Особенности внешности истинной Сирены часто ошибочно принимают за физическую красоту, в частности красоту лица. Но для Сирены красивое лицо вовсе не является непременным атрибутом, скорее оно создает ощущение чрезмерной отстраненности и холодности. (И Клеопатра, и Мэрилин — величайшие Сирены в истории человечества — прославились вовсе не пригожими личиками.) Хотя улыбка и манящий взгляд бесконечно соблазнительны, в вашем облике должны доминировать отнюдь не они. Слишком уж это очевидно и прямолинейно. Сирене подобает вызывать неясное томление, а лучший способ добиться этого — создать обобщенный образ, одновременно соблазнительный и чарующий. Речь пойдет не о какой-то одной конкретной черте, а о сочетании характерных свойств.

Голос. Очевидно, это свойство решающее, что подтверждается и легендой. Голос Сирены воздействует мгновенно и отличается невероятным гипнотическим могуществом. Возможно, подобная власть объясняется тем, что он пробуждает воспоминания о материнском голосе, от самого звука которого ребенок успокаивается и радуется еще задолго до того, как начинает понимать значение произносимых слов. Сирена должна обладать вкрадчивым голосом лишь с легким намеком на эротизм, воздействующим скорее на подсознание. Почти каждому, кто встречался с Клеопатрой, вспоминались потом чарующий, сладкозвучный голос и его гипнотическое воздействие. Императрица Жозефина, одна из великих обольстительниц конца восемнадцатого столетия, обладала томным, слегка надтреснутым голосом; мужчинам он казался экзотическим, напоминающим о ее креольском происхождении. Мэрилин Монро от рождения была наделена высоким детским голоском с хрипотцой, но она научилась понижать его тембр, отчего голос сделался неотразимо обольстительным. У Лорен Бакал голос был низким от природы, соблазнительность ему придавала медленная, гипнотическая манера говорить. Сирена ни в коем случае не должна тараторить, говорить быстро, агрессивно или на высоких нотах. Речь ее спокойна, нетороплива, всегда такова, словно Сирена не до конца проснулась или еще нежится в постели.

Тело и украшения. Если голос может убаюкивать, то тело и его украшения призваны ослеплять. Именно одеяния помогают Сирене создать тот эффект богини, который описан Шарлем Бодлером в эссе «Похвала косметике»: «Женщина права и даже как бы следует своему долгу, когда старается выглядеть магической и сверхнатуральной. Она должна очаровывать и удивлять. Она идол и потому должна украшать себя золотом, дабы вызывать поклонение. Она должна прибегать к любым ухищрениям, чтобы возвыситься над природой, чтобы легче покорять сердца и поражать воображение»[1].

Полина Бонапарт, сестра Наполеона, была Сиреной, обладающей гениальным чутьем и вкусом в отношении одежды и украшений. Она сознательно воссоздавала облик античной богини: ее прическа, платье и убранство вызывали ассоциации с Венерой, покровительницей влюбленных. Никто не мог сравниться с ней в богатстве и изысканности гардероба. В 1798 го-

---

[1] Перевод с французского Н. Столяровой, Л. Липман. — *Здесь и далее примеч. пер.*

ду появление Полины на балу произвело на всех собравшихся ошеломляющий эффект. Она попросила у хозяйки, госпожи Пермон, разрешения переодеться у нее в доме, так чтобы никто раньше времени не увидел ее наряда. Когда она спускалась по лестнице, все застыли в мертвой тишине, потрясенные. Она была одета вакханкой, в волосы, причесанные в греческом стиле, были вплетены золотые гроздья винограда. Греческая туника, расшитая золотом, обрисовывала божественную фигуру. Под грудью вилась ослепительно сияющая золотая гирлянда, пристегнутая роскошными драгоценными пряжками. «Никакими словами не описать всей ее прелести и очарования, — вспоминает герцогиня д'Абрантес. — Казалось, в зале прибавилось света, когда она вошла. Весь облик ее был настолько гармоничен, что гул восхищения, вызванный ее появлением, долго не смолкал, в то время как все остальные дамы были совершенно забыты».

Основное, что следует учесть: пусть ваш вид ослепляет блеском и великолепием, но при этом он должен оставаться гармоничным, чтобы никакое роскошное убранство не отвлекало внимания от вас. Облик должен быть полным, ярким, олицетворенной фантазией. К украшениям прибегают, чтобы очаровать и вскружить голову. С помощью нарядов Сирена может придать себе и некоторую сексуальность, порой явную, но не кричащую, а скорее пикантную — в противном случае велик риск того, что ваши намерения будут разгаданы. С этим связана и традиция обнажаться частично, приоткрывая лишь небольшой участок тела, но так, чтобы это возбуждало и будило воображение. В конце шестнадцатого века Маргарита Валуа — королева Марго, печально знаменитая дочь французской королевы Екатерины Медичи, — стала одной из первых женщин, которая ввела декольтированные платья в свой гардероб просто потому, что у нее была самая красивая в королевстве грудь. У Жозефины Бонапарт особенно хороши были руки, и она никогда не забывала позаботиться, чтобы эти руки были открыты для глаз окружающих.

Движение и манеры. В пятом веке до н. э. китайский правитель Ху Чен выбрал среди женщин своего царства самую обольстительную, Сирену Си Ши, которой предстояло погубить его соперника, Фу Чая, правителя царства У. С этой целью он обучил юную женщину всем тонкостям искусства обольщения. Особая роль отводилась умению двигаться грациозно и соблазнительно. Си Ши преуспела в этом настолько, что казалось, будто она в своих нарядных одеждах плывет в воздухе, не касаясь пола. Когда наконец Фу Чай увидел ее, он мгновенно попал в плен ее очарования. Он был поражен грацией Си Ши и ее невиданной походкой, он был пленен ее трепетным обликом, ее манерами, изяществом и непринужденностью. Фу Чай так влюбился, что, забросив государственные дела, позволил своему процветающему царству раздробиться и даже допустил вторжение Ху Чена, уступив ему без борьбы.

Сирена движется неторопливо, с изяществом. Верное поведение, жесты, движения для нее не менее важны, чем правильный голос: они намекают на что-то волнующее, они способны вызвать влечение, обходясь при этом без нежелательной определенности. Сирена кажется томной, расслабленной, как будто все свое время тратит только на развлечения и любовь. Жестам свойственна определенная двойственность, предполагающая смесь невинности и эротизма. Всё то, что не поддается мгновенной

Влюбляться в статуи и изображения, даже заниматься с ними любовью — древняя фантазия, одна из тех, в которых знало толк Возрождение. Джорджо Вазари во вводной части к «Жизнеописаниям», говоря об искусстве древних времен, рассказывает, как часто мужчины нарушали закон, пробираясь в храмы по ночам и занимаясь любовью с изваяниями Венеры. Утром, входя в святилища, жрецы находили мраморные фигуры запятнанными.

Линн Лонер, «Жизнеописания куртизанок»

расшифровке, предельно обольстительно, к вашей манере держаться это утверждение применимо в полной мере.

Символ: Вода.
Песнь Сирены певуча, мелодична
и притягательна, сама же она непостоянная и хваткая. Подобно морю, Сирена
притягивает вас, обещая бесконечные
приключения и безмерное удовольствие.
Забывая и прошлое, и будущее, мужчины устремляются за ней в морские
просторы и гибнут в пучине.

Возможные опасности

Ни одна женщина, в какую бы просвещенную эпоху она ни жила, не может чувствовать себя вполне уютно в образе жрицы наслаждений. А клеймо доступности и развязности неизменно ассоциируется с Сиреной, как бы она ни старалась дистанцироваться от подобного имиджа. Клеопатру ненавидели в Риме как египетскую блудницу. Именно это в конечном итоге и привело к ее падению, когда Октавиан и римские войска преисполнились решимости вывести позорное пятно на репутации мужского населения Рима. Мужчины-то, впрочем, нередко проявляют снисходительность, когда речь заходит о репутации Сирен. Чаще опасность кроется в зависти, которую возбуждают они в других женщинах; ненависть Рима к Клеопатре во многом была спровоцирована суровыми и непреклонными матронами города, олицетворявшими его мораль и достоинство. Преувеличив собственную непорочность, представив себя жертвой мужской страсти, Сирена может отчасти смягчить действие женской зависти. Но полностью устранить эту опасность ей едва ли под силу — могущество Сирены кроется во власти над мужчинами, что же до зависти других женщин, то придется научиться принимать ее или игнорировать.

И наконец, последнее: интенсивное внимание, которое привлекает к себе Сирена, может на поверку оказаться весьма раздражающим, если не хуже. Ей может нестерпимо захотеться передышки, перемены — у нее ведь может возникнуть желание привлекать к себе внимание иного, не сексуального характера. К тому же физическая красота блекнет с годами; хотя воздействие Сирены не зависит от красоты лица, после определенного возраста производить общее впечатление становится все труднее. Совокупность этих факторов привела к самоубийству Мэрилин Монро. Нужно быть гениальной Сиреной уровня мадам де Помпадур, фаворитки Людовика XV, чтобы плавно перейти к роли одухотворенной немолодой женщины и продолжать обольщать, прибегая к другим, не телесным чарам. Клеопатра обладала таким даром, и если бы жила дольше, то, несомненно, продолжала бы успешно обольщать еще на протяжении долгих лет. Сирене следует готовить себя к старению, заранее уделяя внимание не столько физическим, сколько психологическим формам кокетства, которые помогут ей сохранить власть даже тогда, когда начнет тускнеть красота.

Повеса

Женщина никогда не чувствует себя в достаточной мере желанной и любимой. Она нуждается в постоянном внимании, а мужчина так невнимателен и нечуток. Фигура Повесы — стержневая женская фантазия: если уж такой желает женщину (не важно, что это мгновение может быть совсем кратким), то ради нее готов отправиться на край света. Он может оказаться вероломным изменником, бесчестным и аморальным, но все это лишь добавляет ему привлекательности. В отличие от обычного, осмотрительного представителя мужского пола, Повеса необуздан, несдержан, весь во власти своего чувства — и это восхитительно! В его скверной репутации таится дополнительная приманка: неспроста столько женщин уже пали его жертвами, должна же быть этому причина. Женщины любят ушами, а Повеса — мастер обольстительных речей. Возбудите в женщине скрытые, подавляемые желания, применив коктейль Повесы — гремучую смесь риска и наслаждения.

Пылкий Повеса

Для приближенных Людовика XIV последние годы короля стали тяжким испытанием: состарившись, он впал в неумеренную религиозность, превратился в настоящего святошу и к тому же сделался крайне неприятен в общении. Двор изнывал, жаждал перемен и новых ощущений. Поэтому появление в 1710 году пятнадцатилетнего юнца, который был чертовски хорош собой и весьма обаятелен, произвело сильнейшее впечатление на придворных дам. Имя юноши было де Фонсак, будущий герцог Ришелье (пресловутый кардинал Ришелье приходился ему двоюродным дедом). Он был остроумен и дерзок. Дамы забавлялись с ним, как с новой игрушкой, а он отвечал поцелуями в губы, и его руки блуждали вовсе не там и не так, как полагается рукам неискушенного, невинного мальчика. Однажды эти шаловливые ручки помяли юбки одной не слишком снисходительной герцогини, а та не захотела принять это как должное. Разгневанный король заточил юнца в Бастилию, дабы преподать ему урок. Но дамы не могли долго мириться с его отсутствием: они находили его таким занятным! По сравнению с чопорными кавалерами двора он был так решителен, дерзкий взгляд его глаз прожигал насквозь, а руки, хотя и заходили слишком далеко, заставляли забыть об опасности. Он не знал удержу и был таким обезоруживающе свежим! Придворные дамы вступились за него, и пребывание в Бастилии было сокращено юноше до минимальных сроков.

С тех пор прошло немало лет. Однажды юная мадемуазель де Валуа прогуливалась по парку Парижа со своей компаньонкой, пожилой женщиной, безотлучно находившейся рядом с ней. Отец мадемуазель де Валуа, герцог Орлеанский, был преисполнен решимости защищать свою младшую дочь вплоть до самого ее заму-

После кораблекрушения дон Хуан, потеряв сознание, оказывается на берегу, где его находит молодая рыбачка.

Т и с б е я: Отрадно лик столь дивный созерцать. Ах, сеньор, очнитесь!

Д о н Х у а н: В течение дня умер и воскрес я снова, ибо в пенный ад сначала был низвержен, а сейчас солнце мне из ваших глаз райским светом воссияло. Счеты с жизнью я бы в море, как мудрец, покончил разом, если б только знал, что разум из-за вас утрачу вскоре. Лучше сгинуть в многошумной и седой пучине водной, чем терзаться безысходно в пламени любви безумной. Вы ведь солнце в полдень вешний и мужчину зноем взгляда пепелите без пощады, хоть со льдиной схожи внешне.

61

жества от соблазнов и соблазнителей двора. С этой целью он и нанял компаньонку, женщину безупречно добродетельную и суровую. В парке, однако, де Валуа увидела молодого человека, и его взгляд проник ей прямо в сердце. Он прогуливался поодаль, но то и дело бросал на нее пылкие, недвусмысленные взгляды. Компаньонка сообщила его имя: это печально известный герцог Ришелье, богохульник, соблазнитель, разбивающий женские сердца. Словом, тот, кого следует избегать всеми силами.

Прошло несколько дней, компаньонка повезла мадемуазель де Валуа в другой парк, но глядите-ка — и тут Ришелье вновь встретился на их пути. На сей раз он был переодет нищим, но его глаза нельзя было не узнать. Мадемуазель де Валуа ответила на его взгляд: отныне в ее пресной, однообразной жизни появилось хоть что-то волнующее. Из-за непреклонности сурового отца ни один мужчина не решался приблизиться к ней. И вот теперь ее преследует такой известный придворный, он предпочел ее всем дамам двора — было от чего прийти в восторг! В скором времени он начал украдкой передавать ей написанные красивым почерком записки, в которых признавался, что безумно влюблен. Она отвечала смущенно, сковано, но вскоре эти записки стали для нее единственным смыслом существования. В одной из них он обещал устроить так, чтобы они могли вместе провести ночь. Девушка прекрасно понимала, что это неосуществимо, поэтому она, решив подыграть ему, легкомысленно ответила согласием на сие безрассудное предложение.

У мадемуазель де Валуа была горничная по имени Анжелика, которая переодевала ее ко сну и спала в смежной комнате. Как-то вечером компаньонка вязала, а де Валуа коротала время над книгой. Отвлекшись от чтения, она рассеянно взглянула поверх страницы на Анжелику, которая направлялась в спальню своей госпожи с ночной рубашкой в руках. В этот момент Анжелика, словно почувствовав на себе взгляд, обернулась и озорно улыбнулась ей — это был Ришелье, переодетый в платье служанки! Де Валуа чуть не вскрикнула от неожиданности, она хотела позвать на помощь, но сдержалась, вовремя осознав, какая опасность ей грозит: если откроется правда, ее родные узнают о письмах, а значит, и о том, что все совершилось с ее согласия. Но что же делать? Она решила пройти в свою комнату и отговорить молодого герцога от рискованной затеи. Пожелав спокойной ночи компаньонке, она проследовала в спальню, но приготовленные слова оказались бесполезными. На ее попытки увещевать Ришелье он ответил ей пламенным взглядом, а затем заключил ее в объятия и закрыл рот поцелуем. Она совершенно растерялась, она не знала, что делать. Его страстные речи, его ласки, опасность всего происходящего — голова у девушки шла кругом, она была побеждена. Чего стоила вся добродетель (читай: вся тоска прежней жизни) в сравнении с одним вечером наедине с этим человеком — самым знаменитым повесой Парижа? И вот, пока дуэнья спокойно вязала, герцог посвящал молодую де Валуа во все тонкости распутства.

Спустя несколько месяцев отец мадемуазель заподозрил, что Ришелье пробил брешь в его линиях обороны. Компаньонка была уволена, меры предосторожности усилены. Герцог Орлеанский и не догадывался, что для Ришелье все эти меры были настоящим вызовом, приключением, ведь подобные испытания составляли смысл его существования. Через подставное лицо он приобрел соседний дом и сделал секретный лаз, который выходил на герцогскую кухню и был замаскирован громадным посудным шкафом. В этом-то шкафу на протяжении нескольких месяцев — пока ему не прискучило — и проходили свидания Ришелье с Валуа.

Эскапады Ришелье были достоянием всего Парижа, так как он видел особую прелесть в том, чтобы предавать их огласке. Не проходило недели, чтобы среди придворных не обсуждали очередную историю. Муж запер свою жену на ночь в комнате наверху, подозревая, что ею заинтересовался герцог; тогда последний, дабы проникнуть к ней, прокрался в темноте по узкой деревянной доске, перекинутой между двумя окнами. Две дамы, жившие в одном доме — одна вдова, вторая замужняя, и притом религиозная, — обнаружили, к общему ужасу, что герцог, который постоянно находился в поиске новых ощущений, завел шашни одновременно с обеими: оставляя одну среди ночи, он переходил в спальню к другой. На устроенной ему очной ставке дьявольски красноречивый герцог не оправдывался и не уступал, и в результате, сыграв на уязвленном самолюбии каждой из женщин, для которых невыносимой была мысль о том, что он предпочтет ей другую, он умудрился втянуть их в жизнь втроем!

Шел год за годом, истории о его невероятных победах множились. Женщины соперничали, желая привлечь его внимание: если герцог еще не захотел вас соблазнить, значит, с вами что-то неладно. Оказаться объектом его внимания было мечтой каждой. Одной нравились его храбрость и отвага, другой — учтивость, третьей — умение обвести вокруг пальца ее супруга. Две дамы даже стрелялись из-за него, причем одна была серьезно ранена на этом поединке. Герцогиня Орлеанская, злейший враг Ришелье, однажды написала: «Если бы я верила в волшебство, то предположила бы, что герцог владеет неким сверхъестественным секретом, ибо ни разу я не встретила женщину, способную противостоять ему хоть в малейшей степени».

В обольщении всегда существует дилемма: чтобы соблазнять, план и расчет необходимы, но стоит вашей жертве хотя бы на мгновение заподозрить, что вы что-то замышляете, как доверию между вами приходит конец. А если вы, помимо всего прочего, еще и продемонстрируете умение держать себя в руках, граничащее с хладнокровием, то вместо приязни рискуете внушить страх. Пылкий Повеса виртуозно разрешает эту дилемму. Конечно, он должен уметь планировать и рассчитывать, например, как справиться с ревнивым супругом или преодолеть другое препятствие. Это изматывающий труд. Но природа наделила Пылкого Повесу преимуществом в виде неукротимой энергии либидо. Преследуя женщину, он весь неподдельно пламенеет от желания; жертва ощущает это и загорается в ответ, порой вопреки своей воле. Он мужественно преодолевает ради нее любые препятствия и опасности — так может ли она поверить, что этот бессердечный соблазнитель вскоре бросит ее? И даже если она догадывается, что Повеса неисправимо аморален, это не беспокоит ее: в этом она усматривает слабость. Он не властен над собой, он поистине невольник всех женщин. А в таком качестве он не внушает страха.

Пылкий Повеса преподает нам простой урок: неукротимое желание имеет безграничную власть над женщиной, точно такую же, какую имеют облик и манеры Сирены над мужчинами. Женщина часто недоверчива и способна издалека распознать неискренность или расчет. Но если она ощутит, что целиком владеет вашим вниманием, если она поверит, что ради нее вы готовы на все, она закроет глаза на все остальное или найдет способ простить вам все промахи. Для обольстителя это отменное прикрытие. Главное — не выказывать колебаний, скованности, отпустить тормоза, глав-

…Довольный этим первым успехом, я решил воспользоваться столь счастливым примирением. Я называл их моими милыми женушками, моими верными подругами, двумя существами, призванными сделать меня счастливым. Я старался вскружить им головы и возбудить в них желания, сила которых была мне отлично известна и которые, без сомнения, унесли бы прочь любые раздумья и колебания, противоречившие моим намерениям. Человек искусный, если он умеет исподволь, незаметно сообщить жар любви чувствам самой добродетельной женщины, без всякого сомнения, скоро завладеет безраздельно ее мыслями и душой.

Невозможно рассуждать, когда теряешь голову, и, более того, правила благоразумия, как бы глубоко ни были они укоренены в мозгу прелестной особы, изглаживаются начисто, когда сердце жаждет наслаждения: только одно наслаждение правит, только ему всё повинуется. Тот, кому приходилось завоевывать расположение, кто имеет в этом опыт, почти наверное добьется победы там, где застенчивый влюбленный потерпит поражение... Доведя двух моих красавиц до того уровня непринужденности и раскованности, какой мне требовался, я признался, что горю страстным желанием. У них загорелись глаза, мне возвращали мои ласки, и было очевидно, что сопротивление не дольше,

ное — продемонстрировать, что вы не владеете собой и в этом ваша слабость. И не бойтесь вызвать недоверие у своей дамы: до тех пор, пока она уверена, что вы в плену ее обаяния, она не станет задумываться о последствиях.

ДЕМОНИЧЕСКИЙ ПОВЕСА

В начале 1880-х годов в аристократическом обществе Рима начали поговаривать о молодом газетчике, приобретающем известность, некоем Габриэле д'Аннунцио. Этот факт был странен уже сам по себе, ведь итальянской аристократии было присуще глубочайшее презрение ко всякому, кто не входил в круг избранных, а газетный репортер, ведущий раздел светской хроники, относился уж просто к самым низам. И в самом деле, родовитые люди почти не обращали на д'Аннунцио внимания. Выходец из среднего класса, он не располагал деньгами, не мог похвастаться и обширными связями. Мало того, многим он казался просто уродливым — невысокий и коренастый, со смуглым, каким-то пятнистым лицом и глазами навыкате. Мужчины находили его настолько непривлекательным, что охотно позволяли ему общаться со своими женами и дочерьми; пребывая в полной уверенности, что их женщины в полной безопасности рядом с этаким чудищем, они рады были отделаться от этого охотника за сплетнями. Да, мужчинам д'Аннунцио был неинтересен, о нем судачили их жены.

Герцогини и маркизы, которых с д'Аннунцио знакомили мужья, находили этого странного человека забавным, но, когда он оставался с ними наедине, его поведение внезапно менялось. В считаные минуты дамы подпадали под власть его обаяния. Во-первых, у него был самый изумительный голос, который им когда-либо приходилось слышать, — мягкий, низкий. Удивительной была и его манера говорить, отчетливо проговаривая каждый слог, плавная, ритмичная, с певучими, почти музыкальными модуляциями речь. Одна из его знакомых женщин сравнивала голос д'Аннунцио со слышным издалека звоном церковных колоколов. Другие утверждали, что его голос обладает гипнотическим воздействием. Не менее привлекательным было и содержание его речи: каждая фраза полна аллитераций, очаровательных идиом, поэтических образов, не говоря уже о том, что его комплименты способны были растопить даже самое суровое женское сердце. Д'Аннунцио в совершенстве владел искусством тонкой лести. Казалось, ему известны слабости всех без исключения женщин: одну он хвалил за естественность, дарованную природой, другую называл лучшим созданием Творца, третью сравнивал с героиней романа. Сердце несчастной трепетало, когда он живописал ее достоинства и рассказывал, как много она для него значит. Все было полно иносказаний, намеков, все было пропитано любовью — и романтической, и плотской. Ночью она размышляла, восстанавливая в памяти его речи, причем вспоминались не какие-то отдельные слова, потому что он почти никогда и не говорил ничего конкретного, а скорее общее ощущение от них. На другой день он присылал ей стихи, написанные, казалось, специально для нее. (На самом деле он писал десятки очень похожих стихотворений, лишь немного приспосабливая, подкраивая их под очередную жертву.)

Через несколько лет после того, как д'Аннунцио начал работать в разделе светской хроники, он женился на дочери герцога и герцогини Галлезе. Вскоре при поддержке великосветских дам он начал публиковать романы и поэтические сборники. Удивительно не только количество его побед, что примечательное само по себе, но и их уровень — к его ногам падали не только маркизы, но и такие великие актрисы, как Элеонора Дузе, которая помогла ему стать при-

чем на несколько мгновений, отсрочит ту новую сцену, которую я просил их сыграть для меня.

Я предложил, чтобы каждая из них поочередно уединилась со мной в небольшом чулане, примыкавшем к комнате, где мы находились. Обе хранили молчание.

«Вы колеблетесь? — спросил я обеих. — Что ж, посмотрим, которая из вас сильнее ко мне привязана. Та, что любит крепче, первой последует за возлюбленным, желая доказать ему силу своих чувств...»

Я был уверен в своей пуританке и не удивился, увидев, что после непродолжительной внутренней борьбы она безоглядно отдалась происходящему, которое, казалось, так же мило ее сердцу, как и наши прежние встречи наедине.

знанным драматургом и литературной знаменитостью. Танцовщица Айседора Дункан, также оказавшаяся в числе подпавших под его обаяние женщин, говорила о его магии: «Может быть, самый выдающийся любовник нашего времени — Габриэль д'Аннунцио. И совершенно не важно, что он маленький, лысый и, не считая тех моментов, когда лицо его так и светится воодушевлением, безобразный. Но стоит ему заговорить с женщиной, которая ему нравится, лицо его преображается, так что он внезапно становится настоящим Аполлоном... Его воздействие на женщин замечательно. Та, с которой он беседует, вдруг ощущает, что воспаряет душой и всем своим существом».

Когда началась Первая мировая война, пятидесятидвухлетний д'Аннунцио вступил в армию. У него не было никакого военного опыта, но все компенсировали склонность к ярким театральным эффектам и жгучее желание доказать свое мужество. Он обучился пилотированию самолета и выполнял опасные, но весьма эффективные боевые задания. Ко времени окончания войны он стал героем Италии с множеством боевых наград. Его бесстрашные вылазки превратили его в любимца нации. После войны, когда он путешествовал по Италии, возле отелей, где он останавливался, собирались толпы народа. Он обращался к ним с балкона, говорил о политике, критикуя тогдашнее правительство. Американский писатель Уолтер Старки, свидетель одного из выступлений, был вначале разочарован внешностью прославленного д'Аннунцио, увидев его на балконе в Венеции: перед ним был карикатурного вида коротышка с совсем не героической внешностью. «Мало-помалу, однако, я с головой погружался в пучину его пленительного голоса, проникающего в мое сознание... Ни одного торопливого жеста, ни одного резкого, отрывистого звука... Он играл на эмоциях публики, как первоклассный скрипач на инструменте работы Страдивари. Глаза тысяч были устремлены на него, словно он обладал даром гипнотического воздействия». Снова и снова лились звуки его удивительного голоса, снова и снова звучали его речи — поэтичные, с глубоким подтекстом, обольстительные, гипнотизирующие людей. Доказывая, что современная Италия может и должна вновь обрести величие Римской империи, д'Аннунцио сочинял лозунги, предлагая толпе скандировать их, или взволнованно бросал в толпу вопросы, требуя ответа. Он льстил слушателям, заставляя их чувствовать себя активными участниками некоего действа. Всё было смутно, неясно и значительно.

На повестке дня тогда стояло определение принадлежности города Фиуме, расположенного на границе с соседним Королевством сербов, хорватов и словенцев. Многие итальянцы считали, что Италия должна аннексировать город в награду за свое участие в недавней войне. Д'Аннунцио активно поддерживал эту точку зрения, и армия, боготворившая своего героя, готова была встать на его сторону, хотя правительство возражало против каких-либо действий. В сентябре 1919 года в окружении вдохновленных им солдат д'Аннунцио возглавил знаменитый поход на Фиуме. Когда по дороге его остановил итальянский офицер высокого ранга, угрожая застрелить, д'Аннунцио распахнул пальто, открыв ордена, и произнес своим магнетическим голосом: «Если вы хотите убить меня, цельтесь сюда!» Ошеломленный офицер замер, а затем разрыдался. Он примкнул к д'Аннунцио.

Когда д'Аннунцио вошел в Фиуме, его приветствовали как освободителя. На следующий день его провозгласили главой Независимого государства Фиуме. Ежедневно он выступал с балкона, выходящего на главную площадь горо-

В конце концов нет ничего слаще, как одержать победу над сопротивлением прекрасной женщины, и в этом отношении я питаю тщеславие завоевателей, которые все время летят от победы к победе и не могут решиться положить предел своим желаниям. Нет ничего, что могло бы остановить напор моих желаний; я чувствую, что сердца у меня хватит на любовь ко всему миру, и я, как Александр, хотел бы, чтобы существовали другие миры, чтобы быть в состоянии на них распространить мои любовные завоевания.

Мольер, «Дон-Жуан, или Каменный гость» (Пер. М. Кузьмина)

да, без помощи громкоговорителей завораживая своими речами десятки тысяч людей. Он стал инициатором всевозможных празднеств, воскресив традиции, уходящие корнями к Римской империи. Жители Фиуме начали подражать ему, особенно его сексуальным подвигам, город мало-помалу стал превращаться в подобие гигантского борделя. Популярность д'Аннунцио была настолько высока, что итальянское правительство всерьез опасалось похода на Рим. Что ж, вздумай д'Аннунцио предпринять его, поход вполне мог бы оказаться успешным, ведь он пользовался поддержкой армии. У д'Аннунцио были шансы побить Муссолини одним ударом и переменить ход истории. (Сам он был не фашистом, а чем-то вроде эстет-социалиста.) Он, однако, решил остаться в Фиуме и правил там шестнадцать месяцев, пока итальянские власти в конце концов не попросили его из города.

Обольщение — психологический процесс, оно в равной мере затрагивает оба пола, за исключением нескольких ключевых областей, в которых у каждого пола имеются свои, особенные слабости. Мужчины традиционно восприимчивы к зрительным стимулам. Сирена, способная создать для себя правильный внешний облик, соблазнит массу мужчин, неспособных устоять перед ее наружностью. Слабость женщин — слова, речи. Как писала одна из жертв д'Аннунцио, французская актриса Симон: «Можно ли объяснить его победы чем-нибудь, кроме его экстраординарного владения словом и музыкального тембра голоса, поставленных на службу исключительного дара красноречия? Ведь мой пол восприимчив к словам, нас так легко околдовать ими, слыша их, мы страстно желаем подчиниться».

Повеса столь же неразборчив в речах, сколь и в женщинах. Он отбирает слова не по их смыслу, а по тому, насколько они способны внушать, вкрадываться в сознание, вдохновлять, заражать. Речи Повесы — это эквивалент украшений Сирены: мощное воздействие на органы чувств, настоящий наркотик. Есть что-то сверхъестественное, дьявольское в том, как Повеса использует средства языка, ведь он применяет его не ради общения и не для передачи информации, но для того, чтобы внушать, льстить, провоцировать смятение чувств — так Змей в саду Эдема своими речами искушал Еву.

Пример д'Аннунцио обнажает связь между эротическим Повесой, соблазнителем женщин, и Повесой политическим, соблазнителем народных масс. Успех в обоих случаях целиком и полностью зависит от слов. Посмотрите вблизи на разные типы Повесы, и вы убедитесь, что они способны применять нежный яд слов в самых неожиданных областях. Помните: важна форма, а не содержание. Чем меньше ваша жертва задумывается о смысле ваших слов и чем больше концентрируется на тех чувствах, которые они вызывают, тем обольстительнее вы ей кажетесь. Придайте речам возвышенную, духовную, литературную окраску, и вам легче будет внушить восторг своим неискушенным жертвам.

Но в таком случае что же это за сила, посредством которой соблазняет Дон Жуан? Это желание, энергия чувственного влечения.
В каждой женщине его влечет к себе весь женский пол в целом. Отсвет этой исполинской страсти озаряет и облагораживает ту, которую он возжелал, заставляет ее вспыхнуть и засиять одухотворенной красотой. Подобно тому как неистовый пыл энтузиаста способен зажечь и пленить даже случайных слушателей, так и Дон Жуан в каком-то смысле преображает каждую девушку.
СЁРЕН КЬЕРКЕГОР. «Или/или»

Среди многочисленных и разнообразных подходов к женщинам, применяемых Дон Жуаном, стоит выделить мотив не знающего поражений героя, поскольку он иллюстрирует любопытные перемены в восприятии. Дон Жуан стал неотразимым в глазах женщин только после наступления эпохи романтизма, и я склонен полагать, что таким его сделали именно особенности женского воображения. В те времена, когда женщины возвысили голос, пытаясь отстоять свои права и даже, пожалуй, начинали доминировать в литературе, фигура

Ключи к портрету

Поначалу кажется странным, что женщине может понравиться заведомо нечестный человек, к тому же и не помышляющий о браке. Но отчего-то на протяжении всей истории, во всех цивилизациях, именно этот тип мужчины пользовался поистине фатальным успехом. Повеса предлагает женщинам то, что воспрещают им нормы, принятые в обществе: безоглядное чистое наслаждение, восхитительную, щекочущую нервы игру с опасностью. Общество привычно видит в женщине мягкую и нежную, цивилизующую силу, от нее требуют преданности и верности на всю жизнь. Но на поверку брак и любовные отношения часто несут не романтику и преданность, а тягостную рутину и необходимость влачить дни рядом с невнимательным, оскорбительно пренебрегающим ею партнером. В такой ситуации навязываемая роль верной супруги угнетает, заставляет чувствовать себя глубоко униженной. Женщине остается только терпеть и мечтать о встрече с идеальным мужчиной, который отдал бы ей себя полностью, жил бы для нее, даже если это будет продолжаться недолго.

Эта темная, подавляемая сторона женской мечты нашла выражение в легенде о Дон Жуане. Поначалу легенда эта была мужской фантазией: рыцарь, искатель приключений, способный покорить любую женщину. Но в семнадцатом и восемнадцатом столетиях Дон Жуан медленно эволюционировал из мужественного авантюриста в более феминизированную версию: мужчины, живущего только ради женщин. Такое развитие образ получил благодаря интересу к этой истории женщин, явившись результатом их подавленных фантазий. Брак для них был формой рабства, скрепленного договором, а Дон Жуан предлагал любовь как удовольствие, безудержное, ничем не скованное наслаждение. В тот момент, когда его путь пересекается с вашим, он ни о чем и ни о ком не думает, кроме вас. Он желает вас, и желание его настолько сильно, что он своим напором не дает вам времени задуматься или обеспокоиться о последствиях. Возможно, до вас он завоевал тысячи женщин, однако это лишь делает его еще более интересным: лучше пасть ради такого мужчины, чем оказаться для него нежеланной.

Великие обольстители не предлагают умеренных удовольствий, допускаемых обществом. Они вторгаются в сферу подсознания своей жертвы, затрагивают подавленные желания, взывающие об освобождении и раскрепощении. Не воображайте, что женщины — это те нежные, инфантильные создания, которыми их хотели бы видеть некоторые мужчины. Их, как и мужчин, сильнейшим образом влечет запретное, опасное, даже с некоторым привкусом зла. (Дон Жуан отправляется в преисподнюю, а в английском языке даже само слово «rake» — повеса — происходит от «rakehell» — сгребающий уголья в аду: чертовщина, очевидно, является немаловажным компонентом этого образа.) Всегда помните: раз уж вы взялись за роль Повесы, то должны передать жертве ощущение опасности и мрака, внушить ей, что она участвует в чем-то исключительном и волнующем, что это шанс выпустить на волю ее собственные подспудные желания.

Основное требование к играющему роль Повесы — умение преодолеть собственную скованность и заразить женщину своей пылкостью, привести ее чувства в такое состояние, когда прошлое и будущее утрачивают значение. Повеса Вальмон (персонаж, списанный с герцога Ришелье) во французском романе восемнадцатого века «Опасные связи» пишет намеченной жертве письма, явно рассчитывая добиться определенного результата. Жертва — госпожа де Турвель — видит его насквозь и не собирается сдаваться, но его письма дымятся такой неподдельной страстью, что ее сопротивление невольно ослабевает. У этого умения есть и дополнительное преимущество: благодаря ему создается впечатление, будто вы неспособны держать себя в руках, а это демонстрация слабости, которую женщины обожают. Целиком предаваясь тем, кого вы обольщаете, вы заставляете их поверить, что вы живете только ради них, и ощущение это отражает истину, пусть даже временную. Пабло Пикассо, Повеса до мозга костей, покорил за долгие годы сотни женщин, и каждая из них чувствовала себя единственной, которую он по-настоящему любит.

Повесу ни в коем случае не беспокоит и не останавливает сопротивление женщины, как и любая другая преграда на пути, будь то муж или какое-то вещественное препятствие. Сопротивление лишь пришпоривает его желание, воспламеняя его еще сильнее. Пикассо, ухаживая за Франсуазой Жило, умолял ее сопротивляться, он нуждался в этом, это добавляло азарта и усиливало удовольствие. В любом случае препятствие на пути позволяет вам утвердиться, увериться в себе и дарит творческие силы, необходимые в делах любви. Персонаж романа «Повесть о Гэндзи» (написанного придворной дамой хэйанской эпохи[1] Мурасаки Сикибу), молодой и ветреный Повеса принц Ниоу, нимало не был обескуражен внезапным исчезновением Укифунэ, девушки, привлекшей его внимание. Ей приходилось скрываться, потому что, хотя она и питала к принцу приязнь, сердце ее было отдано другому. Принц, узнав о местонахождении Укифунэ, с готовностью отправляется в дальнее путешествие ради того, чтобы вновь увидеть ее. Его внезапное появление, решительное вторжение в дом, расположенный в безлюд-

---

[1] Город Хэйан (совр. Киото) был древней столицей Японии и дал имя соответствующему периоду японской истории — хэйанской эпохе (IX—XII вв.).

ной глуши, и отвага, которую он проявил, разыскивая ее, потрясают девушку. Помните: если вы не встречаете на своем пути сопротивления или препятствий, вам надлежит их создать. Никакое обольщение немыслимо без этого.

Повеса — личность исключительная. Дерзкого, саркастичного, наделенного пронзительным юмором, его совершенно не волнует ничье мнение. Парадоксально, но именно это придает ему особую обольстительность. В напоминающей придворную атмосфере старого Голливуда, когда большинство актеров вели себя как покорные овцы, заискивая перед теми, от кого зависела их карьера, великий Повеса Эррол Флинн выделялся из общего ряда своей высокомерной манерой держаться. Он вел себя вызывающе с руководителями студий, ввязывался в самые невероятные истории и проделки, наслаждался своей репутацией первого соблазнителя в Голливуде — все это только прибавляло ему популярности. Повесе необходимы эти традиционные декорации: одураченный двор, скандальный брак, разгневанные рутинеры; он нуждается в них, чтобы блистать на этом фоне — тогда его ценят как глоток свежего воздуха в затхлой атмосфере застоя или консерватизма. Не опасайтесь зайти слишком далеко — сущность Повесы как раз в том и состоит, что он заходит дальше, чем кто бы то ни было.

Когда граф Рочестер, прославленный английский Повеса и поэт семнадцатого века, похитил юную Элизабет Малет, одну из наиболее популярных придворных дам, то понес за эту проделку суровое наказание. Но прошло несколько лет, и прекрасная Элизабет, к которой сватались самые завидные женихи страны, выбрала себе в мужья — кого же? — Рочестера! Безрассудно продемонстрировав ей свою страсть, он добился того, что красавица выделила его из общего ряда.

Экстремизм Повесы неразрывно связан с ощущением чего-то опасного, запретного, даже с намеком на жестокость. Вспомним еще одного Повесу, одного из величайших поэтов в истории: лорда Байрона. Байрону претили любые правила приличия, и он с радостью не только демонстрировал это, но и всячески подчеркивал. Вступив в связь с единокровной сестрой, которая родила от него ребенка, он не только не скрывал кровосмесительной связи, но еще и позаботился, чтобы об этом стало известно всей Англии. Он мог проявлять удивительную жестокость, например, по отношению к своей жене. Но все это лишь делало его еще более притягательным. Опасность и табу взывают к скрытым, подавляемым сторонам личности женщины, по традиции считающейся носительницей облагораживающего, высоконравственного начала. Мы уже говорили о том, что мужчина становится жертвой Сирены из-за своего желания освободиться от мужской ответственности. Точно так же женщина уступает Повесе из-за своего стремления стать свободной от ограничений добродетели и приличий. И в самом деле, частенько именно самые добродетельные женщины беззаветно влюбляются в Повес.

Среди наиболее обольстительных качеств Повесы — то, что он возбуждает в женщинах стремление повлиять на него и изменить. Сколько их было, уверенных, что лишь им под силу укротить лорда Байрона; какая из женщин Пикассо не полагала, что в конце концов окажется той единственной, с которой он останется до конца своих дней. Не теряйтесь и используйте эту склонность по максимуму. Когда вас ловят с поличным и обвиняют в беспутстве, валите всё на свою слабость — расскажите, что мечтаете стать другим и о том, что исправиться самостоятельно, без посторонней помощи вам не под силу. Если женщины так и падают к вашим ногам, что вы можете с этим поделать?

Вы-то и есть настоящая жертва. Это вы нуждаетесь в помощи. Ваши собеседницы ухватятся за такую возможность обеими руками — женщины на удивление снисходительны к Повесе, такому милому и симпатичному. За стремлением исправить его скрывается истинная природа их желания, тайного трепета, который они испытывают в его присутствии. Когда президента Билла Клинтона недвусмысленно уличили в том, что он — Повеса, на защиту поспешила женщина, находя для него всевозможные оправдания. Тот факт, что Повеса безоглядно предан женщинам, хотя и на свой особенный манер, делает его, в свою очередь, привлекательным и обольстительным для них.

И последнее: самая большая ценность Повесы — его репутация. Ни в коем случае не пытайтесь сгладить или умалить свою скверную славу — у окружающих не должно сложиться впечатления, будто вы оправдываетесь. Напротив, лелейте свое дурное имя, подчеркивайте его. Ведь именно оно и привлекает к вам женщин. Вам предстоит стать притчей во языцех по многим статьям: тут и неотразимая привлекательность в глазах женщин, и безудержная тяга к наслаждениям (которая поможет вам казаться слабым и вызовет желание общаться с вами), и пренебрежительное отношение к условностям, и бунтарский вид, внушающий легкий испуг. Этот последний элемент можно немного замаскировать: внешне соблюдайте вежливость и благопристойность и в то же время постарайтесь, чтобы заинтересованным лицам стало известно: на самом-то деле вы совершенно необузданны. Герцог Ришелье предавал свои победы возможно более широкой огласке, возбуждая в других женщинах желание соперничать и присоединиться к кружку соблазненных им. Многочисленные жертвы лорда Байрона, добровольно избравшие эту участь, были привлечены в первую очередь его репутацией. Современная женщина может испытывать противоречивое чувство по отношению к Биллу Клинтону и его репутации, однако за этой двойственностью ясно угадывается интерес. В вопросах репутации не полагайтесь на случай или на слухи, это ваш шедевр, вы должны потрудиться над ним, довести до совершенства и выставлять на суд публики со скромной гордостью художника.

Символ: *Огонь.*
Повеса сам пылает желанием и воспламеняет им ту женщину, которую стремится обольстить. Он неумерен, необуздан и опасен. Повесе может грозить преисподняя, и все же окружающие его языки пламени делают его неотразимым в глазах многих женщин.

Возможные опасности

Как и в случае с Сиреной, наибольшая опасность грозит Повесе от представителей его собственного пола, несравненно менее снисходительных, чем женщины, к его постоянной погоне за юбками. В старину Повесы чаще встречались среди аристократов, которые, как правило, оставались безнаказанными, скольких бы женщин ни пришлось им оскорбить или даже погубить. Ныне лишь звезды и самые состоятельные люди могут играть роль Повесы безнаказанно, остальным необходимо соблюдать осторожность.

Элвис Пресли был застенчивым юношей. Начав свое звездное восхождение, видя, какую власть это дает ему над некоторыми женщинами, он обезумел, превратившись в Повесу почти за одну ночь. Подобно многим Повесам, Элвис испытывал тягу к женщинам, которые уже кому-то принадлежали. Из многочисленных переделок, когда его застигал на месте преступления разъяренный муж или сожитель, он выходил с царапинами и синяками. Вы можете сделать вывод, что следует остерегаться мужей и сожителей, особенно в начале вашей карьеры. Но обаяние Повесы именно в том, что подобные препятствия их не останавливают. Не можете вы слыть Повесой и быть при этом осмотрительным и боязливым, время от времени испробовать кулаки — часть игры. Кстати, позднее, когда Элвис достиг пика славы, ни один муж не осмеливался тронуть его и пальцем.

Более серьезной опасностью грозят Повесе не мужья, а те неуверенные в себе мужчины, которых страшит фигура Дон Жуана. Хотя они никогда не сознались бы в этом, полная удовольствий жизнь Повесы вызывает у них зависть. Поэтому, как любые завистники, они нападают исподтишка, зачастую маскируя эту травлю под благородную борьбу за нравственные устои. Повеса, например, может обнаружить, что такие недоброжелатели тормозят его карьерный рост (препятствовать продвижению Повесы могут и некоторые женщины, страдающие от неуверенности в себе и оскорбленные его невниманием). С завистью к Повесе почти ничего нельзя поделать, похоже, если бы все были столь удачливы в обольщении, человеческое общество перестало бы функционировать.

Итак, отнеситесь к зависти как к знаку почета. Не будьте наивным, будьте начеку. Когда вас атакуют суровые моралисты, не принимайте всерьез их крестовый поход — он продиктован завистью, и ничем больше. Можете смягчить его, немного приглушив в себе качества Повесы, взывая о прощении, обещая исправиться, но это повредит вашей репутации, так что вы уже не будете выглядеть таким пленительно беспутным. В конце концов, лучше уж с достоинством выдерживать нападения и продолжать свою линию. Обольщение — источник вашего могущества: вы всегда можете рассчитывать на бесконечную терпимость и снисходительность женщин.

Идеальный возлюбленный

Многим в юности свойственно предаваться мечтаниям, которые с годами разбиваются вдребезги или просто блекнут. Всё приносит разочарование: люди, события, реальность, неспособная соответствовать юношеским идеалам. Идеальные Возлюбленные расцветают на разбитых мечтах, превратившихся в иллюзии всей жизни. Вы мечтаете о романтике? приключениях? возвышенном духовном общении? Идеальные Возлюбленные воспроизводят ваши фантазии. Он или она — мастера своего дела, они артистично сотворяют ту иллюзию, которая требуется вам, идеализируют ваш портрет. В мире разочарований, низости и подлости вы обретете бесконечную власть, если пойдете по пути Идеального Возлюбленного.

Романтический идеал

Шел 1760 год. Однажды вечером красивая молодая женщина сидела в своей ложе в Кёльнской опере. За ней расположился ее супруг, бургомистр города, — человек средних лет, довольно приятной наружности, но скучноватый. Разглядывая публику в театральный бинокль, женщина обратила внимание на привлекательного, щегольски одетого мужчину. Очевидно, ее взгляд был замечен, так как после спектакля незнакомец подошел и представился: его звали Джованни Джакомо Казанова.

Казанова поцеловал ей руку. Она сообщила ему, что собирается завтра на бал, и осведомилась, не угодно ли ему будет прийти. «Если бы я смел надеяться, мадам, — отвечал он, — что вы согласитесь танцевать только со мной».

После бала она не могла думать ни о ком, кроме Казановы. Он, казалось, предвосхищал ее желания — был необыкновенно мил и в то же время решителен. Несколько дней спустя он обедал у них. Когда обед подошел к концу, супруг удалился на отдых, а хозяйка предложила гостю осмотреть дом. Из своего будуара она указала ему на часовню, расположенную в крыле дома, совсем рядом с ее окном. Конечно же Казанова — словно он прочел ее мысли — наутро явился в часовню на мессу, а вечером того же дня, встретив ее в театре, упомянул, что заметил дверь, которая не иначе как ведет в ее спальню. Она рассмеялась, притворившись удивленной. Невиннейшим тоном он сообщил, что нашел способ спрятаться завтра в часовне, — она, недолго думая, шепнула в ответ, что навестит его там, когда все в доме лягут спать.

Итак, Казанова спрятался в крошечной исповедальне в часовне и ожидал там целый день и весь вечер. Там бегали крысы, ему даже не на что было прилечь, но, когда поздно ночью появилась наконец жена бургомистра, он не стал сетовать,

Когда ранним утром наступает пора расставанья, мужчина должен вести себя красиво. Полный сожаленья, он медлит подняться с любовного ложа. Дама торопит его уйти: «Уже белый день. Ах-ах, нас увидят!» Мужчина тяжело вздыхает. О, как бы он был счастлив, если б утро никогда не пришло!

Сидя на постели, он не спешит натянуть на себя шаровары, но, склонившись к своей подруге, шепчет ей на ушко то, что не успел сказать ночью. Как будто у него ничего другого и в мыслях нет, а смотришь, тем временем он незаметно завязал на себе пояс. Потом он приподнимает верхнюю часть решетчатого окна и вместе с подругой идет к двустворчатой двери. «Как томительно будет тянуться день!» — говорит он даме

а тихо проследовал за ней в ее комнату. Они встречались на протяжении многих дней: казалось, существование обрело наконец смысл. Приключение было опасным и таким романтичным! Она оставляла еду, книги и свечи, чтобы скрасить возлюбленному долгие, томительные часы ожидания в часовне; ей казалось, правда, что грешно использовать святое место для подобной цели, но это придавало всему дополнительную остроту. Однажды, однако, ей пришлось отправиться в поездку с супругом. А когда она вернулась, Казановы не было, он исчез столь же стремительно и изящно, как и появился.

Спустя несколько лет в Лондоне другая молодая женщина по имени Полина обратила внимание на объявление в местной газете. Джентльмен желал сдать часть дома, причем непременно даме. Полина была благородного происхождения, родом из Португалии. В Лондон она сбежала со своим возлюбленным, да только он был принужден вернуться домой, так что ей пришлось остаться одной на неопределенный срок, дожидаясь того времени, когда они снова смогут быть вместе. Словом, она осталась одна-одинешенька в чужой стране, почти без денег, подавленная всеми этими тягостными обстоятельствами, а ведь она из хорошей семьи, для такой ли судьбы ее растили и воспитывали? Она решила ответить на объявление.

Джентльменом, давшим объявление, оказался Казанова, и каким джентльменом! Он предложил ей прекрасную комнату за весьма низкую плату, просил он лишь о том, чтобы время от времени она составляла ему компанию. Полина переехала. Они играли в шахматы, совершали прогулки верхом, спорили о литературе. Он был так безукоризненно воспитан, так вежлив и щедр! Для серьезной и возвышенной девушки дружба с ним постепенно превращалась в потребность: с этим человеком она могла говорить часами. Однажды

Казанова — в тот день он был сам не свой, взволнован, возбужден — признался ей в любви. Вскоре ей предстояло возвращение в Португалию к возлюбленному, и она не была настроена на подобные объяснения. Поэтому она не стала выслушивать его излияний, а вместо этого посоветовала ему отправиться на конную прогулку, чтобы успокоиться и охладить свой пыл.

Вечером ей сообщили новость: Казанова упал с лошади. Чувствуя себя виноватой в происшедшем, она поспешила к нему и, обнаружив его лежащим в постели, бросилась в его объятия, не в силах сдерживаться. Они стали любовниками той же ночью и оставались ими до конца ее пребывания в Лондоне. Однако, когда подошло время отъезда в Португалию, он не пытался ее удержать, напротив, он утешал ее, убеждая, что они послужили друг для друга прекрасным временным противоядием от одиночества и что могут остаться друзьями до конца жизни.

Еще несколькими годами позже в маленьком испанском городке юная прекрасная девушка, которую звали Игнасия, выходила из церкви после исповеди. К ней подошел Казанова. Провожая ее до дома, он объяснил, что страстно любит испанский танец фанданго, и пригласил ее на бал, который должен был состояться завтра. Он так выгодно отличался от всех мужчин в городке, таких скучных, пресных и неуклюжих, что ей смертельно захотелось пойти. Ее родители были против, но она убедила мать сопровождать ее в качестве дуэньи. После незабываемого вечера (для иностранца он танцевал фанданго просто изумительно) Казанова признался, что страстно влюблен в нее. Она отвечала (правда, в голосе ее ясно слышалась грусть), что у нее уже есть суженый. Казанова не стал торопить события, однако день за днем продолжал приглашать Игнасию то на бал, то на бой быков. Однажды он представил ей свою

Если красота девушки при первом взгляде на нее не производит идеального впечатления, то и реальные отношения с ней не особенно желательны. Если же — да, то, как бы человек ни был опытен и тверд, он почувствует точно электрический удар.
Сёрен Кьеркегор, «Дневник обольстителя» (Пер. П. Ганзена)

подругу, герцогиню. Та отчаянно флиртовала с Казановой, и Игнасия испытывала отчаянную ревность. К этому времени она уже отдавала себе отчет в том, что влюблена в Казанову, хотя чувство долга и религиозные устои, в которых она была воспитана, заставляли ее скрывать это чувство от самой себя.

После нескольких дней мучительных колебаний Игнасия приблизилась к Казанове и тронула его за руку. «Мой исповедник пытался вынудить у меня клятву никогда не оставаться с вами наедине, — произнесла она, — но я не смогла пообещать этого, и тогда он отказался отпустить мне грехи. Со мной такое случилось впервые в жизни. Что ж, я предаю себя на волю Господа. Я решилась: пока вы здесь, можете делать все что хотите. Когда, мне на горе, вы покинете Испанию, я подыщу другого исповедника. Я больна вами, но это, в конце концов, не более чем прихоть, безумие, рано или поздно это пройдет».

Казанова был, пожалуй, самым удачливым обольстителем в истории человечества — редкая женщина могла устоять перед его чарами. Метод был прост: познакомившись с женщиной, он изучал ее как можно ближе, устанавливал, чего ей недостает в жизни, и давал ей это. Он становился для нее Идеальным Возлюбленным. Скучающей жене бургомистра не хватало приключений и романтики, она нуждалась в том, кто пожертвует временем и комфортом ради того, чтобы обладать ею. Полина испытывала потребность в дружбе, возвышенных идеалах, глубоких разговорах, ей был нужен мужчина благородный и великодушный. Игнасии недоставало страдания и мук. Ее жизнь была слишком беспечной; чтобы почувствовать себя по-настоящему живой, чтобы действительно было в чем исповедаться и покаяться, девушке требовалось сначала согрешить. В каждом случае Казанова подстраивался под идеалы женщины, претворял ее фантазии в жизнь. Когда же она подпадала под его чары, достаточно было последнего толчка, небольшой уловки, чтобы окончательно скрепить их отношения (день, проведенный среди крыс, подстроенное падение с лошади, флирт с мнимой соперницей, вызвавший ревность Игнасии).

В современном мире Идеальные Возлюбленные редки, поскольку эта роль требует усилий. Приходится всерьез сосредоточиться на другом человеке, вникнуть в то, чего ему, точнее ей, недостает, в чем она разочарована. Окружающие часто выдают свои секреты жестами, интонациями голоса, взглядами — надо лишь присмотреться. Поняв, чего им не хватает, вы сможете стать их идеалом.

Чтобы добиться такого эффекта, необходимо терпение и внимание к мелочам. Большинство людей настолько поглощены своими собственными проблемами, настолько нетерпеливы, что роль Идеальных Возлюбленных им не по зубам. Пусть же для вас это станет источником безграничных возможностей. Будьте оазисом в пустыне эгоистов: мало кто устоит перед искушением последовать за тем, кто точно настроен на то, чтобы осуществить их сокровенные желания и сделать явью их мечты. И, как это было с Казановой, слава о том, как вы внимательны, какое наслаждение общаться с вами, будет опережать вас, облегчая для вас каждое последующее обольщение.

Совершенствование и улучшение всевозможных наслаждений всегда было для меня основой жизни. Сознавая же, что я, собственно, задуман и создан для того, чтобы угождать прекрасному полу, я прилагал все усилия, чтобы стать для них возможно более приятным.

Джованни Джакомо Казанова

Идеал красоты

В 1730 году, когда Жанне Пуассон едва исполнилось девять лет, гадалка предсказала ей, что она станет фавориткой Людовика XV. Предсказание казалось просто нелепым, учитывая, что Жанна происходила из простого сословия, а традиция, уходящая корнями в века, предписывала королевским фавориткам быть избранными непременно из среды аристократии. В довершение всех бед отец Жанны был беспутным повесой, а ее мать — куртизанкой.

К счастью для Жанны, один из любовников ее матери, человек с громадным состоянием, привязался к миловидной девочке и оплатил ее образование. Жанна научилась петь, играть на клавикордах, ездить верхом (она была незаурядной наездницей), а также играть на сцене и танцевать; познания ее в литературе и истории были не менее глубоки, чем у юноши хорошего рода. Драматург Кребийон обучил ее искусству вести беседу. Но главное — Жанна удалась настоящей красавицей, была грациозна, изящна и отличалась к тому же незаурядным обаянием. В 1741 году она вышла замуж за мелкого дворянина. Известная теперь как мадам д'Этьоль, она смогла осуществить свой честолюбивый замысел: открыла литературный салон. Знаменитые писатели и философы того времени зачастили в салон, так как были очарованы его прелестной хозяйкой. Одним из завсегдатаев стал Вольтер, эту дружбу они сохранили на всю жизнь.

Но, даже добившись такого успеха, Жанна продолжала помнить предсказание гадалки и верить, что наступит день, когда она завоюет сердце короля. Судьбе угодно было распорядиться так, что одно из имений супруга Жанны граничило с любимыми охотничьими угодьями Людовика. Она любила наблюдать за ним из-за изгороди, а то и находила способ случайно оказаться на его пути, причем всякий раз ее наряды были элегантны и красивы, чтобы не сказать соблазнительны. Вскоре король, приметив ее, стал посылать ей в подарок охотничьи трофеи. Когда в 1744 году скончалась его официальная фаворитка, каждая придворная красавица мечтала о том, чтобы занять освободившееся место, но король проводил все больше и больше времени в обществе мадам д'Этьоль, околдованный ее красотой и шармом. Каково же было изумление всего двора, когда в тот же год он назвал эту простолюдинку своей официальной фавориткой, пожаловав ей дворянство и титул маркизы де Помпадур.

Король славился своей страстью к новизне: любовница могла очаровать его своей прелестью, но затем так же быстро наскучивала, и он искал новых ощущений. После того как прошел первый шок от того, что он остановил свой выбор на Жанне Пуассон, придворные рассудили, что увлечение короля не должно затянуться надолго — он избрал ее лишь потому, что ему в новинку фаворитка из простых. Они и не догадывались, что по замыслу Жанны это был первый шаг и обольщение короля только начиналось.

Время шло, король навещал фаворитку все чаще и чаще. Когда он поднимался по потайной лестнице в Версальском дворце, ведущей из королевских покоев в ее опочивальню, голова у него шла кругом от предвкушения утонченных удовольствий, ожидающих его там, наверху. Прежде всего в комнате всегда было тепло, а воздух был напоен чудными ароматами. Затем наступал черед услады для глаз: каждый раз на мадам де Помпадур были новые наряды, всегда элегантные, необычные, удивительные. Она любила красивые вещи — тонкий фарфор, китайские веера, золотые цветочные горшки, — и всякий раз, когда король бывал у нее, он находил что-то новое, радующее глаз. Держалась она всегда легко, беззаботно, никогда не подавала виду, если и бывала чем-то огорчена или обижена. Всё здесь служило удовольствию. Таковы был и ее разговоры: король, надо заметить, просто не умел подолгу болтать или смеяться с женщинами, маркиза, однако, была способна искуснейшим образом поддержать разговор на любую тему. Ну, а если беседа переставала забавлять короля, она садилась к пианино, наигрывала и пела — голос ее был приятен для слуха.

Стоило королю выказать признаки усталости или загрустить, у маркизы был наготове свежий план, например постройка нового летнего дворца. Ему приходилось руководить архитекторами, вникать в разбивку садов и цветников, заниматься украшением дворца. В Версале мадам де Помпадур взяла на себя заботу о дворцовых увеселениях, приказала построить театр, где под ее руководством давали еженедельные представления. Актеров отбирали из придворных, но главные женские роли всегда играла сама мадам де Помпадур, которая и впрямь была прекрасной актрисой. Короля охватила страсть к театру, он с нетерпением ожидал каждого спектакля. Этот интерес повлек за собой все возрастающие денежные вложения — вначале в искусство, а затем и в философию и литературу. Король, которого до того интересовали лишь охота да карточная игра, проводил все меньше времени со своими друзьями-мужчинами, превращаясь в настоящего покровителя искусств. И в самом деле, его правление — неповторимая эпоха с присущим ей особым художественным стилем, получившим известность под его именем, «Людовик XV», и на равных соперничающим со стилем, созданным при его знаменитом предшественнике Людовике XIV.

Шли годы, а Людовику — вы подумайте! — все не надоедала его фаворитка. Он пожаловал ей титул герцогини, а ее власть и влияние на него все возрастали, распространяясь уже не только на искусство, но и на политику. На протяжении двадцати лет мадам де Помпадур властвовала при дворе и в сердце короля, до самой своей безвременной смерти, настигшей ее в 1764 году, когда ей было всего сорок три года.

Людовик XV страдал от сильнейшего комплекса неполноценности. Потомок самого могущественного монарха в истории Франции, Людовика XIV, он был прекрасно образован и подготовлен к правлению — и все же, кто бы в данном случае уверенно чувствовал себя в роли преемника? Он даже не делал попыток угнаться за прославленным предшественником и отдавался безудержным утехам и радостям плоти. Все это в итоге определило то, как его воспринимали окружающие. Всем было известно: влиять на этого короля можно, обращаясь к самым низменным сторонам его натуры.

Мадам де Помпадур, гениальная обольстительница, поняла, что внутри Людовика кроется незаурядная личность, которая жаждет вырваться наружу. Что же до его склонности к молодым хорошеньким женщинам, то за ней скрывалось томление по иной, куда более долговечной красоте. Ее первым шагом было излечить его от непрерывных приступов хандры. Королям так просто заскучать: всё, что они желают, мгновенно исполняется, а довольствоваться тем, что имеют, научаются лишь немногие. Маркиза де Помпадур превосходно справилась с этим, облекая в плоть и кровь всевозможные фантазии и добиваясь того, чтобы Людовик постоянно пребывал в ожидании чего-то нового и неизвестного. Она обладала многими талантами и умениями и, что не менее важно, так искусно их применяла, что ей удавалось создать и поддерживать впечатление своей неисчерпаемости. Приучив вначале короля к утонченным удо-

В начале 1970-х
нестабильная,
бурная обстановка
в стране — вспом-
ним хотя бы
позорное пораже-
ние американцев
во вьетнамской
войне и уотергейт-
ский скандал,
спровоцировавший
бесславный конец
президентства
Ричарда Никсо-
на, — привела к
бурному росту
аполитичного
«поколения Я»,
и Энди Уорхол стал
зеркалом, отразив-
шим его.
В отличие от
политизированных
радикалов-бунтарей
1960-х, стремив-
шихся изменить
общество и
излечить все его
пороки, эгоистич-
ное «поколение Я»
интересовалось
лишь совершен-
ствованием собст-
венного тела и было
поглощено попыт-
ками «наладить
контакт» собствен-
но с собой, со свои-
ми чувствами
и переживаниями.

вольствиям, она обратилась к тем разрушенным и попранным идеалам, что таились в глубине его души, — в том зеркале, которое она поднесла к его глазам, отразилось его основное чаяние: он хотел стать великим, а во Франции это подразумевало в первую очередь главенствующую роль в культуре. Прежние бесчисленные фаворитки способны были лишь на то, чтобы удовлетворить плотские вожделения. В мадам де Помпадур он нашел ту, которая помогла ему ощутить собственное величие. Других фавориток было так легко заменить, найти же вторую мадам де Помпадур было невозможно.

Многие люди внутренне ощущают себя более значительными, чем показывают миру. Их переполняют неосуществленные замыслы, они могли бы стать художниками, мыслителями, вождями, духовными лидерами, но мир сломил их, не дав возможности проявить таланты. В этом заключается ключ к их обольщению, причем такому, которое можно поддерживать в течение весьма долгого времени. Идеальные Возлюбленные умеют пользоваться этим видом магии. Взывая исключительно к чувственности людей по примеру многих обольстителей-дилетантов, вы только заслужите презрение за то, что играете на их низменных инстинктах. Но обратитесь к скрытым, лучшим сторонам человеческой натуры — и люди даже не заметят, что их обманывают. Помогите им почувствовать себя возвышенными, благородными, одухотворенными — и ваша власть над ними будет безграничной.

*Любовь высвечивает благородные и скрытые
качества возлюбленного, его редкостные
и исключительные черты; это, однако,
с равной вероятностью может оказаться
и обманом, и истинной его сутью.*
ФРИДРИХ НИЦШЕ

Ключи к портрету

Каждый из нас сохраняет в душе идеал, образ того человека, каким хотели бы стать сами или каким хотели бы видеть своего спутника. Этот идеал складывается еще в годы юности — как тяга к тому, чего не хватает в нашей жизни, грусть о том, чего не дали нам окружающие, и о том, чего мы не смогли дать сами себе. В тех из нас, кто рос в уюте и покое, пробуждаются бунтарский дух и мечты о приключениях. Если же при этом опасность нас страшит, мы невольно тянемся к людям, привычным к риску. А может быть, наш идеал более возвышен: мы хотели бы стать более благородными, творческими, добрыми, чем получается на деле. Идеал, к которому мы стремимся, — это то, чего нам недостает в самих себе.

Идеал может быть погребен под многочисленными разочарованиями, но не исчезает, а поблескивает где-то в глубине в ожидании момента, когда сможет засверкать в полную силу. Если нам кажется, что мы встретили человека, наделенного этими идеальными качествами или способного возродить их в нас, мы влюбляемся. Это и есть реакция на появление Идеальных Возлюбленных. Тонко настроившись на то, чего вам или в вас недостает, они отражают ваш идеал, а остальное вы делаете сами, проецируя на них свои затаенные желания и чаяния. Ни о Казанове, ни о мадам де Помпадур нельзя сказать, что они хитростью втягивали свои жертвы в сексуальные интрижки. Ни в коем случае — они добивались большего: заставляли полюбить себя.

Для тех, кто решится следовать путем Идеального Возлюбленного, важны внимание и наблюдательность. Игнорируйте слова и осознанные поступки своей жертвы, сосредоточьтесь на интонациях голоса, вспыхнувшем румянце, брошенном украдкой взгляде — эти знаки откроют вам то, чего не скажут слова.

Оно страстно отдавалось заботам о своем здоровье, внешнем виде, образе жизни, банковских счетах. Энди потакал этому эгоцентризму и безмерному самодовольству, предлагая свои услуги в качестве портретиста. К концу десятилетия он приобрел международную известность как один из лучших портретистов современности... Уорхол предлагал клиентам нечто, против чего они были не в силах устоять: стильные и льстящие портреты кисти признанного художника, настоящей знаменитости. Добавляя звездного блеска их и без того часто известным лицам, он превращал свои модели в сверкающие видения, он изображал их такими, какими, по его мнению, им самим хотелось бы, чтобы их видели

Часто жажда идеала проявляется как его противоположность. Людовик XV производил впечатление повесы, которого ничто не интересовало, кроме охоты на оленей да на молоденьких девушек, но за этим на самом деле скрывались глубокое разочарование и недовольство собой, в глубине души он стремился проявить свои лучшие, благородные качества.

Теперь как нельзя более благоприятное время для появления на сцене Идеальных Возлюбленных. Общество, в котором мы живем, требует, чтобы все и вся выглядели возвышенными, благопристойными, исполненными лучших намерений. Скажем, власть — запретнейшая тема, касаться которой просто недопустимо: да, мы все постоянно сталкиваемся с нею в повседневной реальности, но в ней нет никакого благородства, самопожертвования, духовности, наконец. Идеальные Возлюбленные помогают нам почувствовать себя облагороженными, они придают чувственности и сексуальности одухотворенную или эстетичную окраску. Подобно всем обольстителям, они заигрывают с властью, но прячут свои манипуляции под фасадом идеала. Мало кому удается разоблачить их, и такое обольщение длится дольше других.

Некоторые человеческие идеалы напоминают архетипы Юнга — они прослеживаются от самых истоков человеческой культуры и воздействуют на очень глубинном, почти подсознательном уровне. Один их таких примеров — мечта о благородном рыцаре без страха и упрека. В средневековой любовной традиции трубадур/рыцарь выбирал себе даму, почти всегда замужнюю, и служил ей как верный вассал. Он был готов ради нее на всяческие испытания, предпринимал во славу ее имени опасные путешествия и претерпевал ужасные страдания, чтобы доказать свою любовь. (Испытания могли включать даже телесные увечья — вырывание ногтей, отсечение уха и пр.) Рыцарь также слагал стихи и песни о своей прекрасной возлюбленной, поскольку в те времена нечего было и думать покорить даму, не предъявив ей эстетических или духовных достоинств. Определяющим для этого архетипа является чувство полной и беззаветной преданности. Мужчина, способный не допустить вторжения низменных материй — войны, славы, денег и пр. — в любовную фантазию, добьется безграничной власти. Роль трубадура идеальна, ведь редко встретишь человека, который не ставил бы на первое место себя самого и свои интересы. Привлечь к себе внимание такого мужчины невероятно лестно для всякой женщины.

В Осаке восемнадцатого века некто Низан пригласил на прогулку куртизанку, имя которой было Роса; предварительно он обрызгал водой кустики клевера, что росли вдоль дорожки, так что казалось, будто на них блестят капельки утренней росы. Девушку тронул этот восхитительный вид. «Слышала я, — сказала она, — что олени в пору любви имеют обыкновение нежиться, валяясь на кустиках клевера. Хотелось бы мне увидать такое!» Низан принял услышанное к сведению. В тот же день он приказал разобрать одну из стен ее дома и посадить десятки кустиков клевера прямо перед ее спальней. К вечеру крестьяне по его приказанию поймали в горах пару диких оленей и доставили их к дому. Проснувшись наутро, дама увидела перед собой ту сцену, о которой упомянула накануне. Она была взволнованна и растроганна, он же приказал увести оленей, убрать растения и восстановить разрушенное жилище в прежнем виде.

Воплощением Идеального Возлюбленного в двадцатые годы прошлого столетия был Рудольфо Валентино — или, по крайней мере, тот образ, который он создал в своих фильмах. Что бы он ни делал, его подарки, цветы, то, как он танцевал, его манера протягивать женщине руку — все говорило об исключительном внимании к деталям, которые подчеркивали, насколько он поглощен мыслями о своей любимой. Образ, созданный им, был образом мужчины, не жалеющего времени на ухаживание, превращающего его в особый эстетический опыт. Мужчины ненавидели Валентино, так как женщины отныне требовали, чтобы они соответствовали этому образцу терпения и внимательности. Ибо ничто так не привлекает женщину, как терпение и внимание к ее прихотям и капризам. Благодаря этому можно добиться, что любая интрижка станет походить на возвышенную и красивую историю любви. Могущество Валентино, особенно в наши дни, заключается в том, что подобные ему кавалеры встречаются крайне редко. Искусство играть на возвышенных идеалах женщин почти утрачено, и это придает ему особенную притягательность.

Если рыцарь веками остается Идеальным Возлюбленным для женщин, то мужчины склонны идеализировать собирательный образ мадонны/блудницы — женщины, сочетающей чувственность с одухотворенностью и невинностью, хотя бы напускной. Вспомним прославленных куртизанок итальянского Возрождения, таких как Туллия д'Арагона. По сути дела, она была не кем иным, как проституткой, как и все куртизанки, но сумела замаскировать свою социальную роль, создав себе репутацию поэтессы, покровительницы искусств и философии. Таких, как Туллия, было принято тогда называть честными куртизанками. Честные куртизанки посещали церковь, однако причины этого были донельзя циничными: все объяснялось тем, что их присутствие на мессе волновало мужчин. Жилища их представляли собой дворцы наслаждений, но особую прелесть им придавали произведения искусства и полки, тесно уставленные книгами — томами Петрарки и Данте. Мужчина мечтал о том, чтобы разделить ложе с женщиной страстной, искушенной, но наделенной наряду с этим идеальными качествами его матери, а также духовным богатством и интеллектом художника. Если обычная проститутка вызывает одновременно и желание, и гадливость, то честная куртизанка превращает занятия сексом в нечто возвышенное и даже невинное, словно все происходит в Эдемском саду. Такие женщины обладают невероятной властью над мужчинами. По сей день они остаются идеалом для многих, хотя бы потому, что общение с ними сулит такое богатство и разнообразие ощущений. Ключ — в их двойственности, в сочетании очевидной восприимчивости к плотским радостям с невинным, одухотворенным видом, чувствительностью и поэтичностью. Смесь низкого и возвышенного куда как обольстительна.

Развитие образа Идеального Возлюбленного имеет безграничные возможности, далеко не всегда связанные с эротической сферой. В политике, например, Талейран, по существу, играл роль Идеального Возлюбленного Наполеона. Человек аристократичный, обходительный с дамами — словом, наделенный качествами, отсутствующими у самого Наполеона, он стал для того идеалом и министра, и друга. В 1798 году Талейран, занимавший тогда пост министра иностранных дел Франции, устроил праздник в честь Наполеона после одной из славных военных побед, одержанных полководцем в Италии. До самой смерти Наполеон вспоминал этот бал как самый лучший из всех, на которых ему приходилось бывать. Талейран не побоялся грубой лести, приказав расставить вокруг дома бюсты римских богов и героев и ведя с Наполеоном беседу о возрождении имперского величия Древнего Рима. В глазах полководца вспыхнул огонек интереса — и что же, спустя несколько лет Наполеон присвоил себе титул императора, а положение Талейрана после этого еще более упрочилось. Ключом Талейрана к власти оказалось умение разгадать потаенный идеал Наполеона: его мечту стать властителем, диктатором. Талейран просто помог Наполеону понять, что это возможно и осуществимо. Люди, как правило, не могут противиться сладким нашептываниям, которые тешат их самолюбие, ведь эта слабость свойственна почти каждому. Намекните им на что-то вдохновляющее, позвольте заметить, что видите в них какой-то нереализованный потенциал и верите, что их ждет великое будущее, — и очень скоро они будут есть у вас из рук.

Если Идеальные Возлюбленные мастерски обольщают людей, обращаясь к возвышенным представлениям, утраченным детским и юношеским идеалам, то политики благополучно применяют тот же принцип в массовом масштабе, например, по отношению к электорату. Именно это проделывал Джон Ф. Кеннеди с американцами, самым откровенным образом создавая вокруг себя ауру «Камелота». Само слово «Камелот» по отношению к президентскому правлению Кеннеди стали употреблять только после его смерти, однако он вполне осознанно создавал романтический имидж, делая упор на свою молодость и внешнюю привлекательность, и этот образ работал в полную силу до самого конца. Он вел и более тонкую игру, апеллируя к характерным для Америки образам величия и утраченных идеалов. Для многих американцев было очевидно, что с обретением благосостояния и комфорта в конце 1950-х страной было утеряно что-то очень важное: сытое благополучие и конформизм разрушали свойственный Америке дух бесстрашных первопроходцев. Кеннеди апеллировал к этим утраченным идеалам. Именно поэтому его программа социального реформирования получила название «Новые рубежи», вызывающее ассоциации не только с американскими пионерами, раздвигавшими границы своей страны, но и с освоением космического пространства. Врожденная тяга американцев к приключениям как бы получала здесь выход, пусть даже почти символический. За этим последовали призывы к созданию новых общественных институтов, таких как Корпус мира. Таким образом, Кеннеди удалось возродить объединяющее нацию чувство выполнения общей миссии, исчезнувшее было в Америке за годы после Второй мировой войны. Его фигура вызвала бурный эмоциональный отклик, прежде президентам редко удавалось добиться этого. Люди буквально влюблялись в него и его образ.

Политики-обольстители добиваются власти, обращаясь к прошлому нации и страны, вновь вытаскивая на поверхность некогда отвергнутые или забытые образы и идеалы. Им нужен только символ, реальное возрождение былой реальности их нисколько не интересует. Они довольствуются тем, чтобы разбудить добрые чувства и, следовательно, обеспечить себе высокий рейтинг.

Символ:
Художник-портретист. Под его взглядом все ваши физические несовершенства исчезают. Он выявляет таящиеся в вас благородные качества, заключает вас в рамку мифа, изображает вас подобным божеству, наделяет бессмертием. А в награду за свою способность творить подобные иллюзии он наделяется колоссальной властью.

Возможные опасности

Основная опасность в роли Идеального Возлюбленного — это последствия, которые могут возникнуть, если позволить вкрасться действительности. Создание фантастического образа подразумевает идеализацию вашей собственной личности. Это задача опасная и рискованная, ведь вы, как и все люди, несовершенны. Если рано или поздно ваши недостатки обнаружатся, то идеальный образ лопнет как мыльный пузырь, и вы рискуете подвергнуться оскорблениям и поношениям. Всякий раз, когда Туллию д'Арагона изобличали в том, что она ведет себя как заурядная проститутка (например, что она дарит свою любовь за презренные деньги), ей приходилось уезжать из города и пытаться устроиться в другом месте. Создаваемый ею имидж возвышенной и одухотворенной особы рушился безвозвратно.

Сталкивался с этой опасностью и Казанова, однако, как правило, ловко избегал ее, находя изящный способ закончить интрижку прежде, чем женщина осознает, что перед ней вовсе не тот идеал, который она вообразила. Он находил предлог уехать из города или, еще лучше, подбирал себе такую жертву, которой вскоре предстоял отъезд, — само осознание скоротечности их романа заставляло женщину еще сильнее идеализировать возлюбленного. Действительность и затянувшиеся надолго отношения — основные враги Идеального Возлюбленного, лишающие его внешней безупречности. Поэт Альфред де Мюссе был околдован писательницей Жорж Санд, эта яркая личность казалась его романтической душе невероятно притягательной. Но они совершили совместную поездку в Венецию, где Жорж Санд заболела дизентерией — и идеальный образ внезапно исчез, уступив место реальной, земной женщине, у которой к тому же малоприятные проблемы со здоровьем.

Сам Мюссе в поездке продемонстрировал свою незрелость и инфантилизм. Влюбленные расстались. В разлуке, однако, каждый из них вновь идеализировал образ другого, так что спустя несколько месяцев пара воссоединилась. Когда вмешивается реальность, разлука подчас оказывается лучшим решением проблемы.

Сходные опасности грозят Идеальным Возлюбленным в политике. Спустя несколько лет после гибели Кеннеди череда разоблачений (его бесчисленные любовные похождения, крайне опасный стиль в дипломатии, приводивший к балансированию на грани войны, и т. д.) пошатнула сотворенный им миф. Идеализированный образ его, однако, не разрушился, хотя и слегка потускнел. Социологические исследования свидетельствуют, что в стране Кеннеди по-прежнему боготворят. Возможно, он представляет собой особый случай, поскольку убийство наделило его чертами мученика, жертвы, придав процессу идеализации его образа, и так уже идущему полным ходом, новую силу. Но он — далеко не единственный пример Идеального Возлюбленного, привлекательность которого способна устоять перед скандальными разоблачениями. По-видимому, дело здесь в том, что эти персонажи способны дать волю таким красочным фантазиям, а люди настолько изголодались по мифам и идеалам, которые они им предлагают, что товар идет нарасхват, и поэтому Идеальным Возлюбленным все легко прощают. И все же соблюдайте осторожность и не подпускайте людей слишком близко к себе, чтобы они не смогли рассмотреть ваши черты, далекие от идеала.

Денди

Большинство ощущают себя зажатыми в тиски навязанных извне ограниченных ролей, исполнения которых ожидает от нас окружающий мир. Поэтому нас так тянет к другим, более гибким, раскрепощенным и неоднозначным, чем мы сами, — к тем, кто способен самостоятельно слепить собственную личность. Денди пробуждают в нас интерес тем, что, не подпадая ни под одну из категорий, наводят на размышления о той свободе, которой мы желали бы и для себя. Они забавляются игрой с женским и мужским началом в себе; они сами лепят свой внешний облик, всегда необычный и блестящий; они таинственны и неуловимы. Кроме того, они пробуждают у обоих полов тягу к самолюбованию: для женщин они психологически женщины, для мужчин — мужчины. Денди покоряют, соблазняют и обольщают людей в массовых масштабах. Используйте власть Денди, сотворите неясный, манящий образ, пробуждающий скрытые, подавленные желания!

Женственный Денди

Когда в 1913 году восемнадцатилетний Родольфо Гульельми эмигрировал из родной Италии в Соединенные Штаты, он почти ничего не умел и у него почти ничего не было, если не считать привлекательной наружности да умения танцевать. Именно эти качества помогли ему найти работу в одном из дансингов Манхэттена, куда девушки — поодиночке или с подругами — приходили потанцевать с наемными партнерами. Искусный танцор кружил девушку по залу, флиртовал, забавлял своей болтовней, и все это за вполне умеренную плату. Скоро Гульельми приобрел известность как один из лучших — он был изящен, сдержан и очень-очень хорош собой.

Работая в дансинге, Гульельми много времени проводил среди женщин. Он быстро научился, как нравиться им, как тонко, почти незаметно подражать им, как добиваться, чтобы в его присутствии они чувствовали себя свободно (но в меру). Он стал уделять больше внимания своей одежде, создал собственный, неповторимый облик, элегантный и утонченный. Танцуя, он надевал под рубашку корсет, чтобы казаться еще стройнее, щеголял наручными часами (в те времена их носили только женщины), рассказывал о своем благородном происхождении, утверждая, что он маркиз. В 1915 году ему посчастливилось получить хорошую работу, теперь он танцевал танго в дорогих ресторанах. Свое имя он изменил на звучащее более аристократично Рудольфо ди Валентино. Через год он перебрался в Лос-Анджелес, чтобы попытать счастья в Голливуде.

Поначалу Гульельми, к этому времени уже Рудольфо ди Валентино, снимался в эпизодических ролях в малобюджетных фильмах. Наконец в 1919 году ему удалось получить роль побольше в ленте «Глаза юности». Здесь он сыграл злодея-соблазнителя. Фильм привлек внимание зритель-

…Неразумно также сводить дендизм к преувеличенному пристрастию к нарядам и внешней элегантности. Для истинного Денди все эти материальные атрибуты — лишь символ аристократического превосходства его духа… Что же это за страсть, которая, став доктриной, снискала таких властных последователей, что это за неписаное установление, породившее столь надменную касту?

ниц-женщин, настолько необычным оказался его злодей. Движения Валентино отличались грацией и изяществом, кожа у него была настолько гладкой, а лицо таким красивым, что когда он склонялся к своей жертве, поцелуем заглушая ее крики и протесты, то выглядел скорее желанным, чем зловещим. Затем были сняты «Четыре всадника Апокалипсиса», где Валентино сыграл главную мужскую роль — плейбоя Хулио. Эта роль мгновенно принесла ему известность: наутро он проснулся секс-символом. Особенно впечатляло незабываемое танго, которое он танцевал с героиней, соблазняя ее. В этих кадрах была заключена квинтэссенция его притягательности: плавная, скользящая походка, почти женская грация в сочетании с жестким, властным взглядом. Женская аудитория буквально цепенела, когда он подносил к своим губам руки героини, замужней дамы, или когда они поочередно с возлюбленной вдыхали аромат розы. Он казался женщинам несравненно более внимательным, чем другие мужчины, но окончательно сводило женщин с ума то, что к его нежности примешивался намек на жестокость и угрозу.

В самом знаменитом своем фильме «Шейх» Валентино сыграл арабского принца (позже оказавшегося шотландским лордом, который был младенцем потерян в Сахаре). Он спасает гордую английскую леди в пустыне, затем овладевает ею, да так, что это граничит с насилием. На ее вопрос: «Почему вы привезли меня сюда?» — он отвечает: «Разве вы недостаточно женщина, чтобы понять?» И все же ему удается завладеть и ее сердцем, как и сердцами большинства зрительниц всего мира, взволнованных этой странной смесью женственности и мужественности в нем. В одной сцене «Шейха» англичанка нацеливает на Валентино пистолет, он в ответ наставляет на нее изящный портсигар. Она носит брюки, он — длинные развевающиеся одежды, кроме того, глаза и ресницы у него сильно накрашены. В другие фильмы, снятые позднее, стали включать сцены переодевания и раздевания актера — почти стриптиз, позволяющий урывками видеть его великолепное тело. Почти в каждом фильме Валентино играл экзотических, костюмных героев — испанского тореадора, индийского раджу, арабского шейха, французского аристократа, — и ему явно нравились облегающие наряды, обильно украшенные драгоценными камнями.

Двадцатые годы прошлого века были эпохой, когда женщины уже начинали поигрывать с только что обретенной сексуальной свободой. Вместо того чтобы покорно ожидать появления мужчины, который проявит к ним интерес, они хотели сами инициировать развитие романа, но при этом по-прежнему мечтали, чтобы мужчина налетал как ураган, сбивая их с ног своим бешеным натиском. Валентино совершенно точно понимал, чего хотят женщины. Его жизнь полностью соответствовала созданному экранному образу: он носил браслеты на запястьях, безукоризненно одевался и, по слухам, был до жестокости груб с женой, даже бил ее. (Обожающая его публика старательно закрывала глаза на два его неудачных брака, а заодно и на тот довольно очевидный факт, что сексуальной жизни у их кумира, по сути дела, не было вовсе.) В августе 1926 года он внезапно умер в Нью-Йорке в возрасте тридцати одного года. Его оперировали по поводу язвы, смерть наступила в результате осложнения после операции. Безвременная кончина кумира вызвала беспрецедентный отклик: за гробом выстроились более ста тысяч человек, многие женщины в процессии рыдали и бились в истерике, целая нация пребывала в глубоком трауре. Никогда прежде не бывало, чтобы с такими почестями провожали актера, положа руку на сердце, довольно слабого, только что не бесталанного.

Был у Валентино один фильм, «Месье Бокэр», в котором он сыграл этакого хлыща, типа, куда более женоподобного и изнеженного, чем он играл обычно, к тому же без привычного налета опасности. Фильм провалился. Женщины не восприняли Валентино в роли жеманного облака в штанах. Их очаровывала двойственность: мужчина, обладая множеством их собственных женских черт, при этом оставался несомненным мужчиной. В том, как Валентино одевался и вел себя, присутствовали женские черты, он обыгрывал их, но весь его образ был, безусловно, мужским. Он ухаживал так, как могла бы ухаживать женщина, стань она мужчиной, — неторопливо, вдумчиво, уделяя внимание малейшим деталям, придерживаясь определенного ритма, вместо того чтобы очертя голову нестись к финалу. Но вот приходило время решительности, завоевания, и он безошибочно определял этот момент, поражая свою жертву, не оставляя ей возможности протестовать. В своих фильмах Валентино совершенствовался все в том же искусстве наемного танцора — искусстве вести женщину, словно девчонку-подростка в дансинге, болтая и флиртуя, даря удовольствие, но всегда оставаясь хозяином положения.

Валентино и по сей день остается загадкой. Его частная жизнь и его личность окутаны тайной, его образ остается таким же обольстительным, как и при жизни. Его обожал Элвис Пресли, он даже подражал ему, словно в него вселился дух звезды немого кинематографа; он стал образцом для современных денди-мужчин, которые играют с женщинами, балансируя на границе опасности и жестокости.

Обольщение было и остается женской формой войны и власти. Изначально оно представляло собой противоядие мужскому насилию. Мужчина, который использует эту форму власти над женщиной, поневоле переворачивает ситуацию с ног на голову, использует женское оружие против нее. И хотя своей мужской сущности он при этом не утрачивает, неуловимая женственность делает обольщение более эффективным. Не впадайте в ошибку тех, кому кажется, что обольстителю, дабы произвести впечатление на женщину, полагается быть мужчиной до мозга костей. Могущество женственного Денди куда страшнее. Он завлекает женщин, точно зная, чего они хотят, он такой привычный, готовый угодить, такой обходительный! Отражая как в зеркале женскую психологию, он может демонстрировать внимание к собственной внешности, чувствительность к мелочам, легкое кокетство, но в сочетании с намеком на мужскую жестокость. Женщины не чужды самолюбования, они легко попадают в плен обаяния собственного пола. Мужчина, показывающий, что обладает женским шармом, завораживает и обезоруживает их, так что они остаются беззащитными перед грубым мужским напором.

Женственный Денди с успехом соблазнит и народные массы. Ни одна женщина в отдельности не может по-настоящему обладать им — для этого он слишком неуловим, — но каждая из них может мечтать, фантазировать, воображая, что владеет им безраздельно. Ключ — двойственность: вы решительно гетеросексуальны, но ваши тело и душа легко скользят от одного полюса к другому и обратно, наслаждаясь этим.

Я — женщина. Каждый художник — женщина и должен понимать других женщин. Гомосексуалисты не способны стать истинными художниками, потому что им нравятся мужчины, а поскольку они сами, будучи художниками, являются женщинами, следовательно, их извращение возвращает их к нормальности.

ПАБЛО ПИКАССО

Мужеподобная Денди

В 1870-е годы интеллигенция Санкт-Петербурга восхищалась пастором Гийо — молодым, красивым, образованным, начитанным в области философии. Молодые особы толпами посещали его проповеди, чтобы только взглянуть на него. В 1878 году он встретил девушку, которая переменила всю его жизнь. Звали ее Лу фон Саломе (позднее — Лу Андреас-Саломе). Ей было тогда семнадцать лет, ему — сорок два.

Саломе была хороша собой, с лучистыми синими глазами. Она много читала, особенно для девушки ее возраста, и интересовалась серьезнейшими философскими и религиозными материями. Ее ум, активность, восприимчивость и живость реакции произвели впечатление на Гийо. Когда, войдя в его кабинет (а это случалось довольно часто), она заводила с ним горячие споры, комната, казалось, освещалась и оживала. Может, она кокетничала с ним бессознательно, как это порой свойственно очень молодым девушкам, однако, когда Гийо признался себе, что влюблен, и попросил ее руки, Саломе пришла в ужас. Сконфуженный пастор стал первым в длинном списке жертв — известных и прославленных мужчин, страстно и безответно влюблявшихся в Лу на протяжении всей ее жизни.

В 1882 году германский философ Фридрих Ницше в одиночку путешествовал по Италии. В Генуе он получил письмо от друга, Пауля Рее, прусского философа, с которым их связывала нежная дружба. В письме упоминалась очаровательная русская, Лу фон Саломе, с которой он познакомился в Риме. Саломе там гостила у матери. Рее посчастливилось сопровождать ее во время долгих прогулок по городу, они много разговаривали. Ее представления о Боге и христианстве во многом совпадали с идеями Ницше, и, когда Рее рассказал ей, что дружен с прославленным философом, она настояла на том, чтобы он пригласил Ницше присоединиться к ним. В следующих письмах Рее описывал, как непостижимо пленительна Лу и как ей не терпится поскорее познакомиться с Ницше. Вскоре философ прибыл в Рим.

Когда наконец Ницше и Саломе встретились, он был потрясен. У Лу были прекраснейшие глаза из всех, какие ему доводилось видеть, и во время их первой долгой беседы эти глаза вспыхивали так ярко, что он невольно ощутил в ее волнении привкус эротизма. Однако кое-что его и смущало: девушка неизменно держалась от него на расстоянии, никак не реагируя на комплименты. Вот чертенок! Через несколько дней она читала ему стихи собственного сочинения, и он не удержался от слез: ее представления о жизни были так близки его собственным! Решив воспользоваться моментом, Ницше попросил Саломе стать его женой. (Он не знал, что Рее уже сделал это раньше его.) Девушка ответила отказом. Ее интересовали приключения, философия, жизнь, но не брак. Ницше не дрогнул и продолжил ухаживания. Во время поездки в Пруссию с Рее, Саломе и ее матушкой он постарался остаться с девушкой наедине. Очевидно, пылкие взоры и речи философа возымели-таки действие, поскольку в письме к Лу, написанном позднее, он вспоминал о прогулке на гору Монте Сакро как о «самом прекрасном сне». Теперь он был очарован окончательно и ни о чем не мог думать, кроме того, чтобы, женившись на Саломе, обладать ею безраздельно.

Прошло несколько месяцев, и Саломе посетила Ницше в Германии. Они подолгу гуляли вдвоем, проводили ночи напролет за философскими дискуссиями. Она разделяла его самые сокровенные мысли, сочувствовала его представлениям о религии. И все же, когда он снова заговорил о женитьбе, она разбранила его за пошлость и банальность. Разве не он, Ницше, разработал философскую апологию сверхчеловека, человека, стоящего выше повседневной морали? И вот Саломе по природе своей куда менее банальна, чем он. Ее твердая, бескомпромиссная манера говорить, как, впрочем, и ее жестокость, только усилили очарование, он был словно околдован ею. Когда она покинула его, недвусмысленно дав понять, что брак между ними не входит в ее планы, Ницше был опустошен. Чтобы как-то уменьшить боль, он написал «Так говорил Заратустра», книгу, полную сублимированного эротизма, в огромной мере навеянную беседами с Саломе. С того времени Саломе стала известна всей Европе как женщина, разбившая сердце самому Ницше.

Саломе переехала в Берлин. Лучшие умы Германии мгновенно подпадали под магическое действие чар ее независимости и вольнодумства. Драматурги Герхарт Гауптман и Франц Ведекинд были без ума от нее; в 1897 году великий австрийский поэт Райнер Мария Рильке, встретившись с нею, также полюбил ее. К тому времени она приобрела широкую известность и как романистка. Это, несомненно, также оказало воздействие на Рильке, однако главным, что привлекало его в ней, была своеобразная мужская энергия, которой он не встречал у других женщин. Рильке было двадцать два года, Саломе — тридцать шесть. Он писал ей любовные письма и стихи, всюду следовал за нею, их роман длился долгие годы. Она правила его стихи, обуздывала те, которые находила излишне романтичными, дарила идеи для новых стихов. Но Саломе претили его инфантильная зависимость от нее, его слабость. Поскольку любые проявления слабости были для нее невыносимы, все кончилось тем, что она его оставила. Не в силах забыть ее, Рильке продолжал преследовать Лу. В 1926 году, припав к ее смертному одру, он молил врачей: «Спросите у Лу, что со мной. Она единственная может это знать».

Один человек написал о Саломе: «В ее объятиях было что-то ужасающее. Ясно глядя на вас своими лучистыми синими глазами, она говорила: „Приятие семени для меня — вершина экстаза". И она была ненасытна. Это было абсолютно аморальное существо... вампир». Шведский психотерапевт Пол Бьер (одна из ее последних побед) писал: «Думаю, что Ницше был прав, называя Лу женщиной — олицетворением зла. Но зла в том смысле, какой вкладывал в это слово Гёте: зла, что совершает благо... Она могла разрушать жизни и судьбы, но весь ее облик вызывал трепет, пробуждая к жизни».

Два чувства, которые испытывал почти каждый мужчина в присутствии Лу Андреас-Саломе, были смятение и волнение — они изначально необходимы для успешного обольщения. Людей пьянила странная смесь женского и мужского в натуре Лу; она была неотразимо прелестна со своей сияющей улыбкой и изящной, немного кокетливой манерой держаться, но при этом независимость и активный аналитический ум придавали всему ее облику что-то непостижимо мужское. Эта двойственность сквозила в ее взгляде, одновременно игривом и испытующем. Мужчины не могли ее понять, и это манило и интриговало их: она не была похожа на остальных женщин. Им хотелось понять, в чем тут дело. Восхищение рождала и ее способность вызывать к жизни потаенные желания. Ей был абсолютно чужд конформизм, связь с нею означала нарушение всех мыслимых табу. Ее мужеподобие придавало отношениям с ней странный налет неясной гомосексуальности; свойственные ей жестокость и стремление доминировать

109

могли разбудить в глубине души глубоко затаенные мазохистские начала, именно это произошло с Ницше. Саломе лучилась запретной сексуальностью. Характер ее мощного воздействия на мужчин — безнадежные и длительные влюбленности, многочисленные самоубийства, вспышки творческой активности, сравнение ее с вампиром или дьяволом — говорит о том, что ей удавалось затронуть и возмутить самые темные глубины человеческой души.

Мужеподобной Денди удается вывернуть наизнанку привычную схему мужского превосходства в делах любви и обольщения. Внешняя независимость мужчины, его настроенность на разрыв часто, кажется, дает ему главенство в отношениях с женщиной. Женщина, полная чистой женственности, пробуждает желание, но бессильна, если мужчина теряет к ней интерес; с другой стороны, женщина, мужеподобная во всем, просто не возбудит желания. Следуя путем мужеподобной Денди, однако, можно полностью обезоружить мужчину. Никогда не предавайтесь ему целиком, оставаясь страстной, всегда демонстрируйте независимость и самодостаточность. Можете завести роман с другим или хотя бы позвольте ему думать, что вы это сделали. Покажите, что у вас имеются заботы поважнее, чем отношения с жертвой, например ваша работа. Мужчины не понимают, как сражаться с женщиной, которая направляет на них их же собственное оружие, они заинтригованы, взволнованы — и обезоружены. Мало кто из мужчин способен устоять перед запретными радостями, которые сулит им общение с мужеподобной Денди.

Соблазн чрезвычайно силен,
если исходит от человека, пол которого
неочевиден или скрыт.

КОЛЕТТ

Ключи к портрету

Многие наши современники воображают, что сексуальная свобода — прерогатива нашего времени, что в последние годы всё изменилось, не важно, в лучшую или худшую сторону. Это вообще-то иллюзия; чтение исторической литературы приоткрывает периоды такой разнузданности (Римская империя, Англия конца семнадцатого века, «плавучий мир» Японии восемнадцатого столетия), которая далеко обогнала все то, что происходит в наши дни. Социальные роли полов, конечно, меняются в наши дни, но такое бывало и прежде. Общество пребывает в состоянии непрерывного движения, но кое-что при этом остается неизменным, а именно: огромное большинство людей принимают то, что считается нормальным (что бы это ни было) для данного времени. Они смиряются, играют отведенные им роли. Конформизм неистребим, поскольку люди суть социальные существа, постоянно подражающие друг другу. В определенные моменты истории в моду могут войти оригинальность, непохожесть на других, даже бунтарство, но, когда эти же роли начнет играть множество людей, вся непохожесть и все бунтарство испарятся.

Мы, однако, ни в коем случае не должны огорчаться рабскому соглашательству людей, ведь оно открывает неописуемые просторы для тех немногих, кто не боится рисковать. Денди существовали во все эпохи, во всех культурах: в Древней Греции это Алкивиад, в Японии конца десятого века — Корэтика. И повсюду, где бы они ни появлялись, они процветают благодаря тому самому конформизму — роли, которую играет большинство. Денди демонстрируют и подчеркивают свое истинное и радикальное отличие от других, отличие во внешнем облике, в манере держаться. Поскольку мы с вами в массе своей подавлены и скованы отсут-

Затем свет — целые потоки света — проливается на причины привлекательности для женщин мужчин в женском платье. Речь об этом идет в дневнике аббата Шуази, одного из самых блистательных трансвеститов в истории, о ком нам предстоит еще много услышать, но несколько позднее. Аббат, парижский священнослужитель, имел обыкновение переодеваться в женские наряды. Современник Людовика XIV, он был очень дружен с братом Людовика — таким же любителем, как и он сам, наряжаться женщиной. Некая мадемуазель Шарлотта, юная девушка, волею судеб оказавшаяся в их обществе, полюбила аббата, и, когда между ними возникла связь, аббат

ствием свободы, нас тянет к тем, кто подвижнее нас и кто щеголяет своей инаковостью, выставляя ее напоказ.

Денди способны быть обольстителями в социальной сфере ничуть не в меньшей степени, чем в любовной. Вокруг них собираются люди, их стилю с удовольствием подражают, придворные или толпа с готовностью влюбляются в них. Если вы примеряете на себя типаж Денди для достижения своих целей, не забывайте, что Денди по натуре — редкий и прекрасный цветок. Выделиться из толпы следует таким образом, чтобы это было одновременно и шокирующим, и эстетичным, но ни в коем случае не вульгарным, подсмеивайтесь над современными модами и стилями, прокладывайте оригинальный путь в новом направлении и оставайтесь величественно безразличными к исканиям и действиям всех прочих. Большинство людей страдают от неуверенности, они непременно заинтересуются тем, что вы делаете и на что способны, мало-помалу вами начнут восхищаться, подражать, и всё благодаря тому, что вы выражаете себя с такой непоколебимой уверенностью.

Традиционно Денди выделялись благодаря особой манере одеваться, и им, надо сказать, удается создать собственный, неповторимый стиль. Бо Браммел, самый знаменитый из всех Денди, часами просиживал у зеркала, занимаясь своим туалетом; особенно серьезное внимание он уделял галстуку — благодаря неподражаемой манере завязывать узел галстука он и прославился в Англии начала девятнадцатого столетия. Однако стиль Денди не может и не должен быть излишне очевидным, бросаться в глаза. Денди достаточно тонки и умны, они никогда не прилагают чрезмерных усилий к тому, чтобы нравиться или нет, — люди сами тянутся к ним. Человек, одетый кричаще, вызывающе, лишен воображения и вкуса. Денди намекают на свою оригинальность легкими штрихами, но эти штрихи безошибочно свидетельствуют об их эксцентричности и презрении к приличиям: красный жилет Теофиля Готье, зеленый бархатный костюм Оскара Уайльда, серебряные парики Энди Уорхола. У великого английского премьер-министра Бенджамина Дизраэли были две великолепные трости: с одной он ходил по утрам, с другой — по вечерам. Замена трости происходила в полдень, где бы он ни находился.

Точно так же поступает и Денди-женщина. Она может, например, носить мужскую одежду, но не имитируя ее в точности — одним-двумя штрихами в костюме она способна выделить, подчеркнуть свою оригинальность. Принято говорить, что Жорж Санд носила мужское платье, но ни один мужчина не одевался в точности так же, как она: она не копировала мужской костюм. Когда она прогуливалась по Парижу в шляпе с чрезмерно высокой тульей и в сапогах для верховой езды, встречные невольно провожали ее взглядами.

Помните, необходимо всегда иметь ориентир, точку отсчета. Если ваш внешний облик и стиль вовсе ни на что не похожи, то в глазах людей вы будете выглядеть в лучшем случае самодовольным хлыщом, жаждущим внимания, в худшем — не совсем нормальным. Вместо этого создайте ощущение собственного стиля, собственной моды, изменяя и приспосабливая уже имеющиеся известные стили, — и станете, в свою очередь, объектом подражания. Делайте это с умом — и в подражателях не будет недостатка. К графу д'Орсэ, известнейшему Денди Англии 1830-х и 1840-х, внимательно присматривались лондонские модники; однажды, застигнутый внезапной грозой, он приобрел *пэлтрок* — тяжелый ворсистый плащ с капюшоном, буквально стащив его с какого-то голландского матроса. Рабочая спецовка незамедлительно

поинтересовался, чему он обязан столь легкой победой. «Я не чувствовала, что должна опасаться, как это бывает с мужчинами. Я видела перед собой только прекрасную женщину, и почему, спрашивается, мне нельзя было полюбить ее? Какие преимущества дает вам женское платье! С одной стороны, мы не можем не ощущать присутствия мужской души, мужской любви, и это оказывает на нас огромное впечатление, с другой же — нас пленяют чары, свойственные прекрасному полу, и это заставляет забыть о предосторожности».

С. Ж. Бюйе, «VENUS CASTINA»

превратилась в модную и престижную одежду. То, что люди вам подражают, — несомненный признак власти, достигнутой благодаря искусству обольщения.

Нонконформизм Денди, однако, простирается далеко за пределы внешних проявлений. Отношение к жизни — вот что выделяет его среди прочих; усвойте такое отношение — и вас окружит толпа последователей.

Денди крайне, подчеркнуто надменны. Они совершенно не интересуются мнением других людей, никогда не стараются понравиться. Писатель Лабрюйер, наблюдая двор Людовика XIV, заметил, что о придворном, который изо всех сил старается угодить и понравиться, можно наверняка сказать, что его карьера обречена, ведь ничего менее обольстительного нельзя и вообразить. Как метко заметил Барбей д'Орвильи: «Денди тем и угождают женщинам, что досаждают им».

Дерзость была основой и краеугольным камнем очарования Оскара Уайльда. Как-то вечером после премьеры его пьесы в одном из лондонских театров рукоплещущая в экстазе публика требовала, чтобы автор поднялся на сцену. Уайльд не появлялся, ожидание затягивалось, наконец он вышел на сцену, покуривая сигарету, с выражением крайнего недовольства. «Возможно, вы сочтете дурным тоном, что я вышел сюда с зажженной сигаретой, но куда хуже то, что вы помешали мне ее докурить», — выговорил он своим почитателям. Столь же вызывающе вел себя с окружающими граф д'Орсэ. Однажды в лондонском клубе барон Ротшильд, известный своей скупостью, случайно уронив на пол золотую монету, наклонился, чтобы поднять ее. Сейчас же граф д'Орсэ вытащил тысячефранковую банкноту (стоимость которой была намного больше, чем монеты), свернул ее в трубочку, поджег и, опустившись на четвереньки, стал светить барону, будто бы желая помочь тому в поисках закатившейся монеты. На подобную выходку способен только Денди.

Дерзость Повесы носит иной, более узкий характер, она ограничивается желанием покорять женщин, ни о чем, кроме этого, он не помышляет. Дерзость Денди, напротив, нацелена на социум и представляет собой пощечину общественным устоям. Не женщину он стремится завоевать, а множество людей, все общество. Многие испытывают подавленность из-за того, что являются заложниками принятых норм, которые требуют от них вежливости и благопристойности. Такие люди приходят в восторг от общения с личностью, которая, не задумываясь, плюет на все приличия.

Денди — истинные мастера искусства жить. Они живут ради удовольствия, а не ради труда, они окружают себя красивыми и изящными предметами, едят и пьют с тем же смаком, который демонстрируют и в своей одежде. Именно этим великому римскому писателю Петронию, автору «Сатирикона», удалось покорить императора Нерона. В отличие от скучноватого Сенеки, великого мыслителя-стоика, учителя Нерона, Петроний умел каждый, даже самый малосущественный, эпизод жизни, от празднества до простого разговора, превратить в захватывающее и значительное эстетическое приключение. Не то чтобы такую позицию следует навязывать окружающим — в этом случае вы рискуете прослыть занудой, а эта роль несовместима с образом Денди, — достаточно просто держаться со спокойной уверенностью в себе, в непогрешимости своего вкуса. Этого довольно, чтобы люди потянулись за вами. Ключ в том, чтобы все рассматривать под углом эстетического выбора. Благодаря вашей способности рассеивать скуку, превращая жизнь в искусство, ваше общество будут ценить чрезвычайно высоко.

что свои ботфорты чистит исключительно пеной шампанского. У него имелось 365 табакерок, причем предназначенными для летнего времени для него было немыслимо воспользоваться зимой. Он добился того, что перчатки сидели на руке как влитые, заказывая их сразу двум закройщикам — представителям разных фирм: одному было доверено кроить большие пальцы, другому — остальные. Порой, однако, тирания элегантности становилась совершенно невыносимой. Некий мистер Бузби покончил с собой и оставил записку, в которой писал, что он не может более выдержать пытки застегивать и расстегивать все пуговицы.

«Игра сердец: мемуары Гарриетт Уилсон»

Противоположный пол — неизведанная страна, о которой нам мало что известно, это волнует нас и создает естественное притяжение полов. Но одновременно это — источник раздражения и неудовлетворенности. Мужчинам непонятен ход мысли у женщин и наоборот, при этом каждый пол старается навязать другому собственные правила игры. Денди, возможно, никогда не угодничают, но именно в этой области им удается угодить: демонстрируя некоторые психологические черты противоположного пола, они взывают к нашему врожденному нарциссизму. Женщины отождествляли себя с Рудольфо Валентино, его грацией, вниманием к мелочам в ухаживании; жесткость и бескомпромиссность Лу Андреас-Саломе помогала мужчинам отождествить себя с ней. Жившая в Японии одиннадцатого века Сэй-Сёнагон, придворная дама и писательница, автор «Записок у изголовья», была чрезвычайно обольстительна для мужчин, в особенности принадлежавших к литературным кругам. Она очень дорожила своей независимостью, писала превосходные стихи и сохраняла определенную эмоциональную отстраненность. Мужчинам было недостаточно ее дружбы или равноправного общения, как если бы она была тоже мужчиной, им хотелось большего: очарованные ее тонким пониманием мужской психологии, они влюблялись в нее. Этот тип ментального трансвестизма — способность глубоко проникнуть в психологию представителей другого пола, усвоить их образ мыслей, отразить как в зеркале их вкусы и отношение к миру — может быть ключевым элементом в обольщении. Таким образом можно заворожить жертву, повергнуть ее в гипнотический транс.

Согласно Фрейду человеческое либидо изначально бисексуально — для большинства людей представители их собственного пола хотя бы в какой-то мере привлекательны, но социальные запреты и ограничения (в разных культурах и в разные исторические периоды они отличаются) заставляют их подавлять эти импульсы. Во многих пьесах Шекспира девушка или молодая женщина (в те времена, как известно, женские роли исполняли актеры-мужчины) вынуждена скрываться, переодеваясь для этого в юношу, чтобы исключить всяческий интерес со стороны мужчин, а они впоследствии с восторгом обнаруживают, что юноша — на самом деле девушка. (Вспомним, например, Розалинду в «Как вам это понравится» или Виолу в «Двенадцатой ночи».) Популярные актрисы, вроде Жозефины Бейкер (которую, кстати, называли Шоколадной Денди) и Марлен Дитрих, выходили на сцену в мужском платье, что способствовало их громадному успеху у мужчин. В то же время мужчины с легким налетом женственности, смазливые мальчики всегда сохраняют свою притягательность для женщин. Именно это начало использовал Валентино. Элвису Пресли была свойственна некоторая женственность (черты лица, округлые бедра), он носил розовые рубашки с рюшами и оборками, подкрашивал глаза — и очень рано начал привлекать внимание женщин. Режиссер Кеннет Энгер говорил о Мике Джаггере, что именно «бисексуальный шарм, отличающий его, составляет важный компонент его привлекательности для молоденьких девушек... воздействуя на их подсознание». В западной культуре женская красота веками была объектом куда более мощной фетишизации, нежели мужская, поэтому понятно, что мужчина с несколько женственной внешностью, такой как Монтгомери Клифт, потенциально должен быть намного обольстительнее, чем, скажем, Джон Уэйн.

Фигура Денди имеет место и в политике. Джон Ф. Кеннеди представлял собой странную

Эта царственность, придающая ему [Денди] поистине королевское достоинство, перенята у женщин — для последних она естественна, присуща им от природы. Кое в чем, что касается женских повадок и манеры держаться, денди их даже превосходит. И такая узурпация женственности заставляет самих же женщин восхищаться... В Денди есть что-то противоестественное, какая-то андрогинность, и именно этому он обязан своей безмерной обольстительностью.

Жюль Леметр, «Современники»

117

смесь мужественности и женственности. Мужественность его проявлялась в твердости по отношению к русским и в удалой игре в футбол в Белом доме; что же до женственности, то она проглядывала в его миловидности и щегольстве. Этой двойственностью в значительной мере было обусловлено его обаяние. Дизраэли был неисправимым Денди в манере держаться и одеваться, в результате у многих он вызывал недоверие, но его мужество, проявлявшееся в полном безразличии к людскому мнению, само по себе вызывало уважение. Женщины, разумеется, обожали его, ведь они всегда обожают Денди. Они ценили благородство его манер, художественное чутье, вкус в одежде — другими словами, женские черты в нем. Да что там говорить, основной поддержкой власти Дизраэли была, по сути дела, симпатизировавшая ему женщина — королева Виктория.

Не позволяйте сбить себя с толку тому внешнему, поверхностному осуждению, которое может вызвать ваша поза Денди. Общество может открыто демонстрировать свое неприятие андрогинии (тем более что в христианской теологии андрогинным часто представляют Сатану), но под этим кроется любование, ведь самое обольстительное зачастую загоняется в самую глубь. Научитесь игривому дендизму — и вы станете магнитом для темных, неосознанных чаяний людей.

Ключ к такого рода власти — двойственность. В обществе, где всем и каждому отведены вполне определенные роли, отказ подчиняться стандарту — любому стандарту — вызывает невольный интерес. Нужно лишь быть одновременно женственным и мужественным, дерзким и очаровательным, нежным и неистовым. Пусть окружающие заботятся о том, чтобы быть социально приемлемыми, соответствовать всяческим нормам: таких, как эти типы, — десяток на дюжину, они заурядны, а вы — совсем другое дело, ведь вы вот-вот обретете такую власть, какая им и не снилась.

Символ: Орхидея. Ее форма и цвет странным образом ассоциируются с обоими полами, ее аромат — сладковатый запах распада; это тропический цветок зла, нежный и утонченный. Она ценится за свою исключительность, она не похожа ни на один из прочих цветов.

ВОЗМОЖНЫЕ ОПАСНОСТИ

Денди весьма часто воздействуют на окружающих посредством чувств и переживаний, связанных с ролью полов и находящихся на грани, а порой и за гранью общепринятых понятий. В этом сила Денди, но одновременно и трудности Денди. Хотя подобное действие весьма многозначно и обольстительно, оно настолько же и опасно, так как затрагивает весьма болезненную для многих тему. Более серьезная опасность может исходить от представителей вашего собственного пола. Валентино был несказанно привлекателен для женщин, но мужчины его не выносили. Он постоянно подвергался травле, а обвинения в извращениях, выдвигаемые только на основании его женственной внешности, больно ранили его. Саломе в свою очередь не пользовалась симпатией у женщин. Сестра Ницше — возможно, его самый близкий друг — считала ее злой колдуньей и долгое время вела против нее ожесточенную кампанию в прессе уже после кончины философа. Мало что можно противопоставить такой ярой ненависти. Некоторые Денди пытаются опровергнуть ими же созданный имидж, но это неразумно: Валентино, чтобы доказать свою мужественность, принял участие в боксерском бое единственно с целью продемонстрировать, что он настоящий мужчина. Тем самым он как бы расписался в том, что доведен обвинениями до отчаяния. Нападки общества следует принимать элегантно и несколько пренебрежительно. В конце концов, очарование Денди и заключается по большому счету в их безразличии к мнению окружающих. Вот как, к примеру, выходил из сложных ситуаций Энди Уорхол. Когда люди уставали от его эксцентричных выходок или разражался очередной скандал, он и не пытался обороняться или оправдываться. Вместо этого он просто в очередной раз менял свой имидж, становясь то представителем декадентской богемы, то портретистом, принятым в верхних эшелонах, как бы давая понять с некоторым презрением, что проблема не в нем, а в излишнем внимании к нему окружающих. Другая опасность, которая может грозить Денди, — недооценка того факта, что дерзость и высокомерие приемлемы до определенных пределов. Бо Браммел гордился двумя вещами: своей подтянутостью и едким юмором. Его покровителем в обществе был принц Уэльский, который с возрастом сильно раздался и располнел. Как-то во время обеда принц позвонил в колокольчик, чтобы подозвать дворецкого, на что Браммел язвительно заметил: «Звони, звони, Большой Бен». Принц, которому не понравилось сравнение со знаменитыми башенными часами Биг Бен, шутку не оценил, велел Браммела вывести и никогда более не заговаривал с ним. Лишившись монаршей милости, Браммел окончил свои дни в нищете и безумии.

Следовательно, даже Денди должен знать меру. Истинный Денди осознает различие между показной бравадой, подшучиванием над властью и такой насмешкой, которая действительно может задеть, обидеть или оскорбить. Особенно важно избегать таких выпадов по отношению к тем, кто может представлять для вас опасность. На самом деле эта роль лучше всего удается тем, кому многое сходит с рук, — артистам, художникам, бродягам. В рабочем мире, где люди заняты трудом, образ Денди, пожалуй, лучше подкорректировать и смягчить. Здесь надежнее имидж эксцентричного, но безвредного симпатяги, чем бунтаря, расшатывающего устои и вызывающего тревогу и чувство неуверенности у окружающих.

Естественный

Детство — это золотой рай, который все мы, сознательно или бессознательно, пытаемся воссоздать. Естественный человек воплощает те качества детства, о которых тоскует наша душа, — непосредственность, искренность, безыскусность. Нам так хорошо и просто в присутствии Естественных людей, их игривый, беспечный дух берет в плен, унося назад в тот золотой возраст. Естественные люди обращают слабость в добродетель, их суждения вызывают у нас сочувствие, нам хочется защищать их и помогать им. Есть в этом много настоящего, действительно детского, но в значительной степени мы имеем дело с хитростью, осознанным маневром, цель которого — обольщение. Усвоив роль Естественного человека, вы сможете нейтрализовать естественную подозрительность окружающих и покорить их своей милой прелестью.

Психологический портрет Естественного

Дети далеко не так бесхитростны, как нам обычно представляется. Они страдают от чувства беспомощности и с самого раннего возраста инстинктивно полагаются на силу своего природного обаяния, чтобы компенсировать свою слабость. Они быстро постигают правила игры: естественная наивность ребенка так убедительна, что способна в одно мгновение повлиять на родителей, заставить их выполнить его желание. Так почему бы не использовать это еще и еще раз, теперь уже умышленно, чтобы добиться своего. Если уж уязвимость и беззащитность так привлекательны для взрослых, стало быть, можно применять их для достижения своих целей.

Почему нас так покоряет детская непосредственность? Прежде всего потому, конечно, что все естественное оказывает на нас сильнейшее воздействие. С начала времен явления природы — гроза или землетрясение, например, — вселяли в человеческие существа трепет, смешанный с благоговейным страхом. И чем дальше продвигаемся мы по пути цивилизации, тем сильнее воздействуют на нас подобные явления: современный мир окружает нас таким количеством искусственных, рукотворных вещей и предметов, что все внезапное, непредсказуемое или необъяснимое поражает нас. Дети также обладают этой природной силой, но не представляют угрозы и относятся к нашему, человеческому роду, поэтому они кажутся нам не устрашающими, а, напротив, очаровательными. Многие, если не все, люди стараются понравиться, произвести хорошее впечатление, но детям для этого не требуется никаких усилий, их обаяние не поддается логическому объяснению, а ведь иррациональное зачастую бывает опасно обольстительным.

Давно минувшие времена обладают странной, порой необъяснимой притягательностью для человека, они сильнейшим образом воздействуют на воображение. Если только люди не удовлетворены своим настоящим положением — а это происходит достаточно часто, — они обращаются к прошлому в надежде, что им вот-вот удастся доказать истинность вечной мечты о золотом веке. Вероятно, они все еще находятся во власти очарования детства, которое не вполне безупречная память рисует им временем непреходящего блаженства.

Зигмунд Фрейд

123

Что еще важнее, ребенок представляет тот мир, из которого мы были изгнаны навечно. Взрослая жизнь полна скуки и компромиссов, вот мы и лелеем иллюзорное представление о детстве, своего рода золотом веке, несмотря на то что в действительности для многих из нас детство было временем непонимания и боли. Нельзя, однако, отрицать, что у детства были кое-какие приятные стороны, да и само отношение к жизни было легким. При встрече с обаятельным и милым ребенком мы ощущаем своего рода ностальгию: вспоминаем собственное золотое детство и те качества, которые с тех пор были утрачены и которые так хотелось бы вернуть. Общество милого дитяти дарит нам ощущение, что какая-та частичка утраченного детства возвратилась к нам.

Обольстители из рода Естественных — это люди, которым каким-то образом удалось сохранить некоторые детские черты, обычно безвозвратно выбиваемые взрослением. Эти люди столь же обаятельны, как дети, и нам кажется удивительным, чудесным, что им удалось сберечь в себе эти черты. Разумеется, они не буквально копируют детей во всем, в этом случае они были бы несносны или заслуживали бы жалости. Скорее речь идет о духе детства, который они сохранили. Не воображайте, что эта детскость есть нечто и впрямь естественное, неподконтрольное им. Естественные обольстители рано узнают высокую цену сохранения какого-либо качества и ту обольстительную силу, которая в нем заключена, они бережно культивируют те детские черты, которые им удалось сохранить, в точности так же, как дитя учится играть на своем природном обаянии. Это и есть самое главное. В вашей власти поступать так же, потому что глубоко в каждом из нас таится дитя, чертенок, который просится наружу. Чтобы преуспеть в этом, необходима способность решительно двигаться к намеченной цели, потому что нет ничего менее естественного, чем колебания. Вспомните, какой душевный настрой был свойствен вам когда-то, дайте ему возможность вернуться, отбросив застенчивость и скованность. Люди куда более снисходительны к тем, кто несется очертя голову, пусть даже он кажется безрассудным и ребячливым, чем к нерешительному, инфантильному взрослому. Вспомните, каким вы были до того, как стали таким вежливым и скромным. Чтобы справиться с ролью Естественного, мысленно в любой ситуации представляйте себя ребенком.

Познакомимся с различными типами Естественных — взрослых. Не забывайте, что величайшие обольстители — Естественные — часто сочетают в себе несколько этих качеств.

Невинный. Самые основные качества невинности — слабость и недостаточное знание мира. Невинность слаба, она обречена на то, чтобы исчезнуть в этом жестоком и неуютном мире, ребенок не может защитить или сохранить свою невинность. Неверное понимание мира происходит, оттого что дитя не знает разницы между добром и злом и смотрит на мир неиспорченным взглядом. Слабость ребенка возбуждает сострадание и симпатию, его наивные ошибки заставляют нас смеяться, а ведь нет ничего более обольстительного, чем трогательная смесь симпатии и смеха.

Взрослый Естественный не вполне невинен: невозможно вырасти в этом мире, сохранив полную невинность. Однако Естественные изо всех сил стараются сохранить наивный вид, и им удается создать иллюзию невинности. Они преувеличивают свою слабость, чтобы вызвать ответное сочувствие. Они ведут себя так, слов-

125

но до сих пор видят мир сквозь розовые очки детства, что кажется взрослым умилительно-забавным. По большей части это вполне осознанно надетая маска. Но для того, чтобы добиться успеха, Естественным необходимо, чтобы все в их поведении казалось естественным, выглядело так, словно все происходит само, без всяких усилий с их стороны, — если станет заметно, что они *стараются* быть наивными, они будут выглядеть жалко, и все построение рухнет. Лучше продемонстрировать свою слабость ненавязчиво, непрямолинейно, с помощью взглядов, жестов или ситуаций, в которых вы оказываетесь. Поскольку этот тип наивности по большей части представляет собой притворство, вы можете легко применить его к собственным целям. Научитесь имитировать любую слабость или изъян.

Шалун. Проказливые дети обладают бесстрашием, которое мы, взрослые, давно утратили. Это так, потому что они не видят возможных последствий своих поступков — того, что можно обидеть, задеть кого-то или причинить вред самому себе, например, поранившись. Шалуны дерзки, беспечны, их легкомыслие заразительно. Такие дети еще не столкнулись с необходимостью обуздывать свою природную, бьющую через край энергию ради того, например, чтобы быть вежливыми и соблюдать пристойность. Втайне мы им немного завидуем: нам хотелось бы побыть такими же непослушными.

Взрослые шалуны обаятельны, они сразу обращают на себя внимание, так как разительно отличаются от всех нас. Подобные глотку свежего воздуха в нашем осмотрительном мире, они и сами дышат полной грудью, их неуемная проказливость кажется безудержной и потому естественной. Если вы беретесь играть эту роль, придется забыть о постоянной боязни обидеть окружающих, ведь вы так милы и непосредственны, что вам все сойдет с рук: вас обязательно простят, просто не смогут не простить. Только ни в коем случае не оправдывайтесь, не просите извинения, не опускайте голову с виноватым видом — это мигом разрушит очарование. Что бы вы ни сказали, что бы ни сделали, смотрите ясным, незамутненным взглядом — этим вы покажете, что не понимаете серьезности происходящего.

Вундеркинд. Вундеркинд, или чудо-ребенок, обладает каким-то особым, непостижимым талантом в музыке, математике, шахматах или спорте. Когда видишь этих детей за теми занятиями, в которых проявляется их одаренность, нередко возникает впечатление, что успех дается им без малейших усилий. Если это творцы — художники или музыканты, как, скажем, Моцарт, — их произведения, кажется, изливаются на бумагу или холст сами собой, благодаря некоему врожденному дару, который и позволяет им творить, не задумываясь. Те из них, что одарены физически, наделены необычной энергией, сноровкой и непосредственностью. В обоих случаях дети производят впечатление одаренных не по годам. Это вызывает в нас восхищение.

Чудо-взрослые порой — бывшие вундеркинды, которым удалось, хотя такое случается нечасто, сохранить свою детскую импульсивность и способность импровизировать. Истинная непосредственность — качество столь же редкое, сколь и чудесное, жизнь порой кажется тайным заговором с целью лишить нас его. Жизненный опыт учит нас действовать осторожно, с оглядкой, думая о том, как мы выглядим в глазах окружающих. Чтобы изображать чудо, необходимо действительно обладать каким-то талантом,

Подумайте только, он соорудил из черепашьего панциря и коровьих кишок презабавную музыкальную игрушку и, играя на ней, убаюкал свою маму, так что та крепко уснула. «А где он раздобыл коровьи кишки?» — навострили уши сатиры, от глаз которых не укрылись и две шкуры, растянутые на просушку неподалеку от пещеры. «Уж не подозреваете ли вы бедное дитя в воровстве?» — спросила Киллена. Разговор пошел на повышенных тонах. В этот момент появился Аполлон, которому удалось распознать вора, погадав на полете длиннокрылой птицы. Ворвавшись в пещеру, он разбудил Майю и в резких выражениях потребовал, чтобы ее сын вернул похищенных коров.

Майя указала на завернутого в пеленки ребенка, который притворился, будто крепко спит. «Что за абсурдное обвинение!» — вскричала она. Но Аполлон уже увидел шкуры. Схватив Гермеса, он отнес его на Олимп, где официально обвинил в воровстве, предъявив шкуры как вещественное доказательство. Зевсу отнюдь не хотелось верить, что его собственный сын оказался вором, поэтому он попросил Гермеса отпираться, не признавать своей вины. Но от Аполлона не так-то просто было избавиться, и Гермес, прижатый к стене, вынужден был сознаться. «Ладно, пойдем со мной, — сказал он Аполлону, — можешь забрать свое стадо. Я зарезал только двух, а мясо разделил на двенадцать

уметь делать что-то, что в вашем исполнении будет выглядеть легким и естественным, да еще сочетать это со способностью к импровизации. Если на самом деле ваше умение требует тренировки и работы, придется скрывать это от окружающих — всё должно выглядеть так, словно дается вам без усилий. Чем лучше вам удастся скрыть работу до седьмого пота, тем естественнее и обольстительнее вы будете выглядеть.

Беспечные влюбленные. По мере того как люди становятся старше, они учатся защищаться от болезненных переживаний, наращивая скорлупу и укрываясь за ней. Цена такой защиты — то, что люди становятся жесткими, негибкими — как в физическом, так и в ментальном смысле. Дети же от природы не защищены, открыты опыту, и эта восприимчивость необыкновенно обаятельна. В присутствии детей мы сами становимся мягче, их открытость заразительна. Поэтому нам так приятно находиться рядом с ними.

Беспечных влюбленных каким-то образом обошел процесс формирования защитного слоя, они сохранили в себе жизнерадостную открытость и детскость. Часто эти качества проявляются на физическом уровне: они изящны и кажутся моложе своих лет. Из всех черт, свойственных типажу Естественного, эта — одна из самых полезных. Подозрительность убийственна для обольщения: проявляя ее, вы вызовете у окружающих ответное недоверие. Беспечный влюбленный, напротив, снижает закомплексованность своего объекта, что в обольщении имеет важнейшее значение. Важно научиться не выказывать своего недоверия: покоряйтесь, вместо того чтобы сопротивляться, будьте открытыми влиянию окружающих, и они с радостью откроются в ответ, подпав под воздействие ваших чар.

Естественные — несколько примеров обольстителей

1. Свое детство Чарли Чаплин провел в Англии, и это были годы крайней нужды, особенно после того, как его мать была помещена в психиатрическую больницу. Чарли было немногим больше десяти лет, когда, вынужденный зарабатывать на жизнь, он нашел работу в варьете, где выступал довольно успешно. Но Чаплин был безмерно честолюбив, именно поэтому в 1913 году, в возрасте двадцати четырех лет, он эмигрировал в США, решив попытать счастья в кино. В Голливуде он сыграл несколько крохотных эпизодических ролей, но успех до поры до времени обходил его стороной. Конкуренция была безжалостной, соперников масса, и, хотя в багаже у Чаплина уже был интересный набор комических приемов, которым он научился в варьете, ему не особенно удавались шутки, построенные на падениях, и прочие грубоватые трюки, которые так ценились в комедиях эпохи немого кино. Чарли не был комиком-гимнастом, как Бастер Китон.

В 1914 году Чаплину удалось получить главную роль мошенника в коротенькой ленте «Зарабатывая на жизнь». Подбирая себе костюм, он пробовал разные варианты, пока не нашел брюки, которые были ему велики на несколько размеров. К ним он добавил шляпу-котелок, громадные башмаки, надетые не на ту ногу, тросточку и наклеил маленькие усики щеточкой. Нелепый костюм вызвал к жизни нового героя: вслед за одеждой появилась забавная походка, затем привычка вертеть тросточку, а это потянуло за собой самые разнообразные комические трюки. Мэку Сеннетту, руководителю киностудии, фильм не очень понравился, ему казалось, что у Чаплина в кино нет перспектив, но критики рассудили иначе: появилось несколько восторженных рецензий.

равных частей, чтобы принести жертвы двенадцати богам». — «Двенадцати богам? — переспросил озадаченный Аполлон. — А кто двенадцатый?» — «Твой покорный слуга, господин, — скромно отвечал Гермес. — Я съел только свою долю, потому что был очень голоден, а остальное мясо сжег — все как полагается». Два бога [Гермес и Аполлон] вернулись на гору Киллен, где Гермес поклонился Майе, а потом вынул некий предмет, который прятал под овчиной. «Что у тебя там?» — спросил Аполлон. В ответ Гермес показал изобретенную им лиру из черепашьего панциря и заиграл на ней столь восхитительную мелодию, а потом и запел столь нежным голосом, восхваляя благородство, ум и щедрость Аполлона, что был немедленно прощен. Не переставая играть, он отвел пораженного и восхищенного Аполлона туда, где паслись оставшиеся коровы. «Предлагаю сделку! — воскликнул Аполлон. — Оставь себе коров, если хочешь, а я возьму лиру». — «Согласен», — сказал Гермес, и они ударили по рукам... Аполлон снова доставил младенца на Олимп и рассказал Зевсу, как было дело. Зевс пожурил Гермеса и велел ему отныне уважать права собственности и воздерживаться от унизительной лжи, однако история его позабавила. «Ты, похоже, весьма изобретательный и красноречивый божок, способный уговорить кого угодно», — заметил Зевс.

В одной из них говорилось: «Талантливый актер, сыгравший в этой картине роль забавного жулика, показал себя комиком высшего класса, он играет органично и естественно, как сама Природа». Публике тоже понравилось, прокат фильма оказался успешным.

Что же взяло за душу зрителей фильма «Зарабатывая на жизнь» и выделило Чаплина из ряда многочисленных комиков немого кино? Это была обезоруживающая, почти жалкая наивность его персонажа. Почувствовав, что он на пороге открытия, Чаплин в последующих картинах стал разрабатывать этот характер, делая его все более и более наивным и беззащитным. Суть была в том, чтобы заставить своего героя смотреть на мир глазами ребенка. В фильме «Банк» он — уборщик в банке, мечтающий о подвигах в тот самый момент, когда в здании банка орудуют грабители; в «Ростовщике» — неумелый продавец, который ломает старинные часы; в «На плечо!» — солдат в кровавых траншеях Первой мировой, воспринимающий ужасы войны, как невинное дитя. Чаплин заботился о том, чтобы другие актеры, приглашенные в его фильмы, были выше его ростом и крупнее по сложению, что подсознательно ставило их в положение взрослых верзил, а ему придавало вид беспомощного ребенка. А по мере того как Чаплин глубже проникал в характер своего героя, происходила странная вещь: персонаж и реальный человек стали проникать друг в друга, их черты перемешивались. Несмотря на то что детство было тяжелым, Чаплин тосковал о нем. (Для фильма «Тихая улица» он заказал в Голливуде декорации, которые точно воспроизводили лондонские улочки, по которым он бегал мальчишкой.) Он не верил взрослому миру, предпочитая общество молодых или тех, кто молод в душе: трем из четырех его жен на момент женитьбы не исполнилось двадцати лет.

В отличие от других комиков Чаплин заставлял публику не просто смеяться, но и сочувствовать его персонажам, переживать за них, жалеть, как пожалели бы пса, потерявшего хозяина. Зрители хохотали и плакали одновременно. Они чувствовали, что роли, которые играл Чаплин, идут откуда-то из самых глубин его души, что он чистосердечен, играя, по сути дела, самого себя. Прошло лишь несколько лет с момента выхода первого фильма, а Чаплин уже был знаменитым, возможно, самым знаменитым актером в мире. Появились куклы, изображающие Чаплина, книги комиксов о его приключениях, игрушки, о нем пелось в популярных песенках, о нем сочиняли анекдоты, его герой стал символом, понятным повсюду. В 1921 году, когда он впервые возвратился в Лондон, его приветствовали огромные толпы народа, которые неистовствовали, словно встречали полководца, одержавшего триумфальную победу.

Самым удачливым обольстителям под силу покорять массовую аудиторию, народы и весь мир — они умело играют на подсознании, вызывая у людей ответные реакции, которые те не могут ни осознавать, ни контролировать. Чаплин почти случайно открыл в себе эту силу, обнаружив, какое воздействие он оказывает на зрителей, обыгрывая свою слабость, заставляя поверить, что в его взрослом теле кроется беззащитный ребенок. С начала двадцатого века мир менялся очень быстро и радикально. Труд, механический и обезличенный, требовал от людей все больше времени; жизнь становилась все более жесткой, негуманной, безжалостной. Ужасы Первой мировой войны только подтверждали и подчеркивали это ощущение. Вовлекаемые, словно в водоворот, этими необратимыми преобразованиями, люди тосковали об утраченном детстве, которое виделось им потерянным золотым раем.

«Так сделай меня своим глашатаем, отец, — ответил Гермес, — и тогда имущество богов будет в полной сохранности, кроме того, я обещаю не лгать, хотя и не могу поручиться, что буду говорить всю правду». — «Такого подвига от тебя и не ждут», — улыбнулся Зевс... Зевс вручил ему увитый белыми лентами посох глашатая, к которому всем приказал относиться с уважением, а также круглый шлем для защиты от дождя и крылатые золотые сандалии, чтобы передвигаться со скоростью ветра.

Роберт Грейвз, «Греческие мифы». Том I

Очевидно, облада-
ние чувством
юмора подразуме-
вает наличие у
человека некоего
характерного
поведенческого
стереотипа.
В первую очередь
это относится к
эмоциональной
сфере: людям
с юмором свой-
ственна жизнера-
достность. Что дает
человеку основа-
ние гордиться тем,
что он игрив и
весел? Тому есть
целых две причины.
Первая: жизнера-
достность ассо-
циируется
с детством
и юностью. Если
человек способен
радоваться, значит,
он внутренне
молод, сохранил
юношеский задор
и энергию... Но
есть в этом и более
глубокий смысл:
быть веселым и
жизнерадостным
означает,
в каком-то смысле,
быть свободным.
Когда человек
шутит, он на время

Взрослый ребенок вроде того, каким выглядел Чаплин, производил необыкновенное впечатление, предлагаемая им иллюзия — жизни
более наивной, простой и теплой, чем в действительности, — пленительна. Людей привлекает
перспектива на короткое время, пока идет кино,
вернуться в ту чудесную жизнь, в свое безоб-
лачное прошлое. В жестоком мире, где отсутствует мораль, наивность невероятно притягательна. Важно преподнести ее зрителю без тени
сомнения и иронии, как простак в бесхитрост-
ной комедии. Еще важнее, однако, добиться
сопереживания. Откровенная сила и власть редко обладают притягательностью, они скорее
вызывают у нас страх или зависть. Испытанный
путь обольстителя — демонстрация своей неза-
щищенности и беспомощности. Здесь нельзя
быть слишком прямолинейным: просто взывать
о сочувствии означает выглядеть жалким, а это
совсем не обольстительно. Ни при каких обстоятельствах не объявляйте себя во всеуслышание жертвой или, еще того хуже, неудачником.
Достаточно намекнуть на это беспомощной
манерой поведения, смущением. Удачно сыграв
естественную слабость, вы мгновенно удостои-
тесь любви и сострадания, что разом ослабит
бдительность окружающих и даст им приятней-
шее чувство превосходства над вами. Попадайте
в такие ситуации, которые помогут вам проявить
слабость, в которых у кого-то другого будет
преимущество: они — умудренные и сильные,
вы — наивный ягненок. Без всякого усилия с
вашей стороны у окружающих возникнут сочувствие и симпатия к вам. А как только глаза им
застелет сентиментальная дымка, они уже не
смогут разглядеть, что вы ими манипулируете.

2. Эмма Крауч родилась в 1842 году в английском Плимуте, в респектабельной семье, при-
надлежащей к среднему классу. Отец ее был

композитором и преподавателем музыки и мечтал добиться успеха как сочинитель комических опер. В семье было много детей, но его любимицей стала Эмма: она была прелестным ребенком, живая и игривая, с рыжими волосами и лицом в веснушках. Отец любил ее до безумия и сулил ей блестящую будущность в театре. К сожалению, у мистера Крауча был тайный порок: он был азартным игроком, авантюристом и повесой; в 1849 году он, оставив семью, уехал в Америку. Семье приходилось теперь очень туго. Эмме сказали, что папа погиб в результате несчастного случая, и отправили ее на воспитание в монастырь. Потеря отца глубоко подействовала на девочку, и даже спустя годы она все возвращалась мыслями в прошлое, в те времена, когда он так любил и баловал ее.

Шел 1856 год. Эмма возвращалась домой из церкви, когда к ней подошел хорошо одетый господин и пригласил ее к себе попробовать пирожных. Она согласилась пойти к нему домой, где он злоупотребил ее доверчивостью. На следующее утро этот господин — он оказался человеком богатым, торговцем-ювелиром — умолял ее остаться. Он сулил, что жить она будет в собственном доме и ни в чем не будет знать отказа. Эмма взяла те деньги, которые он ей совал, но не осталась. Она была твердо намерена осуществить свою давнишнюю мечту: навсегда уйти из семьи, никогда больше ни от кого не зависеть и вести шикарную жизнь, которую когда-то обещал ей отец.

На деньги, полученные от ювелира, Эмма накупила красивой одежды и сняла дешевую квартирку в Лондоне. Взяв красивый псевдоним Кора Перл, она зачастила в «Аргайл Румс», дорогой бар, в котором приличные господа якшались с проститутками. Владелец заведения мистер Бигнелл заметил новенькую — для молоденькой девушки она держалась необычно

отметает все ограничения, пренебрегает тем, что обычно связывает его, — в профессии или в нравственной сфере, дома или в обществе... Подобные ограничения лишают нас возможности обустроить мир по своему вкусу, и в глубине души это раздражает и уязвляет нас... ведь больше всего мы мечтаем о том, чтобы создать собственный мир, подогнать его под себя. Как только нам представляется подобная возможность, пусть даже в минимальной степени, мы счастливы. Мы начинаем играть, воображая, что строим собственный мир...

Х. А. ОВЕРСТРИТ, «ФАКТОРЫ, ОПРЕДЕЛЯЮЩИЕ ЧЕЛОВЕЧЕСКОЕ ПОВЕДЕНИЕ»

смело, чтобы не сказать развязно. В свои сорок пять лет он был намного старше ее, что не помешало ему стать ее любовником и покровителем, он осыпал ее деньгами и вниманием. Через год он взял ее в Париж. Во французской столице царила роскошь. Кору Париж заворожил, его красоты произвели на нее неизгладимое впечатление, но больше всего ее поразила вереница — настоящий парад — богатых карет в Булонском лесу. Сюда стекались на прогулку законодательницы мод — благородные дамы, принцессы, сама императрица, не последнее место занимали куртизанки, кареты которых отличала особая пышность. Все это было похоже на ту жизнь, которую сулил Коре отец. Она решительно заявила Бигнеллу, что в Лондон с ним не вернется, а останется здесь одна.

Кора, которая теперь часто появлялась в соответствующих местах, вскоре привлекла к себе внимание богатых французов. Ее видели прогуливающейся по улицам в ярком розовом платье, прекрасно гармонирующем с пламенеющими рыжими волосами, бледным лицом и веснушками. Можно было наблюдать, как она скачет верхом в Булонском лесу, то и дело щелкая хлыстом. Ее можно было встретить в кафе в окружении мужчин, смеющихся в ответ на ее колкости. Поговаривали о ее подвигах — о том, что ей доставляет удовольствие обнажаться перед всеми и каждым. Ею заинтересовались в парижском высшем обществе; в особенности, разумеется, она привлекала пожилых мужчин — им, уставшим от холодных и расчетливых куртизанок, доставляли удовольствие ее ребяческие шалости. Ей удалось завоевать благосклонность многих представителей элиты, среди них — герцог де Морней, наследник голландского престола и принц Наполеон, двоюродный брат императора Луи Бонапарта. Получаемые от них деньги Кора тратила на самые немыслимые вещи: разноцветную карету с упряжкой лошадей какой-то невероятной кремовой масти, ванну розового мрамора с ее инициалами, выложенными золотой мозаикой. Поклонники старались превзойти друг друга, потакая ее капризам. Один влюбленный ирландец спустил ради нее целое состояние всего за какие-нибудь восемь недель. Но за деньги невозможно было купить благосклонность Коры: она бросала мужчин из-за малейшей прихоти.

Безумства Коры Перл, ее пренебрежение нормами поведения стали в Париже притчей во языцех. В 1864 году она пожелала появиться на сцене в облике Купидона в оперетте Оффенбаха «Орфей в аду». Все с нетерпением ожидали премьеры, гадая, что же она выкинет на этот раз, дабы произвести сенсацию. Ожидания оправдались: она появилась практически обнаженной, если не считать крупных бриллиантов, которые прикрывали ее наготу в некоторых местах. Когда она гарцевала по сцене, бриллианты падали, а ведь каждый из них стоил целое состояние, она не останавливалась, чтобы поднять камни, позволяя им скатываться к рампе. Зрители — среди них были и те, кто преподнес ей эти драгоценности, — разразились неистовыми овациями. Благодаря подобным выходкам Кора сделалась достопримечательностью Парижа, она царила в городе больше десяти лет, пока франко-прусская война 1870 года не положила конец эпохе Наполеона III.

Люди часто ошибочно полагают, что желанным и соблазнительным человека делают физическая, телесная красота, элегантность или сексуальность. Но Кора Перл вовсе не блистала красотой, фигурка у нее была мальчишеская, а стиль — кричащий и безвкусный. И все же она кружила головы самым экстравагантным мужчинам Европы, которые подчас рисковали карьерой и состоянием ради того, чтобы только до-

ИЗ «ПОВЕСТИ
О ГЭНДЗИ»
МУРАСАКИ СИКИБУ

Но вот, кажется, все
и уснули. Отодви-
нув засов, Гэндзи
обнаруживает, что
с той стороны пере-
городка не заперта.
У входа стоит
занавес, тусклый
огонь светильника
освещает расстав-
ленные повсюду
сундуки, похожие
на китайские,
небрежно разбро-
санные вещи.
Переступая через
них, Гэндзи
проходит внутрь и,
заметив, что у
противоположной
стены кто-то лежит,
направляется туда.
Женщина недо-
вольна, что ее
потревожили, но до
тех пор, пока
Гэндзи не откиды-
вает покрывающее
ее верхнее платье,
продолжает
пребывать в полной
уверенности, что
вошла та самая
дама [по прозва-
нию Тюдзё], кото-
рую она звала…
Право, злобный
демон и тот

биться ее благосклонности. Их притягивали живость, непосредственность Коры, ее восприятие жизни. Избалованная отцом, она воспринимала как должное, что ее балуют и другие, искренне считая, что все мужчины должны поступать именно так. В результате ей, словно маленькому ребенку, даже в голову не приходило, что и она могла бы постараться угодить кому-нибудь. Кора была очень независима, что возбуждало в мужчинах желание обладать ею, приручить, обуздать ее. Она никогда не претендовала на роль более значительную, чем просто куртизанки, потому-то ее развязность, которая в светской даме производила бы впечатление неприличной, в ней казалась естественной и забавной. Ее отношения с мужчинами строились, как у любого избалованного дитяти: условия диктовала она. Стоило мужчине попытаться изменить ситуацию, как она тут же теряла к нему всякий интерес. В этом-то и заключался секрет ее головокружительного успеха.

Избалованные дети пользуются незаслуженно скверной репутацией; правда, те из них, кого избаловали, задаривая игрушками и другими материальными вещами, действительно совершенно несносны, однако другие, избалованные вниманием и обожанием, могут быть очень обаятельными. Это превращается в большое преимущество, когда такие дети подрастают. Согласно Фрейду (а он говорил об этом со знанием дела, поскольку сам был любимчиком у своей матери) избалованные дети наделены уверенностью в себе, которая не покидает их на протяжении всей жизни. Эта уверенность заметна невооруженным глазом, она привлекает внимание окружающих и заставляет людей любить и баловать их еще больше. Поскольку характер и естественная энергия этих детей не были скованы строгими родителями, из них вырастают взрослые с задатками искателей приклю-

136

чений, решительные и смелые, хотя нередко при этом эгоистичные и вредные.

Урок прост: наверное, уже поздно родителям баловать вас, но ведь никогда не поздно предоставить такую возможность другим людям. Все зависит от того, как вы себя поставите. Люди тянутся к тем, кто берет от жизни многое, а осторожных и скромных они не замечают. Необузданность и раскованность оказывают на нас странное воздействие: они привлекают, дразнят, провоцируют, нам хочется укротить их, добиться, чтобы они зависели от нас. Обольщение наполовину состоит в том, чтобы вызывать такие противоречивые чувства и желания.

3. В октябре 1925 года парижское общество было взбудоражено гастролями негритянского ревю «Черные птицы». Джаз — а на самом деле всё, что имело отношение к черной Америке, — был последним криком моды, а танцовщики и другие участники ревю были американцами африканского происхождения. В вечер премьеры зал был до отказа забит представителями богемы и светского общества. Шоу было восхитительным, как и ожидали зрители, но никто даже предположить не мог, каким будет последний номер; в нем выступила длинноногая, немного застенчивая, с совершенно очаровательным лицом девушка — Жозефина Бейкер, двадцатилетняя хористка из Сент-Луиса. Она вышла на сцену с обнаженной грудью, в юбке из перьев поверх шелковых штанишек, с гирляндами перьев на шее и щиколотках. Свой номер под названием «Танец дикарей» она исполняла с партнером, тоже облаченным в перья. Однако все глаза были устремлены только на нее: ее тело, казалось, наполняла какая-то не виданная зрителями жизнь, ноги ее двигались с кошачьей грацией, вращая бедрами, она выделывала удивительные фигуры, которые один из критиков

не посмел бы обратить на него свой гнев, что же говорить о слабой женщине?.. Женщина столь мала и хрупка, что он легко поднимает ее и, нежно прижимая к груди, направляется к перегородке, но тут появляется та самая Тюдзё, которую раньше призывала госпожа. «Ах!» — восклицает Гэндзи, и дама принимается испуганно шарить по сторонам, но, ощутив, что воздух напоен необычайным благоуханием, которое словно проникает в поры на лице, тут же обо всем догадывается... Вне себя от волнения, она следует за Гэндзи, а он, не обращая на нее ровно никакого внимания, проходит за полог в глубине покоев и, задвигая за собою перегородку, молвит: «Приходите за госпожой на рассвете».

сравнил с полетом колибри. Танец продолжался, складывалось впечатление, что девушка охвачена экстазом, одержима музыкой и ничего не замечает вокруг, не слышит даже восторженного рева толпы. Однако, приглядевшись внимательнее, зрители видели на ее лице неподдельное веселье и озорство. Жозефина излучала такую радость, что ее танец утрачивал эротическую окраску и становился совершенно невинным, имеющим даже несколько комический оттенок.

На другой день, с появлением первых отзывов, стало ясно — родилась новая звезда. Жозефина стала душой негритянского ревю, а Париж лежал у ее ног. Целый год ее лицо не сходило с афиш, расклеенных по всему городу, имя Жозефины Бейкер украшало флакончики духов, одежду, появились куклы, изображающие ее. Парижские модницы, подражая ей, зачесывали волосы назад a la Бейкер с помощью состава, получившего название «Бейкерфикс». Некоторые даже пытались придать более темный оттенок своей коже.

Такая внезапная слава означала для девушки резкую перемену в жизни, ведь совсем еще недавно Жозефина жила в Восточном Сент-Луисе, одном из самых бедных районов Америки. Восьми лет от роду она была вынуждена начать работать — убираться в доме белой женщины, которая била ее. Бывало, что ей приходилось спать в подвале, где были крысы, зимой жилище не отапливалось. (Тогда-то, пытаясь согреться холодными зимними вечерами, она и выучилась своим неистовым танцам.) В 1919 году Жозефина убежала из дому и перебивалась случайными заработками, выступая в варьете, а через два года добралась до Нью-Йорка и осталась там, хотя у нее не было ни денег, ни связей. Она добилась некоторого успеха, выступая в комическом хоре, где одновременно пела и смешила публику, скашивая к носу глаза и строя уморительные рожи. До поры до времени ничего другого не подворачивалось, но она не сдавалась. А потом ее пригласили в Париж. Многие негритянские артисты отказывались от гастролей, опасаясь, что в Европе отношение к ним может оказаться еще хуже, чем в Америке, но Жозефине терять было нечего, и она решила рискнуть.

Несмотря на оглушительный успех, Жозефина не потеряла голову: она прекрасно понимала, как непостоянны в своих пристрастиях парижане. Она приняла решение круто изменить положение дел. Прежде всего она отказывалась от любой постоянной работы, и за ней закрепилась репутация актрисы, расторгающей контракты по своей прихоти, способной бросить все и уйти в любую минуту. С самого детства она боялась попасть к кому бы то ни было в зависимость, и теперь никто не мог заполучить ее за просто так. Это привело лишь к тому, что ее популярность у зрителей росла, а импрессарио гонялись за ней, готовые принять любые условия. Во-вторых, она не заблуждалась, трезво оценивала ситуацию и понимала, что, несмотря на увлечение французов негритянской культурой, они воспринимали ее как что-то карикатурное. Что ж, если это вело к успеху, Жозефина не возражала, но при этом ясно дала понять, что сама она не принимает эту карикатуру всерьез, вместо этого она перевернула ситуацию, превратившись в супермодную француженку и доведя этот свой образ до карикатуры, только шаржируя не негритянское, а европейское. Она играла множество ролей и относилась к ним как к ролям — комедиантки, исполнительницы дикарских танцев, ультрастильной парижанки. И все, за что бы ни бралась Жозефина, она делала с невероятной легкостью и простотой, ей ни в малейшей степени не была свойственна претенциозность. Неудивительно, что она продолжала сводить с ума пресыщенных парижан еще много лет. Ее похороны в апреле 1975 года, транслировавшиеся по французскому телевидению, превратились в событие огромной культурной важности. Жозефина Бейкер была погребена с такими почестями, которых до нее удостаивались разве что руководители государства.

С самого раннего возраста Жозефину Бейкер преследовало чувство, что она ничто в этом мире, что она беззащитна перед ним. Да и могло ли быть иначе в таких безнадежных, казалось бы, обстоятельствах? Некоторые девушки видят единственную надежду в будущем муже, но жизненный опыт Жозефины был неудачен: отец бросил ее мать вскоре после рождения дочери, так что она не рассматривала замужество и создание семьи как единственный способ выбраться из нищеты. Ее поведение напоминает то, как поступают порой в трудных ситуациях дети: столкнувшись с окружающей безысходностью, они укрываются от нее в выдуманном мирке «собственного производства», забывая о безобразиях, творящихся вокруг. Ее мир наполняли веселые танцы, клоунада и чудесные мечты. Пусть другие сетуют и жалуются, Жозефина улыбается, она уверена в себе и в своих силах. Почти каждый, кто встречался с ней с юности до последних лет жизни, отмечал это свойство ее характера, придававшее ей безмерное обаяние. Ее решительное нежелание идти на компромисс, становиться такой, какой ее хотели бы видеть другие, было настолько естественным, что и все ее поступки, все поведение также выглядели неподдельными и органичными.

Ребенку свойственно играть, фантазировать, часто в воображении он создает для себя маленький уютный мирок. Когда дети поглощены своими фантазиями, игрой, они невероятно трогательны. Они говорят о своих выдумках с такой серьезностью, с таким чувством! Поведение Естественных — взрослых в чем-то схоже с этим, особенно если речь идет о художниках: они тоже создают мир собственной фантазии и живут в нем, словно в реальном. Фантазия неизмеримо милее, чем реальность, а поскольку большинству людей недостает смелости или силы сотворить и для себя такие мирки, они счастливы, оказываясь рядом с теми, кто это делает. Помните: вы не обязаны безропотно принимать ту роль, которую навязывает вам действительность. Всегда можно заменить ее, выбрать для себя другую роль, более соответствующую вашим собственным представлениям о жизни. Научитесь играть со своим имиджем, стараясь не принимать его слишком всерьез. Главное — относиться к своей игре с убежденностью и искренностью ребенка, чтобы все выглядело естественно. Чем достовернее вы сможете показать, что поглощены своим собственным, полным радости миром, тем симпатичнее и обаятельнее станете для окружающих. Не останавливайтесь на полпути: пусть фантазия, которую вы для себя обживаете, будет, насколько это возможно, экзотической, радикальной, тогда вы будете притягивать к себе внимание, подобно магниту.

4. При императорском дворе в Японии конца десятого века праздновали Дни цветения вишен. Праздник был в самом разгаре, многие придворные уже захмелели, кое-кто отправился отдыхать, но юной Обородзукиё, родственнице императора, не спалось — она декламировала стихи: «Что по весне сравнится с луной в туманной дымке?» Голос у нее был мелодичный и нежный. Она подошла к двери своих покоев,

чтобы полюбоваться на луну. Тут она почувствовала какой-то сладкий аромат, и чья-то рука внезапно схватила ее за рукав. «Кто здесь?» — испуганно спросила Обододзукиё. «Вам нечего бояться», — ответил мужской голос и продолжил начатое ею стихотворение строками своего сочинения: «В поздний час мы любуемся луною в тумане. Но никакой туман не скроет того, что нас связывает с тобой». Не произнеся более ни единого слова, мужчина притянул к себе девушку и, спустившись с нею на галерею рядом с ее покоями, прикрыл за собой дверь. Она в полной растерянности что-то пролепетала, попыталась позвать на помощь. В темноте она снова услышала его голос, на этот раз чуть громче: «Вам не нужно никого звать. Я волен ходить, где захочу. Прошу вас, не поднимайте шума».

Теперь девушка узнала голос, а следом и тонкий аромат благовоний: то был Гэндзи, молодой сын любимой наложницы императора. Открытие несколько успокоило ее, потому что этого человека она знала, но, с другой стороны, ей была прекрасно известна и репутация Гэндзи: ветреник, общий баловень и неисправимый повеса, человек, для которого не существует препятствий. Сегодня он захмелел больше обычного. Близился рассвет, и ей овладела тревога: она боялась, что их застанут вместе. Но в первом свете забрезжившей зари она смогла различить очертания его лица, он был так хорош собой, казался таким искренним; он не способен причинить зло, решила девушка. Он снова читал стихи своим чарующим голосом, его слова были так пленительны! Прекрасные образы его стихов наполняли ее мысли, рассеивая беспокойство. Она не могла ему противиться.

Лишь когда совсем рассвело, Гэндзи поднялся. На прощание он сказал ей несколько нежных слов, они обменялись веерами в память о неожиданной встрече, и Гэндзи удалился. Его возвращение не осталось незамеченным, и встретившие его дамы весело перешептывались на его счет. Им, однако, и в голову не могло прийти, что он провел эту ночь с сестрой супруги императора.

Шли дни, Ободзукиё думала только о Гэндзи, тихонько вздыхая. Она знала, что у него были и другие возлюбленные, но, когда она совсем уж убедила себя выбросить его из головы, от него пришло послание, и чувства нахлынули с новой силой. На самом деле переписку начала сама Ободзукиё под впечатлением его полуночного визита. Она должна была вновь увидеть его. Невзирая на риск быть обнаруженной и на то, что ее сестра Кокидэн, супруга императора, питала ненависть к Гэндзи, она назначала ему новые свидания в своих покоях. Но однажды их застали вместе, и завистники позаботились, чтобы слух об этом достиг ушей Кокидэн. Та пришла в настоящую ярость и потребовала, чтобы Гэндзи покинул двор, и императору ничего не оставалось, как согласиться.

Гэндзи теперь жил в уединении, и все малопомалу успокоилось. Императора сменил на престоле его сын. При дворе ощущалась какая-то пустота: дамы, которых Гэндзи успел покорить, не могли долее мириться с его отсутствием, они засыпали его посланиями. Даже те дамы, которых не связывали с Гэндзи интимные отношения, лили слезы над его подарками — веером или платьем, все еще хранящими неповторимое благоухание. Молодому императору тоже недоставало Гэндзи с его шутливыми замечаниями. Принцессы тосковали, не имея возможности послушать его игру на кото[1]. Обо-

---

[1] Кото — старинный японский щипковый инструмент.

родзукиё томилась без его полуночных посеще-
ний. В конце концов Кокидэн вынуждена была
уступить, поняв, что не в силах противиться.
Гэндзи снова появился в столице. Он не просто
получил прощение, его встречали как героя, сам
молодой император приветствовал его со слезами на глазах.

История жизни Гэндзи подробно изложена
в великолепном романе одиннадцатого века
«*Повесть о Гэндзи*», написанном Мурасаки
Сикибу, дамой хэйанского двора. Основным
прототипом этого персонажа было историческое лицо: Фудзивара-но Корэтика. И правда, в
другом замечательном памятнике японской
литературы хэйанского периода, «Записках у
изголовья», другая придворная дама Сэй-Сёнагон описывает свою любовную связь с Корэтика. Она рассказывает о неотразимом обаянии
своего возлюбленного и почти гипнотическом
воздействии его на женщин. Принц Гэндзи —
Естественный, не знающий преград любовник.
Этот мужчина на протяжении всей жизни ме-
няет женщин без числа, но все же остается желанным для них, неотразимым, благодаря тому,
что высоко ценит их достоинства и искренен в
своем восхищении. В романе он говорит юной
Ооородзукиё: «Я волен ходить, где захочу».
Такая детски наивная самоуверенность составляет значительную долю обаяния Гэндзи. Встре-
ченное сопротивление не останавливает его: он
великодушно отступает, прочитав на прощание
стихи. Но после его ухода в комнате остаются
аромат благовоний и память о шелесте его
одежд... И вот уже его жертва вопрошает себя,
стоило ли обходиться с ним так сурово, она раз-
думывает о том, чего лишилась, отказав ему, —
и находит способ дать понять возлюбленному,
что в следующий раз все будет по-другому.

Гэндзи ничего не принимает близко к сердцу, не относится ни к чему слишком серьезно, и в сорок лет — возраст, в котором большинство его современников в одиннадцатом веке приобретали вид потрепанных жизнью старцев, — он все еще кажется юношей. Его неотразимое обаяние, его сила всегда с ним.

Человеческие существа очень легко поддаются внушению, настроение одних легко передается окружающим. По сути дела успех обольщения может зависеть от способности к мимикрии, от тонкого умения уловить определенное настроение или чувство другого и воспроизвести его. Однако колебания и осторожность тоже бывают заразительны, а для обольщения они смертельно опасны. Если в решающий момент вы проявите нерешительность и дрогнете, партнер мгновенно почувствует, что в этот момент вы думаете о себе, вместо того чтобы безоглядно предаться его обаянию. Чары будут разрушены. Играя же роль влюбленного, не знающего преград, вы достигаете обратного эффекта: как бы ваша жертва ни колебалась и ни сомневалась, при встрече с таким уверенным, раскрепощенным и внутренне свободным человеком ему или ей непременно передастся ваш настрой. Этому можно выучиться, точно так же, как люди выучиваются вести в танце партнершу, непринужденно кружа ее по залу. Главное — это искоренить страх, подозрительность и недоверчивость, которые прорастали в вас годами. Больше изящества и легкости, больше уверенности в ответ на сопротивление окружающих. Зачастую сопротивление, которое оказывают нам окружающие, есть не что иное, как способ проверить, прозондировать вас. Проявив малейшие колебания или опасения, вы не просто провалите экзамен, но еще и рискуете заразить своими сомнениями окружающих.

*Символ: Ягненок. Он такой мягкий,
подкупающе милый. В двухдневном
возрасте ягненок уже может грациозно
скакать, а через неделю играет в «делай,
как я». В его слабости заключена часть
обаяния. Ягненок совершенно невинен, и столь же невинно наше
желание обладать им — так
бы и съели его.*

Возможные опасности

Ребячливость может быть чарующей, но
может и раздражать; невинные не искушены,
неопытны, а их безмятежность рано или поздно
приедается. В романе Милана Кундеры «Book
of Laughter and Forgetting» герою снится, что он
попал на остров вместе с группой детей. Вскоре
милые детки начинают безумно раздражать его;
проходит еще несколько дней, и он чувствует,
что больше не в силах их выносить.

Дальше сон превращается в кошмар, герой
мечтает о том, чтобы снова оказаться среди
взрослых, в реальном мире. Дело в том, что
полная инфантильность очень быстро начинает
действовать на нервы, самые же обаятельные
члены клана Естественных, такие как Жозефина
Бейкер, непременно сочетают детскость в манере поведения с опытом и мудростью взрослого
человека. Вот такая-то смесь привлекательна
безмерно.

Общество не может выдерживать Естественных в больших количествах. Представьте себе
большую компанию людей, в которой каждый
подобен Коре Перл или Чарли Чаплину, — что
останется от их обаяния? Но таких, как они, и
не может быть много. Ведь редко кто — разве
что артисты, художники или совсем уж не ограниченные временем люди — способен пройти
этот путь до конца. Куда удобнее прибегать к
маске Естественного время от времени, в тех

случаях, когда небольшая примесь наивности или озорства помогает ослабить бдительность жертвы. Мошенник может сыграть дурачка, чтобы заставить окружающих довериться ему, ощущая свое превосходство над ним. Притворной естественности такого рода найдется бесчисленное множество применений в повседневной жизни, ведь самое опасное в ней — показаться умнее своего ближнего, маска же Естественного — прекрасный способ утаить свой интеллект. Но если ваша детскость неподконтрольна вам и вы не способны отказаться от нее при необходимости, то рискуете показаться жалким, вызывая не столько сочувствие, сколько досаду и легкую брезгливость. Важно и то, что обаяние Естественного лучше всего срабатывает у тех, кто еще достаточно молод, чтобы его детскость выглядела по-настоящему естественной. Людям в возрасте куда труднее справляться с этой ролью, которая требует огромных усилий. Кора Перл казалась уже не столь очаровательной, по-прежнему наряжаясь в те же вызывающие розовые платьица, когда ей уже перевалило за пятьдесят.

Герцог Бэкингемский, соблазнявший всех и каждого при английском дворе в 1620-е годы (стоит сказать здесь и о самом короле Якове I, известном своими гомосексуальными наклонностями), отличался чудесными ребячливыми манерами и обликом. Однако по мере того, как герцог старился, эти качества становились просто невыносимыми, и со временем у него появилось множество недоброжелателей и врагов, которые в конце концов и убили его. Поэтому, становясь старше, помните, что из естественных качеств долее других уместна детская открытость, искренность и в гораздо меньшей степени невинность — в человеке не первой молодости она не обманет и не умилит решительно никого.

Кокетка

Способность оттягивать удовольствие свидетельствует о том, что обольститель виртуозно владеет своим искусством, ведь, заставляя жертву томиться в ожидании, он прочно удерживает ее в своей власти. Кокетки — великие мастера этой игры, заключающейся в «перетягивании каната» между надеждой и разочарованием. Они предлагают жертве приманку, суля награду в виде надежды на плотские удовольствия, счастье, славу, власть; все это, однако, оказывается слишком труднодостижимым, и все же это лишь придает их жертвам сил и энергии, чтобы гнаться за ускользающей мечтой. Кокетки кажутся абсолютно самодостаточными — они держатся так, словно хотят сказать: мы в вас не нуждаемся, — но их нарциссическое самолюбование только добавляет им притягательности. Вы стремитесь одержать верх в этой игре, но карты-то сдают они! Стратегия Кокетки заключается в том, чтобы никогда не давать полного удовлетворения. Подражайте Кокетке, чередуя жар с холодностью, и те, кого вы хотите обольстить, падут к вашим ногам.

Жарко-холодная Кокетка

Осенью 1795 года весь Париж охватило странное легкомысленное настроение. Власть террора, последовавшего за Французской революцией, окончилась, утихло жуткое лязганье гильотины. Весь город перевел дух и вздохнул с облегчением, и вслед за тем начался разгул — бесконечные балы и разудалые праздники.

Молодого Наполеона Бонапарта (тогда ему было двадцать шесть) подобные развлечения не привлекали. Он уже приобрел известность как яркий полководец, храбрый до безрассудства, который способствовал подавлению мятежей в провинции. Но сам он не считал это пределом своих возможностей; напротив, его честолюбие звало его к новым вершинам, желание одерживать новые победы жгло ему сердце. Так вот, когда в октябре 1795 года известная в Париже Жозефина де Богарне, вдова тридцати двух лет, посетила его, он против воли смутился. Жозефина, женщина необычная, привлекла внимание Бонапарта томной изнеженностью экзотического цветка. (Она была родом с острова Мартиники и всячески подчеркивала свою инородность.) С другой стороны, поговаривали, что она была приверженкой вольных отношений, а Наполеон верил в священные узы брака. Тем не менее, когда Жозефина пригласила его на один из своих еженедельных званых вечеров, он неожиданно для самого себя принял приглашение.

На вечере он чувствовал себя крайне неуютно, словно очутился в чужеродной среде. Здесь были известнейшие писатели и все лучшие умы города, а также несколько представителей аристократии — те, кому удалось выжить. Сама Жозефина была обладательницей титула графини, но каким-то чудом избежала гильотины. Женщины были ослепительны, некоторые красотой превосходили хозяйку, но все же мужчины собрались вокруг Жозефины. Их привлекали ее изящество и обходительность в сочетании с полными достоинства царственными манерами. Несколько раз Жозефина, оставив общество окруживших ее гостей, подходила к Наполеону; ничто не могло бы польстить ему больше, не было ничего более целительного для его уязвленного самолюбия, чем подобные знаки внимания.

Он начал наносить ей визиты. Случалось, что она не принимала его, и тогда ему оставалось лишь вернуться домой в состоянии, близком к бешенству. Но на другой день от Жозефины приходило страстное послание, и он вновь спешил на встречу с ней, забыв обиду. Теперь он все больше времени проводил в ее обществе. Внезапные приступы грусти, которым она была подвержена, взрывы гнева или слез только усиливали его привязанность. В марте 1796-го Наполеон и Жозефина обвенчались.

Через два дня после свадьбы Наполеон отправился в Северную Италию — шла война с Австрией. «Вы — постоянный предмет моих мыслей, — писал он супруге из-за границы. — Воображение мое иссякает, когда я теряюсь в догадках, пытаясь угадать, чем Вы сейчас занимаетесь». Генералы замечали, что он опасно рассеян, уходит с заседаний штаба, не дожидаясь окончания, подолгу пишет письма и часами сидит, уставив взгляд на миниатюрный портрет Жозефины, который он носил на шее. До такого состояния его доводило не только непреодолимое расстояние, разделяющее его и Жозефину, но и ее необъяснимая холодность, которую он ясно чувствовал: писала новоиспеченная супруга редко, в письмах не было и намека на страсть, а приехать к нему в Италию она наотрез отказалась. Оставалось лишь приложить все усилия, чтобы поскорее закончить кампанию и вернуться к супруге. Ввязываясь в бои с неприятелем с необычной для него горячностью и неосмотрительностью, Наполеон начал допускать ошибки. «Жить ради Жозефины! — писал он ей. — Я тружусь, чтобы оказаться рядом с тобой, я не пожалею жизни, чтобы поскорее оказаться рядом с тобой». Его письма становились все более необузданно страстными и эротичными; подруга Жозефины, которая их читала, пишет: «Совершенно неразборчивый почерк, ошибки, странный, сбивчивый слог... Хорошенькое положение для женщины — оказаться движущей силой победного марша армии неприятеля».

Шли месяцы. Наполеон молил Жозефину приехать в Италию, она находила бесконечные отговорки. Наконец она поддалась на уговоры и отправилась из Парижа в Брешию, где разместился его штаб. Однако обстановка там оказалась слишком опасной, неприятель подошел очень близко, так что она, не застав мужа и решив его не дожидаться, сразу же отправилась в Милан. Наполеон в это время находился на поле битвы; возвратившись и обнаружив ее отсутствие, он обвинил во всем своего противника, австрийского генерала Вюрмсера, и поклялся отомстить. Жизнь его в последние месяцы превратилась, казалось, в сумасшедшую погоню за двумя объектами: Вюрмсером и Жозефиной. Его супруги никогда не оказывалось там, где он предполагал ее найти. «Я добираюсь до Милана, стремлюсь к Вашему дому, забыв обо всем, с единственной надеждой поскорее заключить Вас в свои объятия. Вас там нет!» Наполеон злился, ревновал, но, когда он в конце концов настигал Жозефину, достаточно было малейшего проявления ее благосклонности, чтобы растопить его сердце. Они подолгу катались вдвоем в экипаже, а тем временем его генералы кипели от злости: заседания срывались, отдавались необдуманные приказы, военные операции проводились без тщательной проработки. «Никогда еще, — писал он ей позднее, — женщина не обладала столь полной властью над сердцем мужчины». Но время, проведенное вместе, очень быстро подошло к концу. За время кампании, которая длилась почти год, новобрачные в общей сложности провели вместе не более двух недель.

Впоследствии до Наполеона дошли слухи о том, что, пока он сражался в Италии, у Жозефины был любовник. Его пылкие чувства к ней несколько поостыли, пошла бесконечная череда сменявших друг друга фавориток. Но Жозефину никогда всерьез не пугала перспектива утратить власть над супругом: достаточно было нескольких слезинок, мелодраматической сцены, малейших признаков охлаждения с ее стороны — и он падал к ее ногам, как покорный раб. На смертном одре последним словом умирающего Наполеона было «Жозефина».

Во время Французской революции Жозефина едва не потеряла голову под ножом гильотины, чудом избежав казни. Страшное переживание разрушило все иллюзии, и у молодой, достаточно циничной женщины остались две цели: прожить жизнь, полную удовольствий и наслаждений, и найти мужа, способного обеспечить ей такую жизнь. Наполеон сразу привлек ее внимание: он был молод, перед ним открывались блестящие перспективы. Под его напускным спокойствием Жозефина угадывала агрессивность и крайнюю неуравновешенность, но это ее не пугало — это свидетельствовало всего-навсего о неуверенности в себе и слабости. Подчинить его себе оказалось совсем не трудно. Вначале Жозефина подлаживалась к его настроениям, очаровывала своей женственностью и изяществом, добиваясь того, чтобы разбудить в нем желание обладать ею. А с того момента, как эта цель была достигнута, секрет ее власти заключался в том, чтобы тянуть с удовлетворением его желаний, откладывать, заставлять ждать, разочаровывать. На самом-то деле пытка, которой подвергался Наполеон, доставляла ему некое мазохистское удовольствие. Он стремился подчинить себе ее независимую натуру, как если бы она была неприятелем в битве.

Люди по природе своей испорчены. Легкая победа в их глазах менее ценна, чем та, что достается с усилием: нас по-настоящему восхищает только то, что нам не дано, чем мы не можем обладать в полной мере. Величайшая власть в обольщении заключается в умении отказывать, заставить окружающих добиваться себя, оттягивая удовлетворение их желаний. В такой ситуации люди часто просчитываются и сдаются слишком скоро: они либо боятся, что партнер, встретив сопротивление, вообще потеряет к ним интерес, либо рассчитывают, что, уступив объекту и дав то, чего он (она) добивается, заслужат благодарность и упрочат свои позиции. Истина заключается в обратном: стоит нам удовлетворить чье-то желание, как мы теряем инициативу, и возникает риск, что он (или она) потеряет к нам интерес и бросит нас при первом удобном случае. Помните: в любви крайне важную роль играет уверенность в себе. Пусть ваш объект боится, что вы можете передумать, что вы не так уж и заинтересованы в нем. Тем самым вы всколыхнете в нем врожденную неуверенность, опасение, что, узнав его лучше и ближе, вы сочтете его недостаточно интересным. Подобные сомнения губительны. Теперь, когда вы добились, что у него нет уверенности ни в себе, ни в вас, дайте ему надежду, чтобы он снова почувствовал себя окрыленным. Жар и холод, холод и жар — такое кокетство способно приносить своеобразное удовольствие, поддерживать не-

Кокетки умеют угождать, но не любить, потому-то они так и любимы мужчинами.
Пьер Мариво

Рассеянность, отказ от приглашения на обед, нечаянная, ненарочитая резкость приносят больше пользы, чем вся косметика и все красивые наряды мира.
Марсель Пруст

Можно взяться за дело, но при этом вести себя так холодно и снисходительно, чтобы нельзя было не заметить, что вы взялись за него не ради того, чтобы им [пациентам] угодить. Принципом всегда должно быть не заискивать перед теми, кто ничего не дает, а хочет только побольше получить от нас. Мы можем дождаться, пока они не упадут перед нами на колени с мольбой, пусть даже это займет очень много времени.

Зигмунд Фрейд, из письма к ученику.

Цит. по кн.: Пол Розен, «Фрейд и его последователи»

ослабевающий интерес. Кроме того, оно помогает удерживать инициативу в своих руках. Никогда не поддавайтесь эмоциям партнера — это явный признак того, что вы у него в кабале.

Холодная Кокетка

В 1952 году писатель Трумэн Капоте, незадолго до того добившийся успеха в литературе и приобретший известность, начал почти ежедневно получать письма от поклонника. Это был молодой художник по имени Энди Уорхол, который иллюстрировал журналы мод, разрабатывал дизайн для обуви и пр. Рисунки у него были симпатичные, стильные, кое-какие из своих работ он посылал Капоте в надежде, что писатель предложит ему проиллюстрировать одну из своих книг. Капоте на письма не отвечал. Однажды, вернувшись домой, он застал там Уорхола, который беседовал с его матерью. После этого Уорхол начал преследовать его почти ежедневными телефонными звонками. Наконец Капоте положил этому конец. «Он показался мне одним из тех несчастных, бестолковых людей, с которыми вечно что-нибудь случается. Просто неудачник от природы», — говорил позднее писатель.

Прошло десять лет. У Энди Уорхола, перспективного, быстро набирающего обороты художника, открылась первая персональная выставка в галерее на Манхэттене. На стенах висели серии картин, изображающих консервные банки с супом фирмы «Кэмпбелл» и бутылки кока-колы. На вернисаже Уорхол стоял в сторонке с отсутствующим выражением, разговаривал он мало. Своим видом и манерами он являл разительный контраст с художниками старшего поколения, абстракционистами по большей части, запойными пьяницами и бабниками, любителями распустить хвост, хвастливыми и агрессивными — именно такой тип доминировал в художественной среде в предыдущие пятнадцать лет. И ничего общего не было в нынешнем Уорхоле с тем юношей, который одолевал письмами Трумэна Капоте, и не только его, но также торговцев картинами и меценатов. Критики были одновременно сбиты с толку и заинтригованы отстраненностью произведений Уорхола — по ним невозможно было понять, как художник относится к объектам, которые изображает. В чем состоит его позиция? Что он пытается сказать? Когда ему задавали эти вопросы, он отвечал коротко: «Я просто рисую это, потому что мне нравится» или «Я люблю суп». Критики изощрялись в попытках интерпретировать и объяснить его творчество. «Такое искусство, как у Уорхола, неизбежно паразитирует на мифах своего времени», — писал один из них. «Решение ничего не решать — это парадокс, равноценный идее, которая не выражает ничего, то есть выражает ничто, но затем придает ему объемность», — вторил другой. Выставка имела шумный успех, закрепив за Уорхолом место лидера в новом направлении — поп-арте.

В 1963 году Уорхол снял просторное помещение на Манхэттене и назвал его Фабрикой. Очень скоро Фабрика превратилась в излюбленное место для художественной и артистической богемы и светских бездельников. Здесь можно было видеть Уорхола, особенно по ночам. Он мог просто стоять, прислонившись где-нибудь к стенке, или слоняться из угла в угол. Люди собирались вокруг него, старались завладеть его вниманием, забрасывали вопросами — он отвечал в свойственной ему уклончивой манере. Но никому не удавалось сблизиться с ним по-настоящему, будь то физически или ментально, — он этого не допускал. В то же время, если, проходя мимо, он не бросал своего обычного «О, привет!», вы чувствовали себя обездолен-

ИЗ «МЕТАМОРФОЗ» ОВИДИЯ

…Понесла красавица [нимфа] и разродилась Неким ребенком, что мог в то время уж нравиться нимфам; Назван же был он Нарцисс…
Вот прибавить годок к пятнадцати мог уж Кефисий, Сразу и мальчиком, и юношей мог почитаться, Юноши часто его и девушки часто желали.
Гордость большая была, однако ж, во внешности нежной, — Юноши вовсе его не касались, и девушки вовсе.
Видела, как загонял он трепетных в сети оленей, Звонкая нимфа, — она на слова не могла не ответить, Но не умела начать, — отраженно звучащая Эхо…
Значит, Нарцисса она, бродящего в чаще пустынной,

155

Видит, и вот уж
зажглась, и за
юношей следует
тайно;
Следует дальше
за ним и пылает,
к огню
приближаясь, —
Так бывает, когда,
горючею облиты
серой,
Факелов смольных
концы принимают
огонь
поднесенный…
Мальчик, отбив-
шись меж тем от
сонмища спутников
верных,
Крикнул: «Здесь
кто-нибудь есть?»
И «Есть!» — отве-
тила Эхо.
Он изумился,
кругом глазами
обводит…
Он огляделся и
вновь, никого
не приметя,
«Зачем ты, —
молвит, — бе-
жишь?» И в ответ
слов столько же
вновь получает.
Он же настойчив и,
вновь, обманутый
звуком ответов, —
«Здесь мы сойдем-
ся!» — кричит, и
охотней всего
откликаясь
Этому зову его, —

ным. Он не заметил вас — уж не означает ли это, что вы перестали быть интересной личностью?

Уорхол все больше интересовался кинематографией и приглашал друзей сниматься в своих фильмах. В сущности, он предлагал им известность своеобразную, очень кратковременную («пятнадцать минут славы», по выражению самого Уорхола). Вскоре люди начали сражаться, стремясь заполучить эти роли. Он готовил их, особенно женщин-актрис, к положению звезд: Эди Седгвик, Виву, Нико. Оказаться рядом с ним, в тени его славы, изначально означало прославиться заодно с ним. Фабрика превращалась в престижное место, где старались «засветиться». На тамошних вечеринках стали появляться такие звезды, как Джуди Гарланд и Теннесси Уильямс, которые держались здесь на равных с Седгвик, Вивой и прочими представителями богемы не первого разбора, с которыми водил дружбу Уорхол. За Уорхолом теперь присылали лимузины, приглашая его к себе, одного его присутствия было достаточно, чтобы превратить рядовую вечеринку в событие культурного значения, даже если он просто подпирал стенку, не вступая ни с кем в разговоры, и рано уходил.

В 1967 году к Уорхолу стали обращаться различные колледжи с просьбами читать лекции студентам. Он терпеть не мог говорить, особенно о собственном искусстве. «Чем меньше слов нужно, чтобы объяснить произведение, — утверждал он, — тем оно совершеннее». Но за лекции предлагали хорошие деньги, от которых трудно было отказываться. Уорхол нашел простое решение: попросил актера Аллена Миджетта сыграть его. Темноволосый, загорелый Миджетт, в чьих жилах текла кровь индейца чероки, совершенно не походил на Уорхола. Но Уорхол с друзьями загримировал актера: густо напудрил светлой пудрой лицо, темные волосы забрызгал серебристым лаком, надел на него темные очки и облачил в свою одежду. Поскольку Миджетт вообще ничего не понимал в изобразительном искусстве, его ответы на вопросы студентов были краткими и такими же загадочными, как у самого Уорхола. Розыгрыш удался на славу. Уорхол, если вдуматься, представлял для большинства отвлеченный образ, скорее символ, чем живого человека. По сути дела, он никому не был близко известен и в довершение часто носил темные очки, скрывавшие лицо. Слушатели лекций были слишком далеки от того, чтобы заподозрить такой подвох, и ни один в аудитории не знал его настолько близко, чтобы заметить подмену. Он так и остался неузнанным и загадочным.

С раннего возраста Энди Уорхола раздирали противоречивые чувства: он отчаянно стремился к славе, но при этом был от природы бездеятельным и вялым. «Во мне всегда имел место внутренний конфликт, — скажет он позднее, — я застенчив, а в то же время мне хочется занимать большое личное пространство. Мама всегда говорила: „Не нужно быть бесцеремонным, просто постарайся добиться, чтобы все вокруг заметили твое присутствие“». Вначале Уорхол пытался переделать себя, стать поэнергичнее, заставлял себя льстить и угождать. Это не сработало. Через десять лет иллюзорной жизни он оставил безрезультатные попытки и уступил собственной пассивности только для того, чтобы открыть источник власти.

Уорхол начал свое восхождение к вершинам, занявшись изобразительным искусством, которое в начале шестидесятых коренным образом менялось. Его картины, изображающие банки консервированного супа, дешевые почтовые марки и другие широко известные и привычные

«Сойдемся!» — ответствует Эхо. Собственным нимфа словам покорна и, выйдя из леса, Вот уж руками обнять стремится желанную шею. Он же бежит и, бежа: «От объятий удерживай руки! Лучше умру, — говорит, — чем тебе на потребу достанусь!» Та же в ответ лишь одно: «Тебе на потребу достанусь!» После, отвергнута им, в лесах затаилась, листвою Скрыла лицо от стыда и в пещерах живет одиноко. Все же осталась любовь… истощается бедное тело… Скрылась в лесу, и никто уж ее на горах не встречает, Слышат же все: звук, что живым у нее сохранился. Так он ее и других, водой и горами рожденных Нимф, насмехаясь, отверг, как ранее толпы мужские.

Каждый, отринутый
им, к небесам
протягивал руки:
«Пусть же полюбит
он сам, но владеть
да не сможет
любимым!» —
молвили все,
и вняла справедли-
вым Рамнузия
[Немезида, богиня
возмездия]
просьбам.
…От охоты устав и
от зноя, прилег
утомленный
Мальчик, мест кра-
сотой и потоком ту-
да привлеченный;
Жажду хотел
утолить, но новая
жажда возникла!
Воду он пьет, а меж
тем захвачен лица
красотою,
Любит без плоти
мечту и призрак за
плоть принимает.
Сам он собой
поражен, над
водою застыл,
неподвижен,
Юным похожий
лицом на изваян-
ный мрамор
паросский…
Жаждет безумный
себя; похваляя,
себя похваляет,
Рвением рвется к
себе, зажигает и
сам пламенеет.

образы не перегружали сознание зрителя своим смыслом, точнее, найти в них смысл было почти невозможно, но это только делало их еще более достойными восхищения. Они притягивали своей непосредственностью, открытостью, наглядностью и в то же время холодностью и отстраненностью. Оттачивая свое искусство, отрабатывая и меняя стиль, Уорхол изменился и сам: как и в его картинах, в нем теперь была доступна только внешняя сторона. Он стал сдержаннее, научился держаться в тени, почти перестал разговаривать.

Мир полон людьми, которые бесцеремонно лезут вперед, пробивают дорогу. Такие люди могут одерживать победы, но ненадолго, часто это заканчивается тем, что со временем они вызывают у окружающих отторжение. Рядом с ними трудно находиться, так как они не оставляют рядом с собой свободного пространства, а где нет пространства, там нет места обаянию. Холодные Кокетки создают это пространство, они ускользают, возбуждая желание броситься вдогонку. Их холодность рождает соблазнительное, граничащее с уверенностью ощущение, что рядом с ними очень хорошо, даже если на самом деле это не так, молчаливость вызывает желание их разговорить. Их самодостаточность, равнодушный вид — как будто они не нуждаются в обществе других людей — только усиливают в нас желание угождать им в надежде получить хоть малейший знак признательности, хоть крупицу их внимания. Холодные Кокетки могут доводить до бешенства тех, кто имеет с ними дело, — они не уступают, но и не говорят «нет», не подпускают близко, но, как правило, мы не можем их бросить. И даже если мы уходим, вспылив, то все равно возвращаемся, словно излучаемый ими холод держит нас в плену. Помните: для успеха обольщения необходимо заманить свой объект, добиться того, чтобы за вами захотели идти и заполучить вас. Наденьте маску отстраненной холодности — и окружающие будут изо всех сил стараться обратить на себя ваше внимание, удостоиться вашей благосклонности. Не только природа не терпит вакуума — то же самое можно сказать и о людях, так что эмоциональная холодность и молчание вынуждают их пытаться заполнить пустое пространство своими собственными словами и теплом. Отойдите в сторонку, подобно Уорхолу, и позвольте им добиваться вашего расположения.

Женщины [нарциссистки] удостаиваются величайшего восхищения мужчин.
...Очарование ребенка в огромной степени коренится в его самолюбовании, самодостаточности и недоступности, точно так же, как очарование некоторых животных, игнорирующих нас, скажем, кошек. ...Мы будто завидуем их способности оставаться в блаженно-счастливом умонастроении — недосягаемая либидо-позиция, которой сами мы лишены со времен грехопадения.
Зигмунд Фрейд

Ключи к портрету

Согласно общепринятому мнению Кокетки — изощренные мучительницы, насмешницы, виртуозно умеющие возбуждать желание своим вызывающим внешним обликом или поведением. Но в действительности суть Кокетки иная: это умение захватывать людей в эмоциональный плен и затем подолгу удерживать в своих когтях, дразня их и удовлетворяя желания лишь частично. Эта способность ставит Кокеток в ряд наиболее сильных и удачливых обольстителей. Их успех может даже показаться кому-то необъяснимым: непонятно, кого могут привлечь столь равнодушные, безразличные и холодные

Сколько лукавой струе он обманчивых дал поцелуев! Сколько, желая обнять в струях им зримую шею, Руки в ручей погружал, но себя не улавливал в водах!
Что увидал — не поймет, но к тому, что он видит, пылает;
Юношу тот же обман возбуждает и вводит в ошибку. О легковерный, зачем хватаешь ты призрак бегучий? Жаждешь того, чего нет; отвернись — и любимое сгинет.
Тень, которую зришь, — отраженный лишь образ, и только.
В ней — ничего своего; с тобою пришла, пребывает, Вместе с тобой и уйдет, если только уйти ты способен...
Даже и после — уже в обиталище принят Аида — В воды он Стикса смотрел на себя.
Рыдали наяды сестры и пряди волос поднесли

в дар памятный
брату.
Плакали нимфы
дерев — и пла-
чущим вторила Эхо.
И уж носилки,
костер и факелы
приготовляли, —
Не было тела нигде.
Но вместо тела
шафранный
Ими найден был
цветок с белоснеж-
ными вкруг
лепестками.
(Пер. С. Шервин-
ского)

создания; однако, если вам придется познакомиться с кем-то из Кокеток поближе, вы непременно почувствуете, что ее (или его) глубин-
ную сущность составляют независимость и
любовь к себе. Казалось бы, разгадав эту суть и
поняв все уловки Кокетки, мы неизбежно потеряем к ней всякий интерес, но на деле мы часто видим обратное. Жозефина годами играла
в свои игры — и Наполеон прекрасно осозна-
вал, как она манипулирует им. И все же этот
великий человек, завоеватель государств, скеп-
тик и циник, не мог с ней расстаться.

Чтобы разобраться в природе странной власти Кокетки, необходимо прежде понять одно
важнейшее качество, присущее любви и желанию: чем более открыто вы преследуете кого-то,
тем выше вероятность того, что вы отпугнете
его, заставите убегать. Чрезмерное внимание
может заинтересовать, польстить, но это ощущение нравится недолго, очень быстро наступает пресыщение, а в конечном итоге оно может
вызвать испуг и даже отвращение. За вниманием начинают угадываться слабость и униженн-
ность — несоблазнительное сочетание. Как
часто мы совершаем одну и ту же ошибку, полагая, что лучше все время держаться рядом, что
постоянная близость служит своего рода стра-
ховкой. Что же касается Кокеток, то они от
природы наделены пониманием всех тонкостей
динамики человеческих взаимоотношений.
Они виртуозно определяют момент, когда лучше исчезнуть, разыгрывают холодность, удаляются на время, дабы вывести жертву из равновесия, ошеломить ее, запутать. Такие исчезновения придают им таинственность, и мы до-
страиваем их образ в воображении. (Более
близкое знакомство, с другой стороны, разрушает эти фантазии без остатка.) Добрая порция
разлуки влияет и на наши чувства: вместо того,
чтобы почувствовать гнев, мы ощущаем неуве-

ренность и незащищенность. А вдруг мы ей совсем не нравимся, а что, если она потеряла к нам интерес? И как только на кону оказывается наше тщеславие, мы бросаемся вдогонку за Кокеткой, чтобы только убедиться, что она нас не бросила, что мы по-прежнему ей хоть сколько-нибудь нужны. Помните: сущность Кокетки не в насмешках и искушениях, но в умении отступить, сделать шаг назад. Это их ключ к порабощению жертвы.

Чтобы овладеть мастерством Кокетки, вы должны узнать и еще об одном присущем ей качестве: самолюбовании. Зигмунд Фрейд охарактеризовал женщин-нарциссисток как тип, который оказывает сильнейшее воздействие на мужчин. В детстве, поясняет Фрейд, мы все проходим фазу нарциссизма, и это очень приятное время. Мы счастливы, самодостаточны и заняты собой, наша душевная потребность в других людях минимальна. Затем мало-помалу происходит социализация, и мы учимся обращать внимание на окружающих, считаться с ними, но втайне — порой даже от самого себя — каждый из нас тоскует по тем безмятежным дням раннего детства. Полная самолюбования женщина напоминает мужчине о том времени, пробуждая в нем зависть. Возможно, общение с ней помогает ему восстановить это чувство цельности.

Независимость женщины-Кокетки бросает мужчине вызов — он хочет подчинить ее себе, нарушить ее невозмутимое спокойствие. Скорее, однако, он-то и окажется у нее в кабале, постоянно думая о ней, стараясь добиться ее любви — и терпя неудачу. Ведь женщина такого плана эмоционально не заинтересована ни в ком, она самодостаточна. И это делает ее поразительно притягательной. Способность высоко ценить себя крайне важна в обольщении. (Ваше отношение к себе прочитывается партне-

если совру, поправь меня.

Итак, друзья, мы оказались наедине, и я ждал, что вот-вот он заговорит со мной так, как говорят без свидетелей влюбленные с теми, в кого они влюблены, и радовался заранее. Но ничего подобного не случилось: проведя со мной день в обычных беседах, он удалился. После этого я пригласил его поупражняться вместе в гимнастике, и упражнялся с ним вместе, надеясь тут чего-то добиться. И, упражняясь, он часто боролся со мной, когда никого поблизости не было. И что же? На том все и кончилось. Ничего таким путем не достигнув, я решил пойти на него приступом и не отступать от начатого, а узнать наконец, в чем тут дело. И вот я приглашаю его

ром на подсознательном уровне по тонким, на первый взгляд незаметным признакам.) Низкая самооценка отпугивает, уверенность в себе притягивает. Чем меньше интереса к окружающим вы демонстрируете, тем сильнее у них тяга к вам. Осознайте, насколько это важно, и руководствуйтесь этим правилом во всех случаях жизни — так вам будет проще справляться со своей собственной неуверенностью. Только не путайте зацикленность на себе с обольстительным самолюбованием. Человек, который бесконечно разглагольствует лишь о себе, категорически не обаятелен, его поведение выдает не самодостаточность, а все ту же неуверенность.

Людям Кокетка традиционно видится женщиной, и действительно, на протяжении столетий кокетство было одним из немногих средств на вооружении у женщины, с помощью которого она могла покорить мужчину. Одна из уловок Кокетки — оттягивать удовлетворение сексуального желания, и можно назвать множество женщин, прибегавших к этой хитрости.

Знаменитая французская куртизанка семнадцатого века Нинон де Ланкло была предметом вожделения многих, если не всех выдающихся мужчин во Франции. Однако истинного могущества, настоящей власти над ними она добилась лишь тогда, когда объявила, что отныне будет делить ложе с мужчиной только в том случае, если сама того пожелает. Ее обожатели впали в уныние, и она умело усугубляла это состояние, одаривая мужчину своей благосклонностью, но лишь временами; она допускала его к своему ложу в течение нескольких месяцев, а затем небрежно отбрасывала его в стан неудовлетворенных. Королева Англии Елизавета I довела в себе качества Кокетки почти до абсурда: она сознательно пробуждала вожделение у своих придворных, но никогда не спала ни с кем из них.

Долгое время кокетство было инструментом социальной власти исключительно женщин, но постепенно его стали приспосабливать для своих нужд и мужчины. Особенно виртуозно овладели им соблазнители семнадцатого и восемнадцатого веков, которым не давало покоя могущество таких женщин. Один из них, герцог Лозаннский, немало преуспел в этом искусстве, очаровывая женщин, а затем пугая внезапной холодностью. Дамы были от него без ума. В наши дни кокетство не имеет половой принадлежности. Ирония, холодность или показное равнодушие в мире, где не поощряются открытые конфликты, являют собой форму скрытой власти, которой прекрасно удается скрыть собственную агрессию.

Кокетка должна прежде всего уметь вызвать радостный восторг у своего объекта, проявив к нему благосклонное внимание. Магнитом могут послужить сексуальность, известность, да все что угодно. В то же время Кокетка посылает и противоположные сигналы, что вызывает у жертвы противоречивые реакции, заставляя ее беспокоиться и путаться. Истинной Кокеткой была Марианна, героиня одноименного романа Пьера Мариво, французского писателя восемнадцатого века. Отправляясь в церковь, она тщательно и со вкусом одевалась, допуская лишь некоторую небрежность в прическе. Во время службы она делала вид, будто только что обнаружила этот недосмотр в туалете, и начинала поправлять прическу, при этом открывая обнаженные руки. В церкви в восемнадцатом веке подобное не полагалось, неудивительно, что на нее мгновенно устремлялись взоры всех мужчин. Напряжение было гораздо более сильным, чем если бы она принялась делать то же самое на улице или если бы была вызывающе одета. Помните: открытый флирт слишком явно свидетельствует о ваших намерениях. Лучше напустите туману, ведите

поужинать со мной — ну прямо как влюбленный, готовящий ловушку любимому. Хотя и эту просьбу выполнил он не сразу, но в конце концов все-таки принял мое приглашение. Когда он явился в первый раз, то после ужина пожелал уйти, и я, застеснявшись, тогда отпустил его. Заполучив его к себе во второй раз, я после ужина болтал с ним до поздней ночи, а когда он собрался уходить, я сослался на поздний час и заставил его остаться. Он лег на соседнее с моим ложе, на котором возлежал и во время обеда, и никто, кроме нас, в комнате этой не спал... Клянусь вам всеми богами и богинями, проспав с Сократом всю ночь, я встал точно таким же, как если бы спал с отцом или со старшим братом.

себя противоречиво, разочаровывая и одновременно подавая надежду.

Известный духовный учитель Кришнамурти, признанный в среде теософов как «Учитель мира», был Кокеткой — разумеется, неосознанно. Наличествовали у него также и черты Денди. Он любил элегантно одеваться, отличался необыкновенной красотой. В то же время он принял безбрачие и приходил в ужас, если до него дотрагивались. В 1929 году он поверг теософов всего мира в изумление и шок, объявив, что никогда не был ни богом, ни даже гуру и не желает иметь учеников и последователей. Это признание лишь прибавило ему популярности: сотни женщин страдали от любви к нему, а преданность ему только возросла. Физически и психологически Кришнамурти подавал взаимоисключающие сигналы. Проповедуя любовь и согласие, в личной жизни он отталкивал от себя людей. Его красота и внимание к своей внешности хотя и вызывали к нему интерес, но сами по себе не были способны вызвать повальную влюбленность среди женщин, его уроки целомудрия и духовных добродетелей могли привлечь учеников, но не могли привести к зарождению физической любви. Комбинация этих черт одновременно привлекала и отталкивала людей, это и создавало эмоциональное и физическое притяжение. Его уход от мира возымел непредсказуемое воздействие на его последователей, которые не отступились, а только укрепились в своей преданности ему.

Успех кокетства зависит от того, удастся ли нащупать ту схему, по которой вы будете воздействовать на объект, выводя его из равновесия. Стратегия Кокетки действует безотказно. Раз испытав удовольствие, мы стремимся повторить его. Кокетка же доставляет нам удовольствие, а потом лишает его. Чередование жара и холода — это наиболее традиционная схема, имеющая множество разновидностей. Китайская Кокетка восьмого века Ян Гуй-фэй полностью подчинила своей воле императора Сюань Цзуна, чередуя нежность со сварливостью: очаровав его своей любезностью, она вдруг оборачивалась злобной ведьмой, бранила его за малейшую ошибку. Не в состоянии обходиться без тех наслаждений, которые она дарила ему, император, когда она гневалась или печалилась, готов был перевернуть весь свой двор с ног на голову ради удовлетворения ее капризов. Ее слезы оказывали на него сходное воздействие: что он сделал, чем огорчил ее? Дело кончилось тем, что император погубил и себя, и свое царство, стараясь угодить своей возлюбленной. Слезы, гнев, умение вызвать чувство вины — все это инструменты Кокетки. Сходная динамика проявляется в ссоре влюбленных: когда двое сначала нападают друг на друга, а потом мирятся, то радость примирения еще более укрепляет их взаимную привязанность. Грусть во всех ее проявлениях также притягательна, особенно в тех случаях, когда выглядит не жалкой, а возвышенной и благородной.

Кокетки никогда не страдают от ревности — это не вписывалось бы в образ абсолютной самодостаточности. Однако они в совершенстве владеют искусством возбуждать ревность: уделяя внимание третьей стороне, создавая любовный треугольник, они показывают своей жертве, что, возможно, утратили к ней интерес. Сама схема треугольника весьма важна для обольщения как в социальном, так и в эротическом контексте. Фрейд, которого интересовали женщины, склонные к самолюбованию, и сам не чужд был нарциссизма, и его надменность доводила до безумия его учеников. (Они даже придумали для этого название — его «комплекс божества».) Подавая себя как своего рода мессию, слишком величественного для мелочных чувств, Фрейд всегда сохранял дистанцию между собой и своими учениками, он почти никого из них не приглашал, скажем, вместе отобедать и свою личную жизнь держал в строгом секрете. Но все же время от времени он чувствовал потребность приблизить к себе одного из учеников, которому мог бы довериться, среди них были Карл Юнг, Отто Ранк, Лу Андреас-Саломе. Это приводило к тому, что ученики впадали в неистовство, стремясь заслужить его благоволение, стать одним из избранных. Их ревность к тем, кого учитель вдруг выделял среди прочих, только усиливала его власть над ними. Естественные комплексы людей усиливаются в коллективе: высокомерная отчужденность Кокетки подталкивает окружающих к тому, чтобы начать борьбу за право завоевать ее расположение. Если мы согласимся, что способность использовать третье лицо с целью вызвать ревность является важнейшим для соблазнителя, то это доказывает, что Фрейд, несомненно, был истинной Кокеткой.

Политические лидеры широко применяют в погоне за любовью народа все хитрости и приемы из арсенала Кокетки. Воодушевляя народные массы, эти лидеры сохраняют внутреннюю отстраненность, что и позволяет им оставаться на сильных позициях. Политолог Роберто Михелс называл подобных политиков холодными Кокетками. Наполеон вел себя как Кокетка по отношению к французам: после того как грандиозный успех итальянской кампании превратил его в любимца масс, народного героя, он оставил Францию и отправился в поход на Египет. Он просчитал, что в его отсутствие правительство падет, люди будут с нетерпением ожидать его возвращения и их любовь послужит ему прекрасным трамплином для захвата власти. Сходным образом и Мао Цзэдун, вызвав воодушевление народа своей зажигательной речью, исчезал из виду на длительное время, таким образом творя из самого себя объект поклонения. Но никто не может сравниться в этом качестве с югославским лидером Иосипом Броз Тито, который то удалялся от своего народа, то эмоционально отождествлял себя с ним. Все эти политические лидеры были закоренелыми самовлюбленными нарциссистами. В трудные моменты, когда люди ощущают неуверенность и страх, подобное политическое кокетство может оказывать даже еще более сильное воздействие. Следует осознавать, насколько сильно такое кокетство действует на группы людей, вызывая массовую ревность, любовь и преданность. Играя подобную роль перед людьми, не забывайте, что необходимо сохранять дистанцию как эмоционально, так и физически. Это позволит вам смеяться и плакать по команде, набраться уверенности в себе и равнодушия к окружающим, а научившись этому, вы сможете свободно играть на чувствах людей, как на пианино.

Символ: Тень. Ее невозможно ухватить. Вы гонитесь за своей тенью, а она ускользает; повернитесь к ней спиной — и она тут же последует за вами. Это еще и темная сторона личности, то, что делает ее загадочной. После того как нам дарят наслаждение, тень разлуки заставляет нас тосковать и жаждать ее возвращения, подобно тому, как тучи заставляют нас ждать появления солнца.

ВОЗМОЖНЫЕ ОПАСНОСТИ

Опасность, с которой сталкиваются Кокетки, очевидна, ведь они играют с переменчивыми чувствами и настроениями. Всякий раз, когда маятник совершает колебание, любовь сменяется ненавистью. Поэтому им необходимо соблюдать осторожность. Им не следует затягивать надолго свое отсутствие, а припадок гнева должен быстро сменяться улыбкой. Кокетки могут в течение нескольких месяцев и даже лет продолжать эмоциональную игру со своими жертвами, удерживая их в ловушке, но со временем такая игра неизбежно начинает утомлять. Цзян Цин, более известная как госпожа Мао, успешно применила приемы Кокетки, чтобы завоевать сердце Мао Цзэдуна. Однако после десяти лет совместной жизни бесконечные ссоры, слезы и холодность стали раздражать супруга. Когда раздражение пересилило любовь, Мао предпочел с ней расстаться. Жозефине, Кокетке неизмеримо более талантливой, удавалось удерживать позиции благодаря своей гибкости: она могла целый год вести себя как примерная и любящая жена, не испытывая терпения Наполеона капризами и отлучками. Умение угадать и правильно рассчитать время в данном случае имеет решающее значение. Надо признать, правда, что Кокетка своим поведением пробуждает бурные чувства, а разрывы, как правило, не тянутся долго. Кокетка вызывает привыкание, отказаться от нее трудно. После провала Большого скачка — плана социальных преобразований в Китае — мадам Мао удалось вернуть себе утраченные позиции и власть над поверженным супругом.

Холодная Кокетка может вызвать глубочайшую ненависть к себе. Валери Соланас — так звали молодую женщину, которая подпала под обаяние Энди Уорхола. Она написала пьесу, которая ему понравилась, Уорхол дал понять, что собирается снять на ее основе фильм. Она уже представляла себе, что прославится. Кроме того, девушка принимала участие в движении феминисток, так что когда в июне 1968 года она осознала, что Уорхол просто играет с ней, то направила на него всю свою ненависть к мужскому роду и, трижды выстрелив в него, едва не убила. Холодные Кокетки чаще возбуждают чувства не столько эротические, сколь интеллектуальные, не страсть, а скорее восхищение. Ненависть, которую они способны вызвать, тем более глубока и опасна, что ее не уравновешивает по-настоящему глубокая любовь. Они должны четко отдавать себе отчет в том, до каких пределов можно доходить в этой игре и насколько сильно может она вывести из равновесия не вполне уравновешенных людей.

Чаровник

Очарование — это обольщение, к которому не примешивается секс. Чаровники — превосходные манипуляторы, но свою сноровку они умело маскируют, создавая ощущение комфорта и удовольствия. Их метод прост: они отвлекают внимание от самих себя, помещая в центр свою жертву. Они понимают вас, как никто, они чувствуют вашу боль, они проникаются вашим настроением. В присутствии Чаровника вы приободряетесь, начинаете лучше относиться к себе. Чаровники не ссорятся, не спорят, не жалуются и не докучают — что может быть обольстительнее? Вы привыкаете к тому, что вас балуют, потворствуют вашим слабостям. Незаметно они добиваются того, что вы начинаете зависеть от них, а их власть растет. Овладейте волшебным искусством Чаровника, целя в наипервейшие людские слабости: тщеславие и самолюбие.

ИСКУССТВО ОЧАРОВЫВАТЬ

Сексуальность крайне разрушительна. Из-за комплексов и эмоций, вызываемых ею, порой обрываются отношения, которые в ином случае вполне могли бы перейти в глубокие и длительные. Решение этой проблемы Чаровником состоит в том, чтобы восполнить некоторые, наиболее привлекательные стороны сексуальности — лестное внимание, возрастающую самооценку, ухаживание, понимание (реальное или кажущееся), — но исключить собственно секс. Не то чтобы Чаровник подавлял или отвергал сексуальность, дело обстоит совсем иначе: за каждым его движением угадывается сексуальная игра, возможность. Очарование подразумевает легкую сексуальную окраску, без этого оно не могло бы существовать. Но это, однако, не акцентируется, если только секс не исполняет роль приманки.

Слова «очарование», «чары» связаны в нашем представлении с магическими заклинаниями. Чаровник в полной мере оправдывает эти ассоциации, он наделен какой-то непостижимой способностью завладеть вниманием окружающих настолько, что люди теряют способность ясно рассуждать. А секрет этого заключается в том, чтобы воздействовать на те точки, которые хуже всего удается контролировать: на человеческое эго, тщеславие, самолюбие. Как сказал Бенджамин Дизраэли, «рассказывайте собеседнику о нем самом, и он будет слушать вас часами». Такая линия поведения ни в коем случае не должна бросаться в глаза: деликатность и такт — характерные свойства всякого Чаровника. Итак, объекту не следует видеть уловки Чаровника, у него не должно быть никаких подозрений, он просто купается во внимании, возможно, даже избыточном. Чаровник подобен мощному лучу света, который не направлен прямо на объект,

Ветку нагни, и нагнется она, если гнуть терпеливо; Если же с силой нажать, то переломится сук. Будь терпелив, по теченью плыви через всякую реку, Ибо пустой это труд — против течения плыть. Будь терпелив, и ты усмиришь и тигрицу и львицу, И неповадливый бык шею нагнет под ярмо... Я говорю: будь уступчив! Уступки приносят победу.

не бьет в глаза, а обволакивает приятным мерцающим сиянием.

Очаровывать можно и целую группу людей, а не только отдельную личность, лидер способен очаровать толпу. Динамика здесь такая же. Ниже перечислим законы очарования, сформулированные на основе историй о самых известных Чаровниках в истории человечества.

Птиц привлекает манок, подражающий их песне, а людей — слова, которые более всего согласуются с их собственным мнением.

Сэмюэль Батлер

Сделай свой объект центром внимания. Чаровники сливаются с фоном, в центре их внимания находятся их объекты. Чтобы стать Чаровником, необходимо научиться слушать и наблюдать. Дайте своим объектам выговориться — при этом они наиболее полно раскрываются. По мере того как вы больше узнаёте о них — об их сильных сторонах и, что еще важнее, об их слабостях, — вы получаете возможность применить индивидуальный подход, обращаясь к их желаниям и потребностям, тщательно подгоняя свои комплименты к их комплексам. Применяясь к их настроениям, сообразуясь с их особенностями, вы добьетесь того, что они сами себе начнут казаться лучше и значительнее, самооценка их возрастет. Дайте им почувствовать себя звездами, и они не смогут долго обходиться без вас, попадут в зависимость, которая со временем будет возрастать. Если обольщение проходит в массовом масштабе, изобразите самопожертвование (как бы ни было это далеко от истины), чтобы продемонстрировать народу, что вы разделяете его чаяния и действуете в его интересах, которые представляют собой не что иное, как массовую форму эгоизма.

Стань источником удовольствия. Мало кому интересно вникать в чужие проблемы. Выслушивайте жалобы своих объектов и, что еще важнее, старайтесь отвлечь от неприятностей, делая для них что-то приятное. (Проделывайте это достаточно часто, и они будут околдованы вами.) Беззаботность и веселье всегда привлекательнее, чем серьезность и критический настрой. Активность, в свою очередь, выглядит приятнее, чем летаргия, навевающая тоску, — сильнейшее социальное табу; наконец, элегантность и наличие вкуса, как правило, оказываются сильнее вульгарности, поскольку людям в большинстве своем нравится считать себя возвышенными и культурными, независимо от того, что именно каждый вкладывает в эти понятия. В политике важнее создать иллюзию и миф, чем показать людям правду. Вместо того чтобы призывать людей идти на жертвы во имя общего блага, поразглагольствуйте о высоких нравственных материях. Лозунги, поднимающие настроение, обернутся для вас их голосами и властью.

Преврати антагонизм в гармонию. Двор — это бурлящий котел презрения и зависти, где злодейство одиночки Кассио может мгновенно превратиться в заговор. Чаровник — мастер смягчать и улаживать конфликты. Ни в коем случае не допускайте антагонизма, способного устоять перед вашим очарованием; столкнувшись с агрессивными противниками, отступайте, пусть себе тешатся, одерживают свои маленькие победы. Уступки и умение прощать обезоружат ваших потенциальных недругов. Ни в коем случае не критикуйте людей открыто — всё равно никто не изменится добровольно под воздействием критики, ваши обличения только вызовут у них тревогу и враждебность. Внедряйте свои идеи исподволь, внушайте их незаметно. Очарованные вашей обходительностью, окружающие и не заметят, как крепнет и растет ваша власть.

Усыпляй ощущением беззаботности и уюта. Очарование сродни уловке гипнотизера с раскачивающимися, как маятник, часами: чем больше расслабился объект, тем легче подчинить его или ее своей воле. Ключ к тому, чтобы дать жертве почувствовать себя комфортно, — эмоционально сродниться с нею, проникнуться ее настроением. Людям свойственно самолюбование, поэтому их тянет к тем, кто на них похож. Покажите, что вы разделяете их ценности и вкусы, симпатизируете их умонастроениям, и они окажутся в плену ваших чар. Такие вещи очень хорошо срабатывают с аутсайдерами, например эмигрантами. Скажем, если эмигрант показывает, что разделяет ценности народа или страны, выбранной им (например, выучив язык, придерживаясь обычаев, жизненного уклада и т. п.), это невероятно лестно, поскольку для него это вопрос сознательного выбора, а не места рождения. Никогда не докучайте и не упорствуйте чрезмерно — эти качества, отнюдь не обаятельные, разрушают приятную расслабленность, необходимую для того, чтобы подействовали чары.

Демонстрируй спокойствие и самообладание в час испытаний. Напасти и бедствия, собственно говоря, как нельзя лучше подходят для того, чтобы пустить в ход весь арсенал очарования. Внешняя сдержанность и стойкость в годину бедствий успокаивают людей. Вы кажетесь спокойным, словно терпеливо ожидаете, когда жизнь сдаст вам карту получше, а это производит на окружающих такое впечатление, словно вы готовы очаровать даже саму судьбу, и уверены, что это вам удастся. Никогда не выказывайте гнева, дурного настроения или мстительности — любые разрушительные эмоции настораживают. В большой политике любым напастям можно только радоваться как шансу продемонстрировать свои чарующие качества — великодушие и самообладание. Оставьте другим разочарование и сетования — контраст будет в вашу пользу. Ваша линия поведения — никогда не жаловаться, не сетовать и ни в коем случае не пытаться оправдываться.

Стань нужным. Если обставить это с достаточной тонкостью, ваша способность изменять к лучшему жизнь окружающих сделает вас просто неотразимым. Здесь пригодится ваша общительность: создайте широкую сеть связей и знакомств, что позволит вам связывать людей друг с другом. Благодаря этому у окружающих будет складываться впечатление, что не кто иной, как вы, облегчаете им жизнь. А против этого мало кто может устоять. Ключ в данном случае — доводить начатое до конца, ведь очень многие обещают золотые горы — хорошую работу, полезное знакомство, важную услугу. Однако если они ограничиваются посулами, то наживают себе врагов, вместо того чтобы обзаводиться друзьями. Пообещать может каждый, но именно способность подкрепить обещания реальным действием выделит вас в глазах окружающих и заставит восхищаться вами. Кстати, если услугу окажут вам, не забудьте отблагодарить. В мире блефа и химер реальное действие и истинная готовность прийти на помощь обладают, пожалуй, самым сильным очарованием.

Выдающиеся Чаровники

1. Начало 1870-х было тяжелым временем для королевы Англии Виктории. Ее возлюбленный супруг, принц Альберт, скончался в 1861 году, оставив ее предаваться глубочайшей скорби. Всегда и во всем она привыкла полагаться на его советы: ей казалось или ее заставляли так считать, что самой ей недостает ума и образованности, чтобы обходиться без него. В самом деле, после кончины Альберта политические дискуссии и необходимость заниматься государственными делами доводили ее до отчаяния. Виктория начала постепенно отодвигаться в тень, реже показывалась на людях. В результате этого монархия в Англии становилась все менее популярной и, как следствие, утрачивала силу.

В 1874 году к власти пришла партия консерваторов, а ее лидер, семидесятилетний Бенджамин Дизраэли, сделался премьер-министром. Протокол его вступления в эту должность требовал, чтобы он явился во дворец для знакомства с королевой, которой в то время было пятьдесят пять. Трудно было вообразить себе двух более непохожих друг на друга людей: Дизраэли, еврей по рождению, по английским стандартам обладал слишком смуглой кожей и экзотической внешностью, в молодые годы он был настоящим денди, одевался элегантно, даже щегольски, и пописывал повести — готические или романтические, которые даже пользовались популярностью среди читателей. Что же до королевы, то она держалась строго и официально, отличалась простотой вкусов и упорством, граничащим с упрямством. Все советовали Дизраэли: чтобы угодить ей, он должен обуздать свою природную экстравагантность. Он, однако, пренебрег благоразумными советами и предстал перед королевой в том виде, в каком счел нужным. Галантно опустившись на одно колено, он взял ее руку и поцеловал со словами: «Приношу клятву верности добрейшей госпоже». Дизраэли пообещал, что приложит все усилия, чтобы своим трудом воплотить в жизнь мечты и чаяния Виктории. Он так пылко восхвалял ее достоинства, что она зарделась, и — не странно ли? — он вовсе не показался ей ни смешным, ни нелепым. Ничего обидного в его поведении королева также не усмотрела, напротив, после их встречи вышла из зала с улыбкой. Может, попытаться дать шанс этому странному человеку, размышляла она, и решила подождать, что последует за их первой встречей.

Вскоре Виктория начала получать от Дизраэли отчеты о парламентских дебатах, сообщения на политические темы и тому подобное, и они вовсе не походили на то, что писали другие министры. Он обращался к ней «Волшебная Королева», а различных недругов монархии наделял всевозможными зашифрованными именами, порой довольно грубыми, его сообщения были щедро пересыпаны сплетнями и слухами. В записке о новом канцлере казначейства Дизраэли писал: «Рост его превышает шесть футов четыре дюйма, и объем соответствующий, поначалу никто попросту не способен осознать его истинных размеров, примерно так же дело обстоит с собором Святого Петра в Риме. Однако со слоном его роднят не только стати, но и дальновидность». Фамильярный стиль министра граничил с неуважением, но королева была очарована. Она жадно прочитывала его отчеты, и ее интерес к политике, почти незаметно для нее самой, возрождался.

В начале их общения Дизраэли прислал королеве в подарок все написанные им повести. Виктория в ответ подарила ему единственную книгу, которую написала она: «Дневник нашей жизни в Шотландии». С тех пор он использовал в своих письмах и разговорах выражение «мы, писатели». Королева светилась гордостью. Она как-то подслушала, как он расточает ей похвалы в разговоре с кем-то: он говорил, что по глубине мысли, здравому смыслу и остроте женской интуиции она не уступает Елизавете I. Редко случалось, чтобы он не согласился с нею. Во время заседаний с другими министрами он

Воску, веществу от природы твердому и хрупкому, можно придать мягкость с помощью небольшой толики тепла, так, что он будет принимать любую угодную вам форму. Точно так же ваша обходительность и дружелюбие могут сделать податливыми и уступчивыми даже людей обычно раздражительных и злобных. Следовательно, обходительность для человеческой природы — то же самое, что тепло для воска.

Артур Шопенгауэр, «Мысли и максимы»

вдруг резко поворачивался к ней, спрашивая совета. В 1875 году, когда Дизраэли подвернулась возможность приобрести Суэцкий канал у погрязшего в долгах египетского правителя, он представил это королеве как результат осуществления ее собственных замыслов касательно экспансии Британской империи. Незаметно для самой королевы ее доверие крепло не по дням, а по часам.

Однажды Виктория послала премьер-министру цветы. Вскоре он ответил на это проявление милости, послав ей примулы, цветы настолько обычные, что можно было бы обидеться, получив такой букет. Вот только к его подарку была приложена записка: «Из всех цветов дольше всех сохраняет свою красоту милая примула». Дизраэли окутывал Викторию сказочной дымкой, атмосферой, в которой каждое слово казалось метафорой, а простота цветка, конечно, символизировала не только королеву, но также и взаимоотношения между двумя главами государства. Виктория попалась на приманку: вскоре примулы стали ее любимыми цветами. По сути дела, все, что теперь делал Дизраэли, получало одобрение королевы. Она позволяла ему сидеть в ее присутствии — неслыханная привилегия. Ежегодно в феврале, в день св. Валентина, они посылали друг другу записки. Королева расспрашивала, что делал и говорил Дизраэли на балу, а однажды приревновала, когда ей показалось, что премьер-министр уделяет слишком много внимания Евгении, императрице Германии. Придворные диву давались, не понимая, что сталось с той суровой и сухой женщиной, которую они знали, — теперь она вела себя как влюбленная девочка-подросток.

В 1876 году Дизраэли провел в парламенте билль, провозглашающий королеву Викторию королевой-императрицей. Королеву это тронуло чрезвычайно. Движимая благодарностью и своеобразной любовью, она возвысила еврея до пэрства, пожаловав ему титул графа Беконсфилд и тем самым осуществив мечту его жизни.

Дизраэли понимал, насколько обманчивым может быть внешний облик: о нем самом люди вечно судили по лицу и одежде, и он научился никогда не поступать так, как они. Так что суровость и пресный вид королевы Виктории не ввели его в заблуждение. Под внешней оболочкой он угадал неосознанную мечту о человеке, который позволил бы ей ощутить себя женщиной, достойной восхищения, женщиной человечной, эмоциональной, даже чувственной. То, до какой степени была подавлена эта сторона личности королевы, определило силу чувств, разбуженных им.

Дизраэли обратился сразу к двум подавляемым аспектам личности Виктории: к ее неуверенности в себе и сексуальности. Он обладал виртуозным умением тешить человеческое эго. Как заметила одна английская принцесса: «Однажды на званом обеде мне пришлось беседовать с мистером Гладстоном, и я уходила с мыслью, что он — самый умный мужчина Англии. Но, пообщавшись с мистером Дизраэли, я почувствовала, что я — самая умная женщина Англии». Дизраэли околдовывал тонко, деликатно, создавая настроение легкости и веселья, особенно в отношении политики. Когда бдительность королевы ослабла, он немного изменил настрой, привнеся в отношения чуть больше теплоты и человечности, чуть больше проникновенности и капельку чувственности — последнее, разумеется, ни в коем случае не подразумевало открытого флирта. Дизраэли помог Виктории почувствовать себя желанной женщиной и талантливой, одаренной правительницей государства. Могла ли она устоять? Могла ли отказать ему в чем-то?

ИЗ «ЖИЗНИ ДИЗРАЭЛИ» АНДРЕ МОРУА

Приглашенный Булвером, Дизраэли явился в зеленых бархатных панталонах, канареечного цвета жилете, с кружевными манжетами и в туфлях с пряжками. Его внешность многих обеспокоила вначале, но, когда вставали из-за стола, все приглашенные были согласны с тем, что самым остроумным собеседником за завтраком был человек в желтом жилете. Бенджамин со времени обедов у Меррея сделал большие успехи в области светских разговоров. Верный своему методу, он отмечал этапы: не говорить слишком много для начала, но если вы начали говорить, то вполне владейте собой, говорите сдержанным голосом и всегда смотрите на лицо,

Наша личность зачастую формируется под влиянием того, как к нам относятся окружающие; если наши родители или супруги в обращении с нами назидательны или суровы, мы, вольно или невольно, отвечаем тем же. Старайтесь, однако, не совершать ошибки, принимая внешние характеристики человека за его истинную сущность, ибо те черты, что мы можем разглядеть на поверхности, едва ли отражают ее, скорее это отражение тех людей, с которыми он особенно часто общается, или же фасад, за которым скрывается его противоположность. Под маской грубого, неотесанного мужлана может скрываться существо, жаждущее душевного тепла; скованный, пресный и суховатый на вид тип в действительности, возможно, сражается с рвущимися наружу эмоциями. В этом и есть ключ очарования — обнаружить и проявить то, что в человеке подавлено или скрыто.

Никогда не пускайся в объяснения.
Никогда не выражай недовольства.
Бенджамин Дизраэли

Потакая королеве, превратившись в источник положительных эмоций для нее, Дизраэли сумел смягчить женщину, которая с детства росла жесткой и несгибаемой. Потворство — мощнейший инструмент обольщения: трудно, почти невозможно сердиться на того, кто согласен с любым вашим словом, с вашими вкусами и мнениями. Чаровники нередко выглядят более слабыми по сравнению со своим объектом, но в конечном итоге они оказываются более сильной стороной, поскольку коварно лишают жертву способности оказывать сопротивление.

2. В 1971 году американский финансист и видный политический деятель, демократ Уильям Аверелл Гарриман, чувствовал, что жизнь его клонится к закату. Ему было семьдесят девять, только что скончалась его жена Мэри, с которой они прожили вместе много лет. К тому же во вновь сформированном правительстве отсутствовали демократы, а это заставляло задуматься и о конце политической карьеры. Ощущая себя дряхлым и усталым, он принял решение удалиться на покой, чтобы провести остаток жизни в тишине, играя с внуками.

Через несколько месяцев после кончины Мэри Гарримана уговорили побывать на одном из приемов в Вашингтоне. Там он повстречал свою старинную знакомую, Памелу Черчилль, которую знавал еще во времена Второй мировой войны, в Лондоне, где он находился в качестве специального советника президента Франклина Д. Рузвельта. Памела — ей тогда шел двадцать второй год — была замужем за сыном Уинстона Черчилля, Рэндолфом. Без сомнения, в городе можно было найти женщин красивее, однако общество ни одной из них не доставляло Гарриману столько удовольствия: она с таким вниманием слушала его, так сосредоточенно вникала в его проблемы! Памела подружилась с его дочерью (одного с ней возраста), они стали чаще встречаться, и всегда ее вид действовал на него умиротворяюще. Мэри оставалась в Штатах, а Рэндолф находился в армии, и вот, пока на Лондон падали бомбы, у Аверелла и Памелы начался роман. Много лет после войны, уже разъехавшись, они поддерживали связь друг с другом: он узнал о том, что ее брак развалился, а потом — о бесконечной череде ее романов и интрижек с самыми богатыми плейбоями Европы. Но он не видел ее с тех пор, как вернулся в Америку и к жене. И вот удивительное совпадение — надо же было буквально натолкнуться на нее в такой нелегкий момент его жизни!

На приеме Памела вытянула Гарримана из его раковины, смеялась его остротам, втянула в

вам не надо обращать внимание на то, что вы говорите. Ничего нет полезнее для молодого человека, вступающего в жизнь, как если его слегка критикуют женщины.

(Пер. С. Лопашева)

разговор-воспоминание о Лондоне в те славные военные деньки. Он чувствовал, как к нему возвращаются былые силы, словно это *он* сейчас очаровывал *ее*. Прошло несколько дней, и она навестила его в одном из его загородных домов. Гарриман — один из самых состоятельных людей в мире — никогда не купался в роскоши, он и Мэри вели спартанскую жизнь. Памела никак это не прокомментировала, но, когда она пригласила его к себе, он не мог не заметить разницы. Все в ее жилище было ярким, красочным, казалось, что и вся ее жизнь пронизана светом — повсюду цветы, великолепное постельное белье, чудесная еда (казалось, ей все известно о его любимых блюдах). Для него не была секретом ее репутация — ее называли куртизанкой, — и он отдавал себе отчет, что ее может интересовать его богатство. Но ее общество воодушевляло его, придавало сил, так что через два месяца после первой встречи они стали мужем и женой.

Знаете, что такое шарм: это способность
получить положительный ответ,
не задав ни одного конкретного вопроса.

АЛЬБЕР КАМЮ

Памела на этом не остановилась. Она убедила мужа передать коллекцию живописи, которую собирала Мэри, в дар Национальной галерее. Она уговаривала его, что деньги нужно тратить на трастовый фонд для ее сына Уинстона, новые дома, ремонт и переоборудование старых. Подход Памелы отличался тонкостью и терпением, ей каким-то образом удалось добиться, что он делал все, чего она хотела, но он и сам получал от этого удовольствие. Спустя несколько лет в жизни Гарримана не осталось почти никаких следов Мэри. Все меньше времени уделял он детям и внукам. Казалось, он переживает вторую молодость.

У вашингтонских политиков и их жен появление Памелы поначалу вызывало сильное предубеждение. Они-то ее видели насквозь, против них ее чары были бессильны — или, по крайней мере, они так полагали. И все же они принимали приглашения на вечера и приемы, которые она частенько устраивала. Они оправдывались перед собой тем, что не пойти неудобно и что им, как представителям власти, необходимо присутствовать. Все на ее вечерах было тщательно, до мелочей продумано, на них царила приятная, умиротворяющая атмосфера. Никто не чувствовал себя обойденным вниманием: далеко не самые важные персоны неожиданно для себя оказывались втянутыми в оживленный разговор с Памелой, раскрываясь навстречу ее внимательному взгляду и живому интересу. Благодаря ей каждый чувствовал себя значительным и сильным. После приема человек получал от нее записку или небольшой сувенир, часто с намеком на что-то, о чем у них накануне шла речь. Жены по-прежнему звали ее куртизанкой и намного медленнее меняли свое отношение. Мужчины находили ее не только привлекательной, но и полезной — ее многочисленные знакомства по всему миру были для них просто неоценимы. Ей удавалось вовремя свести их именно с тем человеком, который был необходим, причем для этого не требовалось просить, достаточно было легкого намека в разговоре. Вечера у Гарриманов приобрели к тому же еще и значение мероприятий по сбору денежных средств для партии демократов. В непринужденной обстановке, которую создавала Памела, в приподнятом настроении, с осознанием собственной значительности — это ощущение также давала им она, — гости опустошали свои кошельки почти машинально, даже не особенно вдумываясь в то, что делают. Именно это, надо заметить, с удовольствием проделывали все мужчины в ее жизни.

В 1986 году Гарриман умер. К тому времени состояние у Памелы было громадное и положение в обществе вполне твердое, так что она не нуждалась в новом муже. В 1993 году она стала послом США во Франции и вновь без труда использовала свое личное обаяние, на этот раз в сфере политической дипломатии. Скончалась она в 1997 году, на восьмом десятке, продолжая работать до конца жизни.

Часто мы распознаем Чаровников по их хитрости. (Без сомнения, Гарриман понимал, что его встреча с Памелой Черчилль в 1971 году не была случайностью.) Распознавая, мы, тем не менее, охотно поддаемся их обаянию. Причина проста: ощущения, которыми одаряют нас Чаровники, в нашей жизни так редки, что они стоят той цены, которую мы за них платим.

Мир полон людей, зацикленных на себе. Когда мы общаемся с ними, для нас не секрет, что вектор взаимоотношений всегда направлен в их сторону, что определяющее значение имеют их комплексы, их нужды, их потребность во внимании. Это вызывает ответную реакцию, усиливая наши собственные эгоистические тенденции: защищаясь, мы закрываемся, наращивая собственный панцирь. Этот синдром делает нас еще более беззащитными при встрече с Чаровниками. Во-первых, они почти не говорят о себе, это придает им таинственность и заставляет забыть о том, что их возможности ограниченны. Во-вторых, нам кажется, что мы им интересны, и их внимание так восхитительно, что мы расслабляемся и раскрываемся для них. И наконец, с Чаровниками приятно общаться. Самые несимпатичные человеческие черты — нытье, постоянные жалобы, недовольство окружающими — им не присущи. Они, кажется, точно знают, чем и как вам угодить. Всепроникающее тепло этих людей не имеет отношения к сексу, оно бесполо. (Вы можете утверждать, что Чаровница-гейша просто сексуальна, а не очаровательна, секрет ее притягательности, однако, не в сексуальных услугах, а в той удивительной застенчивой внимательности, которой она одаривает.) У нас происходит неизбежное привыкание — и появляется зависимость. Эта зависимость и представляет собой источник власти Чаровника.

Люди, наделенные физической красотой и играющие на этом, всячески подчеркивающие свою сексуальность, как правило, в итоге власти лишаются: цвет молодости выцветает, рядом оказывается кто-то более юный и красивый, да и вообще красота без таланта общения, без такта и обходительности попросту утомительна для окружающих — она может надоесть. Но никогда людям не надоест чувство, что их оценили высоко и по достоинству. Научитесь той власти, достичь которой можно, дав другому человеку почувствовать себя звездой. Ключ в данном случае — придайте размытость проявлениям своей сексуальности. Откровенный призыв должно сменить неясное, манящее волнение, возникающее в процессе легкого флирта. Такая фоновая, невыраженная сексуальность притягательна и никогда не может быть удовлетворена полностью и до конца.

3. В декабре 1936 года Чан Кайши, лидер китайских националистов, был захвачен своими собственными соратниками — военными, возмущенными его решением: вместо того чтобы сражаться с японцами, вторгшимися на территорию Китая, он продолжал гражданскую войну против коммунистической армии Мао Цзэдуна. Заговорщики не видели в Мао особенной угрозы — Чану уже почти удалось уничтожить коммунистов. На самом деле они считали, что следует объединиться с коммунистами против

ИЗ СТАТЬИ
ГЮСТАВА ТАРДА
«МНЕНИЕ И ТОЛПА»
Речь, захватывающая слушателей и срывающая аплодисменты, часто не приносит плодов просто потому, что всем понятно, что ее задача — убеждать. Люди, обсуждающие что-то и приходящие к согласию, добиваются успеха благодаря интонациям голоса, которые они перенимают у собеседника, взглядам, а не только содержанию и смыслу слов. Правы те, кто называет хорошего собеседника волшебником в самом магическом смысле этого слова.
Цит по кн.:
СЕРЖ МОСКОВИЧИ,
«ВЕК ТОЛПЫ»

общего внешнего врага — это, на их взгляд, было единственным истинно патриотическим решением. Захватывая в плен Чана, заговорщики полагали, что им удастся уговорить его изменить мнение, но он оказался упрямцем. Поскольку Чан был единственным препятствием к организации объединенного антияпонского фронта, то его намеревались казнить или выдать коммунистам.

Итак, Чан Кайши находился в тюрьме, предполагая самое худшее. Так прошло много дней, а затем ему нанес визит Чжоу Эньлай — бывший друг, а теперь один из коммунистических вождей. Вежливо и уважительно Чжоу Эньлай приводил доводы в пользу объединения: коммунисты и националисты против Японии. Чан поначалу даже не вслушивался в его аргументы — он страстно ненавидел коммунистов — и пришел в ярость. Подписать соглашение в такой ситуации, кричал он, крайне унизительно, он потеряет лицо и утратит авторитет в войсках. Такое невозможно даже обсуждать, пусть уж лучше сразу убьют его, если это необходимо!

Чжоу Эньлай, слушая его, улыбался и изредка вставлял слово. Когда Чан наконец выдохся, тот сказал, что ему понятна забота лидера националистов о своей чести, но что сейчас дело чести для них обоих заключается в том, чтобы забыть о своих разногласиях и амбициях и сразиться с захватчиком. Чан Кайши мог бы возглавить объединенную армию. В заключение Чжоу Эньлай сказал, что ни при каких обстоятельствах не позволил бы ни коммунистам, ни кому-либо другому казнить такого великого человека, как Чан. Главу Гоминьдана поразили и растрогали эти слова.

На другой день Чан Кайши в сопровождении охранников-коммунистов возвратился к себе в штаб на одном из самолетов собственной армии. Очевидно, Чжоу Эньлай пошел на этот шаг, ни с кем не посоветовавшись, и другие коммунистические лидеры, узнав о случившемся, пришли в негодование. Чжоу Эньлай должен был принудить Чана сражаться с японцами, в противном же случае казнить. То, что он просто отпустил его на волю, не поставив никаких условий, считали они, вершина трусости, и Чжоу должен заплатить за свое малодушие. Чжоу Эньлай, однако, ничего не отвечал — он выжидал. Спустя несколько месяцев Чан Кайши подписал соглашение, по которому гражданская война приостанавливалась и гоминьдановцы объединялись с коммунистами в борьбе против Японии. Казалось, он пришел к такому решению самостоятельно, и его армия с уважением приняла это — военные не сомневались в его мотивах.

Совместными усилиями интервенты были выдворены из страны. Но армия коммунистов, которую до того Чан Кайши практически уничтожил, за время совместных действий набрала силу. Стоило японцам уйти, как коммунисты повернули оружие против националистов, и в 1949 году тем пришлось отступить с материкового Китая на остров Формоза, ныне Тайвань.

Одержав победу, Мао отправился с визитом в Советский Союз. Хозяйство Китая находилось в чудовищном состоянии, отчаянно нуждалось в помощи, но Сталин осторожничал, он поучал Мао, объясняя, как много было допущено ошибок. Мао возражал, спорил. Сталин решил проучить выскочку: Китай не получит ничего. Обстановка накалилась. Мао срочно послал за Чжоу Эньлаем, и тот прибыл на другой же день, немедленно приступив к исполнению обязанностей.

Во время долгих переговоров Чжоу Эньлай демонстрировал, как ему нравится напиток хозяев — водка. Он вообще не спорил, он признал, что Китай действительно совершил немало ошибок, что следует многому поучиться у более опытных советских друзей. «Товарищ Сталин, — сказал он, — мы стали первой крупной азиатской страной, которая присоединилась к социалистическому лагерю под *вашим* руководством». Чжоу Эньлай приехал, подготовив множество аккуратно вычерченных диаграмм и таблиц, зная, что русским нравятся такие вещи. Сталин потеплел, расположился к нему. Переговоры продолжались, и через несколько дней после приезда руководителя Государственного административного совета КНР две партии подписали договор о взаимопомощи — договор неизмеримо более выгодный для китайской, нежели для советской, стороны.

В 1959 году Китай снова оказался в трудной ситуации. Большой скачок, задуманный Мао как попытка молниеносной технической революции в Китае, с треском провалился. В народе росло возмущение: люди голодали, а бюрократы в Пекине роскошествовали. Многие официальные лица Пекина, в их числе и Чжоу Эньлай, вернулись в свои родные места, пытаясь навести порядок. Большинству удалось это сделать путем подкупа — точнее, обещаниями всякого рода благ, — но Чжоу действовал иначе: он отправился на кладбище, где покоились его предки, и попросил, сняв надгробия, закопать гробы поглубже. Теперь эту землю можно было обрабатывать и использовать для выращивания хлеба и другой пищи. С точки зрения конфуцианства (а Чжоу Эньлай был примерным последователем Конфуция) это было кощунством, но всем была понятна идея: Чжоу Эньлай хотел пострадать лично. Каждому было чем пожертвовать, даже вождю. Его жест имел громадное символическое значение. Когда Чжоу Эньлай умер в 1976 году, члены китайского правительства были поражены неожиданным проявлением неофициальной, стихийной народной скорби. Они не могли понять, как человек, по роду своей деятельности остававшийся в тени, мог снискать такое восторженное отношение народных масс, такую преданность.

Пленение Чан Кайши оказалось поворотным пунктом в ходе гражданской войны. Расправа над ним могла иметь катастрофические последствия: именно Чан объединял армию националистов, без него она могла развалиться на отдельные группировки, окончательно открыв японцам доступ в страну. Невозможно было и принудить Чана к подписанию соглашения: в этом случае он выглядел бы трусом в глазах своих соратников, не стал бы соблюдать условия соглашения и постарался бы при первом же случае отомстить за свое унижение. Чжоу Эньлай понимал, что казнью узника или принуждением можно только ожесточить неприятелей, что может привести к непредсказуемым и самым тяжелым последствиям. С другой стороны, такое оружие, как очарование, — это прекрасный инструмент управления, который позволяет вам одержать победу, не возбуждая при этом у противника желания отомстить.

Чжоу Эньлай виртуозно сыграл с Чаном: продемонстрировал уважение, сыграл приниженность и дал ему испытать гамму переживаний, от страха расправы до внезапного облегчения, когда его выпустили на свободу. Генерал получил шанс сохранить достоинство. Чжоу Эньлай знал наверняка: такой подход смягчит его и заронит мысль о том, что коммунисты в конце концов не так уж плохи и можно согласиться на их предложение, так что это не будет выглядеть как проявление слабости с его стороны, особенно после проявленной им в заключении несгибаемой твердости. Ту же тактику Чжоу Эньлай применял в любой ситуации: изображать робкого, покорного, приниженного. Велика важность, если это помогает в итоге получить желаемое: время, чтобы оправиться от гражданской войны, подписанный договор, доброе отношение народа.

Время — мощнейшее оружие, которым вы располагаете. Сохраняйте невозмутимость, помните о дальней цели — и вам не сможет противостоять ни один человек, ни даже целая армия. А очарование — лучший способ играть со временем, расширяя свои возможности в любой ситуации. Очаровывая, вы можете смутить врага и вынудить его отступить, но при этом вы выиграете пространство для психологического маневра, для выработки эффективного плана действий. Ключ в том, чтобы вызвать бурные эмоции у объекта, самому оставаясь при этом невозмутимым. Люди могут испытывать чувство благодарности или счастья, умиляться, сердиться — не имеет значения что именно, пока это не кончилось. Чувства, обуревающие человека, отвлекают его, сбивают с толка. Дайте им то, чего они хотят: разбудите в них себялюбие, позвольте почувствовать свое превосходство над вами. Когда ребенок хватает со стола острый нож, не пытайтесь вырвать его, сохраняйте спокойствие, предложите ему конфетку, и ребенок бросит нож, чтобы взять более соблазнительный предмет, предложенный вами.

Символ: Зеркало. Ваше поведение, ваш настрой — зеркало для окружающих. Глядя на вас, они видят самих себя: свои ценности, вкусы, даже свои изъяны. Их роман длиной в целую жизнь — роман с собственным отражением — уютный и убаюкивающий, только подкормите его. Они никогда не заметят того, кто стоит позади зеркала.

Возможные опасности

Встречаются люди, устойчивые против очарования, в особенности циничные и самоуверенные типы, которым не нужно, чтобы их ценили. В глазах таких людей Чаровники, как правило, выглядят скользкими втирушами. Вот они-то и могут создавать проблемы. Выход в том, чтобы делать то, что большинство Чаровников и делает по природной своей склонности: заводить друзей и очаровывать как можно больше людей. Подстраховав свою власть, заручившись количеством, вы можете не беспокоиться о том, что единицы окажутся невосприимчивыми к вашим чарам. Великодушие и доброта по отношению к каждому встреченному человеку впоследствии окупятся, возвращаясь к вам добрым отношением многих. Иногда очень полезно просто очаровательно слегка приоткрыть свои недостатки. Есть кто-то, кто вам не по нраву? Признайте это открыто, не старайтесь очаровать этого неприятеля, и окружающие сочтут вас еще более человечным и искренним. Для Дизраэли таким козлом отпущения был его постоянный оппонент Уильям Гладстон.

С опасностями, грозящими Чаровнику в политике, справиться труднее: из-за своего примиренческого, изворотливого, гибкого подхода к политике вы неизбежно наживете врагов в лице несгибаемых. Политическим обольстителям, например Биллу Клинтону и Генри Киссинджеру, часто удавалось переиграть самых твердолобых своих оппонентов с помощью личного обаяния, но они физически не могли успеть повсюду и присутствовать одновременно в нескольких местах. Многие члены английского парламента считали Дизраэли увертливым соглашателем, при личном общении его подкупающая манера заставляла отказаться от таких подозрений, но не мог же он поговорить с глазу на глаз со всеми парламентариями кряду.

В трудные времена, когда люди мечтают об основательности и твердости, политический Чаровник может оказаться в опасности.

Главное — верно рассчитать время. Чаровникам необходимо точно понимать, когда лучше лечь на дно, а когда настает подходящий момент для того, чтобы можно было применить свои дипломатические таланты. Их гибкость известна, однако порой приходится быть настолько гибким, чтобы проявить несгибаемость. Чжоу Эньлай, этот законченный хамелеон, мог, если требовалось, изображать непреклонного коммуниста. Ни в коем случае не становитесь рабом собственных чар, умейте управлять ими, включать и выключать по своей воле.

Харизматик

Харизма — это некая таинственная сила, вызывающая у нас восторженное почитание. Происходит она из какого-либо внутреннего качества — уверенности, сексуальной энергии, целеустремленности, — отсутствующего, но желанного для большинства людей. Эта сила присутствует явно, она выплескивается через край, пронизывает все существо Харизматиков, придавая им вид исключительных, высших существ и заставляя нас воображать, что за ними стоит больше, чем видно глазу, что они боги, святые, звезды. Харизматики могут научиться усиливать свою харизму с помощью пронизывающего взгляда, пылких речей, загадочного вида. Они способны повести за собой огромные массы людей. Научитесь создавать иллюзию харизмы, излучая энергию и оставаясь при этом отстраненным и невозмутимым.

Харизма и обольщение

Харизма и есть обольщение в массовом масштабе. Харизматические лидеры заставляют толпы людей влюбляться в себя, а затем ведут их за собой. Влюбить в себя народ несложно, при этом используется тот же сценарий, что и в случае обольщения одной жертвы. Харизматики обладают определенными, чрезвычайно привлекательными качествами и эксплуатируют их. Таким качеством может стать их вера в себя, решительность или мудрость. Источник этих свойств они сохраняют в тайне, не объясняя, откуда черпают свою уверенность или смелость, зато ощутить их может каждый. Харизматик просто излучает их, как бы не отдавая себе в этом отчета. Лицо у Харизматика обычно живое, полное энергии и страсти, у него вид влюбленного, что всегда крайне привлекательно. Мы с радостью следуем за Харизматиком, потому что нам нравится быть ведомыми, в особенности за теми, кто обещает приключения или процветание. Мы растворяемся, теряем себя, становимся эмоционально зависимыми от них, чувствуем, как вера в них придает нам жизни, — словом, влюбляемся. Харизма играет на подавленной сексуальности, однако изначально слово относится совсем не к области эротики, а к религии, и религия по сей день глубоко укоренена в современной харизме.

Тысячи лет назад люди верили в различных богов и духов, но мало кто мог сказать, что видел чудо, физическое проявление божественной мощи. Однако встречались люди, которых, по всей видимости, посещал дух божества — они говорили на неведомых языках, впадали в экстатическое исступление, рассказывали о невероятных видениях — словом, выделялись из общей массы как редкие избранники богов. Такой человек, жрец или пророк, приобретал огромную власть над прочими.

Харизму следует понимать как признание наличия некоего сверхъестественного качества личности, независимо от того, является это качество реально существующим, мнимым или предполагаемым. За харизматическим лидером, следовательно, признается право управлять людьми... на что последние соглашаются вследствие их веры в наличие у данной личности сверхъестественного качества.

Макс Вебер,
«Очерки
по социологии»

194

Что заставило евреев поверить Моисею, последовать за ним, вместе покинуть Египет и хранить верность и преданность на протяжении бесконечных скитаний по пустыне? Взгляд его глаз, вдохновенные и вдохновляющие слова, лицо его, которое в буквальном смысле светилось, когда он спустился с горы Синай, — всё это подтверждало, что с ним говорит Бог, и в этом был источник его силы. Вот это самое и означает «харизма» — греческое слово, которое употребляли при описании пророков и самого Христа. Во времена раннего христианства харизмой называли дар или талант, полученный от Бога как Его благодать и свидетельствующий о Его присутствии. Практически все крупнейшие религии были основаны Харизматиками — людьми, отмеченными печатью Бога, в которых зримо проявлялись признаки Божьей милости.

С годами слово приобрело иную, более рациональную окраску. Люди стали приходить к власти не потому, что таким правом наделил их Бог, а потому, что они победили на выборах или доказали свою пригодность. Крупнейший германский социолог начала двадцатого века Макс Вебер заметил, однако, что, несмотря на предполагаемый прогресс, Харизматиков тогда было больше, чем когда-либо раньше. Для современных Харизматиков, согласно Веберу, характерно наличие какого-либо выдающегося, замечательного качества, эквивалентного знаку божественной милости. Как можно еще объяснить власть Робеспьера или Ленина? Более всего прочего здесь важна была сила их магнетической личности, благодаря которой эти люди сумели выделиться из общего ряда. В этом и был источник их власти. Они говорили не о Боге, но о великих делах, о своем видении будущего общества. Они были эмоциональны и взывали к чувствам толпы, они производили впечатление одержимых. И аудитория воспринимала их с таким же воодушевлением, как в старину люди воспринимали пророков. После того как в 1924 году умер Ленин, вокруг его памяти сформировался культ, превративший лидера Коммунистической партии в божество.

Сегодня чуть ли не о каждом ярком человеке, из тех, кто сразу привлекает к себе внимание, входя в комнату, принято говорить, что у него есть харизма. Это, безусловно, снижение понятия. Однако даже у этих современных и не всегда достойных претендентов можно обнаружить следы настоящей харизмы в изначальном понимании этого слова. У них она загадочна и необъяснима, никогда не просматривается отчетливо. Но они обладают необычной уверенностью. У них есть какой-то особый дар — часто это умение гладко говорить, — выделяющий их из толпы. Они могут предвидеть будущее. Порой они и сами не осознают этого, но в их присутствии мы испытываем нечто близкое религиозному переживанию, мы верим в этих людей, не имея для того никаких рациональных предпосылок. Стараясь изобразить харизму, никогда не забывайте о религиозной подоплеке этой силы. Необходимо излучать внутреннюю силу, свидетельствующую о благородстве, праведности или силе духа. Глаза у вас должны гореть огнем, словно у пророка. Ваша харизма должна выглядеть естественной, как если бы это было чем-то неподвластным вам, даром богов. В нашем рациональном, прагматичном мире люди — особенно если они объединены в группы — испытывают отчаянную потребность в религиозном опыте. Любой признак харизмы играет на этой потребности верить во что-то. А ведь нет ничего более обольстительного, чем предоставленная возможность поверить и последовать за кем-то.

Харизма должна выглядеть мистической, и все же это не означает, что вы не можете освоить пару-тройку трюков, которые усилят уже имеющуюся у вас харизму или помогут имитировать, сыграть ее. Ниже приведены основные качества, которые помогают создать иллюзию харизмы.

Цель. Если окружающие поверят, что у вас есть план действий, что вы знаете, куда надо идти, они потянутся за вами инстинктивно. Направление движения роли не играет: подыщите благое дело, идеал и дайте понять, что не отступите от своей цели. Люди посчитают, что уверенность ваша опирается на что-то реальное, так же, как древние евреи верили, что Моисей общается с Богом, только на основании внешних признаков.

Целеустремленность особенно исполнена харизмы в тяжелые времена. В большинстве своем люди колеблются, прежде чем отважиться на решительные действия (даже тогда, когда это — единственно возможный выход). Именно поэтому непоколебимая уверенность сделает вас центром внимания. Люди поверят в вас просто благодаря силе вашего характера. Когда Франклин Делано Рузвельт пришел к власти в разгар Великой депрессии, мало кто из американцев верил, что ему удастся повернуть вспять ход вещей. Но в первые же месяцы правления он продемонстрировал такую уверенность, такую решимость и ясность подхода к решению многочисленных проблем страны, что его начали воспринимать как спасителя нации, лидера с мощной харизмой.

Тайна. Тайна лежит в основе харизмы, но, помимо того, существует тайна особая — это загадочность, выраженная в сочетании несочетаемых черт. Харизматик может быть одновременно простонародным и аристократичным (Мао Цзэдун), жестоким и добрым (Петр Первый),

После сего приблизились [к нему] все сыны Израилевы, и он заповедал им все, что говорил ему Господь на горе Синае. И когда Моисей перестал разговаривать с ними, то положил на лице свое покрывало. Когда же входил Моисей пред лице Господа, чтобы говорить с Ним, тогда снимал покрывало, доколе не выходил; а выйдя, пересказывал сынам Израилевым всё, что заповедано было [ему от Господа].
И видели сыны Израилевы, что сияет лице Моисеево, и Моисей опять полагал покрывало на лице свое, доколе не входил разговаривать с Ним.
Исх., 34:27–35

экспансивным и хладнокровным (Шарль де Голль), близким и отстраненным (Зигмунд Фрейд). Поскольку по большей части люди вполне предсказуемы, наличие подобных противоречий неоспоримо свидетельствует о харизматичности. Они делают вас труднопостижимым, сообщают дополнительное богатство вашему характеру, вызывают у окружающих потребность обсуждать вас. Как правило, лучше позволять противоречиям выявляться исподволь, медленно и постепенно приоткрывая их, — если вы повыдергиваете их из колоды и предъявите одно за другим, люди могут решить, что вы взбалмошны и чудаковаты. Демонстрируйте свою загадочность понемногу — и о ней заговорят. Не подпускайте людей слишком близко, держите дистанцию, в противном случае велика опасность, что вас раскусят.

Еще один аспект тайны — намек на некие сверхъестественные способности. Проявление дара предвидения или ясновидения поспособствует укреплению вашей ауры. Пророчествуйте, вещайте с авторитетным видом — впоследствии люди впадают в иллюзию, что ваши предсказания сбываются.

Массы никогда не рвутся к истине. Они требуют иллюзий и не могут обходиться без них. Они неизменно отдают предпочтение нереальному перед реальным; заведомая неправда действует на них почти с такой же силой, как правда. Они и не стараются отличить одно от другого.

Зигмунд Фрейд

Праведность. Многие из нас, чтобы выжить в этом мире, постоянно идут на компромиссы, святые и праведники этого не делают. Они на деле следуют своим идеалам, не заботясь о последствиях. Праведность наделяет харизмой.

Праведность может проявляться и в областях, весьма далеких от религии. Политики, даже такие далекие друг от друга, как Джордж Вашингтон и Ленин, приобрели репутацию почти святых тем, что, несмотря на свою власть, жили скромно и просто, применяя свои политические ценности к собственной персональной жизни. Почитатели буквально обожествили обоих этих деятелей после смерти. Альберт Эйнштейн также обладал аурой, напоминающей ореол святого, — он был подобен ребенку: не желающий идти на компромиссы, потерянный в своем собственном мире. Трудность здесь заключается в том, что необходимо иметь уже сформированные ценности, подделать эту деталь невозможно, по крайней мере, если вы не хотите навлечь на себя обвинения в шарлатанстве, которые разрушат вашу харизму всерьез и надолго. Следующий шаг — показать, сделав это по возможности умно и тонко, что ваша жизнь не расходится с вашей верой. И наконец, самый скромный и непритязательный облик может рано или поздно превратиться в харизму, если только вам удастся доказать, что он для вас нестеснителен, что вы чувствуете себя естественно и хорошо. Источник харизмы Гарри Трумэна и даже Авраама Линкольна заключался по большому счету именно в том, что они казались внешне заурядными, обыкновенными людьми.

Красноречие. Харизматику известна власть слов. Причина проста: слова представляют самый быстрый способ вызвать бурю эмоций. С их помощью можно воодушевлять, волновать, пробуждать гнев, не предъявляя для этого ничего вещественного. Во время Гражданской войны в Испании Долорес Гомес Ибаррури, известная всему миру как Пасионария — Пламенная, произносила речи в защиту коммунистов настолько эмоциональные и мощные, что они неоднократно влияли на исход ключевых эпизодов войны. Чтобы достичь таких высот, оратору необходимо точно чувствовать свою аудиторию, соответствовать ей по уровню эмоциональности и по темпераменту. И все же освоить искусство красноречия возможно: довольно несложно научиться использовать приемы, к которым прибегала Пасионария, — лозунги, ритмизованные повторы, фразы, которые скандировала бы публика. Рузвельт, по натуре сдержанный, аристократичный, сумел сделаться ярким и выразительным оратором благодаря своей медленной, почти гипнотизирующей манере говорить, великолепной образности речи и виртуозному умению использовать аллитерации и библейскую риторику. Нередко его выступления трогали слушателей до слез. Неторопливо-размеренный, уверенный стиль зачастую оказывается более эффективным, чем эмоциональные ораторские всплески: он меньше выматывает слушателей и воздействует более тонко.

Театральность. Харизматик, личность чрезвычайно яркая, обладает неординарной, притягательной внешностью. Артистам давным-давно известны эти секреты: они обладают умением управлять вниманием, стоя на сцене среди множества других актеров. Может показаться неожиданным, но часто зрительский интерес вызывает совсем не тот актер, который кричит громче всех или больше всех жестикулирует, а тот, который сохраняет спокойствие и излучает невозмутимость. Если слишком стараться и лезть из кожи вон, весь эффект пропадет. Требуется склонность к самоанализу, умение посмотреть на себя глазами окружающих. Генерал де Голль понимал, что именно способность к самоанализу является ключом к его харизме; в тягчайших обстоятельствах — во время нацистской оккупации Франции, реванша националистов после Второй мировой войны, попытки военного переворота в Алжире — он сохранял великолепное олимпийское спокойствие, противопоставляя его истерии своих коллег. Когда он говорил, все заслушивались, от него невозможно было отвести взгляд. Научившись таким образом управлять вниманием, усиливайте эффект, появляясь на различных церемониях и мероприятиях, образный ряд которых придавал бы вам царственный или величественный вид. Здесь, однако, важны чувство меры и вкус. Напыщенность, бьющая на эффект, не имеет ничего общего с харизмой — она привлекает к себе нежелательный тип внимания.

Раскованность. Люди в большинстве своем задавлены комплексами, почти не имеют доступа к собственному подсознанию. Это предоставляет прекрасные возможности Харизматику: он способен стать своего рода экраном, на который окружающие проецируют собственные потаенные желания и фантазии. Для этого вам в первую очередь необходимо продемонстрировать, что вы в меньшей степени скованы, чем ваша аудитория, от вас прямо-таки исходит опасная сексуальность, у вас отсутствует страх смерти, вы восхитительно непредсказуемы. Достаточно даже намека на эти качества, чтобы окружающие сочли вас более сильным, чем вы есть на самом деле. В 1850-е годы мир буквально завоевала американская танцовщица-цыганка Ада Айзек Менкен, ее бесстрашие и бьющая через край сексуальная энергия покорили зрителей. Она появлялась на сцене полуобнаженной, отважно бросая вызов общественному мнению — мало кто из женщин мог отважиться на подобное в викторианскую эпоху,—в результате довольно посредственная артистка превратилась в объект культового поклонения.

Естественным следствием вашей раскованности может явиться наличие, как в профессии, так и в характере, некоей неуловимой прелести, свидетельствующей о том, что вы не подавляете свое подсознание. Именно это свойство превращало композиторов и художников, таких как, например, Вагнер или Пикассо, в харизматических идолов. В близком родстве с этой характеристикой находится гибкость — как тела, так и ума. Жертвы комплексов ригидны, Харизматикам же свойственна непринужденность и умение адаптироваться, они открыты для нового опыта.

Пыл. Вам необходимо во что-то верить, причем вера эта должна быть настолько сильной, чтобы ее огонь горел у вас в глазах и она оживляла все ваши действия. Подделать это невозможно. Политикам поневоле приходится публично лгать и обманывать народ. Харизматиков отличает их искренняя вера в собственную ложь, что и придает их словам особую убедительность. Для возникновения безоглядной веры необходима какая-то побудительная причина, что-то важное, ради чего стоит сплотиться, — крестовый поход. Выступите в роли объединяющей идеи для недовольных, покажите, что вам чужды любые сомнения, разъедающие обычных людей. В 1490 году флорентиец Джироламо Савонарола подвергал хуле папу Римского и католическую церковь. Утверждая, что на нем лежит благодать Святого Духа, он приходил в такое воодушевление, чтобы не сказать возбуждение, во время проповедей, что в толпе начинались истерические припадки. Савонарола обрел такое количество последователей, что вскоре захватил — правда, ненадолго — город, после чего был схвачен по приказу папы и сожжен на костре. Люди верили и шли за ним, захваченные глубиной его убежденности. Его пример в наши дни более актуален, чем когда-либо: наши современники, страдая от разобщенности, испытывают непреодолимую потребность объединиться. Позвольте своей пламенной и захватывающей вере (во что — практически безразлично) дать людям то, во что и они могли бы уверовать.

Ранимость. Харизматики не скрывают своей потребности в любви и восхищении. Они открыты навстречу своей публике и действительно нуждаются в ней, подпитываясь ее энергией. Аудитория, в свою очередь, электризуется при виде Харизматиков. Эта уязвимая сторона харизмы смягчает другое важнейшее качество — уверенность в себе, которая в противном случае могла бы казаться фанатичной и даже пугающей.

Поскольку харизма подразумевает чувства, родственные любви, вы, в свою очередь, должны выказать любовь к своим последователям. Это ключевой элемент харизмы, и, например, Мэрилин Монро демонстрировала его так, что этого не могла скрыть никакая кинокамера. «Я знала, что принадлежу публике, — писала она в своем дневнике, — и миру не потому, что я талантлива, и даже не потому, что я красива, но потому, что я никогда не принадлежала ничему и никому другому. Публика была моей единственной семьей, благородным принцем и единственным домом, о котором я мечтала». Перед камерой Монро мгновенно оживала, флиртуя со своим невидимым зрителем и волнуя его. Если публика не почувствует этого и в вас, люди просто повернутся и уйдут. С другой стороны, им ни в коем случае не должно показаться, что вы манипулируете своей аудиторией или питаете корыстные чувства. Представьте себе зрителей в виде собирательного образа, одного человека, которого вы хотите соблазнить, — не может быть ничего более обольстительного для людей, чем ощущение, что в них нуждаются.

Авантюризм. Харизматики — люди неординарные. От них исходит аромат приключений и риска, весьма притягательный для тех, кому скучна жизнь. Во всех своих действиях демонстрируйте безрассудную отвагу и храбрость — пусть видят, как вы рискуете ради блага других. Наполеон всегда заботился о том, чтобы солдаты видели его на поле битвы. Ленин открыто прогуливался по улицам, несмотря на угрозы расправы, которые неоднократно получал. Харизматики расцветают в смутные времена: кризисная ситуация позволяет им обнаружить свое мужество, от чего аура сияет еще ярче. Джон Ф. Кеннеди особенно ярко проявил себя во время Карибского кризиса, Шарль де Голль — когда подавлял восстание в Алжире. Подобные ситуации требовались им, чтобы харизма не потускнела, и кое-кого из них подозревают в том, что эти ситуации на самом деле создавались искусственно (Кеннеди, например, добивался этого рискованным стилем своей дипломатии, балансировавшей на грани войны), что отчасти объяснимо любовью Харизматиков к приключениям. И наоборот, малейший намек на трусость безвозвратно уничтожит вашу харизму, какой бы мощной она ни была.

Магнетизм. Если какая-то физическая черта и имеет особое значение в обольщении, так это глаза. Взгляд сообщает о волнении, недоверии, тревоге, так что при этом нам не требуется ни единого слова. Такой род общения крайне важен и для харизмы. Поведение Харизматиков может быть взвешенным и спокойным, но глаза выдают страстность; их взгляд не отпускает, он приводит в смятение, вызывая у публики бурю эмоций, добиваясь результата без помощи слов и жестов. Фидель Кастро одним своим прожигающим насквозь взглядом, не говоря ни слова, заставлял умолкнуть оппонентов. Когда Бенито Муссолини чувствовал, что ему брошен вызов, он страшно вращал глазами и закатывал их так, что показывались белки. Президент Индонезии Сукарно обладал таким взглядом, что казалось, будто он видит собеседника насквозь. Рузвельт был способен по желанию расширять зрачки, так что взгляд делался пугающим и вместе с тем завораживающим. В глазах Харизматиков вы не прочтете испуга или замешательства.

Все это вполне достижимо. Рассказывают, что Наполеон будто бы часами простаивал перед зеркалом, отрабатывая взгляд, как у великого театрального трагика той эпохи Тальма. Ключ в данном случае — самоконтроль. Взгляд не обязательно должен быть агрессивным, он может выражать и удовлетворение. Помните: ваши глаза могут излучать харизму, но они же могут и выдать вас с головой. Не пускайте столь важную вещь на самотек. Тренируйтесь, чтобы добиться желаемого эффекта.

Я наделен даром электризовать людей.

Наполеон Бонапарт
Цит. по кн.: Питер Гейл,
«Наполеон: за и против»

Харизматические персонажи — примеры из истории

Чудесная пророчица. В 1425 году Жанну д'Арк, крестьянскую девушку из французской деревни Домреми, посетило первое видение: «Мне шел тринадцатый год, когда Господь послал голос, чтобы руководить мной». Голос принадлежал святому Михаилу, который принес послание от Бога: Жанна избрана, чтобы избавить Францию от вторжения англичан, которые к тому времени захватили большую часть страны, и от военного хаоса и разрухи. Предстояло ей также реставрировать французскую монархию, вернув принцу-дофину, позднее Карлу VII, корону, которая ему принадлежала по праву. Святые Екатерина и Маргарита также разговаривали с Жанной. Видения ее были невероятно яркими: она видела святого Михаила, дотрагивалась до него, даже обоняла исходящее от него благоухание.

Сначала Жанна никому не рассказывала о том, что видела, все знали ее как обычную, спокойную деревенскую девушку. Но видения не исчезали, становились все более яркими, и вот в 1429 году Жанна покинула Домреми, полная решимости осуществить миссию, для выполнения которой ее избрал Бог. Ее целью было встретиться с Карлом в Шиноне — городке, где располагался двор короля в изгнании. Препятствия на ее пути были, казалось, непреодолимыми: путь до Шинона лежал неблизкий, в дороге подстерегали опасности, а Карл, даже если бы она добралась до него, был ленивым и трусоватым юношей, который едва ли рискнул бы выйти в поход против Англии. Она бесстрашно двигалась от деревни к деревне, рассказывала о своей миссии солдатам и просила их сопровождать ее в Шинон. Религиозных провидиц и пророчиц в те времена попадалось десяток на дюжину, и в предвидениях Жанны не было ничего исключительного, что давало бы людям уверенность в ее правоте, однако ей удалось заинтересовать одного военного по имени Жан де Метц. Его внимание привлекло то, насколько детальными были ее предвидения: она освободит город Орлеан, коронует короля в Реймском соборе и поведет армию на Париж; она знала, как ее ранят и где; слова, которые, по ее уверению, она слышала от святого Михаила, совсем не были похожи на речь неграмотной крестьянки; кроме того, Жанна была абсолютно уверена в том, что говорила, она просто излучала убежденность. Де Метц поддался ее очарованию. Он принес ей клятву верности и с нею вместе отправился в Шинон. Затем нашлись и другие, кто поддержал ее, и до Карла докатился слух о странной девушке, которая ищет встречи с ним.

Во все время долгого пути к Шинону — а пройти ей пришлось 350 миль по стране, где хозяйничали бандиты и разбойники, в сопровождении лишь горстки солдат — Жанна ни разу не выказала ни страха, ни малейшего колебания. Путь занял несколько месяцев. Когда она наконец добралась, дофин, вопреки мнению советников, принял решение встретиться с девушкой, которая обещала восстановить его на троне. Но ему было скучно, хотелось развлечься, и он решил сыграть с ней шутку. Она должна была встретиться с Карлом в большом зале, заполненном придворными. Чтобы проверить ее провидческие способности, он решил смешаться с толпой, а на трон вместо себя посадил переодетого придворного. Однако, войдя в зал, Жанна, ко всеобщему изумлению, направилась прямиком к Карлу и провозгласила: «Царь Небесный направил меня к тебе с вестью, что ты станешь наместником Его, королем Франции». В разговоре, который последовал за этим, Жанна, словно эхо, вслух повторяла самые потаенные мысли Карла, вновь рассказывая поразительно детально о тех подвигах, которые ей надлежало исполнить. Несколько дней спустя нерешительный и непостоянный дофин объявил, что Жанна его убедила, и благословил ее возглавить французскую армию и повести ее на Англию.

Помимо чудесного дара и праведности, Жанне д'Арк придавали исключительность и некоторые другие присущие ей черты. Ее виде-

ДЕВА ИЗ ДОМРЕМИ

...В этих условиях, когда половина участников сражения дрались врукопашную, собравшись на тесном ограниченном пространстве, настроение и пример командира значили очень много. Если мы подумаем об этом, становится проще понять поразительную силу, с которой присутствие Жанны воздействовало на французские войска. Ее роль — вождя, лидера — была совершенно уникальной. Она не была профессиональным военным; в сущности, она вообще не была военным, она даже не была мужчиной. Она ничего не знала о войне. Она была девушкой, переодетой в мужское платье. Но она верила, и это вызывало у других

желание поверить, что она — орудие Господа.
В пятницу 29 апреля 1429 года по Орлеану разошлась весть, что к городу подходит подкрепление, войска под предводительством Девы из Домреми, — весть, которая, как замечает летописец, стала для всех великим утешением.
Вита Саквиль-Уэст, «Святая Жанна д'Арк»

ния были необычно яркими, она описывала их в таких деталях, которые неопровержимо доказывали их реальность. Детали обладают этим свойством: они способны придать правдоподобие даже самым невероятным заявлениям. Далее, в то время как в стране царила полная неразбериха, Жанну отличала невероятная собранность, она была полностью сконцентрирована на своей миссии, как будто черпая силу из какого-то неземного источника. Она говорила убежденно и даже властно, она предсказывала события, о которых люди мечтали: англичане будут разбиты, Франция снова будет преуспевать и процветать. Вдобавок Жанна обладала здравомыслием и крестьянской сметкой. Безусловно, по дороге на Шинон ей приходилось не раз слышать описания Карла; очутившись при дворе, она почувствовала подвох и смогла уверенно узнать его одутловатое лицо в толпе. На следующий год видения оставили ее, утратила она и уверенность в себе и совершила много ошибок, которые привели к английскому плену. В конце концов, она была человеком из плоти и крови.

Мы, такие современные, можем не верить в чудеса, но все, что содержит хоть намек на необычное, странное, неземное, даже на сверхъестественные силы, как не что иное способствует возникновению харизмы. Психология та же самая: вы предвидите события будущего и те чудесные вещи, которые вам предстоит в этом будущем совершить. Описывайте свои предвидения подробно, в деталях, с уверенным видом — и это сразу же выделит вас. А если ваше пророчество — скажем, о процветании в будущем — содержит как раз то, что хотят услышать окружающие, тем скорее они поддадутся вашим чарам и с тем большим нетерпением станут ожидать исполнения предсказаний. Демонстрируйте глубочайшую убежденность —

и люди будут думать, что она опирается на реальное знание. Вы создадите *самовыполняющееся* пророчество: людская вера в вас претворится в действия, которые помогут осуществить ваши предсказания. Любой намек на успех — и они поверят в чудо, в неземные силы, увидят сияние харизмы.

Подлинный зверь. Однажды — это было в 1905 году в Санкт-Петербурге — в салоне графини Игнатьевой было непривычно многолюдно. Политики, светские дамы, придворные прибыли пораньше, чтобы встретиться с необычным почетным гостем — Григорием Ефимовичем Распутиным, тридцатитрехлетним монахом из Сибири, который снискал себе известность по всей России как целитель, а возможно, и святой. Когда Распутин вошел, мало кому удалось подавить вздох разочарования: некрасивое лицо, сальные волосы, какой-то неуклюжий и неизящный. Гости уже жалели, что пришли. Но вот Распутин стал подходить к ним, одному за другим, сжимал их пальцы в своих широких руках и заглядывал глубоко в глаза. Вначале его взгляд рассеянно блуждал: он осматривал гостей сверху донизу, казалось оценивая и испытывая каждого. И вдруг выражение лица резко менялось — доброта, участие, понимание так и струились из его глаз. Многих дам он просто заключал при этом в объятия. Эта внезапная необузданность, этот поразительный контраст оказали глубочайшее воздействие на присутствующих.

Разочарование гостей салона постепенно сменилось возбуждением. Голос Распутина был необыкновенно умиротворяющим и глубоким. Речь была простонародной, зато мысли удивляли восхитительной простотой и звучали как откровения, как высокие духовные истины. Позднее, когда гости постепенно расслабились, общаясь с грязноватым на вид мужиком, его настроение внезапно сменилось гневом: «Знаю я вас, ваши души насквозь вижу. Все вы слишком разжирели... Платья нарядные да картины красивые — только все это ни к чему! Смиряться надо! Надо проще быть, намного проще! Только тогда Бог будет с вами...» Лицо монаха подергивалось, зрачки расширились, теперь он казался совсем иным. Как вдохновенно было его гневное лицо, оно напомнило собравшимся о Христе, изгонявшем менял из храма. Распутин успокоился, к нему вернулась обходительность, но собравшиеся уже разглядели в нем нечто странное и примечательное. На других приемах по всему городу он повторял такое же представление, заставлял гостей петь народные песни, а когда они запевали, начинал отплясывать странную безудержную пляску, кружа при этом вокруг самых красивых женщин из числа присутствующих, взглядами приглашая их присоединиться к его танцу. Постепенно танец приобретал эротическую окраску, а когда зачарованные им партнерши следовали за ним, он нашептывал им на ухо откровенные непристойности. Но ни одна из них, однако же, не казалась оскорбленной.

На протяжении последующих месяцев женщины, принадлежавшие к самым разным слоям петербургского общества, навещали Распутина в его апартаментах. Он беседовал с ними о духовном, а затем без всякого перехода превращался в необузданного самца, говорил совершенно бесстыдные вещи. Себя он оправдывал тем, что грешить необходимо: «Не согрешишь — не покаешься. Спасение ждет только заблудших». Одну из немногих женщин, сумевших дать ему отпор, ее подруга с изумлением спросила: «Как можно отказать в чем-либо святому?» — «Разве святому нужна грешная любовь?» — вопросом на вопрос отвечала та.

Подруга возразила: «Он все, к чему прикасается, делает святым. Я уже ему принадлежала, и я счастлива и горда, что сделала это». — «Но ведь ты замужем! Что говорит твой муж?» — «Он почитает это за большую честь. Если Распутин желает женщину, мы все считаем это благословением и отличием, наши мужья так же, как и мы».

Магия Распутина скоро распространилась на императора Николая и его супругу, императрицу Александру, в особенности благодаря тому, что он умел снимать тяжелые приступы у их сына, цесаревича Алексея, страдавшего от страшной болезни, угрожавшей его жизни. Через несколько лет Распутин стал одним из наиболее влиятельных людей России, совершенно подчинив себе монаршую чету.

Часто внутренняя суть человека совершенно не совпадает ни с одной из тех масок, которые он носит в обществе. Человек, который кажется нам благородным и порядочным, может на поверку оказаться отвратительным, и эта черная суть вскрывается совершенно неожиданно самым удивительным способом. Если его благородство и утонченность лишь наносные, рано или поздно правда просочится на поверхность, лицемерие будет разоблачено и наказано. Но, с другой стороны, нас тянет к людям по-человечески более понятным, тем, кто не утруждает себя маскировкой собственных недостатков. Таким был источник харизмы Распутина. Столь неподдельный, подлинный в своих проявлениях человек, совершенно чуждый лицемерия и ханжества, оказался чудовищно притягательным. И его порочность, и его праведность выражались в таких крайних проявлениях, что это придавало особую яркость его фигуре. Результатом явилась сильнейшая харизматическая аура, которая не выражалась словами, а ощущалась в сиянии его глаз и в прикосновении рук.

назад, к нему. Девушка, прослышавшая о необычном новом святом, приехала в столицу из провинции и посетила его, ища духовных наставлений и назиданий. Раньше ей не приходилось видеть его изображений, первая встреча произошла у него в доме. Когда он вошел и заговорил с ней, она приняла его за одного из деревенских батюшек — таких она нередко встречала дома, в деревне. Взгляд кроткий, как у монаха, разделенные на прямой пробор русые волосы, обрамляющие простое некрасивое лицо, — все в нем располагало к доверию. Но вот он приблизился, и она мгновенно почувствовала, что совершенно иной человек, загадочный, коварный и порочный, выглядывает на нее

В каждом из нас имеются черты ангела и черта, аристократа и невежи, и мы тратим много усилий на то, чтобы замаскировать свою теневую сторону, лучше выглядеть в глазах окружающих. Мало кому из нас под силу предоставить свободу обеим ипостасям, как это делал Распутин, но харизму можно попытаться создать и меньшими усилиями — попытаться избавиться от скованности и того внутреннего дискомфорта, который не понаслышке знаком всем нам, обладателям сложных натур. Вы бессильны изменить себя — тогда просто держитесь естественно. Именно это привлекает нас в животных: прекрасные и жестокие, они не испытывают сомнений. Открытые люди могут обличить ваши недостатки, но ведь не только добродетель делает харизму, а любое проявление незаурядности. Не оправдывайтесь и не отступайте. Чем более раскованный у вас вид, тем более магнетическим будет воздействие.

Гениальный артист. В детстве Элвиса Пресли считали странным мальчиком, необщительным и замкнутым. В старших классах школы — учился он в Мемфисе, штат Теннеси — на него обращали внимание из-за необычной прически с высоким коком и бакенбардами и одежды в черно-розовых тонах, но те, кто пытался с ним разговориться, терпели неудачу — он был либо страшно высокомерен, либо безнадежно застенчив. На выпускном балу он был единственным мальчиком, который не танцевал. Казалось, он затерялся в собственном мире и любит только свою гитару, с которой он не расставался. Часто вечерами после представления служитель концертного зала «Эллис Аудиториум» обнаруживал за сценой Элвиса — тот либо изображал выступавших актеров, либо отвешивал поклоны воображаемым зрителям. Когда его просили удалиться, он беспрекословно подчинялся. Это был очень вежливый мальчик.

В 1953 году, сразу после окончания школы, Элвис записал свою первую песню на местной студии звукозаписи. Запись была для него чем-то вроде экзамена, возможностью услышать собственный голос со стороны. Годом позже владелец студии Сэм Филлипс предложил ему поучаствовать в записи двух блюзов вместе с парой профессиональных музыкантов. Они работали уже несколько часов, но ничего не получалось — Элвис нервничал, оставался заторможенным. Но вот ближе к ночи, дойдя до полного изнеможения, он неожиданно отпустил тормоза: начал прыгать, как ребенок, — для него настал момент полного раскрепощения. Другие музыканты сумели подстроиться под его настроение, и песня зазвучала темпераментнее, воодушевление нарастало. У Филлипса загорелись глаза — он почувствовал, что они ухватили что-то необычное и стоящее.

Еще через месяц Элвис впервые выступил на публике, это произошло на открытой площадке в Мемфис-парке. Он нервничал не меньше, чем во время той звукозаписи, он попытался сказать сначала несколько слов, но не смог — только заикался от волнения, но стоило ему запеть, как заикание прошло. Зал ответил ему восторженным ревом, который в некоторые моменты достигал кульминации. Даже сам Элвис не мог понять, в чем тут дело. «После песни я подошел к менеджеру, — рассказывал он позднее, — и спросил его, почему это слушатели сходят с ума. Он ответил: "Сам пока не разберусь, но мне кажется, что каждый раз, как ты начинаешь извиваться и дергать левой ногой, они визжат от восторга. Что бы там ни было, продолжай так делать"...»

Сингл, записанный Элвисом в 1954 году, стал хитом. Скоро Пресли сделался по-настоящему

из тех самых глаз, что излучали, казалось бы, добро и кротость. Он уселся против нее, подвинулся вплотную, и вдруг цвет его ярких синих глаз изменился, они потемнели, взгляд стал глубже. Пронзительный взгляд этот, пущенный искоса, держал ее, не отпуская. По всем ее членам разлилась свинцовая тяжесть, когда его большое морщинистое лицо, искаженное желанием, приблизилось к ней. Она чувствовала на щеках его жаркое дыхание и видела, как взгляд пылающих глаз, глубоко утопленных в глазницах, ощупывал ее беспомощное тело. Затем он сощурил веки с похотливым выражением. Голос его упал до страстного шепота, он начал повторять ей на ухо странные, ритмично повторяющиеся слова.

популярным. Выходя на сцену, он всякий раз волновался и переживал настолько, что становился другим человеком, словно одержимым. «Я говорил с другими певцами, и они немного нервничают перед выступлением, но они говорят, что, когда начинают выступать, их нервы постепенно приходят в норму. А мои — наоборот. Это какая-то особая энергия... что-то, может быть, вроде секса». За несколько месяцев Элвис нашел новые жесты, его танцевальные движения чем-то напоминали подергивания — все это, дополняя его немного вибрирующий голос, заставляло публику, и особенно девочек-подростков, буквально сходить с ума от восторга. В течение года он стал наимоднейшим музыкантом Америки. Его концерты нередко сопровождались вспышками массовой истерии.

У Элвиса Пресли была своя темная сторона, свой секрет, скрываемый от чужих глаз. (Некоторые приписывают это тому, что у него был брат-близнец, который умер во время родов.) В юности он глубоко подавлял эту темную сторону: то были всевозможные фантазии, которым он позволял себе предаваться лишь наедине с самим собой, хотя отчасти его и выдавала необычная манера одеваться. Во время выступлений, однако, он выпускал своих демонов наружу. Они вырывались в виде агрессивной сексуальной силы. Извивающийся, раскрепощенный, андрогинный, он как бы изображал свои странные, безудержные фантазии перед публикой. Аудитория чувствовала это и от этого приходила в исступление. Элвис приобрел харизму не из-за своего экстравагантного стиля и не из-за внешности, а из-за неистовой бури, бушующей у него внутри, которая электризовала зрителей.

Толпа или коллектив — любая группа обладает собственной неповторимой энергией. У самой поверхности лежит сексуальное желание, постоянное возбуждение, которое приходится подавлять, поскольку оно социально неприемлемо. Если вы обладаете умением или способностью разбудить это желание, в глазах толпы вы предстанете облеченным харизмой. Ключ — найти доступ к собственному подсознанию, как сделал это Элвис, отпустив тормоза. Вы полны возбуждения, которое, кажется, исходит из какого-то неведомого и таинственного внутреннего источника. Ваша раскрепощенность заразительна, она заставляет окружающих раскрыться, начинается цепная реакция: их воодушевление, в свою очередь, еще более воодушевляет вас. Фантазии, которые вы приоткрываете, совсем не должны быть сексуальными, подойдет любое социальное табу, все что угодно, что подавлено и ищет выхода. Постарайтесь, чтобы это чувствовалось в ваших песнях, произведениях искусства, книгах. Давление социальных норм настолько подавляет людей, что ваша харизма привлечет их к себе еще до того, как вы встретитесь лично.

Спаситель. В марте 1917 года правитель России, самодержец Николай II, отрекся от престола в пользу своего брата Михаила, но Михаил отказался принять власть. Россия лежала в руинах. Ее участие в Первой мировой войне привело к катастрофическим последствиям: огромную аграрную страну охватили голод и разруха, в деревнях царили мародерство и беззаконие, армия разваливалась в результате массового дезертирства солдат. Политически страна была расколота, каждую из фракций — как правого, так и левого крыла — раздирали еще и внутренние противоречия.

В этот хаотический момент на сцену вышел сорокасемилетний Владимир Ильич Ленин. Марксист-революционер, лидер партии большевиков, он долгие годы прожил в Европе, пока не почувствовал в хаосе, охватившем Россию, долгожданный шанс и не поспешил домой. Теперь он призывал страну к немедленному выходу из войны и к свершению социальной революции. Поначалу, в первые недели по возвращении его из эмиграции, такая программа казалась нелепой и смешной. Внешне Ленин не отличался особой привлекательностью: невысокого роста, он был скорее невзрачным. Кроме того, долгие годы, проведенные им в Европе, где он был занят главным образом чтением научных трудов и интеллектуальными дискуссиями, привели к изоляции его от собственного народа. Что еще важнее, его партия не представляла особой политической силы, являясь, по сути дела, лишь малочисленной группой внутри левой коалиции. Мало кто принял тогда эту фигуру всерьез в качестве политического, а тем более национального лидера.

Ленин, однако, без тени сомнения приступил к решительным действиям. Где бы он ни появлялся в то время, он повторял одни и те же простые вещи: необходимо положить конец войне, передать всю власть Советам, ликвидировать частную собственность, перераспределить материальные ценности. Измученные, доведенные до крайности бесконечными распрями политических деятелей и собственными непосильными проблемами, люди начали прислушиваться. Ленин был так уверен в правоте своих слов, так решителен — ему хотелось верить. Он ни при каких обстоятельствах не терял самообладания. В яростных дебатах он просто и логично разбивал любого оппонента, не оставляя камня на камне от их контраргументов. Для рабочих и солдат слова Ленина звучали особенно убедительно — на них производила впечатление его твердость. Когда Ленина упрекали в том, что его идеи не имеют ничего общего с реальностью, он отвечал: «Тем хуже для реальности!»

Мессианская убежденность Ленина прекрасно подкреплялась его незаурядными организаторскими способностями. Пока он находился в изгнании в Европе, его партия начала разваливаться; прилагая все усилия к тому, чтобы сохранить партию, он приобрел огромный практический опыт. Он был к тому же великолепным оратором, способным выступать перед громадными скоплениями народа. Его речь на Первом Всероссийском съезде Советов произвела сенсацию: либо революция, либо буржуазное правительство, кричал он, третьего не дано — довольно компромиссов, навязываемых нам! На фоне других политиков, которые, проявляя колебания, отчаянно метались в поисках выхода из сложившегося кризиса и выглядели довольно беспомощными, Ленин казался надежным и незыблемым, как скала. Его престиж стремительно рос, как и количество желающих вступить в партию большевиков.

Поразительным было воздействие Ленина на рабочих, солдат и крестьян. Он обращался к простым людям при всяком удобном случае — на улице, стоя на трибуне, засунув большие пальцы за проймы жилета. Речи его представляли собой странную мешанину из идеологических постулатов, широкоизвестных пословиц и поговорок и революционных лозунгов, но слушатели приходили от них в восторженный экстаз. Когда Ленин умер — в 1924 году, через семь лет после Октябрьской революции, вознесшей его и партию большевиков к власти, — простые русские люди искренне горевали. Его могилу сделали местом поклонения, его тело мумифицировали, чтобы сохранить навечно, о нем рассказывали разные истории, заложив основы ленинского фольклора, стало модно давать девочкам имя Нинель, то есть Ленин, прочитанное наоборот. Культ Ленина приобрел характер и размах религиозного.

ФАНАТИК

Никто не мог так зажечь окружающих своими планами, никто не умел так навязать свою волю и подчинить себе, как этот заурядный на вид и малосимпатичный человек, не обладавший, казалось, ни малейшим личным обаянием...
Ни Плеханову, ни Мартову и никому другому не был известен секрет того поистине гипнотического воздействия на людей, которое буквально излучал Ленин. К Плеханову относились с почтением, Мартова любили, но только за Лениным шли без колебаний, как за единственно неоспоримым лидером...

Харизму часто пытаются интерпретировать, объяснять на все лады, и, что примечательно, все толкования парадоксальным образом лишь усиливают ее загадочность. Харизма никоим образом не тождественна броской внешности или яркой личности — и то и другое может вызвать только кратковременный интерес. Людям, особенно в тяжелые времена, не до развлечений, главное для них — безопасность, лучшее качество жизни, общественное согласие. Хотите — верьте, хотите — нет, но мужчина или женщина с самой заурядной, неброской внешностью, но наделенные прозорливостью, целеустремленностью и обладающие определенным практическим опытом, могут быть сокрушительно харизматичны. Правда, еще одним необходимым условием для этого является успех — его роли и значения вы ни в коем случае не должны недооценивать. Но в мире, где царят уловки и колебания, где нерешительность только усугубляет всеобщий беспорядок, прямодушие и здравый смысл станут магнитом, притягивающим к себе внимание, — вот вам и харизма.

При личном общении, например, в цюрихских кафе перед революцией харизма у Ленина не наблюдалась или же была исчезающе мала. (Его убежденность располагала, но многих раздражала его резкость.) Харизма появилась, как только в нем увидели человека, способного спасти страну. Харизма не является загадочным, мистическим даром, который посещает вас и над которым вы не властны, это иллюзия, обман зрения тех, кто видит в вас то, чего недостает им самим. Вы можете многократно усилить эту иллюзию, особенно в трудные периоды, своим спокойствием, решительностью, ясностью мысли и практичностью. Весьма способствует успеху наличие простой и обольстительно доходчивой идеи. Назовите это синдромом спасителя: стоит людям поверить, что вы можете вывести

218

из хаоса, и они полюбят вас, как те героини фильмов, которые тают в объятиях героя, вовремя подоспевшего им на помощь. А любовь народных масс равноценна харизме. Чем иначе можно объяснить любовь, которую испытывали простые жители России к такому бесчувственному, жестокому и малоинтересному человеку, каким был Ленин.

Гуру. Согласно верованиям Теософского общества, приблизительно раз в две тысячи лет дух Учителя Мира, боддхисаттвы Майтрейа, вселяется в материальную оболочку — тело простого смертного. Первым таким воплощением считают Шри Кришну, появившегося на свет за две тысячи лет до рождества Христова, следующим был сам Иисус Христос; следовательно, в начале двадцатого столетия ожидалась следующая реинкарнация. В один прекрасный день в 1909 году теософ Чарльз Ледбитер, находясь в Индии, встретил на морском побережье мальчика, и его посетило откровение: этот четырнадцатилетний паренек, Джидду Кришнамурти, и есть следующее воплощение Мирового Учителя. Ледбитер был поражен божественной простотой и щедростью мальчика, которому, казалось, чужды были даже малейшие проявления эгоизма. Члены Теософского общества, согласившись с заключением Ледбитера, приняли в свои члены этого тщедушного, болезненного подростка, которого учителя постоянно наказывали за рассеянность и плохую успеваемость. Мальчика накормили и одели, после чего занялись его образованием. Со временем золотушный мальчонка превратился в ослепительно-красивого молодого человека.

В 1911 году теософы создали Международный орден Звезды Востока — группу, назначением которой было подготовить все для грядущего пришествия Мирового Учителя. Главой

Я думал, что увижу горного орла нашей партии, великого человека, великого и в физическом, и в политическом смысле. Я представлял себе Ленина великаном, осанистым, представительным. Каково же было мое разочарование, когда я увидел человека заурядной наружности, ниже среднего роста, который ничем, буквально ничем не отличался от простых смертных.

Иосиф Сталин
О СВОЕЙ ПЕРВОЙ ВСТРЕЧЕ С ЛЕНИНЫМ
Цит. по кн.: Рональд Кларк, «Ленин»

ордена стал Кришнамурти. Юноша был вывезен в Англию для продолжения образования. Здесь он пользовался необыкновенным успехом, его повсюду принимали с радостью, баловали и лелеяли. Его скромность, умеренность и умиротворенность неизбежно производили сильнейшее впечатление.

Так прошло несколько лет. Кришнамурти начали посещать видения. Вот его слова, относящиеся к 1922 году: «Я допьяна напился из фонтана Радости и вечной Красоты. Я опьянен Богом». Духовное пробуждение, пережитое им в последующие годы, теософы интерпретировали как сошествие на него божественного духа Мирового Учителя. Но сам Кришнамурти иначе осознал пережитое: истина о Вселенной приходит не извне, а изнутри. Ни боги, ни гуру, ни догмы не в силах помочь осознать ее. А сам он — не Бог, не мессия, а самый обыкновенный человек. Ему претили почести и поднятая вокруг него шумиха. В 1929 году, вызвав потрясение среди своих почитателей, он объявил о роспуске Ордена Звезды и вышел из Теософского общества.

Итак, Кришнамурти стал философом, полным решимости донести до людей ту истину, которая открылась ему: нужно быть проще, не прятаться за ширму слов и прошлого опыта. Тогда каждый сможет достичь той же внутренней гармонии, которую излучал сам Кришнамурти. Теософы отмежевались от него, но число его поклонников, несмотря на это, только продолжало увеличиваться. В Калифорнии, где он прожил большую часть жизни, интерес к нему достиг уровня культового поклонения. Поэт Робинсон Джефферс рассказывал, что, когда Кришнамурти входил в комнату, казалось, что она озарялась ярким светом. Писатель Олдос Хаксли, познакомившись с Кришнамурти в Лос-Анджелесе, был очарован им. Вот как он описывал свои впечатления: «Я словно услышал голос самого Будды — такая сила, такая глубинная мощь чувствовались в нем». Этот человек производил впечатление просветленного. Актер Джон Бэрримор обратился к нему с просьбой исполнить роль Будды в фильме. Кришнамурти вежливо отклонил предложение. Когда он был в Индии, люди тянули руки из толпы, пытаясь дотронуться до него, пока он проезжал мимо в открытом автомобиле. Они падали перед ним ниц.

Кришнамурти претило подобное обожание и поклонение, он все больше замыкался в себе. Он даже начал говорить о себе в третьем лице. И в самом деле, важной частью его философии была способность ослабить узы прошлого, освободиться от него и прийти в мир обновленным. Между тем день за днем жизнь преподносила ему нечто противоположное тому, к чему он стремился: почитание не уменьшалось, восторг людей все нарастал. Ревнивые поклонники буквально сражались из-за знаков его внимания. Особенно женщины — они постоянно влюблялись в него, а ведь Кришнамурти принял обет целомудрия, которому следовал всю свою жизнь.

Кришнамурти не стремился стать гуру или Харизматиком, он непреднамеренно открыл закон человеческой психологии, и это открытие потрясло его. Люди и слышать не желают о том, что сила далась им в результате долгих лет кропотливой работы и строжайшей дисциплины. Они предпочитают думать, что эта сила заложена в самой личности, в ее характере, что она присуща им от рождения. Они надеются к тому же, что, благодаря близости к гуру (или к харизматической фигуре), частица этой силы может перепасть и им. Они не хотели читать книги, написанные Кришнамурти, а тем более посвящать годы тому, чтобы претворять в жизнь его уроки, — гораздо проще быть рядом с ним, впитывать исходящую от него ауру, наслаждаться его речами, ощущать свет, вместе с ним входящий в комнату. Кришнамурти проповедовал свободу и простоту как путь открытия истины, но люди видели в нем лишь то, что хотели увидеть, приписывая ему те качества, которые он не просто отрицал, но и бичевал, считая пороками.

Это — эффект гуру, причем добиться его на удивление просто. Аура, которая должна сопутствовать вам в данном случае, — это не агрессивно-мощная аура большинства Харизматиков, но светлая и безмятежная аура просветленности. Просветленному человеку открывается нечто, что наполняет его (или ее), и эта полнота видна невооруженным взглядом. Вот облик, который вам требуется: вам не нужен никто и ничто, вы самодостаточны. Окружающих, разумеется, привлекают те, кто лучится счастьем: они надеются, что могут перехватить его частицу. Если вы немногословны, тем лучше: пусть люди сами почувствуют или увидят, что вы счастливы, а не услышат это от вас. Дайте им заметить это по вашей неспешности, мягкой улыбке, простоте и спокойствию. Выражайтесь туманно, пусть люди слышат то, что хотят услышать. Помните: воздействие еще усилится благодаря вашей отстраненности и безучастности. Люди начнут драться за малейший знак вашего внимания и интереса к ним. Гуру самодостаточен и отрешен — безотбойно харизматическая комбинация.

Трагическая святая. Все начиналось с радио. В конце тридцатых и начале сороковых аргентинские женщины привыкли слышать печальный, мелодичный голос Эвы Дуарте в популярнейших в те времена мыльных операх. Она никогда не казалась смешной, зато как же часто она заставляла слушательниц плакать — то над горькой судьбой обманутой девушки, которую предал возлюбленный, то над последними словами Марии-Антуанетты. Одно воспоминание о ее голосе заставляло вас трепетать, а по спине бежали мурашки. К тому же она была красива — струящиеся светлые волосы и всегда серьезное лицо, которое часто появлялось на обложках газет, публикующих светские сплетни.

В 1943 году те же газеты обнародовали потрясающую новость: у Эвы роман с одним из самых перспективных членов нового руководства страны — полковником Хуаном Пероном. Теперь аргентинцы слышали ее пропагандистские выступления в поддержку правительства, славящие «Новую Аргентину», сияющий образ будущего их страны. И наконец сказочная история получила счастливое, как в сказке, завершение: в 1945 году Хуан и Эва поженились. А на следующий год, после череды несчастий, преследования, судов (Перона даже приговорили к тюремному заключению, но он был освобожден благодаря усилиям своей бесконечно преданной супруги), красавец полковник был избран президентом страны. Он был любимцем «дескамисадос» — «безрубашечников», рабочих и бедняков, таких же, как и его жена. В то время ей было только двадцать шесть, и она выросла в бедности.

Теперь же, когда она стала первой леди республики, в ней произошли разительные перемены. Она заметно похудела, на смену экстравагантным туалетам пришли подчеркнуто строгие костюмы, ее волнистые волосы теперь были гладко зачесаны назад. В какой-то мере это вызывало сожаление — прекрасная юная звезда повзрослела. Но аргентинцы разглядели в новой Эвите — так ее теперь называли — нечто большее, и ее новый облик произвел еще более сильное впечатление. Это был вид добродетельной, серьезной женщины, такой, которую вполне заслуженно муж называл «мостом любви» между ним самим и его народом. Теперь она выступала постоянно, так же эмоционально, как и прежде, причем не только по радио, но и перед публикой — она была непревзойденным оратором. Тембр ее голоса стал более низким; она рубила воздух своими изящными пальцами, она вытягивала к слушателям руки, словно пытаясь дотянуться до них. А ее слова доходили до самого сердца: «Я оставила свои мечты в стороне, чтобы увидеть мечты других людей... Теперь моя душа рядом с душой моего народа. Я предлагаю вам всю мою энергию, так чтобы мое тело могло стать мостом, перекинутым к счастью каждого из вас. Пройдите по нему... к высшему предназначению нашей новой отчизны».

Теперь Эвита могла выразить себя не только с помощью радио и газет. Казалось, каждый в стране когда-нибудь да встречался с ней, видел ее лично или побывал в ее офисе, где у дверей кабинета Эвиты постоянно находилась длинная очередь желающих попасть на прием. Там за письменным столом сидела она, такая спокойная, исполненная любви. Кадры кинохроники запечатлели ее за делами благотворительности: женщине, которая потеряла все, Эвита подарила дом, другой она обеспечила бесплатное лечение ее больного ребенка в одной из лучших больниц страны. Она так много работала, неудивительно, что прошел слух о ее болезни. А ведь каждый слышал о ее визитах в трущобы и в больницы для бедняков, где, невзирая на протесты персонала, она целовала в щеки всех, какими бы заболеваниями они ни страдали (прокаженных, сифилитиков и т. п.). Однажды врач, сопровождающий Эвиту и шокированный этим, попытался протереть ей губы спиртом, чтобы стерилизовать их. Святая женщина выхватила у него флакон и швырнула в стену.

Да, Эвита была святой, ее звали мадонной во плоти. Она была способна исцелить больного одним своим появлением. И когда она скончалась от рака в 1952 году, пожалуй, только сами аргентинцы были в состоянии прочувствовать всю силу и глубину народной скорби и горя. В каком-то смысле страна так и не оправилась от этой потери.

Мы по большей части живем полумашинально, напоминая сомнамбул: мы погрязли в повседневных заботах, и дни бегут незаметно. Из этого состояния есть два исключения: это детство и периоды, когда мы влюблены. В обоих случаях наши чувства включаются более полно, мы становимся более открытыми и активными. И когда мы испытываем такой эмоциональный подъем, то кажемся сами себе более живыми, нежели обычно. Общественный деятель, способный пробудить в людях эмоции, способный заставить людей вместе грустить, радоваться или надеяться, оказывает сходное воздействие. Обращение к чувствам не в пример более действенно, чем обращение к разуму.

Эва Перон познала эту власть рано, еще будучи актрисой на радио. Ее удивительный, вибрирующий, как струна, голос заставлял слушателей рыдать; из-за этого в глазах людей она уже тогда была наделена харизмой. Этот опыт она запомнила и усвоила навсегда. Каждое ее публичное выступление было поставлено так, чтобы вызывать драматичные и религиозные переживания. Театральная драма представляет собой концентрированные эмоции, а католическая религия — силу, которая воздействует с детства и сопротивляться которой вы не в силах. Воздетые руки Эвиты, организованные акции милосердия, ее пожертвования в пользу простых людей — все это проникало прямо в сердца. Не сама ее доброта была столь харизматичной (хотя проявления доброты достаточно

ЭВИТА

Не прошло и месяца после смерти Эвиты, как профсоюз разносчиков газет подал прошение о ее канонизации, и, хотя Ватикан не воспринял это всерьез, аргентинцы не сомневались в святости Эвиты Дуарте. Правительство укрепляло их в этой мысли, финансируя выпуск посвященных ей религиозных изданий, и не только этим. В ее честь переименовывали города, школы и станции метро, выпускали памятные медали и почтовые марки, устанавливали бюсты. Время, когда в эфир выходили вечерние радионовости, было отныне перенесено с половины девятого вечера на восемь двадцать пять — час, когда Эвита «отошла в бессмертие». Двадцать шестого числа каждого месяца — дата ее смерти — в городах

привлекательны), а умение сделать из своей доброты спектакль, драму.

Придется вам научиться эксплуатировать этих двух великих поставщиков эмоций: театр — точнее, драму — и религию. Театральная драматургия отсекает все ненужное и банальное, фокусируясь на моментах сострадания, жалости и ужаса; религия имеет дело с самими жизнью и смертью. Придайте своим харизматическим действиям драматизм, а словам любви религиозную окраску, окуните то и другое в обряды и мифы, возвращающие нас к детству. Захваченные вызываемыми вами чувствами, окружающие ясно увидят вокруг вашей головы сияющий ореол харизмы.

Освободитель. В Гарлеме начала 1950-х годов лишь немногим американцам африканского происхождения приходилось слышать о «Нации Ислама» или посещать места, где собирались ее участники. «Нация Ислама» — радикальная националистическая организация — учила, что белые люди произошли от дьявола и что рано или поздно Аллах освободит всех черных. Эта доктрина мало заинтересовала жителей Гарлема, которые искали утешения в христианской церкви, а со своими нуждами обращались к местным политикам. Но в 1954 году в Гарлем прибыл новый проповедник.

Имя его было Малькольм Икс. Чувствовалось, что он эрудирован, весьма красноречив, но в его поведении и словах ощущалась озлобленность. Поползли слухи: отца Малькольма линчевали белые. Мальчишка рос в приюте, а потом перебивался случайными заработками, пока не был арестован за кражу со взломом, за которую отсидел в тюрьме шесть лет. В тюрьме он принял ислам, занимался самообразованием. Такая короткая жизнь (в то время ему было всего двадцать девять лет), и он постоянно не в ладах с законом, но все же взгляните-ка на парня — такой умный, уверенный. И никто ему не помогал, всего добивался сам, собственными руками. Обитатели Гарлема теперь сталкивались с Малькольмом повсюду — он раздавал листовки, заговаривал с молодежью. Он стоял у входа в церковь, и, когда община расходилась после службы, он пальцем показывал на священника и говорил: «Он — представитель бога белых людей, а я — представитель бога черных». Любопытные начали заходить послушать его проповеди в храме «Нации Ислама». Он просил собравшихся оглянуться вокруг себя и посмотреть на условия, в которых они живут. «Когда досыта насмотритесь на свои убогие хижины, — говорил он им, — пойдите прогуляйтесь до Центрального парка. Полюбуйтесь на дома белого человека. Посмотрите на его Уолл-стрит!» Его слова были очень действенными, особенно с учетом того, что их произносил проповедник.

В 1957 году молодой мусульманин из Гарлема оказался свидетелем того, как подвыпившего негра избивали несколько полицейских. Когда мусульманин попытался вступиться, полисмены и его избили до бесчувствия, после чего отправили обоих в участок. Возле участка собралась озлобленная толпа, готовая к бунту. Комиссару полиции доложили, что один только Малькольм Икс способен предотвратить беспорядки. На требование комиссара унять расходившуюся толпу Малькольм, которого доставили в участок, ответил, однако, отказом. Тогда комиссар, сменив тон, стал упрашивать его. Выслушав его, Малькольм хладнокровно поставил ряд условий, которые следовало выполнить неукоснительно: медицинская помощь избитому мусульманину и наказание по закону провинившихся полицейских. Комиссар, хотя и неохотно, вынужден был согласиться. Выйдя

Я не претендую на то, чтобы меня считали святым, но верю в божественное водительство, божественную силу и божественное пророчество. Я необразован и не являюсь экспертом в какой-либо конкретной области, но я искренен, и моя искренность — это мои верительные грамоты.

Малькольм Икс. Цит. по кн.: Юджин Виктор Вольфенштейн, «Жертвы демократии: Малькольм Икс и Черная революция»

из здания участка, Малькольм Икс объяснил, на каких условиях им заключено соглашение с полицией, и толпа разошлась. Утром он проснулся героем. О нем знали не только в Гарлеме, но и по всей стране — наконец-то нашелся человек, способный к решительным действиям. Организация стала пополняться новыми членами.

Малькольм Икс теперь разъезжал с выступлениями по всей стране. Он никогда не читал по написанному, оглядывая собравшихся, он смотрел людям в глаза, указывал на них пальцем. Всем был виден его гнев, который угадывался не столько в манере говорить — он никогда не выходил из себя и предельно ясно выражал свои мысли, — сколько в рвущейся наружу неистовой энергии, во вздувшихся венах на шее. Многие черные лидеры до него высказывались осторожно, уговаривали слушателей подождать, призывали к терпению и лояльности вне зависимости от того, насколько несправедливо с ними обходились белые. Какой же отдушиной стал для них Малькольм! Он высмеивал расистов, высмеивал либералов, высмеивал президента — ни один белый не избежал его обличений. Если белые применяют насилие, говорил Малькольм Икс, им надо и отвечать на языке насилия, ведь это единственный понятный им язык. «Во враждебности нет ничего плохого! — выкрикивал он. — Ее слишком долго сдерживали!» В ответ на все возрастающую популярность другого негритянского лидера, противника насилия, Мартина Лютера Кинга-младшего, Малькольм говорил: «Сидеть может каждый. Старуха может сидеть. Трус тоже может... Вот чтобы встать, нужно быть мужчиной».

Малькольм Икс был подобен глотку свежего воздуха для тех, кто испытывал схожий гнев, но боялся выразить его. На его похоронах — он был убит в 1965 году во время выступления — актер Осси Дэвис произнес речь перед

огромной, эмоциональной толпой. «Малькольм, — сказал он, — был нашим черным сия-
тельным принцем».

Малькольм Икс был Харизматиком того же
плана, что и библейский пророк Моисей: осво-
бодителем. Сила подобного рода возникает из
темных, подавляемых эмоций, которые переполняют угнетенных. Выражая эти чувства,
освободитель дает возможность и окружающим выплеснуть свои эмоции, долгое время
находившиеся под спудом, — враждебность,
замаскированную под вымученную коррект-
ность и вежливые улыбки. Освободитель непременно должен быть одним из толпы стра-
дальцев, даже более того, его боль должна быть
особо сильной.

История жизни самого Малькольма, несомненно, составила важную часть его харизмы.
Его идея — что черные должны позаботиться о
себе сами, не дожидаясь помощи от белых, — так
много значила для слушателей именно из-за
долгих лет, проведенных им в тюрьме, и еще потому, что он на практике следовал собственной
доктрине, самоучкой получив образование и
поднявшись из низов. Освободитель должен
являть живой личный пример избавления.

Квинтэссенция харизмы — сильное, всепо-
глощающее чувство, сквозящее в ваших жестах
и интонациях, в едва заметных знаках, воздей-
ствующих тем сильнее, если что-то остается
невысказанным в словах. Вы ощущаете что-то
интенсивнее, чем прочие, и нет чувства более
мощного и лучше способствующего возникновению харизмы, чем ненависть, особенно если
она возникает из самой глубины души угнетенных людей. Произнесите вслух то, что боятся
произнести другие, и они почувствуют, что вы
обладаете властью. Выскажите то, что они хотели бы сказать, но не могут. Никогда не опасай-

тесь зайти слишком далеко. Если вы представляете освобождение от ига, то путь для вас открыт, можете идти по нему еще дальше. Моисей говорил об уничтожении врагов, всех до последнего. Подобный язык сплачивает угнетенных, дает им возможность ощутить себя в большей степени людьми. Все это, однако, не должно выходить из-под вашего контроля. Малькольм Икс рано научился ненавидеть, но лишь в тюремном заключении он самостоятельно овладел приемами ораторского искусства и управления своими эмоциями. Ничто в большей степени не способствует появлению харизмы, чем ощущение, что вы боретесь с сильными чувствами, а не просто идете у них на поводу.

Актер-Олимпиец. 24 января 1960 года в Алжире, который тогда еще оставался французской колонией, вспыхнул мятеж. Возглавили его французские военные правого толка, целью же было ответить на заявление президента Франции Шарля де Голля о необходимости даровать Алжиру право на самоопределение. Мятежники собирались, если придется, захватить Алжир во имя Франции.

В течение нескольких дней семидесятилетний де Голль, невзирая на царившее напряжение, хранил странное молчание. Только 29 января к восьми часам вечера он появился на французском национальном телевидении. Он еще не сказал ни слова, но зрители уже были поражены: они увидели на президенте старый мундир времен Второй мировой войны, эту форму помнил практически каждый в стране, один ее вид вызвал у людей сильнейший эмоциональный отклик. Генерал де Голль был героем Сопротивления, он стал спасителем страны в тяжелейший момент ее истории. Но эту форму он не надевал уже давно. После непродолжительной паузы де Голль заговорил, в присущей ему спокойной и уверенной манере напомнив аудитории о том, что всем им сообща пришлось пережить, освобождая Францию от германских оккупантов. Он не сразу перешел от этих проникнутых высоким патриотизмом воспоминаний к восстанию в Алжире и тому дерзкому вызову, который был брошен духу свободы и либерализма. Он закончил выступление, повторив свои знаменитые слова, сказанные в первый раз 18 июня 1940 года: «Я призываю всех французов, где бы они ни находились и кем бы они ни были, к единению во имя Франции. *Vive la Republique! Vive la France!* (Да здравствует Республика! Да здравствует Франция!)»

Выступление преследовало две цели. Во-первых, оно показало, что де Голль полон решимости не уступать восставшим ни пяди, и, во-вторых, оно дошло до сердец всех патриотически настроенных французов, в особенности в армии. Бунт высших офицеров вскоре угас, и ни у кого не возникало сомнений в связи, которая существовала между его провалом и выступлением президента на телевидении.

На следующий год подавляющее большинство французов проголосовало на референдуме за самоопределение Алжира. 11 апреля 1961 года Шарль де Голль созвал пресс-конференцию, на которой ясно дал понять, что в скором будущем Франция готова предоставить этой стране полную независимость. Через одиннадцать дней командование французских правительственных войск в Алжире выступило с официальным заявлением, объявляющим осадное положение. Момент был чрезвычайно опасен: крайне правые генералы могли пойти на все, чтобы не допустить предоставления независимости Алжиру. Вот-вот могла разразиться гражданская война, грозившая правительству де Голля падением.

На следующий вечер де Голль снова выступил на телевидении, вновь одетый в старую форму. Он с насмешкой отозвался о бунтовщиках, сравнив генералов с южноамериканской хунтой. Президент говорил спокойно и твердо. Затем внезапно в самом конце выступления его голос зазвенел и даже дрогнул, когда он обратился к аудитории: «*Fran Vaises, Fran Vais, aidez-moi*!» («Француженки, французы, помогите мне!») Это был самый патетический момент из всех его телевизионных выступлений. Французские солдаты в Алжире, по радио слушавшие трансляцию выступления президента, были тронуты и взволнованы. На другой день они вышли на массовую демонстрацию в поддержку де Голля. Еще через два дня мятежные офицеры и генералы сдались. 1 июля 1962 года Шарль де Голль провозгласил независимость Алжира.

В 1940 году, после вторжения немецких захватчиков во Францию, де Голль бежал в Англию, чтобы создать там армию, которая могла бы вернуться и освободить Францию. Поначалу он был одинок в своем стремлении, и миссия его казалась безнадежной. Но де Голль заручился поддержкой Уинстона Черчилля и с его благословения выступил несколько раз на радио ВВС, которое транслировало свои передачи на Францию. Его необычный, завораживающий голос, с немного театральными интонациями, входил вечерами в дома французов, наполнял их. Тогда почти никто из слушавших даже не знал, как выглядит говоривший, но интонации его голоса были настолько уверенными, тон его слов так волновал, что ему удалось собрать и сплотить скрытую армию из числа тех, кто ему поверил. Де Голль как личность был довольно странным, мрачноватым человеком, а его уверенное, напористое поведение могло с одинаковой легкостью вызвать раздражение, а не восхищение. Но этот голос, транслируемый по

ЧТО ТАКОЕ АВТОРИТЕТ

Прежде всего, никакой авторитет немыслим без загадки, поскольку слишком короткое знакомство порождает неуважительное отношение и фамильярность... В облике, в манере поведения и рассуждениях лидера всегда должно присутствовать «нечто», непостижимое для окружающих, что будоражит их, волнует, притягивает к себе их внимание... не говоря уже о некоем сокровенном знании,

радио, обладал мощнейшей харизмой. Де Голль первым из политических деятелей в совершенстве научился использовать современные средства массовой информации, а позднее с легкостью применял свои театральные способности к возможностям телевидения. На телевизионном экране его хладнокровие, невозмутимость, совершенное владение собой одновременно и успокаивало зрителей, внушая уверенность, и вдохновляло их.

Мир становится все более разобщенным. Народ нынче не выходит в едином порыве на улицы и площади; люди по всей стране сидят по домам возле своих включенных телевизоров, благодаря телевидению они одновременно и разъединены, и сплочены с другими представителями нации. Харизма в наши дни должна транслироваться по радио и телевидению, иначе она потеряет силу. Правда, в определенном смысле ее даже удобнее проецировать на телевизионный экран, прежде всего потому, что телевидение обеспечивает одностороннюю возможность заглянуть каждому зрителю прямо в глаза (получается, что носитель харизмы обращается лично к вам), а еще потому, что в течение нескольких мгновений, проведенных перед камерой, харизму ничего не стоит подделать. Выступая на телевидении — это прекрасно понимал де Голль, — лучше всего излучать невозмутимость и самообладание, только изредка прибегая к драматическим эффектам. Хладнокровие, в принципе присущее де Голлю, придало особую выразительность тем отдельным моментам в его речи, когда он возвышал голос почти до крика или позволял себе язвительную остроту. Его сдержанность завораживала аудиторию. (Лицо может выразить гораздо больше, когда голос звучит не слишком резко.) Он выражал переживания и эмоции, используя зрительный ряд — скажем, когда надел памятную

способном обнаружиться в любой момент, с тем большим успехом, чем более неожиданным для всех это окажется. Если лидер доказал, что способен одним весом своего авторитета переломить ход любой ситуации, то результатом будут надежда и уверенность, которые безмерно усилят веру в него.

Шарль де Голль, «Острие меча». Цит. по кн.: Д. Шенбрунн, «Три жизни Шарля де Голля»

по годам войны форму, — и произнося слова с особой смысловой нагрузкой: *освобождение, Жанна д'Арк*. Он намеренно отказался от театральности, и чем меньше он бил на эффект, тем более искренним казался.

Все должно быть продумано и тщательно оркестровано. Перемежайте сдержанность неожиданными взрывами, в кульминационные моменты возвышайте голос, следите, чтобы выступление было лаконичным и доходчивым. Единственное, что подделать невозможно, — это уверенность в себе и чувство собственного достоинства, ключевой компонент харизмы со времен Моисея. Если огонек камеры высветит ваши колебания и неуверенность, никакие хитрости и ухищрения в мире не смогут вернуть на место вашу пошатнувшуюся харизму.

Символ:
Лампа. Невидимый глазу ток, текущий по заключенной в стеклянную колбу проволочке, накаляет ее добела, так что тепло переходит в ослепительное сияние. Мы же видим только свет.
Лампа светит, прогоняя мрак и указывая путь.

ВОЗМОЖНЫЕ ОПАСНОСТИ

В один прекрасный майский день 1794 года парижане собрались в парке на празднество Верховного Существа. В центре их внимания был Максимильен де Робеспьер, глава Комитета общественной безопасности, поскольку именно ему в первую очередь принадлежала идея проведения этого праздника. Идея была проста: бросить вызов атеизму, «признав существование Верховного Существа и Бессмертия Души как основных движущих сил во Вселенной».

Для Робеспьера то был день триумфа. Представ перед собравшимися в своем небесно-голубом фраке и белых чулках, он объявил о начале празднества. Толпа его обожала: как бы там ни было, ведь это именно он был гарантом идеалов Французской революции, неуклонно проводя свою линию и противостоя последовавшему за революцией взрыву политического интриганства. За год до описываемых событий он стал инициатором Террора и очистил революцию от многих врагов, отправляя их на гильотину. Благодаря Робеспьеру страна успешно вышла из войны с Австрией и Пруссией. В народе — особенно это относилось к женщинам — его любили за неподкупную добродетель (он жил чрезвычайно скромно), бескомпромиссность и страстную преданность революции, которая ощущалась во всех его поступках и словах, а также за возвышенность и пылкость речей, неизбежно вдохновлявших массы. Он сам казался божеством. День был великолепным, все сулило революции великое будущее.

Двумя месяцами позже, 26 июля 1794 года, Робеспьер выступал с речью. Речь эта должна была обеспечить ему особое место в истории, ведь в ней он намеревался провозгласить конец Террора и начало новой эры для Франции. Поговаривали также, что он собирается объявить о казни на гильотине последней горстки людей, представлявших угрозу для революции. Поднявшись на трибуну, Робеспьер обратился к Конвенту — революционному парламенту страны. На нем был тот же самый фрак, в котором он открывал праздник в мае. Речь длилась без малого три часа и содержала вдохновенные и красочные описания всех тех ценностей и идеалов, которые надлежало сохранять. Затем оратор заговорил о заговорах, предательстве и врагах, впрочем не называя ничьих имен.

Речь воспринимали хорошо, но энтузиазм был явно не таким, как раньше. Многих долгое выступление утомило. Затем послышался одиночный выкрик — один из собравшихся, Бурдон, возражал против того, чтобы речь Робеспьера была напечатана. Это было не что иное, как завуалированное выражение несогласия. И вдруг голоса послышались со всех сторон — оратора обвиняли в неопределенности и расплывчатости обвинений: говоря о заговорах и предателях, он должен быть назвать имена виновных. От него потребовали конкретного ответа, он отказался его дать, сказав, что назовет имена позже. На другой день Робеспьер попытался ответить на вчерашние упреки, но собравшиеся криками заглушили его и не дали говорить. А еще через несколько часов его самого приговорили к казни на гильотине.

Робеспьер был казнен 28 июля, на глазах у тех самых граждан, что рукоплескали ему в мае на празднике Верховного Существа и теперь, казалось, пребывали в еще более праздничном настроении. Голова Робеспьера скатилась в корзину, что вызвало в толпе радостные возгласы. Царство Террора закончилось.

Многие из тех, кто превозносил Робеспьера, на самом деле испытывали к нему все возрастающую неприязнь — уж *слишком* добродетельным, *слишком* величественным он был, это подавляло. Кое-кто участвовал в заговоре, составленном против него. Заговорщики только ждали, чтобы он допустил хоть небольшой промах, и это произошло в день его последнего выступления. Отказавшись назвать имена врагов, он, возможно, проявил желание покончить с кровавой резней, а может быть, не назвал предателей из страха, догадываясь, что будет ими уничтожен. С помощью заговорщиков из этой крохотной искры сомнения удалось раздуть целый пожар. За два дня вначале Конвент, а затем и весь народ повернулись против носителя харизмы, которого совсем недавно почти обожествляли.

Харизма настолько же непостоянна, как и те эмоции, которые она пробуждает. Чаще всего она вызывает чувство любви. Но ее и подобные чувства крайне трудно поддерживать.

Психологи говорят о феномене эротического утомления — моменте, наступающем после периода любви, когда человек ощущает усталость, раздражение. Реальная жизнь дает себя знать, утомление постепенно накапливается, любовь оборачивается отвращением и ненавистью. Эротическое утомление представляет собой реальную угрозу для всех Харизматиков. Часто они вызывают чувство любви к себе, спасая людей, находя выход в трудных обстоятельствах, но стоит ситуации стабилизироваться, как харизма теряет для спасенных свою притягательность. Харизматики — не какие-нибудь трудяги-чиновники, им показаны опасность и риск; некоторые, ощущая это, сознательно позволяют опасности возникнуть, так поступали де Голль и Кеннеди, с этой целью Робеспьер развязал Террор. Но народ устает и от этого, поэтому при первом же проявлении слабости вы будете свергнуты. Любовь, которую испытывали к вам люди, тут же превратится в ненависть.

Единственной защитой от этого может быть умение управлять своей харизмой. Ваши страсть, гнев, уверенность помогут вам сделаться Харизматиком. Однако харизма в слишком больших количествах в течение продолжительного времени вызывает утомление и потребность в спокойствии и порядке. Поэтому наиболее предпочтительна такая харизма, которую вы способны направлять в нужное вам русло по собственной воле. Если требуется, вы зажигаете массы блеском своей убежденности и непреклонной твердости. Но, когда приключения закончились, надо суметь снизить пафос и заняться рутинными делами, не совсем отключая горение страстей, но снижая температуру до нужного вам градуса. (Робеспьер, возможно, именно так и собирался поступить, но опоздал буквально на день.) Оценив по достоинству вашу выдержку и способность адаптироваться, окружающие снова будут восхищаться вами. Их любовь к вам, пройдя стадию романтической влюбленности, будет напоминать теперь ровное и спокойное чувство, как у супругов. Можно даже рискнуть показаться слегка скучноватым, простоватым — и такая роль может быть весьма харизматичной, если играть ее с умом.

Помните: харизма зависит от успеха, а лучший способ удержать успех после первого взрыва — быть практичным и предусмотрительным, даже осторожным. Мао Цзэдун был холодным, загадочным человеком, который в глазах многих обладал устрашающе-грозной харизмой. Он многократно терпел в жизни неудачи, каждая из которых могла оказаться последней для человека менее сильного и умного. А Мао после каждого провала отступал, затихал, проявлял терпимость и гибкость — на какое-то время! Это предохраняло его от опасности обратной реакции.

Имеется еще одна, альтернативная возможность: роль воинствующего пророка. Согласно Макиавелли пророк, хотя он и получает власть благодаря своей харизматической личности, не сможет удерживать ее долго, если не обладает необходимой для этого силой. Ему требуется армия. Народ рано или поздно устанет от него, он будет вынужден прибегнуть к принуждению. Быть вооруженным пророком не обязательно означает буквально держать в руках оружие. Главное условие — обладать волевой личностью, быть способным на действенные, решительные поступки. К сожалению, это также означает безжалостность к противнику на протяжении всего времени, пока вы удерживаете власть. А ни у кого не может быть более злобных врагов, чем у Харизматика.

И последнее: нет ничего опаснее, чем добившийся успеха харизматический лидер. Это, как правило, выдающийся человек, правление которого носит выраженный личностный характер и отмечено необузданностью его натуры. Часто после себя такие правители оставляют хаос.

Тому, кто идет следом за Харизматиками, достаются в наследство неразбериха и разруха, причем окружающие этого, как правило, не замечают. Они тоскуют по своему любимцу и во всем обвиняют преемника. Избегайте этой ситуации любой ценой. Если же она неизбежна, не пытайтесь продолжать начатое Харизматиком, двигайтесь в другом направлении. Будьте человеком дела, а не слов, внушайте доверие, говорите без пафоса, и тогда вы, может статься, вызовете странный тип харизмы — по контрасту.

Таким был Гарри Трумэн, которому удалось не только успешно справиться с ролью преемника Рузвельта, но и создать собственный тип харизмы.

Звезда

Будничная жизнь невыносима, и большинство людей только и думают о том, как бы убежать в мир фантазий и грез. Звезды используют эту человеческую слабость: они выделяются среди остальных благодаря своей яркости и неповторимости, они приглашают любоваться ими. В то же время они недоступны и будто бесплотны, держатся на расстоянии, и мы невольно фантазируем, представляя их более значительными, чем они есть на самом деле. Они напоминают мечту, и это сильнейшим образом будоражит наше подсознание, мы даже сами себе не отдаем отчета в том, сколь во многом им подражаем. Научитесь этому искусству, станьте объектом восхищения, создав образ блестящей и недоступной Звезды.

Звезда-Фетиш

Однажды в 1922 году в Берлине проходил отбор на роль в фильме «Трагедия любви». Режиссеру требовалась для этой роли молодая красавица, роскошная и чувственная. На кастинг явились сотни претенденток — молодых актрис, разодетых одна наряднее другой. Большинство из них было готово на любые ухищрения, чтобы привлечь взгляд режиссера, вплоть до выставления напоказ своих прелестей. Среди них особняком держалась одна девушка, просто и скромно одетая, не прибегавшая ни к каким ухищрениям. И все же она обращала на себя внимание.

Девушка держала на поводке собачонку, у которой вместо ошейника вокруг шеи вилось элегантное ожерелье. Директор по кастингу сразу взял ее на заметку, приглядывался к ней, пока она спокойно стояла в очереди со щенком на руках, о чем-то глубоко задумавшись. Потом она закурила сигарету, все движения ее были неспешными и грациозными. Она была хороша: стройные ноги, удивительно красивое лицо, плавная походка, некоторая холодность и отстраненность взгляда. К тому моменту, когда подошла наконец ее очередь, она уже была принята на роль. Звали ее Марлен Дитрих.

К 1929 году, когда режиссер Йозеф фон Штернберг, американец австрийского происхождения, приехал в Берлин, чтобы приступить к съемкам фильма «Голубой ангел», двадцатипятилетняя Марлен Дитрих была уже широко известна в берлинских театральных и кинематографических кругах. Сценарий «Голубого ангела» повествовал о женщине по имени Лола-Лола, хищнице, садистке и охотнице на мужчин. Все лучшие берлинские актрисы мечтали заполучить главную роль, кроме, кажется, Дитрих, которая заявила, что считает ее унизительной. Фон Штернбергу предстоял выбор. Вскоре по при-

Видел их Пигмалион, как они
в преступленье
влачили
Годы свои. Оскорбясь на пороки,
которых природа
Женской душе
в изобилье дала,
холостой, одинокий
Жил он, и ложе его
лишено было долго
подруги.
А меж тем белоснежную он
с неизменным
искусством
Резал слоновую
кость. И создал он
образ, — подобной
Женщины свет
не видел, — и свое
полюбил он
созданье!
Девушки было лицо
у нее; совсем —
как живая,
Будто бы с места
сойти она хочет,
да только страшится.
Вот до чего было
скрыто самим же
искусством
искусство!
Диву дивится
творец и пылает
к подобию тела.
Часто протягивал
он к изваянию руки,
пытая,
Тело ли это иль
кость.

Что это не кость,
побожился б!
Деву целует и мнит,
что это взаимно; к
ней речь обращает,
Держит, — и верит,
что в плоть при
касании пальцы
уходят,
Страшно ему, что
синяк на тронутом
выступит теле.
То он ласкает ее,
то для девушек
милые вещи
Дарит... ее украша-
ет одеждой.
В каменья
Ей убирает персты,
в ожерелья —
длинную шею...
Все ей к лицу. Но не
меньше она и нагая
красива.
На покрывала
кладет, что от
раковин алы
сидонских,
Ложа подругой ее
называет, склонен-
ную шею
Нежит на мягком
пуху, как будто та
чувствовать может!
Праздник Венеры
настал, по всему
прославляемый
Кипру.
Возле святых
алтарей, с наведен-
ными златом рогами

бытии в Берлин Штернберг отправился на представление мюзикла. Он собирался поглядеть на
актера, которого планировал взять на мужскую
роль в «Голубом ангеле». Главную женскую партию в мюзикле исполняла Дитрих, стоило ей
появиться на сцене, и Штернберг почувствовал,
что не может отвести от нее глаз. Она глядела на
него прямо, надменно, это был мужской взгляд,
и в то же время у нее были потрясающие ноги, а
эта вызывающая, чертовски соблазнительная
поза, когда она прислонилась к стене... Фон
Штернберг забыл об актере, на которого пришел
посмотреть. Он нашел свою Лолу-Лолу.

Фон Штернбергу удалось уговорить Дитрих
принять участие в съемках фильма; незамедлительно приступив к работе, он начал лепить из
нее Лолу-Лолу своей фантазии. Он изменил ей
прическу, провел серебристую линию вдоль
носа, чтобы нос казался тоньше, он научил ее
глядеть в камеру с той же презрительной над-
менностью, с какой она взглянула на него со
сцены. Когда начались съемки, он разработал
специально для нее особое освещение — яркий
луч, в котором она постоянно находилась. Он
был пленен своим творением и неотступно следовал за ней, никому не давая приблизиться.

Марлен Дитрих — не актриса, как, например,
Сара Бернар; она миф, подобно Фрине.

АНДРЕ МАЛЬРО.
ЦИТ. ПО КН.: ЭДГАР МОРИН, «Звезды»

«Голубой ангел» прошел в Германии с триумфом. Зрители были в восторге от Дитрих: ее
холодный, циничный взгляд, ее неподражаемая
манера вытягивать стройные ноги, так что вид-
нелось нижнее белье, ее непринужденность
сделали ее звездой экрана. Не только сам Штернберг, но и многочисленные зрители были покорены ею. Последним желанием некоего графа

Коловрата, умиравшего от рака, было увидеть ноги Марлен живьем, а не на экране. Дитрих согласилась посетить его в больнице и приподнять подол юбки; он вздохнул и произнес: «Благодарю вас. Теперь я могу умереть спокойно». Через некоторое время студия «Парамаунт» пригласила Дитрих в Голливуд, где вскоре о ней заговорили буквально все. На приемах и вечерах на нее устремлялись глаза всех собравшихся, как только она входила в комнату. Ее постоянно сопровождал эскорт, состоящий из самых красивых мужчин Голливуда, наряды ее были в равной мере красивы и оригинальны — пижама из золотой парчи, например, или матросский костюм с шапочкой яхтсмена. А на следующий день ее облик старательно копировали сотни женщин по всему городу, затем появлялись иллюстрации в журналах, и новая мода начинала путь по всему миру.

И все же основным объектом восхищения и поклонения было, несомненно, лицо Дитрих. Штернберг был покорен этим лицом, напоминавшим ему чистый лист бумаги — он мог творить из него все что угодно, просто играя с освещением. Позднее Дитрих прекратила работать со Штернбергом, но навсегда запомнила то, чему он ее научил. Однажды в 1951 году режиссер Фриц Ланг, который собирался снимать ее в фильме «Ранчо с недоброй славой», проезжал вечером мимо своего кабинета и вдруг увидел в окне вспышку света. Решив, что это ограбление, он вышел из машины, взбежал вверх по ступенькам и заглянул в кабинет сквозь приоткрытую дверь — он увидел Дитрих, которая фотографировала себя в зеркале, разглядывая собственное лицо под самыми разными углами.

Марлен Дитрих как будто удавалось держаться на расстоянии от самой себя: она была способна отстраненно воспринимать собственные

Падали туши телиц,
в белоснежную
закланы шею.
Ладан курился.
И вот, на алтарь со-
вершив приношенье,
Робко ваятель
сказал: «Коль все
вам доступно,
о боги,
Дайте, молю, мне
жену (не решился
ту деву из кости
Упомянуть), чтоб
была на мою, что
из кости, похожа!»
На торжествах
золотая сама
находилась Венера
И поняла, что таится
в мольбе; и, являя
богини
Дружество, трижды
огонь запылал
и взвился языками.
В дом возвратив-
шись, бежит он
к желанному образу
девы,
И, над постелью
склонясь, целует, —
тепла она будто...
Снова целует ее
и руками касается
грудей, —
И под рукой
умягчается кость;
утрачена твер-
дость...

Публий Овидий Назон,
«Метаморфозы»
(Пер. С. Шервинского)

лицо, ноги, тело, словно они принадлежали не ей, а кому-то другому. Это позволяло ей лепить свой облик, изменяя внешность для достижения наиболее сильного эффекта. Она могла позировать, намеренно прибегая именно к такой пластике, которая казалась мужчинам особенно волнующей, а ее уникальное свойство — своего рода незаполненность, сравнимая с чистотой белого листа, — позволяла им дорисовывать остальное в своем воображении, приписывая ей то садизм, то чувственность, то опасность. Каждый мужчина, увидев ее на экране, начинал мечтать о ней, начинал фантазировать. Женщины также поддавались ее чарам; как-то кто-то сказал о ней, что она воплощала собой «секс без пола». Но эта отстраненность от самой себя придавала ей и определенную холодность как в кино, так и в жизни. Она напоминала прекрасную вещь, которую можно боготворить, которой можно восторгаться подобно тому, как мы восторгаемся произведениями искусства.

Фетиш — это предмет, вызывающий у нас такую сильную эмоциональную реакцию, что он как бы оживает. Поскольку это неодушевленный предмет, то мы вольны наделять его в своем воображении любыми качествами. Люди в большинстве своем темпераментны, сложны и наделены слишком яркими личностными характеристиками, чтобы их можно было воспринимать как подходящие для фетишизации объекты. Власть Звезды-Фетиша зиждется на ее способности стать предметом, причем не просто вещью, а именно предметом фетишизации и поклонения, стимулирующего появление фантазий. Звезда-Фетиш совершенна, подобно статуе греческого бога или богини. Сила ее воздействия на людей поразительна, она чарует. Главное, что от нее требуется, — это способность дистанцироваться от самое себя. Если вы сами будете рассматривать себя как предмет, то и другие тоже станут вас так воспринимать. Воздушный, волшебный облик усилит эффект.

Вы — пустой экран, чистый листок. Скользите по жизни, никому не даваясь в руки, и у окружающих возникнет непреодолимое желание поймать вас и подчинить себе. Из всех частей тела, которые могут привлечь фетишистское внимание, важнейшим является лицо, так научитесь управлять своим лицом, как инструментом. Добейтесь, чтобы от него исходила обворожительная неопределенность, бьющая наповал. Поскольку нужно еще и выделиться среди прочих Звезд на небосклоне, вам потребуется выработать собственный, привлекающий внимание стиль. Дитрих великолепно владела этим искусством и применяла его на практике: стиль ее был ослепительно шикарным и неотразимо экстравагантным. Помните, ваши внешние данные — это материал, из которого вы можете лепить образ по своему усмотрению. Овладев этим искусством, вы добьетесь того, что окружающие признают ваше превосходство и почувствуют потребность подражать вам.

Она обладала таким естественным изяществом... такой сдержанностью движений, что была неотразима, как женщины с полотен Модильяни. ...Ей было свойственно качество, необходимое для звезды: способность оставаться величественной, даже когда она ничего не делала.

Берлинская актриса Лили Дарвас о Марлен Дитрих

Звезда-Миф

2 июля 1960 года, за несколько дней до открытия ежегодного национального партийного съезда демократов, бывший президент Гарри Трумэн публично заявил, что Джон Ф. Кеннеди, хотя и набрал на предварительных

Джон Ф. Кеннеди привнес в телевидение и фотожурналистику компоненты, до тех пор свойственные больше миру кино: понятие звезды и вымышленные истории — мифы. Кеннеди, с его телегеничной внешностью, умением подать себя, масштабными фантазиями и творческим интеллектом, был уже готовой блестящей звездой экрана. Он использовал рассуждения о масскультуре, особенно о Голливуде,

выборах достаточное количество голосов, чтобы быть избранным в качестве кандидата в президенты от своей партии, слишком молод и неопытен. Кеннеди отреагировал молниеносно: он созвал пресс-конференцию, которая должна была пойти по телевидению и в прямом эфире транслироваться на всю страну. Драматизм усиливался тем обстоятельством, что сам он в тот момент находился в отъезде, так что никто не видел его и ничего о нем не слышал вплоть до самой передачи. И вот точно в назначенное время Кеннеди уверенной походкой вошел в зал для пресс-конференций. Он начал с утверждения, что участвовал в предварительных выборах во всех штатах, это стоило немалых денег и усилий, и повсюду он побил своих соперников в честной борьбе со значительным преимуществом. Кто такой Трумэн, чтобы тормозить демократический процесс? «Это молодая страна, — говорил Кеннеди, постепенно повышая голос, — основанная молодыми людьми... и до сих пор молодая сердцем... Мир меняется, старые методы более непригодны... Пришло время нового поколения руководителей, способных справиться с новыми проблемами и использовать новые возможности». Даже недруги Кеннеди согласились, что речь, произнесенная им в тот день, произвела впечатление. Он обернул доводы Трумэна в свою пользу: теперь предметом обсуждения была не неопытность молодого кандидата, а монополия старого поколения на власть. Содержание речи было убедительным, манера говорить подкупала, а его имидж напоминал героев популярнейших голливудских фильмов того времени: Алана Лэдда в вестерне «Шейн» или Джеймса Дина в «Бунтовщике без причины». На Дина Кеннеди даже немного походил внешне, особенно спокойным, невозмутимым выражением лица.

Спустя несколько месяцев Кеннеди, которого к этому времени уже утвердили в качестве кандидата в президенты от партии демократов, готовился к атаке на своего соперника — республиканца Ричарда Никсона в первых дебатах, транслируемых по национальному телевидению. Никсон, человек умный и проницательный, прекрасно подготовился: он знал ответы на вопросы и держался с апломбом, он цитировал данные статистики, свидетельствовавшие о достижениях администрации Эйзенхауэра, где ему довелось трудиться в качестве вице-президента. Но в ослепительном свете софитов на черно-белом экране он казался призраком: под глазами припудренные, но все же заметные мешки, по лбу и щекам стекают струйки пота, на лице видна усталость, бегающие глаза беспокойно помаргивают, все тело сковано и неподвижно. Почему он так нервничает? Контраст между ним и Кеннеди был поразительным. Если Никсон смотрел только на своего оппонента, то Кеннеди обращался взглядом к аудитории, устанавливал с ней контакт, заглядывал прямо в глаза американцам, сидящим у себя в гостиных, чего ранее не делал ни один из политиков. Никсон приводил цифры, данные статистики, надолго застревал на ненужных деталях. Кеннеди витийствовал о свободе, о построении нового общества, о втором обретении пионерского духа Америки. Его речь была искренней и вдохновенной. В словах не было ничего конкретного, но в воображении слушателей невольно рисовалось прекрасное будущее.

На другой день после дебатов рейтинг Кеннеди подскочил до небес, повсюду, где бы он ни появился, его приветствовали толпы юных девушек, которые визжали и прыгали от восторга. Он напоминал великолепного демократического принца, а рядом была принцесса — его красавица жена Джеки. Теперь каждое его высту-

и применял их в новостях. Таким образом он уподобил новости мечтам и кинофильмам — ведомству, в котором изобразительный ряд оказывается сильнее и ярче содержания, поскольку именно он отвечает самым сокровенным чаяниям зрителя… Ни разу не снявшись в настоящем фильме, но превратив вместо этого телевидение в свой экран, он стал величайшей кинозвездой двадцатого столетия.

Джон Хеллманн, «Кеннеди-мания: американский миф о Дж. Ф. К.»

...Но мы видим, что история звезд, если понимать ее как некий всеобщий феномен, повторяет — в ином масштабе, разумеется, — историю богов. До появления богов (до появления звезд) мифическую вселенную (экран) населяли призраки и бесплотные духи, наделенные магическими способностями. Некоторые из этих таинственных сил постепенно облекались в плоть и кровь, материализовались, развивались и наконец стали богами и богинями. И в то время как основные боги античного пантеона трансформировались из богов в героев-избавителей, богини-звезды очеловечились, став обновленными посредницами между фантастическим миром мечтаний и будничной

пление по телевидению становилось событием. Разумеется, он выиграл выборы и был избран президентом. Речь, произнесенная им во время церемонии инаугурации, которую также транслировало телевидение, произвела огромное впечатление. День был пасмурный и по-зимнему холодный. На заднем плане можно было видеть сидящего Эйзенхауэра. Он был в плотном пальто, зябко кутался в теплый шарф и казался совсем старым и измученным. Кеннеди вышел с непокрытой головой, в одном костюме. Он обратился к нации: «Я не верю, что кто-то из нас с вами хотел бы поменяться страной с другими людьми или эпохой — с другими поколениями. Наша энергия, вера, преданность осветят нашу страну и всех, кто ей служит, и сияние этого огня поистине сможет осветить весь мир».

В последующие месяцы Кеннеди давал бесчисленные пресс-конференции перед телевизионными камерами, на такое прежде не отваживался ни один президент. Он бесстрашно представал перед вспышками объективов, не увиливая, отвечал на вопросы хладнокровно и слегка иронично. Что скрывалось там, за этими глазами, за этой улыбкой? Людям хотелось знать о нем как можно больше. Журналы и газеты поддразнивали читателей, бросая им крохи информации: фотографии Кеннеди с супругой и детьми или Кеннеди, играющего в футбол на газоне Белого дома, интервью, рисовавшие портрет преданного семьянина, который, однако, не упускал случая пообщаться на равных с блестящими знаменитостями. Образы сплавлялись в единую массу: космическая гонка, Корпус мира, Кеннеди, противостоящий Советскому Союзу во время Карибского кризиса, точно так же, как незадолго до этого он противостоял Трумэну.

После того как Кеннеди был убит, Джеки, его вдова, рассказала в одном из интервью, что перед сном он частенько слушал саундтреки бродвейских мюзиклов. Больше всего ему нравился «Камелот», особенно одно место, где есть такие строки: «Пусть же не забывают: / Было когда-то место, / Что Камелотом звалось, / Хотя и длилось все это / Лишь краткий сияющий миг». У Америки еще будут великие президенты, сказала Джеки Кеннеди, но никогда не будет «другого Камелота». Имя «Камелот» так и пристало, придав тысяче дней президентства Кеннеди оттенок мифа.

Кеннеди сознательно обольстил американский народ, за его действиями стоял расчет. В них было больше от Голливуда, чем от Вашингтона, и неудивительно: отец Кеннеди, Джозеф, был некогда кинопродюсером, а сам Кеннеди проводил время в Голливуде, общаясь с актерами и стараясь понять, благодаря чему они сумели стать звездами. Особенно он восхищался Гари Купером, Монтгомери Клифтом и Гари Грантом; Гранту он нередко звонил и советовался с ним по самым разным вопросам.

Жизнь Джека была скорее достоянием мифа, сказки, легенды, саги, чем политической теории или политологии.

ЖАКЛИН КЕННЕДИ, ЧЕРЕЗ НЕДЕЛЮ ПОСЛЕ
УБИЙСТВА ДЖОНА КЕННЕДИ

Голливуду удалось сплотить целую страну вокруг определенных тем, или мифов, — таких, например, как великий миф американского Запада. Известнейшие звезды воплощали мифические архетипы: Джон Уэйн — мудрый, опытный патриарх, Клифт — бунтарь прометеевского толка, Джимми Стюарт — благородный герой, Мэрилин Монро — сирена. Это были уже не простые смертные, а боги и богини, достойные того, чтобы о них мечтали и грезили тысячи. Все действия Кеннеди вписывались в голли-

жизнью человека на этой земле. Можно сказать, что герои киноэкрана... являются мифологическими героями, имея в виду, что они повторяют этот путь к воплощению и обожествлению. Звезды — это актеры и актрисы, воспринимающие, вбирающие некую героическую — т. е. обожествленную и мифическую — субстанцию от своих киногероев и героинь и в свою очередь обогащающие эту субстанцию, внося в нее собственный вклад. Когда мы говорим о мифе звезды, то прежде всего имеем в виду этот процесс мифологизации, проходимый киноактером, процесс, превращающий артиста в кумира толпы.

ЭДГАР МОРИН,
«ЗВЕЗДЫ»

Возраст: 22 года.
Пол: женский.
Национальность:
англичанка.
Род занятий:
студентка медицин-
ского колледжа.
«Дина Дурбин
стала моим первым
и единственным
кумиром в кино.
Я изо всех сил
пыталась походить
на нее во всем,
подражая ей и в
одежде, и в манере
поведения. Если я
собиралась
покупать новое
платье, то сначала,
порывшись в своей
коллекции
открыток и
вырезок, выбирала
портрет Дины,
потом шла в
магазин и просила
подобрать мне
такое же платье,
как на ней. Я и
прическу старалась
делать точно такую
же, как у нее. Если
мне приходилось
попасть в непри-
ятную ситуацию...
я первым делом
спрашивала себя,
что бы на моем

вудские стандарты. Он не просто дискутировал со своими оппонентами, но и устраивал из этого спектакль. Он явно, по-актерски позировал, будь то с женой, с детьми или один. Он копировал выражение лица и облик разных актеров — Дина, Купера. В обсуждение политических тонкостей он не углублялся, но блистал красноречием, затрагивая великие мифы, вокруг которых можно было объединить, сплотить нацию. И все делалось с расчетом на телевидение, поскольку Кеннеди существовал для большинства в виде телевизионной картинки. Его образ очаровал нацию, стал ее неотступной мечтой, ее идеалом. Незадолго до убийства Кеннеди в очередной раз завладел воображением утратившей невинность Америки, призвав к возрождению пионерского духа, к «Новым Рубежам»[1].

Звезда-Миф, возможно, представляет собой самый сильный из всех личностных типов. Люди поделены на всевозможные легко распознаваемые категории — по расовому, половому, классовому, религиозному или политическому признаку. Следовательно, практически невозможно добиться власти всеобъемлющей и повсеместной, нереально победить на выборах, завоевав всеобщее признание на сознательном уровне. Пытаясь вызвать у одной группы избирателей сопереживание, мы наверняка разбудим враждебность у других. В сфере бессознательного, однако, у всех нас много общего. Все мы смертны, всех одолевают страхи, все мы несем отпечаток личности наших родителей, но объединить этот наш общий опыт под силу лишь мифу. Мифологические образы, порожденные противоречивыми чувствами безысходности, с одной стороны, и жаждой бессмертия, — с другой, глубоко укоренены в каждом из нас.

---

[1] «New Frontier» — название программы Дж. Ф. Кеннеди по социальному реформированию.

Звезда-Миф представляет собой миф, ставший жизнью. Чтобы претендовать на власть такого рода, вам необходимо прежде изучить и перенять особенности подобных людей — присущий им характерный стиль, спокойную уверенность, неотразимую внешнюю привлекательность, обаяние. После этого нужно решить, с каким именно мифологическим архетипом вы себя отождествляете: бунтаря, мудрого патриарха, искателя приключений. (Эту задачу можно существенно облегчить, взяв за образец одну из Звезд, избравшую для себя тот или иной образ.) Связь с архетипом, однако, должна едва угадываться: она ни под каким видом не должна проявляться чрезмерно явно, тем более не допустимо самому на нее указывать. Старайтесь, чтобы у окружающих создавалось впечатление, будто за вашими словами и поступками кроется нечто более глубокое. Им должно казаться, что вы имеете дело не с мелочными повседневными проблемами, а с материями неизмеримо более высокими— жизнью и смертью, любовью и ненавистью, владычеством и хаосом. Вашего оппонента ни в коем случае не следует подавать как идеологического врага или конкурента, пусть он предстанет злодеем, демоном. Просто невероятно, до чего доходит восприимчивость людей к мифу, так используйте это, станьте для них героем великой драмы. Держитесь на расстоянии, пусть люди отождествляют вас с мифологическим архетипом издали, не имея возможности коснуться вас пальцем. Тогда им останется только любоваться вами — и мечтать.

Язычники поклоняются идолам из дерева и камня; цивилизованные люди — идолам из плоти и крови.

Джордж Бернард Шоу

месте сделала Дина, и поступала соответственно…»
Возраст: 26 лет.
Пол: женский.
Национальность: англичанка.
«Я только один раз влюбилась в киноартиста. Это был Конрад Вейдт. Обаяние его личности меня полностью захватило. Меня восхищал его голос, его внешность приводила меня в восторг. Я его ненавидела, боялась, обожала. Когда он умер, у меня было ощущение, что вместе с ним умерла какая-то жизненно важная часть меня самой. Мир моей мечты опустел».
Дж. П. Майер, «Британское кино и его зритель»

Ключи к портрету

Обольщение есть форма убеждения, которая стремится обойти сознание, обращаясь к сфере бессознательного. Причина проста: нас обступили со всех сторон, наше сознание постоянно бомбардируют бесчисленные стимулы и раздражители, специально предназначенные для того, чтобы завладеть нашим вниманием. При этом уловки откровенны, а люди, к ним прибегающие, не скрывают ни своей политической ангажированности, ни желания управлять нами настолько, что все это мало кого способно обмануть и тем более очаровать. Как следствие, мы становимся все более циничными. Попробуйте убедить в чем-то человека, взывая к его сознательности, попытайтесь прямо сказать ему, чего вы хотите, откройте все карты — и что вы получите? К вам отнесутся как к дополнительному раздражителю и постараются поскорее отделаться.

Чтобы избежать подобной незавидной участи, необходимо освоить искусство намеков и тонкого внушения, научиться воздействовать на подсознание. Бессознательное особенно ярко выражается в снах, которые сложным и непостижимым образом связаны с мифом. Как часто, просыпаясь, мы не сразу возвращаемся к действительности, а еще какое-то время остаемся во власти неясных образов, пытаясь разгадать таинственное значение сна. Сны, эта смесь правдоподобного с фантастичным, преследуют, интригуют нас. В них действуют персонажи из повседневной жизни, да и ситуации часто бывают весьма правдоподобными, но они с восхитительной иррациональностью сталкивают реальность с причудливостью горячечного бреда. Если бы во снах всё было реально, они не обладали бы над нами такой властью, но, если бы всё в них было оторвано от реальности, они бы меньше радовали и пугали нас. Силу сновидениям придает именно это сочетание. Это то, что Фрейд называл «сверхъестественным»: нечто, что кажется одновременно и странным, и знакомым.

Мы порой испытываем ощущение сверхъестественного и во время бодрствования — дежавю, необъяснимые совпадения, странные события, вызывающие в памяти события далекого прошлого. Люди могут оказывать сходное воздействие. Движения, слова, само существование людей, подобных Кеннеди или Уорхолу, например, вызывают ощущение реальности и ирреальности одновременно: мы можем сами этого не осознавать (и обычно не осознаем), но они для нас что-то вроде персонажей из наших сновидений. Они обладают качествами, которые, подобно якорям, привязывают их к реальности — искренностью, жизнерадостностью, чувственностью, — но в то же время отстраненность, превосходство, какие-то другие почти сюрреалистичные свойства делают их похожими на героев кинофильмов.

Люди подобного типа оказывают на окружающих гипнотическое воздействие, привораживают своим неотразимым обаянием. И не важно, касается ли дело общественной или частной жизни, они соблазняют нас, вызывая мечты об обладании ими — как на физическом, так и на психологическом уровне. Но как можем мы обладать человеком из сна, или кинозвездой, или знаменитостью вроде Энди Уорхола, даже если пути наши пересекутся? Не в силах их заполучить, мы сами становимся их пленниками — они завладевают нашими мыслями, поселяются в наших мечтах и фантазиях. Мы бессознательно подражаем им. Психолог Шандор Ференци назвал это «интроекцией»: другой человек становится частью нашего «я», мы перенимаем его натуру. В этом состоит коварная власть обольстительной Звезды, власть, которую вы сможете получить, лишь сведя собственную личность к нулю, смесь реальности с ирреальным. Люди по большей части безнадежно банальны, а реальнее банальности ничего и быть не может. Вам необходимо постараться придать себе этакую сверхъестественную неуловимость. Пусть ваши слова и поступки кажутся идущими из подсознания, они могут быть даже слегка бессвязными. Вы остаетесь таинственным, время от времени приоткрываясь с неожиданной стороны, так что окружающие невольно задаются вопросом, действительно ли они знают вас так хорошо, как им казалось.

Когда луч взгляда натыкается на какой-то блестящий, хорошо отполированный объект, будь то отшлифованная до блеска сталь, или стекло, или вода, или что-то другое глянцевое, сверкающее и искрящееся... то он, отражаясь, возвращается в глаз, и смотрящий, узревая этот луч, получает видимое изображение самого себя. Вот что происходит, когда ты глядишься в зеркало; при этом ты будто бы смотришь на себя глазами другого человека.

ИБН ХАЗМ,
«КОЛЬЦО ГОЛУБКИ: ТРАКТАТ
ОБ ИСКУССТВЕ И ТОНКОСТЯХ АРАБСКОЙ ЛЮБВИ»

Звезда — творение современного кинематографа. Это неудивительно: кино воскрешает ассоциации со сновидениями. Мы смотрим фильмы в темноте, погружаясь в состояние полудремы. Образы на экране довольно правдоподобны и до определенной степени описывают реальные ситуации, но по сути своей это проекции, мерцающие огоньки, картинки, мы знаем, что они ненастоящие. Тут все так, как если бы мы подсмотрели сны другого человека. Именно кино — а не театр! — создало Звезду.

На театральных подмостках актеры удалены от нас, но при этом они слишком реальны в своем телесном воплощении. Кино оказалось способно породить Звезд, потому что оно приблизило актеров к нам, отделив их от собственного контекста, добилось, что их образ проникает глубоко в наше сознание. Кажется, что крупный план приоткрывает нам в актере нечто, что касается не столько персонажа, который он играет, сколько его самого. Мы неизбежно узнаем что-то не только о героине, но и о самой Грете Гарбо, когда заглядываем ей прямо в лицо. Ни в коем случае не забывайте об этом, когда станете пробовать себя в роли Звезды. Прежде всего нужно быть достаточно сильной натурой, способной завладеть вниманием и мыслями своих зрителей, заполнить их, как крупный план заполняет экран. Необходимо найти характерный облик или стиль, выделяющий вас из толпы. Вашему облику требуется неуловимость, даже призрачность, но ни в коем случае не рассеянный, отсутствующий вид и не холодность — в этом случае окружающие не смогут заметить и тем более запомнить вас. А ведь нужно, чтобы они видели вас в своем воображении даже тогда, когда вас не будет рядом.

Второе, поработайте над особым, загадочным выражением лица, пусть оно станет тем центром, из которого лучами струится звездность. Благодаря этому окружающие смогут читать на вашем лице все, что им заблагорассудится, воображая, что понимают вас, видят вашу душу насквозь. Вместо того чтобы подавать отчетливые эмоциональные сигналы, демонстрировать перепады настроения и вспышки темперамента, Звезда побуждает людей разгадывать загадки, интерпретировать неуловимое. В этом-то и заключается магическая власть лиц Греты Гарбо, Марлен Дитрих и даже

«СИЛА КИНО — В ЕГО МИФАХ...»
Единственно значимая констелляция коллективного обольщения, являющаяся продуктом современного мира, — звезды кино, или кумиры киноэкрана... Они стали единственным нашим мифом в эпоху, не способную создать поистине великий миф или образ соблазна, которые могли бы сравниться по силе воздействия с уже существующими в мифологии или искусстве. Сила кино — в его мифах. Его предания, его психологические портреты, его фантазия или реализм, его смысл

и производимое впечатление — все это вторично. Один только миф наделен могуществом, а в основе каждого кинематографического мифа лежит соблазн — с обольстительным образом знаменитости, мужчины или женщины (но в первую очередь женщины), неразрывно связанных с чарующей, но фальшивой властью самого кинематографического образа... Звезда, вне всякого сомнения, является идеальным или совершенным существом: это искусственное создание... Ее внешность служит для того, чтобы утаить истинные чувства и выразительность, скрыв их за ритуальным поклонением пустоте, за исступленной восторженностью взгляда, за ничтожностью улыбки.

Джона Ф. Кеннеди, который позаимствовал это выражение у Джеймса Дина.

Все живое динамично и изменчиво, в то время как предмет или картина пассивны, однако именно эта инертность и возбуждает нашу фантазию. Человек может достичь такой власти, если сам сумеет в какой-то степени уподобиться неодушевленному предмету. Великий шарлатан, живший в восемнадцатом веке, граф Сен-Жермен во многом был предшественником Звезд. Он неожиданно появлялся в городе, и никто не знал, откуда он прибыл; он разговаривал на многих языках, но по акценту непонятно было, из какой страны он родом. Невозможно было определить и его возраст — он явно был немолод, но лицо его светилось здоровьем. Выходил граф только с наступлением вечера. Он всегда одевался в черное, носил великолепные украшения. Прибыв ко двору Людовика XV, он произвел сенсацию: он прямо-таки источал запах богатства, источник которого никому не был известен. Обставлено все было так, что и сам король, и госпожа де Помпадур безоговорочно поверили, что ему подвластны таинственные силы — например, способность превращать вещества в золото (благодаря философскому камню), но сам он никогда не говорил о себе ничего подобного, все это были догадки окружающих. Он же не отрицал и не утверждал — только позволял предположить. Он сидел за столом на званых обедах, но никогда не ел. Однажды он преподнес госпоже де Помпадур сладости в коробке, которая меняла цвет и очертания в зависимости от того, под каким наклоном она ее держала. Эта поразительная вещь, по словам маркизы, напомнила ей самого графа. Сен-Жермен писал необычные картины, подобные которым никто никогда не видел. Краски были столь яркими, что драгоценные камни, изображенные им, казались настоящими. Живописцам так и не удалось узнать секрет его красок, а сам он его никому не раскрыл. Покидал он города так же, как и приезжал: неожиданно для всех и в полной тайне. Одним из самых его пылких почитателей был Казанова, который встретил его однажды и не мог забыть всю жизнь. Когда граф скончался, никто не поверил в это; проходили годы и десятилетия после его смерти, но даже спустя столетие люди были убеждены, что он где-то скрывается. Человек, обладающий такой властью, никогда не умирает.

Граф обладал всеми качествами Звезды. Все, связанное с ним, было неопределенно, допускало разнообразные интерпретации и толкования. Многоцветный, яркий, он возвышался над толпой. Люди считали его бессмертным, так же точно и звезды, кажется, никогда не стареют и не уходят. Его слова гармонировали с внешностью и поведением — они пленяли и притягивали, эти удивительные, странные речи с непонятным и туманным смыслом. Такова власть, которую вы сможете получить, если сумеете превратить себя самого в блестящий притягательный объект.

Энди Уорхол также обладал свойством пленять всех и каждого. Он отличался оригинальным стилем — все эти серебряные парики — и загадочным, непроницаемым выражением лица. Окружающие никогда не знали, о чем он думает, он казался чистым холстом, как и его картины. Этим и Уорхол, и Сен-Жермен напоминали знаменитые картины-обманки, популярные у живописцев семнадцатого века, или удивительные гравюры М. Эшера — потрясающую смесь реального с невозможным, которая заставляет людей ломать голову, пытаясь понять, настоящие они или нет.

Так она достигает статуса мифологического персонажа и становится предметом для коллективных ритуалов беззаветного поклонения. Вознесение киноидолов, кумиров толпы, было и остается важнейшим преданием современности... Бессмысленно было бы развенчивать его и объявлять не более чем мечтами замороченной толпы. Так действует соблазн... Соблазн в век толпы более не имеет ничего общего ни с соблазном... «Опасных связей» или «Дневника обольстителя», ни с тем, что можно найти в греческой мифологии, без сомнения, богатой на обольщения. В них соблазн пылок и прян, в то время как современные идолы являют собой пересечение двух холодных, равнодушных

Звезда должна стоять особняком, а этому может способствовать некоторая театральность, вроде той, которую демонстрировала Дитрих, появляясь на вечеринках. Иногда, однако, можно добиться не менее сильного эффекта с помощью более легких и тонких штрихов: манеры курить сигарету, интонаций голоса, походки. Часто именно такие мелочи проникают особенно глубоко, западают людям в душу, заставляют подражать — прядь волос над правым глазом Вероники Лейк, голос Гари Гранта, ироничная улыбка Джона Кеннеди. Хотя все эти нюансы почти не регистрируются сознанием, они способны быть не менее привлекательными и запоминаться не хуже, чем необычная форма или вызывающий цвет. Подсознательно мы, непонятно почему, тянемся к безделушкам, которые не имеют ни практического применения, ни серьезного значения, но привлекают нас своим внешним видом.

Воздействие Звезд таково, что мы всеми силами стремимся узнать о них побольше. Можно возбуждать в людях любопытство, позволяя им краешком глаза заглянуть в вашу приватную жизнь, давая иллюзию, что они сумели разгадать что-то в вас, вашей личности. Пусть фантазируют, воображают. Часто эту реакцию можно запустить, намекнув на некие духовные устремления, — такие вещи чертовски соблазнительны, вспомним, к примеру, интерес Джеймса Дина к восточной философии и оккультизму. Звезды подобны богам с вершины Олимпа, они созданы для любви и забав. Дорогие вам люди, увлечения, животные — словом, всё то, что вы любите, указывают на ту моральную красоту, которую люди хотят видеть в Звезде. Используйте это желание, показывая окружающим какие-то события своей личной жизни. Пусть видят, за какие ценности вы готовы сражаться, кому вы отдаете свою любовь (на данном отрезке времени).

Другой способ, к которому прибегают Звезды для обольщения, — позволить восторженным почитателям идентифицировать себя с ними. Это неизменно приводит нас в неописуемый восторг. Именно так поступил Кеннеди на трумэновской пресс-конференции: представ в роли молодого человека, затираемого стариком, он пробудил ассоциации с архетипическим конфликтом поколений, так что все молодые люди страны невольно отождествили себя с ним. (Ему очень помогли в этом и популярнейшие персонажи голливудских фильмов — молодые, не оцененные по достоинству юноши, отстаивающие свои идеалы.) Ключевой момент успеха в данном случае — способность воплотить целый тип, подобно тому, как Джимми Стюарт стал олицетворением типичного среднего американца, а Гари Грант — лощеного аристократа. К вам потянутся люди вашего типа, они будут отождествлять себя с вами, разделят с вами радость и горе. Влечение должно быть неосознанным и вызываться не вашими словами, а более тонко — сходством позиции и отношения к действительности. В наше время более чем когда-либо люди неуверенны в себе и испытывают сложности с самоидентификацией. Помогите им определиться с ролью, которую они играют в жизни, и к вам потянутся толпы тех, кто почтет за счастье возможность отождествить себя с вами. Только придайте выбранному вами типажу драматизм, пусть он будет ярким и несложным для подражания. Власть, которую вы получите над людьми, помогая им идентифицировать себя, будет в этом случае скрытой и глубокой.

Помните: всякий человек — лицедей. Окружающие никогда не знают наверняка, о чем вы думаете или что чувствуете, они судят только по вашей внешности.

Вы — актер. А у самых талантливых актеров обязательно имеется внутреннее пространство: подобно Марлен Дитрих, они способны лепить свой облик так, как если бы смотрели на себя со стороны. Эта внутренняя дистанция нас восхищает. Звезды относятся к самим себе легко, они вечно пребывают в работе над своим образом, подправляя, уточняя его, внося поправки, продиктованные временем. Образ, который был пленительным десять лет назад, сегодня может показаться смехотворным, если оставить его без изменений. Звезды постоянно должны подновлять свой блестящий фасад, если не хотят столкнуться с самым страшным для них уделом — забвением.

Если желаете узнать все об Энди Уорхоле, просто посмотрите на поверхность моих картин, и моих фильмов, и меня самого, и — вот он я. Глубже за этим ничего нет.

ЭНДИ УОРХОЛ. ЦИТ. ПО КН.: СТИВЕН КОХ,
«СОЗЕРЦАЮЩИЙ ЗВЕЗДЫ:
ЖИЗНЬ, МИР И ФИЛЬМЫ ЭНДИ УОРХОЛА»

Символ: Идол.
Кусок камня, которо-
му придана форма бож-
ка, богато украшенный
золотом и драгоценностями.
Идолопоклонники своими взорами вдыхают
жизнь в камень, приписывают ему реальную
силу. Его очертания позволяют им видеть
то, что они хотят увидеть, — бога, но в
действительности это не более чем кусок
камня. Бог существует только в
воображении поклонников.

Возможные опасности

Звезды создают иллюзию, приятную для зрительских глаз. Опасность состоит в том, что люди устают от них — иллюзия перестает их восхищать — и переключают внимание на другую Звезду. Если это случится с вами, вы почувствуете, насколько трудно, почти невозможно вновь завоевать место в галактике. Поэтому вы должны любой ценой добиваться, чтобы люди не отводили от вас взгляда.

Пусть вас не беспокоит опасность дурной славы или того, что ваш образ может быть скомпрометирован: просто удивительно, как много мы прощаем нашим Звездам. После трагической гибели президента Кеннеди стали всплывать довольно непривлекательные факты, связанные с его именем, — его бесконечные интрижки, неумеренная страсть к риску и опасности. Но это нисколько не снизило любви к нему, и по сей день народ продолжает считать его одним из величайших президентов Америки. Эрролу Флинну пришлось пережить массу скандалов, в том числе и шумное дело об изнасиловании, все они только способствовали усилению интереса. Если уж люди признали Звезду, любая огласка, любая шумиха, пусть даже негативная, лишь способствует росту популярности. Конечно, вы рискуете зайти слишком далеко: людям нравится, когда Звезда обладает неземной красотой, а ее чрезмерная человечность и приземленность неизбежно приведут к разрушению иллюзии. Но дурная слава — меньшее зло для Звезды, чем забвение, поэтому самое опасное — слишком надолго исчезнуть из поля зрения или чересчур отдалиться от почитателей. Как сможете вы являться людям в сновидениях, если они вас никогда не видели? В то же время не подпускайте публику слишком близко, это чревато тем, что ваш образ станет ей хорошо знаком и потому предсказуем. Люди в одно мгновение могут отвернуться от вас, если им станет скучно, ведь скука — самое страшное социальное зло.

Вероятно, самая большая опасность для Звезд — постоянное внимание, которое они к себе привлекают. Чрезмерное пристальное внимание способно по-настоящему вывести из себя. Любая хорошенькая женщина может подтвердить, как это докучает, когда на тебя постоянно глазеют. Последствия могут быть самыми разрушительными, это доказывает трагическая история Мэрилин Монро. Решить эту проблему можно, отстраняясь, дистанцируясь от самого себя, как это делала Марлен Дитрих — не упиваясь и не обольщаясь вниманием и поклонением, сохраняя равнодушие и определенную трезвость по отношению к восторженным почитателям. Относитесь к себе без сокрушительной серьезности. Самое важное: ни в коем случае не попадайте в губительную зависимость от этого наркотика — человеческого интереса.

Анти-Обольститель

Обольстители притягивают к себе тем пристальным индивидуальным вниманием, которое они сами проявляют к нам. Анти-Обольстители им противоположны: неуверенные, поглощенные собой, неспособные проникнуть в психологию другого человека, они в буквальном смысле отпугивают людей. Анти-Обольстители неспособны к самоанализу и потому не замечают за собой, что надоедливы, навязчивы или не в меру болтливы. Им недостает тонкости, чтобы создать то предвкушение удовольствия, без которого немыслимо обольщение. Искорените в себе антиобольстительные качества и научитесь распознавать их в окружающих — иметь дело с Анти-Обольстителем неинтересно.

Посмотрим же, как попирается любовь. Это случается из-за легкой доступности ее утешений, из-за того, что позволено беспрепятственно видеть возлюбленную и многословно беседовать с ней, и из-за неподобающих нарядов и походки возлюбленной, а также при внезапном впадении в бедность... Другая причина, по которой любовь попирают и недооценивают, — если человек узнает, что его возлюбленная пользуется дурной славой и до него доходят пересуды о ее скаредности, дурном нраве и испорченности, а также всякий раз, если он заводит шашни с другой, даже если о любви у них и речи не идет. Любовь также бывает попрана и унижена, если женщина понимает, что ее возлюбленный неумен и недальновиден,

Типология Анти-Обольстителей

Встречаются Анти-Обольстители разнообразных видов и форм, но практически всем им присуще одно общее качество, делающее их такими отталкивающими, — неуверенность. Впрочем, неуверенность в той или иной степени свойственна всем нам, и все мы от этого страдаем. И все же временами мы способны преодолеть это чувство. Атмосфера обольщения способна изменить нас, и мы начинаем чувствовать себя значительными, достойными любви и уверенными. Неуверенность Анти-Обольстителей простирается, однако, до таких пределов, что их никакими ухищрениями и соблазнами не удается вытянуть из этого состояния. Их потребности, их тревоги, их озабоченность собой перекрывают им все входы и выходы. Малейшую неясность они истолкуют как нападки на себя, в каждом, самом ничтожном намеке на охлаждение им видится предательство, и они не упустят случая горько пожаловаться на это.

Кажется, это так просто: Анти-Обольстители отталкивают, так оттолкнитесь, старайтесь избегать их. К сожалению, однако, далеко не всегда Анти-Обольстителя удается распознать при первой же встрече. Они не так просты, обладают определенной тонкостью, и если вы не будете остерегаться, то можете оказаться втянутыми в неприятнейшие отношения. Следует обращать внимание на знаки, выдающие их комплексы: человек может оказаться скуповатым, или проявлять в споре необычную навязчивость, или же быть чрезмерно критичным. Возможно, вам польстят незаслуженной похвалой, преждевременно признаются в любви, еще совсем вас не зная. А вот и еще признак, более важный: пренебрежение к деталям. Поскольку они не способны заметить и понять, что вас выделяет среди прочих, то они не способны и удивить вас особым вниманием.

Крайне важно научиться распознавать анти-обольстительные качества не только в окружающих, но и в самом себе. Почти каждому из нас присущи по крайней мере одно-два свойства Анти-Обольстителя, они дремлют в нас, и чем лучше нам удается сознательно прятать их, тем обольстительнее мы становимся. Недостаток щедрости, к примеру, совсем не обязательно является именно признаком Анти-Обольстителя, если это единственный недостаток у человека; согласитесь, однако, что прижимистые люди редко бывают по-настоящему привлекательными. Обольщение подразумевает откровенность, раскрытие себя, пусть даже с целью обмана, а неспособность давать, расставаясь с деньгами, обычно означает, что человек неспособен дать и другое. Научитесь быть щедрым, изгоните скупость. Она являет собой помеху для власти и непростительный грех в обольщении.

Лучше всего избавляться от Анти-Обольстителей как можно раньше, прежде чем они запустят в вас свои жадные щупальца, поэтому учитесь понимать сигналы. Ниже приведем основные типы.

Грубый скот. Если обольщение — это что-то вроде церемонии или ритуала, то, растягивая его, мы продлеваем удовольствие: ожидание, предвкушение, оттягивание — все это имеет для нас особенную прелесть. Грубым скотам не хватает терпения на подобную ерунду, их заботит только их собственное удовольствие, а ни в коем случае не ваше. Быть терпеливым — значит показать, что думаешь о другом человеке, и это неизменно производит благоприятное впечатление. Впечатление от нетерпения противоположно: считая, что мы настолько заинтересо-

если она видит, что он с излишней настойчивостью домогается любви, не думая о скромности подруги и не щадя ее стыдливости, ибо тот, кто заботится только о том, как бы самому получить удовольствие, не думая о другом, скорее, заслуживает имени предателя, нежели возлюбленного. Любовь также страдает, если женщина узнает, что ее возлюбленный оказался трусом в сражении, или видит, что он нетерпелив или отмечен грехом гордыни. Нет ничего более подобающего характеру любовника, чем если он облачен в одежды смирения и его не коснулась нагота гордыни. Так же нудное многословие глупца или безумца часто убивают любовь. Многих так и тянет пуститься в многоречивые

ваны в них, что у нас нет причин ждать, Грубые скоты оскорбляют нас своим эгоизмом. Под оболочкой эгоизма к тому же у них часто скрывается разрушительное чувство неполноценности, и, если вы отвергаете их или заставляете ждать, они реагируют неоправданно бурным взрывом. Если вы заподозрили, что имеете дело с Грубым скотом, устройте проверку — заставьте этого человека подождать. Его или ее реакция скажет вам все, что вы хотите узнать.

Душитель. Душители влюбляются в вас тогда, когда вы еще и не заметили их существования. Черта привлекательная и обманчивая — вы можете подумать, что они восхищаются вами, но в действительности они страдают от внутренней пустоты, их душа напоминает бездонную бочку потребностей, которую невозможно наполнить. Ни в коем случае не поддавайтесь на призывы Душителей и не вступайте с ними ни к какие отношения: от них почти невозможно освободиться, не получив повреждений. Они липнут к вам, цепляются до тех пор, пока наконец вам не приходится отодвинуться, тогда они начинают душить вас чувством вины. Всем нам свойственно идеализировать тех, кого мы любим, но для того, чтобы любовь созрела, требуется время. Распознать Душителей можно по тому, насколько внезапно они пленяются вами. Их обожание может доставить вам удовольствие на краткое время, оно потешит ваше самолюбие, но в глубине души вы почувствуете, что эта буря эмоций, собственно говоря, не имеет отношения ни к вам, ни к вашим достоинствам. Доверьтесь в этом своей интуиции.

Одна из разновидностей Душителя — Дверной Коврик, человек, рабски подражающий вам во всем. Старайтесь распознавать этих типов как можно раньше, постарайтесь понять, способны ли они иметь собственные мысли. Неспособность иметь собственное мнение, отличное от вашего, — плохой признак.

Моралист. Обольщение — это игра, и относиться к нему нужно легко. В любви и обольщении всё ясно: морализаторству здесь не место. А Моралисты не отличаются гибкостью суждений. Эти люди живут по своим устоявшимся представлениям и пытаются заставить вас следовать их стандартам. Они хотят вас изменить, сделать из вас другого, лучшего человека. Поэтому они без конца вас критикуют, судят, пилят — это их основная радость в жизни. На самом деле незыблемые моральные устои этих людей произрастают из их неудовлетворенности и маскируют желание доминировать над всеми вокруг. Они неспособны адаптироваться и получать удовольствие — по этим признакам их легко распознать. Их умственная негибкость может сопровождаться и физической. Тяжело не принимать их критику на свой счет, так что лучше постараться избегать их присутствия и их отравляющих душу комментариев.

Прижимистый. Скупость говорит о большем, чем проблемы с деньгами. Это признак какой-то скованности человека — чего-то, что удерживает его от широких или рискованных поступков. Этот тип — наиболее антиобольстительный из всех, и вы не можете, не должны позволить себе поддаться ему. Большинство Прижимистых даже не догадываются о том, что с ними не все в порядке. Они-то, уделяя кому-то жалкие крохи, воображают себя расточительными. Посмотрите на себя беспристрастно — может, вы скупее, чем полагаете. Попробуйте легче относиться и к деньгам, и к самому себе, и вы поймете, что в щедрости содержится немалый обольстительный потенциал. Конечно, и щедрость необходимо держать под контролем, управлять ею. Чрезмерная расточительность может быть признаком отчаяния и создать ощущение, будто вы пытаетесь кого-то купить.

Робкий. Робкие застенчивы, и их застенчивость способна усилить вашу собственную. Прежде всего вы можете решить, что они думают о вас, причем думают так часто, что это заставляет их смущаться. Это ошибка: в действительности они думают только о самих себе — их заботит то, как они выглядят, или то, какие последствия будет иметь для них сама попытка соблазнить вас. Их беспокойство, как правило, заразительно: вскоре и вы начинаете волноваться о себе. Робкие редко достигают финальных этапов обольщения, а если уж заходят далеко, то все равно всё портят. В обольщении главное оружие — напор и решимость, у жертвы не должно быть времени остановиться и подумать. А у Робких отсутствует чувство времени. Вы, конечно, можете ради развлечения попытаться научить или просветить их, но если это не совсем юный человек и при этом все еще Робкий, то шансов, скорее всего, нет — он неспособен выпутаться из самого себя.

Пустозвон. Лучше всего нам помогают продвинуться в обольщении выразительные взгляды, поступки, внешняя привлекательность. Слова, конечно, тоже занимают свое место в этом процессе, но слишком длинные разговоры только служат помехой, выявляя поверхностные различия и разрушая очарование момента. Люди, которые слишком много болтают, чаще всего болтают о самих себе. Они глухи к внутреннему голосу, который спрашивает: а не надоел ли я? Основное качество Пустозвона — глубоко укоренившийся эгоизм. Не прерывайте Пустозвонов, не спорьте с этими людьми —

это лишь подхлестнет поток красноречия, добавит громкости их звону. Любой ценой научитесь обуздывать собственный язык.

Обидчивый. Обидчивые не в меру чувствительны, причем не по отношению к вам, а к собственной персоне. Они въедливо изучают каждое слово, каждый ваш поступок, стараясь найти малейшие проявления пренебрежительного к себе отношения. Если из стратегических соображений вы отступите назад (чего иногда требует искусство обольщения), они затаят недоброе, а потом неожиданно могут нанести вам удар. Они склонны к нытью и сетованиям — ярко выраженная антиобольстительная черта. Испытайте их, пошутив (неоскорбительно) на их счет или рассказав о них забавную историю, — мы все можем немного посмеяться над собой, только Обидчивый этого не умеет. Вы прочтете в его глазах мстительный огонек, обиду. Сотрите из своего характера все следы Обидчивого — они против вашей воли отпугивают от вас людей.

Вульгарный. Вульгарные невнимательны к мелочам, которые столь важны в обольщении. Вы можете заметить это не только по их внешности — одеваются они по любым меркам безвкусно, — но и по их поступкам: им невдомек, что следует хотя бы временами сдерживать себя и не давать волю своим порывам. Вульгарные готовы выболтать все что угодно, понятие уважения к чужим секретам им незнакомо. У них нет ощущения времени, а вкус и чувство гармонии отсутствуют напрочь. Бестактность — еще одна верная примета, по которой вы безошибочно узнаете Вульгарных людей (например, когда они рассказывают всем подряд о ваших интимных отношениях). Это может казаться вам проявлением непосредственности, но ис-

ощутить он сам, если бы только был способен понять, насколько позорно и бесчестно такое поведение.

Бальдассаре Кастильоне, «Книга придворного»

269

тинная причина кроется в неизменном эгоизме, в неспособности взглянуть на себя со стороны. Вульгарных надо не просто избегать, вы обязаны стать их противоположностью: такт, стиль и внимание к деталям — вот основные требования к обольстителю.

Примеры Анти-Обольстителей

1. Клавдия, внучатого племянника великого римского императора Августа, многие в юности считали идиотом, и почти все члены семьи обращались с ним соответственно. Племянник Клавдия Калигула, ставший императором в 37 году н. э., развлекался, мучая его: заставлял в наказание за тупость бегать до изнеможения вокруг дворца, за ужином привязывал к его рукам грязные сандалии и так далее. Когда Клавдий подрос, он казался все таким же тугодумом, и его оставили в покое, в то время как другие его родственники жили в постоянном страхе, ожидая заговоров и убийств. Поэтому никто, в том числе и сам Клавдий, не ожидал того, что произошло: в 41 году в результате заговора Калигула был убит, и Клавдия провозгласили императором. Не имея никакого желания править, Клавдий делегировал большую часть своих полномочий доверенным лицам, а сам проводил время за своими любимыми занятиями: ел, пил, играл и предавался блуду.

Супруга Клавдия, Валерия Мессалина, была одной из самых красивых женщин Рима. Хотя Клавдий, казалось, был от нее без ума, на деле он не уделял ей никакого внимания, так что она тоже проводила время в любовных похождениях. Сначала она была осторожна, но шли годы, ее провоцировало невнимание мужа, и Мессалина пустилась во все тяжкие. Для нее во дворце построили покои, где она развлекала мужчин, подражая самой известной проститутке Рима, чье имя было написано на двери. Если кто-либо из мужчин отказывался от ее авансов, его казнили. Почти всему Риму было известно об этих безумствах, но Клавдий хранил молчание, казалось, он ничего не замечает.

Страсть Мессалины к ее фавориту Гаю Силию была так велика, что она решила выйти за него замуж, невзирая на то обстоятельство, что оба уже состояли в браке. Пока Клавдий находился в отъезде, они разыграли свадебную церемонию, размахивая брачным контрактом, подписать который заставили самого же Клавдия — разумеется, с помощью уловки. После церемонии Гай переехал во дворец. На сей раз выходка вызвала шок и общее возмущение в городе, и Клавдий вынужден был принять меры. Он приказал казнить Гая и других любовников Мессалины, но не саму Мессалину. Зато несколько солдат, распаленных скандалом и жаждавших расправы, выследили и убили Мессалину. Когда об этом сообщили императору, он велел принести еще вина и продолжил трапезу. Прошло несколько дней, и он, к изумлению рабов, спросил, почему императрица не вышла сегодня к обеду.

Ничто не выводит из себя сильнее, чем ощущение, что на вас не обращают внимания. В процессе обольщения вы можете время от времени отступать, заставляя ваш объект терзаться сомнениями. Но затянувшееся невнимание разрушит чары, более того, оно может породить ненависть. Клавдий продемонстрировал крайнее проявление такого поведения. Поначалу самоуничижение было порождено необходимостью: изображая недоумка, он скрывал свои истинные амбиции, так ему удавалось выжить, находясь среди опасных и кровожадных соперников. Но постепенно бесчувственность из маски превращалась во вторую натуру. Клавдий становился все более неопрятным, он больше не замечал, что происходит вокруг него.

Мужу небрежность
к лицу. Похитил
Тесей Ариадну,
Не украшая висков
прикосновеньем
щипцов...
Будь лишь опрятен
и прост. Загаром
на Марсовом поле
Тело покрой,
подбери чистую
тогу под рост,
Мягкий ремень
башмака застегни
нержавою
пряжкой,
Чтоб не болталась
нога, словно
в широком мешке;
Не безобразь своей
головы неумелою
стрижкой —
Волосы и борода
требуют ловкой
руки;
Ногти пусть не
торчат, окаймленные черной грязью,
И ни один не глядит
волос из полой
ноздри;
Пусть из чистого
рта не пахнет
несвежестью
тяжкой
И из-под мышек
твоих стадный не
дышит козел...
Я уж хотел продолжать [говоря теперь с женщинами],

чтобы потом не пахли подмышки
И чтобы грубый не рос волос на крепких ногах,
Но ведь уроки мои не для женщин Кавказских ущелий
И не для тех, чьи поля поит мизийский Каик!
Право, тогда почему не добавить бы: чистите зубы
И умывайте лицо каждое утро водой?
Сами умеете вы румянец припудривать мелом,
Сами свою белизну красите
в розовый цвет,
Ваше искусство заполнит просвет между бровью и бровью
И оттенит небольшой мушкою кожу щеки.
Нет ничего дурного и в том, чтобы подкрашивать веки
В нежный пепельный цвет или в киднийский шафран...
Но красота милей без прикрас —
поэтому лучше, Чтобы не видели вас за туалетным столом.

Полное безразличие и невнимательность не могли оставить равнодушной его супругу. Ну как, как, недоумевала она, мужчина, особенно такой физически непривлекательный, может не замечать меня, оставляя без внимания мои связи с другими мужчинами? Но его, казалось, ничто не может взволновать.

Клавдий — это крайний случай, но диапазон невнимательности очень широк. Многие не придают внимания мелочам, деталям, а по сути дела, сигналам, которые подает им другой человек. Их чувства притуплены работой, трудностями, они поглощены своими проблемами. Мы часто видим, как ослабевает обольстительный заряд между людьми, например между парами, прожившими вместе долгое время. Если этот процесс заходит дальше, то приводит к взаимному озлоблению и горечи. Зачастую один из двух — как правило, тот, чей партнер с ним нечестен,—начинает путь к расставанию с проявлений невнимания.

2. В 1639 году французская армия осадила и захватила итальянский город Турин. Два французских офицера, шевалье (позднее граф) Граммон и его друг Матта, решили почтить своим вниманием городских красавиц. Жены некоторых знатных туринцев были не прочь поразвлечься — мужья их вечно были заняты, да к тому же и сами заводили любовниц. Поэтому женщины предъявляли лишь одно требование — чтобы поклонник был галантен и обходителен, соблюдал приличия.

Шевалье и Матта быстро нашли себе подруг. Выбор шевалье пал на прекрасную мадемуазель де Сен-Жермен, которой вскоре предстояло обручение, а Матта заручился благосклонным вниманием дамы постарше и опытнее — мадам де Сенант. Шевалье отныне одевался в зеленый, а Матта — в голубой, поскольку таковы были любимые цвета их дам. На второй день знакомства обе пары посетили дворец, расположенный за городом. Шевалье был само очарование, он так и сыпал остротами, заставляя мадемуазель де Сен-Жермен хохотать без умолку. Матта, однако, был далеко не столь обходителен: ему не хватало терпения на всю эту галантную чепуху, так что при первом удобном случае, оказавшись на прогулке с мадам де Сенант, он сжал ее руку и со всей решительностью заявил о пылкой страсти. Дама, разумеется, была скандализована и, как только вернулись в Турин, покинула незадачливого кавалера, не удостоив его взглядом. Не понимая, что оскорбил свою даму, Матта вообразил, что ее переполняют чувства к нему, он даже остался собой доволен. Но шевалье де Граммон, недоумевая, почему влюбленные расстались так внезапно, отправился к мадам де Сенант и выспросил у нее, что произошло. Она рассказала правду: Матта пренебрег формальностями, он был готов немедля уложить ее в постель. Шевалье рассмеялся, а про себя подумал, что если бы искал расположения прелестной мадам, то повел бы дело совсем по-иному.

В течение последовавших за этим дней Матта продолжал делать ошибку за ошибкой. Он не нанес визит супругу мадам де Сенант, как того требовал обычай. Он перестал надевать ее цвета. Когда они вдвоем с мадам де Сенант отправились на конную прогулку, он увлеченно гонялся за зайцами, словно более интересной добычи рядом не было, а взяв понюшку табаку, он и не подумал угостить свою спутницу. В то же время он без устали продолжал делать ей недвусмысленные предложения. Наконец, устав от такого ухаживания, мадам де Сенант прямо высказала ему все свои претензии. Матта оправдывался и молил о прощении: он и не догадывался о своих просчетах. Тронутая извинениями, дама позволила офицеру возобновить ухаживание, но

Немудрено оробеть, увидя, как винное сусло, вымазав деве лицо, каплет на теплую грудь!..
То, что дает красоту, само по себе некрасиво…
Надо ли мне понимать, отчего так лицо твое бело?
Нет, запри свою дверь, труд незаконченный спрячь.
Что не готово, того не показывай взгляду мужскому —
Многих на свете вещей лучше им вовсе не знать.
Из «Науки любви» Овидия
(Пер. М. Гаспарова)

только спустя несколько дней, начав при этом с незначительных знаков внимания. И вновь Матта счел, что на самом-то деле уже пора переходить к постели. К его удивлению, она и теперь отказала ему. «Не думаю, что их, женщин, может так уж сильно оскорбить, — говорил Матта своему другу, — если кто-то бросит флирт, чтобы перейти к делу». Однако мадам де Сенант объявила, что более не желает иметь с ним ничего общего, а шевалье де Граммон, увидав возможность, которую не хотел упускать, воспользовался ее недовольством, чтобы тайно поухаживать за нею по всем правилам, и в конце концов добился всех милостей, которые Матта пытался получить грубым натиском.

Что может быть менее обольстительным, чем сознание, что кто-то считает вас уже завоеванным, принадлежащим ему, не сомневающемуся в вашем согласии. Даже малейший намек на подобное самомнение губителен для обольщения. Чтобы завоевать сердце своего объекта, не следует жалеть ни времени, ни усилий. Возможно, вы опасаетесь, что он или она сочтет обидным слишком медленный темп развития событий или утратит к вам интерес. Более вероятно, однако, что эти страхи отражают вашу собственную неуверенность, а неуверенность всегда малопривлекательна. В действительности, чем больше проходит времени, тем сильнее действуют ваши чары.

В мире, где осталось не так уж много условностей, обольщение — один из симпатичных пережитков безвозвратно ушедшего прошлого. Это ритуал, и следует соблюдать его неукоснительно. Поспешность свидетельствует не о глубине ваших чувств, а о степени вашей самонадеянности. Можно, конечно, допустить поспешность, торопя партнера, но единственной наградой в этом случае будет разочарование, которое несет с собой такая любовь. Даже если

КАК ИЗБАВИТЬСЯ ОТ ЛЮБОВНИКА

Если же получивший отставку любовник изо всех сил цепляется, словно кот на печи зимним вечером, и не желает уйти, необходимо предпринять кое-какие меры, чтобы он понял: обхождение должно стать нелюбезным и все хуже от раза к разу, пока его наконец не проймет до самых печенок. Ей следует отказаться делить с ним ложе, насмехаться над ним, приводя в ярость

вы импульсивны и стремительны от природы, сделайте все, что в ваших силах, чтобы этого не обнаружить. Это покажется вам странным, но усилия, которые вы приложите, чтобы сдержаться, придадут вам особую привлекательность в глазах тех, ради кого эти усилия предпринимаются.

3. В Париже в 1730-х годах жил молодой человек по имени де Мелькур. Он как раз достиг того возраста, в котором молодые люди начинают заводить романы и интрижки. Подруга его матери госпожа де Лурсай, вдова приблизительно сорока лет, была хороша собой и необыкновенно мила в общении, но у нее была репутации недотроги. Де Мелькур еще ребенком был безнадежно в нее влюблен и даже не помышлял о том, чтобы добиться взаимности. Тем больше было его изумление и волнение, когда, достаточно повзрослев, он заметил, что мадам де Лурсай поглядывает на него с интересом, вовсе не напоминающим материнский.

В течение двух месяцев Мелькур трепетал в присутствии госпожи де Лурсай. Он боялся ее и не знал, что делать. Однажды вечером они обсуждали новую пьесу. «Как хорошо один из персонажей объяснился в любви женщине», — сказала мадам. Заметив очевидное смущение Мелькура, она продолжала: «С чего бы разговор об объяснении мог так смутить вас — уж не по той ли причине, что вам самому вскоре предстоит объясниться?» Госпожа де Лурсай прекрасно знала, что сама же и являлась причиной робости молодого человека, но она была насмешницей. «Вы должны признаться мне, — настаивала она, — в кого же вы влюблены». Наконец Мелькур сознался: он действительно мечтает о мадам. Подруга матери посоветовала юноше гнать подобные мысли о ней, но при этом нежно вздохнула и одарила его долгим и своими колкостями; ей следует восстановить свою мать против него; ей следует, не выказывая никаких признаков доброжелательности, пускаться в длинные рассуждения о том, что для него здесь все кончено. Следует встречать его с нескрываемым отвращением, идти наперекор его пожеланиям и вкусам, высмеивать его нужды. Она должна ясно показать, что любит теперь другого; должна при каждом удобном случае осыпать его бранью. Следует рассказывать о нем небылицы своим подружкам, перебивать его, не давая сказать ни слова, и отправлять его с поручениями подальше от дома. Ей следует искать поводов для ссоры, делая его жертвой бесчисленных мелких предательств и измен;

томным взором. Словами она говорила одно, а глазами совсем другое — возможно, она не так уж неприступна, как ему казалось? Однако вечер подошел к концу, и госпожа де Лурсай, выразив сомнение в прочности и долговечности его чувства, удалилась, оставив Мелькура в огорчении оттого, что он так и не понял, можно ли надеяться на взаимность.

Прошло несколько дней. Мелькур неоднократно просил госпожу де Лурсай признаться, любит ли она его, но она так же упорно отказывалась дать прямой ответ. Молодой человек наконец окончательно потерял надежду и сдался, но спустя какое-то время он был приглашен к ней на ужин. На госпоже де Лурсай было более соблазнительное платье, чем обычно, а от ее взглядов у него вскипала кровь. Тогда он вновь исполнился надежды и начал ходить за ней по пятам, тогда как она старалась сохранить хоть мало-мальски приличное расстояние, чтобы гости ничего не заметили. Позаботилась она и о том, чтобы он смог остаться, не возбуждая ни у кого подозрений.

Когда наконец они остались наедине, она усадила юношу рядом с собой на кушетку. Он почти не мог говорить, затянувшееся молчание становилось неприличным. Чтобы помочь ему, она затронула все ту же тему: дескать, она боится, что разница в возрасте между ними слишком велика и что любовь его не более чем мимолетный каприз, преходящее увлечение. Вместо того чтобы возразить, он молча сидел с отрешенным видом, держась на расстоянии, которого требовали приличия. Тогда она воскликнула (в ее голосе явственно сквозили ирония и легкая досада): «Если бы стало известно, что вы сейчас здесь, притом с моего согласия, чего бы только не вообразили люди? Но как жестоко они ошиблись бы, ведь вы почтительны, как никто!» Мелькур, вдохновленный этими словами на решительные действия, схватил ее руку, заглянул в глаза. Госпожа де Лурсай зарделась и прошептала, что ему теперь следует уйти, хотя интонации ее голоса и призывный взгляд ясно говорили обратное. И все же Мелькур продолжал колебаться: она ведь велела ему уходить, уж лучше подчиниться, а не то она может устроить сцену — а вдруг она никогда не простит его? Он выставит себя дураком, и каждый, включая его матушку, узнает об этом. Он поднялся и попросил прощения за минутный порыв. По ее изумленному виду и внезапной холодности он вообразил, что и впрямь слишком далеко зашел, теперь ему оставалось только попрощаться и оставить ее.

Юный де Мелькур и госпожа де Лурсай — персонажи куртуазного романа «Заблуждения сердца и ума», написанного в 1738 году французским писателем Кребийоном-сыном. Кребийон выводил в своих произведениях известных распутников и распутниц современной ему Франции. Для романиста обольщение целиком и полностью построено на сигналах и знаках, точнее, на способности подавать и читать их. Потребность в знаках возникает не из-за того, что подавляемая сексуальность вынуждена пользоваться иносказаниями. Причина скорее в том, что общение без слов (с помощью одежды, жестов, движений и поступков) доставляет больше удовольствия, волнует — это самый обольстительный язык.

В «Заблуждениях сердца и ума» госпожа де Лурсай — опытная соблазнительница — сочла интересным и волнующим для себя ввести в мир любви молодого человека. Но даже ей не удалось преодолеть юношескую скованность де Мелькура, который не смог прочитать ее знаки, полностью погрузившись в собственные мысли. В конце концов госпожа де Лурсай все же

ИДЕАЛЬНЫЙ ЛЮБОВНИК

Точно так же, как дамы любят мужчин доблестных и бесстрашных в бою, любят они и тех, кто столь же бесстрашен в любви. Так что, если мужчина нерешителен и не в меру обходителен с дамами, он никогда не будет у них в милости. Не то чтобы им понравился кавалер высокомерный, грубый или самоуверенный, способный лишь взять возлюбленную силой, швырнуть ее прямо на пол; нет, они мечтают видеть в мужчине редкостное сочетание, этакую дерзкую сдержанность, а может быть, лучше даже сдержанную дерзость. Ибо хотя сами они отнюдь не развязны и ни под каким видом не откроют своих чувств мужчине первыми, однако прекрасно умеют возбуждать склонность, и разжигать страсть, и незаметно втягивать в перепалки таким образом, что тот, кто замедлит воспользоваться случаем и ответить на вызов без тени трепета перед высоким положением и знатностью, без малейших угрызений совести, или страха, или колебаний, покажет себя попросту глупцом или трусом, того же, кто окажется решительнее, фортуна по заслугам осыплет милостями без меры. Я слышал о двух знатных господах, которых связывала дружба и которым две весьма знатные — и, без сомнения, весьма застенчивые — дамы назначили однажды встречу. Дело было в Париже, и они собирались погулять по саду. Придя на свидание, дамы разошлись в разные стороны, каждая

просветила его, а вот в реальной жизни многие так и остаются неподдающимися обучению. Они слишком прямолинейны, нечувствительны к тонкостям, которые собственно и представляют собой квинтэссенцию обольщения. Эти люди не столько отталкивают, сколько раздражают, порой даже бесят постоянным непониманием и отсутствием чуткости — они видят жизнь сквозь завесу своего эго и неспособны воспринимать реальность в истинном свете. Мелькур так поглощен своими переживаниями, он просто не замечает, что госпожа де Лурсай ждет от него решительного действия, которому она смогла бы уступить. Колебания юноши показывают, что он думает о себе, а не о ней, его заботит, как он будет выглядеть, он не ощущает себя во власти ее чар. Ничто не может быть менее соблазнительно. Научитесь распознавать подобных типов, особенно если они уже миновали пору юности, которая могла бы послужить оправданием, не поддавайтесь их робости, иначе они заразят своей нерешительностью и вас.

4. В Японии конца десятого столетия молодого придворного Каору, потомка великого обольстителя Гэндзи, преследовали в любви сплошные неудачи. Однажды он случайно мельком увидел юную принцессу Ойкими, которая жила в заброшенном доме вдали от столицы, так как отец ее обеднел и для семьи наступили тяжелые времена. Этой мимолетной встречи было достаточно, чтобы Каору почувствовал, что безумно влюблен. Когда позднее ему случилось встретить младшую сестру Ойкими, Наканокими, он вообразил, что на самом деле влюблен в нее. В смущении он вернулся в столицу и некоторое время не навещал сестер. Вскоре отец девушек умер, а за ним последовала и безвременная смерть самой Ойкими.

Теперь Каору понимал, что совершил роковую ошибку: он всегда по-настоящему любил одну Ойкими, а она умерла от отчаяния, видя, что он больше не проявляет к ней внимания. Больше он никогда не увидит любимую! Каору не мог думать ни о чем, кроме этого. После смерти отца и старшей сестры Наканокими переехала в столицу, чтобы жить при дворе императора. Каору же распорядился превратить опустелый дом, где раньше жила семья Ойкими, в молельню.

Однажды, исполненная сочувствия и раскаяния, Наканокими, видя, как Каору тоскует и предается безутешной скорби по ушедшей, рассказала ему, что у их отца есть побочная дочь, Укифунэ. Она уединенно живет в глуши и необыкновенно похожа на его возлюбленную Ойкими. Каору воспрянул духом — а что, если это шанс искупить свою вину, изменить прошлое? Но как ему познакомиться с женщиной? В один из дней, отправившись проверить, как продвигается строительство молельни, он увидел, что внутри кто-то есть, и догадался, что это та самая таинственная Укифунэ. Взволнованный и возбужденный, молодой вельможа заглядывал в щелку, стараясь разглядеть хоть что-нибудь. У Каору перехватило дыхание: хотя по поведению девушки было ясно, что это простая, ничем не примечательная провинциалка, ему показалось, что он видит перед собой живое воплощение Ойкими. Голос ее к тому же напоминал голос Наканокими, которая ему тоже нравилась. Из глаз Каору невольно потекли слезы.

Лишь спустя несколько месяцев Каору удалось разыскать дом в горах, где жила Укифунэ со своей матерью. Он посетил их, и она вышла к нему. «Однажды мне привелось взглянуть на вас через приоткрытую дверь, — рассказывал он, — с той поры вы полностью завладели моими мыслями». С этими словами он решительно со своим кавалером, чтобы прогуливаться на разных аллеях сада, заросшего, замечу, столь густо, что дневной свет почти не пробивался сквозь ветви, так что место было весьма тенистым и прохладным. Так вот один из двоих оказался человеком решительным, и, хорошо понимая, что свидание назначают не только для того, чтобы бродить и дышать свежим воздухом, и рассудив по лицу своей дамы, которое, как ему показалось, все так и пылало страстью, что она стремится испробовать не свисающего со шпалер винограда, но удовольствий совсем иного рода, чему была подтверждением и ее страстная и сбивчивая речь, он не стал ждать и решил, не медля, воспользоваться представившимся случаем.

Схватив даму без малейших церемоний, он повалил ее на ложе из дерна и комьев земли и приступил к приятнейшему из занятий, не дав ей и слова вымолвить. Она лишь бормотала: «Боже мой! Сэр, что это вы намерены делать? Вы, без сомнения, самый странный человек из всех, кого я встречала, да вы просто безумец! Нас могут увидеть, что обо мне будут говорить? О боже!.. Да оставьте же меня!» Но кавалер, ничтоже сумняшеся, продолжал то, что начал с таким успехом, и довел дело до конца, не без ее помощи и к общему их удовольствию, так что, прогулявшись несколько раз по аллее, они по обоюдному согласию все повторили сначала. Вскоре после того, выйдя на другую, открытую, аллею, они дошли до дальней части сада

поднял девушку и на руках отнес в карету, которая была наготове. Он отвез ее в тот самый дом, где прежде жила его любимая, поездка воскресила перед ним образ Ойкими, глаза его вновь увлажнились. Разглядывая Укифунэ, он мысленно сравнивал ее с Ойкими: пусть она не так изящно одета, зато у нее прекрасные волосы, которые очень ее украшают.

Когда Ойкими была еще жива, они с Каору любили играть дуэтом на кото, и он велел принести два инструмента. Укифунэ играла не так искусно, как Ойкими, и обладала менее утонченными манерами. Не беда — он станет учить ее, превратит в изысканную даму. Но вот, как и раньше, когда была жива Ойкими, Каору снова вернулся в столицу, оставив Укифунэ томиться в молельне. Прошло время, прежде чем он снова наведался к ней; девушка похорошела, стала красивее, чем прежде, — отчего же он мог думать только об Ойкими? И опять он оставил ее, пообещав забрать с собой и представить ко двору, но проходили недели, и однажды он получил известие о том, что Укифунэ исчезла. Ее видели идущей к реке — всё заставляло предположить, что девушка покончила с собой.

На похоронной церемонии по Укифунэ Каору мучила вина, раздирали угрызения совести — ну, зачем он заставил ее жить в этой глуши, почему не приехал за ней раньше? Она заслуживала лучшей участи.

История Каору описана в романе одиннадцатого века «Повесть о принце Гэндзи». Автором его была японская придворная дама Мурасаки Сикибу. У персонажей романа имелись реальные прототипы — люди, с которыми создательница романа была знакома, однако таких, как Каору, можно встретить во все времена и в любой стране. Это мужчины и женщины, которые ищут идеального партнера — по крайней мере, им так кажется. Тот, кто находится рядом с ними сейчас, их никогда не устраивает. Поначалу человек им нравится, их влечет к нему, но затем они начинают замечать в нем недостатки, и вот кто-то новый, появившийся на горизонте, кажется более привлекательным, а первый партнер забыт. Такие люди часто пытаются исправить симпатичного им, но, увы, несовершенного смертного, улучшить его моральные качества, повысить культурный уровень. Как правило, такие попытки не приносят удовлетворения ни одной, ни другой стороне.

Истина заключается в том, что подобные типы не ищут идеала, просто они безнадежно недовольны сами собой. Их неудовлетворенность может ввести в заблуждение и показаться высокой планкой, тягой к совершенству, но на поверку их не может удовлетворить ничто, настолько глубоко пустило корни их уныние. Вы сможете легко опознать их по их прошлому, богатому кратковременными, бурными романами. Кроме того, они будут сравнивать вас с другими и делать попытки переделать вас. Может быть, вы не сразу поймете, с кем столкнула вас судьба, но рано или поздно убедитесь в том, что это безнадежно непривлекательный, антиобольстительный тип, неспособный оценить вашу неповторимую индивидуальность. Обрывайте этот роман, как только поймете, в чем тут дело. Подобные типы — почти садисты, он или она будет бесконечно изводить вас своими недостижимыми идеалами.

5. В 1762 году в итальянском городе Турине Джованни Джакомо Казанова познакомился с неким графом А. Б., миланским дворянином, и, казалось, весьма ему понравился. Граф оказался в затруднительном положении, и Казанова одолжил ему немного денег. В благодарность граф пригласил Казанову погостить у них с супругой в Милане. Его жена, сказал он, родом

и завидели там вторую пару. Те прогуливались, беседуя точно так же, как вначале, когда они с ними расстались. Вследствие чего дама, весьма довольная, сказала кавалеру, довольному не менее ее: «Мне кажется, что такой-то выставил себя ничтожным ханжой и за все это время так и не развлек свою даму ничем, кроме как словами, прекрасными речами и прогулкой». После того как все четверо встретились, две дамы принялись расспрашивать друг друга, как им понравилась прогулка. Та, которой доставили изрядное удовольствие, отвечала, что она на седьмом небе, и так оно и было. Другая, которая была не вполне довольна свиданием, сказала, что никогда ей не приходилось видеть большего

из Барселоны и широко известна своей красотой. Он показал Казанове ее письма, остроумные и интересные; Казанова счел, что она заслуживает интереса. Он принял приглашение и поехал в Милан.

Прибыв в дом графа А. Б., Казанова обнаружил, что испанская дама и впрямь удивительно хороша собой, но неразговорчива и серьезна. Кое-что в ней ему не понравилось. Когда он распаковывал свои вещи, графиня увидела среди его пожитков сногсшибательное женское красное платье с отделкой из соболей. Это подарок, объяснил Казанова, предназначенный первой же миланской даме, которая покорит его сердце.

На следующий вечер, за ужином, настроение графини внезапно переменилось: она была приветливее, держалась непринужденно, шутила и болтала с Казановой. Упомянув о платье, она спросила, не подкуп ли это — с помощью такой приманки нетрудно будет склонить женщину к уступкам. Напротив, ответил Казанова, он делает подарки лишь в момент расставания в знак благодарности и восхищения. В тот же вечер в карете по дороге домой из оперы она спросила: не продаст ли он платье ее состоятельному другу? Получив твердый отказ, она была раздосадована и даже не пыталась этого скрыть. Почувствовав ее игру, Казанова предложил ей платье в обмен на благосклонность. Это только рассердило ее, и они поссорились.

В конце концов Казанове прискучили перепады настроения капризной графини: он продал платье за 15 тысяч франков ее богатому другу, а тот в свою очередь подарил его женщине, как и было задумано с самого начала. Но, желая показать свое равнодушие к деньгам, Казанова сказал графине, что готов вернуть ей 15 тысяч франков, ничего не требуя взамен. «Вы очень скверный, — ответила она, — но я разрешаю вам остаться, вы меня забавляете». К ней вернулись хорошее расположение духа и кокетливость, что, впрочем, не ввело Казанову в заблуждение. «К сожалению, мадам, ваши чары на меня не действуют, — сказал он. — Вот ваши 15 тысяч франков, пусть они послужат вам утешением». Положив деньги на стол, он вышел, предоставив графине кипеть от ярости и обдумывать месть.

Когда Казанова впервые встретил прекрасную испанку, его сразу же оттолкнули две вещи. Первая — ее гордость: там, где уместнее всего было предаться легкому флирту, этой упоительной словесной игре, она требовала от мужчины безоговорочного подчинения. Гордость может отражать уверенность в себе, свидетельствуя о том, что вы не унизитесь ни перед кем. Нередко, однако, она произрастает из комплекса неполноценности, который требует, чтобы другие унижали себя перед вами. Для обольщения необходима открытость со стороны партнера, готовность проявить гибкость, уступить. Чрезмерная жесткость, ничем не оправданная гордость — свойства на редкость несоблазнительные.

Второй чертой, насторожившей Казанову, была алчность графини. Единственной целью ее кокетства было заполучить платье, любовные игры, как таковые, ее не интересовали. Для Казановы, напротив, обольщение было изящной забавой, которой люди предаются для взаимного удовольствия и развлечения. С его точки зрения, не было ничего предосудительного, если женщину наряду с обольщением интересуют деньги и подарки. Он относился к этому с пониманием и был неизменно щедр. Но интуиция подсказывала ему, что женщине следует скрывать корыстные желания — гораздо лучше создать у кавалера иллюзию, что для нее, как и для него, важно удовольствие. Люди, не скрывающие корыстной заинтересованности, будь то в деньгах или в другом материальном вознаграждении, производят отталкивающее впечатление. Если такова ваша цель, если вы ищете не удовольствия, а чего-то другого — денег, власти, — ни в коем случае не показывайте это. Подозрение в корыстном мотиве отвратит любого. Не допускайте разрушения иллюзий!

6. В 1868 году королева Англии Виктория пригласила нового премьер-министра страны Уильяма Гладстона на первую встречу. Она никогда не встречалась с ним прежде, но знала о его репутации строгого моралиста. Пока же им предстояла обыкновенная формальность, обмен любезностями. Гладстон, однако, не выносил подобных вещей. На этой первой встрече он объяснил ей свою теорию: королеве, как он считал, было предназначено сыграть в истории Англии исключительную роль — роль, с которой она едва ли справлялась, потому что была слишком независимой в принимаемых решениях.

Лекция произвела дурное впечатление на Викторию и задала плохой тон их взаимоотношениям. Дальше — больше: вскоре королева стала получать от Гладстона письма, в которых он настойчиво развивал и все более углублял ту же тему. Половину его посланий Виктория даже не потрудилась прочесть, а со временем стала стараться как можно реже контактировать с главой своего правительства. Если ей все же приходилось видеться с ним, она делала все от нее зависящее, чтобы встречи были как можно более краткими. Поэтому, в частности, она никогда не позволяла ему сидеть в своем присутствии, рассчитывая, что человек его возраста так скорее устанет и откланяется. Стоило ему коснуться интересующей его темы, он не только не замечал отсутствия интереса у королевы, но даже слез у нее в глазах от попыток подавить зевоту. Его самые простые записки были составлены так, что она просила кого-нибудь из своих приближенных переводить их на понятный английский язык. Хуже всего было то, что Гладстон спорил с королевой, причем его аргументы носили обычно оскорбительный характер, выставляя ее интеллектуальные способности не в лучшем свете. Скоро она привыкла молча кивать головой, притворяясь, что соглашается, о каких бы отвлеченных материях он ни разглагольствовал. В письме к секретарю, именуя себя в третьем лице, королева писала: «Ей всегда претила его [Гладстона] манера общения, чрезмерно надменная и даже деспотичная... Ни с чем подобным она никогда и *ни в ком* более не сталкивалась, и эти черты представлялись ей до крайности неприятными». С годами эти чувства переросли в неизбывную ненависть.

Гладстон, лидер либеральной партии, имел неприятеля в лице Бенджамина Дизраэли, возглавлявшего партию консерваторов. Он считал Дизраэли аморальным, дьяволоподобным евреем. На одной из сессий парламента Гладстон буквально набросился на противника с разгромной речью, описывая, куда может завести страну политика его оппонента. Все более распаляясь с каждым словом (это случалось всякий раз, когда он заговаривал о Дизраэли), он с такой силой стукнул кулаком по столу спикера, что во все стороны полетели перья и бумаги. Несмотря на накал страстей, Дизраэли, казалось, дремал. Когда Гладстон закончил, он открыл глаза, поднялся на ноги и спокойно вышел к столу. «Достопочтенный джентльмен, — тихим голосом произнес он, — изволил выступать весьма страстно, красноречиво и — *хм!* — неистово». Затем, выдержав выразительную паузу, он продолжил: «Но нанесенный урон можно поправить» — и, неторопливо подняв с пола, водворил на место всё, что упало со стола спикера. Яркая речь, которая за этим последовала, явила контраст выступлению Гладстона своей невозмутимостью и ироничностью. Члены парламента были совершенно очарованы, и все согласились, что Дизраэли превзошел соперника.

Если Дизраэли был признанным обольстителем, человеком невероятного обаяния, то Гладстона следует признать самым настоящим Анти-Обольстителем. Разумеется, были и у него сторонники, главным образом из числа наиболее пуританских элементов общества, — он дважды побеждал Дизраэли на выборах. Но для него было непосильным трудом донести свои идеи до кого-либо вне круга сторонников. В особенности его недолюбливали женщины, считая совершенно непереносимым. Конечно, женщины в те времена не обладали правом голоса, поэтому в политической жизни страны их мнение не имело большого значения, однако Гладстон даже не затруднял себя попытками взглянуть на вещи с точки зрения представительниц прекрасного пола. Женщине, считал он, следует учиться видеть мир таким, каким видит его мужчина. Цель же своей жизни он видел в воспитании и просвещении тех, кого считал неразумными или обделенными Богом.

Гладстон очень быстро начинал раздражать своих собеседников. Таков удел людей, убежденных в своей правоте и недостаточно терпеливых и мудрых, чтобы увидеть иные перспективы или постараться вникнуть в чужую психологию. Эти типы напористы и поначалу зачастую легко пробивают себе дорогу, особенно в менее агрессивном окружении. Но они вызывают такую неприязнь и антипатию, что в итоге терпят поражение. Окружающие видят их сквозь призму высоких моральных устоев, которые нередко оказываются лишь ширмой, скрывающей их стремление к власти, да морализаторство и есть не что иное, как форма власти. Обольститель никогда не стремится открыто убеждать и воспитывать, никогда не выставляет напоказ свои нравственные качества, никогда не поучает и не навязывает. Все в обольщении строится на психологии, тонких ощущениях и намеках.

Символ: Краб.
Выжить в жестоком
мире крабу удается лишь
благодаря твердому панцирю,
устрашающим клешням да умению
быстро зарываться в песок. Никому
не хочется подойти к нему близко.
Но краб недостаточно мобилен
и не в силах внезапно поразить
врага. Оборона для него — пре-
дел возможностей.

Применение антиобольщения

Любые отношения и контакты с Анти-Обольстителями чреваты неприятностями. Лучший способ избежать этого — распознавать их при первом же знакомстве и обходить стороной. Следует признать, однако, что нередко им удается ввести нас в заблуждение. Общение с этими типами болезненно, от них трудно отделаться, потому что чем более эмоционально вы реагируете на любые их проявления, тем более крепкими кажутся связывающие вас узы. Не раздражайтесь — это лишь воодушевит их, придаст сил и укрепит антиобольстительные свойства. Лучше постарайтесь изобразить равнодушие и безразличие, не обращайте на них внимания, дайте почувствовать, как мало они для вас значат. Лучшее противоядие против Анти-Обольстителя — самому стать антиобольстительным.

Клеопатра производила сногсшибательное впечатление на всякого мужчину, который встречался на ее пути. Октавиан — будущий император Август, человек, победивший и погубивший возлюбленного Клеопатры Марка Антония, — был осведомлен о ее власти над мужчинами. Он защищался тем, что всегда был с ней крайне любезен, предельно обходителен, но никогда не выказывал при этом ни малейших признаков чувства, интереса или неудовольствия. Другими словами, он обращался с ней точно так же, как с любой другой женщиной. Столкнувшись с его равнодушием, она так и не смогла вонзить в него свои коготки. Октавиан успешно применил антиобольщение в качестве оружия против самой неотразимой женщины в мире. Помните: обольщение — это игра, в которой важно внимание, игра, в которой вы постепенно заполняете собой мысли другого человека. Холодность, равнодушие и невнимание создают противоположный эффект, и в случае нужды можно прибегнуть к ним как к тактическому приему.

И последнее: для того чтобы изобразить антиобольстительность, достаточно просто симулировать качества, перечисленные в этом разделе. Ворчите и нойте, говорите побольше, особенно о себе, одевайтесь без оглядки на вкусы другого человека, не обращайте внимания на детали, душите навязчивым вниманием — и так далее. Будьте осторожны: если имеете дело со спорщиком, пустозвоном, ни в коем случае не применяйте многословия сами. Слова лишь подольют масла в огонь. Придерживайтесь стратегии королевы Виктории: кивайте, делайте вид, что соглашаетесь, и поскорее находите предлог, чтобы закончить разговор. В этом ваша единственная защита.

ЖЕРТВЫ ОБОЛЬСТИТЕЛЯ — ВОСЕМНАДЦАТЬ ТИПАЖЕЙ

Все окружающие нас люди являются потенциальными жертвами обольщения, но прежде всего вам требуется узнать, с каким именно типом жертвы вы имеете дело. Жертвы подразделяются на несколько категорий в зависимости от того, чего, по их собственному мнению, им недостает в жизни — приключений, внимания, романтики, греховного опыта, умственного или физического возбуждения и т. д. Определив типаж, можете считать, что у вас в руках есть все необходимое для обольщения: вы дадите им то, в чем они нуждаются и чего не могут получить без посторонней помощи. Изучая потенциальные жертвы, научитесь видеть реальность за внешним обличьем. Не исключено, что скромница мечтает стать звездой, а стыдливая жаждет вкусить запретного плода. Но даже не пытайтесь соблазнить представителя своего собственного типа.

Теория жертвы

Никто в этом мире не чувствует полноту и завершенность. Мы все ощущаем некую неполноценность оттого, что то, в чем мы нуждаемся, мы не можем получить в свою собственность. Когда приходит время, мы влюбляемся, нередко выбирая именно того, кто, как нам кажется, может заполнить эту пустоту. Процесс выбора происходит, как правило, неосознанно, наудачу: мы дожидаемся, чтобы нужный нам человек встретился на дороге, а потом в него влюбляемся в надежде, что на наше чувство ответят взаимностью. Но обольститель не пускает такие важные вещи на самотек.

Присмотритесь к людям вокруг вас. Отвлекитесь от их социальной обертки, от характерных индивидуальных черт. Загляните за ширмы, обращая внимание на пробелы, недостающие кусочки в их душах. Это строительный материал обольщения. Внимательно изучите их манеру одеваться, двигаться, их случайные замечания и обмолвки, обстановку в доме, огонек, который загорается в их глазах. Послушайте, как они вспоминают о своем прошлом, особенно о прежних романах. И тогда перед вами постепенно всплывут те самые недостающие фрагменты. Необходимо понять: люди непрерывно сигнализируют нам о том, в чем они нуждаются. Они тоскуют о полноте и целостности, реальной или даже иллюзорной, и, если она исходит от другого человека, такой человек получает над ними невероятную власть. Мы можем называть их жертвами, но почти всегда это добровольные жертвы, охотно идущие навстречу обольщению.

В этой главе описаны восемнадцать типов жертв, которые различаются по тому, чего именно недостает каждому из них. Правда, ваш объект может обладать свойствами более чем одного типа, но одна потребность, как правило, преобладает и подчиняет себе остальные. Не исключено, например, что вам повстречается кто-то, объединяющий в себе черты Нового ханжи и Упавшей звезды. Важно понять, что у этих типажей имеется общая черта: они вынуждены подавлять в себе что-то, вследствие чего испытывают и желание стать раскованнее, и страх оказаться неспособным на это или недостаточно смелым. Определяя тип своей жертвы, будьте осторожны, чтобы вас не ввели в заблуждение внешние признаки. Обдуманно или неосознанно мы часто надеваем маску, причем именно такую, которая скрывает наши слабости и недостатки. Например, вы можете заблуждаться, полагая, что имеете дело с человеком жестким и циничным, не догадываясь, что глубоко под этой оболочкой кроется нежная, сентиментальная сердцевина. Такие люди втайне мечтают о возвышенных, романтичных отношениях. И если вы не распознаете этот типаж и чувства, что скрываются под внешней несгибаемостью, то упустите единственный шанс добиться успеха. Самое главное: отделайтесь от глупой уверенности, что другим людям в жизни нужно то же самое, что и вам. Вы сами, может быть, тоскуете о покое и безопасности, но если вы будете навязывать тишину и покой другим, считая, будто им это тоже нужно, то высока вероятность, что вы отпугнете их.

Ни в коем случае не соблазняйте представителя собственного типа. Ваши отношения будут напоминать попытку сложить две идентичные головоломки, в которых отсутствуют одни и те же фрагменты.

Восемнадцать типажей

Исправившиеся Повеса или Сирена. Люди этого типа в прошлом были беспечными обольстителями, умевшими мастерски найти подход к противоположному полу. Но настал день, когда такое положение дел переменилось — они оказались втянутыми в интригу, столкнулись со слишком явной враждебностью и недоброжелательством окружающих, а может быть, просто с возрастом им показалось, что уместнее угомониться. Какой бы ни была эта причина, они наверняка испытывают горечь и чувство потери, словно утрачена какая-та часть тела. Всем нам свойственно мечтать о том, чтобы вновь пережить испытанные в прошлом радости, а для Исправившихся Повесы и Сирены это искушение особенно сильно, поскольку им обольщение дарило чрезвычайно острые ощущения. Эти плоды созрели, чтобы упасть: всё, что вам требуется, — встретиться на их пути и предоставить шанс вновь пройти по тропе Повесы или Сирены. Все в них так и всколыхнется в ответ, стоит им только услышать волнующий призыв из собственной юности.

Крайне важно, однако, создать у такого человека иллюзию, что это он выступает в роли обольстителя. Обрабатывая Исправившегося Повесу, вам следует исподволь возбудить его интерес, затем дать ему загореться, воспылать желанием. В случае же с Исправившейся Сиреной постарайтесь создать у нее впечатление, что она по-прежнему неотразима и притягательна для мужчин, которые на все готовы ради нее. Помните: вы не должны навязывать этим людям серьезные отношения, которые потребуют от них ответственности и самоограничения, напротив, вы предоставляете им возможность просто расслабиться и позабавиться. Не отступайте, если вдруг выяснится, что у них уже есть кто-то — такая связь зачастую служит прекрасным фоном. Если ваша цель — вовлечь их в серьезные отношения, скрывайте ее, как только можете, и постарайтесь сами понять — а этого ли вы хотите? Повесы и Сирены по природе своей не способны к верности; ваша сила в том, что вы помогаете им вновь пережить былое, но если отношения затянутся надолго, то впоследствии вам придется нелегко, так как справиться со своими слабостями и хранить верность они не в состоянии.

Разочарованный мечтатель. В детстве они, как правило, были предоставлены сами себе и проводили много времени в одиночестве. Чтобы развлечься, они фантазировали, создавая воображаемый мир, подпитываемый книгами, фильмами и поп-культурой всех разновидностей. Взрослея, они сталкиваются с невозможностью примирить иллюзорную жизнь, порожденную фантазией, с реальностью — подобные попытки чаще всего обескураживают и разочаровывают их. Это особенно ярко проявляется в любовных отношениях. Они мечтают о романтических героях, об опасностях и подвигах, а им достаются в партнеры обычные люди с их изъянами, слабостями и мелочными повседневными заботами. Идут годы, и они идут на компромисс, чтобы не остаться в одиночестве, но в глубине души кроются горечь и — все же! — мечта о чем-то большом и романтичном.

Этот тип людей легко распознать по тому, какие книги они читают, какие фильмы смотрят, с каким вниманием слушают рассказы счастливцев, переживших приключения не в мечтах, а наяву. Склонность к избыточности, театральности сквозит также в их манере одеваться, в том, как обустроены их дома. Часто именно Разочарованные мечтатели попадаются, как в капкан, в гнетуще-унылые отношения с пресными, скучными партнерами. В этом случае их неудовлетворенность и внутреннее напряжение то и дело прорываются наружу в обмолвках и случайных замечаниях.

Это великолепные жертвы — они всегда благодарны и всегда сами стараются доставить удовольствие. Прежде всего в них кроется огромный потенциал нерастраченной страсти и энергии, которую вы можете высвободить и направить на себя. К тому же они обладают великолепно развитым воображением и потому с восторгом примут все, что бы вы им ни предлагали, если только это будет хоть немного окрашено романтикой и тайной. Помимо этого от вас потребуется немного — скрывайте от них свои самые неблагородные черты и помогите осуществиться, хотя бы частично, их мечте. Это может быть шанс пережить приключение или стать объектом ухаживания со стороны галантной и романтичной персоны. Дайте им крупицу того, чего им страстно хотелось всю жизнь, а остальное они дорисуют в своем воображении. Любой ценой старайтесь не допустить, чтобы реальность ворвалась и разрушила создаваемую вами иллюзию. Достаточно на миг предстать перед ними в недостойном виде, чтобы всё рухнуло. Они уйдут из вашей жизни, а их разочарование будет более горьким, чем когда-либо.

Изнеженный принц. Эти люди — классический образчик избалованных детей. Обожающие их родители выполняли любые желания и капризы — нескончаемые развлечения, легионы игрушек, которые недолго радовали, надоедая уже на следующий день. Если другие дети учатся развлекать себя своими силами, выдумывая игры или находя товарищей для забав, Изнеженные принцы подрастают в твердом убеждении, что об их развлечениях обязаны заботиться окружающие. Избалованные вниманием, они растут ленивыми и пассивными, а позднее, когда они взрослеют и родителей, чтобы потакать им, рядом уже нет, страдают от хандры. Они пытаются найти спасение от скуки в разнообразии, без задержки переходя от одного человека к другому, меняя работу или переезжая с места на место прежде, чем в душе успеет поселиться тоска. Они не заводят серьезных отношений именно потому, что последние немыслимы без определенной рутины и привычки. Но такой безостановочный поиск разнообразия утомителен и, кроме того, имеет свою цену: проблемы на службе, череда не приносящих удовлетворения коротких романов, приятели и знакомцы, рассеянные по всему земному шару. Не путайте их неугомонность с истинной неверностью: на самом деле Изнеженные принцы и принцессы всю жизнь ищут одного-единственного человека, который бы взял на себя роль родителя, баловал их и лелеял, как в детстве, — вот чего им катастрофически недостает.

Чтобы обольстить людей этого типа, настройтесь на то, что вы должны будете обеспечивать им постоянную смену впечатлений — посещение новых мест, любовные переживания, яркие краски, зрелищность. Вам придется поддерживать настроение таинственности, постоянно поражая объект все новыми гранями своей личности. Разнообразие — это ваш ключик. Стоит вам подцепить на крючок Изнеженных принца или принцессу, дальше дело пойдет проще, они неизбежно будут впадать во все большую зависимость от вас, так что можно будет тратить меньше усилий. Эти люди представляют собой идеальные жертвы, невзирая даже на излишнюю леность и сложности в общении — результат чрезмерной родительской любви в детстве. Они будут так же нежно относиться к вам, как некогда к папочке и мамочке. Но вам придется потрудиться. Если вы собирались завязать серьезные отношения, лучше сразу откажитесь от этого намерения. Предложите Изнеженным принцам покой и тихое уединение — и тем самым вы лишь спровоцируете их паническое бегство. Этих людей можно распознать по тому, насколько беспокойной была их прошлая жизнь — частая смена мест работы, путешествия, короткие любовные истории, — а также по их аристократическому виду; эта черта проявляется вне зависимости от того, к какому социальному классу человек принадлежит, и возникает у тех, с кем хоть раз в жизни обращались, как с членами королевской семьи.

Новый ханжа. Сексуальное ханжество все еще существует, но в наши дни оно стало куда большей редкостью, чем прежде. Ханжество, однако, вовсе не имеет к сексу никакого отношения; ханжа — это человек, придающий преувеличенное значение внешним проявлениям, традиционно принимаемым в качестве общественных норм пристойного и приемлемого поведения. Ханжи строго следят за тем, чтобы не выходить за рамки приличия, поскольку больше всего на свете они опасаются суждений общества. Если взглянуть на ханжество в этом свете, то окажется, что оно сейчас так же распространено, как и во все времена.

Новые ханжи чрезвычайно озабочены стандартами добра, честности, справедливости, политической корректности, вкуса и т. п. При этом для Новых ханжей, как, впрочем, и для старых, весьма характерно то, что глубинные тайники их души переполняет взволнованный интерес к порочным, запрещенным наслаждениям. В ужасе от этого обстоятельства они со всех ног бегут в противоположном направлении и бросаются в крайность, изо всех сил стараясь соответствовать общепринятым стандартам. Они выбирают скромную одежду тусклых цветов, ни за что не решаясь надеть ультрамодный туалет. Они, как правило, очень неодобрительно, даже с осуждением относятся к тем, кто любит риск и ведет себя не вполне правильно. Они привержены рутине, и это помогает им справиться с внутренней бурей, подавить ее.

Втайне Новые ханжи, которых подавляет их собственная правильность, мечтают о том, чтобы преступить черту. Поэтому-то, подобно тому, как в любовной сфере блюстители нравственности становятся легкой добычей Повес и Сирен, Новые ханжи часто подпадают под обаяние темных, порочных личностей. Если вы увлеклись Новым ханжой, не позволяйте ему или ей провести себя, не принимайте их критические суждения о вас за чистую монету. Это — только знак того, какое глубокое впечатление вы на них производите, вы не выходите у них из ума. На самом деле не так уж сложно вовлечь Нового ханжу в игру обольщения, просто позвольте ему критиковать себя, пусть даже попытается изменить вас. Не следует, конечно, принимать их слова близко к сердцу, но теперь у вас появится прекрасный предлог, чтобы проводить с ними больше времени, а для того, чтобы соблазнить Нового ханжу, достаточно просто находиться рядом. По сути дела, из людей этого типа получаются великолепные жертвы — и награда не заставит себя долго ждать. Стоит вам раскусить их и позволить рассуждать в свое удовольствие о нравственности, как их начинают переполнять эмоции и энергия. Они даже и вас могут захватить своими чувствами. Может статься, что у них имеется партнер — некто такой же тусклый и невыразительный, какими кажутся они, — не отчаивайтесь и не отступайте. Они ведь просто дремлют, ожидая, когда вы их разбудите.

Упавшая звезда. Все мы нуждаемся во внимании, все хотели бы ярко сиять, но у большинства эти мечты скоропреходящи, и мы довольно спокойно с ними расстаемся. Беда и проблема Упавших звезд в том, что в какой-то момент жизни они оказались центром внимания — благодаря красоте, атлетическому сложению или какому-либо таланту, — но те дни ушли в прошлое. Внешне они, может быть, смирились и приняли это, но память о том, что некогда они блистали, не дает покоя. Их попытки выделиться или явное желание привлечь к себе внимание не слишком благосклонно воспринимаются в приличном обществе или, скажем, в рабочем коллективе. Поэтому Упавшим звездам поневоле приходится подавлять свои желания, но, будучи не в силах привлечь к себе внимание, которого, как им кажется, они заслуживают, они преисполняются злобы и мстительных чувств. Вы можете легко узнать Упавших звезд по некоторым моментам: вот им вдруг удалось завладеть общим вниманием на вечеринке — и они светятся; вот они вспоминают о днях былой славы — и в глазах легкий блеск; небольшая доза горячительного способна сделать их поистине искрометными.

Обольстить людей этого типа легче легкого: сделайте их центром внимания. Держитесь в их присутствии так, словно они звезды, а вы греетесь в лучах их славы. Вовлекайте их в разговор, направляя его на них же самих. На людях приглушайте собственные краски, отходите в тень, чтобы они выглядели ярче и привлекательнее. Иначе говоря, играйте Чаровника. Награда за обольщение Упавшей звезды — сильнейший эмоциональный подъем. Они будут благодарны вам за возвращенную возможность блистать. Какими бы разбитыми и растоптанными они себя ни ощущали, избавление от этой боли высвобождает страсть и энергию, целиком направленные на вас. Вас будут любить безумно и безоглядно. Если же в вас кроются задатки Денди или Звезды, разумнее избегать встречи с таким типом жертвы. Раньше или позже эти тенденции выйдут наружу, и между вами начнется соперничество, способное принять уродливые формы.

Новичок. От обычных невинных молодых людей Новичков отличает то, что они фатально любопытны. Собственный жизненный опыт у них мал или вовсе отсутствует, зато они нахватались сведений из вторых рук — телевидение, кино, газеты, книги. Считая свою неискушенность тяжким бременем, они жаждут поскорее познать все тайны взрослого мира. Люди умиляются, всем они кажутся такими милыми и наивными, но они-то сами знают, что это не так: они неспособны быть теми ангелочками, каких видят в них окружающие.

Соблазнить Новичка легко. Но если хотите сделать все как следует, придется вложить в это немного труда и вдохновения. Новичкам интересны люди с опытом, особенно с налетом некоторой испорченности и порочности. Если, однако, переусердствовать в этом, вы рискуете отпугнуть их. Лучше всего на Новичка воздействует некая смесь. Вы в чем-то инфантильны, как они сами, жизнерадостны и легкомысленны. В то же время можно догадаться, что у вас имеются скрытые глубины, даже что-то зловещее. (Именно этому секрету обязан лорд Байрон своим успехом у такого количества невинных молоденьких женщин.) Вы просвещаете своих Новичков (совсем не обязательно в сексуальной сфере), вы даете им новый опыт, вы развиваете перед ними новые идеи, открываете новые места, новые миры, выражаясь и буквально, и фигурально. Обольщение не имеет права выглядеть уродливым или убогим, все должно быть романтично и красиво, даже пресловутая темная сторона вашей личности. У молодых людей имеются идеалы; очень важно поэтому, чтобы их просвещение выглядело достаточно эстетично. Язык обольщения творит с Новичками чудеса, как и внимание к деталям. Спектакли, красочные действия взывают к их обостренным чувствам. Часто это может увлечь их в неверном направлении, так как из-за полного отсутствия житейского опыта они видят лишь поверхность, не проницая сквозь нее.

Порой встречаются и Новички постарше — те, по крайней мере, хоть немного знают жизнь. И все же они напускают на себя вид невинных, прекрасно уже осознавая свою власть над людьми в возрасте. Такие Новички порочны, будьте с ними настороже и не попадайтесь на их удочку, и все же они не более чем Новички. Их не так просто увлечь, как по-настоящему невинных Новичков, но способ обольщения ничем особо не отличается: смешивайте невинность и испорченность, и это произведет на них неизгладимое впечатление.

Завоеватель. Для этого типа свойственна необычная энергия, с трудом поддающаяся контролю. Завоеватели без устали рыщут в поисках людей, которых можно победить, препятствий, которые необходимо преодолеть. Их не всегда удается распознать по внешнему виду — они могут казаться немного застенчивыми в бытовых ситуациях. Обращайте внимание не на их внешний облик, не на слова, а на то, как они поступают и на службе, и в отношениях с людьми. Они любят власть и достигают ее не мытьем, так катаньем.

Завоеватели довольно эмоциональны, но их эмоции выплескиваются на поверхность лишь время от времени, под нажимом извне. В романтических делах самая ужасная ошибка, которую вы можете допустить, — задрать лапки кверху и самому стать легкой добычей. Завоевателей может привлечь ваша слабость, но очень скоро вашу хитрость раскроют, и тогда ваша участь будет незавидна. Вместо этого дайте Завоевателям возможность быть агрессивными, преодолевать сопротивление или препятствия и лишь потом позвольте думать, что они вас волнуют.

Дайте им добрую охоту с погоней и схваткой. Часто нам удается эта хитрость благодаря тому, что мы бываем несговорчивы или хмуримся, используя арсенал кокетства. Не позволяйте их агрессии и энергии запугать себя — уж это-то они точно смогут использовать в своих интересах. Чтобы укротить, старайтесь измотать их, словно могучих быков. Рано или поздно они вымотаются, выбьются из сил, а ослабев, попадут к вам в зависимость, как Наполеон, ставший рабом Жозефины.

Завоеватель, как правило, мужчина, но в жизни встречается немало и Завоевательниц. К этому типу относились Лу Андреас-Саломе и Натали Барни. Завоевательницы-женщины, однако, так же попадают в тенета кокетства, как и мужчины.

Одержимые экзотикой. Почти все мы падки до экзотики — она интригует нас и волнует. От всех прочих любителей экзотики Одержимого отличает степень заинтересованности, которая, кажется, определяет всё в его жизни. В действительности такие люди ощущают внутреннюю пустоту и сильнейшую, доходящую до ненависти неприязнь к самим себе. Откуда бы они ни были родом, им неинтересны и неприятны тот социальный класс, к которому они принадлежат (обычно средний или высший), культура своей страны и т. п., потому что они не нравятся сами себе.

Этих людей легко распознать. Они любят путешествовать; дома у них все полки забиты сувенирами из дальних мест; они буквально фетишизируют музыку или изобразительное искусство той или иной культуры. Часто им бывает свойствен дух непокорности, бунтарства. Таким образом, ясно, что обольстить их проще всего тому, кто сам является экзотическим или хотя бы кажется таковым. Если же вы не принадлежите, по крайней мере на вид, к другому социальному классу, иной расе, если вы лишены этакой ауры пришельца, тогда не стоит и пытаться — у вас заведомо ничего не выйдет. Но ведь такие вещи всегда можно изобразить — разыграть что-то вроде театрального представления, чтобы их развлечь и порадовать. Своей одеждой, манерой говорить, темой для разговора, местами, куда вы их приглашаете, подчеркните, продемонстрируйте свою непохожесть на других. Немного преувеличьте имеющееся, они с готовностью додумают остальное, потому что эти люди склонны к самообману. Одержимые экзотикой, однако, представляют собой не слишком интересные жертвы. Как только ваша необычность им приестся, они примутся за поиски чего-нибудь новенького. Придется бороться за то, чтобы удержать их внимание и интерес к себе. Их скрытая настороженность, вытекающая из неуверенности, тоже не способствует надежности отношений, так что вам придется постоянно балансировать на краю.

Одна из вариаций этого типажа — мужчина или женщина, уставшие от бездарного и бесперспективного романа, которым опротивела их работа, до смерти надоел город, где они живут. Эти люди также стремятся к экзотике, но их вынуждают к тому обстоятельства, а не невротический склад личности; с такими Одержимыми дело иметь куда легче, ведь вы можете предложить им бегство — пусть временное — из плена обстоятельств, каковы бы они ни были. Что же до истинных Одержимых экзотикой, то им, к сожалению, ничто не поможет убежать от самих себя.

Королева подмостков. Бывают люди, которые не мыслят себя без постоянного театра в жизни — таков их способ побороть скуку. Самая большая ошибка, которую вы можете сделать, пытаясь обольстить такую Королеву подмостков, — посулить ей стабильность и безопасность. От такой перспективы она сбежит со всех ног. Особенно часто Королевам подмостков (заметим, что в этой категории полным-полно мужчин) нравится играть роль жертвы. Им хочется получить повод для жалоб, они стремятся к боли. Боль для них — это источник удовольствия. Чтобы им угодить, необходимо дать им то обращение, которого они желают. Это единственный способ увлечь их всерьез. В ту самую минуту, когда вы попытаетесь вести себя с ними по-хорошему, они найдут предлог поссориться или даже вообще избавиться от вас.

Королеву подмостков можно узнать по огромному количеству людей, причинивших им боль, трагедий и травм, свалившихся на них. В крайнем выражении они могут быть безгранично эгоистичными и антиобольстительными, но по большей части относительно безвредны и станут прекрасными жертвами, если только вы способны существовать рядом с непрестанными грозами и бурями. Если почему-либо вам захочется сколько-нибудь долгих и прочных отношений с людьми этого типа, придется ввести в отношения изрядную порцию театра. Что ж, это может оказаться вполне интересным и притягательным — постоянный источник обновления ваших взаимоотношений. Советуем, однако, рассматривать отношения с Королевой подмостков как нечто преходящее, воспринимайте их как способ привнести немного драмы в вашу собственную жизнь.

Профессор. Люди этого типа не могут выбраться из ловушки — своей привычки постоянно анализировать и критиковать все, что встречается им на жизненном пути. Они обладают развитым сверх меры и крайне активным умом. Даже разговаривая о любви или сексе, они сохраняют глубокомыслие и подключают анализ. Поскольку ум нередко развивается в ущерб телу, эти люди зачастую ощущают свою физическую неполноценность, которую и компенсируют, подчеркивая интеллектуальное превосходство над окружающими. Их отличает чрезмерно усложненная или саркастичная манера говорить, так что вы не всегда понимаете, о чем они говорят, зато чувствуете, что они взирают на вас сверху вниз. Они бы и сами рады вырваться из своей интеллектуальной тюрьмы, им понравилось бы жить простой, чисто плотской жизнью, не подвергая ее никакому анализу, но справиться с этой задачей без посторонней помощи они не в состоянии. Иногда случается, что люди этого типа вступают в длительные отношения. Как правило, они находят партнеров из числа других Профессоров или людей, стоящих ниже их по уровню развития и позволяющих помыкать собой. Однако в душе они тянутся к какой-нибудь яркой личности, например к Повесе или Сирене.

Из Профессоров могут получиться прекрасные жертвы, потому что под их интеллектуальной мощью кроется гнетущая их неуверенность. Заставьте их ощутить себя донжуанами или Сиренами, хотя бы в малейшей степени, и они станут вашими рабами. У многих из них имеется мазохистская струнка, которая может зазвучать, если вам удастся пробудить их дремлющие чувства. Вы предлагаете бегство из сферы разума, так делайте это по полной программе: если у вас есть интеллектуальные задатки, скройте их. Они только возбудят в вашей жертве желание соперничать, и их мысли снова повернутся в нежелательном направлении. Пусть ваши Профессора сохранят чувство ментального превосходства, позволяйте им критиковать вас. Вам откроется то, что они пытаются скрыть: что они считают вас главным, потому что именно вы даете им то, чего больше никто не смог дать, — толчок к реальной жизни.

Красавица. С раннего детства Красавица ловит на себе взгляды окружающих. Желание людей рассматривать ее лежит в основе власти Красавицы, но это еще и источник непрерывного стресса: она постоянно беспокоится, что красота ее выцветет, что она потеряет привлекательность. Если она честна с собой, то ощущает, что скучно быть предметом поклонения только благодаря внешности, это не приносит удовлетворения и ведет к одиночеству. Многих мужчин красота отпугивает, и они предпочитают любоваться ею издали; другие к ней тянутся, но отнюдь не с намерением бережно хранить. Красавица страдает от изоляции.

Красавицу не так уж сложно обольстить благодаря тому, что ей многого не хватает. Если же проделать все правильно, вам достанется не просто ценный приз, но и существо, привязанное к вам тем сильнее, чем больше тепла и внимания вы ему даете. Самое важное в процессе обольщения — показать, что вы цените в Красавице то, на что другие не обращают внимания: ум (как правило, Красавицы намного умнее, чем о них привыкли думать), характер, то, что она умеет делать. Конечно, следует восторгаться и ее телом — нельзя вызывать у нее чувство неполноценности, да еще в той области, где она ощущает себя особенно уверенно, — но не забывайте отдавать должное уму и душевным качествам. Высокая оценка интеллекта Красавицы оказывает на нее благотворное воздействие, отвлекая ее от невеселых размышлений, сомнений и неуверенности и создавая впечатление, что вы цените именно эту сторону ее личности.

Поскольку Красавицы постоянно находятся в центре внимания, у них есть тенденция к некоторой пассивности. За их пассивностью, однако, часто кроется неудовлетворенность: Красавица хотела бы стать более деятельной и сама, возможно, за кем-то поухаживать. Здесь может помочь немного кокетства: в какой-то момент смените восторженно-восхищенный тон на некоторую холодность, как бы приглашая Красавицу побегать за вами. Тренируйте ее, помогайте становиться активнее, и вы получите идеальную жертву. Единственная теневая сторона в том, что многочисленные комплексы потребуют постоянной заботы и внимания.

Стареющий ребенок. Некоторые люди отказываются взрослеть. Может, они боятся смерти или старости, а возможно, привязаны к тому образу жизни, который вели в детстве. Они не желают взваливать на себя ответственность и упорно пытаются превратить все в игру и забаву. Когда им немного за двадцать, они просто очаровательны, в тридцать с небольшим еще интересны, но годам к сорока начинают изнашиваться.

Возможно, вас удивит, что один Стареющий ребенок вовсе не тянется к другому такому же, хотя подобное сочетание, казалось бы, повышает шансы на то, чтобы сделать жизнь веселой игрой. Стареющему ребенку не нужна конкуренция, ему требуется взрослый. Если вы решите заняться обольщением представителя этого типа, приготовьтесь изображать ответственного, степенного человека. Такой способ обольщения может показаться странноватым, но в данном случае он срабатывает. Вы должны всем видом показывать, как вам нравится жизнерадостный и легкомысленный характер Стареющего ребенка (задача упрощается, если это соответствует действительности). Вы общаетесь с ним почти на равных, но при этом остаетесь снисходительным взрослым. Вы принимаете на себя ответственность и тем самым освобождаете все детское в нем, предоставляя Ребенку возможность резвиться. Погрузитесь целиком в образ любящего взрослого, ни в коем случае не осуждайте и не критикуйте за плохое поведение, и между вами возникнет тесная привязанность. Стареющий ребенок может оказаться приятным в общении и забавлять вас какое-то время, но, как и все дети, он в сильнейшей мере склонен к самолюбованию. Это ограничивает удовольствие от общения с ним. Его общество следует рассматривать как кратковременное развлечение или удачный выход вашему нереализованному родительскому инстинкту.

Спасатель. Нас часто тянет к людям, которые производят впечатление уязвимых и слабых — их подавленность или грусть могут, в сущности, оказаться весьма обольстительными. Встречаются, однако, люди, у которых эта особенность развита сверх меры — их, кажется, вообще привлекают исключительно партнеры с проблемами. Хотя это, безусловно, проявление благородства, но у Спасателей имеются сложные мотивы: зачастую это чувствительные натуры, которые действительно и искренне хотят помочь. В то же время решение проблем других людей дает им ощущение какой-то силы, которым они наслаждаются, — это позволяет чувствовать уверенность и превосходство. Вы распознаете людей этого типа по их сочувственному отношению, они умеют слушать и стараются раскрыть и разговорить собеседника. Обратите внимание и на их былые связи с людьми в каком-то смысле обездоленными или травмированными.

Спасатели могут становиться прекрасными жертвами, особенно если вам доставляют удовольствие галантность и материнская забота. Если вы — женщина, сыграйте попавшую в беду беззащитную принцессу, давая мужчине-Спасателю шанс, о котором мечтают многие: стать вашим рыцарем. Если вы — мужчина, играйте мальчика, который не в силах противостоять этому жестокому миру; женщина-Спасательница окутает вас материнским участием, неосознанно получая добавочное удовлетворение оттого, что она оказалась сильнее мужчины. Печальный вид сделает вас особенно привлекательным для Спасателей независимо от пола. Преувеличивайте ваши слабости, но не называйте своих проблем прямо, дайте им догадаться, *почувствовать*, что вам недостает тепла, что вас преследуют неудачи в любви, что вы видели много горя в этой жизни. Заманив Спасателя возможностью оказать вам помощь, вы затем сможете поддерживать огонь ваших отношений благодаря прекрасному топливу — собственной беззащитности и беспомощности. Можно обратиться и к помощи Спасателя-моралиста: вы дурной, испорченный. Вы совершали скверные поступки. Вы нуждаетесь в поддержке, в твердой любящей руке. В этом случае Спасатель не только ощущает нравственное превосходство, но наряду с этим и испытывает трепет от соприкосновения с чем-то запретным.

Распутник. Люди этого типа пожили в свое удовольствие и испытали в прошлом немало приятных ощущений. Им хватало, а может быть, и сейчас хватает денег, чтобы позволить себе жизнь гедонистов. Внешне они, как правило, кажутся циничными и пресыщенными, но за этим частенько кроется сентиментальность, которую они старательно в себе подавляют. Распутники — законченные обольстители, но существует одна порода людей, способная без труда обольстить их самих — юные и невинные. Старея, Распутники ностальгически тоскуют по утраченной молодости, по давным-давно утерянной невинности и пытаются восполнить эту утрату за счет других.

Если вам требуется обольстить подобного человека, необходимо, пожалуй, чтобы вы были хоть сколько-нибудь молоды и сохранили хотя бы видимость наивности и неискушенности. Это, впрочем, легко сыграть — покажите, что у вас мало жизненного опыта, что вы воспринимаете мир по-детски. Хорошо также сделать вид, будто вы противитесь их ухаживаниям: Распутники сочтут это забавным и волнующим и постараются вас завоевать. Изображая сопротивление, вы можете без труда управлять процессом обольщения. А учитывая, что на вашей стороне молодость, которой они лишены, вам и карты в руки — вы легко добьетесь, что в вас влюбятся без памяти. Весьма вероятно, что такое падение вызовет у них бурный эмоциональный взрыв, ведь они так долго подавляли свои романтические устремления; понятно, что, дав им вырваться наружу, можно потерять самообладание. Никогда не уступайте слишком рано и постоянно будьте начеку — этот тип может оказаться опасным.

Идолопоклонник. Внутри у каждого из нас есть ничем не заполненная пустота, но внутренняя опустошенность Идолопоклонников очень велика по сравнению с другими людьми. Они не в состоянии найти удовлетворение в самих себе и посему ищут кого-то, кому могли бы поклоняться, кто мог бы восполнить их внутреннюю ущербность. Нередко это принимает формы повышенного интереса к духовным материям или благородным деяниям; концентрируя свое внимание на чем-то возвышенном, они отвлекаются от себя, своей ущербности, от того, за что они не любят самих себя. Идолопоклонников легко распознать — это они выплескивают всю свою энергию, с головой уходя в какое-либо дело или религию. Часто они годами мигрируют, меняя один культ на другой.

Обольщение людей этого сорта не составляет труда, достаточно стать предметом их поклонения, занять место того культа или религии, которым они в настоящее время так беззаветно привержены. Поначалу вы должны показать, что разделяете их духовные интересы, присоединиться к ним в поклонении их святыням, а может быть, представить им какой-то новый культ поклонения; рано или поздно вы сами им станете. С этим типом людей вам необходимо скрывать свои недостатки или, по крайней мере, прикрыть их напускной праведностью. Если вы будете банальны, то Идолопоклонники пройдут мимо, не заметив вас. Но если вы сможете угадать и явить те свойства, которыми они сами хотели бы обладать, то они постепенно перенесут свое обожание на вас. Не снижайте пафоса, пусть все будет возвышенно, романтично, красиво и одухотворенно.

Помните о двух вещах, занимаясь обольщением подобных людей. Первое — часто они обладают излишне активным умом, вследствие чего могут быть склонны к излишней подозрительности. Поскольку им обычно недостает физической нагрузки, но физическая нагрузка отвлекает их, дайте им это: поход в горы, прогулка на лодке или секс одинаково действенны для достижения этой цели. Поработать, однако, придется изрядно, потому что резвые мысли так и копошатся в их воспаленном мозгу. Второе — они страдают от низкой самооценки. Не пытайтесь ее поднять — вас тут же раскусят, а ваши похвалы в их адрес разобьются о твердыню их собственного образа, ими же созданного. Это они должны поклоняться вам, а не вы им. Идолопоклонники могут послужить замечательной, вполне адекватной жертвой на короткое время. Приготовьтесь тем не менее к скорому исходу:

их постоянная потребность в поиске неизбежно приведет к тому, что они найдут новый предмет поклонения.

Сенсуалист. Людей этого типа отличает не любовь к наслаждениям, а сверх меры обостренные чувства. Некоторые демонстрируют это всем своим видом — повышенным интересом к моде, колориту, стилю. У других это носит более тонкий характер: как раз в силу того, что они столь впечатлительны, им свойственна застенчивость. Они сжимаются при одной мысли о том, чтобы выделиться или чем-то броситься в глаза. Вы узнаете их по повышенной чувствительности ко всему, что их окружает: они не выносят помещений без яркого солнечного света, определенные цвета вызывают у них депрессию, а определенные запахи приводят в восторг. Судьбе вольно было распорядиться так, что они живут в культуре, явно недооценивающей роль ощущений (за исключением, пожалуй, зрения). А Сенсуалистам в жизни не хватает именно этого — сенсорных ощущений, которыми они могли бы наслаждаться и упиваться.

Для того чтобы добиться успеха, обольщая Сенсуалистов, следует обращаться к сфере чувственного восприятия: выбирайте для вашего общения живописные места, уделяйте максимум внимания мелочам и деталям, зрелищности и конечно же не забывайте о всякого рода плотских соблазнах. В этом отношении Сенсуалистов можно уподобить животным — они так же попадаются на яркую, душистую или вкусную приманку. Подключите все возможные органы чувств, это поможет отвлечь жертву и ослабить сопротивление. Как правило, обольщение Сенсуалистов не представляет особого труда и происходит довольно быстро, а чтобы поддерживать их интерес, можно многократно прибегать к одним и тем же уловкам. Желательно, однако, все же как-то их разнообразить, обновляя или хотя бы чередуя виды воздействия.

Именно таким образом Клеопатра вела себя с Марком Антонием, неисправимым Сенсуалистом. Люди этого типа могут становиться превосходными жертвами, довольно понятливыми и послушными вашей воле, если только давать им то, в чем они нуждаются.

Одинокий вождь. Власть имущие, по большому счету, не всегда так уж сильно отличаются от простых смертных. Просто с ними по-другому обращаются, что и оказывает большое влияние на формирование их личности. Нередко люди из их окружения раболепствуют, заискивают, угодничают, хотят что-то от них получить. Это делает их подозрительными, недоверчивыми и немного трудными в общении. Но не путайте видимость с реальностью: Одинокие вожди страстно желают, чтобы их обольстили, чтобы нашелся кто-то, способный пробиться сквозь стену изоляции и покорить их. Сложность заключается в том, что одни слишком их боятся, чтобы сделать такую попытку, а другие прибегают к неверной тактике — лести, например, — которую те видят насквозь и отвергают. Чтобы обольстить людей этого сорта, лучше держаться с ними на равных или даже показать свое превосходство — такое обращение для них непривычно. Если вы будете держаться с ними грубовато, то покажетесь искренним, и они будут тронуты. Старайтесь быть с ними честным, невзирая на то, что порой это немного рискованно. (Дерзить сильным мира сего не всегда безопасно.) Чувства Одиноких вождей можно пробудить, причинив боль, которая должна смениться нежностью.

Люди этого типа труднее других поддаются обольщению не только в силу их подозрительности, но и от обременяющего их груза ответственности и забот. Когда голова постоянно занята раздумьями о делах, остается не так уж много пространства для обольщения. Вы должны набраться терпения и рассудительности, медленно и постепенно переключая их мысли на себя. Преуспев же в этом, вы получите взамен немалую власть, ведь они так одиноки, что, поверив вам, станут опираться на вас во всем.

Блуждающий пол. Личность каждого человека представляет смесь мужских и женских качеств. Но в большинстве случаев мы развиваем в себе и приучаемся демонстрировать одну социально приемлемую часть, подавляя другую. Для людей Блуждающего пола подобное четкое разделение социальных функций полов — тяжкое и непосильное бремя. Порой им кажется, что в них проявляется запоздалый или подавленный гомосексуализм, но это ошибка: вполне может быть, что в сексуальном отношении они являются гетеросексуалами, но в социальном отношении мужская и женская сторона их личности не устоялась. Поскольку же демонстрация этой неустойчивости может послужить причиной дискомфорта для окружающих, они учатся скрывать и подавлять это, порой доходя до крайности. На самом деле, для того чтобы определиться, им хотелось бы поиграть, испробовать самые разные возможности и социальные роли, связанные с обоими полами. Довольно многие люди, относящиеся к этому типу, сами того не осознают: женщина может обладать мужской энергией, у мужчины необычно сильно развивается эстетическая сторона. Не ищите явных проявлений, поскольку представители этого типа скрывают их, пряча от посторонних глаз. Но это-то и делает их в сильнейшей степени восприимчивыми к обольщению.

В действительности люди Блуждающего пола ищут свою половинку — представителя другого пола, точно так же не определившегося с социальной гендерной ролью. Продемонстрируйте это своим обликом и поведением, и это позволит им расслабиться, проявить подавляемую сторону своей личности. Если и на самом деле у вас есть те же проблемы, то обольщение представителя этого же типа, но противоположного пола принесет вам обоим несомненные преимущества. Каждый из партнеров поможет высвободить и проявить скрытые, подавляемые качества другого и, таким образом, получит право без страха и опасений исследовать всевозможные гендерные комбинации. Если же вы не являетесь представителем Блуждающего пола, лучше оставьте людей этого типа в покое. В результате это лишь усугубит их скованность и приведет к стрессу и дискомфорту.

Часть 2
ПРОЦЕСС ОБОЛЬЩЕНИЯ

Для большинства из нас не секрет, что те или иные действия, совершаемые нами, способны доставить удовольствие человеку, которого мы желаем обольстить, и послужить для него соблазном. Сложность состоит в том, что мы, как правило, поглощены собой: нам весьма важно то, чего мы сами хотим от окружающих, а никак не то, чего они хотят от нас. Конечно, время от времени бывает, что мы совершаем какие-то привлекательные поступки, способствующие успеху обольщения. Но при этом нами движет либо эгоизм, либо агрессия (мы торопимся поскорее получить желаемое). Или же мы совершаем красивый поступок непреднамеренно, не подозревая об этом, а потому не можем воспользоваться последствиями этого удачного, но прошедшего мимо нашего сознания шага. В результате, сами того не замечая, мы выставляем напоказ свои слабости и недостатки, после чего у человека не остается на наш счет никаких иллюзий. Мы тщимся стать обольстителями, но хватает нас так ненадолго, что мы просто не успеваем добиться мало-мальски заметного успеха.

Между тем, полагаясь единственно на свое природное обаяние, мы никого не соблазним. Нельзя добиться успеха в обольщении и с помощью красивых и благородных поступков, совершаемых от случая к случаю.

Обольщение — это процесс, требующий времени: чем больше времени вы посвятите ему и чем медленнее будете продвигаться, тем глубже проникнетесь духом своей жертвы. Это искусство, которое невозможно без терпения, концентрации и стратегического мышления. Вы должны всегда быть на шаг впереди, пуская пыль в глаза, чаруя, приводя в смятение.

Двадцать четыре главы этого раздела книги призваны вооружить вас целой серией тактических приемов, которые помогут выйти за пределы собственной личности и так глубоко проникнуть в психологию намеченных жертв, что вы будете играть ими, как играют на музыкальном инструменте.

Главы расположены, в общем-то, в произвольном порядке, однако все начинается с первого контакта и заканчивается успешным завершением операции. Эта последовательность базируется на определенных законах человеческой психологии, которые действовали и действуют во все времена. Людям свойственно погружаться в мыслях в череду своих повседневных забот и проблем. Чтобы преуспеть в обольщении, вам предстоит прежде всего усыпить их беспокойство и настроить их рассеянные умы на мысли о вас. Начальные главы помогут вам справиться с выполнением этой нелегкой задачи. Когда между людьми устанавливаются более или менее длительные отношения, партнеры узнают друг друга настолько хорошо, что их охватывает скука, и в отношениях намечается застой. Это — вполне естественная реакция. Тайна для обольщения — настоящий эликсир жизни, и вам придется поддерживать атмосферу таинственности, без конца удивлять жертву, волновать ее, готовить сюрприз за сюрпризом, даже шокировать. Обольщение ни в коем случае не должно выродиться в комфортабельную и скучноватую рутину.

Центральные и заключительные главы раздела обучат вас искусству перемежать надежду с отчаянием, радость с болью до тех пор, пока жертва не ослабит сопротивление и не капитулирует. Каждую минуту один тактический прием сменяется другим, позволяя вам продвигаться вперед все более решительно и напористо. Обольстителю не к лицу застенчивость или сострадание.

Чтобы вам было проще разобраться в последовательности этапов, все главы подразделены на четыре фазы. Каждая из них имеет конкретную цель, которой вам предстоит добиваться: заставить жертву постоянно и неотступно думать о вас; научиться управлять ее чувствами, то окрыляя, то обескураживая ее; внедриться в ее подсознание и воздействовать на него, пробуждая скрытые, подавленные желания; и, наконец, подвести к окончательной капитуляции. (Фазы четко обозначены, а в кратких вступлениях даны разъяснения.) Следуя этим указаниям, вы сможете более эффективно воздействовать на сердца и умы своих жертв, придерживаясь медленного, гипнотизирующего ритма, словно священнодействуя. В самом деле, процесс обольщения можно рассматривать как ритуал, обряд инициации, в ходе которого вы отрываете людей от старых привычек и рутины, даете им шанс пережить новый опыт, заставляете пройти испытания, прежде чем ввести их в иную жизнь.

Лучше всего поступить так: прочтите все главы и выжмите из них как можно больше сведений. Когда подойдет время применить эти знания на деле, вы сможете прицельно выбрать те приемы, которые сочтете подходящими для данного конкретного случая. Иногда не требуется применять весь спектр уловок и приемов, достаточно одного или нескольких — всё зависит от уровня сопротивления, который вы можете встретить, и от сложности проблем, имеющихся у вашей жертвы.

Описанные приемы приложимы к обольщению как в социальной, так и в политической сфере, исключая четвертую фазу, действительную только для любовных отношений.

Изо всех сил противьтесь искушению ускорить процесс обольщения, подтолкнуть его к завершающему этапу.

Очень важно также не пускать дела на самотек. Это совсем не обольстительно, это эгоистично. В повседневной жизни и так все делается впопыхах, наскоро, как получится, вы же просто обязаны предложить нечто качественно иное.

Без спешки, отнесясь с должным уважением к процессу обольщения, вы не просто сломите сопротивление жертвы, вы добьетесь того, что она полюбит вас.

Первая фаза
РАССТАВАНИЕ: ПРОБУЖДАЕМ ИНТЕРЕС И ЖЕЛАНИЯ

Ваши жертвы живут в собственном мире, мысли их заняты тревогами и будничными заботами. Ваша цель в начальной фазе — вырвать их из закрытого мирка и переключить их мысли на себя. Как только будет принято решение, кого вы хотите обольстить (1: Выбери подходящую жертву), главная задача — привлечь внимание, возбудить интерес жертвы к себе. К наиболее стойким и трудноуправляемым требуется медленный и хитрый подход, главное при этом — не вызвать подозрений. Прежде всего необходимо завоевать их дружбу (2: Создай обманчивое ощущение безопасности: чтобы не спугнуть, подбирайся кружным путем). К более доверчивым, скучающим особам ключик подобрать не так уж сложно. В этом случае должны помочь драматические, театральные эффекты. Вы можете заинтриговать их своим таинственным видом (3: Подавай противоречивые знаки) или дать понять, что вы интересны и привлекательны для других (4: Предстань предметом вожделений — создавай треугольники).

После того как жертва будет заинтригована, ее интерес предстоит преобразовать в нечто более мощное — в желание. Возникновению желаний как нельзя лучше способствует ощущение внутренней пустоты, вакуума, его-то вам и придется заполнить. Вы можете и сами преднамеренно внушить подобные ощущения, вызвать у своих жертв тоску по приключениям, романтике, которых так не хватает им в жизни (5: Создай потребность — возбуди тревогу и неудовлетворенность). Если они увидят в вас того, кто способен заполнить зияющий провал, интерес расцветет пышным цветом и перерастет в желание. Желание следует бережно поддерживать, как поддерживают огонь в очаге, — тонко и филигранно, исподволь внушая мысли о соблазнах и удовольствиях, которые их ждут (6: Овладей искусством внушения). Угадывая, что является наиболее ценным для ваших жертв, и показывая, что разделяете их взгляды, потакая им во всех желаниях и настроениях, вы очаруете и покорите их (7: Проникнись духом жертвы). Сами того не сознавая, они станут снова и снова возвращаться к вам в мыслях. Это означает, что наступило время для более решительных действий. Соблазните их удовольствиями или яркими переживаниями, которым они не силах будут противиться (8: Создай соблазн), и они последуют за вами.

Закон

01

Выбери
подходящую жертву

Все зависит от того, какие цели вы преследуете, начиная обольщение. Тщательно изучайте возможные объекты охоты, останавливая выбор только на тех кандидатах, которые кажутся вам восприимчивыми к вашим чарам. Правильно выбранные жертвы — это те люди, чью внутреннюю пустоту способны заполнить именно вы, люди, которым видится в вас что-то экзотичное, необычное. Часто они одиноки, несчастливы или, по крайней мере, чем-то подавлены (например, пережитой неудачей). Если же это не так, то их можно и нужно привести в такое состояние, ведь полностью удовлетворенного жизнью, счастливого человека обольстить почти невозможно. Идеальная жертва должна обладать каким-либо природным свойством, которое вас притягивает. Сильные эмоции, вызываемые этим свойством, придадут вашим ухищрениям естественность и жизненную силу. Правильный выбор жертвы — залог великолепной охоты.

Подготовка к охоте

Молодой виконт де Вальмон был известен в Париже 1770-х как распутник, гроза женщин, губитель юных дев и верных жен. Но столичная жизнь постепенно наскучила ему, все любовные истории казались похожими одна на другую, победы доставались слишком просто. И вот однажды, томительным знойным августом, которому, казалось, не предвиделось конца, он решил отдохнуть от Парижа и нанести визит тетушке, мирно коротавшей дни в своем замке. Провинциальная жизнь показалась ему непривычно тихой и монотонной — прогулки на природе, беседы с местным священником, карточная игра. Столичные друзья, и в особенности маркиза де Мертей, его наперсница и такая же распутница, как он сам, были уверены, что он, долго не выдержав, не замедлит вернуться домой, в Париж.

В замке, однако, были и другие гости, в том числе госпожа де Турвель, двадцатидвухлетняя дама, чей супруг, господин де Турвель, находился в отлучке по делам службы. Сама она оставалась в замке, ожидая, когда супруг, закончив дела, присоединится к ним. Вальмон встречался с нею и прежде; эта прелестная юная женщина была известна своими строгими правилами и преданностью любимому супругу. Она была не такой, как придворные кокетки: одевалась весьма целомудренно (всегда прикрывала грудь и шею кисейной косынкой), а ее разговор не отличался остроумием и особым блеском. Однако, бог весть почему, в деревне вдали от Парижа Вальмон взглянул на нее по-новому. Он сопровождал ее на утренних прогулках, он украдкой бросал на нее взгляды за карточной игрой и за обедом. В отличие от парижских дам она, казалось, оставалась нечувствительной к его чарам, это волновало его, он потерял голову. Стояла жара, поэтому она вынуждена была носить лег-

Праздность рождает любовь и, родив, бережет и лелеет;
Праздность — почва и корм для вожделенного зла.
Если избудешь ты лень — посрамишь Купидоновы стрелы,
И угасающий свой факел уронит любовь.
Словно платан — виноградной лозе, словно тополь — потоку,
Словно высокий тростник илу болотному рад,
Так и богиня любви бездельно и праздности рада:
Делом займись — и тотчас делу уступит любовь...
Хочешь узнать, почему Эгисф обольстил Клитемнестру?

кое полотняное платье, позволявшее видеть гибкую фигуру. Кисея прикрывала грудь, позволяя лишь угадывать ее очертания. Волосы ее, причесанные с милой небрежностью, будили воображение, вызывая чудесные фантазии. Что же до ее лица — никогда ранее он не замечал, насколько оно выразительно. Ее черты озарялись искренним состраданием, когда она подавала милостыню нищему, при малейшей похвале вся она вспыхивала. Она держалась так естественно и непосредственно, скромность ее была непритворной. Когда она заговаривала о супруге или на религиозные темы, Вальмон мог только дивиться силе и глубине ее чувства. Ах, если бы удалось преодолеть это препятствие, с виду непреодолимое, — вовлечь эту страстную натуру в любовное приключение...

Вальмон решил продлить пребывание в замке, к великой радости престарелой тетушки, которая и не догадывалась об истинной причине такого решения. В письме же к маркизе де Мертей он признался в своем намерении: соблазнить госпожу де Турвель. Маркиза осыпала его насмешками. Ему обладать этой недотрогой? Даже если это и удастся, он не получит ни малейшего удовольствия, а вполне возможное фиаско обернется позором и унижением — что это за хваленый распутник, не способный обольстить жену в отсутствие мужа! Ее письмо было полно сарказма и насмешек, которые лишь раздразорили Вальмона. Победа над добродетельной женщиной обещала обернуться великолепным приключением. А его репутация повесы и ловеласа только выиграла бы от этого.

Имелось, однако, одно обстоятельство, из-за которого предприятие Вальмона казалось совершенно безнадежным: его скверная репутация была широко известна, слухи о ней дошли и до госпожи де Турвель. Она знала, что оставаться с ним наедине опасно, ведь даже шапочное зна-

Проще простого ответ: он от безделья скучал! Все остальные надолго ушли к Илионской твердыне, За морем сила страны в медленной билась войне; Не с кем было ему воевать — соперники скрылись, Некого было судить — тяжбы умолкли в судах. Что оставалось ему, чтоб не стынуть без дела? Влюбиться! Так прилетает Амур, чтобы уже не уйти.

Овидий,
«Лекарство от любви»
(Пер. М. Гаспарова)

Дочери желания нужно приложить старание, чтобы получить нижеследующих любовников поочередно, ибо такой порядок принесет ей отдохновение: мальчика, слишком рано выпущенного из-под власти и надзора отца; писца, служащего в конторе у глуповатого князя; купеческого сына, для которого предметом гордости является соперничество с другими любовниками; аскета — раба тайной страсти; царского сына, чьи безумства не знают удержу, лакомого до плутней; неотесанного сына деревенского брахмана; возлюбленного замужней женщины; певца, только что получившего изрядную сумму денег; владельца каравана, только

комство с таким человеком способно скомпрометировать порядочную женщину. Вальмон приложил все усилия, чтобы опровергнуть это мнение. Для этого он сопровождал ее на обедни и другие церковные службы и постоянно говорил о том, что чистосердечно раскаивается в своих заблуждениях. Госпожа де Турвель вежливо выслушивала, но по-прежнему держалась от него на расстоянии. Для Вальмона она была искушением, перед которым он не мог устоять, — но как подобрать к ней ключ?

Вальмон решил прощупать почву. Как-то он отправился на прогулку с тетушкой и ее прелестной гостьей. Он повел их по тропинке, где они еще не гуляли раньше, но вдруг оказалось, что дорогу пересекает ров, который дамы не смогли бы пересечь без посторонней помощи. Однако Вальмон уговорил их не поворачивать назад, обещая, что впереди откроются еще более живописные места. Он галантно поднял на руки и перенес на другую сторону свою старую тетушку, переправа которой вызвала взрыв хохота у госпожи де Турвель. Но вслед за этим настала и ее очередь. Вальмон намеренно сделал неловкое движение, и их руки соединились, а когда он на мгновение прижал госпожу де Турвель к груди, то почувствовал, как ее сердце забилось сильнее, и увидел румянец на до того бледных щеках. Это не ускользнуло и от внимания тетушки, которая воскликнула: «Девочка напугалась!» Однако виконт догадался, что дело не в испуге. Теперь он знал наверняка, что сможет завоевать эту женщину. Осталось только приступить к обольщению.

Толкование

Вальмон, госпожа де Турвель, маркиза де Мертей — персонажи романа «Опасные связи» французского писателя восемнадцатого века Шодерло де Лакло. (Фигура Вальмона была навеяна реальными прототипами, современниками романиста, самым известным из которых был герцог Ришелье.) В романе Вальмон опасается, что может потерять сноровку, ведь, обольщая, он не встречает сопротивления: он делает предложение, и почти всегда женщина отвечает согласием. Все происходит почти машинально, автоматически. А ведь ни одна история обольщения, по идее, не может и не должна в точности походить на другую — каждый новый объект индивидуален и способен полностью изменить ход событий. Проблема Вальмона в том, что он всегда выбирал для обольщения один и тот же тип — неверных жен. Он осознает это в полной мере, встретив госпожу де Турвель.

Причина того, что он решает ее соблазнить, заключается вовсе не в том, что ее супруг — граф, и не в том, что она со вкусом одевается, и даже не в том, что другие мужчины находят ее привлекательной и желанной. Он выбирает ее потому, что она, сама того не сознавая, уже первая соблазнила его. Полуобнаженная рука, непринужденный смех, естественная и живая манера держаться — все это привлекло его внимание своей простотой и безыскусностью. Он подпал под ее очарование, сила вспыхнувшего желания привела к тому, что дальнейшие его действия уже не напоминали плод холодного расчета: он потерял голову. А сила его чувства, в свою очередь, захватит и ее.

Помимо воздействия, оказанного на Вальмона, госпожа де Турвель обладает и другими чертами идеальной жертвы. Она скучает, и это чувство подталкивает ее навстречу приключениям. Она наивна, а значит, неспособна разгадать его хитрости. Наконец, ее ахиллесова пята: она твердо уверена, что способна противостоять соблазну. Почти всем нам бывает трудно устоять перед приманками. Зная это, мы принимаем меры предосторожности, желая избежать не-

что вернувшегося из странствий… Конечно же в этих кратких поучениях, дорогое дитя, допускаются бесчисленные толкования в зависимости от обстоятельств, а исполнение их потребует от тебя смекалки, проницательности и раздумий, дабы извлечь лучшее из каждого отдельного случая.

«Любовь Востока». Том 2: «Требник блудницы» от Кшемендры

желательных ошибок. Госпожа де Турвель не принимала подобных мер, считая себя и без того вполне защищенной. С того момента, как Вальмон подверг ее испытанию на прогулке и убедился, что она чувствительна к его чарам, он уже знал, что в итоге она уступит.

Жизнь коротка, и не следует тратить время впустую на то, чтобы гоняться и обольщать *не тех* людей. Выбор объекта принципиально важен: от него зависят ход и успех всего предприятия. Идеальная жертва не имеет каких-то конкретных внешних характеристик, она не должна обязательно разделять ваши музыкальные вкусы или преследовать те же цели в жизни. По таким признакам выбирают себе объект банальные обольстители. Идеальная жертва — это человек, в присутствии которого вы испытываете чувства, не поддающиеся описанию и объяснению; его воздействие на вас можно назвать как угодно, но только не поверхностным. Он или она часто обладают каким-то свойством, которого вы лишены или которому втайне завидуете. В случае с госпожой де Турвель, к примеру, это было целомудрие — качество, с которым Вальмон расстался в незапамятные времена. Помимо того, должен наличествовать элемент конфликта: жертва, скажем, может испытывать опасения, даже ощущать к вам легкую антипатию. Подобная неловкость, в сущности, весьма эротична и значительно оживляет обольщение. Подойдите к выбору объекта творчески, и вас ожидает награда — захватывающее приключение. Разумеется, все это останется пустым звуком, если потенциальная жертва не откроется вам навстречу и не будет поддаваться вашему влиянию. Вначале испытайте выбранного человека. Только в том случае, если вы убедитесь, что он или она не неуязвимы, но в той или иной мере чувствительны к вашим чарам, можно начинать охоту.

Любовь в стиле Дон Жуана есть чувство, в некотором роде напоминающее склонность к охоте. Это потребность деятельности, которая возбуждается различными предметами, беспрестанно подвергающими сомнению ваш талант.

Стендаль, «О любви»
(Пер. М. Левберг, П. Губера)

Ключи к обольщению

На протяжении всей жизни нам то и дело приходится убеждать людей, иными словами, обольщать их. Одни относительно легко поддаются нашему влиянию, если мы действуем достаточно тонко. Другие, кажется, неуязвимы и нечувствительны к нашим чарам. Мы можем счесть, что это таинственное явление неподвластно нам, и опустить руки, но подобное пассивное отношение к жизни малоэффективно. Обольстители, в сфере как любовной, так и социальной, предпочитают играть наверняка. Они при любой возможности устремляются к людям, в которых угадывается хоть малейшая восприимчивость к их обаянию, избегая тех, на кого повлиять не смогут. Что ж, это мудро — не стремиться покорить тех, кто совершенно недоступен: произвести впечатление на всех и каждого невозможно. Но с другой стороны, следует тем более решительно преследовать ту добычу, которая отзывается должным образом. В этом случае обольщение доставит вам обоим гораздо большее удовлетворение и радость.

Как же наверняка распознать свою жертву? По тому, как она реагируют на вас. Вы не должны придавать слишком большое внимание ее сознательным реакциям — человек, явно стремящийся произвести на вас впечатление, польстить или порадовать, играет, вероятнее всего, на вашем самолюбии, и ему от вас что-то нужно. Лучше обратите внимание на те проявления,

Не особенности желанного предмета нам дарят наслаждение, а скорее сила наших потребностей.

Шарль Бодлер, «Конец Дон Жуана»

9-го. Разве я ослеп? Внутреннее око души моей потеряло свою силу? Я видел ее, образ ее сверкнул передо мной, как метеор, и исчез. Все силы души моей сомкнулись в страстном напряжении, но они бессильны вновь вызвать этот дивный образ... Если когда-нибудь я встречу ее, мой глаз найдет ее и среди тысяч! Но теперь она исчезла... и мой внутренний взор напрасно стремится догнать ее своим пламенным желанием. Я гулял по Лангелиние, не обращая ни малейшего внимания на окружающее, но мой зоркий глаз не пропускал ничего... Вдруг взор мой упал на нее... Он впился в нее, остановился неподвижно,

которые не поддаются контролю сознания: румянец, невольное подражание вашим жестам или интонациям, необычная застенчивость, иногда даже взрыв гнева или негодования. Подобные вещи указывают на то, что вы оказываете определенное воздействие на этого человека, что он может поддаться вашему влиянию.

Можно, подобно Вальмону, угадывать подходящие объекты по тому, какое воздействие они оказывают на вас. В их присутствии вы ощущаете беспокойство или трепет: возможно, они напоминают вам забытый идеал, детскую мечту или олицетворяют некое табу, подавляемое, но волнующее вас, или совпадают с представлением о том, каким вы сами хотели бы быть, принадлежа к противоположному полу. Если кто-либо воздействует на вас подобным образом, это должно изменить все ваши последующие маневры. Лицо оживляется, жесты становятся выразительнее, у вас прибавляется энергии. Если жертва оказывает сопротивление (как и подобает хорошей жертве), вы в ответ становитесь изобретательнее, преисполняясь еще большей решимости преодолеть сопротивление. Обольщение будет продвигаться вперед, подобно хорошей театральной пьесе. Ваше воодушевление передастся жертве, и у нее возникнет довольно опасное ощущение, что она обладает властью над вами. Конечно, в действительности ситуацией полностью управляете вы, в нужные моменты вызывая у своей жертвы взрывы чувств, ведя ее в нужном вам направлении. Хорошие обольстители подбирают небезразличные, вдохновляющие их объекты, но при этом отлично знают, когда следует сдержаться, обуздать свои порывы.

Ни в коем случае не спешите бросаться в распростертые объятия первого же человека, которому, как вам кажется, вы понравились.

Это уже не обольщение, а неуверенность. Потребность, движущая вами, не сможет обеспечить сильной привязанности, и интерес с обеих сторон быстро ослабеет. Приглядитесь лучше к тем, кого сразу не приметили, — вот где найдете вы и вызов, и приключение. Опытные охотники выбирают дичь не по тому, насколько легко она достается, их влечет азарт погони, борьба жизни и смерти — чем она ожесточеннее, тем лучше.

Итак, только от вас зависит, какую жертву вы выберете, сочтя совершенной. Однако нельзя не заметить, что определенные типы лучше других поддаются обольщению, с ними оно выходит более полноценным и приносит обеим сторонам наибольшее удовлетворение. Казанове особенно нравились молодые женщины, которые чувствовали себя несчастными, например те, что недавно перенесли какое-то горе. Такие женщины будили в нем желание предстать в их глазах избавителем, но здесь крылся и практический интерес: счастливые труднее поддаются соблазнам, их сложнее обольщать. Удовлетворенность придает им твердость, делает недоступными. Всегда проще ловить рыбу в мутной воде. Кроме того, грустный вид сам по себе притягателен. Гэндзи, главный герой японского романа «Повесть о Гэндзи», не мог устоять перед женщиной в меланхолическом настроении.

В книге Сёрена Кьеркегора «Дневник обольстителя» Йоханнес, персонаж, от лица которого ведется повествование, предъявляет одно основное требование к жертве: она должна обладать воображением. Вот почему он останавливает выбор на женщине, живущей в выдуманном мире своих фантазий, поэтизирующей каждое движение, видящей во всем больше, чем есть в действительности. Да, действительно очень

не повинуясь больше воле своего господина. Напрасно хотел я заставить его рассмотреть чудное явление, он смотрел — и не видел ничего. Как фехтовальщик, бросившийся вперед с поднятым оружием и окаменевший в этом положении, взор мой замер на одной точке. Я не мог ни поднять, ни обратить его вовнутрь, я не видел ничего потому, что слишком пристально смотрел. Единственное воспоминание, унесенное моим взором, — ее голубая накидка; вот что называется «поймать облако вместо Юноны». Она ускользнула от меня... оставляя мне лишь накидку!.. Девушка произвела на меня сильное впечатление... **16-го.** Я уже перестал волноваться...

трудно, почти невозможно соблазнить счастливого человека. И по той же причине почти невозможно одержать победу в обольщении над человеком, лишенным фантазии.

Для женщин часто идеальной жертвой оказывается сильный и мужественный мужчина. К этому типу принадлежал Марк Антоний — он любил удовольствия, но был в меру чувствителен; если же дело касалось женщин, ему трудно было сохранять хладнокровие и ясность мысли. Клеопатре не составляло труда манипулировать им. Обольстив его, она завладела его чувствами безраздельно и в дальнейшем без труда удерживала на коротком поводке. Женщине ни в коем случае не следует робеть перед мужчиной, который держится подчеркнуто воинственно и агрессивно. Часто он-то и оказывается великолепной жертвой. Совсем нетрудно, прибегнув к кокетству и употребив кое-какие нехитрые уловки, погасить агрессию и укротить его, превратив в своего раба. Таким мужчинам обычно доставляет удовольствие, когда их заставляют гоняться за женщиной.

Будьте крайне осторожны с внешностью людей: она бывает весьма обманчивой. За вулканической страстностью зачастую скрываются неуверенность и комплексы. В подобную ошибку впадали почти все поклонники куртизанки девятнадцатого века Лолы Монтес. Она казалась такой яркой, экзотичной, такой волнующей. На самом деле она была неврастеничкой, полностью поглощенной своими проблемами, но к тому времени, когда мужчины понимали это, было уже слишком поздно — они оказывались втянутыми в близкие отношения, разорвать которые удавалось лишь после долгих, мучительных и порой трагических месяцев. Люди, внешне сдержанные, холодные или замкнутые, подчас представляют собой лучший объект, чем экстраверты. Они только о том и мечтают, чтобы кто-то вытянул их из скорлупы, а в тихом омуте, как известно, черти водятся.

Люди, в избытке располагающие свободным временем, предрасположены и весьма восприимчивы к обольщению. Голова у них ничем не занята, так что вам предоставляется шанс занять ее мыслями о себе. Туллия д'Арагона, пресловутая итальянская куртизанка шестнадцатого века, предпочитала в качестве жертв совсем молодых людей. Не говоря о чисто физиологических причинах такого предпочтения, юноши, в отличие от взрослых мужчин, озабоченных делами, вели праздную жизнь и, вследствие этого, были легкой добычей для искушенной соблазнительницы. Вообще старайтесь избегать людей, серьезно увлеченных каким-то делом, ведь обольщение требует внимания, а у таких людей слишком мало свободного мысленного пространства, на которое вы могли бы претендовать.

Согласно Фрейду с обольщением мы встречаемся уже в самом раннем возрасте — речь идет о взаимоотношениях с родителями. Они завоевывают нашу любовь чисто физически, с помощью телесных контактов, а также тем, что удовлетворяют наши желания — голод, например. Мы же в ответ пытаемся обольстить их и добиваемся, чтобы они уделяли нам больше внимания. По своей природе люди готовы поддаться обольщению в любом возрасте. Мы все хотим, чтобы нас обольстили, желаем, чтобы нас вытащили из скорлупы, из повседневной рутины, мечтаем погрузиться в другой, яркий и удивительный мир эротических переживаний. С особенной силой нас тянет к людям, обладающим чем-то, чего нет у нас, каким-то качеством или свойством, о котором мы только мечтаем. Часто самые удачные жертвы — это люди, которым видится в вас нечто, чего нет в них; в этом случае они с восторгом полетят к вам,

КАКУЮ ЖЕНЩИНУ ЛЕГЧЕ ОБОЛЬСТИТЬ
Женщины, которые могут легко склонить любого на свою сторону... женщина, которая искоса посматривает на вас; ...женщина, которая не любит своего мужа или нелюбима им; ...женщина, у которой никогда не было детей; ...женщина, которая любит бывать в гостях; ...женщина, которая, несомненно, любит своего мужа; жена актера; вдова; ...женщина, что любит развлечения; ...тщеславная женщина; женщина, чей муж ниже ее по положению или по способностям;

женщина, которая гордится своими способностями в каком-либо деле; ...женщина, которой муж пренебрегает без причины; женщина, муж которой любит путешествовать; жена ювелира; ревнивая женщина; скупая женщина.

«Искусство любви у индусов».
Под ред. Эдварда Виндзора

словно бабочки на огонь, желая обогатиться, позаимствовать у вас это нечто, заполнить свою внутреннюю пустоту. Такие жертвы могут обладать, скажем, темпераментом, противоположным вашему, и такая разность потенциалов создаст будоражащее напряжение.

Цзян Цин, больше известная как госпожа Мао, впервые встретилась с Мао Цзэдуном в 1937 году в горах Западного Китая. Она не могла не догадаться, как остро недостает в его жизни хоть малой толики красоты, пикантности, яркости: все женщины в лагере китайских коммунистов были одеты по-мужски и держались соответственно, в них не было ни малейшего признака женственности и тонкости. Цзян была прежде актрисой в Шанхае, и уж ее-то в последнюю очередь можно было обвинить в аскетизме. Она дала Мао то, чего ему не хватало, а к этому добавила дополнительное удовольствие — возможность учить ее коммунизму. Тем самым она нашла способ удовлетворить его комплекс Пигмалиона — потребность доминировать, властвовать и подвергать переделке личность партнера. На самом же деле власть над будущим супругом принадлежала именно Цзян Цин.

Самые дефицитные для всех нас вещи — азарт и приключения, а именно их и предлагает обольщение. В 1964 году китайский актер Ши Пейпу, снискавший себе известность многочисленными, виртуозно сыгранными женскими ролями, познакомился с Бернаром Буриску, молодым французским дипломатом, аккредитованным в Китае. Буриску, служащий посольства Франции, мечтая о приключениях в экзотической стране, был огорчен тем, что ему практически не удавалось пообщаться с китайцами. Ши Пейпу виртуозно разыграл роль женщины, которую с детства заставляли одеваться в мужское платье и вести себя как мальчик (поскольку в семье якобы было слишком много дочерей). Он сыграл на жажде экзотики скучающего француза, полностью подчинив себе его волю. Выдумав историю страданий и лишений, которые ему — ей — якобы пришлось претерпеть, он постепенно втянул Буриску в любовную связь, которая тянулась много лет. (У Буриску и прежде имелись гомосексуальные контакты, однако сам он искренне считал себя гетеросексуалом.) Мало-помалу влюбленный дипломат начал заниматься шпионажем в пользу Китая. И все это время он верил, что его партнер был женщиной, настолько внушаемым сделала его потребность в приключениях. Люди, которым приходится подавлять свои истинные желания, — прекрасные жертвы для полноценного, глубокого обольщения.

Те, кто долгое время подавляет в себе влечение к удовольствиям, часто оказываются готовыми на все жертвами, особенно если сами уже немолоды. Китайский император восьмого века Сюань Цзун большую часть своего правления посвятил тому, чтобы отучить свой двор от пристрастия к пышности и роскоши, являя собой образец аскетизма и добродетели. Но вот однажды он увидел красавицу Ян Гуйфэй, купающуюся в пруду дворцового парка, и все переменилось. Прелестнейшая женщина империи оказалась наложницей императорского сына. Император, употребив всю свою власть, отвоевал ее — лишь затем, чтобы сделаться ее покорным рабом.

Правильный выбор объекта столь же важен и в делах политики. Обольстители народных масс, такие как Наполеон или Джон Ф. Кеннеди, предлагают своей аудитории именно то, чего ей не хватает. Наполеон пришел к власти в момент, когда чувство гордости французского народа было попрано кровавыми последствиями революции. Он предложил своему народу славу, величие и завоевания. Кеннеди почувствовал,

335

что за годы президентства Эйзенхауэра американцы слегка подустали от отупляющего комфорта, — он предложил им азарт и риск. Но что еще важнее, он обратился с этим к группе населения, наиболее восприимчивой к подобным вещам: к молодому поколению. Опытным политикам хорошо известно, что не все в равной мере поддаются их обаянию. Но не хуже знают они и другое: если удастся найти группу сторонников, страстно желающих удовлетворения своих потребностей, и заручиться поддержкой этих людей, которые будут стоять за них горой, то успех обеспечен.

Символ:
Крупная добыча. Львы опасны, охота на них приносит незабываемое ощущение риска. Леопарды хитры и увертливы, с ними можно узнать волнение напряженной, нелегкой погони. Никогда не спешите на охоте. Узнайте все о своей добыче, тщательно подберите ее. Не тратьте времени на мелкую дичь — кроликов, которые так и прыгают в силки и капканы, хорьков, что сами идут в пахучую ловушку. Наслаждение охоты в том, чтобы ответить на брошенный вызов. Есть упоение в бою!

ОБОРОТНАЯ СТОРОНА

Оборотной стороны в данном случае не существует. Вы никогда ничего не добьетесь, пытаясь обольстить того, чья душа закрыта для вас, кто не может доставить вам удовольствие азарта и погони, в которых вы нуждаетесь.

02

Создай обманчивое ощущение безопасности: чтобы не спугнуть, подбирайся кружным путем

Если с первых же шагов вы проявите чрезмерную прямоту, то рискуете вызвать ответное сопротивление, преодолеть которое потом будет трудно, почти невозможно. Поначалу ничто в вашем обхождении не должно и отдаленно напоминать об обольщении. Начинать его следует не в лоб, а исподволь, окольными путями — так, чтобы объект ничего не заподозрил. Для начала появитесь где-то на периферии жизни интересующего вас объекта. Помаячив там, постепенно начните сближение с помощью третьего лица, при этом должна создаваться видимость совершенно нейтрального отношения. Постарайтесь из случайного знакомого стать другом, а из друга — возлюбленным. Обставьте первую «случайную» встречу так, словно ваше с объектом знакомство предначертано судьбой — ничто не может быть обольстительнее ощущения рока. Убаюкайте бдительность объекта, создайте ощущение безопасности, тогда и нанесите удар.

В обществе тирских
девиц привычку
имела резвиться.
Между собой не
дружат и всегда
уживаются плохо
Вместе величье и
страсть. Покинув
скипетр тяжелый,
Вот сам отец и
правитель богов,
что держит
десницей
Троезубчатый огонь
и мир кивком
потрясает,
Вдруг обличье быка
принимает и,
в стадо
вмешавшись,
Звучно мычит и по
нежной траве,
красавец, гуляет.
Цвет его — белый,
что снег, которого
не попирала
Твердой подошвой
нога, и Австр
[южный ветер] не
растапливал
мокрый.
Шея вся в мышцах
тугих; от плеч
повисает
подбрудок;
Малы крутые рога;
но ты спорить бы

От друга к возлюбленному

В жизни Анны Марии Луизы Орлеанской, герцогини Монпансье, известной во Франции семнадцатого века как Мадемуазель[1], было очень мало любви. Ее матушка скончалась молодой, отец женился повторно и не занимался дочерью. Родом она была из одного из наиболее прославленных семейств Европы: французский король Генрих IV был ее дедом, а будущий король Людовик XIV — ее кузеном. В юные годы к ней неоднократно сватались самые видные женихи: вдовствующий король Испании, сын императора Священной Римской империи и даже кузен Луи — тот самый, будущий король. Но все предложения делали ей или по политическим соображениям, или из-за огромного богатства ее семьи. Никто не заботился о том, чтобы произвести на нее впечатление, ей даже не всякий раз предлагали познакомиться с претендентами на ее руку. Дело осложнялось тем, что Мадемуазель была возвышенной, романтичной натурой, она всей душой верила в устаревшие рыцарские идеалы: мужество, честность, добродетель. Претенденты, мотивы которых можно было назвать по меньшей мере сомнительными, ей претили. Можно ли им верить? Она находила одну причину за другой, чтобы отвергнуть их с презрением. Казалось, она обречена стать старой девой, одиночество — ее неизбежный удел.

В апреле 1669 года Мадемуазель, которой шел в ту пору уже ни много ни мало сорок третий год, познакомилась с необычнейшим из придворных: то был маркиз Антонен Пегилен, впоследствии герцог Лозаннский. Фаворит Людовика XIV, тридцатишестилетний маркиз, храбрый солдат, славился своим остроумием.

---

[1] Мадемуазель — титул старшей дочери брата французского короля.

К тому же он был известен и как неисправимый ловелас. Несмотря на невысокий рост и маловыразительную внешность, маркиз не знал поражений у женщин. Причиной тому было его любезное и вместе с тем дерзкое обхождение, да и военная доблесть немало способствовала его успеху у дам. Мадемуазель де Монпансье приметила маркиза давно: вот уже несколько лет она издали восхищалась его элегантностью и храбростью. Но лишь теперь, в 1669 году, у них впервые появилась возможность поговорить, они обменялись всего лишь несколькими фразами, и, хотя ей была известна его репутация сердцееда, она все же сочла его очаровательным. Несколько дней спустя они вновь случайно встретились, на сей раз беседа была более продолжительной, в ней маркиз выказал более ума и образованности, чем она в нем предполагала, — они беседовали о драматурге Корнеле (которого она обожала), о героизме, касались и других возвышенных тем. Теперь их встречи стали более частыми. Анна Мария записала в дневнике, что каждый их разговор становится для нее самым ярким событием дня и что, когда он не при дворе, она ощущает его отсутствие. Конечно же их участившиеся встречи не могли быть случайными, по крайней мере, для него, но он всегда казался радостно-удивленным, видя ее. В то же время она отметила, что чувствует беспокойство, в ней пробуждаются странные чувства, природа которых неясна для нее.

Как-то герцогине потребовалось уехать из Парижа на неделю-другую. Перед самым ее отъездом маркиз неожиданно подошел к ней и обратился с пылкой речью, предлагая себя в качестве наперсника и верного друга, готового выполнить любое ее поручение здесь, в Париже, пока она будет отсутствовать. Его слова были поэтичны и благородны, но что он подразумевал в действительности? В дневнике Анна Мария

мог, что рукою
Сделаны, блещут
ясней самоцветов
чистейших.
Вовсе не грозно
чело; и взор его
глаз не ужасен;
Выглядит мирно
совсем; и Агенора
дочь [Европа]
в изумленье,
Что до того он
красив, что
сражаться совсем
не намерен,
Но хоть и кроток он
был, прикоснуться
сначала боялась.
Вскоре к нему
подошла и к морде
цветы протянула.
Счастлив влюблен-
ный; он ей,
в ожидании нег
вожделенных,
Руки целует.
С трудом, ах!
с трудом отложив
остальное.
Резвится он и в
зеленой траве весе-
лится, играя,
Или на желтый
песок белоснеж-
ным боком
ложится.
Страх понемногу
прошел, — уже он
и грудь подставляет
Ласкам девичьей
руки; позволяет

рога в молодые
Вязи цветов
убирать.
И дева-царевна
решилась:
На спину села быка,
не зная, кого
попирает.
Бог же помалу с
земли и с песчано-
го берега сходит
И уж лукавой ногой
наступает на
ближние волны.
Дальше идет — и
уже добычу несет
по пучине
Морем открытым.

Публий Овидий
Назон,
«Метаморфозы»
(Пер. С. Шервин-
ского)

наконец признается сама себе в чувствах, воз-
никших у нее еще со времени их первого разговора: «Я убеждала себя, что это не могут быть
простые мечты ни о чем, это странное томление
должно быть направлено на какой-то объект, но
я и не представляла себе, кто бы это мог быть...
В конце концов, промучившись несколько дней,
я поняла, что люблю М. де Лозана, что он
каким-то непостижимым образом проскользнул
в мое сердце и пленил его».

Определив источник своих чувств, Мадемуазель пришла к выводу, что следует проявить
решительность. Если маркиз хочет быть ее наперсником, почему бы ей не заговорить с ним
о замужестве, о тех предложениях, которые она
все еще продолжала получать. Такая тема, пожалуй, даст ему возможность более откровенно
высказать свои чувства, а может, ей удастся заметить его ревность. К сожалению, маркиз, казалось, не уловил намека. В ответ он спросил, к
чему ей вообще думать о замужестве — она и
без того кажется такой счастливой. Кроме того,
легко ли найти избранника, достойного ее? Так
проходили недели. Она не могла выведать у
него ничего, что говорило бы о его отношении.
Собственно говоря, она понимала причины его
непроницаемости — их разделяло немало препятствий: разница в положении (она превосходила его по знатности), разница в возрасте
(она была на шесть лет старше). По прошествии
нескольких месяцев скончалась супруга брата
короля, и Людовик XIV предложил Анне Марии стать его невесткой. Анна Мария пришла в
негодование: овдовевший брат явно намеревался запустить руку в ее состояние. Она захотела
узнать мнение друга. Будучи верными слугами
короля, отвечал герцог Лозаннский, когда она
поделилась с ним этой новостью, мы должны
повиноваться его желаниям. Такой ответ ей не
понравился. Положение только ухудшилось,

когда он перестал являться к ней с визитами, давая понять, что теперь им не подобает оставаться добрыми друзьями. Это стало последней соломинкой. Мадемуазель решительно ответила королю, что не выйдет за его брата. Несмотря на все уговоры, она оставалась непреклонной.

После этого Анна Мария встретилась с герцогом Лозаннским и объявила, что напишет на листке бумаги имя мужчины, за которого она согласилась бы выйти замуж. Он должен был положить этот листок под подушку и прочитать на следующее утро. Когда наутро он развернул листок, то прочитал на нем: «C'est vous» («Это вы»). Встретившись на другой день с Мадемуазель, герцог предположил, что она, должно быть, пошутила, хочет, наверное, сделать его посмешищем всего двора. Она настаивала, уверяла его, что это серьезно. Он, казалось, был шокирован, поражен, но не так сильно, как придворные, когда через несколько недель было объявлено о помолвке между относительно низкородным ловеласом и второй дамой Франции, женщиной, известной своей добродетелью и умением ее защищать.

Толкование. Герцог Лозаннский, несомненно, по праву может считаться одним из величайших обольстителей в истории, а неторопливое, прекрасно продуманное и хладнокровно воплощенное в жизнь обольщение Мадемуазель де Монпансье — настоящим шедевром. Метод его был прост: терпение и обходные пути. Почувствовав с первого же разговора, что Анна Мария проявляет к нему некоторый интерес, он решил добиться ее дружбы. Он и на самом деле стал ей преданным другом. Вначале это просто доставляло ей удовольствие: человек не жалел времени на разговоры с ней, был готов рассуждать о поэзии, истории, о героях и подвигах — на ее излюбленные темы. Исподволь она прониклась к нему доверием. Затем — она этого

Я знал человека, чья возлюбленная была с ним приветлива, держалась дружелюбно и совершенно непринужденно; но стоило ему хоть малейшим жестом выдать свою любовь к ней — и она становилась холодной и далекой, как созвездие Плеяд, чьи звезды сияют так высоко в небе. В подобных случаях требуются дипломатичность и качества сродни мудрости государственного мужа;

почти не сознавала — ее чувства стали острее: признанного дамского угодника интересует только дружба? Полно, только ли это? Что же, она не привлекает его как женщина? Эти мысли помогли ей понять, что она влюблена. В свою очередь, это окончательно определило ее решение ответить отказом на предложение выйти замуж за брата короля. К подобному решению хитроумно и незаметно подтолкнул ее сам герцог, когда перестал с ней видеться. Могла ли она заподозрить, что он гонится за ее деньгами, положением или хочет разделить с ней ложе, ведь за все время он ни единого разу не проявил активности, не сделал ни одного решительного шага. Нет, весь блеск этого виртуозного обольщения состоит как раз в том, что Мадемуазель была убеждена: инициатива на всех этапах принадлежит ей.

После того как подходящая жертва выбрана, вам нужно привлечь к себе ее (или его) внимание и возбудить желание. Переход от дружбы к любви увенчается успехом лишь в том случае, если жертва не увидит в нем ловкого маневра. Во-первых, дружеские разговоры с вашими объектами снабдят вас ценной информацией об их пристрастиях, вкусах, слабостях, детских мечтах, которые управляют и взрослым поведением. (Так, герцог Лозаннский, пристально изучив вкусы Анны Марии, с толком воспользовался этим в своей дальнейшей игре.) Во-вторых, проводя достаточно много времени с вашими объектами, вы даете им возможность привыкнуть к вам, в вашем присутствии они начинают чувствовать себя вполне комфортно и уютно. Поверив, что вас интересуют только их мысли, их общество, объекты утрачивают бдительность; напряжение, столь обычное и естественное в отношениях между представителями разного пола, ослабевает. Отныне они практически беззащитны, дружба распахнула перед вами золотые ворота к их телу — речь идет о душе. Теперь достаточно ничтожной искры — любого невинного замечания, случайного прикосновения, — чтобы в мозгу объекта вспыхнуло внезапное озарение: а ведь между вами могли бы быть и другие отношения. Эта мысль застигает их врасплох, и, как только подобное ощущение возникнет, они начнут удивляться: почему же вы не делаете первого шага к дальнейшему сближению? Дальше — больше: они первыми проявят инициативу и будут наслаждаться иллюзией, что контролируют ситуацию. Нет в обольщении ничего более эффектного и эффективного, чем позволить жертве считать себя обольстителем.

Ключи к обольщению

Вам как обольстителю необходимо выработать в себе способность перемещать людей в нужном направлении. Но это весьма рискованная игра: малейшее подозрение, что вы ими манипулируете, может вызвать бурю негодования. Все мы таковы — не переносим ощущения, что подвластны чьей-то воле. Если объекты заподозрят неладное, рано или поздно они на вас отыграются. Ну а если вы сможете заставить их поступать по-вашему, да так, что они этого и не заметят? Ну а если им будет казаться, будто ситуацией управляют они? В этом-то и заключается сила извилистых путей, и ни один обольститель или обольстительница без этого не совершит чуда.

Первое, чему вы должны научиться, сравнительно несложно: выбрав подходящий объект, подманите его, заставьте приблизиться к вам, так чтобы при этом объект считал инициатором сближения себя. Если в начальной стадии вам удалось добиться этого, считайте игру выигран-

Многим то, чего нет, милее того, что доступно: Меньше будешь давить — меньше к тебе неприязнь. И на Венерину цель не слишком указывай явно: Именем дружбы назвав, сделаешь ближе любовь. Сам я видел, как смягчались от этого строгие девы И позволяли потом другу любовником стать.
Публий Овидий Назон, «НАУКА ЛЮБВИ» (ПЕР. М. ГАСПАРОВА)

ной. Это означает, что впоследствии не будет ни горьких обид и разочарований, ни параноидальной подозрительности.

Встречаясь с ней на улице, я не останавливаюсь, а лишь кланяюсь мимоходом; я никогда не приближаюсь, а всегда прицеливаюсь на расстоянии. Частые столкновения наши, по-видимому, изумляют ее: она замечает, что на ее горизонте появилась новая планета, орбита которой хоть и не задевает ее, но как-то непонятно мешает ее собственному движению... Я должен основательно изучить ее духовное содержание, прежде чем отважиться на приступ.
Сёрен Кьеркегор, «Дневник обольстителя» (Пер. П. Ганзена)

Чтобы заставить жертву прийти к вам, потребуется время, не надо торопить события. Задуманное можно осуществить разными способами. Вы можете возникнуть где-то на периферии существования своих жертв, то и дело попадаясь им на глаза в разных местах, но к ним не приближаясь. Таким способом вы привлечете к себе внимание, и если они захотят перекинуть мостик, то им придется подойти самим. Вы можете подружиться с ними, как герцог Лозаннский с Мадемуазель де Монпансье, неуклонно сближаясь, но при этом сохраняя дистанцию, приличествующую дружеским отношениям представителей противоположных полов. Можете поиграть к кошки-мышки, то проявляя заинтересованность, то отступая назад — и приглашая их последовать за собой, прямо в центр раскинутой сети. Что бы вы ни делали и какой бы вид обольщения ни применяли, любой ценой преодолевайте естественное стремление ускорить ход событий и оказать давление. Было бы заблуждением полагать, что интерес к вам будет утрачен, если вы не проявите настойчивости, или что вашей жертве приятно назойливое внимание. Слишком большое внимание на ранней стадии только возбудит у человека подозрения относительно ваших мотивов и вызовет беспокойство и недоверие. Хуже всего в этом то, что вы все решаете за свою жертву, не давая ей возможности проявить инициативу. Отступите на шаг, пусть ей покажется, что те мысли, появление которых вы спровоцировали, зародились в ее собственной голове. Это вдвойне важно, если вы имеете дело с кем-то, кто вам по-настоящему нравится.

Мы никогда не сможем до конца понять представителей другого пола. Они всегда будут для нас загадкой, тайной. Отсюда то восхитительное напряжение, без которого немыслимо обольщение. Но эта же непостижимая тайна является источником тревоги и неуверенности. Знаменитый Фрейд пытался разобраться, чего же на самом деле хочет женщина, но даже для этого прославленного мыслителя, специалиста в области психологии, противоположный пол так и остался чужой планетой. И у мужчин, и у женщин с противоположным полом нередко связано глубоко укорененное чувство страха и беспокойства. На начальных стадиях обольщения, следовательно, необходимо найти способ снять чувство недоверия, которое может возникнуть у другого человека. (Если чувство опасности и страха возникнет позднее, это даже будет приветствоваться. Однако, допустив появление этих эмоций раньше времени, вы рискуете отпугнуть объект.) Держитесь на нейтральном расстоянии, представляйтесь безобидным и безвредным. Так вы обеспечите себе пространство для маневра. Казанова сознательно культивировал в себе некоторую женственность, всячески демонстрируя интерес к нарядам, театру, домашним делам, — это произво-

Часто бывает он [Юпитер] там,
и вот поражен
нонакринской
Девушкой, встреченной им, —
и огонь разгорается
в жилах.
Не занималась она
чесанием шерсти
для тканей.
Разнообразить
волос не умела
прической. Одежду
пряжка держала на
ней, а волосы —
белая повязь.
Легкий дротик она
иль лук с собою
носила;
Воином Фебы
была...
Уж половину пути
миновало высокое
солнце, —
Девушка в рощу
вошла, что
порублена век не
бывала.
Скинула тотчас
колчан с плеча
и лук опустила
Гибкий, сама же
легла на покрытую
травкою землю;
Так, свой расписанный тул подложив
под затылок,
дремала.
Только Юпитер
узрел отдыхавшую,
вовсе без стражи.

«Эту проделку жена
не узнает,
наверно, —
промолвил, —
Если ж узнает,
о пусть, о пусть за
это бранится!»
Вмиг одеяние он и
лицо принимает
Дианы
И говорит: «Не
одна ль ты из
спутниц моих? На
которых,
Дева, охотилась ты
перевалах?» И дева
с лужайки
Встала. «Привет, —
говорит, — боже-
ству, что в моем
рассужденье
Больше Юпитера,
пусть хоть услы-
шит!» — Смеется
и слышит...
Рад, что себе
самому предпочтен,
и дарит поцелуи;
В них неумерен
он, — так едва ли
целуют девицы.
В лес направлялась
какой, рассказать
готовую, деву
Стиснул в объятиях
он, — и себя
объявил не
невинно.
Сопротивляясь,
она — насколько
женщина может —

дило успокаивающее воздействие на молодых
дам. Куртизанка эпохи Возрождения Туллия
д'Арагона, заводя дружбу с великими мыслителями и поэтами своего времени, беседовала с
ними о литературе, философии — о чем угодно,
только не об альковных делах (и не о деньгах,
которые также были ее целью). Йоханнес, от
лица которого написан «Дневник обольстителя»
Сёрена Кьеркегора, следует за своим объектом,
Корделией, на расстоянии. Когда их пути пере-
секаются, он безукоризненно вежлив и держится
весьма сдержанно. В результате, когда дело наконец доходит до знакомства, он не вызывает у
Корделии испуга. В сущности, он безобиден настолько, что, по ее мнению, можно было бы
быть и порешительнее.

*Я не приближаюсь к ней, хожу кругами лишь
по обочине ее бытия... Это первая паутина,
в которой ей предстоит запутаться.*

Сёрен Кьеркегор

Дюк Эллингтон, великий джазовый музыкант — и виртуозный обольститель, — при
первом знакомстве поражал дам своим блеском,
великолепием, стильной одеждой, харизмой. Но,
оставшись с женщиной наедине, он слегка отступал, становился сдержанным и корректным,
не выходил за рамки вежливой беседы о пустяках. Банальный разговор ни о чем может быть
великолепным тактическим приемом — он гип-
нотизирует объект. Внешняя сдержанность и
бесстрастность придадут любому отпущенному
вами замечанию, малейшему намеку на двусмыс-
ленность, самому мимолетному взгляду утри-
рованную силу. Ни в коем случае не упоминай-
те о любви, тем самым вы добьетесь, что будет
высказано много больше — жертвы удивятся,
почему вы никогда не обсуждаете свои чувства, а задумавшись об этом, пойдут дальше,

пытаясь представить и домыслить, что же происходит у вас в голове. Они-то сами первые и затронут тему симпатии или влюбленности. Сознательная невыразительность имеет множество применений. В психотерапии, например, собственными односложными и монотонными ответами врач вызывает пациентов на откровенность, помогает им расслабиться и максимально раскрыться. Во время международных переговоров Генри Киссинджер убаюкивал дипломатов скучными деталями, чтобы застать врасплох, а затем бил наповал, выдвигая решительные требования. На ранних этапах в обольщении невыразительными словами можно добиться большего, чем живыми и эмоциональными, — объект перестает обращать на них внимание, как на фон, он заглядывает вам в лицо, начинает фантазировать, додумывать и незаметно подпадает под воздействие ваших чар.

Очень эффективный прием — приблизиться к своему объекту с помощью других людей: просочитесь в их круг, и вот вы уже больше не чужак. Прежде чем граф де Граммон, живший в семнадцатом веке обольститель, делал первый шаг, он имел обыкновение сводить знакомство с камеристкой избранницы, ее лакеем, другом, а порой даже с любовником. Таким способом он собирал необходимую информацию и выбирал оптимальный способ сближения, который бы ее не напугал. Кроме того, он готовил почву, рассказывая о чем-то третьему лицу — какие-то вещи, которые могли заинтересовать и даже заинтриговать даму, когда она слышала о них в передаче хорошо знакомых ей людей.

Нинон де Ланкло, куртизанка семнадцатого столетия, истинный стратег в делах обольщения, считала, что утаивать свои намерения не только желательно, но даже необходимо — это сообщает игре дополнительную прелесть. Мужчина вообще не должен объявлять о своих

С ним вступает
в борьбу, но
Юпитера дева
какая...
Может осилить,
и кто из богов?
Победитель Юпитер
Взмыл в небеса...
Из «Метаморфоз»
Овидия
(Пер. С. Шервинского)

ОТОЖДЕСТВЛЯЙТЕ СЕБЯ С ОБЪЕКТОМ ОБОЛЬЩЕНИЯ!

...Эта короткая цепь рассуждений приводит нас к пониманию того, что, поскольку изначально в обольщении первые шаги и первая инициатива принадлежат мужчине, само обольщение есть не что иное, как сокращение расстояния, в данном случае — стирание различия между полами, и что для того, чтобы этого добиться, ему необходимо феминизировать себя или,

347

по крайней мере, отождествить себя с объектом его обольщения. ...Алан Роджерс пишет: «Если мы имеем дело с обольщением, то именно обольститель первым сбивается с пути, в том смысле, что он отрекается от своего пола. ...Обольщение, разумеется, имеет конечной целью сексуальные отношения, но ее достижение возможно лишь путем создания некоего подобия Гоморры. Обольститель при этом — не более как лесбиянка».

Фредерик Моннейрон, «Соблазн: Фантазия о соблазне с участием дона Джованни и Мика Джаггера»

чувствах, полагала она, и уж во всяком случае, ему не следует делать этого слишком рано. Это раздражает и вызывает недоверие. «Женщина скорее поверит, что любима, если догадается об этом сама, чем если ей прямо скажут об этом», — заметила однажды Нинон. Часто поспешность, с которой человек стремится выразить свои чувства, вытекает из ложного стремления доставить удовольствие, польстить другому. Но подобное желание нередко раздражает и даже кажется оскорбительным. Дети, кокетки и кошки именно тем и привлекают, что они не пытаются угодить нам, даже кажутся безразличными. Научитесь маскировать свои чувства, пусть люди дадут свободу воображению, пытаясь представить, что происходит у вас внутри.

Для меня приятнее слушать,
как моя собака лает на ворон,
чем как мужчина клянется мне в любви.

Беатриче в пьесе В. Шекспира
«Много шума из ничего»
(Пер. Т. Щепкиной-Куперник)

В какие бы ситуации ни помещала вас жизнь, у окружающих не должно складываться впечатление, будто вы чего-то добиваетесь, ищете выгоды, — это вызовет сопротивление, справиться с которым потом будет невозможно. Научитесь приближаться к людям со стороны. Приглушите свою яркость, смешайтесь с толпой, постарайтесь выглядеть безопасным — впоследствии благодаря этому вы обретете пространство для маневра. Те же приемы верны и в политике, где неприкрытые амбиции, как правило, отпугивают людей. Владимир Ильич Ленин на первый взгляд казался средним, ничем не примечательным русским обывателем: одевался он, как рабочий, речь его отличали простонародные обороты, ничего величественного в его облике не было. Однако под этой неприметной наружностью конечно же скрывался невероятно умный и циничный человек, который неуклонно проводил в жизнь свои планы. К тому времени, когда люди поняли, что к чему, было уже слишком поздно.

Символ: Паучья сеть. Паук находит тихий угол, в котором и начинает плести свою паутину. Чем дольше он работает над паутиной, тем более она поражает своей невероятной сложностью и изяществом, вот только заметить и оценить это могут не все, ведь ее тончайшие клейкие нити почти невидимы. Пауку не нужно гоняться в поисках пропитания или даже просто двигаться. Он тихонько сидит в углу, поджидая добычу, которая сама приходит к нему и сама запутывается в сети.

ОБОРОТНАЯ СТОРОНА

На войне полководцу необходимо место, чтобы расположить войска, и пространство для маневра. Чем большим свободным пространством вы располагаете, тем более замысловатым может быть ваш план действий. Но иногда лучше ошеломить неприятеля, не оставляя ему времени подумать и отреагировать. Хотя Казанова славился индивидуальным подходом к каждой конкретной женщине, и у него были излюбленные приемы: так, он частенько делал попытки произвести впечатление сразу же, уже при первой встрече пробуждая интерес к себе и возбуждая желание. Он, например, мог продемонстрировать отвагу, спасая женщину от опасности, или, к примеру, одеться так, чтобы жертва моментально заметила его и выделила из толпы. И в том и в другом случае, стоило ему только завладеть вниманием женщины, он далее действовал молниеносно. Сирена, подобная Клеопатре, старается немедленно произвести на мужчин неизгладимое впечатление, не давая жертве ни времени на раздумья, ни возможности отступления. Она использует элемент внезапности. Случается и так, что именно на первом этапе знакомства между людьми возникает влечение такой силы, которое не удастся воспроизвести позднее, в этом случае решительность важна, как никогда.

Но все это случаи недолговременных обольщений. Для Сирен и Казанов наслаждение главным образом заключается в большом количестве их жертв. Они переходят от победы к победе, а это может рано или поздно наскучить. Казанова сжигает себя, Сирены ненасытны, не знают удовлетворения. Медленное, тщательно продуманное и выстроенное обольщение, возможно, не приумножит числа ваших побед, даже снизит его, но это с лихвой окупится высоким качеством.

03

Подавай
противоречивые знаки

Окружающие заметили ваше присутствие и, возможно, в некоторой степени заинтересовались вашей персоной. Теперь вам необходимо посильнее заинтриговать их, закрепить интерес, прежде чем они переключатся на кого-то другого. Какие-то бросающиеся в глаза, явные обстоятельства могут поначалу привлечь внимание, однако это внимание недолговечно, в конечном итоге неопределенность обладает несравненно большей потенцией. По большей части все люди очень уж предсказуемы и понятны. Вы же, в отличие от них, постарайтесь стать непостижимым. Посылайте противоречивые сигналы, свидетельствующие одновременно о жесткости и нежности, духовности и приземленности, невинности и хитрости. Смешение качеств в одном человеке предполагает неоднозначность, глубину, которая не может не восхищать, даже если приводит в замешательство. Неуловимая аура таинственности вызывает у людей желание разобраться, узнать о вас побольше, притягивает их на вашу орбиту. Вы добьетесь такого рода власти, намеком обозначив некие противоречивые черты своей натуры.

Благое и дурное

В 1806 году, во время войны между Пруссией и Францией, двадцатичетырехлетний красавец Август, прусский князь, племянник Фридриха Великого, был захвачен Наполеоном в плен. Вместо того чтобы держать Августа взаперти, Наполеон позволил ему передвигаться по территории Франции, держа, однако, под пристальным наблюдением шпионов. Князь, который был сибаритом и не отказывал себе в удовольствиях, разъезжал из города в город, соблазняя девушек и молодых женщин. В 1807 году он решил посетить Шато ле Коппе, замок в Швейцарии, где жила прославленная французская писательница мадам де Сталь.

Хозяйка оказала Августу самый торжественный прием. После того как она представила его остальным гостям, все перешли в рисовальный салон, непринужденно беседуя о войне, которую вел Наполеон с Испанией, о последних парижских модах и тому подобных пустяках. Внезапно дверь распахнулась, и в салон вошла еще одна гостья, которая по какой-то причине задержалась у себя в комнате, пока все прочие приветствовали появление князя. Это была тридцатилетняя мадам Рекамье, ближайшая подруга мадам де Сталь. Она была представлена князю, после чего довольно скоро удалилась в свою спальню.

Августу было известно, что мадам Рекамье находится в замке. Ему довелось слышать немало рассказов об этой необычной женщине, которая на протяжении многих лет после революции слыла первой красавицей Франции. Мужчины сходили по ней с ума. Она кружила головы на балах, когда самозабвенно, с безудержной страстью танцевала, скинув нарядную накидку и оставшись в полупрозрачном, невесомом белом платье особого фасона, который прославился благодаря ей. Живописцы Жерар и Давид увековечили ее лицо, фигуру и одежду, даже ее ноги, которые считались самыми совершенными женскими ножками на свете. Среди тех, кому она разбила сердце, был Люсьен Бонапарт, брат императора Наполеона. Августу по вкусу были молоденькие девушки, более юные, чем мадам Рекамье, а в замок он приехал, чтобы отдохнуть от своих похождений. Но те несколько мгновений, когда она привлекла общее внимание своим внезапным появлением, выбили его из колеи, он был застигнут врасплох. Она была действительно прекрасна, как и рассказывали, но его потрясла не столько красота, сколько удивительный, немного грустный взгляд, показавшийся таким ласковым, таким чудным, просто неземным. Гости возобновили светскую беседу, но Август ни о чем, кроме мадам Рекамье, думать не мог.

Вечером за ужином он любовался ею. Она была немногословна, глаза скромно опущены, но раз-другой она подняла их — и встретилась взглядом с князем. После ужина гости собрались в галерее. К восторгу князя, мадам Рекамье запела романс о любви, аккомпанируя себе на арфе. И тут внезапно выражение ее лица переменилось: украдкой она бросила на него проказливый, плутовской взгляд. Ангельски нежный, печальный голос в сочетании с этим шаловливым взглядом, жизнерадостная энергия, озарявшая ее лицо, окончательно сбили его с толку. Он смешался. То же повторилось и назавтра, и князь решил продлить свое пребывание в замке.

В последующие дни князь и мадам Рекамье много гуляли вдвоем, катались в лодке по озеру и танцевали. Как раз во время танца он наконец и заключил ее в свои объятия. Они подолгу разговаривали, их беседы затягивались допоздна. Но он продолжал теряться в догадках, не в силах понять ее: она казалась ему такой возвышенной,

ЖЮЛЬЕТТА

…Ришар увидел Жюльетту на другом балу, где она жеманилась, объявляя, что не будет танцевать, а затем, спустя некоторое время, сбросила свое тяжелое бальное одеяние, под которым оказалось легкое платьице. Со всех сторон раздался тихий ропот, гости шепотом обсуждали ее кокетство и манерность. Как и всегда, платье было из белого шелка, с очень глубоким вырезом на спине, ее прекрасные плечи были обнажены. Мужчины умоляли ее подарить им танец… Под тихие звуки музыки она плыла по бальному залу в своей полупрозрачной греческой тунике. Голова ее была обвязана муслиновой косынкой. Она застенчиво поклонилась собравшимся,

353

а затем начала легко кружиться, взмахивая прозрачным шарфом, который держала кончиками пальцев, и он на поворотах легко взлетал, словно завеса, пелена, облако. Все движения были безукоризненно точны и в то же время исполнены неги — то было странное сочетание. Поражали ее удивительные, пленительные глаза — она «танцевала глазами». По мнению женщин, змеиная гибкость ее тела, ритмичные и грациозные движения головы были порочны. Мужчины уносились в царство неземного блаженства. Жюльетта была падшим ангелом, и тем более опасным, что на вид была настоящим ангелом! Музыка стихла. Внезапно ловким быстрым движением

благородной и целомудренной, и вдруг следовало то касание руки, то неожиданное игривое замечание. Проведя в замке две недели, самый завидный жених Европы, забыв о своих холостяцких привычках, просил руки мадам Рекамье. Он был готов перейти в католичество, принять ее религию, ей предстояло развестись со своим супругом, который был много старше ее. (Она сказала князю, что никогда не была счастлива в браке и что католическая церковь сможет дать согласие на его расторжение.) Затем она должна была переехать к нему в Пруссию. Мадам обещала, что все будет так, как он хочет. Князь поспешил в Пруссию просить разрешения на женитьбу у своей семьи, а мадам возвратилась в Париж добиваться аннулирования брака. Август забрасывал ее пылкими письмами, говорившими о его любви к ней, и ждал. Время шло, он чувствовал, что сходит с ума. И наконец ответное письмо: она передумала.

По прошествии нескольких месяцев мадам Рекамье прислала Августу подарок: знаменитый портрет кисти Жерара, на котором она изображена полулежащей на кушетке. Князь проводил часы у картины, пытаясь разгадать таившуюся в ее глазах загадку. Он пополнил ряды ее побед — мужчин, которые, подобно писателю Бенжамену Констану, могли сказать о ней: «Она была моей последней любовью. До конца своих дней я буду напоминать дерево, спаленное молнией».

Толкование

Список побед мадам Рекамье становился все более впечатляющим по мере того, как шли годы: в него вошли князь Меттерних, герцог Веллингтон, писатели Констан де Ребек и Шатобриан. Для всех этих мужчин она становилась наваждением, которое лишь усиливалось в разлуке с ней. Источник ее власти был двояким. Прежде всего она обладала наружностью ангела, и это притягивало мужчин. Ее прелестное личико будило в них родительский инстинкт, чаруя своей невинностью. Но имелось и второе свойство, которое то и дело прорывалось наружу в игривых, призывающих к флирту взорах, безудержном танце, внезапной, бьющей через край веселости — все это застигало мужчин врасплох. В ней, безусловно, крылось больше, чем им казалось поначалу, ей была свойственна интригующая сложность. Наедине с собой они пытались разобраться в этих противоречиях, в их кровь постепенно проникал яд. Мадам Рекамье была тайной, задачей, которую страстно хотелось решить. Какая бы женщина ни была вам по вкусу — кокетливая чертовка или неприступная богиня, — она именно такой и оказывалась. Она, конечно, поддерживала и усиливала эту иллюзию тем, что удерживала мужчин на расстоянии, не давая им возможности узнать, какова же она на самом деле. Она была мастерицей точно рассчитанного эффекта — вспомним, например, ее появление в Шато де Коппе, когда ей потребовалось несколько считаных секунд, чтобы оказаться в центре внимания.

Процесс обольщения подразумевает, в частности, что ваш образ проникает в мысли человека, занимает их. Ваша невинность, красота или, скажем, кокетливость могут привлечь внимание, но не покорить окончательно, через некоторое время внимание вашего избранника неизбежно переключится на другой яркий объект. Чтобы углубить интерес к себе, необходимо дать ему почувствовать такую сложность, неоднозначность, которую он не раскусит за неделю и даже за две. Вы неуловимы, непостижимы, таинственны, а такому соблазну невозможно противиться, ибо он сулит неземные радости, если только вами удастся завладеть. Стоит вашему избраннику начать фантазировать, строить догадки относительно вас — и вот он

Жюльетта распустила узел каштановых волос, и теперь они ниспадали по ее плечам, словно облако. Немного задыхаясь после танца, она скрылась в тускло освещенном будуаре. Но восхищенные зрители не отставали, они последовали за ней и увидели, как она отдыхает после танца. Она прилегла на кушетку, в просторном утреннем платье, своей бледностью она напоминала Психею Жерара. Служанки хлопотали вокруг нее, смачивая ей лоб туалетной водой.

МАРГАРЕТ ТРАУНСЕР, «МАДАМ РЕКАМЬЕ»

уже скользит по наклонной плоскости обольщения и сам не заметит, как скатится вниз, стремительно и безудержно.

Природное и искусственное

Мюзикл Гилберта и Салливана «Терпение», премьера которого с оглушительным успехом прошла на Бродвее в 1881 году, представлял собой сатиру на богемный мирок эстетов и денди, чрезвычайно модный тогда в Лондоне. Продюсеры постановки решили в рекламных целях пригласить в Америку одного из английских эстетов, снискавших шумную известность, Оскара Уайльда. Ему предложили прочитать цикл лекций. Двадцатисемилетний Уайльд в ту пору был больше известен публике благодаря своему скандальному имиджу, нежели чем автор литературных произведений, тогда еще немногочисленных. Организаторы поездки не сомневались, что американскую публику очарует этот англичанин, который, как им представлялось, только и способен, что разгуливать с цветком в руке. Они, однако, не рассчитывали на то, что интерес к Уайльду окажется сколько-нибудь продолжительным. По их мнению, он должен был прочитать несколько лекций, а затем, когда новинка прискучит, его отправят на корабле домой. Был предложен солидный гонорар, и Уайльд принял предложение. По приезде в Нью-Йорк таможенник задал ему вопрос, не имеется ли при нем чего-либо, о чем следовало бы указать в таможенной декларации. «Разве что мой гений», — отвечал Уайльд.

Хлынули приглашения — обществу Нью-Йорка не терпелось удовлетворить свое любопытство и поглядеть на диковинку. Женщины находили Уайльда очаровательным, газеты же были к нему не столь добры. В «Нью-Йорк Таймс» он был назван «эстетичным мошенником». Наконец через неделю было объявлено о его первой лекции. Зал был переполнен: послушать Уайльда пришли больше тысячи человек, многие явились только для того, чтобы поглазеть на него. И они не были разочарованы. Правда, цветка у Уайльда не было, и ростом он оказался гораздо выше, чем они предполагали. Однако оказалось, что он носит длинные волосы, к тому же он был одет в зеленый бархатный камзол с таким же шарфом, штаны по колено и шелковые носки. Зрители во все глаза разглядывали его со своих мест. Многие были шокированы его обликом: контраст между его крупной, рослой фигурой и претенциозным костюмом произвел отталкивающее впечатление. Кое-кто открыто смеялся, другие не могли скрыть смущения. У публики складывалось неприязненное отношение к этому человеку. И тут он начал говорить.

Лекция на тему «Английское Возрождение» была посвящена «искусству ради искусства» — движению, возникшему в Англии конца девятнадцатого века. Голос Уайльда завораживал, гипнотизировал, он говорил почти белым стихом, манера выражаться была вычурной, так что не всем удавалось до конца понять смысл сказанного. Но вместе с тем в его словах было столько остроумия и блеска, а речь текла так свободно… Что ж, выглядел он и впрямь странно, зато никому в Нью-Йорке не доводилось прежде видеть или слышать такого интересного, такого удивительного человека. Лекция имела колоссальный успех. Даже тон газетных отчетов заметно смягчился. Позднее, спустя несколько недель, Уайльд должен был выступить в Бостоне. Человек шестьдесят студентов Гарвардского университета готовили ему каверзу. Они собирались высмеять женоподобного поэта, явив-

ДЕРЗКИЙ ГЕРОЙ ДРУГОЙ ЭПОХИ

У Оскара Уайльда были пухлые и слабые руки, рукопожатие его было вялым, безжизненным, и в первые минуты знакомства его расслабленность, как правило, вызывала неприязненное чувство. Однако эта антипатия исчезала, стоило ему заговорить: его природная доброта и желание доставить собеседнику удовольствие заставляла забыть о внешности и неприятном прикосновении, придавала шарм его манерам и особое изящество его точной и остроумной речи. Первая встреча с ним влияла на людей по-разному. Одни едва удерживались от смеха, у других он вызывал враждебность и раздражение, многие ощущали тревогу

шись на встречу с цветками в руках, облачившись в штаны по колено, а при его появлении устроить преувеличенно громкую овацию. Уайльда такая встреча нимало не смутила. Зрители смеялись до слез его остроумию и находчивости, когда он экспромтом прокомментировал происходящее, а когда студенты перебивали его выкриками, он держался с достоинством, ничем не выдавая раздражения или гнева. И здесь, благодаря контрасту между наружностью и манерой держаться, он казался человеком удивительным, исключительным. Его визит произвел неизгладимое впечатление на большинство присутствовавших и стал сенсацией.

То, что было задумано как короткая поездка с чтением нескольких лекций, переросло в турне по всей Америке. В Сан-Франциско лектор, специалист в области искусства и эстетики, продемонстрировал способность пить, не пьянея, а также оказался талантливым игроком в покер. Благодаря всем этим редким качествам он стал настоящим гвоздем сезона. На обратном пути Уайльду пришлось сделать несколько остановок в Колорадо. Жители шахтерского городка Ледвилл предупредили, чтобы красавчик поэт не вздумал совать к ним нос, пригрозив вздернуть его на самом высоком дереве, если он осмелится там показаться. Уайльд не мог отказаться от такого приглашения. Он прибыл в Ледвилл и, игнорируя злобные выкрики и враждебные взгляды, осматривал шахты, напивался, играл в карты, а затем читал завсегдатаям салунов лекции о Боттичелли и Челлини. Американские шахтеры, как и все прочие, были покорены этим странным поэтом и даже назвали в его честь одну из копей. Рассказывают, что один ковбой сказал о нем: «Этот парень вроде искусством занимается, только он любого из нас перепьет, пока мы не свалимся под стол, да потом еще и по домам растащит, по двое зараз».

358

Толкование

В сказке, однажды придуманной экспромтом во время обеда, Оскар Уайльд рассказал о стальных опилках, что вдруг почувствовали непреодолимое желание навестить ближайший магнит. Обсуждая это друг с другом, они вдруг поняли, что придвигаются к магниту, сами не понимая, почему это происходит и что ими движет. В конце концов они были сметены в общую массу, которая сгрудилась возле магнита. «Тогда магнит улыбнулся, ибо стальные опилки не сомневались, что они нанесли ему визит по собственной свободной воле». Именно такое воздействие оказывал и сам Уайльд на всех окружающих.

Притягательность Уайльда являлась не просто природным обаянием, так сказать, побочным продуктом личности, она была просчитана до мелочей. Страстно любя парадоксы, он сознательно обыгрывал свою эксцентричность и двойственность, контраст между манерной внешностью и язвительным остроумием. Горячий и непосредственный от природы, он сконструировал образ, противоположный его натуре. Люди вначале находили его отталкивающим, затем они были смущены, заинтригованы и, наконец, их тянуло к этому человеку, подобного которому, казалось, невозможно себе представить.

Парадокс в высшей степени обольстителен, поскольку он представляет собой игру, обыгрывает смысл. Мы, сами того не сознавая, подавлены рациональностью своей жизни, в которой всё должно иметь определенный смысл; обольщение, напротив, расцветает пышным цветом на почве неопределенности, противоречивых знаков, всего того, что не поддается расшифровке. Люди до боли познаваемы и очевидны. Яркая внешность или характер способны обратить на себя внимание, привлечь, но ненадолго, вле-

МАГНИТ И ОПИЛКИ

В некие времена жил на свете магнит, а неподалеку от него жили стальные опилки. Однажды две или три маленькие опилки почувствовали странное желание непременно пойти навестить магнит и заговорили о том, как хорошо и приятно было бы нанести этот визит. Их разговор услыхали другие опилки и тоже заразились этим желанием. К ним присоединились и другие, пока наконец все опилки не заговорили об этом, а их желание навестить магнит, вначале смутное, становилось все сильнее, превращаясь в настоящую тягу. «Почему бы нам не отправиться прямо сегодня?» — спросила одна из них. Но остальные решили, что приличнее будет подождать до завтра. Тем временем, сами того не замечая, они уже начали подвигаться все ближе и ближе к магниту, который лежал совсем тихо, не обращая на них никакого внимания. И так они продолжали спорить, незаметно перемещаясь все ближе и ближе к своему соседу; и чем ближе к нему они оказывались, тем более сильную тягу чувствовали, пока наконец самые нетерпеливые не объявили, что отправятся в гости к соседу прямо сегодня. Слышали даже, как кое-кто заявлял, что визит к магниту — их долг и давно пора его исполнить. Они говорили, говорили, а тем временем подвигались все ближе и ближе, сами не замечая этого движения. И вот наконец нетерпеливые победили, и, не в силах более противиться тяге,

чение ослабевает, ибо в нем отсутствует глубина, импульс противоречия, который мог бы потянуть нас за собой. Средством, с помощью которого можно не только привлечь, но и удержать внимание, является тайна, загадка. К сожалению, однако, ни один из нас не наделен таинственностью сам по себе, от природы, загадочность — качество, над которым, если вы хотите выработать его у себя, вам придется потрудиться. Это не что-то, присущее нам естественным образом, а уловка, ухищрение, прибегать к ним в обольщении следует на ранних стадиях. Продемонстрируйте какую-то черту своей личности явно, чтобы все ее заметили. (В случае с Уайльдом это экстравагантность, выраженная вычурной манерой одеваться и подчеркнуто претенциозным поведением.) Но одновременно подайте знак противоположного, парадоксального характера — намекните на то, что вы совсем не тот, кем кажетесь. Ничего страшного для вас, если эта скрытая черта окажется отрицательной и будет свидетельствовать, скажем, об опасности, жестокости или аморальности — людей и в этом случае все же будет привлекать в вас загадка. Ну а чистая добродетель редко бывает обольстительной.

Парадокс в его понимании был не чем иным, как истиной, вставшей на голову, чтобы привлечь к себе внимание.

РИЧАРД ЛЕГАЛЬЕН,
друг ОСКАРА УАЙЛЬДА

КЛЮЧИ К ОБОЛЬЩЕНИЮ

Вы никогда не сможете достичь успеха в обольщении, если вам не удастся заинтересовать собой жертву, привлечь к себе ее внимание. Заставить думать о себе даже в свое отсутствие. Первый проблеск интереса возбудить не так уж сложно — броская манера одеваться, взгляды, нечто, выделяющее вас из общего ряда. Но что потом? Наше сознание перегружено образами — и благодаря средствам массовой информации, и из-за того беспорядочного мелькания, которое окружает и утомляет нас в повседневной жизни. К тому же многие из этих образов довольно ярки. Так что вам грозит стать не более чем одной из множества картинок, ненадолго обращающих на себя внимание. Вы утратите свое влияние очень быстро, если только вам не удастся вызвать к жизни чары более продолжительного действия, которые бы заставили людей думать о вас даже во время вашего отсутствия. Это значит, что необходимо поразить их воображение, заставить их считать, что в вас есть нечто большее, чем удается увидеть на поверхности. Как только ваша жертва начнет приукрашивать ваш образ в своем воображении, считайте, что она у вас на крючке.

Всем этим, однако, необходимо заниматься не откладывая в долгий ящик, не дожидаясь, что ваши жертвы слишком близко познакомятся с вами и выработают окончательное суждение. Ощущение тайны должно поразить их в тот самый момент, когда они впервые вас увидят. Подавая противоречивые знаки при этой первой встрече, вы вызываете удивление, с одной стороны, и некоторое напряжение — с другой. Вы производите определенное впечатление, скажем, человека простодушного, сдержанного, рассудочного или весельчака. Однако в то же время можно уловить намек и на нечто совсем иное, порой даже противоположное (демонический, дерзкий, темпераментный, печальный). Игра должна быть очень тонкой: допустив, что второе качество проявится слишком сильно, вы рискуете оказаться в глазах окружающих банальным шизофреником, страдающим раздвоением личности. Но заставьте их задуматься, почему сквозь наружный блеск остроумца и интеллек-

опилки в едином порыве воскликнули: «Нечего больше ждать. Отправляемся сегодня. Прямо сейчас. Сейчас же!» Они взметнулись, слившись воедино, и в то же мгновение с лязгом облепили магнит со всех сторон. А магнит улыбнулся, ведь стальные опилки не сомневались, что пришли к нему в гости по собственной воле.

ОСКАР УАЙЛЬД.
ЦИТ. ПО КН.: ХЕСКЕТ
ПИРСОН, «ОСКАР
УАЙЛЬД»

361

И вот, когда столь внезапно начавшийся турнир закончился и рыцари расходились, каждый устремляясь в том направлении, куда влекли его мысли, случилось так, что Ривалин направился туда, где сидела прекрасная Бланшфлор. Завидев ее издали, он пришпорил коня и, глядя ей в глаза, радостно ее приветствовал: «Храни вас Господь, милая женщина!» — «Благодарю, — ответила девушка и, смущаясь, продолжила: — Да возвеселит Господь Всемогущий, который несет радость всем сердцам, и ваши мысли и сердце. От меня же примите благодарность, да только не забывайте о том, что я на вас сердита!» — «Ах, добрая женщина, в чем же я провинился перед вами?» — любезно спросил Ривалин.

туала сквозит печаль или нерешительность, и внимание будет прочно приковано к вашей персоне. Пусть ваша двойственность позволит им разглядеть в вас то, что они сами захотят увидеть. Задержите их внимание, позволив подсмотреть кое-что сквозь щелочку, приоткрывающую потемки чужой души.

Древнегреческий философ Сократ был одним из величайших обольстителей в истории: юноши, которые становились его учениками, не просто восхищались его идеями — они по-настоящему любили своего учителя. Был среди этих юношей один, Алкивиад, известный прожигатель жизни, ставший впоследствии, в конце пятого века до н. э., весьма заметной политической фигурой. В «Пире» Платона Алкивиад описывает обольстительную силу Сократа, сравнивая его с фигурками Силена, которые тогда были широко распространены. Силен из греческих мифов был уродливым, но мудрым предсказателем. Статуи, изображавшие Силена, были полыми, а внутрь помещались маленькие фигурки богов — внутренняя красота и истина, скрывавшиеся под непривлекательной наружностью. Итак, говорит Алкивиад, с Сократом дело обстояло так же: он был так некрасив, что мог бы отталкивать своим уродством, однако лицо его излучало благородство, внутреннюю красоту. Это и сбивало с толку, и притягивало к нему. Другая великая обольстительница древности, Клеопатра, также производила противоречивое впечатление: внешне невероятно обаятельная и женственная во всех отношениях, будь то голос, фигура, лицо или манеры, она при этом обладала столь блестящим острым умом и твердым характером, из-за чего кое-кому из современников даже казалась в чем-то подобной мужчине. Такое противоречие придавало ее личности сложность и глубину и было, по сути дела, источником ее власти.

Чтобы привлечь и удержать внимание, вам необходимо продемонстрировать нечто, противоречащее первому, поверхностному впечатлению и придающее вам глубину и загадочность. Если у вас миловидное лицо с невинным выражением, попробуйте намекнуть, что в вашем характере есть что-то темное, мрачное. Это должно проявиться не на словах, а в вашей манере вести себя. Актер Эррол Флинн обладал ангельски красивым мальчишеским лицом с легким налетом грусти. Под этой внешностью, однако, женщины ощущали жестокость, порочность и восхитительный привкус опасности. Подобное сочетание несочетаемого привлекало и возбуждало неодолимый интерес. Женский эквивалент — это тип, воплощением которого была Мэрилин Монро: лицо и нежный голосок маленькой девочки, за которыми кроются — да что там кроются, мощно рвутся наружу — сексуальность и порочность. Мадам Рекамье удавалось достичь эффекта с помощью одних глаз, когда ее ангельски кроткий взгляд внезапно становился чувственным и игривым.

Игры с социальными ролями своего и противоположного пола также представляют собой своеобразный парадокс, который имеет долгую историю. Величайшие ловеласы и донжуаны всегда были миловидны и слегка женственны; известнейшим куртизанкам, напротив, были свойственны некоторые мужские черты. Эта тактика, однако, приносит желаемые плоды лишь при условии, что скрытое свойство действительно почти незаметно, имеется лишь намек на него. Если подобное смешение женственности и мужественности проявляется слишком открыто или выражается чересчур ярко, оно кажется одиозным и даже отпугивающим. Хотя знаменитая куртизанка семнадцатого века Нинон де Ланкло была, безусловно, очень женственной, от окружающих не могла

«Вы досадили мне через моего друга, лучше и ближе которого у меня никогда не было». — «Боже правый, — подумал он. — Что бы это значило? Что я такого сделал, чем досадил ей? Не пойму, о чем она говорит?» — и он вообразил, что ранил, должно быть, ее кровного родственника во время рыцарских забав и по этой причине она на него досадует. Но нет, тем другом, о котором она упомянула, было ее сердце, которое он заставил страдать, — вот о каком друге говорила она. Но он ничего не знал об этом. «Добрая женщина, — проговорил он с обычной своей любезностью, — не хочу, чтобы вы гневались на меня или подозревали меня в злом умысле. Поэтому, если правда то, о чем вы говорите,

363

благоволите сами вынесите мне приговор, я с готовностью выполню любое ваше приказание». — «Я не слишком сержусь на вас за то, что случилось, — был ответ милой девушки, — но и не похвалю вас за это. Однако, чтобы посмотреть, как вы будете исправлять то зло, что причинили мне, я в свое время испытаю вас». И вот он поклонился, как если бы собирался покинуть ее, и милая девушка тихо вздохнула и с нежностью произнесла: «Ах, любезный друг, да благословит вас Господь!» Ривалин повернул назад, размышляя о многом. Он обдумывал сказанное ему прекрасной Бланшфлор и пытался понять, что же все это означало. Он не оставил без внимания ее

укрыться присущая ей в некоторой степени агрессивность и независимость, однако проявлялись эти качества едва заметно! Итальянский литератор Габриэль д'Аннунцио определенно был мужчиной во всех своих проявлениях, но к этому примешивались удивительная мягкость, предупредительность и интерес к нарядам, свойственный скорее прекрасному полу. Можно по-всякому жонглировать этими качествами, ставя их в самые разнообразные сочетания: Оскара Уайльда, например, отличала женственность манер и внешнего вида, но было в нем и что-то такое, что не позволяло усомниться, что перед вами истинный мужчина, и это сочетание привлекало к нему представителей обоих полов.

Еще одна вариация на ту же тему — игра на смешении внешней пылкости с глубинной эмоциональной холодностью. Денди, подобные Бо Браммелу и Энди Уорхолу, сочетают яркую внешность с холодным равнодушием, отстраненностью. Они держатся на расстоянии от всех и вся, одновременно притягивая и отталкивая, и люди тратят жизнь, гоняясь за подобными людьми, пытаясь пробить брешь в непробиваемой броне. (Власть недоступных — по крайней мере на вид — людей дьявольски сильна: каждого тянет к ним, каждый хочет оказаться покорителем неприступных вершин.) Кроме того, они окутаны неопределенностью и тайной, они неразговорчивы, к тому же затрагивают в разговоре лишь общие, поверхностные темы, как бы давая почувствовать, что глубина их натуры недостижима для простых смертных. Когда Марлен Дитрих входила в комнату или приезжала на вечеринку, все взгляды мгновенно обращались к ней. Первой причиной были ее поразительные туалеты, словно специально созданные, чтобы привлекать взоры. Помимо этого, в ней поражало выражение полного безразличия, даже бесстрастия. Мужчины и женщины сходили по ней с ума, ее было трудно забыть даже тогда, когда блекли и уходили из памяти прочие воспоминания об этом дне. Помните: первое впечатление, первое появление имеет решающее значение. Проявить слишком явную заинтересованность и внимание означает расписаться в собственной неуверенности. Это часто отпугивает людей. С другой стороны, изобразите холодность и полное отсутствие интереса — и к вам вообще никто не подойдет. Хитрость в том, чтобы сочетать эти две крайности одновременно. В этом заключена квинтэссенция кокетства.

Возможно, вы заработали себе определенную репутацию каким-то своим качеством, и оно всплывает в памяти людей, как только они вас встречают. В таком случае лучше всего попытаться дать понять, что на самом деле за этой закрепившейся репутацией скрывается что-то неожиданное. Кто может сравниться с лордом Байроном — он имел более мрачную, зловещую и даже страшную репутацию, чем кто бы то ни было. Женщины не могли устоять перед ним во многом потому, что за отстраненным и презрительным выражением его лица угадывались романтичность и даже одухотворенность. Байрону удавалось достичь такого эффекта благодаря своему меланхоличному виду и тому, что при этом время от времени он совершал добрые дела. Не одна влюбленная женщина надеялась, что уж ей-то удастся стать той единственной, которая выведет его на путь добродетели, приручит и превратит в верного возлюбленного. Тешась такими мечтами, она тем временем полностью оказывалась во власти его обаяния. Добиться подобного эффекта в обольщении не так уж сложно. Если вы, скажем, известны сво-

приветствие, вспомнил все ее речи; он то и дело вспоминал ее вздох и прощальные слова, то, как она держалась с ним... Но, так как он не был уверен в ее побуждениях и в том, движет ею вражда или любовь, он пребывал в растерянности и смущении. Он колебался, мысли его метались из стороны в сторону. В своих рассуждениях он бросался то в одном направлении, то через мгновение — в другом, пока окончательно не запутался в тенетах собственного желания, убежать от которого был не в силах... Затруднительное положение, в котором он оказался, стало для него ловушкой, ибо он никак не мог понять, желает ли она ему добра или зла; он не мог разобрать, любит она его или ненавидит. Он не мог ни питать надежду, ни впасть в отчаяние, он не мог решить, надлежит ли ему продвигаться вперед или, напротив, ретироваться, — и так он метался от упования к безысходности, в неразрешимом несогласии с самим собой. Надежда говорила ему о любви, безысходность — о ненависти. Из-за такого разлада он не мог сделать твердого выбора ни в пользу ненависти, ни в пользу любви. Так его чувства блуждали, словно утлое суденышко, несущееся по воле волн, — надежда прибивала его к берегу, отчаяние снова уносило прочь. Он не мог обрести определенности ни в том, ни в другом; две крайности отказывались прийти к соглашению, каждая настаивала на своем. Когда приходило

им здравомыслием, дайте понять, что вам свойственны некоторое безрассудство и непредсказуемость. Йоханнес, соблазнитель из «Дневника обольстителя» Кьеркегора, вначале обращается с юной Корделией деловито и сдержанно, оправдывая свою репутацию. Однако вскоре она слышит, как он отпускает реплики, позволяющие заподозрить в нем необузданную, поэтичную натуру, это восхищает и интригует ее.

Область применения обсуждаемых здесь принципов выходит далеко за пределы любовных дел. Чтобы приковать к себе внимание широкой аудитории, завладеть ее мыслями, заставить думать о себе, также необходимо спутать посылаемые сигналы. Слишком навязчивая эксплуатация какого-либо одного качества, даже вполне положительного — компетентности или трудоспособности, — приведет к тому, что людям покажется, что вам недостает человечности. Все мы сложны и неоднозначны, каждый из нас полон противоречивых импульсов; если вы приоткроете только одну сторону, пусть даже лучшую, то людям это рано или поздно надоест. Вас заподозрят в лицемерии. Махатма Ганди, настоящий праведник, открыто признавался в том, что он также испытывает гнев и ему не чуждо желание отомстить. Джон Ф. Кеннеди, самый обольстительный из общественных деятелей в современной истории Америки, вообще был ходячим парадоксом: аристократ с Атлантического побережья, симпатизирующий простому люду, настоящий мужчина — герой войны, в котором, однако, угадывались подспудная уязвимость и нежность, интеллектуал, обожавший поп-культуру. Люди невольно тянулись к Кеннеди, как стальные опилки из сказки Уайльда к магниту. Яркая, блестящая поверхность обладает, вероятно, определенным шармом, но то, что по-настоящему притягивает наши глаза к картине, — это глубина изображения, трудно определяемая двойственность, сверхъестественная сложность.

Символ: Театральный занавес.
Тяжелые, темно-красные складки
бархатного занавеса привлекают наши
взгляды, гипнотизируют. Но на самом-то деле
нас будоражит и держит в напряжении пред-
вкушение того, что будет происходить, когда
занавес раскроется, — сквозь щели пробива-
ется свет, нас охватывает предчувствие
тайны: что-то вот-вот произойдет. Вы
ощущаете трепет зрителя перед
началом спектакля.

ОБОРОТНАЯ СТОРОНА

Сложность, о которой вы сигнализируете окружающим, произведет на них должное впечатление лишь в том случае, если они вообще способны наслаждаться тайной. Есть много и таких, кто предпочитает что-нибудь попроще, они едва ли станут утруждаться, добиваясь человека, который путает их и сбивает с толку. Они останавливают свой выбор на чем-то ярком, ослепляющем их блеском и великолепием. Знаменитая французская куртизанка времен Belle Epoque[1], известная как Прекрасная Отеро, не жалела усилий, ведя изысканный, сложный и утонченный флирт с художниками и политическими деятелями, и те были не в силах устоять перед ней. Однако, если ей приходилось иметь дело с более примитивными, приземленными мужчинами, их она поражала сразу — яркостью и красотой. Впервые встречаясь с женщиной, Казанова старался облечься в изысканный наряд, усыпанный драгоценными камнями, по реакции своего объекта он мог понять, потребуется ли

---

[1] «Прекрасная эпоха» — время правления Наполеона III и конец XIX века.

отчаяние и говорило ему, что Бланшфлор ему враг, он в ужасе пытался бежать. Однако на смену приходила надежда, неся с собой ее любовь и нежность, и он останавливался, вновь обретая силы. Перед лицом такого противоречия он уже не знал, в какую сторону ему повернуть: чем сильнее ему хотелось бежать, тем крепче любовь удерживала его, принуждая вернуться.

Из «Тристана»
Готфрида фон
Штрассбурга

затем более сложное обольщение. Некоторым его жертвам, в особенности совсем юным девушкам, и не требовалось более ничего, кроме блеска роскоши да привлекательной наружности, — им только этого и нужно было, так что обольщение вполне могло состояться и на этой стадии.

Все зависит от вашего объекта: не утруждайтесь, создавая глубину для тех, кто к этому нечувствителен, или для тех, кого это даже может напугать и оттолкнуть. Вы сможете распознать этих людей по тому, что в жизни они отдают предпочтение простым радостям, по их нетерпеливому нежеланию участвовать в более утонченных отношениях. Советуем быть с ними проще.

04

Предстань предметом вожделений — создавай треугольники

Мало кому покажется притягательным человек, которого все избегают или кем пренебрегают: люди кружат вокруг тех, кто уже вызвал чей-то интерес. Нам подавай то, чего хотят другие. Чтобы привлечь внимание своих жертв, чтобы заставить их возжаждать того, чем вы обладаете, сотворите этакую ауру популярности — покажите, что вы желанны и востребованны, что за вами гоняются толпы обожателей. В этом случае тщеславию объекта польстит роль избранника, ему будет приятно отвоевать вас у толпы. Сотворите иллюзию своей популярности, окружив себя представителями противоположного пола — друзьями, бывшими любовниками, теперешними воздыхателями. Пусть возникают треугольники — это стимулирует дух соперничества и повышает вашу ценность в глазах других.

Пусть созданная репутация бежит впереди вас — нет дыма без огня: если многие пали жертвами ваших чар, значит, на то есть причины.

Построение треугольников

Однажды вечером (это происходило в 1882 году) тридцатидвухлетний прусский философ Пауль Рее, живший тогда в Риме, нанес визит пожилой даме — хозяйке салона, в котором собирались писатели и художники. В салоне Рее заметил новую гостью. Молодая девушка из России по имени Лу фон Саломе приехала в Рим навестить мать. Рее представился, мало-помалу они разговорились, и завязалась беседа, которая затянулась за полночь. Представления Лу о Боге и морали совпадали с его собственными, она говорила с неподдельным пылом, к тому же во взглядах, которые она бросала на него, сквозило, как ему казалось, кокетство. Саломе и Рее подружились, теперь они встречались каждый день и подолгу бродили по городу. Недюжинный ум девушки привлекал его, но чувства, которые она в нем вызывала, были не совсем понятны, сбивали с толку. Ему хотелось быть с нею все время, да они и стали неразлучными. Так прошло несколько дней, и однажды она обратилась к нему с предложением: насколько ей известно, его близкий друг, философ Фридрих Ницше, путешествует сейчас по Италии. Но они бы могли, сказала она, путешествовать сообща, да что там путешествовать, жить вместе, образовав что-то вроде тройственного союза философов. Рее, яростный ниспровергатель христианской морали, пришел от этого предложения в восторг. В письме своему другу он написал, как Саломе жаждет знакомства с ним. После нескольких писем Ницше наконец поспешил в Рим.

Рее пригласил его, чтобы порадовать Саломе и произвести на нее впечатление, к тому же ему не терпелось узнать мнение Ницше о девушке и ее взглядах. Но сразу по прибытии Ницше случилась неприятность: великого философа, закоренелого холостяка-одиночку, явно по-

Зачастую мы останавливаем свой выбор на чем-то только потому, что именно это обычно выбирают наши друзья или кто-то, кто пользуется нашим уважением. Взрослые, когда проголодаются, поступают по-детски, заказывая те же блюда, которые берут окружающие. В любви происходит то же — люди ищут мужчину или женщину, которые пользуются популярностью у окружающих, и пренебрегают теми, за кем не гоняются другие. Когда мы говорим, что мужчина или женщина привлекательны, то в действительности имеем в виду, что они привлекательны для других.

разила страсть к Саломе. Вместо того чтобы вести втроем интеллектуальные беседы, Ницше так и старался остаться с девушкой наедине. Когда Рее перехватывал взгляды, которыми обменивались Саломе и Ницше, он чувствовал уколы ревности. Он выбросил из головы тройственный союз философов: Саломе принадлежит ему, и он не собирается делить ее даже с лучшим из друзей. Нужно постараться остаться с ней с глазу на глаз. Только тогда он сможет вернуть себе ее расположение.

Мадам Саломе настаивала на том, чтобы отправить дочь назад в Россию, но в планы девушки возвращение домой не входило. Рее вмешался, предложив сопровождать Лу в Пруссию, где он хотел представить ее своей матери. Та, по его уверениям, была бы счастлива позаботиться о девушке и присмотреть за ней. (Рее, однако, прекрасно сознавал, что его матушка — никудышная дуэнья.) Мадам Саломе приняла решение поехать с ними, однако поколебать Ницше оказалось существенно труднее: он заявил, что тоже отправится на север, в отчий дом Рее. В какой-то момент во время путешествия Ницше и Саломе пошли вдвоем на прогулку, когда же они вернулись, у Рее создалось впечатление, будто что-то между ними произошло. Он вскипел — было ясно, что Саломе ускользает у него из рук.

Наконец компания разделилась: мать девушки вернулась в Рим, Ницше отправился в Таутенбург, где обычно проводил лето, Рее и Саломе остались гостить у матушки Рее. Но девушка задержалась здесь ненадолго: получив приглашение от Ницше, она отправилась в Таутенбург без сопровождения. В ее отсутствие Рее обуревали сомнения, ревность, гнев. Он нуждался в ней больше, чем когда-либо, а потому приготовился удвоить свои усилия. Когда она наконец вернулась, Рее выместил всю горечь

Не важно, наделены ли они какими-то выдающимися качествами, главное, что они соответствуют некоей общепринятой модели.

Серж Московичи, «Век толпы: исторический трактат по психологии масс»

371

на Ницше, он жестоко раскритиковал его философию, а затем стал выспрашивать, каковы его намерения в отношении Саломе. Но та встала на защиту Ницше. Рее был в отчаянии, он чувствовал, что упускает ее. Однако через несколько дней она вновь удивила его: заявила, что приняла окончательное решение и хочет жить с ним, и только с ним.

Наконец-то Рее получил то, чего хотел — или думал, что хочет. Пара влюбленных отправилась в Берлин, там они сняли квартиру на двоих. Но и здесь, к отчаянию Рее, повторялась старая история. Жили они вдвоем, но вокруг Саломе так и увивались толпы молодых мужчин. Любимица берлинских интеллектуалов, которые обожали ее за независимый ум и бескомпромиссность, она постоянно была окружена этаким мужским гаремом, восторженно именующим ее «Ваше превосходительство». Опять и опять Рее оказывался перед необходимостью соперничать, бороться за ее внимание. Доведенный до отчаяния, он расстался с нею через несколько лет и в конце концов покончил с собой.

В 1911 году Зигмунд Фрейд познакомился с Саломе (к тому времени она носила имя Лу Андреас-Саломе) на конференции в Германии. По ее словам, она мечтала посвятить себя психоанализу. Фрейд нашел ее очаровательной, хотя ему, как и всякому другому, была известна история их отношений с Ницше (см. главу «Денди»). У Саломе не было никакой подготовки в области психоанализа или психотерапии. Несмотря на это, Фрейд ввел ее в круг приближенных, тех, кто посещал его частные лекции. Вскоре после этого доктор Виктор Тауск, один из самых блестящих и многообещающих учеников Фрейда, влюбился в Саломе, которая была на шестнадцать лет старше его. Отношения Саломе с Фрейдом оставались платоническими, что не мешало ему чувствовать к ней сильнейшую привязанность. Если она пропускала лекцию, он грустил, посылал ей записки и цветы. Узнав о романе с Тауском, он сильно ревновал. Тауск был ему как сын, но сын угрожал разрушить платоническую любовь отца. Это, однако, длилось недолго. Саломе оставила Тауска. Теперь ее дружба с Фрейдом была крепка, как никогда, и продолжалась до самой ее смерти, последовавшей в 1937 году.

Толкование

Мужчины не просто влюблялись в Лу Андреас-Саломе, их захлестывало непреодолимое желание обладать ею, отвоевать ее у соперников, стать единоличным обладателем ее тела и души. Они почти не видели ее в одиночестве, почти всегда она представала в окружении мужчин.

Заметив интерес Рее к себе, она упомянула о желании познакомиться с Ницше. Это возбудило ревность Рее и вызвало у него желание жениться, чтобы одному обладать ею, а она настаивала на знакомстве с его другом. Письма Рее к Ницше выдавали его увлечение этой женщиной, и это, в свою очередь, вызвало у Ницше интерес и желание еще до встречи с нею. Всякий раз, когда один или второй оставались с нею наедине, рядом была тень соперника. Впоследствии большинство мужчин, знакомясь с Лу, знали о пресловутом романе с философом, но это лишь усиливало их влечение и стремление обладать, соперничать с памятью Ницше. Сходным образом восторженное отношение к ней Фрейда превратилось в мощное желание, стоило ему увидеть в Тауске соперника. Лу и сама по себе была достаточно умна и привлекательна, однако стратегия создания треугольников, которой она последовательно придерживалась всю жизнь, многократно усиливала интерес и влечение к ней. Пока за нее сражались, власть была в ее руках — она была желанна для всех, не принадлежа никому.

Привлекательность человека почти всегда определяется и тем, как его воспринимают в обществе: нас интересует тот, кто представляет интерес для окружающих. Вы, конечно, можете объяснять свое желание любой сентиментальной чепухой, но очень часто в основе, как ни крути, лежат тщеславие и жадность. Что тут жаловаться и морализировать, обличая людской эгоизм, — просто помните об этом и используйте в своих интересах. Иллюзия того, что вы желанны для всех, придаст вам куда больше привлекательности в глазах ваших жертв, чем красивое лицо или безупречная фигура. Самый же действенный способ создать такую иллюзию — треугольник: поставьте между собой и жертвой еще кого-то и осторожно, ненавязчиво покажите жертве, что этот третий от вас в восторге и добивается взаимности. Кстати, третий угол треугольника не обязательно должен быть представлен одним человеком: окружите себя толпой воздыхателей, намекните на прежние победы — другими словами, окутайте себя аурой желанности. Заставьте свой объект сражаться за вас с вашим прошлым и настоящим. Они будут умирать от желания заполучить вас в собственность, а значит, вы возымеете над ними великую власть. Если с самого начала вам не удастся сделаться предметом вожделения, вы рискуете впоследствии превратиться в жалкого раба своего возлюбленного и покорно ожидать, что вас отбросят за ненадобностью в тот самый момент, как утратят интерес к этому приключению.

[Человек] стремится к обладанию каким-либо объектом ровно до тех пор, пока считает, что этот объект нужен другому человеку, мнение которого для него важно.

Рене Жирар

Ключи к обольщению

Человек — существо общественное, именно поэтому все мы находимся под сильнейшим воздействием вкусов и желаний других людей. Представьте себе многолюдное собрание — прием, вечеринку. Вы видите там одиноко стоящего человека, с которым на протяжении долгого времени никто не заговаривает, который и сам ни к кому не обращается, — чем объяснить эту изоляцию? Почему он один, почему его избегают? Тому должна быть причина. Пока не найдется кто-нибудь, кто пожалеет злополучного гостя и не заговорит с ним, он будет выглядеть никому не нужным и нежеланным. Но вот в другом конце зала мы видим женщину, окруженную людьми. Они смеются ее словам, и вот уже новые люди, привлеченные смехом, подходят к ним, толпа растет. Она переходит на другое место — люди тянутся за ней. Ее лицо пылает, она вся светится, она интересна окружающим. И этому также должна быть причина.

В обоих случаях, разумеется, может и не быть никакой реальной причины. Человек, стоящий одиноко, может оказаться чудесным и обаятельным, стоит вам только с ним заговорить, но, скорее всего, вы этого не сделаете. Востребованность — это социальная иллюзия. Она в меньшей степени определяется тем, что вы говорите, делаете, всякого рода бахвальством или саморекламой. Неизмеримо важнее ощущение, что вы интересны и желанны для других людей. Для того чтобы превратить интерес ваших объектов во что-то более сильное и глубокое, в желание, необходимо дать им увидеть, что другие ухаживают за вами и домогаются вашего внимания. Желанию свойственны, во-первых, подражательность (нам нравится то, что нравится другим), во-вторых, соревновательность (мы хотим отнять у других то, чем они обладают). В детстве мы хотим монополизировать право на внимание родителя, отвлечь его от других братьев и сестер. Это чувство соперничества стимулирует человеческие желания, и такая ситуация повторяется множество раз на протяжении нашей жизни. Заставьте людей соперничать за право завладеть вашим вниманием, пусть видят, что вы всем необходимы. Аура желанности так и засияет вокруг вас.

Ваши поклонники могут быть друзьями и даже случайными знакомыми. Назовем это эффектом гарема. Полина Бонапарт, сестра Наполеона, повышала свою значимость в глазах мужчин тем, что окружала себя обожателями, которые вечно толпились вокруг нее на балах и приемах. Если она отправлялась на прогулку, ее сопровождал не один спутник, а по меньшей мере двое или трое. Эти мужчины могли быть только друзьями, а то и просто реквизитом — случайными знакомыми, мелкой сошкой. Однако их присутствия было достаточно, чтобы возникло впечатление, что ей нет прохода от воздыхателей, что она — женщина, за которую сражаются. Энди Уорхол окружал себя знаменитостями, самыми интересными людьми, каких только удавалось найти. Входить в их узкий круг также означало быть востребованным. Находясь среди них и при этом держась отстраненно, он добивался того, что каждый стремился заполучить хоть крошечную толику его внимания. Он вызывал в людях желание обладать им тем, что сам их отталкивал.

Подобные приемы не только вызывают желание добиваться вас, они бьют по основным человеческим слабостям: тщеславию и самолюбию. Мы еще можем как-то справиться с тем, что другой человек богаче или талантливее нас, но сознание того, что соперник оказался желаннее и предпочтительнее, непереносимо. В самом начале восемнадцатого века герцог Ришелье, распутник и повеса, ухитрился соблазнить молодую женщи-

ну, религиозную и добропорядочную, глупова-
тый супруг которой частенько бывал в отлучках.
Не остановившись на достигнутом, он обольстил
ее ближайшую соседку, молодую вдову, что жила
этажом выше. Когда женщины обнаружили, что
герцог порой навещает их обеих на протяжении
одной ночи, они устроили ему очную ставку.
Человек иного склада был бы уничтожен, но
только не Ришелье: он, как никто другой, понимал движущие силы тщеславия и желания. Ни
одна из женщин не хотела, чтобы он предпочел
ей другую. В результате ему удалось подбить их
на что-то вроде треугольника, жизни втроем,
причем каждая из них старалась занять место его
фаворитки. Разыгрывая карту самолюбия и тщеславия, вы можете вертеть людьми, как хотите.
Если вас интересует женщина, утверждал Стендаль, начните проявлять внимание к ее сестре.
Это немедленно вызовет к вам интерес.

Ваша репутация — известность в качестве
обольстителя — также прекрасное средство,
способствующее созданию ауры желанности.
Женщины сами падали к ногам Эррола Флинна
не из-за красивого лица и уж точно не из-за его
актерского дарования, а из-за его славы сердцееда. Они знали, что другие женщины не
смогли перед ним устоять. Стоило ему приобрести такую репутацию — и успех у женщин
стал даваться без малейших усилий, собственно
говоря, они сами шли к нему в руки. Мужчины,
которым кажется, что репутация распутника
заставит женщин бояться, сторониться или пре-
зирать их, ошибаются. Напротив, она придаст
им притягательности в глазах женщин. Добро-
детельная герцогиня де Монпансье, знаменитая
Мадемуазель Франции, начала с платонической
дружбы с повесой герцогом Лозаннским, но
вскоре почувствовала тревогу: мужчина, который до сих пор не пропускал ни одной юбки, не

Очень выгодно для
вас было бы
невзначай упомя-
нуть в разговоре
с женщиной,
которую вы
намерены завое-
вать, о некоторых
влюбленных в вас
женщинах и о тех
недвусмысленных
авансах, которые
они вам делают.
Это не только
утвердит ее
в мысли, что вы
пользуетесь
успехом у дам
и при этом
поистине человек
чести, но и убедит,
что для нее лестно
оказаться внесен-
ной в этот список
и удостоиться того,
что вы и ее будете
так же превозно-
сить в своих
беседах

с другими вашими друзьями женского пола. Все это ее очарует, так что не удивляйтесь, если она тут же докажет свое восхищение, обвив вашу шею руками.

Лола Монтес, «Наука и секреты красоты с советами джентльменам, желающим преуспеть в искусстве очаровывать»

проявляет никакого интереса к ней как к женщине — уж не означает ли это, что с ней что-то неладно?

Это беспокойство в конце концов толкнуло ее в его объятия. Если женщина пополняет ряды жертв известного соблазнителя, это может стать для нее предметом особой гордости. Нам приятно оказаться к такой компании, наше имя рядом с именем известного соблазнителя или соблазнительницы — своеобразная реклама. Это означает, что мы желанны, это придает нам уверенности. Ваша собственная репутация обольстителя может быть не такой уж завидной. Постарайтесь добиться, чтобы ваши жертвы поверили в то, что многие, очень многие до них старались добиться вашего расположения. Меньше всего нам хочется войти в ресторан, если зал пуст и за столиками никто не сидит.

Одна из вариаций игры с треугольниками — использование контрастов: если рядом с вами люди непривлекательные, серые, то сравнение может сыграть вам на руку. На вечеринке, например, позаботьтесь, чтобы вашему объекту достался в качестве собеседника самый скучный из гостей. Придите на помощь, и вы будете вознаграждены искренней благодарностью и восхищением. В «Дневнике обольстителя» Сёрена Кьеркегора Йоханнес имеет виды на юную невинную Корделию. Зная, что его друг Эдвард безнадежно застенчив и скучен, он подстрекает его поухаживать за девушкой. Нескольких недель пристального внимания со стороны Эдварда хватило, чтобы Корделия начала озираться в поисках *хоть какой-то замены*, и тут уж Йоханнес позаботился, чтобы ее взгляд упал именно на него. Йоханнесу интересна была сложная и замысловатая игра, однако почти в любой социальной среде нетрудно обнаружить контрасты, которые там имеются, и сыграть на этом, используя их в своих интересах. Английская актриса семнадцатого века Нелл Гвинн стала фавориткой короля Карла II благодаря тому, что юмор и неподдельная искренность выгодно отличали и выделяли ее на фоне напыщенных и претенциозных дам двора. Шанхайской актрисе Цзян Цин, когда она познакомилась в 1937 году с Мао Цзэдуном, не пришлось прибегать к особым ухищрениям, чтобы его обольстить: остальные женщины в его окружении одевались по-мужски и были категорически неженственными. Одного взгляда на изящную Цзян было достаточно, чтобы покорить Мао. Вскоре он бросил ради нее жену. Для того чтобы проявить контрасты, либо развейте и демонстрируйте качества (юмор, жизнерадостность, искренность — что угодно), которые наиболее редко встречаются в вашей собственной социальной группе, либо выберите такую группу, в которой ваши природные качества окажутся редкостью и засияют ярким светом.

Использование контрастов имеет широкое применение в политике, ведь политические деятели и другие публичные фигуры также должны обольщать и казаться желанными. Научитесь преувеличивать те свои качества, которых нет у ваших соперников. Если они высокомерны и агрессивны, старайтесь выглядеть сдержанным и демократичным.

Когда Владимир Ленин возвратился в Россию в 1917 году после отречения императора Николая II, он всячески афишировал и выставлял напоказ свою твердость и дисциплинированность — те качества, которыми не обладал ни один из политических лидеров того времени. В американской предвыборной кампании 1980 года прямолинейность Рональда Рейгана выгодно смотрелась на фоне нерешительности постоянно колеблющегося Джимми Картера. Контрасты столь обольстительны потому, что не зависят от наших собственных слов и не выглядят саморекламой. Публика воспринимает

таким образом, изначально отмечено ненавистью и соперничеством. Коротко говоря, источник желания — подражание, имитация, и не может возникнуть желание, которое бы не желало немедленного уничтожения или исчезновения той модели или того образца для подражания, который и дал ему начало.

Джеймс Мандрелл, «Дон-Жуан и вопрос чести»

их на подсознательном уровне и видит то, что хочет увидеть.

Досадно, что нашему новому знакомцу нравится мальчик. Но разве все важнейшие жизненные блага в этом мире не общедоступны? Солнце сияет для каждого. Месяц, сопровождаемый бесчисленными звездами, указывает путь даже скоту на пастбище. Можно ли выдумать что-то прекраснее воды? А ведь она течет для целого света. Почему же тогда любовь надо скрывать, а не прославлять и гордиться ею? Вот-вот, именно так — не нужно мне никаких жизненных благ, если люди позавидуют.

Петроний, «Сатирикон»

Наконец, последнее: представ востребованным, показав, как желанны вы для окружающих, вы можете повысить себе цену, но часто то, как вы держитесь, как подаете себя, способствует успеху не в меньшей степени. Не позволяйте своим объектам видеть себя слишком часто, держите дистанцию, кажитесь неприступным, недостижимым для них. То, что достается нам с трудом, ценится выше.

Символ: Приз. Почему мы стремимся заполучить приз, почему видим в нем нечто ценное, чем стоит обладать? Причина в том, что за ним охотятся и другие соискатели. Иногда добрые устроители готовы наградить всех только за участие, но тогда приз теряет свою ценность. Ведь он означает не только вашу победу, но и поражение всех остальных.

ОБОРОТНАЯ СТОРОНА

Таковой не имеется. Выглядеть желанным в глазах окружающих просто необходимо.

Создай потребность — возбуди тревогу и неудовлетворенность

Полностью удовлетворенного человека обольстить невозможно. Следует поселить в душе ваших объектов напряженность и дисгармонию. Внушите им чувство беспокойства, неудовлетворенности жизненными обстоятельствами и самими собой: в их жизни недостает приключений, они утратили юношеские идеалы или попросту стали скучны. Ощущение неполноценности, созданное вами, позволит втереться в доверие; в вас дóлжно увидеть ответ на все жизненные вопросы и средство для разрешения проблем. Боль и тревога — характерные предшественники удовольствия. Научитесь вызывать потребность, которую сумеете удовлетворить.

Нанесение раны

В Иствуде, шахтерском городке в Центральной Англии, Дэвид Герберт Лоренс слыл немного странным парнем. Бледный и хрупкий, он не участвовал в мальчишечьих играх и забавах, много времени проводил за чтением и водил дружбу по большей части с девочками. Он частенько навещал семью Чэмберсов, с которыми Лоренсы соседствовали, пока те не переехали на ферму неподалеку от Иствуда. Дэвиду нравилось заниматься вместе с сестрами Чэмберс, особено с Джесси; с этой застенчивой и серьезной девочкой они часто откровенничали — и ему было приятно, что с ним она раскрывается, — поверяя другу свои секреты. Привязанность Джесси к Лоренсу с годами росла, они стали большими друзьями.

Однажды в 1906 году Лоренс — ему шел уже двадцать первый год — не пришел в обычное время заниматься с Джесси. Он появился с сильным опозданием и выглядел необычно озабоченным и задумчивым, таким его здесь прежде не видели. Теперь настала ее очередь попытаться вызвать его на откровенность. Наконец он заговорил: ему кажется, что они с нею становятся чересчур близки. Думала ли она о своем будущем? Ей предстоит замужество — за кого она выйдет? Ясно, что не за него, продолжал он, ведь они только друзья. Поэтому нечестно с его стороны скрывать ее от глаз других людей. Они, конечно, и впредь останутся друзьями, будут встречаться, разговаривать, как раньше, только, может быть, не так часто. Когда он закончил и поднялся, Джесси ощутила странную опустошенность. Ей пока еще не часто приходили в голову мысли о любви или замужестве. Ее охватили сомнения. Что ждет ее в будущем? Почему она до сих пор не задумалась об этом? Она была обеспокоена, огорчена, сама не понимая причины.

Лоренс продолжал приходить к ним, но теперь все изменилось. Он делал ей замечания, постоянно критиковал. Она недостаточно развита физически. Что за жена из нее получится? Мужчине нужна женщина не только для разговоров. Он сравнивал ее с монахиней. Они стали видеться реже. Когда немного позже Лоренс получил место учителя в школе неподалеку от Лондона, девушка даже почувствовала некоторое облегчение. Но когда он пришел прощаться и доверительно сообщил, что встреча эта, возможно, станет для них последней, она не выдержала и расплакалась. Уехав, он еженедельно присылал ей письма. В них он рассказывал о девушках, с которыми знакомился, — как знать, писал он, не станет ли одна из них его женой. В конце концов она решилась приехать к нему в Лондон. Он принял ее приветливо, все было, как в давние времена, но он продолжал изводить ее, утверждая, что у нее нет будущего, и растравляя старую рану. На Рождество Лоренс приехал в Иствуд и вскоре нанес ей визит. Он был радостно возбужден. Теперь ему ясно, заявил он, что одна только Джесси может составить его счастье. Он хочет жениться на ней, на самом деле все это время он любил только ее. Пока им лучше держать все в секрете: он, правда, попробовал себя в качестве писателя (вот-вот должен выйти его первый роман), но литературная карьера только начинается, у него пока плоховато с деньгами. Неожиданное признание застигло Джесси врасплох, ее переполняло счастье, она дала безоговорочное согласие, приняла все его условия. Они стали любовниками.

Вскоре, однако, все пошло по привычной схеме: упреки, разрывы, его признания в связи с другой девушкой. Однако, несмотря на все это, она лишь крепче привязывалась к нему. Только в 1912 году она приняла решение расстаться с ним навсегда, узнав себя в одной из

отсутствия в жизни хотя бы чего-то значимого и стыда, вызванного этим отсутствием…

По этой причине влюбленности чаще возникают в среде молодежи, поскольку молодые люди более неуверенны в себе и своей значимости и часто стыдятся себя.

То же относится и к людям других возрастных групп, когда они лишаются чего-то важного, когда кончается их юность или когда они начинают стареть.

Франческо Альберони, «Влюбленность»

Нормальный ритм жизни колеблется в основном между умеренным довольством собой и некоторым дискомфортом, причиной которого является понимание собственных недостатков. Нам бы хотелось быть такими же красивыми, молодыми, сильными или умными, как другие люди, которых мы знаем. Мы бы хотели добиваться таких же успехов, как они, мы мечтаем о таких же или больших достижениях. Восхищение самим собой — состояние редкое, исключительное и чаще всего представляет собой не что иное, как прикрытие, дымовую завесу, создаваемую для себя и, разумеется, для окружающих. Где-то в глубине души все равно коренится чувство

героинь его автобиографического романа «Сыновья и любовники», — она была потрясена, сочла это предательством и не пожелала больше его видеть. Однако, несмотря на это, она любила Лоренса до конца жизни.

В 1913 году молодая англичанка по имени Айви Лоу, читательница романов Лоренса, вступила с ним в переписку, ее письма дышали благоговением. К тому времени Лоренс был женат на немке, баронессе Фриде фон Рихтхофен. К удивлению Лоу, он пригласил ее посетить его и его супругу в Италии. Она догадывалась, что он, вероятно, донжуан, но очень хотела познакомиться и потому приняла приглашение.

Лоренс оказался вовсе не таким, каким она его себе представляла: высокий голос с визгливыми нотками, глаза-буравчики и что-то неуловимо женоподобное во всем облике. Они подолгу гуляли вдвоем, разговаривали, Лоренс откровенничал с Лоу. Она чувствовала, что они могут подружиться, и была в восторге от этой перспективы. Позже, перед самым ее отъездом, он вдруг бросил ей в лицо длинную очередь упреков. Лоренс раскритиковал Лоу со всей беспощадностью: она предсказуема, ей недостает внутренней свободы, скорее напоминает робота, чем человеческое существо. Опустошенная неожиданной атакой, она, тем не менее, вынуждена была согласиться с тем, что упреки по большей части справедливы. Как посмела она даже надеяться, что понравится ему? Да кто вообще она такая рядом с ним? Лоу уехала из Италии с чувством душевной опустошенности, однако Лоренс продолжил переписку, его письма были такими, словно ничего не произошло. Вскоре она поняла, что безнадежно любит этого человека вопреки всему, что он наговорил ей. А может, это произошло не вопреки тому, что произошло, а благодаря этому?

В 1914 году писатель Джон Миддлтон-Мерри получил неожиданное письмо от своего доброго друга Лоренса. В письме Лоренс ни с того ни с сего осыпал его упреками в бесчувственности и недостаточной обходительности по отношению к супруге, романистке Кэтрин Мэнсфилд. Позднее Миддлтон-Мерри писал: «Никогда прежде я не испытывал тяги к мужчине, но из-за этого письма меня вдруг потянуло к нему. Это было что-то новое — какое-то уникальное, неповторимое переживание; уникальным оно и осталось». Он почувствовал, что за нападками Лоренса кроется нечто иное, какой-то странный вид любви. С тех пор всякий раз, встречаясь с Лоренсом, он неизбежно испытывал необъяснимое физическое влечение.

ТОЛКОВАНИЕ

Просто удивительно, как много женщин — да и мужчин — подпало под странное обаяние Лоренса, если учесть, насколько неприятным, просто несносным он мог быть. Почти всякий раз отношения начинались как дружба — доверительные разговоры, взаимная откровенность, духовная связь. Однако неизменно подобные отношения оборачивались для его друзей потоками упреков и резких критических замечаний, которые он выливал на них. К этому времени он успевал хорошо узнать человека, поэтому уколы чаще всего попадали точно в цель, в болевые точки. Это неизбежно порождало смятение в душах его жертв, а вместе с ним росло чувство тревоги и ощущение собственной неполноценности, ущербности. Выбитые из нормальной колеи, они чувствовали внутренний раскол: одна часть их сознания недоумевала, почему с ними так несправедливо поступают, другая соглашалась с тем, что это заслуженная кара. В момент таких мучительных раздумий и самокопаний неожиданно приходило письмо, а то и сам Лоренс являлся с визитом как ни в чем не бывало, такой же милый и приветливый, как прежде.

Но теперь он виделся им в ином свете: они были слабы и уязвимы, нуждались в поддержке, а он выглядел таким сильным. Их тянуло к нему, словно магнитом, дружеские чувства перерастали в любовь и восхищение. Ощутив однажды неуверенность в себе, они с тем большей готовностью открывались навстречу любви.

Часто многих из нас мучает ощущение, что мы не состоялись, так и не стали настоящими взрослыми людьми. Защищаясь от этого ощущения иллюзорности, мы уходим с головой в заведенный порядок жизни, прикрываясь привычным и размеренным укладом, как маской или своего рода щитом. Однако, если присмотреться, можно увидеть, как из-под этого защитного слоя проступает сильное чувство неуверенности и страха. Да, мы притворяемся, носим маску полноценных, состоявшихся людей, зная, что это не так, и потому чувствуем себя в жизни не вполне твердо. Обольститель наносит удар точно в эту точку, вскрывает и бередит рану, заставляя нас с полной ясностью осознать эти неоформленные мысли, которые мы прячем от самих себя. Именно так и поступал Лоренс: его внезапные жестокие удары били по самому слабому месту.

Правда, Лоренс добивался успеха с помощью лобовой атаки, но, как правило, такой болезненный способ совсем не обязателен. Можно и более мягко навести свои объекты на размышления о том, что они не соответствуют определенному уровню, и вызвать у них неуверенность. Поместите их в такую ситуацию, чтобы невольно напрашивалось сравнение с вами или кем-то еще (и сравнение не в их пользу), или каким-то образом покажите вашим жертвам, что их жизнь вовсе не так хороша, как они воображали. Вам нужно добиться, чтобы они оказались не в ладах с самими собой, разрывались на части, ощущали дискомфорт и беспокойство. Тревога, чувство потери и потребность к кому-то прислониться — это основные предшественники желания. Эти потрясения создают пространство, куда вы можете впрыснуть свою отраву — клич сирены, зовущий к приключениям или свершениям, но приводящий прямиком в западню. Без тревоги и ощущения потери обольщение не может состояться.

Желание и любовь имеют объектами вещи или качества, которыми человек в настоящее время не обладает, но которых ему недостает.

СОКРАТ

Ключи к обольщению

В человеческом обществе каждый носит маску: мы притворяемся более уверенными в себе, чем есть на самом деле. Нам не хочется, чтобы окружающие оказались настолько проницательными, чтобы разглядели это сомневающееся эго внутри нас. В действительности наше эго, наша индивидуальность куда более хрупка, чем кажется, она прикрывает пустоту и чувство смятения. Выступая в роли обольстителя, ни в коем случае не принимайте внешнюю оболочку человека за реальность. Люди, как правило, сами склоняются к тому, чтобы их соблазнили, поскольку каждому из нас, по сути, недостает чувства полноты, все мы в глубине души ощущаем какую-то незавершенность. Помогите тревогам и комплексам выйти на поверхность, и их обладатели будут следовать за вами.

Окружающие не разглядят в вас человека, достойного любви или уважения, — не разглядят до тех пор, пока не задумаются о самих себе и не осознают, чего именно им недостает. Прежде чем начать обольщение, поместите перед

«Так что же такое Эрот? — спросил я. — Смертный?» — «Нет, никоим образом». — «А что же?» — «Как мы уже выяснили, нечто среднее между бессмертным и смертным». — «Кто же он, Диотима?» — «Великий гений, Сократ. Ведь все гении представляют собой нечто среднее между богом и смертным...» — «Кто же его отец и мать?» — спросил я. «Рассказывать об этом долго, — отвечала она, — но все-таки я тебе расскажу. Когда родилась Афродита, боги собрались на пир, и в числе их был Порос [Порос — «богатство», «выход из затруднительного положения» — олицетворение ловкости, сноровки], сын Метиды [Метида — «мудрость»,

своими объектами зеркало, в котором отразится их внутренняя пустота. Заглянув в него и увидев зияющую пустоту, они сумеют наконец заметить и вас — человека, способного заполнить пустое пространство. Не забывайте: чаще всего мы ленивы. Освободиться от чувства скуки или неуверенности собственными силами нам не под силу — это потребовало бы слишком больших усилий. Позволить кому-то из посторонних выполнить эту работу за нас неизмеримо проще и приятнее. Желание найти человека, на которого можно было бы опереться, который помог бы заполнить нашу внутреннюю пустоту, и есть та слабость, за которой охотятся все обольстители. Заставьте людей тревожиться о будущем, ощутить подавленность, задаваться вопросами о себе, ставить под сомнение свою индивидуальность — в общем, пусть они кожей прочувствуют всю скуку, всю тоску, которая гложет их всю жизнь. Почва подготовлена. Можно бросать в нее семена обольщения.

В диалоге Платона «Пир» — древнейшем трактате западной культуры о любви, оказавшем определяющее влияние на наше понимание красоты и желания, — жрица Диотима рассказывает Сократу о происхождении Эрота, бога любви. Отцом Эрота называли Ловкость, или Сноровку, а матерью — Бедность, или Нужду. Эрот унаследовал черты обоих родителей: постоянно испытывая нужду, он прибегает к хитрым уловкам, чтобы ее утолить. Как бог любви, он прекрасно знает, что невозможно вызвать любовь в сердце того, кто ни в чем не испытывает нужды. И вот что совершают его стрелы: пронзая человеческую плоть, они причиняют боль, заставляя почувствовать нехватку, голод. В этом образе заключена квинтэссенция вашей задачи как обольстителя. Подобно Эроту, вы должны нанести своей жертве рану, прицелившись в уязвимое место, нащупать брешь в ее самолюбии и нанести удар. Если она усердно тянет лямку, заставьте ее мучиться от этого, усугубляйте страдания, как бы нечаянно дотрагиваясь до больного места, как бы непреднамеренно касаясь этой темы в разговоре. Вы получаете язву, комплекс (можете немного усилить его), беспокойство, ну а облегчение несчастному принесет только участие другого человека, то есть персонально ваше. Обратите внимание на то, как мастерски Лоренс вызывал тревогу, нанося удар точно в слабые места своих жертв: у Джесси Чэмберс это была ее физическая холодность, у Айви Лоу — отсутствие непосредственности, у Миддлтона-Мерри — недостаток галантности.

Клеопатра разделила ложе с Юлием Цезарем в первую же ночь их знакомства, однако истинное обольщение, полностью подчинившее великого полководца и сделавшее его рабом этой женщины, началось позднее. В нескончаемых беседах, которые они вели, она постоянно упоминала Александра Македонского, античного героя, потомком которого предположительно был Цезарь. Но кто мог сравниться с Александром Великим? Через сравнение она вынудила Цезаря ощутить собственную ущербность. Прекрасно понимая, что под бравадой Цезаря кроется неуверенность, она пробудила в нем тревогу и горячее желание самоутвердиться, доказать свое величие. Стоило ему почувствовать эту потребность — и вот он уже становится легкой добычей для обольстительницы. Его уязвимым местом были постоянные сомнения относительно собственной мужественности.

Цезарь был убит, и тогда Клеопатра обратила взор на Марка Антония, одного из его преемников — правителей Рима. Антонию нравились зрелища и удовольствия, тонкостью вкусы его не отличались. В первый раз он увидел ее на палубе пышно убранного корабля. Она потче-

«мысль» — супруга Зевса]. Только они отобедали — а еды у них было вдоволь, — как пришла просить подаяния Пения [Пения — олицетворение нужды, «бедность»] и стала у дверей. И вот Порос, охмелев от нектара — вина тогда еще не было, — вышел в сад Зевса и, отяжелевший, уснул. И тут Пения, задумав в своей бедности родить ребенка от Пороса, прилегла к нему и зачала Эрота. Вот почему Эрот — спутник и слуга Афродиты, ведь он был зачат на празднике рождения этой богини; кроме того, он по самой своей природе любит красивое, ведь Афродита — красавица. Поскольку же он сын Пороса и Пении, дело с ним обстоит так: прежде всего он всегда беден

вала, поила и всячески ублажала его. Всё было нацелено на то, чтобы наглядно продемонстрировать ему преимущества египетского образа жизни перед римским, по крайней мере, по части того, что касалось удовольствий и развлечений. В этом римляне по сравнению с египтянами были скучны и примитивны. Антония заставили почувствовать, сколь многого он был лишен, пока проводил время со своими тупыми солдафонами и почтенной римской супругой. И как только он это ощутил, Клеопатра стала в его глазах воплощением всех волнующих радостей. Он превратился в ее раба.

Такова соблазнительная сила экзотики. Играя роль обольстителя, вы должны показаться пришельцем извне, предстать гостем, чужаком. В этой роли вы становитесь олицетворением перемен, новизны, разрушения повседневной рутины. Пусть, сравнивая себя с вами, ваши жертвы увидят, что их жизнь скучнее, чем им всегда казалось, а круг общения вовсе не так интересен. Лоренс подводил свои объекты к осознанию их собственной, персональной неполноценности; вероятно, вы сочтете такое проявление жестокости неприемлемым. В этом случае обратите внимание на их окружение, среду, жизненные обстоятельства. О Дон Жуане сложено множество легенд. Особенно часто они повествуют о том, как он соблазняет простую деревенскую девушку, заставив ее ощутить беспросветную провинциальность ее жизни. А тут он, блестящий, одетый по последней моде, с благородными манерами. Он не такой, как все, он экзотичен, словно залетевшая издалека птица. Вначале она чувствует, как скучно живет, затем видит его, а в нем — свое спасение. Помните: люди, считающие, что их жизнь неинтересна, предпочитают искать причину не в себе, а во внешних обстоятельствах — городке, в котором родились, безликих и серых людях, которые их окружают. Стоит только дать им ощутить соблазн экзотики — и обольщение не составит для вас труда.

Другая чертовски уязвимая цель, в которую может метить обольститель, — это прошлое жертвы. Взрослея и старея, человек неизбежно отказывается от идеалов юности, а то и предает их, теряет непосредственность, какую-то жизненную энергию. Знание об этом дремлет где-то на дне сердца каждого из нас. Став обольстителем, вы должны вытащить эти переживания, вынести их на поверхность, показать своим жертвам, как безнадежно они удалились от своих былых целей и идеалов. Вы в свою очередь демонстрируете приверженность этим идеалам и как бы предоставляете людям шанс наверстать упущенное, догнать собственную юность с помощью приключения — через обольщение. Королева Англии Елизавета I в зрелом возрасте славилась суровостью и взыскательностью. Для монархини делом чести было не допустить, чтобы кто-либо из придворных заметил хоть намек на слабость или мягкость в ее характере. Но вот при дворе появился Роберт Девере, второй граф Эссекс. Дерзкий граф был много моложе королевы и частенько критиковал ее за жесткость. Королева все ему прощала — он был таким жизнерадостным и непосредственным, что не мог контролировать себя. Но его комментарии постепенно проникали в ее мозг. При взгляде на графа Эссекса возвышенные идеалы молодости, одухотворенность, женское обаяние, которые к тому времени давно ушли из ее жизни, вспоминались ей все настойчивее. Она начала ощущать, как слабые отголоски этого духа юности постепенно возрождаются в ней, когда он находится рядом. Вскоре он стал ее фаворитом, королева полюбила его. Старость частенько

Дон Жуан: Чему я обязан, красотка, такой приятной встречей? Как? В этих сельских местах, среди скал и деревьев, можно встретить особ, созданных, как вы? Шарлотта: Как видите, сударь. Дон Жуан: Вы из этой деревни? Шарлотта: Да, сударь. Дон Жуан: Вы там и живете? Шарлотта: Да, сударь. Дон Жуан: А как вас зовут? Шарлотта: Шарлотта, к вашим услугам. Дон Жуан: Какая прелестная особа, какие за душу хватающие глаза! Шарлотта: Сударь, вы меня в стыд вгоняете... Дон Жуан: А скажите, пожалуйста, прелестная Шарлотта, вы не замужем, конечно? Шарлотта: Нет, сударь, но скоро я выхожу замуж за Пьеро, сына вашей соседки Симонетты. Д о н Ж у а н: Как? Такая особа, как вы, будет женою простого крестьянина? Нет, нет, это было бы святотатством по отношению к такой красоте, и вы рождены не для того, чтобы оставаться в деревне. Вы заслуживаете, без сомнения, лучшей участи, и небо, которому это хорошо известно, нарочно привело меня сюда, чтобы воспрепятствовать этому браку и воздать справедливость вашим прелестям, потому что, в конце концов, прекрасная Шарлотта, я люблю вас от всего сердца, и зависит только от вас, чтобы я вырвал вас из этого жалкого места и поставил вас в такое положение, какого вы заслуживаете. Любовь эта, не спорю, стремительна,

пленяется молодостью, но вначале юные должны наглядно продемонстрировать старшим, что те многое потеряли, забыв свои былые идеалы. Лишь в этом случае они с очевидностью осознают, что только юные способны помочь им возродить в себе прежний бунтарский дух, задавленный возрастом и обществом.

Возможности применения этого принципа безграничны. Политикам и власть имущим хорошо известно, что им не обольстить свою аудиторию, не заставить публику с готовностью верить каждому их слову и плясать под их дудку, если вначале им не удастся пробудить в людях чувство недовольства. Скажем, вызовите у народных масс неуверенность, заставьте их задуматься и усомниться в том, какова их национальная идея, а затем помогите им сформулировать ее. Это настолько же верно для групп различной величины, даже для целых народов, как и для отдельных личностей: их также невозможно обольстить, не заставив почувствовать, что им чего-то недостает. Частью предвыборной стратегии Джона Ф. Кеннеди в 1960 году было заставить американцев почувствовать недовольство пятидесятыми, задуматься о том, как далеко страна отошла от своих идеалов.

Говоря о 1950-х, Кеннеди не упоминал об экономической стабильности и процветании нации или о ее превращении в сверхсильную державу. Вместо этого он заявил, что для прошедшего периода были характерны конформизм, отсутствие риска и здорового авантюризма в жизни, утрата ценностей, которые вели за собой первопоселенцев. Отдать свой голос за Кеннеди для американца означало принять участие в коллективной авантюре, вернуться к идеалам, которые были преданы и забыты. Но раньше, чем присоединиться к этому крестовому походу, каждый из них должен был осознать, что им чего-то недостает. Группа людей, как и отдельная личность, может увязнуть в трясине обыденности, потерять ориентиры, забыть о своих подлинных целях. Чрезмерное благополучие лишает силы, иссушает. Вы сможете обольстить целую нацию, нацелившись в ее коллективные комплексы, в это дремлющее чувство, что в действительности не все обстоит так, как представляется. Вызывая недовольство настоящим и напоминая народу о его славном прошлом, можно поселить в нем чувство неуверенности. А затем вы выступите в роли того, кто окажется способен помочь ему определиться, — это самое крупномасштабное обольщение.

Символ: Стрела Купидона. Желание, пробуждаемое в соблазненном человеке, отнюдь не нежное прикосновение и не приятное переживание: это открытая рана. Стрела приносит боль, терзание и потребность в облегчении. Желание должно предваряться болью. Направьте стрелу в самое уязвимое место жертвы и нанесите рану, которую вы сможете исцелять и вновь растравлять.

Оборотная сторона

Если вы зайдете слишком далеко в своих усилиях, то самооценка ваших жертв может оказаться слишком заниженной.

В этом случае есть опасность, что возникшая неуверенность в себе не позволит им поддаться обольщению. Не переусердствуйте: подобно Лоренсу, старайтесь, чтобы за ранящим нападением следовал поступок, смягчающий болезненный эффект. В противном случае вы отпуг-

но ничего не поделаешь: таково, Шарлотта, действие вашей великой красоты, и вас можно в четверть часа полюбить, как другую не полюбишь и в полгода.
Отрывок из пьесы Мольера «Дон-Жуан, или Каменный гость» (Пер. М. Кузьмина)

нете жертву, между вами может возникнуть отчуждение.

Лесть зачастую оказывается более эффективным средством в обольщении. Английский премьер-министр Викторианской эпохи Бенджамин Дизраэли всегда старался *повышать* самооценку людей, с которыми ему приходилось общаться. Он уступал, подыгрывал, делал их центром внимания, заставлял их чувствовать себя остроумными и обаятельными. Он обращался к людскому тщеславию, и окружающие отвечали ему глубокой привязанностью.

Это своего рода разлитое обольщение, в котором отсутствуют напряжение и глубокие эмоции, столь свойственные сексуальной его разновидности; оно обходит стороной и неудовлетворенность человека, и потребность в удовлетворении. Но если вы человек тонкий и умный, то найдете способ справиться с недоверием, положив начало непугающей, спокойной дружбе. Рано или поздно жертвы подпадут под ваше обаяние, и вот тогда можете наносить рану.

И в самом деле, очаровав королеву Викторию и став ее другом, Дизраэли в то же время заставил ее смутно осознать, что она не вполне способна справиться с делами империи и что ее собственные жизненные идеалы остались нереализованными. Всё зависит от объекта. К людям, которые и без того находятся во власти комплексов, лучше применить более мягкий вариант. Как только они привыкнут к вам и почувствуют доверие, доставайте из колчана стрелы.

06

Овладей искусством внушения

Заставить жертву почувствовать неудовлетворенность и потребность в вашем внимании крайне важно, но если вы проявите недостаточно тонкости и поведете себя слишком прямолинейно, то вас могут раскусить, а это вызовет недоверие. Что же до внушения, нашептывания — искусства заронить мысль в человеческую голову с помощью тонких, почти неуловимых намеков, которые позже пускают всходы и даже начинают казаться людям их собственной мыслью, — то против этого оружия нет защиты. Внушение — удивительный, изощренный способ воздействия на людей. Вы прибегаете к особому языку — решительные заявления, за которыми следуют отказы от собственных слов, оправдания, двусмысленные комментарии, банальная болтовня в сочетании с призывными взглядами — все это проникает в подсознание жертвы, незаметно заставляя ее осознать ваше истинное значение в ее жизни. Это должно действовать как гипноз.

Внушить желание

Шли 1770-е годы; некий молодой человек направлялся как-то вечером в парижскую Оперу, где должен был увидеться со своей возлюбленной, графиней де... Накануне между ними произошла ссора, и юноша с нетерпением ожидал встречи, надеясь на примирение. Ложа графини, впрочем, пустовала, но тут из соседней его окликнула одна из подруг графини, мадам Т. Она пригласила молодого человека присоединиться к ней, заметив мимоходом, что их встреча нынче вечером — не что иное, как настоящий перст судьбы: он непременно должен составить ей компанию в предстоящей поездке. Молодому человеку хотелось поскорее увидеть графиню, но мадам была столь же очаровательна, сколь и настойчива, так что он в конце концов согласился сопровождать ее. Прежде чем он успел расспросить, что к чему, она увлекла его за собой, в ожидающую снаружи карету, которая тут же тронулась с места.

Только теперь молодой человек настойчивыми расспросами вынудил наконец даму открыть ему, куда же они направляются. Вначале она лишь смеялась и отшучивалась, но затем объяснила: они едут в замок ее мужа. Супруги были в ссоре и в последнее время жили отдельно, но сейчас решили сделать попытку примирения; муж ее, однако, был скучноват, вот она и решила, что такой милый молодой человек скрасит их встречу и сделает ее пребывание в замке несколько менее тягостным. Юноша был заинтригован: мадам, зрелая женщина, имела репутацию благопристойной дамы, в то же время ему было известно, что у нее имеется любовник, маркиз. Так отчего же она избрала себе в спутники именно его? Рассказанная история казалась неправдоподобной. По пути она обратила его внимание на красивые виды из окна. Чтобы получше разглядеть какой-то особенно живопис-

Взгляды — тяжелая артиллерия флирта: взглядом можно выразить всё, и при этом, однако, всё можно отрицать, ведь взгляд не поймаешь на слове.

Стендаль.
Цит. по кн.: Ричард Давенпорт-Хайнс, «Порок: Антология»

ный пейзаж, он наклонился к окну, у которого она сидела, и в этот момент карету тряхнуло на ухабе. Она ухватилась за его руку и упала прямо в его объятия. На мгновение она застыла в такой позе, но затем резко высвободилась. После неловкой паузы она проговорила: «Вы хотите, чтобы я сочла опрометчивым свое решение пригласить вас?» Он запротестовал, возразил, что происшедшее было простой случайностью, и уверил ее, что будет вести себя примерно. Себе же он признался, что, когда обнимал ее, у него возникли мысли совсем иного сорта.

Они прибыли в замок. Хозяин вышел им навстречу, и юноша выразил ему восхищение великолепным зданием. «То, что вы сейчас видите, сущие пустяки, — прервала мадам, — я непременно должна показать вам покои месье». Прежде чем он успел спросить, что она имеет в виду, она резко сменила тему. Супруг ее и в самом деле оказался неприветлив и сразу после ужина, извинившись, удалился. Хозяйка и гость остались одни. Она предложила прогуляться в саду; вечер выдался прекрасный, и во время прогулки она взяла его под руку. Ее не пугает, что он может злоупотребить ее доверием, объяснила она, ведь известно, что он беззаветно предан ее милой подруге, графине. Они заговорили о другом, но затем она вернулась к той же теме — к его возлюбленной: «Вы и вправду счастливы с ней? О, боюсь, на самом деле все совсем не так, и это меня очень волнует... Вам, наверное, постоянно приходится страдать от ее странных выходок, не так ли?» Молодого человека удивил тон, которым мадам говорила о подруге; из ее слов выходило, что графиня ему неверна (а ведь он и сам догадывался о ее вероломстве). Мадам вздохнула — ей жаль, что приходится говорить такие вещи о близком друге, она просит его простить ее. И тут, словно это только что пришло ей в голову, она предложила заглянуть в павильон, расположенный неподалеку, — прелестное местечко, полное приятных воспоминаний для нее. Правда, беда в том, что павильон заперт, а у нее нет ключа. Все же они добрались до павильона, и, смотрите-ка, дверь была отворена. Внутри было темно, но молодой человек почувствовал, что все в этом месте создано для любви. Они вошли, опустились на диван, и юноша сжал ее в объятиях, сам не понимая, что с ним происходит. Мадам слабо сопротивлялась, пыталась оттолкнуть его, но потом уступила. Но вот она пришла в чувство: они должны немедленно вернуться в дом. Молодого человека терзало раскаяние: он слишком далеко зашел, следовало держать себя в руках.

На пути к дому мадам заметила: «Какой чудесный вечер мы провели». Уж не намекает ли она на происшествие в павильоне? «В замке есть комната еще более прелестная, — продолжала она, — но я не могу вам ее показать». Похоже, она сетовала о том, что он слишком торопится. Она и прежде уже несколько раз упоминала об этой комнате («покоях месье»); молодой человек терялся в догадках, что же интересного там, в этих странных покоях, а теперь просто умирал от желания увидеть наконец их. Он настаивал, упрашивал ее показать ему комнату. «Если обещаете хорошо себя вести», — прошептала она, таинственно расширив глаза. Она провела его по дому, погруженному в сумрак, в комнату, которая, к его восторгу, оказалась своеобразным храмом наслаждений: вокруг были зеркала, стены расписаны с таким искусством, что изображенные на них лесные пейзажи казались настоящими, имелись даже тенистый грот и украшенная венками и гирляндами статуя Эрота. Так необычна была атмосфера этого удивительного места и так подействовала она на молодого человека, что он не мешкая довершил начатое давеча в павильоне и не остановился бы на этом, но тут вбежала верная служанка и предупредила, что нужно спешить: уже рассвело и месье скоро встанет.

Они поспешили расстаться. В тот же день юноша собрался уезжать. Мадам сказала: «Прощайте; вы подарили мне упоительные минуты, но я сполна отплатила прекрасным сновидением. А теперь вам пора возвращаться, ваша любовь призывает вас... Не давайте графине повода для ссоры со мной». На обратном пути, размышляя о пережитом, он не мог понять, что все это значило. У него было странное чувство, что его использовали, но наслаждения, которых он не мог забыть, перевешивали сомнения.

Толкование

Мадам Т. — персонаж новеллы «Ни завтра, ни потом» французского писателя восемнадцатого века Вивана Денона. Повествование ведется от лица молодого человека. Хотя мадам и вымышленный персонаж, она явно пользуется приемами реальных известных распутниц того времени, искусных мастериц вести игру обольщения. Самым опасным оружием в их арсенале как раз и были те приемы, с помощью которых мадам искусно воздействовала на восприятие юноши, завладела его вниманием, заставила почувствовать себя зачинщиком любовного приключения — подарить ей ночь наслаждений — и сохранила безупречную репутацию — все одним махом. В конце концов разве не он первым пошел на сближение с ней — по крайней мере, так ему казалось. На самом же деле она полностью владела ситуацией, четко рассчитывала каждый шаг и заставляла его поступать так, как ей было нужно. То первое объятие в карете, например, было необходимо ей, чтобы стать ближе; и хотя она отчитает его за нескромность, это волнующее мгновение прочно врежется в его память. Ее разговоры о графине вызывали в нем

Когда мы уже входили, мадам де Т. остановила меня. «Помните, — сказала она торжественно, — что никто никогда не должен заподозрить, будто вы видели эти комнаты или хотя бы догадывались об их существовании...» Все это походило на обряд посвящения. Меня провели, держа за руку, через небольшой темный коридор. Сердце мое билось, как у юного прозелита, которого подвергают испытанию перед совершением великого таинства. «Но ваша графиня...» — сказала она, останавливаясь. Я собирался ответить, двери открылись — слова застыли в горле от восхищения. Я был поражен, изумлен, я не помнил себя и искренне уверовал в волшебство. Дверь за нами затворилась,

беспокойство и чувство вины; однако затем она мимоходом упомянула, что возлюбленная неверна ему, заронив в его душу новые семена: сомнение, гнев и желание отомстить. Тут же она попросила забыть ее слова и простить ее за то, что она заговорила на эту тему, — коронный тактический прием обольстителя: «Я прошу тебя забыть, что было сказано, но прекрасно знаю, что забыть ты не сможешь, эта мысль застрянет у тебя в голове». Спровоцированный таким образом, он просто не мог не заключить ее в свои объятия, оказавшись в павильоне; это было неизбежно. Она многократно упоминала о комнате в замке — естественно, он настоял на том, чтобы ее осмотреть. Все в тот вечер было таинственным и двусмысленным. Даже ее слова «Обещайте хорошо себя вести» можно было трактовать по-разному. Юношу словно охватило пламя, все смешалось: досада, смятение, желание — то, что она исподтишка поселила в его сердце.

Научитесь, особенно на ранних стадиях обольщения, придавать всему, что вы говорите и делаете, характер внушения. Прибегайте к инсинуации, чтобы вызвать сомнения, вскользь, будто невзначай высказываясь о тех или иных знакомых вашей жертвы, заставьте жертву почувствовать себя обманутой, ощутить свою уязвимость. Легкие физические контакты вызывают желание, точно так же, как и мимолетный, но запоминающийся взгляд или необычно теплая интонация голоса, а ведь и то и другое проскальзывает мельком, почти неуловимо. Замечание, отпущенное мимоходом, указывает, что вас каким-то образом интересует жертва; но следите за тем, чтобы это было проделано тонко, ваши слова должны приоткрывать возможность, зарождать сомнение. Вы роняете семена, которые пустят корни весьма скоро. Вас нет рядом, но ваши объекты фантазируют, вспоминают ваши слова, зароненные вами мысли, терзаются сомнениями. Мало-помалу они запутываются в ваших сетях, даже не догадываясь, что вы управляете этим процессом. Могут ли они противиться или хотя бы насторожиться, если даже не замечают, что происходит?

Что отличает инсинуацию от других видов психического воздействия, таких как команда или предоставление какой-либо информации? Различие в том, что в результате инсинуации в голове у человека возникает мысль, о происхождении которой он не задумывается, а принимает ее так, будто она зародилась у него сама по себе.

Зигмунд Фрейд

Ключи к обольщению

Невозможно прожить жизнь и ни разу не столкнуться с необходимостью убедить кого-то в чем-то, каким-либо способом склонить на свою сторону. Будьте во всем и до конца прямы и искренни, говорите всегда то, что думаете, — возможно, такая честность и принесет вам удовлетворение, вот только едва ли вам удастся хоть чего-то добиться в этой жизни. У людей имеется сложившийся набор представлений, ставших привычными и приобретших твердость камня. Ваши слова, проникая в их сознание, вступают в конфликт с тысячами косных, уже сложившихся предвзятых суждений и не достигают цели. Мало того, ваши попытки переубедить людей могут их оскорбить: разве они не в состоянии принять самостоятельное решение — что за самонадеянность полагать, что вы знаете жизнь лучше, чем они. Поэтому, вместо того чтобы идти напролом, прибегните к иной силе: намекайте, нашептывайте, незаметно внушайте им свои мысли. Это потребует от вас определенного мастерства и терпения — но результат того стоит.

В нашем городе, изобилующем более обманами, чем любовью и верностью, жила немного лет тому назад родовитая дама, одаренная от природы, как немногие, красотой, приятным обхождением, возвышенной душой и тонким умом... Итак, женщина эта, зная, что она высокого рода и выдана замуж за ремесленника-ткача, не могла побороть своего негодования, что муж ее ремесленник, ибо полагала, что ни один человек низкого происхождения, как бы богат он ни был, не достоин благородной жены. Видя также, что, несмотря на свое богатство, он ни на что иное не годится, как только разматывать тальки, сновать холст или спорить с прядильщицей о пряже, она решила никоим образом не разделять его объятий,

401

разве только, когда отказ был бы невозможен, а для собственного утешения поискать кого-нибудь, кто покажется ей более того достойным, чем ткач. И вот влюбилась она в одного очень достойного молодого человека средних лет, да так, что если днем не видала его, ту ночь не могла провести без докуки. Но молодой человек, того не замечая, и не заботился о том, а она, как женщина очень осторожная, не решилась дать ему знать ни через посланную, ни письмом, боясь опасности, могущей приключиться. Приметив, что он часто общался с монахом (который хотя был глуп и неотесан, тем не менее, ведя святую жизнь, пользовался… славой достойного монаха), она решила, что именно он был бы прекрасным посредником

Принцип действия прост: мысль, высказанная мимоходом и замаскированная под невинное замечание или намек, подобна брошенному семени, которое не замедлит дать всходы. В значительной степени это касается эмоциональной сферы — долгожданного, но до сих пор не полученного удовольствия, недостатка ярких переживаний в жизни вашего объекта. Намек запечатлевается на задворках сознания объекта, легкий удар по его или ее комплексам; источник его вскоре забывается. Намек должен быть слишком незначителен, чтобы задуматься о нем всерьез сразу же, а позднее, когда он пускает корни и начинает расти, то кажется, будто он зародился в мыслях объекта самым естественным образом, явился плодом его/ее собственных наблюдений и размышлений. Такая инсинуация позволяет преодолевать естественное сопротивление, и людям кажется, что они слышат лишь собственные мысли. Это язык, который обращается напрямую к подсознанию. Ни одному мастеру уговоров, ни одному обольстителю нечего даже надеяться на успех, если они не владеют языком нашептываний, намеков и искусством инсинуации.

Необычный, странный человек появился однажды при дворе Людовика XV. Никому ничего не было известно о нем, возраст невозможно было определить, а его акцент не позволял догадаться о национальности. Он назывался графом Сен-Жерменом. Граф, несомненно, был богат; на его камзоле, рукавах, туфлях и пальцах сверкали многочисленные драгоценные камни и бриллианты. Он превосходно играл на скрипке, был великолепным живописцем. Однако особенно завораживающими были его разговоры — вот что более всего притягивало к нему.

В действительности граф был одним из величайших шарлатанов восемнадцатого столетия — в совершенстве владел он и тонким искусством намеков. Когда он говорил, с его губ то и дело словно ненароком слетало то одно, то другое словечко — случайно ли оброненный намек на обладание философским камнем, обращающим простые металлы в золото, или упоминание об эликсире жизни. Нет, он не заявлял во всеуслышание, что располагает ими, но у слушателей невольно возникало ощущение, что он сам и его необычные способности так или иначе связаны с этими сокровищами. Если бы он просто объявил, что у него имеется философский камень или эликсир жизни, ему бы никто не поверил, люди бы отвернулись от него. Граф мог упомянуть в разговоре человека, умершего без малого полвека назад, давая понять, что был лично с ним знаком. Если это правда, подсчитывали потрясенные слушатели, значит, ему не меньше восьмидесяти лет, а между тем выглядит он никак не старше сорока! Он что-то говорил об эликсире жизни... он кажется таким молодым...

Главным в речах графа была неопределенность и расплывчатость. Он всегда вкраплял подобные намеки в оживленную беседу, отдельные легкие ноты, орнаментирующие основную мелодию. Лишь позднее люди начинали припоминать сказанное и вникать в смысл его слов. Затем они начинали расспрашивать графа о философском камне и эликсире жизни, уверенные, что разгадали его тайну, и не осознавая, что он-то и заронил в их головы эти мысли. Помните: чтобы внушить нужную вам мысль, необходимо вовлечь в это воображение человека, его фантазию, его самые глубокие потаенные желания и устремления. Механизм приводится в действие при упоминании о том, о чем люди всегда готовы слушать, что всегда востребовано — удовольствие, богатство, здоровье, приключения. Постепенно эти приятные каждому

между ней и ее любовником. Обдумав, какой ей избрать способ действий, она отправилась в подходящий для того час в церковь, при которой он жил, и, вызвав его, сказала, что, если он на то согласен, она желала бы исповедоваться у него. Монах, увидев ее и приняв ее за благородную даму, охотно выслушал ее, а она сказала ему после исповеди: «Отец мой, я должна прибегнуть к вам за помощью и советом в деле, о котором вы услышите. Мне известно, да и я сама вам о том сказала, что вы знаете и моих родных, и моего мужа, которым я любима более жизни, и нет той вещи, какую я не пожелала бы, которую он... не доставил бы мне немедленно; почему я люблю его больше себя, и если бы я не то чтобы совершила, но даже подумала о чем-либо противном его чести и жизни, то ни одна дурная женщина не была бы так достойна сожаления, как я. В настоящее время некто, чье имя, сказать по правде, мне неизвестно, но, как кажется, человек состоятельный и, коли не ошибаюсь, посещающий вас часто, красивый, высокий ростом, обыкновенно очень прилично одетый в темное платье, не зная, может быть, намерений, какие я питаю, чуть не ведет против меня осаду: я не могу показаться ни у дверей, ни у окна, ни выйти из дома, чтобы он тотчас же не явился передо мной; удивляюсь, как он еще не здесь; все это меня печалит очень, потому что подобный образ действия часто без вины навлекает хулу на честных женщин...

вещи сольются и отождествятся в их представлении именно с тем, что, как им кажется, предлагаете им вы. Они обратятся к вам, будто бы по собственной инициативе, не подозревая, что вы-то и заронили в их головы этот ход мыслей.

В 1807 году был момент, когда Наполеон Бонапарт решил привлечь на свою сторону русского императора Александра I. Он хотел добиться от русского царя двух вещей: мирного договора, согласно которому они поделят между собой Европу и Средний Восток, и брачного договора, согласно которому он после развода с Жозефиной мог бы жениться на одной из представительниц русской царской семьи. Не предлагая ни того, ни другого напрямую, Наполеон решил войти в доверие к Александру, обольстить царя. Для этого он воспользовался дружескими беседами с Александром, для которых в то время нередко предоставлялась возможность. Как-то Наполеон, будто случайно, проговорился, что Жозефина не может иметь детей, и моментально сменил тему разговора — так, как если бы он обмолвился об этом невольно. Замечания, отпускаемые им тут и там, намекали на связь между Россией и Францией и позволяли предположить, что он видит несомненную общность судеб этих двух стран. Перед тем как покинуть один из приемов, он заговорил о своем желании иметь детей, вздохнул печально, а затем, извинившись, откланялся, предоставив Александру поразмышлять об этом на сон грядущий. Он сопроводил царя в театр на представление, в котором затрагивались темы славы, чести, империи; в позднейших беседах он касался тех же тем под видом обсуждения достоинств пьесы. За считаные недели он добился того, что царь стал обсуждать со своими министрами и брачный союз, и договор с Францией так, как если бы это были его собственные идеи.

Случайные оговорки, брошенные перед расставанием, «на сон грядущий», замечания, ссылки на третьих лиц, интересных для собеседника, утверждения, за которые вы поспешно просите прощения, как бы жалея, что они сорвались с языка, — все эти приемы обладают мощнейшим потенциалом. Они подобно яду проникают людям под кожу и начинают жить своей жизнью. Для того чтобы добиться успеха в искусстве нашептывания, главное — захватить жертву врасплох, наступать в тот момент, когда она максимально расслаблена и не отдает себе отчета в том, что происходит. Вежливая болтовня — зачастую наилучший для этого фасад; люди не особенно внимательно слушают собеседника, они обдумывают свою следующую реплику, а то и просто погружены в собственные мысли. Ваши инсинуации проскочат почти незамеченными, а вам только того и надо.

В одной из своих первых кампаний Джон Ф. Кеннеди выступал перед группой ветеранов. Храбрость Кеннеди во время Второй мировой войны была общеизвестна, а эпизод на военном корабле PT-109 сделал его военным героем. Однако в своей речи он рассказывал о мужестве других членов экипажа, ни разу не упомянув себя самого. Он знал, однако, что каждый присутствующий подумал сейчас о его подвиге. Его молчание не только заставило каждого вспомнить о его подвиге, но, кроме того, красноречиво свидетельствовало о его скромности и деликатности — качествах, как нельзя лучше оттеняющих героизм.

В обольщении, как советовала французская куртизанка Нинон де Ланкло, лучше не признаваться в любви на словах, а дать объекту самому ощутить ее, почувствовать по вашему обхождению. Молчание в этом случае обладает куда большей обольстительной силой, нежели прямые слова.

Вот почему я вас прошу, ради самого Бога, сделать ему за это выговор и попросить не держать себя более таким образом. Довольно найдется других женщин, может быть склонных к таким делам, и им понравится, что он... ухаживает за ними, тогда как мне, не имеющей в душе ни малейшего расположения к подобным делам, это только страшно докучает». Проговорив это, готовая, казалось, заплакать, она опустила голову. Святой отец понял тотчас, что она говорила о том, кого действительно разумела, и, много одобрив даму за ее добрые намерения, пообещал подействовать таким образом, что со стороны того человека ей не будет более неприятностей... Немного времени спустя пришел, по обыкновению, к святому отцу молодой человек; поговорив с ним сначала о том и о другом, монах отвел его в сторону и в очень мягких формах стал журить его за то ухаживание и влюбленные взгляды, которыми тот, по его мнению, преследовал даму... Достойный человек изумился, так как никогда не заглядывался на нее и лишь изредка проходил мимо ее дома... Молодой человек, догадливый более монаха, понял тотчас же остроумие дамы и, представившись несколько пристыженным, сказал, что постарается в будущем не путаться более в это дело, и, простившись с монахом, пошел прямо к дому дамы, всегда стоявшей настороже у маленького окошечка, чтобы поглядеть на него, когда он пройдет...

Не только слова способны обольщать, обратите внимание на жесты и взгляды. Излюбленным приемом мадам Рекамье было вести банальные разговоры ни о чем, бросая при этом на собеседника пылкие взгляды. Участие в разговоре не позволяло мужчине сосредоточиться полностью на значении этих взглядов, но он, тем не менее, подпадал под их власть. Лорд Байрон славился своим взглядом: пока окружающие обсуждали какую-то малоинтересную для него тему, он стоял опустив голову, но вот молодая женщина (его объект) замечала, что он исподлобья сморит на нее не отрываясь, по-прежнему не поднимая головы. У лица есть собственный выразительный язык. Мы привыкли читать по лицам, на них все написано, лица выражают чувства лучше, чем слова, ведь словами легче управлять. А поскольку окружающие внимательно следят за выражением вашего лица, то и используйте это, чтобы посылать нужные вам сигналы.

Наконец, причина, по которой техника нашептывания так эффективна, не только в том, что информация при этом проходит через барьер человеческого сознания, естественного сопротивления. Это к тому же язык наслаждения. В мире так мало тайн, слишком многие люди четко сообщают, чего именно они хотят или что чувствуют. Но мы тянемся к чему-то загадочному, к чему-то, что питало бы наши мечты. Из-за того, что в повседневной жизни все слишком прямолинейно, человек, владеющий искусством двусмысленных высказываний, тонких намеков с подтекстом, внезапно предстает обладателем чего-то невероятно притягательного, многообещающего. Это что-то вроде приятно возбуждающей игры — что этот человек намерен совершить? Намеки, нашептывания, подтексты и инсинуации создают обольстительную атмосферу, давая вашим жертвам понять, что они вырваны из рутины будничной жизни и вступают в иную страну.

Символ: Семя. Почва тщательно подготовлена. Семена брошены в нее заранее, за несколько месяцев. Они уже в земле, но никто не знает, чья рука бросила их туда. Они — часть природы. Скрывайте свои манипуляции, сея семена, которые прорастают сами по себе.

И начиная с того дня, с большой осмотрительностью, к своему удовольствию и вящему восторгу и утешению дамы, притворяясь, будто причиной тому иные дела, продолжал ходить по той же улице.
Из «Декамерона» Боккаччо (Пер. А. Н. Веселовского)

Оборотная сторона

Опасность заключается в том, что, если, прибегнув к намекам, вы оставите слишком многое недосказанным, ваш объект может неверно их прочитать. Бывают моменты, особенно на более поздних стадиях обольщения, когда лучше прямо высказывать свои мысли и чувства, когда вы уже понимаете, что они будут приняты благосклонно. Казанова часто поступал именно так. Когда он чувствовал, что стал для женщины желанным и требуется всего лишь небольшая подготовка, то действовал прямо, откровенно, позволяя своим словам мощным потоком излиться прямо в ее сознание, подобно наркотику, заставляя женщину окончательно подпадать под его чары. Если итальянский писатель Габриэль д'Аннунцио встречал понравившуюся ему женщину, он редко мешкал. Лесть обильно слетала с его губ и пера. Он пленял своей «искренностью» (искренность можно и подделать, это не более чем один из многих возможных стратегических приемов). Это, однако, работает только в случае, когда вы чувствуете, что ваш объект с готовностью ответит вам взаимностью. В противном случае прямая атака лишь возбудит подозрительность и вызовет отпор, а это приведет к тому, что все ваши дальнейшие усилия будут бесполезны. Если у вас есть сомнения, предпочтительнее пользоваться обходными путями.

Проникнись духом жертвы

Большинство окружающих нас людей замыкаются в собственных мирках и становятся упертыми, упрямыми, неспособными поддаться чужому влиянию. Существует, однако, способ вытянуть их из скорлупы и сделать более податливыми — проникнуться их духом. Играйте по их правилам, радуйтесь их радостям, приспосабливайтесь к их настроениям. Поступая так, вы преодолеете их глубоко укорененный нарциссизм и сможете сломить их сопротивление. Загипнотизированные тем отраженным образом, который вы им представите, они раскроются навстречу, станут более податливыми для вашего тонкого влияния. Вскоре вы сможете изменить динамику в нужную вам сторону: проникаясь их духом, вы в ответ вынуждаете проникнуться вашим, а с этого места уже трудно идти на попятный. Оправдывайте любое настроение своих объектов, каждый их каприз, не давая ни малейшего повода для подозрений, отрицательной реакции, сопротивления.

Стратегия потворства

В октябре 1961 года американская журналистка Синди Адамс была удостоена чести взять интервью у президента Индонезии Сукарно. Это была знаменательная удача, поскольку молодую журналистку в то время мало кто знал, Сукарно же был фигурой мирового значения, хотя и переживал кризис. Лидер борьбы за независимость Индонезии, он был президентом страны с 1945 года, с того самого времени, когда она перестала наконец быть колонией Голландии[1]. В начале 1960-х годов, проводя весьма рискованную внешнюю политику, Сукарно добился того, что вызвал ненависть в Соединенных Штатах, где его называли азиатским Гитлером.

Адамс решила, что нельзя позволить Сукарно запугать себя или оказывать давление. Чтобы интервью получилось живым, она решила попытаться наладить человеческий контакт и начала разговор с шутки. Она была приятно удивлена, увидев, что ее тактика, по-видимому, сработала: Сукарно отнесся к ней радушно. Он отвечал на ее вопросы больше часа, а когда интервью закончилось, преподнес журналистке подарки. Успех был и без того очевиден, а за ним последовали дружеские письма, которые она начала получать от Сукарно уже в Америке, куда она вскоре вернулась вместе с мужем. Прошло еще несколько лет, и Адамс получила предложение сотрудничать с Сукарно в написании его автобиографии.

Синди Адамс, которой, впрочем, уже приходилось проделывать подобную работу для знаменитостей третьей руки, была смущена. У Сукарно, как она знала, была репутация невероятного донжуана — le grand seducteur[2], как

Чтоб оставаться с тобой, должна твоя женщина помнить, Что от ее красоты стал ты совсем без ума. Если в тирийском она — похвали тирийское платье, В косском ли выйдет к тебе — косское тоже к лицу; Ежели в золоте вся — то сама она золота краше... Если она завита — честь и хвала завиткам. Пляшет? Хвали ее руки. Поет? Хвали ее голос. Кончила петь и плясать? Громко об этом жалей. Самое ложе любви и самые радости ночи, Все, что любезно вдвоем, — все это можно хвалить. Пусть она будет мрачней и жесточе Медузы горгоны — Слыша такие слова, станет мила и нежна.

---

[1] Официально Нидерланды признали независимость Индонезии в 1949 г.

[2] Le grand seducteur — великий обольститель (*фр.*).

называли его французы. Он был недурен собой, четырежды женат, и на его счету числились сотни любовных побед. Она, несомненно, привлекала его, но разве этого было достаточно для того, чтобы предложить ей столь престижную работу? Неужели его либидо имело над ним такую власть, что определяло все прочее? Как бы то ни было, он сделал предложение, от которого она не могла отказаться.

В январе 1964 года Адамсы вернулись в Индонезию. Она решила придерживаться той же стратегии, что и прежде: остаться независимой, прямодушной леди, которая произвела впечатление на Сукарно три года назад. Во время первого разговора с ним о книге она пожаловалась, не стесняясь в выражениях, на жилье, которое было им предоставлено. Так, как если бы он был ее секретарем, она продиктовала ему письмо, которое он должен был подписать. В письме говорилось об особых привилегиях, предоставляемых ей. К ее изумлению, он прилежно переписал письмо и поставил внизу свою подпись.

Далее в плане Адамс стояли путешествие по Индонезии и встречи с людьми, знавшими Сукарно в его молодые годы. Она снова пожаловалась ему — на сей раз на то, что самолет, на котором предстояло лететь, казался ей недостаточно надежным. «Вот что я предлагаю, дорогой, — сказала она. — Я полечу на Вашем личном самолете». — «Хорошо», — ответил он, как ей показалось, с некоторым смущением. Этого, однако, было недостаточно, и она продолжила: ей требуется несколько самолетов и вертолет, а в придачу — персональный пилот, причем хороший. Он соглашался на все условия. Адамс не только не шокировала его, но, казалось, лидер Индонезии полностью покорен ею. Он восхищался ее умом и остроумием. Как-то он признался: «Знаете, почему я задумал эту биографию?.. Только из-за вас, вот почему». Он обращал внимание на ее одежду, отпуская комплименты по поводу ее нарядов, замечая любые изменения. Он скорее походил на раболепного поклонника, нежели на азиатского Гитлера.

Разумеется, как и следовало ожидать, он ухаживал за ней. Она была весьма привлекательной женщиной. Вначале была его рука поверх ее руки, за этим последовал украденный поцелуй. Она всякий раз ставила его на место, напоминая, что счастлива со своим мужем, но на самом деле была не на шутку обеспокоена: ведь если его интересует лишь интрижка, вся затея с книгой может оказаться под угрозой. И снова ее стратегия оказалась вроде бы правильной и возымела желаемое действие. К ее удивлению, он прекратил свои попытки, не выказав ни малейшего разочарования и тем более гнева. Он дал обещание, что отношения их останутся платоническими, однако оставил за собой право и впредь восхищаться ею. Она не могла не признаться себе, что он опровергает своим поведением все представления о нем, всё, что ей приходилось слышать или читать о нем. Может, ему понравилось подчиняться сильной женщине?

Совместная работа над книгой продолжалась несколько месяцев, и она начала замечать в нем легкие перемены. Она обращалась к нему все так же фамильярно, щедро рассыпая в разговоре едкие насмешки, но теперь он отвечал на них, парировал ее выпады и наслаждался этой словесной дуэлью. Он принял тот же жизнерадостный тон в общении, который она с самого начала избрала для себя. Прежде он одевался в военные мундиры или в итальянские костюмы. Теперь его одежда стала проще, он даже ходил при ней босиком, как бы подтверждая тем самым простоту в их взаимоотношениях. Однажды вечером он заметил, что ему нравится оттенок ее волос. Эта иссиня-черная краска называется «Клаирол», объяснила она. Ему захотелось испробовать ту же краску на своих волосах, он попросил ее принести ему флакон. Так она и сделала, решив, что он шутит, но спустя несколько дней он потребовал от нее, чтобы она прибыла во дворец, чтобы покрасить ему волосы. Она выполнила и это, и теперь их головы были абсолютно одинакового цвета.

Книга «Сукарно: Автобиография в пересказе Синди Адамс» увидела свет в 1965 году. К удивлению американских читателей, Сукарно оказался просто очаровательным и достойным восхищения — именно таким описала его Адамс. Если кто-то пытался оспорить это, она возражала, что никто не знает его так, как она. Сукарно книга порадовала, и он позаботился об ее издании массовыми тиражами. Она помогла ему вновь завоевать симпатии жителей Индонезии, где к этому моменту существовала реальная угроза военного переворота. И Сукарно не был удивлен — он прекрасно сознавал, что именно Адамс сделает для него эту работу лучше, чем любой «серьезный» журналист.

Толкование

Так кто же кого обольщал в данной ситуации? Конечно же обольстителем был Сукарно, тогда как Адамс позволила провести себя по всем этапам. Прежде всего он безошибочно подобрал подходящую жертву. Более опытный журналист легко устоял бы перед искушением вступить в личные отношения с клиентом, не говоря уже о том, что мужчина вообще вряд ли поддался бы его обаянию. Вот он и подобрал женщину, журналистский опыт которой был совсем невелик. При первой встрече с Адамс он посылал ей смешанные сигналы: держался дружески, но давал понять, что возможны другие отношения. Затем, заронив сомнение (может, ему нужна только интрижка?), он начал зеркально отражать ее манеры и поведение. К тому же он прощал каж-

ПОДРАЖАЯ — ПРИВЛЕКАТЬ

Маленький мальчик (или девочка) старается удивить своих родителей, обратить на себя их внимание. В восточной литературе подражание считается эффективным способом понравиться. Санскритские тексты, к примеру, важную роль отводят уловкам женщины, копирующей платье, мимику и речь своего возлюбленного. Это своеобразное представление устраивает женщина, которая, «будучи не в состоянии соединиться с любимым, подражает ему, чтобы отвлечь его от размышлений». Так же и ребенок, имитируя движения, позы, одежду и так далее, надеется поразить отца или мать и, как по волшебству, «отвлечь их от размышлений».

413

дый ее каприз, каждую резкость, отступая всякий раз, когда она выказывала недовольство. Простить человека, проявить к нему снисходительность — это один из способов проникнуться его духом, уступить, позволив ему доминировать, но только в данный момент.

Возможно, ухаживания Сукарно выдавали работу его неугомонного либидо, но, скорее всего, за ними крылся куда более хитрый план. Ей была известна его репутация ловеласа; если бы он обошел ее своим вниманием, это ранило бы ее чувства и вызвало обиду, пусть даже неосознанную. (То, что женщин находят привлекательными, вовсе не так уж сильно оскорбляет их, как вы могли подумать.) Продолжая начатое, он все глубже проникался ее духом, подражая принятому ею легкомысленному тону в общении, даже выказал неожиданную женственность, скопировав цвет ее волос. И вот результат — журналистка преисполнилась уверенности в том, что она, как и все прочие, ошибалась в оценке Сукарно. Он совсем не страшный, а главное, именно она, а не он, контролирует ситуацию. Но вот чего Адамс так и не осознала: его «покорность» привела к тому, что она совершенно утратила бдительность и даже не заметила, насколько глубоко он проник ей в душу. Она не очаровала его, а была сама им очарована. Он же добился ровно того, чего хотел: мемуары были написаны симпатизирующей ему иностранкой, которая представила весьма предубежденным против него читателям портрет отнюдь не устрашающий, но, напротив, располагающий к доверию.

Из всех приемов и методов, применяемых в обольщении, внедрение в сердце другого человека, возможно, самый коварный, даже дьявольский. Он дает вашим жертвам ощущение, что это они обольщают вас. Тот факт, что вы к ним снисходительны, оправдываете их недостатки, подражаете им, заставляет их считать, что вы целиком находитесь в их власти. Вы в их глазах не опасный соблазнитель, которого следует остерегаться, а существо уступчивое и безвредное. Внимание, которое вы им уделяете, отравляет, ведь вы отражаете их самих, словно зеркальное стекло; все, что они видят и слышат, является отображением их собственных амбиций и вкусов. Это так льстит их самолюбию. Это-то и дает толчок обольщению, серии маневров, которые закрутят интригу. И вот оборона сломлена, они открыты вашему воздействию — тонкому, неочевидному. Вскоре вы берете инициативу в свои руки, вы ведете в танце, и раньше, чем они заметят эту перемену, они обнаружат, что сами прониклись *вашим* духом. Партия переходит в эндшпиль.

Женщин не так уж легко завоевать, они уступают лишь тем, кто умело использует случай и проникает им в душу.
Нинон де Ланкло

Ключи к обольщению

Один из главных источников разочарования и фрустрации в нашей жизни — упрямство окружающих. Как же бывает трудно до них достучаться, заставить их взглянуть на мир вашими глазами! Нам порой кажется, что они только притворяются, будто слушают нас, делают вид, будто соглашаются, на самом-то деле они ни во что не вникают — стоит нам выйти за порог, они тут же вернутся к своим размышлениям, мы же со своими проблемами будем моментально забыты. Мы целую жизнь напролет бьемся лбом об окружающих, словно о каменную стенку, мы бесконечно жалуемся на непонимание и недостаток внимания, но почему бы не испробовать другое средство: вместо того чтобы продолжать смотреть на людей как на враждебные, неподатливые и равнодушные существа, вместо того чтобы горько недоумевать, из-за чего они таковы, взгляните на них другими глазами — глазами обольстителя. С учетом природной неподатливости и эгоизма людей, лучший способ привлечь к себе — проникнуться их духом.

Все мы полны самолюбования. В детстве наш нарциссизм выражался на физическом уровне: нас интересовал собственный облик, мы словно были отделены от всего мира. По мере того как мы подрастаем, нарциссизм приобретает психологическую окраску: человек погружается в бесконечные размышления о собственных вкусах, мнениях, переживаниях. Вокруг него нарастает твердая скорлупа. Может показаться парадоксальным, но вытащить людей из этой скорлупы можно, уподобляясь им, принимая вид зеркального отражения. От вас не требуется проводить дни напролет, изучая образ их мыслей; просто потакайте их настроениям и капризам, приспосабливайтесь к их вкусам и причудам, соглашайтесь со всем, что бы они ни делали и ни говорили, общаясь с вами. Поступая таким образом, вы незаметно ослабите их бдительность и снизите порог сопротивления. Людям не придется испытать неловкости, обычно возникающей при столкновении с чужими привычками или странностями. Их самооценка не пострадает. Люди искренне любят самих себя, но больше всего любят они собственные представления и вкусы, если встречают их в другом человеке. Это льстит им, помогает самоутвердиться. Их обычная настороженность исчезает. Загипнотизированные этим зеркальным отражением, они расслабляются. Теперь, когда эта стена, эта внутренняя преграда рухнула, начинайте медленно и постепенно вытаскивать их из-под обломков, вытягивайте наружу — и начинайте действовать. Стоит им открыться, вам уже не составит труда заразить их собственными настроениями и собственным пылом. Проникнуться духом другого человека — своего рода гипноз; это наиболее мягкая и действенная форма убеждения из всех, известных человеку.

В китайском романе восемнадцатого века «Сон в красном тереме» все девушки преуспевающего дома влюблены в повесу и распутника Бао Юя. Он, без сомнения, недурен собой, но неотразимым его делает не красота, а его поразительная, почти колдовская способность прочувствовать душу юной девушки. Бао Юй провел свои юные годы среди девочек, общество которых неизменно предпочитал мужскому. В результате он никогда не казался им агрессивным или пугающим. Ему было даровано право входить в девичьи комнаты, его видели повсюду, и чем чаще он попадался им на глаза, тем больше они подпадали под его обаяние. Это не означает, что Бао Юй был не в меру женственным или женоподобным; он оставался мужчиной, но таким, который может проявлять свою мужественность в большей или меньшей степени, как того требует конкретная ситуация. Что до его дружеских отношений с девушками, то они давали ему гибкость и позволяли с легкостью проникаться их духом.

Это громадное преимущество. Именно различия между полами делают возможными любовь и обольщение, однако они же привносят и элемент недоверия и страха. Женщину может пугать агрессивность мужчины, насилие с его стороны; мужчина, как правило, не в силах объясняться на ее языке, поэтому он и остается для нее опасным и непонятным. Величайшие обольстители в истории, от Казановы до Джона Ф. Кеннеди, росли в окружении женщин, и это накладывало на них легкий отпечаток женственности. Философ Сёрен Кьеркегор в своем «Дневнике обольстителя» рекомендует проводить больше времени в обществе особ противо-

и коврами на стенах. Зал выходил в прекрасный сад. Брат мой остановился в растерянности, не зная, куда ему направить свои стопы, а затем двинулся в дальний конец зала. Там на диване, обложенном подушками, возлежал красивый старец с длинной бородой, в котором брат мой узнал хозяина дома. «Что я могу для тебя сделать, друг мой?» — спросил старец, поднявшись и приветствуя брата. Когда Шакашик ответил, что он — нищий и очень голоден, на лице старца отразилось глубокое сострадание, и он разодрал свои прекрасные одежды с криком: «Возможно ли, чтобы в том городе, где живу я, были подобные тебе несчастные голодающие? Поистине мне не вынести такого позора!»

Потом он ласково обратился к моему брату: «Я настаиваю, чтобы ты остался у меня и разделил со мною обед». С этими словами хозяин дома хлопнул в ладоши и подозвал одного из невольников: «Принеси чашу и кувшин». Затем он снова обратился к брату: «Подойди, друг мой, и омой свои руки». Шакашик поднялся, чтобы вымыть руки, но не увидел ни чаши, ни кувшина. Он в растерянности наблюдал за хозяином, а тот делал такие движения, как будто лил воду себе на руки из невидимого сосуда, а потом вытер их невидимым полотенцем. Закончив, хозяин подозвал слуг и приказал: «Внесите стол!» Слуги засновали по залу, будто бы накрывая стол к обеду. Брат мой по-прежнему ничего не видел.

положного пола, ближе знакомиться с «неприятелем» и его слабостями, чтобы впоследствии обратить это знание себе на пользу.

Нинон де Ланкло, одна из талантливейших обольстительниц, когда-либо живших на земле, определенно обладала рядом мужских черт. Она производила впечатление на мужчин своим философским, по-мужски острым умом и очаровывала, разделяя их интерес к политике и военному делу. Многие мужчины начинали с того, что становились ее друзьями, однако позже они неизбежно без памяти влюблялись в нее. Мужские черты в характере женщины настолько же приятны мужчинам, как — до определенного предела — женщинам нравится проявление женского начала в мужчине. У мужчины своеобразие женщины может вызывать фрустрацию и даже враждебность. Он еще может увлечься и вступить в недолгую сексуальную связь, а вот сколько-нибудь продолжительная влюбленность невозможна без сопутствующего ей обольщения на ментальном уровне. Самое главное при этом — проникнуться его духом. Мужчин часто привлекают мужские черты в поведении или характере женщины.

В романе «Кларисса» (1748) Сэмюэля Ричардсона внимания юной и благонравной Клариссы Гарлоу домогается отъявленный распутник Ловелас. Клариссе известна репутация Ловеласа, но он ведет себя совсем не так, как она могла предполагать: он безукоризненно вежлив, кажется грустным, нерешительным. К тому же ей становится известно, что он совершил благороднейший поступок, оказав помощь попавшему в затруднительное положение семейству — дал денег отцу и мудрым советом помог устроить замужество дочери. Наконец, Ловелас признается Клариссе в том, о чем она уже и сама догадывалась: он раскаивается и хочет изменить всю свою жизнь. Его страстные письма к ней проникнуты живым, почти религиозным чувством. Не может ли она руководить им на пути к исправлению? На самом деле, разумеется, Ловелас расставил Клариссе силки: он прибег к традиционной тактике обольстителей, подражая ее вкусам, в данном случае ее духовности и человеколюбию. Наконец ему удается ослабить ее бдительность. Увы, стоило ей поверить, что она способна изменить его, и она обречена: теперь он постепенно, исподволь, через письма и разговоры, будет внушать ей собственные мысли. Помните: ключевое слово — «дух, натура» — чаще всего абсолютно точно указывает вам цель. Если вы отражаете, словно в зеркале, чьи-то духовные ценности, то возникает ощущение, что между вами двумя устанавливается глубокая гармония, и это единение со временем может перейти и в другие сферы ваших отношений.

Когда в 1925 году Жозефина Бейкер приехала в Париж в составе негритянского ревю, то, благодаря своему экзотичному облику, произвела сенсацию на первом же выступлении. Но французы известны своим непостоянством, и Бейкер почувствовала, что в самом скором времени их интерес к ней может угаснуть и переключиться на другой объект. Чтобы покорить публику окончательно, она постаралась проникнуться ее духом. Она выучила ее язык, она начала петь на французском. Она стала одеваться, как француженки, и в поведении подражала стильным парижским дамам, словно говоря тем самым, что предпочитает французский образ жизни американскому. Страны подобны людям: им свойственны самые разные комплексы и предубеждения, любые новшества, чуждые обычаи пугают их. Часто в глазах людей очень привлекательно то, что иностранцы перенимают их образ жизни, копируют их привычки и традиции. Бенджамин Дизраэли родился и прожил всю свою жизнь в Англии, но по национальности был евреем и обладал характерной, экзоти-

Однако хозяин радушно пригласил его к воображаемому столу, говоря: «Честь для меня разделить с тобой эту трапезу». Старец двигал руками так, будто бы брал в них невидимые блюда, а потом задвигал челюстями, будто жевал и глотал. Затем он обратился к Шакашику: «Ешь досыта, друг мой, без стеснения, ведь ты, должно быть, изголодался». Брат мой задвигал челюстями, начал жевать и глотать, делая вид, что ест, а старец все потчевал его: «Ешь, друг мой, да оцени особый вкус этого хлеба, его удивительную пышность и белизну». — «Должно быть, — подумал Шакашик, — этот человек любит играть над другими шутки». А вслух сказал: «Господин, это самый белый хлеб, какой мне только доводилось видеть, и никогда

419

я не пробовал подобного ему». — «Этот хлеб, — отвечал хозяин, — печет мне рабыня, которую я купил за пятьсот динаров». И он крикнул слугам: «Подавайте мясной плов, да смотрите, чтобы в нем было достаточно жира!» Тут хозяин задвигал пальцами так, словно берет щепотку с воображаемого блюда, и положил невидимое угощение в рот брату, как дорогому гостю. Так старец продолжал расхваливать достоинства разнообразных яств, а брат мой тем временем испытывал такие муки голода, что, кажется, без колебаний отдал бы жизнь за простую корку хлеба. «Пробовал ли ты в своей жизни что-то лучше, — не унимался старец, — чем эти лакомства с душистыми пряностями?»

ческой внешностью. И все же — в своих манерах и вкусах, приверженности традициям — он был большим англичанином, чем многие коренные уроженцы страны. В этом заключалось особое очарование, которое ярко проявилось в бытность его лидером партии консерваторов. Если случилось так, что вы — посторонний, чужак (хотя по большому счету это определение относится к большинству американцев), об期ните это себе на пользу: обыграйте свою «иностранность» именно таким образом, продемонстрируйте группе, что сознательно предпочитаете их обычаи и вкусы своим собственным.

«Отражая» людей, как в зеркале, вы тем самым проявляете к ним особое внимание. Они неизбежно ощутят и заметят ваши усилия и сочтут это весьма лестным для себя. Очевидно, что вы выбрали именно их, выделили их среди множества прочих. Кажется, в вашей жизни нет ничего другого, кроме них — их вкусов, настроений, привычек, их натуры. Чем больше вы фокусируетесь на этом, тем обаятельнее становитесь в их глазах, тем сильнее становится то отравляющее, дурманящее воздействие, которому подвергаете вы их тщеславие.

Почти все мы с трудом можем отличить и отделить ту личность, какой являемся на самом деле, от личности, какой хотели бы быть. Мы испытываем разочарования, сталкиваясь с крушением юношеских надежд, а в своем воображении продолжаем воспринимать себя все таким же прежним человеком, который так много обещал, но которому помешали состояться в полной мере внешние обстоятельства. Пытаясь «отразить» кого-либо, не задерживайтесь на том, чем человек стал в результате, проникнитесь духом той идеальной личности, которой он хотел бы быть. Именно так французскому писателю Шатобриану удалось стать искуснейшим обольстителем, несмотря на его физическую непривлекательность. К тому времени, когда он повзрослел (а годы его жизни пришлись на конец восемнадцатого столетия), в моду вошел романтизм, и многие молодые женщины глубоко страдали от недостатка романтического в жизни. Шатобриан пробуждал их фантазию, заставляя вновь почувствовать себя совсем еще юными девушками, совершенно поражал их воображение, воплощая их романтические представления и идеалы. Такая форма, пожалуй, наиболее действенна, ведь это позволяет людям увидеть себя с наиболее выигрышной, лучшей стороны, проникнуться уважением к самим себе. В вашем присутствии они начинают жить жизнью той личности, которой хотели бы быть, — в них просыпается и реализуется прекрасный любовник, романтический герой, да словом, кто угодно. Докопайтесь до этих нереализованных идеалов и помогите воплотить их, возвращая их своему объекту, как зеркало возвращает отраженные лучи. Мало кто способен устоять перед таким соблазном.

С и м в о л :
Зеркальце птицелова.
Жаворонок — чудесная птичка, но поймать ее трудно. Птицелов ставит в чистом поле зеркальце на подставке. Жаворонок видит себя в зеркале — не отводя от него взгляда, он то подходит ближе, то отступает, введенный в состояние транса собственным отражением и движениями брачного танца, которые он видит перед собой. Впав в гипнотическое состояние, птица забывает обо всем на свете, теряет осторожность, и сетка птицелова накрывает ее прямо у зеркала.

«Никогда поистине», — ответил Шакашик. «Так ешь от души, — произнес хозяин, — не стыдись». — «Благодарю тебя, господин, — ответил Шакашик, — но я наелся досыта». Тут, однако, старец вновь хлопнул в ладоши и крикнул: «Принесите вина!»... «Господин, — сказал Шакашик, — я потрясен твоей щедростью». Он поднес невидимый кубок к губам и сделал вид, будто осушил его одним глотком. «Здоровье и радость да пребудут с тобой вечно!» — воскликнул старец, тоже делая вид, будто наливает себе вина и пьет. Он протянул гостю еще один кубок, и так они продолжали в том же духе, пока Шакашик, притворяясь пьяным, не начал мотать головой из стороны в сторону. Затем, внезапно подняв руку так высоко, что обнажилась белизна его подмышки, он что было сил стукнул хозяина по шее, да так, что звук от удара разнесся по всему залу. А за этим последовал и второй удар. Старец вскочил и гневно воскликнул: «Что ты делаешь, подлый скот?» — «Господин, — отвечал брат мой, — ты принял покорного раба твоего в своем доме и осыпал милостями: ты до отвала накормил его отборными кушаньями и утолил его жажду крепким вином. Увы, он напился дольяна и забыл об учтивости! Но ты столь великодушен, о господин, что конечно же простишь ему обиду». Услыхав эти слова, старец расхохотался и сказал: «Много раз я подшучивал над разными людьми, но ни у кого из них не хватило

Оборотная сторона

В 1897 году в Берлине поэт Райнер Мария Рильке повстречался с Лу Андреас-Саломе, имевшей русские корни, писательницей и красавицей, которая прославилась тем, что разбила сердце Фридриха Ницше. Представители берлинской интеллектуальной элиты носили ее на руках, и хотя Рильке было всего двадцать два года, а ей тридцать шесть, он потерял голову, влюбившись в нее. Он забрасывал ее любовными письмами, из которых явствовало, что он прочел все ее книги и досконально изучил ее вкусы и пристрастия. Они стали друзьями. В скором времени она уже правила его стихи, а он жадно ловил каждое ее слово.

Саломе была польщена тем, что Рильке поглощен ею, очарована тем пристальным вниманием, которое он уделял ей, и той духовной общностью, что начала зарождаться между ними. Они стали любовниками. Но ее беспокоило его будущее; трудно заработать себе на жизнь стихами, она уговаривала его изучить ее родной язык, русский, и заняться переводами. Он последовал ее совету и взялся за дело с таким рвением, что спустя несколько месяцев уже мог разговаривать по-русски. Вместе они посетили Россию, и Рильке был потрясен увиденным — крестьянство, народные обычаи, искусство, архитектура. Возвратившись домой в Берлин, Рильке превратил свое жилище в своеобразный храм, посвященный России, теперь он носил русские крестьянские рубахи, а речь свою щедро пересыпал русскими фразами и словечками. Обаяние его вскоре после этого для нее рассеялось. Вначале Саломе льстило то, с каким рвением он готов разделять ее интересы, но теперь в этом ей виделось что-то другое: у него, думалось ей, просто нет собственной индивидуальности. Он превращается в раба, без нее он ничего не значит, у него нет ничего своего. К тому же в нем слишком много славянского. В 1899 году, к его горю, она порвала отношения с ним.

Урок прост: ваше внедрение в душу человека должно быть тактичным, деликатным, чтобы в результате он или она пленились вашим обаянием. Вы не можете и не должны быть просто губкой, впитывающей в себя все умонастроения других людей. Если вы станете их отражением на слишком долгий срок, уловка будет разоблачена и вызовет противоположный эффект — вас оттолкнут. За внешним сходством, которое вы им даете заметить, непременно должна просматриваться ваша собственная сильная индивидуальность. Придет время, и у вас может возникнуть желание стать лидером и повести их за собой; вы не можете и не должны проституировать, жить за их счет. Поэтому ни в коем случае не позволяйте подражанию зайти слишком далеко. Этот прием полезен лишь на первом этапе обольщения; позднее неизбежно настанет момент, когда тактику необходимо поменять.

Это стремление иметь двойника противоположного пола, который кажется нам абсолютно похожим и в то же время остается другим, —волшебное, сверхъестественное существо, которое представляет собой нас самих и в то же время — о чем мы не могли даже мечтать — обладает преимуществом независимого существования...

Мы находим его отголоски даже в самых банальных обстоятельствах любви: в том, насколько притягательна для нас любая перемена, как важно повторение себя в другом... Все самые бурные любовные страсти связаны с тем обстоятельством, что человек воображает, будто становится свидетелем сокровенного процесса подглядывания за самим собой через завесу глаз другого.

Роберт Музиль
Цит. по кн.: Дени де Ружмон, «Любовь явленная»

терпения поддержать мою шутку так, как это сделал ты. Поэтому я прощаю тебя и приглашаю — на этот раз без обмана — отведать моего угощения и оставаться со мной до конца моих дней».

Тут старец приказал слугам подать все те кушанья, которые он упоминал во время своей шутки, а когда он и брат мой наелись досыта, они направились в другой зал, где они пили вино, а молодые красавицы пели и плясали для них. Старый Бармесид подарил Шакашику красивый халат и с тех пор с ним не расставался.

«Сказки тысячи и одной ночи»

08

Создай соблазн

Увлекайте жертву все глубже в дебри своего обольщения, создав искушение: позвольте ей мельком увидеть грядущее наслаждение. Подобно тому, как Змей искушал Еву, обещая запретное знание, пробудите у своей жертвы желание, которому она не сможет противиться. Выявите ее слабости, те мечтания, которым не суждено было осуществиться, намекните, что в ваших силах помочь им сбыться. В одном случае это будет богатство, в другом — захватывающее приключение или, возможно, недозволенное удовольствие; главное, ничего не нужно конкретизировать. Помахивайте долгожданной наградой у жертвы перед глазами, откладывая выполнение и позволяя ее воображению довершить остальное. Кажется, что будущее чревато многообразными возможностями. Стимулируйте любопытство и нетерпение, заглушая сопутствующие им тревоги и сомнения, — и жертва безоглядно последует за вами.

Танталовы муки

В восьмидесятые годы девятнадцатого века господин, которого звали дон Хуан де Тоделлас, прохаживался по парку в Мадриде, когда увидел, что из экипажа выходит женщина лет двадцати с небольшим. С нею были двухлетний ребенок и няня. Молодая особа была элегантно одета, но у дона Хуана перехватило дыхание не от этого — она была невероятно похожа на женщину, с которой он был хорошо знаком тремя годами раньше. Чепуха, это не могло быть одно то же лицо. Его знакомая, Кристета Мореруэла, была танцовщицей в заштатном театрике. Та девушка была сиротой и жила довольно бедно — не могли же ее обстоятельства перемениться столь разительно. Он подошел поближе: то же прекрасное лицо. А потом он услыхал ее голос. Это настолько потрясло его, что он вынужден был сесть: сомнений не осталось, это была та же самая женщина.

Дон Хуан был неисправимым обольстителем, победы его были бессчетны и разнообразны. Но сейчас Кристета вспомнилась ему очень ярко — прежде всего из-за ее юности, она была самая чудесная, самая очаровательная девочка из всех, кого ему приходилось встречать. Он увидел ее в театре и сейчас же начал ухаживания; ему удалось уговорить ее отправиться с ним в поездку к морю. Хотя они занимали разные комнаты, дона Хуана ничто не могло остановить: он состряпал для нее историю о неудачах и бедах, вызвал ее сочувствие, даже сострадание и, когда сердце ее смягчилось, воспользовался ее слабостью. Через несколько дней он ее оставил, сославшись на неотложные дела. Он был уверен, что никогда больше не повстречает ее. Он даже — редкий для него случай, — чувствуя некоторую вину, послал ей пять тысяч песет, дав понять, что со временем приедет и они будут

Ты великий соблазнитель, о Случай.

Джон Драйден

Змей был хитрее всех зверей полевых, которых создал Господь Бог. И сказал змей жене: подлинно ли сказал Бог: не ешьте ни от какого дерева в раю? И сказала жена змею: плоды с дерев мы можем есть, только плодов дерева, которое среди рая, сказал Бог, не ешьте их и не прикасайтесь к ним, чтобы вам не умереть.

И сказал змей жене: нет, не умрете; но знает Бог, что в день, в который вы вкусите их, откроются глаза ваши, и вы будете, как боги, знающие добро и зло. И увидела жена, что дерево хорошо для пищи, и что оно приятно для глаз и вожделенно, потому что дает знание; и взяла плодов его и ела; и дала также мужу своему, и он ел.

Быт., 3:1–6

вместе. Вместо этого он уехал в Париж. Вернулся в Мадрид он лишь недавно.

Воспоминания проносились в его голове, и вдруг он был поражен мыслью: ребенок. Уж не его ли сын этот мальчик? Если нет, она должна была выйти замуж сразу после того, что произошло между ними. Могло ли это произойти? Сейчас она, несомненно, была богата. Кто ее муж? Известно ли ему ее прошлое? Его переполняло смущение, смешанное с сильным желанием. Она так юна и прелестна. Как мог он так легко от нее отказаться? Что бы там ни было, если даже она замужем, он должен попытаться вернуть ее.

Дон Хуан зачастил в парк, теперь он прогуливался здесь каждый день. Он еще несколько раз видел ее; однажды взгляды их встретились, но она сделала вид, что не узнает его. Однажды, прогуливаясь рядом с няней, он завязал разговор, осведомился о супруге ее госпожи. Она отвечала, что его имя сеньор Мартинес и что сейчас он надолго уехал по делам; рассказала она и о том, где живет Кристета. Дон Хуан попросил ее передать записку госпоже. Затем он направился к дому Кристеты — перед ним был роскошный дворец. Его худшие опасения подтвердились: она вышла замуж из-за денег.

Кристета не захотела увидеться с ним. Он проявлял настойчивость, умолял, посылал все новые записки. Наконец, чтобы избежать сцены, она согласилась встретиться с ним, но только один раз в парке. Он тщательно готовился к свиданию: соблазнить ее во второй раз было делом нелегким и требующим тонкости. Но, увидев, как она идет по дорожке ему навстречу в чудесном платье, он забыл о всех планах — его чувства и соблазн взяли верх. Она должна принадлежать ему, только ему, и никакому другому мужчине, страстно говорил он. Кристета показалась ему оскорбленной; очевидно, в ее нынешних обстоятельствах исключалась повторная встреча. Однако под ее холодностью можно было уловить более сильное чувство. Он умолял ее о новом свидании, но она ушла, не обнадежив его. Он посылал все новые письма, а сам ломал голову, пытаясь сложить воедино части загадки: кто же такой этот сеньор Мартинес? Почему он женился на бедной танцовщице? Как могла Кристета предпочесть того ему?

Наконец он вырвал у Кристеты согласие на новую встречу, которая должна была произойти в театре, где, по ее мнению, он не рискнул бы поднять шум. Они наняли ложу, где могли спокойно поговорить. Она уверяла, что ребенок ее — не его сын. Она была уверена, что его страсть теперь вспыхнула с новой силой лишь оттого, что она принадлежит другому и недоступна для него — запретный плод сладок. Нет, отвечал он, он переменился, исправился; он готов на все, только бы ее вернуть. Временами ему казалось, что украдкой она бросает на него любящие взгляды, и это обстоятельство приводило его в замешательство и смущение. Но вот, борясь с подступающими рыданиями, она склонила голову к нему на плечо — склонила, чтобы мгновенно отдернуть, словно очнувшись и заметив ошибку. Это их последняя встреча, сказала она и тут же удалилась. Дон Хуан был вне себя. Она с ним играет — кокетка. Он сказал ей, что изменился; что ж, кажется, это действительно так, ведь прежний дон Хуан нипочем не допустил бы, чтобы женщина — любая женщина — обращалась с ним таким образом.

Последующие несколько ночей дон Хуан провел почти без сна. Он не мог думать ни о чем, кроме Кристеты. В ночных видениях он либо убивал ее мужа, либо видел себя дряхлым стариком, оставшимся в полном одиночестве.

Д о н Х у а н (Аминте): Буду откровенен я, коль ты правду хочешь слышать и, как женщина любая, ценишь искренность в мужчине. Я — глава семьи Тенорьо, знатной, славной, родовитой, что Севилью от арабов в старину освободила. Мой отец у нас в стране после короля всех выше: только от его решенья смерть и жизнь в суде зависят. Ехал мимо Дос Эрманас по своим делам я нынче (странными ведет путями нас любви слепая прихоть!), увидал тебя — и сразу полюбил настолько пылко, что во что бы то ни стало на тебе решил жениться.

А м и н т а: Прикрыли видимостью чистой правды

427

вы обман сладко-
речивый. Не
забудьте: в брак
законный я с
Патрисио вступила,
и отречься он от
супруги он не
может до кончины.
Д о н Х у а н: Да, но
может быть
расторгнут брак,
в который лишь
для виду муж
вступает...
А м и н т а: Клянись
же, что меня ты не
покинешь...
Клянись Творцом!
Он взыщет
с нарушителя
обета...
Д о н Х у а н: Свет
очей моих! Ты
завтра ж на
серебряные плиты,
приколоченные к
полу гвоздиками
золотыми, ступишь
ножками, и мрамор
персей заключишь
в темницу ожере-
лий драгоценных, и
на пальчики
нанижешь перстни,
чтобы те оправой
им, жемчужинам,
служили.
А м и н т а:
Я — твоя.
(Пер. Ю. Корнеева)

Более не в силах этого выносить, он решил покинуть город. Он отправил ей прощальное
письмо, и, к его изумлению, она ответила: она
хочет увидеть его, ей нужно что-то ему сказать.
К этому моменту он был уже слишком слаб,
чтобы противиться ее решению. Ночью, в назначенный час, он был на указанном ею месте,
у моста. На сей раз она не пыталась сдерживать
свои чувства: да, она все еще любит дона Хуана
и готова бежать с ним. Но он должен подъехать
к ее дому завтра средь бела дня и открыто забрать ее. Они не должны ничего скрывать.

Вне себя от радости, дон Хуан согласился на
все ее требования. На другой день в назначенный час он явился во дворец и попросил до-
ложить о нем сеньоре Мартинес. Здесь нет
никого с таким именем, ответила женщина,
открывшая ему дверь. Дон Хуан настаивал: ее
зовут Кристета. Ах, Кристета, закивала женщина, так она живет там, на заднем дворе, где ме-
блированные комнаты. Ничего не понимая, дон
Хуан обошел дворец сзади. Там на улице, весь
в грязи, играл оборванный мальчонка, похожий
на того, которого он считал ее сыном. Но нет,
подумалось ему, это, вероятно, какой-то другой
ребенок. Подойдя к двери Кристеты, он робко
постучал. Дверь открыла ему сама Кристета. Он
вошел. Перед ним была бедно обставленная
комната. На плечиках, однако, висели элегантные платья. В полном недоумении, как во сне,
он сидел и слушал Кристету, открывшую ему
правду.

Она не вышла замуж, у нее нет детей. Лишь
спустя много месяцев после его исчезновения
она начала понимать, что стала жертвой опыт-
ного и циничного соблазнителя. И хотя она
по-прежнему любила дона Хуана, она преисполнилась решимости отыграться. Узнав от их
общего знакомого, что дон Хуан вернулся в

Мадрид, она вытащила те самые пять тысяч песет, что он послал ей когда-то, и на них купила себе дорогую одежду. Она уговорила соседку «одолжить» ей своего сынишку, сестру соседки попросила изобразить няню малыша, взяла напрокат экипаж — все это потребовалось ей, чтобы воплотить изощренный план, фантазию, зародившуюся в ее воображении. Кристете даже не пришлось лгать: она, собственно, ни разу прямо не сказала, что замужем или что у нее есть ребенок. Она точно рассчитала ощущение, что, коль она для него недоступна, это сделает ее еще более желанной в его глазах. Это был, пожалуй, единственный способ соблазнить мужчину его типа.

Взволнованный тем, как далеко она зашла ради него и как умело возродила в нем чувства, дон Хуан простил Кристету и просил ее руки. К его удивлению и, возможно, облегчению, она вежливо отказала. В то самое мгновение, как они станут супругами, ответила она, его взгляд начнет блуждать в поисках других женщин. Она же хочет удержать его интерес, что возможно только в том случае, если все между ними останется без изменений. Дону Хуану ничего не оставалось, как признать ее правоту.

Толкование

Кристета и дон Хуан — персонажи романа «Dulce y Sabrosa» («Сладкая и аппетитная», 1891) испанского писателя Хасинто Октавио Писона. Большая часть произведений Писона посвящена мужчинам-обольстителям и женщинам — их жертвам, теме, глубоко им изученной и до мелочей знакомой. Покинутая доном Хуаном Кристета много размышляла о нем и в результате решила убить одним выстрелом двух зайцев: отомстить ему и вернуть. Но можно ли соблазнить подобного человека и каким образом это сделать? Ведь единожды отведав от сладкого плода, он сразу терял к нему всякий интерес. Тем, что доставалось ему легко, что падало прямо в руки, он совершенно не дорожил. Возбудить в доне Хуане интерес к Кристете и желание вновь обладать ею могло одно и только одно — чувство, что она уже принадлежит кому-то другому, а для него недоступна, что она — запретный плод. В этом было его уязвимое место, его слабость — именно по этой причине его особый интерес вызывали девственницы и замужние женщины, женщины, которые принадлежали не ему. Для этого мужчины, рассуждала Кристета, трава всегда кажется зеленее, если она растет на чужой лужайке. Она решила предстать перед ним недоступной и уже поэтому особенно притягательной, терзать его, сводить с ума, вызывая чувства, с которыми он не в силах будет совладать. Он не мог не помнить, какой желанной она была для него когда-то. Мысль о том, чтобы снова обладать ею, полностью овладела им, предвкушение счастья, казалось, переполняло его: он проглотил наживку.

Искушение двойственно. Разумеется, вы кокетничаете, заигрываете, флиртуете; этим вы будите желание, суля удовольствия и отвлечение от будничной жизни. Но в то же время вы ясно даете понять своим объектам, что они не могут обладать вами, по крайней мере, это невозможно прямо сейчас. Вы воздвигаете препятствие, создаете определенное напряжение.

В прошлом воздвигать такие препятствия было совсем не сложно, тому способствовали многочисленные социальные барьеры — принадлежность к разным классам, нациям, браки, религия. В наши дни работают главным образом препятствия психологические: ваше сердце принадлежит другому; партнер вас не особенно интересует; вашему счастью мешает какая-то тайна; сейчас неподходящее время; вы недостаточно хороши для партнера; партнер недостаточно хорош для вас — список можно продолжать. В свою очередь и вы можете избрать кого-то, кто воздвигнет препятствие: он/она несвободны; вам только показалось, что вы их интересуете. Подобные барьеры куда менее различимы, чем, скажем, социальное неравенство или разница вероисповеданий. Однако они остаются барьерами, а человеческая психология не меняется. Весьма многих людей интересует — и в первую очередь — именно то, что им не может или не должно принадлежать. Создайте подобного рода внутренний конфликт — вы недоступны, несмотря на вспыхнувший интерес и влечение, — заставьте жертву тянуться к вам, испытывать муки Тантала, мечтавшего о недоступной воде. И, как в случае с доном Хуаном и Кристетой, чем больше ей (жертве) придется томиться, стремясь к обладанию вами, тем больше она верит в то, что инициатива в ее руках. Ваше обольщение превосходно замаскировано!

Единственный способ избавиться от искушения — поддаться ему.

Оскар Уайльд

Ключи к обольщению

Люди постоянно бьются над тем, чтобы удержать равновесие и стабильность в своей жизни. Если бы они, забыв обо всем, бросались за первым же встреченным человеком или увлекались всерьез каждой фантазией, пришедшей в голову, то не сумели бы устоять на ногах, справиться с повседневной будничной рутиной. Как правило, людям удается выстоять в этой борьбе, но дается победа нелегко. Мир полон искушений. Они узнают о людях, одаренных талантами, которых нет у них, о приключениях, выпа-

ИЗ «ДЕКАМЕРОНА» БОККАЧЧО

…У Мазетто, пока он слушал речи Нуто, явилось в душе столь сильное желание попасть к тем монахиням, что он совсем истомился, поняв из слов Нуто, что ему удастся сделать то, чего он желал. Сообразив, что это не устроится, если он ничего не ответит Нуто, он сказал: «И хорошо ты сделал, что ушел! Разве мужское дело жить с бабами? Лучше жить с дьяволами: из семи раз они шесть не знают, чего сами хотят». Но едва покончилась их беседа, как Мазетто принялся обдумывать, какого способа ему держаться, чтобы ему можно было пройти к ним; зная, что он хорошо сумеет справиться с той обязанностью, о которой говорил Нуто, он не сомневался, что из-за этого ему не откажут, но боялся, что его не примут, потому что он был слишком молод и видный собою. Потому, поразмыслив о многом, он надумал: до того места очень далеко отсюда, и никто там меня не знает; я умею притворяться немым и наверно буду там принят. Остановившись на этой мысли, с топором на плече, никому не сказав, куда он идет, он под видом бедняка отправился в монастырь. Придя туда, вошел и случайно встретил во дворе управляющего, которому показал знаками, как то делают немые, что просит у него поесть Бога ради, а он, коли нужно, нарубит ему дров. Управляющий охотно покормил его и затем повел его к колодам, которые Нуто не сумел расколоть... Когда управляющий увидел, что он отлично умеет

дающих на долю других, о тех, кто обрел счастье или богатство. Стабильность, которой они жаждут и которая, как им кажется, имеется в их жизни, на самом деле не что иное, как иллюзия, за которой кроются неуверенность и постоянное напряжение.

Выступая в качестве обольстителя, старайтесь не допускать ошибок, принимая видимость за реальность. Вы ведь знаете, что люди ведут изматывающую борьбу за поддержание определенного уровня своей жизни и что их гложут сомнения и тревоги. Трудно оставаться хорошим и добродетельным, если постоянно приходится подавлять желания. Если помнить об этом, то обольщать будет проще. Люди хотят не соблазна: соблазны и так подстерегают их на каждом шагу. Люди хотят поддаться соблазну, уступить. Это единственный способ избавиться от постоянного напряжения, царящего в жизни. Сопротивление соблазнам и искушениям дается куда тяжелее и обходится дороже, нежели капитуляция.

Ваша задача поэтому создать соблазн, который окажется сильнее тех, что действуют каждый день. Он должен быть индивидуальным, нацеленным на жертву как на конкретную личность, скроенным по ее мерке — по ее слабостям. Необходимо четко сознавать: у каждого человека есть основная слабость, от которой, как от ствола, ответвляются прочие, второстепенные. Откопайте ее, эту слабость, этот детский страх, этот пробел в жизни — и в ваших руках окажется ключ, который позволит вам искушать. Этой слабостью могут быть скупость, скука, тщеславие, любое подавленное желание, мечта отведать запретного плода. О ней можно догадаться по отдельным штрихам и деталям, ускользающим от сознательного контроля: по манере одеваться, случайным оговоркам. В прошлом своей жертвы, особенно в давних историях любви, подобные улики-подсказки можно отыскать в изобилии. Создайте для жертвы мощный соблазн, ладно, словно костюм по фигуре, подогнав его по выявленным слабостям, и надежда на райское наслаждение, возбужденная вами, окажется неизмеримо более ярким посылом, нежели сопутствующие сомнения и тревоги.

В 1621 году король Испании Филипп III страстно желал заключить альянс с Англией, выдав свою дочь замуж за сына английского короля Якова I. Королю Англии, казалось, импонировала эта идея, однако он тянул время. Испанский посол при английском дворе — звали его Гондомар — получил задание ускорить осуществление плана Филиппа. Он решил действовать через фаворита Якова I, герцога (ранее графа) Бэкингемского.

Гондомару известна была главная слабость герцога: тщеславие. Бэкингем мечтал прославиться и ждал случая, который принес бы ему известность; обязанности при дворе, рутинные и весьма ограниченные, ему наскучили, он то и дело жаловался на это. Посол сначала осыпал его лестью — герцог, по его мнению, самый способный человек в королевстве, какая жалость, что ему не дают развернуться в полную мощь. Затем он начал нашептывать ему о великолепном приключении. Герцог, как известно Гондомару, сторонник брака принца с испанской принцессой, однако эти бесконечные переговоры с королем Яковом тянутся так долго, что все дело под угрозой. Вот если бы герцог согласился сопровождать принца Чарлза в Испанию…

Само собой, чтобы сохранить секретность, путешествие придется проделать инкогнито, без свиты и охраны, в противном случае ан-

работать, и знаками спросил его, не желает ли он здесь остаться, а тот знаками же отвечал, что готов исполнить, что ему угодно, управляющий, приняв его, велел ему работать в саду и показал, что надлежит делать… Случилось между тем, что, когда он однажды отдыхал, много поработав, две молодые монахини, ходя по саду, подошли к месту, где он был, и принялись разглядывать его, притворившегося спящим. Потом одна из них, несколько более смелая, сказала другой: «Если бы я была убеждена, что могу тебе довериться, я высказала бы тебе мысль, которая приходила мне не раз, а быть может, и тебе пришлась бы на пользу». Та отвечала: «Говори, не бойся, ибо я наверно никому

433

и никогда о том не скажу». Тогда смелая начала: «Не знаю, подумала ли ты когда, насколько строго нас держат, что сюда не смеет войти ни один мужчина, кроме старика управляющего да этого немого; а я много раз слышала от женщин, приходивших к нам, что все другие сладости в свете пустяки в сравнении с той, когда женщина имеет дело с мужчиной. Потому я несколько раз задумывала, коли не могу с другим, попытать с этим немым, так ли это. А для этого дела лучше его нет на свете, ибо, если бы он и захотел, не мог бы и не сумел бы рассказать: видать, что это глупый детина, выросший не по уму. Я охотно послушала бы, что ты на это скажешь». — «Ахти мне! — сказала другая. — Что это ты такое говоришь?

глийское правительство и министры не дадут санкции на подобную поездку. Из-за этого предприятие делалось особенно опасным и романтичным. В Мадриде принц получит возможность броситься к ногам принцессы Марии, объявить ей о своей любви и с триумфом привести ее в Лондон. Как это благородно — отважный поступок во имя любви! Герцога, разумеется, вознаградят по заслугам, а имя его будет прославлено в веках.

Герцог загорелся и убедил Чарлза отправиться в Испанию; в результате долгих уговоров им удалось преодолеть и сопротивление короля Якова I. Поездка, однако, была весьма неудачной (выяснилось, что Чарлзу пришлось бы принять католичество, чтобы завоевать Марию), браку не суждено было состояться, но Гондомар со своей работой справился. Он не пытался подкупить герцога, не стал предлагать ему деньги или власть — он обнаружил, что в чем-то герцог оставался неповзрослевшим ребенком, и использовал это. Ребенок не умеет сопротивляться. Ему хочется получить всё и сразу, он редко задумывается о возможных последствиях. Ребенок скрыт в каждом человеке — он напоминает об удовольствии, в котором было отказано, о подавляемом страстном желании или мечте. Нанесите удар в эту точку, поманите жертву подходящей игрушкой (азарт, деньги, развлечения), и она легко выскользнет из своей нормальной взрослой рассудительности. О людских слабостях можно догадаться, если обращать внимание на ту детскость поведения, которую каждый проявляет в повседневной жизни, проявляет в своей области — это верхушка айсберга.

Наполеон Бонапарт был в 1796 году назначен командующим одной из французских армий — самой слабой и нищей, действовавшей на итальянском направлении. Его задачей было разгромить австрийские войска, занимавшие Северную Италию. Препятствия казались непреодолимыми: Наполеону было всего двадцать семь лет; оказавшиеся под его командованием генералы были полны зависти, негодовали от того, что он получил это назначение: они сомневались в его способностях. Голодная, усталая армия была на грани развала. Сумеет ли он поднять этих людей, воодушевить их на сражение с опытной австрийской армией? Готовясь к переходу через Альпы и вторжению в Италию, Наполеон выступил перед войсками с речью, которая, возможно, стала поворотным пунктом в его карьере и во всей жизни: «Солдаты, вы полуголодны и полуодеты. Правительство задолжало вам, но ничего не может для вас сделать. Ваше терпение, ваше мужество служат вам к чести, но не приносят славы и достатка... Я поведу вас в самые плодородные долины мира. Там вы найдете процветающие города, плодородные провинции. Там вы обретете славу, честь и богатство». Речь оказала на солдат сильное влияние. В скором времени те же самые солдаты, совершив утомительное восхождение, увидели внизу прекрасную Пьемонтскую долину. Слова Наполеона эхом отдавались у них в ушах, и кучка раздетых, голодных полуразбойников на глазах превратилась в воодушевленную армию, которая ураганом пронеслась по северу Италии, преследуя отступающих австрийцев.

Наполеон использовал приманку для солдат, которая состояла из двух элементов: позади у вас тяжкое прошлое, впереди — славное будущее, оно принесет вам процветание, *если* вы последуете за мной. Это неотъемлемая часть стратегии искушения — недвусмысленная и четкая демонстрация того, что объект ничего не

Разве не знаешь ты, что мы дали Богу обет в своей девственности?» — «Эх! — отвечала та. — Сколько вещей обещают Ему за день и ни одной не исполнят; коли мы обещали Ему ее, найдется другая или другой, которые этот обет исполнят».

...Прежде чем уйти, каждая захотела испытать свыше одного раза, каков наездник их немой; впоследствии, часто рассуждая друг с другом, они говорили, что действительно это такая приятная вещь, как они слышали, и даже более, и, выбирая время, в подходящие часы ходили забавляться с немым. Случилось однажды, что одна их подруга, заметив это дело из окошка своей кельи, указала на него другим. Вначале они сговаривались вместе обвинить их перед аббатиссой;

затем, переменив намерение и столковавшись с ними, сами стали участницами силы Мазетто. К ним по разным поводам присоединились в разное время и три остальные. Наконец, аббатисса, еще не догадавшаяся об этом деле, гуляя однажды по саду, когда жара была большая, нашла Мазетто (которому, при небольшой работе днем, много доставалось от усиленных поездок ночью) совершенно растянувшегося и спавшего в тени миндального дерева; ветер поднял платье спереди назад, и он был совсем открыт. Когда она увидела это, зная, что она одна, вошла в такое же вожделение, в какое вошли и ее монахини; разбудив Мазетто, она повела его в свою горницу, где, к великому сетованию монахинь, что садовник

теряет, приобрести же может все. Настоящее не несет больших надежд, будущее может оказаться полным радости и счастья. Не забывайте, однако, о том, что картины будущего должны быть расплывчатыми, ускользающими. Если вы будете чрезмерно конкретны, то рискуете принести разочарование: посулив что-то реально достижимое, невозможно затем постоянно по своему желанию откладывать выполнение обещаний.

Препятствия и барьеры в искушении необходимы, чтобы удерживать людей от того, чтобы они сдавались без боя. Легкая победа неинтересна, вы *заинтересованы* в том, чтобы они боролись, сопротивлялись, волновались. Королева Виктория, без сомнения, была влюблена в своего премьер-министра Дизраэли, но их разделяли многочисленные непреодолимые барьеры: религиозный (он был смуглокожим иудеем), классовый (она как-никак была королевой), да и вкусовые различия нельзя было сбросить со счетов (она являла собой образец добродетели, тогда как он был законченным хлыщом и денди). Их отношениям не суждено было реализоваться, но какую пикантность придавали эти преграды их ежедневным встречам, всегда полным игры и флирта!

Многие преграды такого рода в наши дни более не существуют, что ж, значит, их следует создать — это единственный способ придать изюминку обольщению. Табу всякого рода — сегодня они главным образом психологические, а не религиозные — являются источниками напряжения, закручивают ту самую пружину, которая и приводит в действие механизмы обольщения. Понаблюдайте — вы обнаружите подавленность, некое скрытое желание, которое заставит вашу жертву испытывать неловкость, если вы надавите в эту точку, но тем не менее все же послужит соблазном, приманкой. Покопайтесь в прошлом жертвы; если обнаружится что-то, чего она боится, чего пытается избежать, считайте, что ключ у вас в кармане. Вы можете обнаружить неосознанную тоску по образу матери/отца, а можете — скрытые и подавляемые гомосексуальные наклонности. В ваших силах подыграть этим наклонностям, прикинувшись женственным мужчиной или мужеподобной женщиной. В других случаях можно изобразить Лолиту или заботливого «папочку» — что-то запретное, этакое видение темной стороны личности. Ассоциации, однако, не должны быть слишком определенными и конкретными — нужно только, чтобы жертва потянулась за чем-то неуловимо привлекательным, не сознавая при этом, что перед ней порождение ее собственной фантазии.

В 1769 году Казанова познакомился в Лондоне с молодой женщиной мадемуазель Шарпийон. Она была много моложе его, она была прекраснее всех женщин, которых он знал прежде, и при этом обладала репутацией губительницы мужских сердец. При первой же встрече она так прямо и сказала ему, что произойдет: он падет к ее ногам, а она его уничтожит. Ко всеобщему изумлению, Казанова продолжил свои ухаживания. При каждой встрече она намекала, что вот-вот уступит — возможно, это произойдет уже в следующий раз, если он будет милым. Она воспламеняла его любопытство — какое наслаждение он может испытать с ней; он станет первым, он ее приручит. «Яд желания пропитал все мое существо настолько, — пишет он, — что при желании она могла бы обобрать меня до нитки — я готов был отдать ей все, чем владел. Я готов был разориться ради единственного поцелуя». Эта интрижка действительно окончилась поражением Казановы: он был уни-

не является обрабатывать огород, держала его несколько дней, испытывая и переиспытывая ту сладость, в которой она прежде привыкла укорять других. Наконец она отослала его из своей горницы в его собственную и очень часто желала видеть его снова, требуя, кроме того, более, чем приходилось на ее долю.

(Пер. А. Н. Веселовского)

НАКАЗАНИЕ ДЛЯ ТАНТАЛА

За два эти преступления Тантала наказали, разрушив его царство, а после его смерти, от руки самого Зевса, еще и предали вечным мукам вместе с Иксионом, Сизифом, Тифием, данаидами и им подобными. Теперь он подвешен, постоянно мучимый голодом и жаждой, на ветви дерева, усыпанной сочными плодами, которая к тому же спускается прямо в озеро. Волны плещутся вокруг, иногда доходя ему до подбородка, но стоит ему нагнуться, пытаясь напиться, как вода тут же отступает, обнажая грязное илистое дно. Если же ему удается изловчиться и зачерпнуть воды, она просачивается между пальцами и вытекает прежде, чем он успеет поднести ее к растрескавшимся

жен и посрамлен. Мадемуазель Шарпийон верно угадала: главной слабостью Казановы была потребность завоевывать, преодолевать сопротивление и испробовать то, что не доводилось испытать другим мужчинам. Глубже под этим скрывался и своеобразный мазохизм, удовольствие, получаемое от боли, которую могла причинить ему женщина.

Играя роль недоступной женщины, маня его, а затем отталкивая, она предложила ему такое искушение, перед которым он был не в силах устоять. Часто хитрость состоит в том, чтобы дать жертвам почувствовать, что вы бросаете им своеобразный вызов, что вы — награда, которой им предстоит добиться. Получив вас, они обретут нечто такое, чего больше ни у кого нет. Их может ожидать даже боль, но боль очень близка к наслаждению и предлагает свои соблазны.

В Ветхом Завете написано: «Давид, встав с постели, прогуливался на кровле царского дома и увидел с кровли купающуюся женщину, а та женщина была очень красива». Женщиной была Вирсавия. Давид приказал доставить женщину к себе, соблазнил ее (по общепринятому мнению), а затем избавился от ее мужа Урии (отправив его на верную смерть в сражении). На самом деле, однако, это Вирсавия соблазнила Давида. Она купалась в тот час, когда, как ей было известно, он прогуливается по своей кровле. Введя в соблазн мужчину, о слабости которого к женщинам ей было известно, она стала кокетничать с ним, вынуждая его послать за ней. Это — стратегия использования возможностей: предоставьте нерешительному человеку шанс получить то, что его соблазняет, ненароком дав понять, что вы для него достижимы, что у него есть надежда. Искушение зачастую полностью зависит от того, верно ли рассчитано время, от того, чтобы встретить в нужный момент нерешительного человека, и от того, чтобы дать ему возможность поддаться соблазну.

Вирсавия воспользовалась в качестве соблазна обнаженным телом, но нередко едва обозначенная нагота оказывает куда более сильный эффект. Мадам Рекамье носила платья из тонкой материи, под которой угадывалось то же обнаженное тело, но лишь мимолетно, намеком. После балов, на которых она танцевала, мужчинам по ночам снилось то, чего они, собственно, почти и не видели. Императрица Жозефина добивалась подобного результата, обнажая свои прекрасные руки. Уделите жертве крошечную частицу себя, чтобы ей было о чем пофантазировать, и тем самым поддерживайте в ее мыслях постоянное напряженное внимание к себе.

Символ: Яблоко из Эдемского сада. Плод кажется таким манящим, но вам нельзя его отведать: он запретен. Но именно поэтому днем и ночью вы думаете только о нем. Вы видите его, но не можете им обладать. И единственный способ избавиться от этого искушения — сдаться, уступить и вкусить от плода.

Оборотная сторона

Антагонисты соблазна — стабильность и удовлетворенность, и то и другое для обольщения губительно. Если вам не удается соблазном отвлечь кого-то от его повседневных привычек, значит, вы не сумеете обольстить его. Если вы не замедлите удовлетворить пробужденное вами желание, обольщение на этом закончится. Для искушения нет оборотной стороны. Хотя некоторые другие этапы можно пропустить, без

от вечной жажды губам. Ветви дерева отягощены грушами, сочными яблоками, сладкими фигами, спелыми оливами и гранатами, которые свисают совсем низко и, раскачиваясь, задевают его плечи. Но когда бы он ни попытался схватить плод, тут же налетает порыв ветра, вздымая их вверх на недосягаемую для него высоту.

Роберт Грейвз, «Греческие мифы». Том 2

искушения, в том или ином виде, не может состояться никакое обольщение, поэтому всегда лучше обдумать его заранее и тщательно спланировать, ориентируясь на слабости и проявление неизжитой детскости каждого конкретного объекта.

Вторая фаза

ВВЕСТИ В ЗАБЛУЖДЕНИЕ: ВЫЗЫВАЕМ РАДОСТЬ И СМЯТЕНИЕ

Ваши жертвы в достаточной мере заинтригованы, их интерес к вам и желание растет, но пока они держатся на крючке слабовато и в любой момент могут решить повернуть назад. Цель на этом этапе — запутать жертвы — волновать и смущать их, предлагая удовольствие, но заставляя желать большего. Теперь им уже некуда отступать. Радуйте их сюрпризами, выплескивайте приятные неожиданности, и вы очаруете их своей непредсказуемостью, а одновременно с этим заставите потерять равновесие и окончательно утратить самообладание (9: Томи неизвестностью — что же дальше?). Искусно подобранные мягкие и приятные слова околдуют их и разбудят воображение (10: Сей смятение, прибегая к великой силе слова). Художественные штрихи и маленькие милые ритуалы будут щекотать чувства и отвлекут мысли (11: Не пренебрегай деталями).

Самая большая опасность для вас на этой фазе — даже малейший намек на слишком близкое знакомство, привычку, рутину. Необходимо поддерживать атмосферу таинственности, даже мистерии, сохранять некоторую дистанцию, так чтобы в ваше отсутствие жертвы ощущали зависимость (12: Поэтизируй свой образ). Возможно, вы почувствуете и поймете, что жертвы увлечены вами, но они ни в коем случае не должны заподозрить, в какой мере это является результатом ваших манипуляций. Вовремя продемонстрировав, что вы слабы, нерешительны, находитесь во власти чувств, подпали под их влияние, вы сможете замести следы и сбить их с толку (13: Обезоруживай, представляясь слабым и уязвимым). Чтобы взволновать ваши жертвы, вызвать эмоциональный взрыв, следует дать им почувствовать, что некоторые фантазии, зароненные вами в их воображение, уже сбываются (14: Смешай мечту с реальностью). Позволяя им получить только часть мечты, вы сможете удерживать их при себе, так как они будут ждать большего. Сосредоточьте на них внимание, чтобы остальной мир потускнел и отодвинулся на второй план, даже отправьтесь с ними в путешествие — уведите их туда (15: Изолируй свою жертву), откуда нет возврата.

Закон

09

Томи неизвестностью — что же дальше?

В тот самый момент, когда человек понимает, чего от вас можно ожидать (точнее, ему кажется, что он понимает), ваша власть над ним ослабевает. Более того, вы проигрываете ему в силе. Единственный способ по-прежнему вести соблазняемых за собой, не теряя власти над ними, — постоянно держать их в напряжении, то и дело эпатируя тщательно подготовленными неожиданностями. Люди любят тайну, это и есть главная хитрость, которая позволит вам заманивать жертву все глубже в свою паутину. Ведите себя так, чтобы постоянно вызывать удивление. Что вы собираетесь делать? Что вы задумали? Ваши неожиданные поступки заставят испытывать восхитительное ощущение непредсказуемости: несмотря на все усилия, обольщаемым не удается предугадать, каким будет ваш следующий шаг. Вы всегда оказываетесь чуть впереди, всегда владеете ситуацией. Позвольте жертве испытать радостный трепет, пусть у нее захватит дух на очередном крутом вираже.

Подготовленный сюрприз

В 1753 году двадцатисемилетний Джованни Джакомо Казанова познакомился с девушкой, которую звали Катериной, и влюбился в нее. Ее отцу было известно, что представляет собой Казанова, и, желая предотвратить неизбежное несчастье, он принял решение отослать ее до замужества в женский монастырь на островке Мурано близ Венеции. Там Катерине предстояло провести долгих четыре года.

Казанова, однако, был не из тех, кто легко сдается. Он забросал Катерину письмами. Он по нескольку раз на неделе посещал мессу в монастыре и всякий раз ловил на себе ее взгляды. Монахини начали судачить о нем: кто этот пригожий молодой человек и почему он зачастил сюда? Как-то утром, когда после мессы Казанова садился в гондолу, мимо торопливо прошла служанка из монастыря, уронив к его ногам письмо. Решив, что это послание от Катерины, Казанова поднял письмо. Оно и в самом деле было адресовано ему, но было написано не Катериной: автором письма была одна из монахинь, обратившая на него внимание во время визитов Казановы в монастырь, — она изъявляла желание познакомиться с ним. Согласен ли он? Если да, тогда пусть подойдет к монастырской приемной в определенный час, когда монахине разрешено увидеться с гостьей — ее подругой графиней. Он может увидеть ее издали, понаблюдать и решить, в его ли она вкусе.

Письмо в высшей степени заинтриговало Казанову: оно было написано изысканным языком, но было в нем что-то порочное, особенно если вспомнить, что его писала монахиня. Он решил разузнать побольше. В назначенный день и час он стоял невдалеке от монастырской приемной и вскоре увидел элегантно одетую женщину, которая беседовала с мона-

Наипервейшая забота всякого денди — не совершать поступков, которых от него ожидают, всегда ошеломлять неожиданными выходками... Непредсказуемость может оказаться не более чем жестом, но жестом совершенно необычным. Алкивиад отрезал хвост своей собаке ради того, чтобы поразить народ. Увидев, как его друзья разглядывают изуродованное животное, он сказал: «Вот этого-то я и добивался: пусть афиняне судачат об этом, тем временем они не скажут обо мне чего-нибудь похуже».

хиней за решетчатой оградой. Наконец ему удалось расслышать, как монахиню назвали по имени — услышанное его поразило: то была Матильда М., известная венецианка двадцати лет с небольшим, чье решение удалиться от мира недавно потрясло весь город. Но более всего поразило Казанову, что даже под монашеским облачением ясно угадывалось: перед ним прекрасная женщина, особенно выдавали ее глаза — сияющие, ярко-голубые. Не иначе как она нуждается в помощи и надеется, что он окажет ей таковую.

Не в силах совладать со жгучим любопытством, через несколько дней он вновь посетил монастырь и испросил разрешения увидеться с Матильдой. Он ожидал ее появления, а сердце между тем готово было выскочить из груди — он не представлял, что произойдет между ними. Наконец она вышла и заняла место позади решетки. Они остались одни в приемной, и она сказала, что могла бы пригласить его отужинать вместе на небольшой вилле, расположенной поблизости. Казанова был в восторге от предложения, но про себя недоумевал — что это за удивительная монахиня встретилась ему? «Скажите, а есть ли у вас возлюбленный, кроме меня?» — спросил он. Она отвечала уклончиво, что у нее есть друг, которого она почитает своим господином. «Ему я обязана всем, что имею», — добавила она. В свою очередь она поинтересовалась, имеется ли у него любовница. Да, ответил он. Тогда она произнесла таинственно: «Предупреждаю, что, если однажды вы позволите мне занять ее место в вашем сердце, никакие силы земли не смогут вырвать меня оттуда». Вслед за тем она вручила ему ключ от виллы и попросила быть там через две ночи. Он поцеловал ее сквозь прутья решетки и покинул монастырь в полном изумлении. «Я провел два дня в состоянии лихорадочного нетерпения, —

Привлечь к себе внимание — не единственная цель денди, он стремится надолго удержать его с помощью своей непредсказуемости, порой прибегая ради этого к средствам странным и даже скандальным. Сколько начинающих денди, по примеру Алкивиада, отрубали хвосты собакам, каждый на свой манер! У барона де Сен-Крик, к примеру, это были сапоги с мороженым: однажды в жаркий день он заказал две порции мороженого, ванильным угостил свой левый сапог, а земляничным — правый... Граф Сен-Жермен любил приглашать друзей в театр и возить их туда в своей роскошной карете, с обивкой из розового шелка, запряженной парой громадных вороных коней с хвостами

писал Казанова, — которое не давало мне ни спать, ни есть. Помимо высокого рождения, красоты и ума у моей новой возлюбленной было дополнительное достоинство в моих глазах: она была запретным плодом. Мне предстояло стать соперником самой Церкви». Он всякую минуту рисовал ее в своем воображении в монашеском облачении и с обритой головой.

Он прибыл на виллу в назначенный час. Матильда уже ждала его. К его удивлению, на ней было элегантное нарядное платье, к тому же он не смог увидеть ее обритой по обычаю монахинь: голову Матильды скрывал изысканно причесанный шиньон. Казанова приступил к ней с поцелуями. Хотя она сопротивлялась, но и не слишком, однако вскоре отстранилась, сказав, что им пора к столу. За ужином она приоткрыла завесу над некоторыми своими тайнами: деньги позволяют ей подкупать кое-кого, чтобы покидать стены монастыря, когда ей заблагорассудится. Она рассказала о Казанове своему другу и господину, и тот одобрил их связь. «Он, должно быть, немолод?» — поинтересовался Казанова. «Отчего же, — ответила она, блеснув глазами, — ему около сорока, и он весьма хорош собой». После ужина прозвонил колокольчик — это был сигнал, означавший, что ей пора поспешить в монастырь, чтобы не попасться. Она переоделась в рясу и убежала.

Перед Казановой предстала упоительная перспектива — остаться на вилле и провести долгие месяцы с этим чудесным созданием, и все это за счет таинственного господина, который не пожалел для нее денег. Вскоре Казанова опять явился в монастырь, чтобы назначить следующее свидание. Они должны были встретиться на площади в Венеции и вместе отправиться на виллу. Явившись на условленное место, Казанова увидел мужчину, который быстрыми шагами направлялся прямиком к нему.

Казанова проворно отскочил в сторону, опасаясь, что это ее загадочный друг или — как знать? — наемный убийца. Мужчина покружил вокруг него, потом подошел ближе: то была Матильда в маске и мужском платье. Ее потешил его испуг. Ну что за чертовка эта монашка! Он вынужден был признать, что в мужском обличье она воспламеняет его еще сильнее.

Между тем Казанова все более утверждался в своих подозрениях: с ее монашеством дело нечисто. Прежде всего, в доме Матильды он обнаружил целую коллекцию любовных романов и сатирических памфлетов. Кроме того, она то и дело отпускала богохульные замечания, к примеру, по поводу радости, которую они оба испытывали, предаваясь утехам во время поста, — «умерщвляя свою плоть». О своем таинственном друге она теперь прямо говорила как о любовнике. У Казановы созрел план похитить ее у этого человека и из монастыря, бежать с ней и владеть ею единолично.

Несколькими днями позже он получил от Матильды письмо, в котором она призналась: во время страстных любовных схваток ее друг прятался в шкафу, наблюдая за ними. Любовник Матильды оказался французским послом в Венеции, и, как явствовало из письма, Казанова произвел на него благоприятное впечатление. Казанова был не из тех, кто позволял водить себя за нос, и все же на другой день он снова явился в монастырь, смиренно прося о новом свидании. На сей раз она пришла точно в назначенный час, и он, заключив ее в объятия, вдруг обнаружил, что обнимает... Катерину, одетую в платье Матильды. Матильда, сдружившись в монастыре с Катериной, узнала ее историю. Преисполнившись сочувствия к подруге, она все подстроила, чтобы помочь Катерине покинуть стены монастыря на этот вечер и встретиться с Казановой. Прошло совсем не-

ИЗ СКАЗОК
ШАХЕРЕЗАДЫ
Сидя у окна,
Шахзаман любо-
вался прекрасным
царским садом,
когда вдруг увидел,
как во дворце
открылась дверь и
из нее вышли
двадцать деву-
шек-невольниц и
двадцать негров.
Среди них шество-
вала супруга его
брата, царя
Шахрияра,
женщина неописуе-
мой красоты.
Вместе со своей
свитой она
подошла к фонтану,
там все они
скинули с себя
одежды и сели на
траву. Тут царская
жена позвала:
«Подойди,
Массуд!», и к ней
сейчас же подошел
черный раб и
взгромоздился на
нее, лаская ее и
покрывая поцелуя-
ми. Другие негры
стали делать то же
с невольницами, и
так продолжалось
до наступления
ночи... Шахзаман
рассказал брату

много времени, но Катерина, в которую Казанова некогда был влюблен, к этому моменту
совершенно выветрилась из его памяти. В сравнении с удивительной Матильдой она казалось
ему скучноватой и пресной. Ему не удалось
скрыть разочарования. Он сгорал от желания
увидеть Матильду.

Новая шутка, сыгранная Матильдой, рассер-
дила и обидела Казанову. Но по прошествии
нескольких дней они встретились вновь, и все
было забыто. Теперь, как она и предсказывала
при первой встрече, он оказался полностью в ее
власти. Став покорным рабом Матильды, он
слепо исполнял все ее прихоти, не раздумывая,
соглашаясь на любые опасные затеи. Кто знает,
на какие еще опрометчивые шаги мог бы он
пойти ради нее, если бы стечение обстоятельств
не прервало их связь.

ТОЛКОВАНИЕ

Казанова почти всегда играл в обольщении
активную роль. Инициатива была в его руках,
именно он вел жертву за собой в увлекательное
путешествие, конечный пункт которого был
неизвестен для нее, затягивал ее в свои тенета.
Во всех его мемуарах Матильда — едва ли не
единственный случай обольщения, в котором,
к его вящему удовольствию, карты оказались не
у него: он сам был одурачен и явился жертвой
обольщения.

Рабом Матильды Казанову сделали те же
самые тактические приемы, которые он сам использовал, соблазняя бесчисленных женщин:
непреодолимый соблазн быть ведомым и следовать за другим, трепет предвкушения невероятных сюрпризов, власть таинственного. Всякий
раз, когда он расставался с Матильдой, голова у
него шла кругом от множества вопросов. Ее
способность неизменно поражать его неожиданностями заставляла его постоянно думать о

ней. Это только усиливало ее чары и вытесняло из мыслей предсказуемую Катерину. Каждый сюрприз был тщательно продуман, подготовлен, был просчитан и эффект, производимый на Казанову. Первое письмо возбудило в нем любопытство и заставило внимательно рассматривать ее в приемной монастыря; то, что на вилле он неожиданно увидал со вкусом одетую женщину, подняло бурю желания. Затем он встретил ее в мужском платье, и это подчеркнуло волнующе-порочную природу их отношений. Все это выводило его из равновесия, в то же время заставляя с нетерпением ожидать следующей выдумки. Даже неприятный сюрприз, когда на месте Матильды оказалась Катерина, привел к тому, что он расчувствовался и стал еще уязвимее. Встреча с нежеланной Катериной в тот момент только обострила и усилила его влечение к Матильде.

В обольщении необходимо постоянно поддерживать напряжение и неослабевающую тревогу, ему должно сопутствовать ощущение, что вы полны неожиданностей, непредсказуемы. Не думайте, что эта задача непосильна и неприятна. Вы творите театр в повседневной жизни, вот и вложите в это дело творческую энергию, позабавьтесь, ведь на самом-то деле это так приятно! Старайтесь без устали, как из рога изобилия, забрасывать свои жертвы всевозможными сюрпризами и экспромтами (разумеется, заранее подготовленными) — отправьте им письмо ниоткуда, появитесь там, где они не ожидают вас увидеть, пригласите их туда, где они никогда прежде не бывали. Но лучший из всех сюрпризов — если вы приоткроете завесу над своим характером и позволите им увидеть в нем что-то новое, такое, о чем они и не догадывались. Это, конечно, тоже требует подготовки. В первые недели знакомства жертва попытается составить себе первое беглое представление о

обо всем, что видел в тот день в царском саду... Тогда Шахрияр объявил, что он намеревается снова отправиться в поход. Войска вышли из города и разбили шатры, и царь Шахрияр следовал за ними. Побыв немного в лагере, он приказал рабам никого не пускать в царский шатер, а сам, никем не замеченный, покинул лагерь и тайком вернулся во дворец, где его дожидался брат. Они вдвоем сели у окна, выходившего в сад. Им не пришлось долго ждать, ибо вскоре царица со своими невольницами и черными рабами вышла в сад и вела себя так, как описал Шахзаман... Вернувшись во дворец, царь Шахрияр приказал казнить жену вместе с ее девушками и черными рабами.

С того времени он завел обычай каждую ночь брать во дворец девственницу, которая делила с ним ложе, а наутро ее казнить. Так продолжалось три года, пока народ не начал роптать и многие пытались бежать из страны со своими дочерьми. У царского визиря было две дочери. Старшая звалась Шахерезада, а имя младшей было Дуньязада. Шахерезада обладала многими достоинствами и была сведуща в мудрости поэтов и сказаниях древних царей. В тот день Шахерезада заметила, что отец ее невесел, и спросила, какая забота его печалит. Когда визирь поведал ей о своем затруднении, она сказала: «Отдай меня в жены этому царю; или пусть я умру и стану выкупом за дочерей мусульман,

вас, основанное на поверхностных наблюдениях. Пусть считает вас немного застенчивым, приземленным, приверженцем строгих, пуританских взглядов. Вы-то знаете, что на самом деле все обстоит иначе. Пусть тем не менее вас воспринимают именно таким. Можете даже помочь жертве, слегка подчеркнув эти черты, только не переиграйте. Теперь у вас есть пространство для маневра, и вы можете внезапно удивить обольщаемого неожиданно решительным поэтичным или, напротив, порочным поступком. Он изменит свое мнение о вас и не успеет укрепиться в нем, как вы удивите его снова. Вспомните проделки Матильды в обольщении Казановы — сначала она монахиня, готовая пуститься в любовное приключение, потом распутница и, наконец, соблазнительница с садистскими наклонностями. Тщась разобраться в вас, «вычислить», что вы собой представляете, жертва сама не заметит, как начнет думать днем и ночью только о вас, стремясь при этом больше узнать о предмете своих мыслей. Любопытство глубже затянет ее в ваши сети, пока не окажется, что обратного пути уже нет.

Я рассчитываю поразить их [французов] внезапностью. Решительное действие выводит людей из равновесия и ошеломляет.

Наполеон Бонапарт.
Цит. по кн.: Эмиль Людвиг, «Наполеон»

Ключи к обольщению

Ребенок — это, как правило, своенравное и крайне упрямое создание, которое обязательно поступает наперекор взрослым и делает противоположное тому, о чем мы его просим. Но есть один сценарий, при котором дети с радостью охотно уступают и соглашаются на все наши условия, забывая о капризах: это происходит, если им обещан сюрприз. Это может быть упакованный в коробку подарок, игра с какой-то наградой в финале, путешествие, маршрут которого им неизвестен, или захватывающая история с неожиданным концом. В те моменты, когда дети ждут сюрприза, они забывают о своеволии. В ваших силах протянуть этот момент насколько возможно, маня их волнующей перспективой. Эта детская привычка живет глубоко в каждом из нас, в ней кроется источник удовольствия, свойственного, пожалуй, всем людям: отправиться следом за тем, кто знает путь и берет нас с собой в путешествие. (Возможно, радость, которую мы испытываем от того, что нас ведут за собой, базируется на памяти о том времени, когда мы были маленькими и родители, сильные и надежные, носили нас на руках и заботились о нас.)

Мы испытываем сходные чувства, когда смотрим кино или читаем триллер: мы находимся во власти режиссера или писателя, которые увлекают нас за собой, проводя через хитросплетения и повороты сюжета. Мы остаемся в своих креслах, переворачиваем страницы, с удовольствием покоряясь, пугаемся и переживаем по их воле. Можно сравнить это с наслаждением женщины, танцующей с умелым и надежным танцором, который ведет ее по залу так, что можно не думать ни о чем и полностью отдаться танцу. Влюбленность непременно подразумевает предвкушение: мы ощущаем, что стоим на пороге перемен, готовые двинуться в новом направлении, вступить в новую жизнь, где все будет удивительным и неизведанным. Тот, кого обольщают, ждет, чтобы его повели за собой, чтобы заботились о нем, как о ребенке. Если вы предсказуемы, чары мгновенно рассеиваются, ведь предсказуемость — характеристика повседневности и будничности. В арабских волшебных «Сказках тысячи и одной ночи» царь Шахрияр каждую ночь брал себе в жены девственницу, а

или останусь жить и послужу их освобождению». Он стал умолять ее отказаться от столь безрассудного решения, однако Шахерезада была непреклонна, не желая слушать отцовских уговоров... Итак, визирь одел дочь в одеяние невесты, украсил ее драгоценностями и приготовился объявить царю о свадьбе с Шахерезадой. Прежде чем попрощаться со своей младшей сестрой, Шахерезада дала ей такие наставления: «Когда царь примет меня, я пошлю за тобой. А когда царь соберется отослать меня прочь, ты должна сказать: "Расскажи, сестрица, одну из твоих дивных сказок, чтобы скоротать ночь". Тогда я начну рассказывать тебе сказку, которая, если будет на то воля Аллаха, поможет нам обрести свободу». Визирь сам отвел дочь к царю. И когда царь взял деву Шахерезаду в свои покои и возлег с ней, она заплакала и сказала: «У меня есть младшая сестра, с которой я хотела бы проститься». Царь послал за Дуньязадой. Когда ту доставили, она руками обвила сестру за шею и уселась рядом с ней. Затем Дуньязада обратилась к Шахерезаде: «Милая сестрица, расскажи нам одну из твоих чудных сказок, чтобы ночь прошла веселей». — «С радостью, — отвечала она, — если повелитель позволит». И царь, которого мучила бессонница, с удовольствием согласился послушать сказку Шахерезады: «Жил-был однажды в городе Багдаде преуспевающий портной, который

затем на рассвете отдавал приказ умертвить ее. Одна из девушек, Шахерезада, постаралась избежать подобной участи, начав рассказывать царю сказку, закончить которую пообещала лишь на следующую ночь. Так она делала ночь за ночью, держа царя в постоянном ожидании. Завершая один рассказ, она немедленно начинала следующий. Шахрияр слушал ее рассказы без малого три года, пока не решил наконец даровать ей жизнь. Вы должны уподобиться Шахерезаде: без новых историй, без чувства ожидания, без предвкушения ваше обольщение умрет, едва начавшись. Без устали, ночь за ночью, продолжайте поддерживать огонь. Пусть ваши объекты теряются в радостных догадках — что дальше, какие еще сюрпризы вы для них готовите? Как в случае с царем Шахрияром, вы будете властвовать над ними до тех пор, покуда сможете удерживать их интерес.

В 1765 году Казанова познакомился с молодой итальянской графиней Клементиной, которая жила в замке вместе с двумя своими сестрами. Клементина любила чтение, что же до мужчин, которые так и вились вокруг нее, то к ним она вовсе не проявляла интереса. К воздыхателям примкнул и Казанова — он покупал для нее книжки, втягивал ее в литературные дискуссии и споры, но все напрасно — она, казалось, никак не выделяет его среди прочих. Тогда он пригласил всю семью совершить вместе с ним небольшое путешествие. При этом он отказался сообщить им, куда именно они направляются, сказав, что они все увидят сами. Удобно устроившись в карете, дамы всю дорогу строили догадки относительно цели поездки. Через несколько часов они въехали в Милан — какая радость для сестер: они никогда еще здесь не бывали. Казанова пригласил их к себе, в гостиной они увидели три платья — три великолепных нарядных платья, поразивших воображение девушек. Платья, разумеется, предназначены для них, объяснил Казанова, по одному для каждой сестры, а зеленое — для Клементины. Растерянная Клементина надела платье, и ее лицо вспыхнуло. Но сюрпризы на этом не кончились — последовали изысканное угощение, шампанское, веселые игры. Домой они возвратились лишь поздно вечером. Что же до Клементины, то она была отчаянно влюблена в Казанову.

Причина тому проста: сюрприз, неожиданность приводят к тому, что в какой-то момент люди ослабляют бдительность, становятся менее настороженными, а это открывает путь бурно нахлынувшим новым чувствам. Если сюрприз приятен, яд обольщения проникает в сосуды совершенно незаметно. Всякое неожиданное событие оказывает сходное воздействие, ударяя прямо по нервам, прежде чем человек успевает собраться и обдумать происшедшее. Эта сила особенно хорошо знакома Повесам.

Молодая замужняя женщина, приближенная ко двору Людовика XV, правившего Францией в восемнадцатом столетии, заметила однажды, что красивый молодой человек часто посматривает на нее. Она ловила на себе его взгляды то в опере, то в церкви. Она навела справки и узнала, что это герцог Ришелье, знаменитый на всю Францию своими любовными похождениями. Ни одна женщина, предупредили ее, не может считать себя в безопасности, ведь ему невозможно противиться, так что лучше избегать его любой ценой. Какая чепуха, отвечала она, уж ее-то это не может касаться, ведь она счастлива в браке. Ему ни при каких обстоятельствах не удалось бы соблазнить ее. Встречаясь с ним вновь и вновь, она смеялась над его настойчивостью. То он приближался к ней в парке, переодетый нищим оборванцем, то его карета вдруг

обожал развлечения и забавы…» Прошло почти три года. За это время Шахерезада родила царю Шахрияру трех сыновей. В тысяча первую ночь, закончив рассказывать сказку о Маруфе, она встала, поклонилась царю и, поцеловав землю перед ним, произнесла: «Великий царь, тысячу ночей и одну ночь я услаждала твой слух сказками и небылицами о давно минувших временах и легендами о древних царях. Могу ли я осмелиться просить твоей милости?» Царь ответил: «Проси — и ты все получишь». Шахерезада крикнула нянек и велела им принести детей… «Вот три сына, которых даровал нам Аллах. Ради них я прошу тебя сохранить мне жизнь. Ибо если ты казнишь мать этих детей, они среди

оказывалась рядом с ее. Он никогда не проявлял настойчивости и вообще не казался опасным. Она позволила ему заговорить с собой при дворе; он оказался чудесным, остроумным собеседником и даже попросил познакомить его с ее супругом.

Шли недели, и дама поняла, что совершила ошибку: теперь она с нетерпением ждала каждой новой встречи с Ришелье. Ему удалось обмануть ее бдительность. Этому следовало положить конец. Теперь она старалась избегать его, и он, казалось, с уважением отнесся к ее чувствам: он перестал докучать ей. Прошло несколько недель, когда однажды, гостя в загородном имении у своей подруги, она внезапно увидела там Ришелье. Она зарделась, затрепетала и убежала, но эта нежданная встреча застала ее врасплох — и подтолкнула к самому краю. Спустя лишь несколько дней она стала очередной жертвой Ришелье. Разумеется, он все подстроил, включая и встречу, которую она сочла случайной.

Внезапность не только дает импульс обольщению, она еще и маскирует манипуляции обольстителя. Появитесь где-либо внезапно, неожиданно произнесите или сделайте что-то, и у окружающих просто не будет времени обдумать это и понять, что каждый ваш шаг просчитан. Повезите их куда-то, но так, словно идея только что пришла вам в голову. Откройте им секрет — неожиданно, словно повинуясь внезапному импульсу. Сделавшись эмоционально уязвимыми, они будут слишком возбуждены, чтобы холодно анализировать ваши поступки. Все, что происходит внезапно, кажется естественным, а всему, что кажется естественным, свойственно неотразимое обаяние.

Практически сразу же по прибытии в Париж Жозефина Бейкер очаровала темпераментными танцами французских зрителей. Но прошло около года, и она вдруг обнаружила, что интерес начал ослабевать. С детства она ненавидела зависимость и не желала, чтобы кто-то управлял ее жизнью. С какой стати она будет подчиняться прихотям непостоянной публики? Она уехала из Парижа и возвратилась через год, переменившись совершенно: теперь она играла роль не необузданной дикарки, а элегантной француженки, которая волею судьбы была гениальной танцовщицей и актрисой. Французы снова были у ее ног, она вновь обрела власть над ними. Если вы находитесь на виду, непременно выучитесь этому фокусу непредсказуемости. Людям все быстро надоедает — и не только в их собственной жизни, но и в тех людях, в задачу которых входит не давать им скучать. В тот момент, когда толпа поймет, что может предугадать ваш следующий шаг, она безжалостно съест вас заживо. Художник Энди Уорхол постоянно перевоплощался из одного образа в другой, так что никто не мог угадать, что же дальше: художник, кинорежиссер, общественный деятель. Всегда держите в рукаве какой-то сюрприз. Чтобы удерживать внимание публики, заставляйте ее постоянно гадать, строить предположения. Пусть моралисты упрекают вас в неискренности, в том, что у вас нет стержня или сердцевины. На самом-то деле они просто завидуют свободе и легкости, которую демонстрирует ваш публичный образ.

Последнее: вам, возможно, кажется, что было бы мудро предстать перед своими объектами этаким оплотом надежности, человеком, который не поддается минутным настроениям. Если это так, значит, на самом деле вы просто боитесь. Для того чтобы возвести здание обольщения, требуется немало усилий и изрядное мужество. Надежность действительно нужна для того, чтобы вовлечь, втянуть людей в это предприятие, но, оставаясь таким же и дальше, вы становитесь скучным и однообразным занудой. Надежность ценится в собаках, но никак не в обольстителях. Однако если, с другой стороны, вы предпочитаете во всем полагаться на волю случая, считая, что расчет или предварительная подготовка несовместимы с сюрпризом, то совершаете грубейшую ошибку. Постоянные импровизации означают лишь одно — вы непростительно ленивы и думаете только о себе. Как часто обольщение успешно потому, что человек признателен другому за внимание, за то, что тот не пожалел для него времени и сил. Не стоит трубить о своих усилиях слишком громко. Можно ненавязчиво продемонстрировать заботливость с помощью маленьких подарков, небольших путешествий, которые вы заранее планируете, веселых и безобидных розыгрышей, в которые вы втягиваете людей. Подобные небольшие усилия окупятся с лихвой, помогая вам овладевать сердцами и волей обольщаемых.

Символ: Американские горки.Вагончик медленно поднимается к вершине, а затем вас внезапно подбрасывает вверх, кидает от борта к борту, переворачивает вверх ногами во всех мыслимых направлениях. Пассажиры визжат и хохочут. Их восторг вызван тем, что они могут расслабиться, полностью отдаться на волю кого-то, позволяя бросать себя из стороны в сторону. Какой новый восторг ожидает их за следующим поворотом?

Оборотная сторона

Сюрприз может перестать удивлять и радовать, если одну и ту же выдумку повторять снова и снова. Цзян Цин пыталась удивлять своего супруга Мао Цзэдуна внезапными переменами настроения, переходами от резкости к ласке и обратно. Поначалу его это пленяло; ему нравилось это ощущение неизвестности, когда он не мог предугадать, чего ждать от нее в следующий момент. Но так продолжалось годами, последовательность событий была всегда одной и той же и начала приедаться. Вскоре так называемые непредсказуемые вспышки госпожи Мао ему надоели. Неожиданности необходимо варьировать и разнообразить. Маркиза де Помпадур в бытность свою фавориткой пресыщенного Людовика XV заботилась о том, чтобы всякий раз порадовать короля новыми неожиданностями, ее сюрпризы никогда не повторялись — новое развлечение, игра, мода, а порой — новое настроение. Он никак не мог угадать, что последует дальше, с нетерпением ожидал следующего сюрприза, предвкушая удовольствие, он на время забывал о бремени монаршей власти и отдавался на волю случая. Пожалуй, ни один мужчина не был в большей степени порабощен женщиной, чем Людовик XV маркизой де Помпадур. Всякий раз, когда меняете направление движения, постарайтесь, чтобы новое было действительно новым.

10

Сей смятение, прибегая к великой силе слова

Трудно вынудить окружающих выслушать себя. Люди находятся во власти собственных мыслей и желаний, для ваших у них не находится времени. Заставить их слушать можно только одним способом: говоря то, что они захотят услышать, вкладывая им в уши то, что им интересно и приятно. В этом — квинтэссенция языка обольщения. Воспламените чувства людей многообещающими фразами, льстите, утешайте и успокаивайте, окутывайте их мечтами, сладкими словами, обещаниями, и они не просто выслушают вас, но утратят желание вам противиться. Ваши слова должны быть расплывчатыми, неконкретными, чтобы каждый мог прочитать и понять их по своему усмотрению. Используйте и письменный язык, чтобы рождать мечты, фантазии, а также для создания идеализированного автопортрета.

ОРАТОРСКОЕ ИСКУССТВО ОБОЛЬЩЕНИЯ

Тринадцатого мая 1958 года французские военные правого толка и сочувствующие им захватили власть в Алжире, который был в то время французской колонией. Военными двигало опасение, что социалисты, входившие тогда в правительство Франции, даруют Алжиру независимость. Теперь они контролировали ситуацию в колонии и угрожали захватом власти в самой Франции. Казалось, гражданской войны не избежать.

В этот критический момент глаза нации устремились на Шарля де Голля, героя Второй мировой войны, сыгравшего важнейшую роль в освобождении Франции от нацистов. В десятилетие, предшествовавшее алжирским событиям, генерал несколько отдалился от политики, так как грызня между собой многочисленных партий вызывала у него стойкую неприязнь. Однако он по-прежнему был любим в народе и популярен как единственный человек, способный сплотить страну. По своим убеждениям де Голль был консерватором, так что правые были уверены, что если он вернется к власти, то, безусловно, выступит в их поддержку. Вскоре после переворота 13 мая французское правительство было распущено, и Четвертая республика прекратила свое существование. Парламент обратился к де Голлю с просьбой помочь сформировать новое правительство, и де Голль принял это предложение на условиях, что будет изменена конституция и основана новая, Пятая республика. Он запросил — и получил — полноту власти на срок четыре месяца. Через несколько дней после того, как он был назначен главой правительства, 4 июня, де Голль вылетел в Алжир.

Французские колонисты ожидали его с восторгом и нетерпением. Ведь это их переворот

Любимая дверь
заперла;
Взял я оружье
свое: элегии
легкие, шутки;
Тронули строгую
дверь нежные
речи мои.
Могут стихи
низвести луну
кровавую с неба,
Солнца белых
коней могут назад
повернуть.
Змеи под властью
стихов ядовитое
жало теряют,
Воды по воле
стихов снова
к истокам текут.
Перед стихом
растворяется дверь,
и замок уступает,
Если он накрепко
вбит даже
в дубовый косяк.
Что мне за польза
была быстроногого
ставить Ахилла?
Много ли могут мне
дать тот или этот
Атрид,
Муж, одинаковый
срок проведший в
боях и в скитаньях,

косвенно способствовал приходу де Голля к власти; разумеется, предвкушали они, он намерен лично поблагодарить их и уверить, что Алжир останется навеки французским. Когда генерал прибыл в Алжир, на центральную площадь столицы вышли тысячи людей. Они ликовали — кругом виднелись французские знамена, приветственные плакаты, цветы, звучала музыка, отовсюду слышались пение и выкрики *«Algerie franzais»* («Французский Алжир» — лозунг французских сторонников колониализма). Неожиданно на балконе, выходящем на площадь, появился де Голль. Толпа встретила его восторженно. Генерал, человек очень высокого роста, поднял руки над головой, и крики усилились. Толпа приглашала его слиться с ними, разделить их радость. Вместо этого он опустил руки, дождался, пока стихнет шум, затем широко развел руки в стороны и медленно заговорил низким голосом: *«Je vous ai compris»* — я понимаю вас. Последовало мгновение тишины, а затем оглушительный рев восторга: он понимает их! Ничего иного они от него и не ожидали.

Де Голль заговорил о величии Франции. Новые приветственные возгласы. Он пообещал, что будут проведены выборы, и «вместе с новыми народными избранниками мы решим, как довершить начатое». Да, новое правительство — это именно то, чего хотят собравшиеся, — снова одобрительные выкрики. Он «определит окончательное место Алжира». Необходима «тотальная дисциплина, без оговорок и условий» — кто же возразит против этого? Он закончил выступление громкими призывами: *«Vive la Republique! Vive la France!»* — эмоциональным лозунгом, с которым французы бросались в бой против фашистов. Собравшиеся единодушно подхватили. В последующие несколько дней де Голль произносил подобные речи по всему Алжиру и повсюду встречал такое же воодушевление.

Только после того как де Голль вернулся во Францию, его слова начали доходить: он ни разу не обещал, что Алжир останется французским. На самом-то деле он вел речь о том, что предоставит арабам право голоса и амнистирует алжирских борцов за независимость страны. Как-то само собой так получилось, что возбужденные приездом и речами де Голля колонисты не вникли в истинную суть его слов, не потрудились вдуматься в то, что он, собственно, имеет в виду. Де Голль их провел. И действительно, вскоре он начал работу над тем, чтобы Алжиру была предоставлена независимость — дело, которое было полностью им завершено в 1962 году.

После операции «мятеж» нас подвергли операции «обольщение».

Морис Кригель Варимон о Шарле де Голле

Толкование

Де Голля не особенно заботили старая французская колония и то, что она символизировала для многих граждан Франции. Не испытывал он и симпатии к разжигателям гражданской войны. Его единственной заботой было сделать Францию сильным современным государством. Так что в Алжир он прибыл с разработанным планом: ослабить правое крыло, разобщив и вызвав в его рядах раздор, и вести планомерную работу по предоставлению независимости Алжиру. Его ближайшей целью было снять напряжение и выиграть время. Он не стал лгать колонистам, говоря, что поддерживает их дело, — это привело бы к неприятностям сразу по возвращении домой. Вместо этого он сумел убаюкать колонистов соблазнительными речами, окутал их своими словами. Его знаменитое «Я вас понимаю» вполне могло означать «Я понимаю, какую опасность вы представляете». Но опьяненная радостью толпа истолковала эти слова в единственно приемлемом для себя смысле. Чтобы удержать их на пике эмоционального подъема, де Голль вспомнил о французском Сопротивлении во время Второй мировой войны, упомянул о «дисциплине» — слово, имевшее для правых исключительное значение. Он досыта накормил их обещаниями — новое правительство, славное будущее. Он загипнотизировал их повторением этих слов, заставив ощутить общий порыв. Его речь была выразительной и эмоциональной. От его пьянящих слов слушателей охватывала лихорадка.

Де Голль не старался донести до слушателей свои мысли или высказать им всю правду: его задачей было произвести определенное впечатление. Это — главное в ораторском искусстве обольстителя. Говорите ли вы с одним человеком или с толпой, попробуйте провести маленький эксперимент: обуздайте свое желание говорить искренне и высказать, что у вас на душе. Прежде чем открыть рот и заговорить, спросите себя: что я могу сказать, чтобы понравиться и произвести на слушателей наилучшее впечатление? Как правило, этого можно добиться, если польстить их самолюбию, рассеять тревоги и беспокойство, дать расплывчатые надежды на будущее, посочувствовать («Как я вас понимаю...»). Начните с подобных приятных вещей, и все последующее дастся без труда: окружающие сдадутся вам без боя. Они станут более податливыми, откроются для диалога. Взгляните на свои слова как на опьяняющее средство, которое волнует людей, будит их эмоции и сбивает с толку. Ваши речи должны быть неконкретными, двусмысленными — пусть воображение слушателей дорисовывает остальное, заполняя пробелы. Вместо того чтобы раздражаться, слушая ваши разглагольствования и нетерпеливо ожидая, когда же вы наконец перестанете сотрясать воздух, они станут жадно внимать вашим сладкозвучным речам.

Обольщение в эпистолярном жанре

В один прекрасный весенний денек в конце 1830-х годов молодой человек по имени Йоханнес заметил девушку удивительной красоты. Задумчивая, прелестная и при этом восхитительно невинная, она пленила его. Он последовал за нею на почтительном расстоянии и так узнал, где она живет. Проведя расследование, занявшее несколько недель, он выяснил, что имя девушки Корделия Валь и что она ведет тихую жизнь вдвоем с тетушкой. Он узнал также, что Корделия любит читать и предпочитает одиночество чьему-либо обществу. Йоханнес был мастером по части обольщения молоденьких девушек, но Корделия могла оказаться крепким орешком: она уже отвергла ухаживания множества достойных претендентов.

Поразмыслив, Йоханнес пришел к выводу, что Корделия, возможно, мечтает вырваться из серой будничной жизни, грезит о чем-то возвышенном, что напоминало бы прочитанные ею книги и те мечты, сны наяву, которые наверняка скрашивают ее одиночество. Он устроил так, что его представили Корделии и тетушке, после чего зачастил к ним в обществе своего друга Эдварда. Этот юноша, к слову сказать, и сам подумывал добиться расположения Корделии и пытался ухаживать за ней, но крайне неуклюже. Йоханнес, с другой стороны, практически игнорировал ее, а вместо этого подружился с тетушкой. С нею они беседовали о самых пустых, банальных вещах — обсуждали деревенскую жизнь и всякие новости, какие только приносил день. Постепенно Йоханнес начал втягивать ее в более интеллектуальные дискуссии, потому что заметил краем глаза, что в этих случаях Корделия внимательнее прислушивается к ним, продолжая, впрочем, делать вид, что увлеченно слушает Эдварда.

Так проходили недели. Йоханнес и Корделия почти не разговаривали друг с другом, но он ясно видел, что заинтересовал ее и что Эдвард уже не вызывает у нее ничего, кроме раздражения. Как-то утром он нанес им визит, зная заведомо, что тетушки не будет дома. Впервые он и Корделия остались наедине. Сухо и вежливо, насколько только это было возможно, он объявил, что просит ее руки. Нечего и говорить, насколько она была потрясена и взволнована. Человек, который, как ей казалось, не проявлял к ней ни малейшего интереса, вдруг предлагает ей стать его женой? Она была настолько удивлена, что рассказала о происшедшем тетушке, а та, как и предполагал Йоханнес, горячо его поддержала и дала свое согласие. Если бы Корделия воспротивилась, тетушка с уважением отнеслась бы к ее чувствам, но она не противилась.

Внешне все переменилось. Состоялась помолвка. Теперь Йоханнес приходил к ним один, садился подле Корделии, держал ее за руку, говорил с ней. Но он заботился о том, чтобы внутренняя суть их отношений осталась прежней, а потому был безукоризненно вежливым и отстраненным. Временами он, казалось, оттаивал, воодушевлялся, особенно когда разговор заходил о литературе (любимая тема Корделии), но вскоре неизбежно вновь опускался на землю. Он понимал, что это задевает и огорчает Корделию, которая ожидала, что теперь все изменится. Но все оставалось по-прежнему. Даже в тех редких случаях, когда они вдвоем выходили куда-то, он приглашал ее лишь на те вечера и приемы, посещение которых приличествовало бы помолвленной паре. Как все это было… обыкновенно! Так вот что представляют собой любовь и брак — оказывается, это так скучно, а как невыносимы все эти прежде времени состарившиеся люди, беседующие о домах и своем унылом будущем! Корделия, и без того замкнутая и малообщительная, попросила Йоханнеса больше не выводить ее на подобные приемы.

Итак, поле сражения было подготовлено. Корделия пребывала в смятении и тревоге. И вот тогда-то, через несколько недель после их помолвки, Йоханнес прислал ей письмо. В нем он описывал состояние своей души и говорил о своей уверенности в любви к ней. Он изъяснялся метафорами, давая понять, что годами ждал появления Корделии, искал ее повсюду с факелом в руке — метафора в письме то и дело смешивалась с реальностью. Стиль был поэтическим, слова выдавали влечение, а все письмо в целом было упоительно двусмысленным; Корделия перечитала его раз десять, но так и не поняла с уверенностью, о чем он говорит. На следующий день Йоханнес получил ответ. Ее послание было прямым и искренним, но исполненным чувства: его письмо заставило ее почувствовать себя такой счастливой, писала Корделия, она и не догадывалась об этой стороне его натуры. В следующем послании он объяснял ей, что *переменился*. Он не пояснял, как или почему, но давал понять, что причиной перемен явилась она.

Теперь письма от него приходили почти ежедневно. Все они были одинаково длинными, поэтичными, чуть безумными, словно напоенными любовью. Он говорил о греческих мифах, уподобляя Корделию нимфе, а себя самого — ручью, который полюбил богиню. Его душу, писал он, полностью наполняет ее образ; только ее он видит перед мысленным взором, только о ней может думать. Тем временем он заметил

О ПОЛЬЗЕ ПИСЕМ
Когда сладостный яд моего послания уже проникнет в кровь, достаточно будет одной искры слова, чтобы вызвать в ней взрыв любви! …Мое личное присутствие невольно остановит всякий экстаз, тогда как, читая письмо, она сможет свободно восторгаться мной как каким-то всеобъемлющим высшим существом, обитающим в ее сердце. Письмо дает также гораздо больше простора для выражения эротических чувств: в письме я отлично могу падать к ее ногам, петь дифирамбы ее красоте и т. п., что легко может показаться театральной галиматьей, попробуй я проделать все это на самом деле…

перемены в Корделии: ее ответные письма также становились все более поэтичными, не такими скованными. Не сознавая этого, она вторила его мыслям, подражала стилю, обращалась к образам, как если бы они были рождены ею. Теперь, если они встречались друг с другом на людях, Корделия заметно смущалась. Для него было крайне важно оставаться внешне прежним, холодным и отстраненным, однако теперь он был уверен, что она видит его другими глазами, угадывая в нем непостижимые глубины. На людях она жадно ловила каждое его слово. Она не могла не вспоминать постоянно его письма, ведь он то и дело обращался к ним в разговоре. У них теперь была общая тайная жизнь. Когда он держал ее за руку, она отвечала пожатием более крепким, чем раньше. В ее глазах угадывалось нетерпение, словно она каждую минуту надеялась, что он проявит больше решительности.

Теперь письма Йоханнеса стали короче, зато он писал куда чаще, посылая иногда по нескольку записочек в день. Образы становились все более яркими и чувственными, стиль — более бессвязным, словно ему стоило большого труда привести в порядок мысли. Иногда он присылал короткие записки, состоящие из одной-двух фраз. Однажды во время приема, устроенного в доме Корделии, он бросил такую записку в ее корзинку для рукоделия и наблюдал, как она, вспыхнув, поспешила уединиться, чтобы поскорее прочитать ее. В ее ответных письмах он видел признаки того, что она взволнованна и чувства ее в смятении. Вторя, точно эхо, чувствам и переживаниям, которые он описывал в предыдущем своем письме, она писала, что ей ужасно не нравится все, что связано с помолвкой, — это настолько низменнее их любви.

Все было готово. Скоро, очень скоро она будет принадлежать ему, и все произойдет именно так, как того хочет он. Она разорвет помолвку. А уж свидание где-нибудь за городом будет несложно устроить — на самом деле она же сама его и предложит. Это обольщение станет его шедевром.

...Человеку, не умеющему писать письма или записки, никогда не стать опасным обольстителем.

СЁРЕН КЬЕРКЕГОР, «ИЛИ/ИЛИ»

ТОЛКОВАНИЕ

Йоханнес и Корделия — персонажи во многом автобиографичного романа датского философа Сёрена Кьеркегора «Дневник обольстителя» (1843 г.). Йоханнес — опытнейший соблазнитель, искусно воздействующий на мысли своей жертвы. В чем крылась причина, по которой терпели неудачу многочисленные поклонники Корделии? Дело в том, что они начинали с весьма распространенной ошибки, навязывая ей себя. Нам часто кажется, что, проявляя настойчивость, буквально захлестывая наши объекты своим романтическим вниманием, мы завоевываем их нашей преданностью. В действительности происходит обратное: наша настойчивость и нетерпеливость отталкивают. Агрессивное внимание не кажется лестным, хотя бы в силу того, что оно не персонифицировано, не носит личностного характера. Это не что иное, как необузданное либидо в действии, — объект видит это невооруженным глазом. Йоханнес слишком умен для столь примитивного дебюта. Вместо этого он отступает на шаг назад, интригует Корделию некоторой холодностью и безразличием, старательно создает впечатление человека строгого и сдержанного, немного скрытного. И лишь позднее он удивляет ее своим первым письмом. Ей открывается, что он гораздо сложнее и глубже, чем казался на первый взгляд, и как только она убеждается в этом, ее воображение скачет вперед семимильными шагами, дорисовывая его портрет. Теперь он отравляет ее своими письмами, создавая образ, который, подобно призраку, зачаровывает ее. Его письма, полные поэтических образов и аллюзий, не выходят у нее из ума. И это — вершина обольщения: он овладел ее мыслями задолго до того, как завоевать тело.

История Йоханнеса наглядно демонстрирует, каким могущественным оружием могут стать письма в арсенале обольстителя. Но очень важно научиться правильно использовать их в обольщении. Лучше всего начать переписку не ранее, чем через несколько недель после первого знакомства. Пусть ваша жертва вначале составит о вас некое представление: она заинтригована вами, вы же при этом не проявляете видимой заинтересованности. Когда вы почувствуете, что завладели ее мыслями, пора отправлять первое письмо. Любое желание, которое вы в нем выскажете, окажется для жертвы откровением: оно потешит ее самолюбие, ей это понравится, она захочет продолжить столь приятное общение. Теперь ваши письма должны приходить чаще — чаще, чем вы сами появляетесь на глаза обольщаемого. Это даст ему возможность подумать над письмами и составить ваш идеализированный образ. Согласитесь, жертве было бы куда труднее идеализировать вас, если бы вы постоянно маячили у нее перед глазами. Удостоверившись, что обольщаемый находится во власти вашего обаяния, можете отступить на шаг-другой, писать письма реже — это наведет на мысль, что вы теряете к нему интерес, заставит беспокоиться и желать, чтобы общение продолжилось.

В ваших письмах должно сквозить и почитание, уважение к предмету ваших устремлений. Пусть все, о чем бы вы ни писали, в конечном итоге замыкается на нем. Создайте у него ощущение, что ни о чем, кроме него самого, вы не можете думать, — пьянящее чувство. Если рассказываете историю или случай, старайтесь каким-то образом привязать его к жертве. Ваши письма должны стать своего рода зеркалом, которое вы держите перед ней — она увидит в нем себя, отраженную через ваше желание. Если по какой-то причине вы ей не нравитесь, пишите так, как если бы нравились. Помните: тон ваших писем — вот что проникает под кожу. Если ваш язык возвышен, поэтичен, изобретателен в восхвалениях, обольщаемый невольно проникнется сочувствием. Ни в коем случае не спорьте, не жалуйтесь, не упрекайте его в бессердечии. Это разрушает чары.

Можно добиться того, чтобы письмо как бы косвенно выдавало ваши чувства — вы пишете беспорядочно, бессвязно, перескакивая с одного предмета на другой. Ясно, что вам трудно сосредоточиться: любовь выбивает вас из колеи. Путаные мысли говорят о волнении. Не тратьте времени на новости и события, сконцентрируйтесь на переживаниях и ощущениях, используйте многозначные выражения с подтекстом. Заронить мысль лучше с помощью намеков — избегайте прямолинейных объяснений. Ни под каким видом не сбивайтесь на поучения, не старайтесь показаться очень умным, интеллектуальным, продемонстрировать свое превосходство — вы будете выглядеть напыщенным, а это недопустимо. Намного лучше выражать свои мысли просто и доступно, не забывая при этом, что ваш язык должен быть поэтичным и приподнятым, отличаться от повседневного. Не впадайте, однако, в сентиментальность — это утомительно и слишком очевидно. Лучше дать обольщаемому самому догадаться о ваших чувствах, чем без конца твердить о них. Неопределенность и двойственность дают простор для

Воску на гладкой
дощечке ты
первому выскажешь душу,
Воск для тебя меж
глубин верный
нащупает брод.
Воску льстивые
вверь слова и
влюбленные
речи —
Что есть сил
умоляй — делу
мольбы не вредят:
Гектора выдал
Ахилл, мольбам
уступая Приама,
Боги смиряют свой
гнев, смертным
внимая мольбам.
И не жалей
обещаний: они
ведь нимало не
стоят —
Право, каждый
бедняк этим
товаром богат...
Так посылай же
письмо, умоляющей
полное лести, —
Первой разведкой
души трудный
нащупывай путь.
Яблоко с тайным
письмом обмануло
когда-то Кидиппу
И уловило ее в сеть
ее собственных
клятв.
Римские юноши,
вам говорю: не
гнушайтесь наукой

469

воображения и фантазий. Вы пишете не для того, чтобы до конца выразить в письмах себя, а с иной целью — пробудить чувства в читателе, вызвать в его душе смятение и ответное чувство к вам.

Вы узнаете о том, что ваши письма произвели желаемый эффект, когда заметите, как ваши мысли, словно в зеркале, отражаются в словах адресата; когда он начнет повторять ваши слова — прочитанные в письмах или услышанные от вас, — неважно. Пора переходить к следующему этапу, стать более чувственным и эротичным. Теперь язык ваших писем должен носить сексуальный подтекст или, еще лучше, источать сексуальность. К этому моменту ваши письма должны становиться все короче, но при этом посылать их следует чаще. При этом пусть они становятся еще более путаными и бессвязными, чем прежде. Нет ничего эротичнее, чем короткая, почти бессвязная записка. Фразы отрывочны; закончить их может только другой — тот, кому записка адресована.

Сганарель Дон Жуану: «Черт возьми, я могу сказать... Я не знаю, что я могу сказать; вы так оборачиваете дело, что выходит, будто вы правы, между тем как на самом деле вы не правы. У меня были прекраснейшие мысли, а вы своею рацеею все их спутали».

Мольер

Ключи к обольщению

Мы редко думаем перед тем, как говорить. В людской натуре сперва выпалить первое, что придет в голову, а первым в голову, как правило, приходит что-нибудь, что касается нас же самих. Мы пользуемся речью преимущественно для того, чтобы выразить собственные чувства, мысли и мнения. (А также для того, чтобы пожаловаться и поспорить.) Так происходит оттого, что почти все мы эгоцентричны и более всего нам интересна не чья-нибудь, а наша собственная персона. До какой-то степени это столь же естественно, сколь неизменно, и на протяжении большей части нашей жизни не причиняет особых неудобств ни нам, ни окружающим, столь же глубоко погруженным в свои проблемы. Однако в обольщении все должно быть иначе.

Невозможно обольщать, если вы не способны выбраться из собственной шкуры и влезть в чужую, внедриться в психологию другого человека. Ключевым элементом языка обольщения являются не слова, которые вы произносите, и не вкрадчивые интонации голоса, а ваша готовность пойти на коренные изменения в своем характере и воззрениях. Придется отказаться от привычки говорить первое, что приходит в голову, — нужно овладеть искусством сдержанности, не давая выхода порывам и бурным чувствам. Главное здесь заключается в том, что слова рассматриваются не как инструмент для выражения истинных мыслей и чувств, а как средство, помогающее запутывать, очаровывать, проникать в душу.

Разница между нормальным языком и языком обольщения почти так же велика, как разница между шумом и музыкой. Шум — постоянный фон современной жизни, некий раздражитель, который мы отключаем при первой же возможности. Наша обычная речь подобна шуму — люди в лучшем случае могут слушать нас вполуха, пока мы распинаемся перед ними о себе, но куда чаще их мысли в это время витают где-то в миллионе миль от вас. Их слух, правда, обостряется всякий раз, когда речь заходит о них или о чем-то, что их касается. Но это заканчивается, стоит нам перейти к очередной истории о нас самих. Мы учимся выключать этот тип шума еще в детстве (особенно когда он исходит от наших родителей).

Гера, царица златопрестольная, став на Олимпе, Взоры свои с высоты устремила и скоро узнала Быстро уже пролетевшего поприще славного боя Брата и деверя мощного; радость проникла ей в душу. Зевса ж, на высях сидящего Иды, потоками шумной, Гера узрела, и был ненавистен он сердцу богини. Начала думы вращать волоокая Зевса супруга, Как обольстить ей божественный разум царя Эгиоха? Лучшею сердцу богини сия показалася дума: Зевсу на Иде явиться, убранством себя изукрасив. Может быть, он возжелает почить и любви насладиться, Видя прелесть ее, а она и глубокий и сладкий, Может быть, сон пролиет на зеницы его и на разум...

Так для очей
восхитительным
тело украсив
убранством,
Вышла из ложницы
Гера и Зевсову дочь
Афродиту
Вдаль от бессмерт-
ных других
отозвала и ей
говорила:
«Что я скажу,
пожелаешь ли,
милая дочь, мне
исполнить?
Или отвергнешь,
Киприда, в душе на
меня сокрывая
Гнев, что я за
данаев, а ты
благосклонна
троянам?»
Ей отвечала
немедленно
Зевсова дочь
Афродита:
«Гера, богиня
старейшая, отрасль
великого Крона!
Молви, чего ты
желаешь; испол-
нить сердце велит
мне,
Если исполнить
могу я и если оно
исполнимо».
Ей, коварствуя
сердцем, вещала
державная Гера:
«Дай мне любви,
Афродита, дай мне

Музыка, с другой стороны, обольстительна, она как нежный яд проникает нам под кожу. Она призвана приносить удовольствие. Мелодия или ритм остаются у нас в крови на часы, дни после того, как мы их услышим, изменяя наше настроение, эмоциональный настрой, возбуждая или успокаивая нас. Чтобы превратить речь из шума в музыку, вам нужно говорить о том, что доставляет удовольствие — о чем-то, что связано с жизнью окружающих, что приятно для их самолюбия. Если они обременены многочисленными заботами, можете добиться того же эффекта, отвлекая их от проблем, помогая сосредоточиться на другом, либо рассказывая что-то забавное и веселое, либо постаравшись убедить, что будущее прекрасно и безоблачно. Посулы и лесть звучат музыкой для любых ушей. Это язык, предназначенный для того, чтобы трогать души людей и притуплять их бдительность. Это язык, созданный для них, а не направленное на них оружие.

Итальянский писатель Габриэль д'Аннунцио был непривлекателен, даже неприятен физически, однако женщины не могли устоять перед ним. Даже те из них, которые были осведомлены о его репутации сердцееда и осуждали его за это (например, актриса Элеонора Дузе и танцовщица Айседора Дункан), не могли устоять перед его обаянием. Секрет его успеха заключался в умении окутать женщину потоком слов, мелодичном голосе, поэтичной речи, а самое главное, в редкостном таланте льстеца. Его лесть попадала точно в цель, касаясь самых чувствительных мест, слабостей, тех областей, в которых женщине особенно нужны похвала и поддержка. Женщина хороша собой, но не вполне уверена, что ей достает ума и чувства юмора? Он тонко давал понять, что покорен как раз не столько красотой ее, сколько интеллектом. Он мог сравнить ее с литературной героиней или мифологическим персонажем — всякий раз сравнение было обдуманным и тщательно подобранным. После общения с ним женщины вырастали в собственных глазах.

Лесть — это язык обольщения в чистом виде, его квинтэссенция. Цель ее не в том, чтобы выразить правдивые чувства или передать достоверную информацию, а только лишь в том, чтобы оказать желаемое воздействие на адресата. Научитесь, подобно д'Аннунцио, метить точно в цель — в наиболее уязвимые места человека. Скажем, речь идет о талантливом и признанном актере, который не испытывает неуверенности в своей профессиональной пригодности. В этом случае отпускать комплименты по поводу его великолепной игры не очень оригинально, а результат может оказаться даже противоположным ожидаемому — он может решить, что не нуждается в том, чтобы его подбадривали, словно начинающего, и даже почувствовать себя уязвленным. Но представьте, что этот же человек — не только актер, а, скажем, музыкант или художник-любитель. Не имея ни специального образования, ни поддержки, он чувствует себя не вполне уверенно в этой области, прекрасно понимая, что рискует прослыть дилетантом. Лесть относительно этих его художественных талантов попадет прямо в цель, и вы заработаете очки. Научитесь незаметно выведывать, в какой именно области самолюбию вашего объекта не помешает поддержка. Для вашего объекта будет приятным сюрпризом, если вы заговорите о чем-то, что никто еще до вас не оценил по достоинству и даже не заметил. Это может быть некий талант или положительное качество, которое другие не обнаружили. Говорите немного дрожащим голосом, словно чары вашего объекта расстрогали вас, заставили расчувствоваться.

Лесть можно рассматривать как своего рода словесную прелюдию к игре. Обольстительная

тех сладких желаний,
Коими ты покоряешь сердца
и бессмертных
и смертных...»
Ей, улыбаясь пленительно, вновь отвечала Киприда:
«Мне невозможно, не должно твоих отвергать убеждений:
Ты почиваешь
в объятиях бога всемощного Зевса».
Так говоря, разрешила на персях иглой испещренный
Пояс узорчатый:
все обаяния в нем заключались;
В нем и любовь
и желания, шепот любви, изъясненья;
Льстивые речи, не раз уловлявшие ум
и разумных.
...Гера владычица быстро всходила на Гаргар высокий,
Иды-горы на вершину: увидел ее громовержец,
Только увидел, — и страсть обхватила могучую душу
Тем же огнем,
с каким насладился

он первой любовью, Первым супружеским ложем, от милых родителей тайным. В встречу супруге восстал громовержец и быстро воскликнул: «Гера, супруга! почто же ты шествуешь так от Олимпа? Я ни коней при тебе, ни златой колесницы не вижу». Зевсу, коварствуя сердцем, вещала державная Гера: «Я отхожу, о супруг мой, к пределам земли даровитой, Видеть бессмертных отца Океана и матерь Тефису, Боги питали меня и лелеяли в собственном доме...» Быстро ответствовал ей воздымающий тучи Кронион: «Гера, супруга, идти к Океану и после ты можешь. Ныне почием с тобой и взаимной любви насладимся. Гера, такая любовь никогда, ни к богине, ни к смертной,

власть Афродиты, которую приписывали ее волшебному поясу, не в последнюю очередь объяснялась умением вести сладкие речи — умением мягкими, льстивыми словами проторить путь эротическим мыслям. Комплексы и болезненная неуверенность в себе убивают либидо. Льстивыми словами помогите объектам почувствовать уверенность, ощутить себя желанными, и их настороженность растает на глазах.

Порой самым приятным для нашего слуха бывает обещание чуда, нечеткого, но окрашенного радужными тонами будущего, которое ждет за ближайшим углом. Во время Великой депрессии Франклин Делано Рузвельт в своих публичных выступлениях мало касался конкретных программ, направленных на исправление ситуации. Вместо этого он не жалел красок для того, чтобы нарисовать перед слушателями картины великого будущего Америки. В различных легендах о Дон Жуане этот величайший соблазнитель практически всегда возбуждает в женщинах интерес, рассказывая об удивительном будущем или о каком-то фантастическом мире, в который он обещает их увлечь. Приятные посулы следует подгонять персонально под проблемы и фантазии ваших объектов. Обещайте что-то осуществимое, вполне возможное, но не слишком конкретизируйте, ведь вы приглашаете их в мечту. Если они погрязли в беспросветной обыденности, рассказывайте о приключениях, причем лучше, чтобы вам тоже нашлось в них место. Не пускайтесь в подробности насчет того, как все устроить: говорите так, словно все, что вы описываете, уже существует где-то в будущем. Помогите людям воспарить в мыслях в заоблачные высоты, и они расслабятся, станут менее настороженными, а вам будет намного легче вести их за собой. Ваши слова подействуют как своего рода возбуждающее зелье.

Самый антиобольстительный язык — спор. Сколких тайных врагов мы наживаем в спорах... Существует более совершенный способ заставить людей слушать себя и соглашаться с собой: юмор, шутка и тонкий намек. Английский политический деятель девятнадцатого века Бенджамин Дизраэли был непревзойденным мастером этой игры. В английском парламенте не ответить должным образом на обвинение или ядовитое замечание оппонента считалось грубейшим просчетом: молчание свидетельствовало о том, что выдвинутое обвинение справедливо. Однако дать резкий ответ или ввязаться в ссору было тоже нежелательно, ибо такое поведение выглядело некрасиво и выдавало вашу неуверенность в своей правоте. Дизраэли придерживался другой тактики: он сохранял невозмутимость. Когда подходило время ответить на выпад, он неторопливо пробирался к столу спикера, выдерживал паузу, после чего делал шутливое или ироничное замечание. Присутствующие, как правило, разражались смехом. Подготовив аудиторию, он начинал буквально громить неприятеля, продолжая щедро перемежать речь шутками и остротами, или переходил к другому предмету с таким видом, словно он выше всего этого. С помощью юмора ему удавалось отбить любую атаку. Смех в зале и аплодисменты запускают так называемый эффект домино: после того как ваши слушатели рассмеются хоть раз, их уже гораздо проще заставить смеяться вновь и вновь. В таком легкомысленном, веселом настроении они к тому же лучше слушают. Тонкая, едва уловимая издевка с небольшой долей иронии позволяют вам убеждать, привлекать на свою сторону, высмеивать своих врагов. Ирония и насмешка — обольстительная форма спора.

На другой день после того, как произошло убийство Юлия Цезаря, один из лидеров заго-

В грудь не вливалася мне и душою моей не владела!»
...Зевсу, коварствуя сердцем, вещала державная Гера:
«Страшный Кронион! какие ты речи, могучий, вещаешь?
Здесь ты желаешь почить и объятий любви насладиться,
Здесь, на Идейской вершине, где все открывается взорам?
Что ж, и случиться то может, если какой из бессмертных
Нас почивших увидит и всем населяющим небо,
Злобный, расскажет? Тогда не посмею, восставшая с ложа,
Я в олимпийский твой дом возвратиться: позорно мне будет!
Если желаешь и если твоей душе то приятно,
Есть у тебя почивальня, которую сын твой любезный
Создал Гефест и плотные двери с запором устроил.

ворщиков, организовавших убийство, Брут, обратился с речью к народу. Он попытался объяснить, что его целью было уберечь Римскую республику от диктатуры. Его слушали спокойно, молча, так что, казалось, ему вполне удалось убедить слушателей в том, что он был и остается достойным гражданином, движимым верными мотивами. Тогда его место занял Марк Антоний, желавший произнести хвалебную речь о Цезаре. Казалось, его захлестывают эмоции. Он заговорил о своей любви к Цезарю и о любви Цезаря к римлянам, которая выразилась в его — Цезаря — завещании. При этих словах толпа зашумела, требуя огласить завещание. Нет, сказал Антоний, ведь, если он огласит его, они узнают, как глубока была любовь Цезаря к ним и каким невероятно подлым и злодейским было убийство. Толпа настаивала на том, чтобы он прочитал завещание; вместо этого он поднял вверх обагренную кровью тогу Цезаря, демонстрируя всем пятна крови и отверстия от ударов кинжалов. Вот этот удар нанес великому полководцу Брут, говорил он, а вот этот — работа Кассия. Затем он наконец-то огласил завещание, в котором говорилось, какое богатство оставил Цезарь римскому народу. Удар был смертельным — гнев толпы обратился на заговорщиков.

Антоний был умен и отлично понимал, каким образом можно взволновать народ. Видя, что люди находятся во власти его красноречия и глубоко взволнованы его словами, он стал подмешивать к восхвалениям Цезаря нотки сострадания и негодования по поводу его участи. Язык обольщения призван пробуждать эмоции, волнение, поскольку взволнованных людей проще убеждать. Антоний применял разные приемы для возбуждения слушателей: его голос то дрожал, словно от волнения и горя, и опускался до шепота, то вновь возвышался в обличительном гневе.

Взволнованный голос оказывает на слушателей сильнейшее воздействие, позволяет оратору мгновенно заразить их своим настроением. Антоний еще и играл с толпой, нарочито оттягивая объявление последней воли Цезаря — он знал, что этим можно довести людей до крайности. Выставив напоказ окровавленные одежды убитого, он многократно усилил впечатление от своей речи.

Может, вы не собираетесь ввергать толпы в смятение; вам только нужно привлечь на свою сторону людей. Тщательно подбирайте риторические приемы и слова. Вам может казаться, что следует подробно и обстоятельно разъяснять людям свои соображения. Но слушателям трудно определить, разумны ли ваши доводы. Им приходится сосредоточиться, внимательно ловить каждое ваше слово, следовательно, напрягаться. А вокруг множество других раздражителей, отвлекающих их, так что, упустив какую-то часть ваших речей, они путаются, нервничают, ощущают ваше интеллектуальное превосходство. В итоге, вместо того чтобы убедить слушателей, вы лишь вызвали у них чувство неуверенности. Обращаясь к сердцам, а не к умам людей, можно добиться куда больших успехов. Все испытывают довольно похожие чувства, и ни один человек не ощущает неполноценности от сознания, что эти чувства пробуждает в нем кто-то. Толпа сплачивается, единое чувство мгновенно объединяет всех. Антоний говорил о Цезаре так, словно и он и его слушатели сами пережили убийство вместе с Цезарем. Могло ли это не вызвать в их душах живейшего отклика? Прибегайте к такому искажению перспективы, при котором ваши слушатели ощущали и переживали бы то, о чем вы говорите. Позаботьтесь об эффектах. Действеннее переходить от одного настроения к другому, а не монотонно бить в одну точку. Фрагменты речи Антония, в ко-

А н т о н и й:
Друзья, сограждане,
внемлите мне.
Не восхвалять я
Цезаря пришел,
А хоронить. Ведь
зло переживает
людей,
Добро же погребают с ними. Пусть
с Цезарем так
будет...
Что Брут сказал,
я не опровергаю,
Но то, что знаю,
высказать хочу.
Вы все его любили
по заслугам,
Так что ж теперь
о нем вы
не скорбите?
О справедливость!
Ты в груди
звериной,
Лишились люди
разума. Простите;
За Цезарем ушло
в могилу сердце.
Позвольте выждать,
чтоб оно вернулось.
В т о р о й
г р а ж д а н и н:
От слез его глаза
красны, как угли.
Т р е т и й
г р а ж д а н и н:
Всех благородней
в Риме Марк
Антоний...
А н т о н и й: Вчера
еще единым словом
Цезарь

Всем миром двигал,
вот он недвижим,
Без почестей,
пренебрегаем
всеми.
О граждане, когда
бы я хотел
Поднять ваш дух
к восстанью
и отмщенью,
Обидел бы я Кассия
и Брута,
А ведь они
достойнейшие
люди.
Я не обижу их…
Вот здесь перга-
мент с Цезаря
печатью,
Найденный
у него, — то
завещанье.
Когда бы весь
народ его
услышал, —
Но я читать его не
собираюсь, —
То раны Цезаря вы
лобызали б,
Платки мочили бы в
крови священной…
Г р а ж д а н и н:
Прочти нам
завещанье, Марк
Антоний.
В с е: Прочти нам
Цезарево
завещанье!
А н т о н и й:
Друзья, терпенье.
Мне нельзя читать.

торых он восхвалял Цезаря и с ненавистью и презрением обличал убийц, разительно контрастировали друг с другом. Благодаря этому он добился эффекта намного большего, чем если бы выдержал речь в одном эмоциональном ключе.

Чувства, которые вы собираетесь вызывать у окружающих, должны быть сильными. Поэтому говорите не о приязни или недовольстве, но о любви и ненависти. Очень важно попытаться и в самом деле испытать хоть толику тех чувств, которые намерены вызвать в других. В этом случае ваша речь будет звучать намного достовернее. Это не очень трудно: перед тем как заговорить, представьте себе нечто такое, что само по себе может послужить причиной вашей любви или ненависти. При необходимости обратитесь мысленно к своему прошлому и выудите из него что-нибудь такое, что наполнит вас гневом и негодованием. Эмоции — штука заразительная: проще выжать у кого-то слезу, если сами при этом плачете. Голосом пользуйтесь как выразительным инструментом, передающим ваше эмоциональное состояние. Научитесь казаться искренним. Наполеон занимался у лучших театральных актеров своей эпохи, а оставаясь в одиночестве, постоянно упражнял свой голос, пробуя разные выразительные нотки.

Речи обольстителя часто повергают слушателей в состояние, похожее на гипнотическое: люди расслабляются, утрачивают настороженность, становятся более податливыми и легче поддаются внушению. Поучитесь у гипнотизеров искусству многократного повторения и утверждения — ключевых элементов, с помощью которых пациента убаюкивают, погружают в сон. Первый прием представляет собой многократное повторение одних и тех же слов, предпочтительно слов с эмоциональной нагрузкой: «налоги», «демократы», «непримиримые сторонники». Эффект поразительный — мгновенно удается внедрить в сознание людей любые мысли просто многократным и достаточно частым повторением. Второй прием — это уверенные и четкие утверждения, напоминающие команды гипнотизера. Обольстительные речи, при всей их мягкости, не могут не быть решительными — решительность эта призвана заслонить собой обилие грехов. Никогда не говорите: «Мне кажется, что наши соперники приняли необдуманное решение», лучше скажите: «Мы заслуживаем лучшего!» или «Ну и натворили они дел!». Язык внушения активен, он изобилует глаголами, повелительным наклонением и краткими фразами. Безжалостно обрубайте все эти «я полагаю», «возможно», «на мой взгляд». Цельтесь прямо в яблочко.

Вы осваиваете новый тип языка. В большинстве своем люди пользуются символическим языком — их слова означают что-то реальное, за ними стоят истинные чувства, мысли, верования. Или они (слова) означают конкретные предметы реального мира. (Этимология слова «символический» восходит к греческому слову, означающему «собирать вместе, объединять»; в данном случае речь идет о единении слова и реальности.) Обольстителю требуется нечто противоположное. За его словами не стоит ничего реального; само их звучание и пробуждаемые ими чувства намного важнее, чем то, что они предназначены были означать. Своими речами он не соединяет, а, скорее, разъединяет, отделяет — в данном случае слова от чего-то, что реально существует. Чем лучше удается обольстителю заставить людей слушать его сладкозвучные речи, увлекаясь иллюзиями и фантазиями, тем больше его жертвы удаляются от реальности. Он увлекает их в туман, где трудно отличить истину от лжи, истинное от иллюзорного. Слова обольстителя двусмысленны, расплывчаты и туманны, так что люди никогда не

Нельзя вам знать,
как Цезарь вас
любил.
 Вы — люди, а не
дерево, не камни;
Услышав Цезарево
завещанье,
Воспламенитесь вы,
с ума сойдете;
Не знаете вы
о своем наследстве,
А иначе — о, что
бы здесь
свершилось!
Коль слезы есть
у вас, готовьтесь
плакать.
Вы эту тогу знаете;
я помню,
Как Цезарь
в первый раз ее
надел...
Смотрите! След
кинжала — это
Кассий;
Сюда нанес удар
завистник Кассий,
А вот сюда
любимый Брут
разил;
Когда ж извлек
он свой кинжал
проклятый,
То вслед за ним
кровь Цезаря
метнулась,
Как будто из
дверей, чтоб
убедиться,
Не Брут ли так жестоко постучался.

Ведь Брут всегда
был Цезарев
любимец,
О боги, Цезарь так
любил его!
То был удар из всех
ударов злейший:
Когда увидел он,
что Брут разит,
Неблагодарность
больше, чем
оружье,
Его сразила…
Вы плачете; я вижу,
что вы все
Растроганы: то
слезы состраданья.
Вы плачете,
увидевши раненья
На тоге Цезаря?
Сюда взгляните,
Вот Цезарь сам,
убийцами
сраженный.
Из трагедии «Юлий
Цезарь» Вильяма
Шекспира
(Пер. М. Зенкевича)

уверены до конца, что правильно поняли сказанное. Он окутывает людей демоническим, дьявольским языком, и они теряют способность замечать его маневры и осознавать возможные последствия обольщения. А чем дальше они теряются в дебрях иллюзий, тем легче совратить их с пути.

Символ: Туман.
В тумане трудно
различить истинные
очертания предметов.
Все кажется размытым;
воображение выходит из-под
контроля, рисуя то, чего нет на
самом деле. Слова обольстите-
ля должны увлекать людей в
туман, где они сбиваются
с верного пути, стано-
вясь легкой добычей.

ОБОРОТНАЯ СТОРОНА

Не путайте обольщение с красноречием и фразерством: говоря цветисто, вы рискуете очень скоро вывести окружающих из себя и показаться претенциозным. Избыточное многословие — признак эгоизма или неумения владеть собой. Очень часто сказать меньше означает добиться большего; малопонятные расплывчатые, туманные фразы дают слушателю больше пространства для додумывания, чем помпезные фразы, с головой выдающие самовлюбленного оратора.

Всегда следует в первую очередь заботиться о своих объектах, думать, что будет приятно для их слуха. Не однажды вы встретитесь и с такими ситуациями, когда лучше всяких слов окажется молчание. Недосказанное может показаться особенно убедительным и выразительным, придать вам таинственный вид. В книге

«Записки у изголовья», написанной японской придворной дамой Сэй-Сёнагон, есть такой эпизод. Во время праздника внимание тюнагона (советника) Ёситика привлекла красивая, нарядно одетая дама, молчаливо сидящая в своем экипаже. Он послал к ней слугу, поручив тому передать приветствие и доставить ответ; когда же он услыхал «ответную песнь», то по его виду было ясно видно, что стихотворение скверно написано или выдает дурной вкус дамы. Все впечатление от ее красоты пошло насмарку. Сёнагон пишет: «Лучше бы промолчала, чем говорить глупости, слышалось вокруг». Если вы не горазды говорить, если неспособны овладеть обольстительным красноречием, научитесь, по крайней мере, не давать волю языку — используйте молчание, чтобы показаться многозначительным и загадочным.

Напоследок еще одно замечание: обольщение обладает определенным темпом и ритмом. В первой фазе вы осторожны и ненастойчивы. Тут лучше до поры до времени скрывать свои намерения, обманывать бдительность объекта, вести подчеркнуто нейтральные разговоры. Ваши слова должны быть невинными, не особо выразительными. На втором этапе — поворот к атаке: тут и наступает время обольстительных речей. В этом случае они окажутся приятной неожиданностью, и у ваших объектов возникнет упоительная иллюзия, что это именно они послужили источником вашего внезапного красноречия, вдохновив вас на пьянящие поэтичные речи.

Закон

11

Не пренебрегай деталями

Возвышенные слова и красивые жесты могут показаться подозрительными: с чего это вы так стараетесь понравиться? Детали, мелочи обольщения — неявные, не бросающиеся в глаза поступки, маленькие экспромты — часто оказываются куда более обаятельными и красноречивыми. Научитесь привлекать к себе внимание жертвы с помощью множества маленьких приятных вещиц и ритуалов. Это могут быть подарки — недорогие, но продуманные, предназначенные именно для нее, — одежда и аксессуары, выбор которых свидетельствует, что вам известен ее вкус. Это могут быть, наконец, какие-то шаги и поступки, показывающие, как много времени и внимания вы уделяете ей. Умело срежиссированные детали оказывают воздействие на все органы чувств. Устройте для своей жертвы зрелище, яркое действо, пустите ей пыль в глаза; тогда, загипнотизированная, она и не заметит, что у вас на уме на самом деле. Научитесь с помощью деталей внушать нужные вам чувства и настроения.

Гипнотический эффект

В декабре 1898 года супруги послов семи крупнейших западных государств в Китае получили странное приглашение: шестидесятитрехлетняя вдовствующая императрица Цы Си устраивала торжество в их честь в Запретном городе в Пекине. Сами дипломаты вдовствующую императрицу недолюбливали, и на то было несколько причин. Она была маньчжуркой — этот народ завоевал Китай в середине семнадцатого века, основав династию Цин, и правил страной на протяжении почти трех столетий. К началу 1890-х годов западные державы начали передел отсталого, как им представлялось, Китая. Им хотелось модернизировать страну, но консервативные маньчжурцы противились реформам в любом их проявлении. Собственно, в том же 1898 году, но несколько раньше, император Китая Дэцзун Гуансюй, двадцатисемилетний племянник вдовствующей императрицы, решился наконец, с благословения Запада, на проведение ряда реформ. Но спустя сотню дней после начала реформ до западных дипломатов дошли из Запретного города слухи о тяжелой болезни императора и о том, что власть на время перешла к вдовствующей императрице. Послы подозревали, что дело нечисто: вероятно, император притворяется, чтобы прекратить проведение реформ. Выдвигались и другие предположения: что императора держат под арестом, а может быть, его уже нет в живых, например, его могли отравить.

Тем временем супруги семи послов готовились к приему, но мужья предупредили их: вдовствующей императрице нельзя доверять. Это женщина жестокая, с железной волей, никому доподлинно не известно ее происхождение, в свое время она была простой наложницей предыдущего императора, и вот уже

…Ибо те мужчины, которые уже познали любовь, испытали это славное чувство, знают, что ничто не может сравниться с женщиной в ее нарядах. Если опять же поразмыслить о том, как мужчина храбро нападает, сминая, сдавливая и не придавая значения пышным нарядам его дамы, и как приходится ему потрудиться, чтобы нанести урон великолепной златотканой парче и тончайшей серебристой вуали, блестящим и шелковистым материям, жемчугам и драгоценным камням, то становится ясно, что его жар и удовольствие возрастут при этом многократно, никакого сравнения с простой пастушкой или другой женщиной подобного сословия, как бы мила и свежа она ни была. И почему в былые времена Венеру считали такой прекрасной и желанной, если не оттого, что она, при всей красоте, к тому же была в пышном убранстве и умащивалась благовониями, так что аромат ощущался даже в нескольких сотнях шагов. И всякий, кто ощущал его, испытывал сильнейшее побуждение полюбить. В этом причина того, что императрицы и патрицианки Рима так охотно пользовались благовониями, так же, как и знатные дамы во Франции, — наипаче же в Испании и Италии,

много лет ей удается удерживать в своих руках громадную власть. По сути дела, это она, а не император правит Китаем, вызывая страх у своих подданных.

В назначенный день дамы вступили в Запретный город — точнее, они не шли сами, их несли на пышно убранных портшезах, образовавших величественную процессию, впереди шествовали придворные евнухи в парадной униформе — блестящих шелковых халатах. Сами гостьи были одеты по последней европейской моде — тугие корсеты, длинные бархатные платья с пышными рукавами-буф и юбками в оборках, высокие шляпки с перьями. Обитатели Запретного города разглядывали с любопытством непривычные наряды, в особенности пышные бюсты дам, подчеркнутые покроем платьев. Супруги послов были уверены, что им удалось произвести на хозяев должное впечатление. В зале для аудиенций их приветствовали принцы, принцессы и придворные более низких рангов. На китаянках были великолепные маньчжурские одеяния. Черные блестящие волосы убраны в замысловатые национальные прически, щедро украшенные драгоценностями. Придворные стояли, выстроившись по рангам. Цвет их богато убранных одежд отвечал иерархическому положению, так что глазам представала изумительная многоцветная радуга.

Супругам дипломатов подали чай в тончайших фарфоровых чашечках, а после чаепития проводили в покои вдовствующей императрицы. От зрелища, открывшегося перед их глазами, у женщин перехватило дыхание. Императрица восседала на Троне Дракона, усеянном драгоценными камнями. Она была облачена в тяжелые парчовые одеяния, в великолепной высокой прическе ослепительно сверкали бриллианты, мягко светились жемчуг и нефрит, шею отягощало огромное ожерелье из крупных жемчужин безукоризненной формы. Перед ними была хрупкая, миниатюрная женщина, но на троне и в этом одеянии она показалась им великаншей.

Императрица приветливо улыбалась дамам. К своему облегчению, они увидели и императора, сидевшего позади своей тетушки на троне размером поменьше. Он был немного бледен, но радостно поприветствовал их. Дамам показалось, что он пребывает в хорошем настроении. Может, их опасения беспочвенны и он и впрямь просто прихворнул?

Императрица обменялась с дамами рукопожатиями. При этом она вкладывала в руку каждой из них по массивному золотому кольцу с крупной жемчужиной. Кольца подавал ей стоящий рядом евнух. После такого вступления дам пригласили в соседнюю комнату, где им вновь был предложен чай, а оттуда проводили в пиршественный зал. На этот раз императрица сидела на троне, обтянутом желтым шелком — желтый считался цветом империи. Императрица произнесла несколько приветственных фраз; дамы пришли в восторг от ее мелодичного, изумительно красивого голоса. (О ней рассказывали даже, что на звуки ее чарующего голоса слетались птицы.) В конце короткой беседы она вновь с чувством пожала каждой из них руку и взволнованно произнесла: «Одна семья — все одна семья». Потом дамам показали представление императорского театра. И наконец, императрица приняла их в третий, последний раз. Она извинилась за спектакль, который они только что увидели, — разумеется, сказала она, его и сравнить нельзя с западным театром. Вновь последовало чаепитие, и на этот раз, как рассказывала супруга американского посла, императрица «поочередно подносила к губам каждую из наших чашечек и отпивала глоток, затем она собственноручно

где с незапамятных времен женщины больше знают толк в удовольствиях и роскоши, чем француженки, что в духах, что в нарядах и великолепных украшениях, а красавицы Франции испокон веку им подражали, перенимая тонкое искусство. Итальянки же и испанки, в свою очередь, учились ему по древним образцам да статуям римлянок, которые и сейчас можно в изобилии обнаружить среди множества других антиков в Италии и Испании, которые, буде мужчина разглядит их внимательно, являют совершенство в убранстве волос и нарядах и побуждают к любви.

Сеньор де Брантом, «Жизнеописания прекрасных и достойных дам»

Ее корабль
престолом
лучезарным
Блистал на водах
Кидна. Пламенела
Из кованого золота
корма.
А пурпурные
были паруса
Напоены таким
благоуханьем,
Что ветер, млея от
любви, к ним льнул.
В пенье флейт
серебряные весла
Врезались в воду,
что струилась
вслед,
Влюбленная
в прикосновенья
эти. Царицу же
изобразить нет
слов.
Она, прекраснее
самой Венеры, —
Хотя та и прекрас-
нее мечты,—
Лежала
под парчовым
балдахином;
У ложа стоя, маль-
чики-красавцы,
Подобные сме-
ющимся амурам,
Движеньем мерным
пестрых опахал
Ей обвевали
нежное лицо,
И оттого не мерк
ее румянец,
Но ярче
разгорался...

поднесла эти чашечки, другой стороной, к нашим губам и снова произнесла: «Одна семья — все одна семья». Дамам вручили еще дары и проводили к портшезам, на которых евнухи вынесли их из Запретного города.

Дамы рассказали о приеме супругам и заверили их: они твердо убеждены, что императрицу просто оговаривают. Супруга американского посла рассказывала: «Она такая светлая, радостная, лицо у нее просто светится доброжелательством. На нем невозможно различить ни малейшего следа жестокости... Все ее жесты и поступки были такими непринужденными, каждое слово исполнено неподдельной теплоты... [Мы уезжали] в полном восторге от ее величества, полные надежд относительно будущего Китая». Мужья передали своим правительствам: с императором все благополучно, а императрице можно доверять.

Толкование

Иностранные дипломаты в Китае, и уж тем более их супруги, не имели никакого представления о том, что в действительности происходит в Запретном городе. На самом деле император организовал заговор с целью захватить в плен и, возможно, убить свою тетушку-императрицу. Узнав о заговоре — тягчайшем, с точки зрения последователей конфуцианства, преступлении, — она вынудила племянника подписать отречение от престола, держала его под домашним арестом, всему же внешнему миру объявила о его болезни. Присутствие на официальных церемониях, где он должен был вести себя так, словно ничего не произошло, было частью наказания.

Посланцев Запада вдовствующая императрица презирала и считала мерзкими варварами. Ей не нравились и супруги послов с их уродливыми модами и манерами простолюдинок. Все торже-

486

ство в их честь было спектаклем, призванным сбить с толку западных дипломатов и рассеять подозрения, что император убит. Обольстить западных дам было просто: в ход были пущены такие средства, как яркое зрелище, театр, экзотика. Императрица использовала весь свой немалый опыт, к тому же она гениально умела использовать детали. Зрелища, поставленные ею, шли по нарастающей: вначале евнухи в парадной униформе, за ними — маньчжурские дамы с их вычурными прическами и, наконец, сама императрица. Все это было чистой воды театральным действом — и это впечатляло. Затем императрица несколько убавила пафос спектакля, тем самым добавив своему образу нотки человечности — этому способствовали и подарки, и радушные приветствия, и успокоившее всех присутствие императора, а также чаепития и развлечения, уступавшие — ну, разумеется — западным. Однако она закончила прием вновь на патетической ноте: вспомните маленький спектакль с питьем из одних чашек, за которым вновь последовали щедрые дары. Когда дамы уезжали, головы у них шли кругом от всего увиденного. И правда, никогда прежде не доводилось им видеть такой экзотической роскоши, такого богатства и величия. Они так и не узнали никогда, насколько тщательно срежиссировала императрица каждую мелочь. Очарованные зрелищем, они перенесли свое восхищение на личность императрицы и поддержали ее перед мужьями — а именно это ей и было нужно.

Для того чтобы отвлечь внимание людей (а обольщать — не в последнюю очередь означает отвлекать), необходимо окружить их мелочами, маленькими ритуалами, яркими предметами и зрелищами, воздействовать на все органы чувств. Именно детали придают всему правдоподобие и осязаемость. Заботливо, с умом подобранный подарок не наведет на подозрения о

Подобные веселым нереидам,
Ее прислужницы,
склонясь над ней,
Ловили с обожаньем взгляд
царицы.
Одна из них стояла
у руля,
И шелковые снасти
трепетали,
Касаясь гибких,
нежных, как цветы,
Проворных рук.
Пьянящий аромат
На берег лился
с корабля. И люди,
Покинув город,
ринулись к реке.
Вмиг опустела
рыночная площадь,
Где восседал
Антоний. И остался
Наедине он с воздухом, который
Помчался б сам
навстречу
Клеопатре,
Будь без него
возможна пустота.
Из трагедии «Антоний и Клеопатра» Вильяма Шекспира (Пер. М. Донского)

В безмятежные дни веселых кварталов Эдо жил там один человек по имени Сакакура, который сблизился с гейшей Китосе. Эта женщина любила пить саке; из еды предпочитала так называемых цветочных крабов, которые водились в реке Могами на востоке. Она их сама солила и обожала их вкус. Зная это, Сакакура поручил художнику школы Кано расписывать крошечные панцири этих крабов, золотом изображая на них ростки бамбука. Он платил художнику по золотому слитку за каждый расписной панцирь и дарил их своей подруге один за другим в течение года, так что у нее не было в них недостатка.

Ихара Сайкаку, «Жизнь влюбленной женщины»

задних мыслях. Забавный ритуал, веселая невинная выдумка доставят удовольствие — ничего более. Украшения, красивые аксессуары, продуманные сочетания цветов в одежде предназначены для того, чтобы радовать глаз. Такова общая наша детская слабость: первым делом нас притягивают, манят яркие детали, за которыми нам не всегда удается разглядеть целостную картину. Чем большее количество чувств — слух, зрение, обоняние и т. п. — нам удается активизировать, тем более гипнотическим оказывается воздействие. Предметы, которые вы используете в обольщении (одежда, подарки и пр.), говорят на своем собственном языке, и говорят весьма выразительно. Ни в коем случае не оставляйте мелочи без внимания, не забывайте о них и не надейтесь, что все «устроится как-нибудь само». Срежиссируйте их, создайте спектакль, и ваши зрители даже не заметят, что вы ими манипулируете.

Сила чувств

Принц Гэндзи к моменту нашего повествования был Великим министром хэйанского двора. Человек уже зрелого возраста, он по-прежнему оставался повесой и обольстителем. Однажды посланец принес ему печальную весть о том, что дама, которую он нежно любил в юности, внезапно умерла. Ее юная дочь Тамакадзура осталась сиротой. Гэндзи не был отцом девушки, но решил принять в ней участие. Девушку перевезли в столицу, в дом Гэндзи, а чтобы это не вызвало кривотолков, всем было объявлено, что Тамакадзура — дочь Гэндзи, потерянная в детстве и теперь счастливо обретенная. Ее прибытие возбудило интерес, и знакомства с нею искали самые высокие сановники. В то время мужчинам редко удавалось увидеть лицо девушки до свадьбы, а разговаривать дозволялось только сидя по разные стороны ширмы. Однако все были уверены, что дочь Гэндзи (который по праву считался самым красивым мужчиной в столице) не может не быть красавицей. Гэндзи был внимателен к приемной дочери, наставлял ее, учил манерам, рассказывал о вельможах, присылавших любовные письма, но не торопил с выбором жениха.

Сам Гэндзи, как приемный отец Тамакадзуры, мог видеть ее лицо — девушка была поистине прекрасна. Он чувствовал, что сам влюблен. Мысль о том, что это прелестное создание придется отдать чужому мужчине, причиняла ему боль. Однажды вечером, не в силах совладать с нахлынувшими чувствами, он взял ее руку в свои и заговорил о том, как она похожа на свою мать, память о которой до сих пор живет в его сердце. Девушка была смущена, она дрожала, но не от любви, а от испуга, ведь, хотя он и не был ей отцом, она привыкла видеть в нем родителя, а не поклонника. Ее служанки удалились, ночь была тиха и прекрасна. Гэндзи внезапно скинул свои благоухающие одежды и лег рядом с девушкой. Она заплакала от ужаса и смущения. Тогда Гэндзи, благородный, как всегда, успокоил ее. Ей нечего бояться, сказал он, он уважает ее чувства и не собирается ничего делать против ее воли. Принеся ей нежные и трогательные извинения, он удалился.

В последующие дни Гэндзи не давал никаких поводов для беспокойства. Спустя некоторое время, помогая девушке разбирать корреспонденцию, он натолкнулся на письмо от своего младшего брата, принца Хотару, одного из ее поклонников. В послании принц упрекал девушку за то, что она держит его на расстоянии, не позволяя заговорить с ней и излить свои чувства. Тамакадзура не ответила на письмо: непривычная к свободным придворным нравам, она смущалась и пугалась подобной откровенности. Гэндзи, как бы желая помочь Тамакадзуре, поручил некоей даме из ее окружения написать ответ от имени девушки. Письмо было написано на хорошей бумаге и в изысканных выражениях приглашало принца нанести визит.

Хотару появился в назначенный час. В воздухе разливался аромат воскуряемых благовоний (который смешивался с благоуханием духов самого Гэндзи). Волнение охватило принца. Приблизившись к пологу, за которым находилась Тамакадзура, он заговорил о своей любви к ней. Не отвечая ему, девушка сидела у занавеса, разделявшего их. Внезапно вспыхнул свет, как будто зажгли яркую лампу, и сквозь ткань занавеса, ставшую на миг прозрачной, Хотару смог разглядеть силуэт девушки, ее тонкий профиль — она оказалась прекраснее, чем он смел ожидать. Две вещи поразили принца — внезапная, загадочная вспышка света и красота его избранницы. Теперь любовь всецело завладела им.

Хотару теперь настойчиво добивался ее расположения. Между тем Тамакадзура, убедившись, что Гэндзи более не намерен преследовать ее, стала чаще видеться с ним. При их встречах она помимо своей воли обращала внимание на некоторые детали. Одеяния Гэндзи, казалось, сияли — из таких ярких и блестящих тканей они были сшиты, и было трудно поверить, что замысловатые и изысканные узоры, украшавшие их, — дело рук обычного красильщика. По сравнению с ними одеяния Хотару казались тусклыми. Аромат, который исходил от Гэндзи, был таким тонким, таким обворожительным — ни у кого больше не было таких духов… Письма Хотару были написаны хорошим слогом, на красивой бумаге, но они не могли сравниться с письмами, которые присылал ей Гэндзи, — тончайшая белая бумага, пропитанная ароматом его духов, изысканный почерк и стихи, всегда необыкновенно выразительные и утонченные, всегда неожиданные и в то же время точно подходящие к случаю. А цветы — особенно дикие гвоздики, — которые Гэндзи так любил и которые неизменно подносил ей в подарок, стали для нее своеобразным символом неповторимого очарования принца.

Однажды вечером Гэндзи предложил Тамакадзуре давать ей уроки игры на кото. Предложение привело девушку в восторг. Она любила читать, а когда Гэндзи перебирал струны кото, ей всегда казалось, что звуки музыки переносят ее в одну из романтических новелл. Никто не мог сравниться с Гэндзи в мастерстве игры на кото, учиться у него было честью. Теперь, когда она стала его ученицей, встречи их участились. Его метод обучения был незамысловат: она выбирала песню, слушала, как он играет ее, а затем пыталась повторить. После урока они подолгу отдыхали лежа, опустив головы на кото и любуясь месяцем. В саду зажигались фонарики, которые лили на них мягкий свет.

По мере того как Тамакадзура знакомилась с жизнью двора и с придворными — принцем Хотару и другими поклонниками, — в ней зрело убеждение, что никто из них не может сравниться с Гэндзи. В глазах всех он был ее отцом, что ж, это так, но разве это такой уж грех, что она полюбила его? Девушка совсем запуталась в этих рассуждениях и, когда он вновь попытался обнять и поцеловать ее, не нашла в себе сил противиться.

Толкование

Гэндзи — заглавный герой японского романа «Повесть о Гэндзи», написанного в одиннадцатом веке придворной дамой Мурасаки Сикибу. Прототипом этого персонажа явилось реальное историческое лицо, Фудзивара-но Корэтика.

Соблазняя Тамакадзуру, Гэндзи прибег к очень простой стратегии: он воздействовал на чувства девушки с помощью неявных и как будто бы малозаметных деталей и добился того, что она ощутила силу его неотразимого обаяния. Он подстроил ее встречу со своим братом: она невольно сравнивала неловкого, грубоватого Хотару с Гэндзи, и сравнение явно было не в пользу первого. В тот вечер, когда Хотару пришел навестить ее, Гэндзи, делая вид, что желает помочь брату, подстроил все — ароматы благовоний, а затем и загадочные вспышки света за ширмой. (Кстати, этот таинственный свет, который поразил и Хотару и девушку, вспыхнул не случайно: накануне Гэндзи не поленился наловить в саду сотни светлячков, а потом в нужный момент выпустил всех их разом, сделав вид, будто поправляет складки занавеса.) Видя, что Гэндзи всячески поощряет брата к ухаживаниям за ней, Тамакадзура не могла не успокоиться, решив, что ей более не грозит опасность с его стороны. Между тем в ее душе росло чувство к непревзойденному мастеру эффектов и хитростей обольщения. Гэндзи позаботился обо всем, не упуская ни малейшей подробности: надушенная тончайшая бумага, многоцветные одежды, фонарики в саду, дикие гвоздики, искусные стихи и уроки игры на кото — все способствовало созданию удивительного ощущения гармонии. Тамакадзура и сама не заметила, как была затянута в этот водоворот чувств. Не пытаясь насильственно преодолеть застенчивость и недоверие, которые лишь возросли бы в ответ на любые его слова и действия, Гэндзи окружил воспитанницу предметами, символами, звуками и ароматами. Все это способствовало тому, что в ее представлении с Гэндзи ассоциировались радость, спокойствие и удовольствие. Надо заметить, что эти ассоциативные связи были намного крепче тех, которые возникли бы, находись он рядом с ней лично — скорее всего, его присутствие лишь напугало бы ее. Он верно рассудил, что ощущения и чувства — самое уязвимое место женщины.

Главное в виртуозном спектакле, поставленном Гэндзи, — не только внимание к деталям, но и чуткость к объекту обольщения. Подобно Гэндзи, и вы должны, как по камертону, настроить свои чувства, применяясь к своим объектам, внимательно за ними наблюдая, подлаживаясь под их настроения. Вам нужно чувствовать их напряжение и настороженность. Необходимо не пропустить и тот момент, когда они готовы на уступки, — для того, чтобы, не мешкая, продвинуться вперед. А на промежуточных этапах детали и подробности, которыми вы заботливо занимаетесь, — подарки, развлечения, одежда, которую вы носите, цветы, которые вы выбираете, — попадают точно в цель, так как учитывают вкусы и пристрастия объекта. Гэндзи прекрасно понимал, что имеет дело с юной девушкой, зачитывающейся любовными романами: полевые цветы, игра на кото, волнующие стихи словно сошли со страниц одной из ее любимых книг. Будьте внимательны к каждому порыву, каждому желанию своих объектов, а внимание свое проявляйте в мелочах — в предметах, которыми вы их окружаете, воздействуя на все чувства, в том духе и настроении, которое хотите у них вызвать. Они могут не соглашаться с вашими словами, но не смогут противостоять воздействию, которое вы оказываете на их чувства.

Посему, на мой взгляд, если некто желает объявить о своей любви, то лучше ему прибегнуть для этого к действиям, нежели к словам, ибо... учтивый поступок и благородная сдержанность порой красноречивее свидетельствуют о чувствах человека, чем потоки слов.

БАЛЬДАССАРЕ КАСТИЛЬОНЕ

Ключи к обольщению

Когда мы были детьми, то воспринимали окружающий мир куда острее. Цвет новой игрушки или цирковое представление приводили нас в восторг; приятный запах или звук могли вызвать в душе бурю эмоций. А в играх, которые мы выдумывали, воспроизводя какие-то стороны взрослого мира в миниатюре, какое удовольствие доставляло нам любовное продумывание каждой детали. Мы примечали буквально все.

Но мы растем, и наши чувства с возрастом притупляются. Мы уже не так наблюдательны — из-за того, что постоянно заняты, что у нас масса дел, что, закончив одно, мы торопливо хватаемся за следующее. В обольщении надо стараться вернуть объект к золотым моментам детства. Ребенок менее рационален и рассудителен, его легче обмануть. Кроме того, ребенок тоньше настроен на восприятие простых чувственных радостей. Так что в присутствии ваших объектов старайтесь ни в коем случае не предлагать им обычные ощущения, которых у них и так довольно в реальном мире — там, где они вынуждены спешить, нервничать и выходить из себя. Вам всего лишь нужно замедлить бег времени и возвратить их в счастливые и простые дни юности. Детали, о которых вы позаботились — яркие краски, подарки, маленькие церемонии, — направлены на чувства объектов и вызывают у них детский, непосредственный восторг перед могущественными чарами нашего мира. Их окружают чудеса, их переполняет радость, и на какое-то время они теряют способность рассуждать и мыслить рационально. Позаботившись о мелочах, вы выигрываете время и можете настроиться на более медленный ритм обольщения, ведь сейчас ваши объекты не в состоянии сосредоточиться и догадаться о вашей конечной цели (будь то сексуальные отношения, власть или что-либо другое), сейчас вы кажетесь им таким заботливым и внимательным. Здесь, в этой империи по-детски ярких ощущений, им начинает казаться, что вы ведете их к чему-то, не имеющему отношения к реальному миру, а это непременный элемент обольщения. Помните: чем лучше вам удастся сосредоточить внимание окружающих на мелочах, тем меньше шансов у них будет задуматься о ваших истинных намерениях. Обольщение обретет медленный, гипнотический ритм ритуала, в котором деталям придается преувеличенное значение, а каждое мгновение наполнено смыслом.

Однажды Сюань Цзун, китайский император, правивший в восьмом веке, обратил внимание на прекрасную молодую даму, которая расчесывала волосы, сидя на берегу императорского пруда. Красавица — имя ее было Ян Гуйфэй — оказалась наложницей его сына. Невзирая на это обстоятельство, Сюань Цзун решил, что она должна принадлежать ему. Поскольку он был императором, никто не мог ему воспрепятствовать. Император не был романтиком — наложниц у него было множество, все очаровательные, каждая по-своему, но он никогда не терял голову из-за женщины. А вот с Ян Гуйфэй вышло по-другому. Она была не такой, как все. Тело ее источало изумительный аромат. Она носила одеяния из тончайшей шелковой материи, причем на каждом были вышиты разные цветы, в зависимости от времени года. Походка у нее была такой плавной, а шажки такими крошечными, что казалось, будто она не идет, а плывет, не переступая ногами. Она танцевала с неподражаемой грацией, слагала в его честь песни и пела их чарующим голосом, а еще бросала на него особенные взгляды, от которых кровь у него в жилах вскипала желанием. Очень скоро она стала его фавориткой.

ВСЕСИЛЬНЫЕ ЧАРЫ ЯН ГУЙФЭЙ

С тех пор как Ян Гуйфэй поселилась во дворце, множество придворных дам и служанок занимались только тем, чтобы готовить для нее платья, на которых они должны были вышивать разные цветы в зависимости от времени года. Например, к Новому году (весной) на ее одеждах были изображены цветущие абрикосы, сливы и нарциссы; летом — цветы лотоса; осенью узор изображал пионы, а зимой она предпочитала хризантемы. Из драгоценностей она особенно любила жемчуг, и в ларцах у нее в спальне хранились лучшие и совершеннейшие жемчужины, которые также часто использовались для вышивки на ее многочисленных одеяниях. Гуйфэй была олицетворением

Ян Гуйфэй добилась того, что император не мог ни о чем думать, кроме нее. Он строил для нее дворец за дворцом, выполнял каждую ее прихоть, проводил с ней все свое время, забыв о делах государства. В скором времени страна была разорена и разрушена. Эта искусная обольстительница буквально пила соки из мужчин, которые встречались на ее пути, полностью подчиняя их своей воле. В ней притягивало буквально все — аромат тела, голос, движения, остроумие в беседе, брошенные украдкой взгляды, вышивка на одежде. Все эти мелочи привели к тому, что могучий властитель превратился в беспомощного младенца, а его царство пало.

С незапамятных времен женщинам известно: мужчина, особенно тот, в котором ярко проявляется эгоизм, это животное, и им легко управлять, используя плотские соблазны. Главное при этом — атаковать по всем возможным фронтам. Не упускайте ничего — голос, жесты, походку, одежду, взгляды. Кое-кому из наиболее талантливых соблазнительниц в истории человечества удавалось настолько запутать свои жертвы подобными деталями, что мужчины не замечали, до какой степени иллюзорна вся картина в целом.

С 1940-х до начала 1960-х на счету Памелы Черчилль-Гарриман была целая череда любовных романов со многими незаурядными и к тому же весьма богатыми людьми — среди них Аверелл Гарриман (ставший со временем ее мужем), Джанни Аньелли (унаследовавший фирму «Фиат» и все состояние), барон Эли Ротшильд (чье имя говорит само за себя). Что же влекло к ней этих мужчин? Их приводила в трепет не красота, не родословная, не живость характера, но ее сверхъестественное внимание к деталям. Все начиналось с внимательного взгляда, с которым она слушала вас, впитывая каждое ваше слово, а на самом деле изучая ваш характер и вкусы. Когда она наконец оказывалась в вашем доме, то заполняла его вашими любимыми цветами, учила вашего повара готовить изысканное блюдо, которое до сих пор вы заказывали лишь в самых дорогих ресторанах. Вы как-то обмолвились о том, какой художник вам нравится. Спустя несколько дней этот художник появлялся у вас, приглашенный ею на одну из вечеринок. Она раздобывала для вас чудесные старинные безделушки, как раз такие, какие вам нравятся; одевалась именно в том стиле, который, по вашему мнению, ей особенно шел — и обо всем она как будто догадывалась сама, не спрашивая вас и не советуясь. На самом деле она шпионила и выслеживала, собирая по крупицам информацию от третьих лиц, подслушивая ваши разговоры с другими людьми. Внимание Памелы Гарриман к мелочам оказывало опьяняющее действие на всех мужчин в ее жизни. Она была чем-то сродни заботливой, любящей матери, она привносила в жизнь комфорт и порядок, брала на себя заботу обо всем, что требовалось. Жизнь — штука сложная, в ней каждый старается оттеснить другого. Уделяя должное внимание деталям, вы смягчаете окружающих и становитесь нужными, так что они попадают от вас в зависимость. Главное здесь — разузнать, в чем именно они нуждаются, но делать это нужно незаметно, так, чтобы ваше прямое попадание выглядело для них сверхъестественным, необъяснимым, как будто вы прочитали их мысли. Это еще один способ возвратить ваш объект в детство, где исполнялись все наши желания и капризы.

В двадцатые годы прошедшего века Рудольфо Валентино был для женщин всего мира воплощением Великого Любовника. Конечно, дело здесь было и в его красивом, можно даже сказать, прекрасном лице, и в его танцующей походке, и

красоты и роскоши. Неудивительно, что ни один из тех, кому доводилось с ней встретиться, кем бы он ни был — правителем, принцем, придворным или жалким прислужником, — не мог устоять перед ее чарами. Кроме того, она была искуснейшей из всех женщин в умении использовать для своей выгоды то, чем ее так щедро наделила природа...
Император Сюань Цзун, равных которому не было на земле, имевший возможность выбирать среди тысяч самых прелестных девушек, оказался в плену ее всесильных чар и стал бессловесным рабом... Он проводил день и ночь в ее обществе и в конце концов из-за нее лишился своего царства.
Шу Чунь, «Ян Гуйфэй: Прославленная красавица Китая»

в той странной волнующей нотке жестокости, которая проскальзывала в его манере поведения. Но, возможно, самой неотразимой его чертой было то, что он не жалел времени и усилий на ухаживание. Его фильмы показывали, как он соблазнял женщину: *медленно*, не упуская мелочей — посылал ей цветы (и не всякие, а наиболее соответствующие настроению, которое он хотел у нее вызвать), брал ее руку в свою, подносил огонь к ее сигарете, сопровождал ее в такие места, где царила романтически-возвышенная обстановка, кружил в танце. Кино было немым, и зрители никогда не слышали его голоса — все передавали жесты, взгляды. Мужчины его терпеть не могли, потому что их подруги и жены теперь требовали от них такого же внимательного и чуткого отношения к себе, какое демонстрировал Валентино.

Валентино была присуща некоторая женственность: говорили, что он добивается женщины так, как это делала бы другая женщина. Но женственность отнюдь не является неотъемлемой чертой для этого типа обольщения. Связь князя Григория Потемкина с русской императрицей Екатериной Великой, возникшая в 1770-е годы, длилась много лет. Потемкин отнюдь не был женственным или смазливым. Ему удалось завоевать сердце императрицы множеством приятных для нее мелочей, о которых он не забывал никогда. Он постоянно баловал ее чудесными подарками, часто писал длинные письма, которые она любила читать, устраивал всякого рода развлечения, слагал песни и гимны ее красоте и уму. При этом он мог ходить перед ней босым, с нечесаными волосами, в мятой одежде. В его внимании к Екатерине не было и следа аффектации, однако не было никаких сомнений в том, что ради царицы он готов будет пойти на край света. Чувства женщин отличаются большей утонченностью, нежели мужские. Женщина, пожалуй, сочла бы Ян Гуйфэй с ее неприкрытой сексуальностью торопливой и чересчур прямолинейной. Это означает, что мужчине просто-напросто нужно действовать медленнее, превращая обольщение в ритуал, полный всевозможных маленьких сюрпризов, маленьких чудес, которые он творит для своего объекта. Если он не пожалеет на это времени, то в результате она будет безоговорочно подчиняться его воле.

Всякая деталь в обольщении представляет собой знак, символ, и ничто не является знаком в большей степени, чем одежда. Это не означает, что вам необходимо начать одеваться как-то по-особому интересно, элегантно или провокационно. Это значит, что одеваться нужно для своего объекта, в соответствии с его представлениями и вкусами. Когда Клеопатра соблазняла Марка Антония, ее платье не было бесстыдно откровенным; она одевалась, как греческая богиня, зная о его слабости к ним. Мадам де Помпадур, фаворитка Людовика XV, в свою очередь знала о слабости короля — его непреходящей скуке. Она постоянно надевала разные платья, меняя не только цвет и материал, но и стиль, радуя короля многообразием и непредсказуемостью. Памела Гарриман всегда следовала моде, играя роль этакой гейши из высшего общества и уважая сдержанные вкусы мужчин, которых обольщала. Здесь хорошо работает контраст: дома или на службе вы можете одеваться просто, с некоторой небрежностью — Мэрилин Монро, к примеру, дома носила джинсы и футболки, — но для свидания с объектом подберите что-то экстравагантное, вычурное, как будто вы переоделись в маскарадный костюм. Такое преображение, сродни преображению Золушки, вызовет у того, с кем вы встречаетесь, восхищение и чувство, что вы постарались специально для него. Всякое проявление внимания бесконечно

ДВА ПЛАТКА
ОТ БАО ЮЙ

...Тогда Бао Юй призвал ее к себе и сказал: «Пойди и погляди, что делает Дай Юй. Если она спросит обо мне, просто скажи, что я сейчас чувствую себя хорошо». — «Лучше бы тебе придумать предлог получше, — отвечала Цин Вэнь. — Разве нет ничего, что ты мог бы послать ей или попросить у нее? Я не хочу оказаться в глупом положении и стоять там, не зная, что сказать». Бао Юй поразмыслил с минуту, а потом достал два носовых платка из-под подушки и протянул их служанке, сказав: «Ну хорошо, тогда скажи, что я прислал тебя с этим». — «Что за странный подарок, — улыбнулась Цин Вэнь, — на что ей старых два платка? Она снова рассердится и скажет, что хочешь над ней посмеяться». — «Не беспокойся, — убеждал ее Бао Юй, — она поймет». Дай Юй уже ложилась спать, когда Цин Вэнь прибежала в Павильон реки Сяо-Сян. «Зачем ты пожаловала в такой час?» — спросила Дай Юй. «Господин Бао Юй попросил меня отнести вам вот эти носовые платки». Мгновение Дай Юй недоумевала, почему это Бао Юй прислал ей такой странный подарок. Она произнесла: «Полагаю, эти платки особенные, должно быть, дико-винка, которая ему от кого-то досталась».

более обольстительно, если оно индивидуали-зировано (вы не стали бы одеваться так ни для кого другого).

В 1870-е годы у английской королевы Виктории был поклонник — Бенджамин Дизраэли, премьер-министр английского правительства. Ей льстили слова Дизраэли, импонировала его мягкая, вкрадчивая манера общения; он посылал ей цветы, дружеские записки, делал подарки — но не просто какие-то цветы или подарки, какие делает подавляющее большинство мужчин. Посылая ей букет, он выбирал примулы как символ их простой, но прекрасной дружбу. С тех пор всякий раз, видя примулы, Виктория невольно вспоминала Дизраэли. В записке он мог, скажем, писать ей, что на закате жизни обречен на существование, полное тревог и тяжкого труда, однако в этом он находит свою прелесть, стоит вспомнить, что он трудится для самого мило-сердного и великодушного создания в мире.

А еще он мог прислать ей маленькую шкатулку, без сопроводительного письма, но с изображением сердца, пронзенного стрелой, на одной стороне и словом «Fideliter» («Преданный») на другой. Виктория полюбила Дизраэли, да и могло ли быть иначе?

Подарок обладает мощнейшей обольстительной силой, но сам предмет не так важен, как жест, поступок и тонкая мысль или чувство, которые она несет. Выбор подарка может быть связан с чем-то из прошлого вашего объекта, или символизировать что-то, о чем знаете только вы двое, или просто демонстрировать, что вы не пожалели усилий, чтобы доставить удовольствие.

На королеву Викторию произвели впечатление не деньги, которые истратил на нее Дизраэли, но время, которого он не жалел, чтобы найти подходящую вещицу и доставить ей несколько приятных минут. Дорогие подношения не имеют ничего общего с чувствами; они могут вызвать недолгое удивление и благодарность, но это быстро забывается — это сходно с тем, как ребенок бросает и забывает дорогую игрушку. Вещица, которая отражает внимание дарителя, обладает мощной связующей властью, что пробуждается всякий раз, когда человек смотрит на нее.

В 1919 году итальянскому писателю и герою войны Габриэлю д'Аннунцио удалось собрать отряд из своих почитателей и вместе с ними захватить городок Фиуме на побережье Адриатического моря (в настоящее время это территория Словении). Они сформировали собственное правительство, которому удалось продержаться у власти около года. Д'Аннунцио организовал серию публичных выступлений (причем его опыт с тех пор подхватили политики во всем мире). Он обращался к слушателям с балкона, выходившего на главную площадь, украшенную яркими знаменами, лозунгами, языческими религиозными символами, а по вечерам горящими факелами. Послушать речи приходили целые толпы. Хотя сам д'Аннунцио и не был фашистом, то, что он устраивал в Фиуме, в сильнейшей мере повлияло на Бенито Муссолини, который позаимствовал у него римские приветствия, символы, манеру обращаться к публике. Подобные действа с тех пор и доныне устраиваются повсюду политическими деятелями самых разных толков, даже демократическими. Общее впечатление от них может быть грандиозным, но одушевить их по-настоящему может только одно — продуманные и грамотно срежиссированные детали, возможно большее число органов чувств, на которые вы сможете воздействовать, разнообразие эмоций, вызванных вами. Если вы ставите себе задачу ошеломить окружающих, помните, что нет ничего более ошеломляющего, чем обилие деталей — фей-

Скажи ему, чтобы хранил их у себя или предложил тому, кто их оценит по достоинству. А мне они не нужны». — «Да в них нет ничего особенного, — сказала Цин Вэнь. — Просто-напросто два старых платка, самых обыкновенных, первое, что попало ему под руку».

Дай Юй была озадачена еще сильнее, и тут забрезжила догадка: Бао Юй знает, что она будет его оплакивать, и потому шлет ей свои платки. «Что ж, можешь их оставить», — сказала она Цин Вэнь, которую не на шутку удивило, что Дай Юй не обиделась на неумную, как ей казалось, шутку.

А Дай Юй, обдумывая значение присланных платков, одновременно чувствовала радость и грусть: радость от того,

ерверки, флаги, музыка, нарядная униформа, марширующие солдаты, ощущение сплоченной толпы. В такой обстановке невозможно сохранить ясность мыслей, особенно когда символы и образы вызывают патриотические чувства.

Наконец, последнее замечание на эту тему: слова, безусловно, важны для обольщения, они прекрасно помогают решить некоторые задачи — вскружить голову, сбить с толку, польстить. Но самое обольстительное в конечном итоге — это то, чего вы не произносите, что воздействует косвенно. Ничего не поделаешь, жизнь наша такова, что люди привыкли относиться к словам с недоверием. Всякий может произносить красивые слова; они звучат, но ни к чему не обязывают, а через минуту могут быть забыты. Красивый жест, продуманный и говорящий о внимании подарок, другие мелочи такого рода выглядят не в пример более правдоподобными и осязаемыми. Они намного более трогательны, чем самые романтические речи о любви, потому что говорят сами за себя и человек может увидеть в них даже больше смысла, чем было заложено. Ни в коем случае не тратьте долгих слов, рассказывая людям о своих чувствах, позвольте им догадаться обо всем самим по вашим взглядам и поступкам. Это куда убедительнее всяких слов.

Символ: Пир.
Торжество, устро-
енное в вашу честь. Все
продумано и заботливо устро-
ено — цветы, украшение зала,
подбор приглашенных, артисты,
музыка, обед с пятью переmena-
ми блюд, текущее рекой вино.
Пир развязывает языки и избав-
ляет нас от скованности.

502

Оборотная сторона

Оборотной стороны нет и не может быть. Детали абсолютно необходимы для успеха любого обольщения, и забывать о них нельзя ни в коем случае.

12

Поэтизируй свой образ

Что происходит, когда ваша жертва остается наедине с собой? Это имеет большое значение: плохо, если у нее возникает — пусть даже едва заметное — чувство облегчения, вызванное тем, что вас нет рядом и все наконец закончилось. Подобная реакция возможна, если вы проявите излишнюю фамильярность или навязчивость. Поэтому ускользайте, не давайтесь в руки, чтобы вызывать только приятные ассоциации. Пусть, расставаясь с вами, жертва всякий раз будет стремиться поскорее увидеть вас снова. Заставьте ее неотступно думать о вас, демонстрируя поочередно то пыл, то холодную отстраненность, чередуя краткие свидания с рассчитанными исчезновениями. Пусть ваша фигура ассоциируется с поэтичным, возвышенным эталоном; воспоминания о вас должны рисовать в воображении жертвы идеализированный образ, словно окруженный ореолом. Чем чаще ваш образ будет всплывать в ее памяти, тем более обольстительные фантазии она будет связывать с вами. Искусно направляйте воображение жертвы с помощью таинственных, едва уловимых противоречий и перемен в поведении.

Романтическая близость — романтическая разлука

В 1943 году в Аргентине произошел военный переворот. Сорокавосьмилетний полковник Хуан Перон, весьма популярный в народе, стал министром труда, социального обеспечения и военным министром. Давно овдовевший, он имел слабость к молоденьким девушкам; в момент назначения у него была связь с девчушкой-подростком, которую он представлял всем и вся как свою дочь.

Однажды январским вечером 1944 года Перон вместе с другими членами правительства присутствовал на фестивале, действие которого разворачивалось на стадионе Буэнос-Айреса. Было уже поздно, и рядом с ним освободилось несколько мест; возникшие невесть откуда две смазливые молоденькие актриски попросили разрешения сесть. Какие могут быть возражения? Он будет счастлив. Одну из актрис он узнал — это была Эва Дуарте, звездочка мыльных опер на радио, чьи фотографии частенько появлялись на обложках бульварных газет. Вторая девушка была моложе и красивее, но Перон не сводил глаз с Эвы, которая болтала с другим полковником. В общем-то, это был совершенно не его тип. Двадцать четыре года — на его вкус почти старуха; одета она была слишком экстравагантно и вызывающе, а в голосе проскальзывали ледяные нотки. Но время от времени она посматривала в его сторону, и ее взгляды волновали Перона. На мгновение он отвернулся и тут же почувствовал, что она передвинулась ближе к нему, на соседнее сиденье. Между ними завязался разговор. Она ловила каждое его слово. Да, он совершенно прав, она чувствует то же самое — рабочие, бедняки, вот за кем будущее Аргентины. Ей бедность знакома не понаслышке. В ее глазах стояли настоящие слезы, когда на прощание она сказала: «Спасибо за то, что вы есть».

Если твоя госпожа,
полулежа в открытых носилках,
Будет по улице
плыть, ты подойди
невзначай;
Но чтобы речи твои
не попали в
недоброе ухо,
Ты постарайся их
смысл скрыть в
двуязычный намек.
Если же праздной
стопой под
просторной она
колоннадой
Бродит, то с ней
заодно время свое
убивай.
То вперед забеги,
то ступай по пятам
неотступно,
То приотстань, то
опять скорого шагу
прибавь;
Время от времени
будь на другой
стороне колоннады,
Чтоб оказаться
потом с нею бок
о бок опять.
Не допусти, чтоб
она без тебя
красовалась
в театре —
Будь в полукруглых
рядах там же,
где будет она;
Там и любуйся,
там и дивись на нее
без помехи,

Взглядами с ней говори, знаками дай себя знать.
Хлопай в ладоши, когда плясун представляет девицу,
Хлопай, когда лицедей изображает любовь;
Встанет она — встань и ты; сидит — не трогайся с места;
Время свое убивай так, как покажет она...
Пусть же подруга привыкнет к тебе: привычка всесильна!
Ради привычки такой не поленись поскучать!
Пусть она видит и пусть она слышит тебя постоянно,
Ночью и днем перед ней пусть твое будет лицо.
А как уверишься в том, что она без тебя затоскует,
Что и вдали от нее будешь по-прежнему мил, —
Тут-то и отдых устрой.
Отдохнувши, земля урожайней,

В последующие несколько дней Эве удалось избавиться от «дочурки» Перона и самой обосноваться в его апартаментах. Она была повсюду, куда ни падал его взгляд. Она готовила для него, выхаживала его, когда он хворал, даже давала советы из области политики. Почему он позволил ей остаться? Он привык к кратковременным связям с поверхностными глупенькими девчонками, от которых избавлялся, как только ему казалось, что дело может зайти слишком далеко. Но Эву никак нельзя было назвать поверхностной. Спустя некоторое время он обнаружил, что уже не может обходиться без сочувствия и понимания, которые она ему дарила. Она была ему предана, вторила во всем, бесконечно хваля и превознося. В ее присутствии он ощущал себя сильным, настоящим мужчиной; она была уверена, что из него получится идеальный глава государства, настоящий лидер, и ее убежденность вдохновляла и поддерживала его. Она напоминала женщин из народных баллад в стиле танго, которые он так любил, — простых женщин с улицы, много переживших и страдавших, из них выходили верные жены и заботливые, любящие матери. Перон ежедневно видел ее, но ему всегда казалось, что он не знает ее до конца: сегодня она отпускает грубоватые шуточки под стать уличной девчонке, назавтра держится, как подобает настоящей леди. Одно обстоятельство омрачало их жизнь: она мечтала о замужестве, а он ни под каким видом не мог жениться на ней — актрисе с небезупречным прошлым. Военные и так уже были скандализованы этой затянувшейся связью. И однако, невзирая на это, роман между ними продолжался.

В 1945 году Перон был смещен с поста вице-президента, который он тогда занимал, и заключен в тюрьму. Военных беспокоила его растущая популярность, не нравилась им и та, возрастающая день ото дня власть, которую

506

имела над ним любовница. Впервые почти за два года он остался один, без Эвы. Он и сам не ожидал, что тоска по Эве захлестнет его с такой силой: вся стена в камере была увешана ее фотографиями. По стране прокатилась волна забастовок, рабочие протестовали против ареста Перона, а он мог думать только об Эве. Он видел в ней святую, героиню, женщину, дарованную ему судьбой. Он писал ей: «Только находясь в разлуке с любимыми, мы можем оценить степень нашей привязанности. С того дня, как мы расстались с тобой... я не могу умерить печаль в своем сердце... Мое безмерное одиночество наполнено воспоминаниями о тебе». Теперь он обещал жениться на ней.

Забастовки набирали обороты. Через восемь дней Перона освободили; он немедленно выполнил обещание и женился на Эве. Прошло еще несколько месяцев, и его избрали президентом страны. Поначалу Эва, ставшая первой леди, появлялась на официальных приемах и церемониях в своих прежних, несколько кричащих и вызывающих нарядах; так ее и воспринимали — как бывшую актрису, обладательницу обширного и экстравагантного гардероба. А потом, в 1947 году, она отправилась в поездку по Европе. Аргентинцы следили за каждым ее шагом — восторженные толпы, приветствовавшие ее в Испании, аудиенция у папы Римского, — и в ее отсутствие мнение о ней менялось. Как хорошо ей удается передать дух Аргентины, ее благородную простоту, ее артистичность! Когда через несколько недель Эва возвратилась на родину, ее поразило то, с каким воодушевлением встретили ее аргентинцы.

Эва за время поездки по Европе тоже переменилась: она больше не красила волосы, а туго стягивала их на затылке в простой пучок, носила деловые костюмы. Она теперь выглядела совсем иначе и больше напоминала ту женщи-

И пересохшим полям в радость бывают дожди. Рядом дыша с Демофонтом, Филлида о нем не страдала, А как отчалил он вдаль — вспыхнула жарким огнем. Дальним скитаньем Улисс тревожил тоску Пенелопы, И, Лаодамия, твой был вдалеке Филакид. Но берегись, не просрочь! Угасают со временем страсти, Дальний забудется друг, новая встанет любовь. Чтобы утешить печаль о далеком своем Менелае, Пала Елена в ночи гостю на жаркую грудь. Ах, Менелай, до чего же ты глуп!..

Публий Овидий Назон, «Наука любви» (Пер. М. Гаспарова)

О ЗАРОЖДЕНИИ ЛЮБВИ

О зарождении любви. Вот что происходит в душе:
1. Восхищение.
2. Человек думает: «Какое наслаждение целовать ее, получать от нее поцелуй!» и т. д.
3. Надежда. Начинается изучение совершенства; чтобы получить возможно большее физическое наслаждение, женщине следовало бы отдаваться именно в этот момент. Даже у самых сдержанных женщин глаза краснеют в миг надежды; страсть так сильна, наслаждение настолько живо, что оно проявляется в разительных признаках.
4. Любовь зародилась. Любить — значит испытывать наслаждение, когда ты видишь, осязаешь, ощущаешь всеми органами чувств и на как можно более

ну, которой очень скоро предстояло стать защитницей и спасительницей бедных. Вскоре ее изображения можно было увидеть повсеместно — на стенах больниц для бедных, на больничных простынях и полотенцах появились ее инициалы; профиль Эвы украшал тренировочные костюмы футболистов из беднейшего района Аргентины, чью команду она поддерживала; ее гигантская белозубая улыбка сияла с громадных портретов на фасадах домов. При этом никакая личная информация о ней не распространялась, разделы светской хроники не давали о ней никаких сведений, а потому вокруг фигуры Эвы начали возникать всевозможные домыслы и фантазии. А в 1952 году, когда рак преждевременно оборвал ее жизнь (ей было тридцать три, возраст, в котором был распят Христос), страна погрузилась в траур. Миллионы людей поочередно подходили к гробу, в котором лежало ее бальзамированное тело. Она больше не была артисткой, женой, первой леди — она была их Эвитой, их святой.

Толкование

Эва Дуарте была рождена вне брака, росла в нужде, сбежала в Буэнос-Айрес, чтобы стать актрисой. Ей пришлось немало испытать, и праведницей она не была, зато сумела выжить и даже преуспеть в театральном мире. Она мечтала вырваться из этой жизни, мечтала о другом будущем и отличалась невероятным честолюбием. Перон оказался идеальной жертвой. Он воображал себя большим политиком, лидером, хотя в действительности был заурядным стареющим развратником, слишком слабым, чтобы добиться чего-то большего. Эва внесла в его жизнь поэзию. Речь, бьющая на эффект, цветистая (как в сериале), внимание и забота, которыми она окружила его, — возможно, кому-то она могла показаться навязчивой. Однако заботливая женщина рядом с великим человеком — это классический образ, к тому же воспетый во многих балладах-танго. Кроме того, она позаботилась о том, чтобы оставаться недоступной и загадочной, вроде кинозвезды, которую мы каждый день видим на экране, но совсем не знаем в личной жизни. И когда Перон остался в тюрьме один, на него нахлынули возвышенные образы и ассоциации. Он идеализировал ее безмерно, навсегда забыв о ее прошлом заурядной артисточки. Точно таким же способом Эва обольстила и всю нацию. Секрет крылся в ее ярком, поэтичном облике, который сочетался с некоторой таинственностью; со временем ее образ стали наделять самыми разными чертами. До сих пор люди фантазируют и строят догадки относительно того, какой же на самом деле была Эва Дуарте.

Близкое знакомство, привычка разрушают чары и убивают обольщение. Такое редко происходит на ранних этапах, ведь о новом знакомом предстоит еще узнавать так много. Но когда близится кульминационный момент в обольщении, бывает, что объекты начинают идеализировать вас, и это приводит к разочарованию, когда они убеждаются, что вы совсем не так прекрасны, как они думали. И причина тут вовсе не в слишком частых встречах и не в вашей излишней доступности, хотя порой думают именно так. На самом-то деле ваши объекты слишком редко видят вас, им нечем заполнить пустоту. В результате их вниманием может завладеть кто-то другой. Вам необходимо занять их мысли собой, стать для них более осязаемым, более реальным, живым человеком из плоти и крови. Вам следует не только поддерживать некоторую дистанцию, но и позаботиться, чтобы между вами возникло что-то фантастическое, колдовское, от чего в мозгу объекта, подобно вспышкам, проносились бы мысли о вас.

близком расстоянии существо, которое ты любишь и которое любит тебя.
5. Начинается первая кристаллизация. Нам доставляет удовольствие украшать тысячью совершенств женщину, в любви которой мы уверены; мы с бесконечной радостью перебираем подробности нашего блаженства. Это сводится к тому, что мы преувеличиваем великолепное достояние, которое упало нам с неба, которого мы еще не знаем и в обладании которым мы уверены. Дайте поработать уму влюбленного в течение двадцати четырех часов, и вот что вы увидите. В соляных копях Зальцбурга, в заброшенные глубины этих копей, кидают ветку дерева, оголившуюся за зиму; два или три месяца спустя ее

извлекают оттуда, покрытую блестящими кристаллами; даже самые маленькие веточки, которые не больше лапки синицы, украшены бесчисленным множеством подвижных и ослепительных алмазов; прежнюю ветку невозможно узнать. То, что я называю кристаллизацией, есть особая деятельность ума, который из всего, с чем он сталкивается, извлекает открытие, что любимый предмет обладает новыми совершенствами. Страстный человек видит в любимом существе все совершенства; однако внимание его еще может рассеяться, ибо душа пресыщается всем, что однообразно, даже полным счастьем. Это значит, что один и тот же оттенок жизни дает лишь мгновение полного счастья, но поведение страстного

В случае с Эвой и Пероном это мысли о том, что она, вероятно, и является той самой идеальной женщиной (фигура, очень важная в аргентинской культуре, — преданная, по-матерински заботливая, праведная). Но это не единственный вариант — существует множество других поэтических идеалов, воплощением которых можете стать вы. Благородство, романтичность, мужество и тому подобное — все это может с достаточной силой вдохнуть поэзию в ваши отношения с людьми, чтобы наполнить их умы фантазиями и мечтами. Вы во что бы то ни стало должны стать воплощением чего-то — даже, на худой конец, зла и обмана. Избегать нужно только одного — приесться, стать чем-то избитым и банальным.

Мне нужна женщина, которая что-то собой представляет, чем-то выделяется: либо она очень красива, либо очень добра, на крайний случай, очень порочна; очень умна или очень глупа — не важно, лишь бы было в ней что-то.
АЛЬФРЕД ДЕ МЮССЕ

Ключи к обольщению

У каждого из нас имеется собственное представление о себе — и этот образ, как правило, льстит нам: себе мы кажемся более великодушными, бескорыстными, честными, добрыми, умными и красивыми, чем есть на самом деле. Нам невероятно сложно быть до конца честными в самооценке; наша потребность идеализировать себя почти непреодолима. Как заметила писательница Анжела Картер, мы уж скорее приравняем себя к ангелам, чем к высшим обезьянам, от которых на самом деле произошли.

Эта потребность в идеализации распространяется и на наши романтические привязанности, потому что когда мы влюбляемся, когда кто-то покоряет нас, то в нем мы видим отражение самих себя. Выбор, который мы делаем, решаясь пойти на сближение с другим человеком, выдает нечто важное, глубинное в нас самих. Нам никак не хочется признаться себе в том, что мы полюбили человека недостойного — жалкого, пошлого, дурно воспитанного или страдающего отсутствием вкуса, — именно потому, что он кажется нам чертовски похожим на нас — прямо-таки зеркальное отражение. Более того, мы часто влюбляемся в кого-то, кто в том или ином отношении походит на нас. И горе, если этот человек окажется несовершенным или, хуже того, заурядным — ведь это свидетельствовало бы о наших собственных несовершенствах и заурядности. Нет, наш избранник во что бы то ни стало должен быть безупречным — и мы идеализируем его, неадекватно завышаем оценку, хотя бы ради нашей собственной самооценки. Помимо этого, в нашем мире, таком жестком и полном разочарований, иметь возможность помечтать о том, в кого мы влюблены, — это огромное удовольствие.

Это облегчает задачу обольстителя: окружающие просто умирают от желания получить шанс пофантазировать о *вас*. Не лишайте их этой приятнейшей возможности, не навязывайте им сверх меры свое общество (отсутствие работает на вас!), не вступайте в слишком близкое знакомство. Не следует сближаться настолько, чтобы стать привычными, даже банальными, чтобы ваши объекты видели вас такими, каковы вы на самом деле. Не старайтесь непременно произвести впечатление ангела или воплощения добродетели — это может показаться скучным. Можно предстать опасным, порочным, даже несколько вульгарным, в зависимости от вкусов вашей жертвы. Но ни в коем случае нельзя быть заурядным или ограниченным. В поэзии

человека меняется по десять раз в день. Вот что происходит тогда для фиксации внимания.
6. Рождается сомнение. Если он выказывает чрезмерную самоуверенность, ему противопоставляют равнодушие, холодность или даже гнев... Влюбленный начинает сомневаться в счастье, казавшемся ему близким; он строго пересматривает основания для надежды, которые ему чудились. Он хочет вознаградить себя другими радостями жизни и обнаруживает их исчезновение. Боязнь ужасного несчастья овладевает им, а вместе с этой боязнью появляется и глубокое внимание.
7. Вторая кристаллизация. Тогда начинается вторая кристаллизация, образующая в качестве алмазов

подтверждение
мысли: «Она меня
любит». Каждую
четверть часа ночи,
наступающей после
зарождения
сомнений, пережив
минуту страшного
горя, влюбленный
говорит себе: «Да,
она меня любит»; и
кристаллизация
работает над
открытием новых
очарований; потом
сомнение с
блуждающим
взором овладевает
им и резко
останавливает его.
Грудь его забывает
дышать; он спраши-
вает себя:
«Но любит ли она
меня?» Во время
всех этих мучитель-
ных и сладостных
колебаний бедный
влюбленный живо
чувствует: «Она
дала бы мне
наслаждение,
которое может дать
только она одна во
всем мире».
Стендаль, «О любви»
(Пер. М. Левберг,
П. Губера)

(в отличие от прозаической реальности) возможно все.

Влюбившись в кого-то, мы создаем в своем воображении образ, представляя себе, каков он, этот человек, и какие радости сулит нам общение с ним. Оставаясь наедине с собой, мы предаемся мыслям на эту тему и при этом все больше и больше идеализируем образ. Стендаль в своем трактате «О любви» называет такое явление «кристаллизацией». Он рассказывает историю о том, как в австрийском городе Зальцбурге, где он жил, голые ветки без листьев погружали зимой в бездонные глубины соляных копей. Когда спустя несколько месяцев преображенную ветку вытягивали на поверхность, она была покрыта прекрасными кристаллами, напоминающими драгоценные камни. То же самое происходит в нашем воображении с образами тех, кого мы любим.

Слишком близкое знакомство способно разрушить кристаллизацию. Прелестная шестнадцатилетняя девушка начинала питать слишком нежные чувства к молодому человеку недурной наружности, который завел обыкновение каждый вечер на закате прогуливаться под ее окном. Мать девушки пригласила молодого человека погостить неделю в их загородном имении. Шаг, признаю, был рискованным, однако средство подействовало: девушка была романтичной натурой, а молодой человек оказался ничтожным фатом; трех дней ей хватило, чтобы проникнуться к нему презрением.
СТЕНДАЛЬ, «О ЛЮБВИ»

Стендаль, впрочем, насчитывает не одну, а две кристаллизации. Первая случается, когда мы впервые встречаемся с человеком. Вторая, и более важная, происходит позднее, когда нам в душу закрадывается некоторое сомнение — нас тянет к человеку, а он нас избегает, мы не уверены, что наше общество для него желанно, что он наш. Эта неуверенность имеет огромное значение — она заставляет работать наше воображение, углубляет процесс поэтизации. В семнадцатом столетии известнейший Повеса, герцог Лозаннский, добился успеха в одном из ярчайших обольщений в истории, объектом которого была мадемуазель де Монпансье, кузина короля Людовика XIV, самая влиятельная и богатая женщина тогдашней Франции. Он щекотал ее воображение, подстроив несколько кратких встреч при королевском дворе, умело обратив ее внимание на свой острый ум, смелость и хладнокровие. Она начала замечать, что думает о нем, оставаясь одна. Затем их встречи при дворе участились, они стали заговаривать друг с другом, порой прогуливались вместе. Расставаясь с ним после кратких бесед или прогулок, она всякий раз пребывала в раздумьях: интересна ли ему или он равнодушен? Эта неуверенность подстегивала ее к тому, чтобы искать новых встреч, чтобы разрешить сомнения. Она начала идеализировать его сверх всякой меры, наделяя его в своем воображении качествами, в действительности отнюдь ему не свойственными, ибо герцог, скажем прямо, был отпетым мерзавцем.

Помните: то, что легко дается, не может дорого стоить. Это относится и к людям: воображению трудно вознести на поэтические высоты человека, который достижим без всякого труда. Если после первого знакомства, вызвавшего интерес, вы дадите понять, что это только аванс, который не следует принимать как должное, и что ваше расположение еще надо заслужить, это вызовет легкое замешательство, ваш объект начнет подозревать, что в вас есть что-то необыкновенное, возвышенное, что этим объясняется ваша недоступность. Ваш образ подвергнется кристаллизации в его воображении.

Клеопатра понимала, что, по сути дела, ничем не отличается от прочих женщин, она даже не была выдающейся красавицей. Но ей было известно, что мужчинам свойственно переоценивать женщин. Все, что для этого требуется, — просто намекнуть на то, что вы необычны, что вы выделяетесь, что в вас есть нечто уникальное. Постарайтесь, чтобы мысли о вас ассоциировались с чем-то величественным или необыкновенным. Цезарю Клеопатра рассказывала о великих фараонах Древнего Египта, для Антония создала миф, который вознес ее к самой богине Афродите. Оба великих мужа склонились к ногам не просто женщины с сильной волей, но почти богини. В наши дни, пожалуй, трудновато было бы вызвать настолько грандиозные ассоциации, зато и наши современники испытывают глубокое удовольствие от встречи с кем-то, напоминающим им героев или героинь их детских фантазий. Джон Ф. Кеннеди представлялся воплощением рыцаря — благородный, храбрый, обаятельный. Пабло Пикассо был не просто великим живописцем, питавшим слабость к молоденьким девушкам, он был то Минотавром из древнегреческих мифов, то демоническим хитрецом и пройдохой — персонаж, невероятно привлекательный в глазах женщин. Подобные ассоциации не следует навевать слишком рано; они обретают силу лишь тогда, когда объект уже подпал под ваше обаяние и с готовностью поддается внушению. Мужчина, впервые услышавший о Клеопатре, при первой встрече счел бы ее намеки на родство с Афродитой смехотворными и нелепыми. Но влюбленный — или почти влюбленный — с готовностью поверит практически любой выдумке. Хитрость заключается в том, как вызвать ассоциации между собственной личностью и чем-то мифическим — с помощью одежды, которую вы носите, слов, которые произносите, мест, где вы появляетесь.

В романе Марселя Пруста «В поисках утраченного времени» обольщают одного из персонажей, Сванна, причем соблазнительница, собственно, не совсем в его вкусе. Он — эстет, существо утонченное. Она ниже его по происхождению, не столь изысканна, простовата, пожалуй, даже чуть-чуть безвкусна. Однако он поэтизирует в своем воображении яркие, совместно пережитые ими моменты, которые отныне ассоциируются у него только с нею. Один из таких эпизодов — музыкальный вечер, на котором они вместе присутствуют в салоне; там его пленила одна из услышанных мелодий, коротенькая музыкальная фраза из сонаты. Теперь, когда бы он ни подумал о своей подруге, в голове всплывает эта мелодия. Маленькие пустяки, подаренные ею, вещи, которые она держала в руках или хотя бы прикасалась к ним, начинают жить самостоятельной жизнью. Любого рода возвышенные переживания, художественные или духовные, удерживаются в памяти несравненно дольше, чем рядовые моменты. Найдите способ пережить с вашими объектами подобные мгновения — концерт, театральный спектакль, какой-то духовный опыт, что угодно еще, — чтобы в их памяти с вами было связано что-то возвышенное, одухотворенное. Совместные моменты воодушевления обладают громадным обольстительным потенциалом. К тому же любому предмету, любой вещи можно придать соответствующее звучание, сделать так, чтобы он вызывал поэтические отклики, отдавался в душе сентиментальными ассоциациями, как то обсуждалось в последней главе. Подарки, которые вы делаете, и другие предметы становятся воспоминаниями о вас; а если они вызывают приятные воспоминания, один их вид вызывает мысли о вас, ускоряя процесс идеализации.

Да, это так, что отсутствие заставляет сердце томиться и страдать, однако здесь очень важен верный расчет времени — если вы исчезнете с глаз слишком рано, это может повлечь противоположные последствия: процесс кристаллизации даже и не начнется, обольщение погибнет в самом зачатке. По примеру Эвы Перон вы должны вначале окружить свои объекты проявлениями внимания и заботы, чтобы в те решающие моменты, когда они остаются одни, в их памяти всплывал согревающий душу образ. Делайте все, что в ваших силах, чтобы объекты продолжали вспоминать о вас после расставания. Письма, записочки, подарки, неожиданные встречи — все это делает вас как бы вездесущими. Все должно напоминать о вас.

И наконец, последнее замечание по этому поводу: для того, чтобы ваши объекты воспринимали вас возвышенными и идеализированными, постарайтесь помочь им в этом, позаботившись, чтобы они и сами себя увидели одухотворенными и опоэтизированными. Шатобриан заставлял женщину почувствовать себя богиней, покорившей его. Он посылал ей поэмы, на написание которых она якобы его вдохновила. Для того чтобы королева Виктория поверила в свои силы — и как политического деятеля, и как очаровательной женщины, — Бенджамин Дизраэли уподоблял ее мифологическим героиням и великим предшественницам, таким, как королева Елизавета I. Идеализируя подобным образом свои объекты, вы способствуете тому, что и они в ответ будут идеализировать вас: ими будет двигать подсознательное допущение, что вы должны быть не менее замечательным, чем они, раз оказались способны оценить их прекрасные качества. Вскоре возвышенные чувства, внушаемые вами, станут для них потребностью.

*По-моему, тот, кто не умеет овладеть умом
и воображением девушки до такой степени,
чтобы она видела лишь то, что ему нужно,
кто не умеет покорить силой поэзии ее сердце
так, чтобы все его движения всецело зависели б
от него, тот всегда был и будет профаном
в искусстве любви!*

Сёрен Кьеркегор, «Дневник обольстителя»
(Пер. П. Ганзена)

*Символ: Ореол.
Постепенно, когда объект
пребывает в одиночестве, он
или она начинает представлять
себе что-то вроде слабого свече-
ния вокруг вашей головы — его
излучают всевозможные радости,
которые обещает общение с вами,
а также сияние вашего яркого,
идеализированного облика, ваши
благородные качества. Ореол выделяет вас из общей массы. Не
дайте ему исчезнуть — не становитесь привычным или
заурядным.*

Оборотная сторона

Может показаться, что противоположная
тактика — это полная откровенность: быть совершенно честным, не утаивать не только свои
добродетели, но и недостатки. Лорд Байрон
обладал этим родом искренности — он чуть ли
не напоказ выставлял полный набор непригляд-
ных, некрасивых своих качеств и немало в этом
преуспел, так что под конец его даже обвинили
в инцесте: ходили упорные слухи о том, что он
сожительствует со своей единоутробной се-

строй. Подобный род опасной близости может быть невероятно обольстителен. Объект начнет поэтизировать ваши добродетели, и в их числе вашу честность. Другими словами, идеализация — процесс неизбежный. Единственное качество, которое не подлежит идеализации, — посредственность, в которой нет решительно ничего обольстительного. Невозможно обольстить, пропустив или обойдя этап идеализации, фантазии и поэтизирования.

Закон

13

Обезоруживай, представляясь слабым и уязвимым

Слишком очевидные маневры с вашей стороны могут возбудить подозрения. Лучший способ замести следы — заставить другого почувствовать себя сильнее, ощутить свое превосходство. Если вы сыграете роль слабого, уязвимого человека, целиком находящегося во власти другого и неспособного владеть собой, то ваши действия будут выглядеть более естественными, в них не будет заметен расчет. Внешние проявления слабости — слезы, робость, бледность — дополнят впечатление искренности. Для закрепления результатов поступитесь добродетелью ради честности: докажите свою искренность, признавшись в каком-то своем грехе, необязательно реально существующем. Искренность важнее, чем добродетель. Сыграйте роль жертвы, чтобы затем трансформировать сочувствие вашего объекта в любовь.

Стратегия жертвы

Когда знойным августом президентша де Турвель приехала навестить почтенную госпожу де Розмонд, оставив супруга дома, она искренне наслаждалась покоем и тишиной здешних мест. Ей доставляли удовольствие простые радости, и вскоре жизнь в замке потекла по удобному и приятному для нее пути — ежедневная месса, прогулки по окрестностям, благотворительная помощь крестьянам из соседних деревень и карточная игра по вечерам. Когда же из Парижа приехал племянник госпожи де Розмонд, президентша почувствовала неловкость — но и любопытство тоже.

Племянник, виконт де Вальмон, был известен всему Парижу как неисправимый распутник. Он был, без сомнения, привлекателен и совсем не походил на того светского повесу, которого она ожидала увидеть: сдержанный, даже печальный, несколько подавленный, он вел себя вполне добропорядочно и — самое странное — почти не обращал на нее внимания. Президентша вовсе не была кокеткой; она непритязательно одевалась, не следовала моде, любила своего супруга. При всем том она была молода и красива, хотя и не привыкла потворствовать вниманию со стороны мужчин. Госпожу де Турвель — хоть она и сама себе в том не сознавалась — слегка задевало, что он почти не замечает ее. Однажды во время мессы она бросила взгляд на Вальмона — тот, по всей видимости, углубился в молитву. Ей показалось, что он погружен в серьезные раздумья о собственной жизни.

Слухи о том, что Вальмон находится в замке тетушки, дошли до общих знакомых, и молодая президентша получила письмо от подруги, в котором та, предостерегая ее, просила быть осторожнее с этим опасным человеком. Но госпоже де Турвель казалось, что уж кто-кто, а она менее всех женщин на свете способна поддаться его обаянию. Кроме того, он явно задумался о своем грешном прошлом, признал за собой немало дурных поступков и, казалось, раскаивался; как знать, может быть, ему необходимы ее помощь и поддержка, чтобы продвигаться в этом направлении. Какой славной оказалась бы эта победа в глазах Бога! Итак, президентша внимательно наблюдала за всеми передвижениями Вальмона, пытаясь понять, что происходит в его душе. Кое-что казалось ей странным, например, часто рано по утрам он отлучался из дому — по его словам, на охоту, — но ни разу она не видела, чтобы он возвращался с дичью. Однажды она затеяла невинную хитрость — велела служанке немного пошпионить за ним. Каково же было ее радостное изумление, когда она узнала, что он ходил вовсе не на охоту, а в ближнюю деревню, где помог обедневшему семейству, которому грозило выселение из дома, — он великодушно уплатил долги несчастных и тем спас их от нищеты и отчаяния. Все это подтверждало правильность ее догадки: его страстная душа находится на верном пути от распутства к добродетели. Она почувствовала, что счастлива за него безмерно.

В тот вечер вышло так, что виконт де Вальмон и президентша де Турвель впервые остались наедине друг с другом, и тут виконт внезапно разразился пылким признанием. Он давно уже всем сердцем любит госпожу, и подобной любви ему не приходилось испытывать прежде: ее доброта, великодушие, красота и добродетель совершенно его покорили. Его щедростью (о которой стало известно в тот день) несчастные бедняки обязаны только ей одной, ведь именно она вдохновила его на добрый поступок, или — еще откровеннее — его истинным побуждением было понравиться ей, произвести благоприятное впечатление. Он никогда бы не признал-

Многие девушки довольно беспощадно отзываются о застенчивых мужчинах, любя их втихомолку. Застенчивость и скромность льстят их тщеславию, они как бы чувствуют свое превосходство — это первый задаток. Убаюкав такую девушку в этой счастливой уверенности и поймав минуту, когда она убеждена, что ты вот-вот умрешь от застенчивости, надо вдруг показать, что ты как нельзя более далек от этого и прекрасно умеешь ходить без помочей. Застенчивость как бы уничтожает в глазах девушки пол мужчины и служит отличным средством для придачи отношениям оттенка безразличности.
Из «Дневника обольстителя» Сёрена Кьеркегора (Пер. П. Ганзена)

ся в своем поклонении, но сейчас, оказавшись рядом с нею без свидетелей, он не в силах справиться со своими чувствами. Он бросился перед ней на колени и умолял ее пожалеть и спасти его, стать его поводырем, вывести на путь добродетели.

Президентша, захваченная врасплох, от неожиданности разрыдалась. Плакал и он, орошая слезами ее руку. Взволнованная, она выбежала и несколько дней не выходила из своей комнаты, сказавшись больной. Она не знала, как отнестись к письмам, которые теперь писал ей Вальмон, умоляя ее о прощении. Он воспевал ее прекрасное лицо и столь же прекрасную душу и уверял, что под ее влиянием он переосмыслил всю свою жизнь. Эти эмоциональные письма волновали ее до глубины души, а ведь госпожа де Турвель всегда гордилась своим благоразумием и сдержанностью. Она понимала, что правильнее всего было бы настоять на его немедленном отъезде из замка, о чем и написала ему в письме. Он покорно и почтительно подчинился ее воле, поставив лишь одно условие — чтобы она позволила ему писать ей из Парижа. Она согласилась, поскольку до тех пор в письмах его не было ничего оскорбительного. Когда виконт сообщил госпоже де Розмонд о своем отъезде, президентша де Турвель почувствовала укол совести: тетушке будет его недоставать, а он — его лицо покрывала бледность, выдавшая страдание.

Вскоре от Вальмона начали приходить письма, и госпожа де Турвель уже сожалела, что сама позволила ему эту вольность. Он игнорировал ее просьбу избегать любовной темы — напротив, письма были полны пылких признаний в его непреходящей любви к ней. Он упрекал ее за холодность и бесчувственность. Он объяснял, отчего жизнь его пошла по дурной колее — в том не было его вины, некому было руководить им, указывать верный путь, его увлекли на путь порока. Без ее помощи и поддержки он снова опустится на дно. Не будьте столь жестоки, писал он, *вы* — владычица, пленившая *меня*. Я ваш покорный и несчастный раб, жертва вашей красоты и добродетели; вы сильны и не разделяете моих чувств, потому вам нечего бояться. Он умолял ее быть милосердной и не злоупотреблять своей властью над ним. Госпоже де Турвель стало по-настоящему жаль Вальмона — такого слабого, несчастного. Как ему помочь? Но почему она вообще думает о нем, а в последнее время это происходит все чаще? Она счастлива в замужестве, любит своего супруга. Нет, необходимо положить конец этой утомительной переписке. Кончено, никаких признаний в любви, писала она, иначе она перестанет отвечать на его письма. Он согласился с нею во имя доверия и искренности между ними и перестал писать. Она ощутила облегчение. Наконец-то наступил покой и мир в ее душе.

Однако как-то вечером, когда все сидели за обеденным столом, за ее спиной внезапно раздался голос Вальмона, который заговорил с госпожой де Розмонд. Он решил нанести им краткий визит, сказал он, извиняясь, что не успел предупредить заранее, — и в самом деле появился он совершенно неожиданно, захватив ее врасплох. По спине у нее пробежал холод, лицо вспыхнуло; он подошел и сел совсем рядом с нею. Он взглянул на нее, она бросила ответный взгляд, но вскоре, извинившись, вышла из-за стола и поднялась к себе. В последующие несколько дней ей, впрочем, не удалось избегать встреч с ним, и она заметила, что он еще более бледен, чем прежде. Он был с нею вежлив, не настаивал на встречах, порой проходил целый день, а он ни разу не попадался ей на глаза, но это краткое отсутствие оказывало на нее странный, парадоксальный эффект: те-

ИГРА В ПОДДАВКИ
Старое американское присловье гласит: если хочешь обвести кого-то вокруг пальца, то сперва заставь его поверить тебе или хотя бы дай ему почувствовать свое превосходство над тобой (эти две идеи тесно связаны между собой), чтобы он ослабил бдительность. Присловье это прекрасно объясняет самую суть телевизионной рекламы. Согласитесь, если человек не окончательный идиот, то телевизионная реклама неизбежно будет вызывать у него чувство превосходства, и это позволит захватить его врасплох. До тех пор пока поддерживается иллюзия добровольности принимаемых решений, человек пребывает в уверенности, что ему нечего бояться рекламы. Люди склонны с большей

перь она начала понимать, что происходит. Без него она томилась скукой, ей недоставало его, она испытывала потребность его видеть. Эта дама, воплощение добродетели и благонравия, была влюблена — и в кого? — в неисправимого повесу. Презирая сама себя, в ужасе от того, что позволила этому случиться, де Турвель оставила замок среди ночи, никого не предупредив, и бежала. Она направилась в Париж, где намеревалась приложить все усилия, чтобы загладить и замолить свой ужасный грех.

Толкование

У Вальмона, персонажа романа в письмах «Опасные связи» Шодерло де Лакло, было несколько прототипов — распутников и повес, реально живших во Франции восемнадцатого столетия. Все, что бы ни делал Вальмон, рассчитано на эффект — его противоречивые поступки, призванные пробудить любопытство президентши де Турвель, дела милосердия в деревне (он знал, что за ним следят), возвращение в замок, даже бледность (одновременно с обольщением мадам Турвель он соблазнил молоденькую девушку, также гостившую в замке, и проводил с нею ночи напролет, что и придавало ему утомленный вид). Самым действенным и разрушительным оружием была его поза — слабого, обманутого, жертвы. Разве могла простодушная президентша заподозрить, что он манипулирует ею, если все заставляло предполагать обратное — что он пленен ею, потрясен ее красотой, причем не только плотской, но и духовной? Можно ли было считать его обманщиком, если он то и дело с исповедальной искренностью раскрывал ей всю «правду» о себе: чистосердечно признался, что его добрый поступок был вызван желанием ей понравиться, объяснял причины своего нравственного падения, не утаивал от нее своих чувств (вся эта «искренность», безусловно, была плодом холодного расчета). Он напоминал своей чувствительностью женщину (возможно, не нашу современницу, но, во всяком случае, женщину той эпохи) — эмоциональный, неспособный управлять своими чувствами, подверженный переменам настроения, уязвимый. Он повернул ситуацию так, что это госпожа де Турвель выглядела холодной и жестокой, подобно мужчине. Представив себя ее жертвой, Вальмон не только получил возможность скрыть свои манипуляции, но и вполне мог рассчитывать на ее жалость и сочувствие. Играя роль жертвы, он вызывал нежность и сострадание, какие вызывает больной ребенок или страдающее животное. А подобные чувства без труда переходят в любовь — что и произошло, как, к своему стыду, обнаружила госпожа де Турвель.

Обольщение — это игра, в которой игрок старается усыпить бдительность соперника. Самый умный способ этого добиться — повести себя так, чтобы другой человек почувствовал себя более сильным в сравнении с вами, ощутил свое превосходство. Подозрительность зачастую бывает порождена неуверенностью; если ваши объекты в вашем присутствии чувствуют себя хозяевами положения, они вряд ли станут копаться в ваших мотивах. Вы слишком беспомощны, слишком чувствительны для того, чтобы предпринять какие-то решительные действия. Придерживайтесь этой тактики, насколько это возможно. Демонстрируйте, насколько глубоко захватили вас чувства к ним. Ощущение своей власти чрезвычайно лестно для людей. Признайтесь им в каком-нибудь дурном поступке или грешке или даже в том, что вы сделали — или намеревались сделать — что-то плохое им самим. Честность в данном случае важнее добродетели, и одно искреннее признание закроет глаза вашим жертвам на множество

не прибегая
к взглядам и
жестам, не
прибегая к знанию
или значению.
Психоанализ учит
нас симулировать
хрупкость и
пассивность, но,
используя почти
религиозную
терминологию, при-
дает им форму
смирения и
подчинения с
целью поддержать
психическое
равновесие.
Соблазн, напротив,
не прячет стыдливо
слабость, благодаря
слабости он
торжествует и
побеждает, играя
по собственным
правилам.
Жан Бодрияр,
«О соблазне»

последующих обманов. Создайте впечатление некоторой слабости — будь то телесной, интеллектуальной или эмоциональной. Сила и уверенность пугают. Сделайте свою слабость уютной и сами играйте жертву — жертву их власти над вами, обстоятельств, жизни в целом. Это наилучший способ замести следы.

Мужчина, знаете ли, ни черта не стоит, если не умеет разрыдаться в нужное время.
Линдон Бейнс Джонсон

Ключи к обольщению

В характере у каждого из нас имеются свои природные слабости, недостатки, уязвимые точки. Может быть, мы застенчивы или чрезмерно чувствительны или нам требуется внимание — какой бы ни была наша слабость, это нечто, чем мы не в состоянии управлять. Мы можем пытаться компенсировать ее или скрыть, но этот путь, как правило, ошибочен: окружающие все равно улавливают что-то натужное, неестественное. Помните: обольстительнее всего естественность, какую бы черту нашей натуры она ни характеризовала. Уязвимые стороны человека, то, над чем он, кажется, не властен, зачастую кажутся особенно привлекательными. С другой стороны, люди, благополучные во всем, не имеющие слабостей, частенько вызывают зависть, страх, даже гнев. Невольно, подсознательно окружающие стремятся навредить им, увидеть их униженными.

Не боритесь со своими слабостями, не пытайтесь их подавлять, вместо этого научитесь их использовать в игре. В ваших силах обратить собственные слабости и недостатки в преимущества. Здесь важно соблюдать меру: если вы перегнете палку, выпячивая свои слабости или упиваясь ими, то вместо симпатии рискуете вызвать раздражение или, того хуже, показаться жалким. Нет, лучше всего позволить лишь краешком глаза увидеть мягкую, хрупкую сторону своей натуры, да и то лишь тем, кто уже имел возможность узнать вас. Этот взгляд украдкой придаст вам человечности, снизит их подозрительность, подготовит почву для более глубокой привязанности. Обычно вы сильны и сдержанны, но порой на какое-то мгновение теряете самоконтроль, поддаетесь своей слабости и позволяете им заметить это.

Вальмон именно так использовал свою слабость. Еще в незапамятные времена он утратил невинность, но в глубине души сожалеет об этом. Он склоняется перед кем-то поистине добродетельным, перед тем, кто обладает этим, недоступным для него качеством. Его обольщение президентши де Турвель увенчалось успехом, поскольку не все в нем было полным притворством; слабость Вальмона, его страдания были неподдельными, именно это позволяло ему даже плакать временами в ее присутствии. Он просто дал возможность президентше наблюдать эту свою сторону в разных обстоятельствах, и это обезоружило ее. Подобно Вальмону вы можете играть и быть искренним в одно и то же время. Предположим, вы от природы застенчивы — усильте это качество в определенные моменты, подчеркните его, обозначьте поярче. Не так уж сложно выделить и приукрасить какое-либо качество, которым вы и на самом деле обладаете.

После того как в 1812 году лорд Байрон опубликовал первую свою поэму, он сразу же стал знаменитостью. Байрон был не только талантливым писателем. Весьма привлекательный, да что там говорить, красивый мужчина, таинственный, постоянно погруженный в раздумья, совсем как герои его произведений. Женщины сходили по нему с ума. Когда он, не поднимая склоненной головы, устремлял на

ЛЮБОВЬ...
ИЗ СОСТРАДАНИЯ
Есть и иная форма милости, которая нередко бывает проявлена к несчастным узникам, заточенным в темницы и лишенным радости обладания женщиной. К такому страдальцу жена тюремщика, или женщина, которой поручено попечение о них, или владелица замка, в котором содержатся военнопленные, испытывают жалость и уделяют им часть своей любви только из милости и сострадания...
Так эти жены тюремщиков, благородные владелицы замков и прочие ублажают своих пленников, лишенных свободы и оттого столь несчастных, но при этом не перестающих испытывать зов плоти, не менее сильный, чем в лучшие дни их жизни на свободе.

...В подтверждение сказанному мною приведу один рассказ, поведанный капитаном Болье, доблестным командиром королевского фрегата, о котором мне не раз уже доводилось упоминать и прежде. Он состоял на службе у последнего Великого приора [Великий приор — глава Мальтийского ордена] Франции, из рода Лорренов, который был весьма к нему привязан. Однажды, собираясь доставить своего господина морем на Мальту, он был атакован сицилийскими кораблями и захвачен в плен. Его доставили в крепость Кастель-а-маре, что в Палермо, и заточили в ужасное, невероятно тесное и темное узилище, в котором ему пришлось провести три месяца, терпя муки заточения

женщину пристальный взгляд исподлобья, это неизменно заставляло трепетать ту, что стала объектом его внимания. Но была и другая сторона: при первой встрече с ним невольно бросались в глаза его неловкие, суетливые движения, неладно сидящее платье, странная скованность, наконец, довольно заметная хромота. Этот выдающийся человек, нарушавший все мыслимые табу и казавшийся таким опасным, был неуверен в себе и трогательно уязвим.

В поэме Байрона «Дон Жуан» герой показан не столько соблазнителем женщин, сколько человеком, который постоянно подвергается преследованиям с их стороны. Поэма в большой степени автобиографична: женщины стремились опекать хрупкого поэта, неспособного, казалось, совладать с собственными чувствами. Джон Ф. Кеннеди, живший через сто с лишним лет, в юношестве бредил Байроном, стремился ему подражать. Он даже тренировался, пытаясь выработать знаменитый взгляд. Сам Кеннеди был довольно хрупким юношей слабого здоровья. Он был миловиден, и приятели даже говаривали, что он немного похож на девушку. Слабость Кеннеди была не только физической, он был неуверен в себе, застенчив и раним — и именно эти его свойства притягивали женщин. Если бы Байрон и Кеннеди решили подавить свои слабости или замаскировать их маской мужественности, они лишились бы своего обольстительного шарма. Вместо этого они научились так умело и тонко демонстрировать свои недостатки, чтобы женщины могли уловить эту мягкую, нежную сторону их натуры.

Каждому из полов свойственны свои страхи и комплексы; это различие необходимо принимать в расчет, решая, как именно демонстрировать свою слабость. Женщину, к примеру, могут привлечь в мужчине его сила и уверенность, но те же качества при их чрезмерной демонстрации могут привести к противоположному результату, вызвать страх, показаться неестественными и даже уродливыми. Особенные опасения вызывают мужчины холодные и нечувствительные. В этом случае женщина боится, что ему интересен лишь секс и ничего больше. Обольстители-мужчины издавна научились развивать в себе проявления женской натуры — открыто демонстрировать свои чувства, изображать интерес к жизни объекта. Средневековые трубадуры первыми овладели этим мастерством: они слагали в честь женщин стихи, бесконечно рассуждали о своих чувствах, проводили часы в будуарах дам, выслушивая излияния женщин и проникаясь их духом. Взамен трубадуры, по доброй воле согласившиеся изображать слабых, получили право на любовь.

С тех пор мало что переменилось. Многие известные обольстители в новейшей истории — Габриэль д'Аннунцио, Дюк Эллингтон, Эррол Флинн — осознавали, насколько это важно: раболепствовать перед женщинами, подобно коленопреклоненным трубадурам. Самое главное здесь — выказывая свою мягкую, слабую сторону, в то же время постараться не утратить мужественность. Взять, например, застенчивость, которую философ Сёрен Кьеркегор считал необыкновенно эффективной тактикой для обольстителей-мужчин, дающей женщине ощущение комфорта и даже превосходства. Можно и даже нужно проявлять ее время от времени. Не забывайте, однако, что все хорошо в меру. Достаточно намека на застенчивость: чрезмерная скованность вызовет у объекта-женщины разочарование и чувство, что ей придется брать инициативу на себя, что вся работа может упасть на ее плечи.

и страдая от жестокого обращения. По счастью, у губернатора крепости, испанца, было две дочери весьма недурной наружности, которые, услыхав его стенания и жалобы, однажды испросили у отца разрешения наведаться в узилище, во имя Царя Небесного, и он дал им на это свое соизволение. А ввиду того, что капитан, без сомнения, был весьма галантным и обходительным кавалером, который к тому же не лез за словом в карман, ему сразу же удалось завоевать их приязнь, так что они вновь обратились к отцу с ходатайством, прося на сей раз позволить перевести узника из мрачной и тесной клетки в камеру попросторнее и впредь обходиться с ним не так сурово. Но и это было не все, так как они умолили отца позволить им во всякий день беспрепятственно входить к пленнику и разговаривать с ним. И надо же было такому случиться, что обе они влюбились в пленника, хотя его никак нельзя было назвать красавцем, они же были весьма хороши собой. И вот, понимая, что рискует получить весьма суровое наказание, вплоть до лишения жизни, но не в силах противиться такому сладостному искушению, капитан познал радость любви двух девушек, имевших доброе к нему расположение и здоровый аппетит. И так ему посчастливилось провести целых восемь месяцев без единой ссоры, ни разу не попавшись. Что до сестер, то между ними было такое взаимопонимание, и они так

Страхи и комплексы мужчины часто касаются его собственного чувства мужественности: он, как правило, боится женщин слишком властных, берущих инициативу на себя. Великие соблазнительницы в истории прекрасно умели маскировать эти свои качества, играя роль маленькой девочки, нуждающейся в защите и покровительстве мужчины. Знаменитые куртизанки Древнего Китая гримировали лицо так, чтобы казаться бледными и слабенькими. Даже их походка свидетельствовала о чарующей беспомощности. Куртизанка девятнадцатого столетия Кора Перл в буквальном смысле одевалась в детские платьица и вела себя, как ребенок. Мэрилин Монро мастерски умела создать впечатление, что она нуждается в поддержке сильных мужчин. Во всех этих случаях именно женщины контролировали ситуацию, пробуждая в мужчинах чувство мужского превосходства для того, чтобы окончательно их поработить. Для достижения наилучшего эффекта женщина должна одновременно казаться слабой, беззащитной и возбуждать сексуально, становясь воплощением самых заветных мужских фантазий.

Императрица Жозефина, супруга Наполеона Бонапарта, поначалу добилась власти над мужем с помощью кокетства, основанного на расчете. Позднее, однако, ей удавалось удерживать эту свою власть, постоянно — и вовсе не так уж бесхитростно — пуская в ход слезы. Плачущий человек, как правило, оказывает мгновенное и сильное воздействие на наши чувства: мы не можем оставаться равнодушными. В нас пробуждается сочувствие, сострадание, часто мы готовы на все, лишь бы утешить плачущего, высушить слезы, порой ради этого мы можем совершать поступки, на которые в ином случае никогда бы не пошли. Рыдания — очень сильный тактический прием, но плачущий далеко не всегда так уж наивен. Обычно за слезами стоит что-то реальное, но случается, что они не что иное, как притворство, элемент игры, рассчитанной на достижение определенного эффекта. (И если объект это почувствует, то игра обречена на провал.) В слезах заключена огромная эмоциональная мощь, но и в тихой грусти есть что-то непреодолимо привлекательное и обольстительное. Нам хочется утешить другого, и, как показывает пример госпожи де Турвель, это желание без труда перерастает в любовь. Демонстрация печали, со слезами или без них, это прием, который обладает большим стратегическим потенциалом и может быть взят на вооружение даже мужчинами. Это важнейший навык, который вы можете освоить. Марианна, героиня одноименного романа восемнадцатого века, написанного французским писателем Мариво, вспоминала что-нибудь грустное из своего прошлого, чтобы расплакаться или показаться опечаленной в настоящем.

Не злоупотребляйте слезами, приберегите их для подходящего случая. Может, например, случиться так, что у объекта возникнут подозрения относительно ваших мотивов или вам покажется, что вы не производите на него или на нее должного впечатления. Слезы — верный барометр, безошибочно указывающий нам, насколько глубоко другой человек привязан к вам. Если он при этом выглядит не взволнованным, а раздраженным или равнодушным, ситуация, скорее всего, для вас безнадежна.

В социальных и политических ситуациях слишком амбициозный или властный вид может вызвать в окружающих нежелательное чувство страха; весьма важно приоткрыться, показав им свои уязвимые стороны.

Демонстрация всего одной невинной слабости вызывает доверие, помогая скрыть массу

охотно помогали друг другу, стоя поочередно на часах, и так во всем поддерживали одна другую, что ни разу во все это время не случилось несчастья. Сам же капитан клялся мне, будучи весьма близким моим другом и наперсником, что никогда в дни свободы не испытывал столь великого наслаждения и радости, никогда не ощущал большей страсти и большего аппетита, чем в упомянутой неволе, которая оказалась поистине легкой для него, вопреки присловью, гласящему, что всякая неволя тяжела.

И такое счастливое житье длилось восемь месяцев и еще продолжалось бы, если бы по истечении их император не заключил перемирие с королем Франции Генрихом II, вследствие чего пленные получили свободу.

Он признавался мне, что никогда не скорбел так, как покидая добрых своих тюремщиц, которые оказывали ему столь великие милости и которые не меньше его сокрушались и печалились, провожая его в путь.

Сеньор де Брантом,
«Жизнеописания прекрасных и достойных дам»

манипуляций. Чувства, даже слезы, в этих случаях также действенны. Наиболее эффективна роль жертвы. Для своей первой речи в английском парламенте Бенджамин Дизраэли подготовил изысканный образчик ораторского искусства, однако во время его выступления представители оппозиции постоянно что-то громко выкрикивали, хохотали, так что его голос тонул в шуме. Он не остановился и прочел речь до самого конца, хотя понимал, что с треском провалился. Каково же было его удивление, когда коллеги поздравили его с успешным дебютом. Это было бы провалом, реши он вслух посетовать на их поведение, призвать их к порядку или прервать выступление. Однако, продолжая говорить, он тем самым поставил себя в положение жертвы несправедливого преследования. Почти у всех присутствующих он вызвал сочувствие, и впоследствии это сослужило ему хорошую службу. Вступая в перепалку с агрессивно настроенными оппонентами, вы рискуете показаться не менее отвратительными, чем они; вместо этого, не отвечая на их выпады, сыграйте роль жертвы. Публика примет вашу сторону, и их эмоциональная реакция может послужить вам фундаментом для последующего широкомасштабного политического обольщения.

Символ:

Изъян. На прекрасное, безукоризненное лицо приятно смотреть, но если оно слишком совершенно, то оставляет нас холодными, даже немного пугает. Маленький, едва заметный изъян, небольшая метка придают лицу теплоту, человечность, его гораздо легче полюбить. Не старайтесь скрыть абсолютно все свои изъяны. Они нужны вам, чтобы смягчить черты и вызвать нежные чувства.

Оборотная сторона

Внимание и правильный расчет времени играют в обольщении решающую роль; необходимо всегда быть начеку, чтобы заметить вовремя, если объект начнет терять к вам интерес. Влюбленным свойственно закрывать глаза на слабости любимых или относиться к ним с умилением. Не потерявший голову, сохранивший рассудительность и трезвость человек, напротив, может расценить робость или другие проявления слабости как жалкие и непривлекательные. Имеются к тому же и некоторые слабости, вообще начисто лишенные обольстительности, вне зависимости от того, влюблен объект или нет.

Великая куртизанка Нинон де Ланкло любила мужчин со слабостями. Но порой мужчина заходил слишком далеко, сетуя, что она недостаточно сильно его любит, что она чересчур непостоянна и независима, жалуясь, что она уделяет ему мало внимания или плохо с ним обращается. Такое поведение мгновенно разрушало все чары, и Нинон тут же рвала отношения с этим человеком. Жалобы, сетования, нытье, навязчивость и мольбы о сострадании производят впечатление не обольстительной слабости, а, скорее, попытки манипулировать, запрещенного приема — и это, конечно, вызывает отрицательную реакцию у объектов. Посему, изображая жертву, делайте это тонко, не переигрывая. Только те слабости имеет смысл демонстрировать, которые вызовут сострадание и любовь. Все прочие необходимо спрятать поглубже и постараться скрыть любой ценой.

14

Смешай мечту с реальностью

В качестве компенсации за жизненные трудности люди проводят массу времени в мечтаниях и грезах, воображая себе будущее, полное приключений, успеха и романтики. Если вам удастся создать иллюзию, благодаря которой их мечты воплотятся наяву, вы получите полную власть над ними. Очень важно начинать не торопясь, завоевывая доверие и постепенно возводя здание фантазии, которая будет соответствовать их желаниям. Избирайте целью тайные чаяния, не осуществленные до сих пор или подавляемые, вызывающие неуправляемые эмоции, парализующие способность здраво рассуждать. Идеальная иллюзия — та, которая не слишком оторвана от реальности, но несет в себе отпечаток нереального, словно сон перед самым пробуждением. Доведите обольщенных до того, чтобы они утратили способность отличать вымысел от реальности.

Фантазия во плоти

В 1964 году двадцатилетний француз Бернар Буриску прибыл в Пекин, получив место бухгалтера в посольстве Франции. Первые недели в Китае разочаровали его — он ожидал совсем другого. Буриску рос во французской провинции, мечтая о путешествиях и романтике. Когда он был назначен в Китай, в его мозгу закружились яркие и невероятные картины — образы Запретного города, игорных притонов и трущоб Макао. Но в Китае царил коммунистический режим, так что контакты между представителями западных стран и местными жителями оказались практически невозможны. Буриску приходилось поддерживать отношения с другими европейцами, аккредитованными в Пекине, — и что же это была за скучная публика, жившая своим замкнутым кружком. Он все острее ощущал разочарование и одиночество, сожалел о том, что согласился приехать сюда, и начинал подумывать, как бы вернуться во Францию.

Но не прошло и года, как однажды во время рождественской вечеринки внимание Буриску привлек молодой китаец, сидевший в углу комнаты. Буриску не мог отвести от него глаз, ведь до сих пор ни на одной вечеринке ему не удавалось видеть местных жителей. Китаец выглядел интригующе: невысокого роста, тонкий и изящный, довольно миловидный, он держался особняком. Буриску подошел и представился. Ши Пэйпу, так назвался его собеседник, писал либретто для представлений китайской оперы и к тому же преподавал китайский сотрудникам посольства Франции. Он великолепно говорил по-французски. Двадцатишестилетний китаец произвел на Буриску неизгладимое впечатление: у него был необыкновенный голос — музыкальный, мягкий и тихий, словно шепот; после знакомства с ним появлялось желание узнать о

У всех влюбленных,
как у сумасшедших,
Кипят мозги:
воображенье их
Всегда сильней
холодного рассудка.
Вильям Шекспир,
«Сон в летнюю ночь»
(Пер. Т. Щепкиной-Куперник)

нем побольше. Буриску, вообще-то скромный и довольно замкнутый, настоял на том, чтобы обменяться с новым знакомым номерами телефонов. Он уже подумывал о том, не начать ли брать уроки китайского у этого учителя.

Он не был человеком с определенным полом,
да пол и не составлял его сущность.
Он напоминал... небожителя, спустившегося
к нам с облаков. Он не был человеком
из плоти и крови. Трудно было бы назвать
его мужчиной-другом или женщиной-подругой;
он вообще был совсем другим...
Просто другом, прилетевшим с другой
планеты, таким славным, трогательным
и не имеющим ничего общего с жизнью
на бренной земле.

БЕРНАР БУРИСКУ
ЦИТ. ПО КН.: ДЖОЙС УОДЛЕР, «СВЯЗЬ»

Следующая встреча произошла через несколько дней в ресторане. Буриску был там единственным европейцем — наконец-то что-то экзотическое и настоящее. Выяснилось, что Ши Пэйпу был довольно известным актером Пекинской оперы и происходил из знатной семьи, состоявшей в родственной связи с последней династией китайских императоров. Сейчас он писал оперы о рабочих, но рассказывал об этом с явной иронией. Они стали встречаться регулярно, Ши Пэйпу знакомил Буриску с достопримечательностями Пекина. Буриску очень нравилось слушать рассказы Ши Пэйпу — тот говорил медленно, нараспев; исторические персонажи, казалось, оживали от звуков его голоса и грациозных жестов, которыми он сопровождал свой рассказ. Вот здесь, говорил он, указывая на дворец и одновременно начиная экскурс в прошлое, повесился последний император эпохи Мин. Или: повар из ресторана, в котором мы только что поели, прислуживал раньше во дворце императора Пу И — за этим следовала новая удивительная история. Ши Пэйпу много рассказывал и о Пекинской опере, где актеры-мужчины часто играли женские роли, порой приобретая известность и славу.

Молодые люди сдружились. Китайцам были запрещены контакты с иностранцами, но они, тем не менее, находили способы видеться. Однажды вечером Буриску оказался вместе с Ши Пэйпу у одного из сотрудников французского посольства, с детьми которого тот занимался. Бернар слушал, как Ши Пэйпу рассказывает им «Историю Бабочки», которую ставили в китайской опере: молоденькая девушка стремится учиться в имперской школе, но девушкам это запрещено. Тяга к учению, однако, так велика, что она выдает себя за мальчика, успешно сдает экзамены и начинает посещать школу. Она нравится юноше из ее школы, сама влюбляется в него и в конце концов признается в том, что на самом деле она — переодетая девушка. Конец истории, как почти всегда в этом жанре, был трагическим. Ши Пэйпу поведал нехитрый сюжет с необычным для него волнением, возможно потому, что именно он играл в опере роль девушки.

Через несколько дней, когда они прогуливались перед воротами Запретного города, Ши Пэйпу возвратился к «Истории Бабочки». «Взгляни на мои руки, — сказал он. — Посмотри на мое лицо. Эта история рассказывает и обо мне тоже». В своей неторопливой, немного театральной манере он поведал, что первые двое детей у его матери были девочки. Сыновья в Китае считаются не в пример более желанными. Полу ребенка придается огромное значение: если и третий ребенок был девочкой, отец мог взять себе вторую жену. И вот на свет появляется третий ребенок: еще одна девочка. Но мать была слишком напугана и решила скрыть истину. Она договорилась с повитухой: решено было сказать, что родился сын, и в дальнейшем воспитывать его как мальчика. Третьим ребенком оказалась Ши Пэйпу.

С годами Ши Пэйпу научилась искусно скрывать свой пол. Она никогда не пользовалась общественным туалетом, выщипывала волосы на висках, чтобы создать видимость, будто она лысеет, и так далее. Буриску был потрясен услышанным и в то же время испытал облегчение: ведь, подобно юноше из театральной истории, он чувствовал, что не на шутку привязался к Ши Пэйпу, и его это пугало. Теперь все вставало на свои места — маленькие руки, высокий голос, изящная тонкая шея. Он полюбил ее, и казалось, чувства его встретили взаимность.

Ши Пэйпу начала бывать на квартире у Буриску, вскоре они стали любовниками. Она по-прежнему одевалась в мужское платье, даже у него дома, но китайские женщины в те времена носили почти мужскую одежду, а Ши Пэйпу и в мужской одежде выглядела женственнее, чем все китаянки, которых ему приходилось встречать. В постели она была скромна, не все позволяла, а в том, каким образом она двигала его руками, удерживая и направляя их, было что-то возбуждающее и невероятно женственное. Все вокруг себя она делала романтичным и возвышенным. Находясь в разлуке с любимой, он вспоминал каждое ее слово, каждый жест. Все необходимо было держать в секрете, и этот факт придавал их связи особую пикантность.

В декабре 1965 года Буриску уехал из Пекина и возвратился в Париж. Он путешествовал, заводил другие романы, но в мыслях постоянно возвращался к Ши Пэйпу. В Китае разразилась культурная революция, связь между ними прервалась. Перед отъездом она призналась, что беременна от него. Он не знал и не мог узнать, появился ли на свет их ребенок. Страсть росла с каждым днем, и он постарался вновь получить правительственную работу в Пекине. Это удалось ему лишь в 1969 году.

Контакт с иностранцами для жителей Китая теперь был под еще более строгим запретом, чем в его первый приезд. Тем не менее ему удалось выйти на след Ши Пэйпу. От нее он узнал, что в 1966 году она родила сына, который был похож на Буриску, а в Китае к иностранцам питали все возрастающее неприятие, даже ненависть. Учитывая это обстоятельство и необходимость скрывать свой пол, она вынуждена была отправить ребенка в отдаленный изолированный район страны, на границе с Россией. Климат там очень холодный — не исключено, что ребенок уже мертв. Она показала Буриску фотографии мальчика, и он действительно заметил некоторое сходство. На протяжении последующих недель им удавалось видеться урывками, а затем Буриску пришла в голову идея: он симпатизировал культурной революции и хотел хоть как-то пробиться через барьеры запретов, отделяющих его от Ши Пэйпу. Он предложил шпионаж в пользу коммунистического Китая. Предложение передали нужным людям, и вскоре Буриску приступил к новой деятельности — он воровал документы и передавал их китайским разведслужбам. Сын, которого назвали Бертраном, был привезен в Пекин, и Буриску наконец встретился с ним. Теперь в жизни Буриску было не одно, а целых три приключения: романтическая история с Ши Пэйпу, шпионаж и незаконнорожденный ребенок, которого он намеревался вывезти в Париж.

Буриску уехал из Пекина в 1972 году. Впоследствии он многократно пытался вытащить Ши Пэйпу и их сына во Францию и добился успеха десяток лет спустя: семья воссоединилась. Однако в 1983 году у французских властей возникли подозрения относительно природы отношений между мужчиной-китайцем и сотрудником Министерства иностранных дел Франции. В результате небольшого расследования шпионская деятельность Буриску была разоблачена. Его задержали, и вскоре он сделал удивительное, сенсационное признание: мужчина, с которым он жил, на самом деле — женщина. Французы, смущенные таким оборотом дела, потребовали обследования Ши Пэйпу. Как они и предполагали, это был самый настоящий мужчина. Буриску отправили в тюрьму.

Даже после того, как Буриску узнал признание его бывшего любовника, он отказывался верить этому и продолжал считать Ши Пэйпу женщиной. Ее нежное тело, их интимные отношения — мог ли он ошибаться? Только когда Ши Пэйпу, заключенный в ту же тюрьму, продемонстрировал ему неоспоримые доказательства принадлежности к мужскому полу, Буриску наконец поверил.

ТОЛКОВАНИЕ

В тот момент, когда Ши Пэйпу впервые встретился с Буриску, он понял, что перед ним — идеальная жертва. Француз был одинок, томился от скуки и разочарования. То, как он отреагировал на Ши Пэйпу, позволяло к тому же предположить, что он может оказаться гомосексуалистом или бисексуалом. (У Буриску действительно были гомосексуальные контакты в подростковом возрасте, он стыдился их и пытался подавить в себе эти наклонности.) Ши Пэйпу не раз приходилось играть женские роли, и они прекрасно ему удавались; он был стройным, тонкокостным, женственным, так что с точки зрения физической большой натяжки здесь не было. Тем не менее было невероятно трудно поверить в эту историю, удержаться от скептицизма.

В предпринятом Ши Пэйпу обольщении он вызвал к жизни фантазии молодого француза об экзотике и невероятных приключениях. Главным компонентом этой интриги было неторопливое начало и медленное, постепенное укоренение идеи в сознании жертвы. На своем безукоризненном французском (полном, однако, интересных и красочных китайских выражений) он приучал Буриску к историям и легендам, в которых правда перемешивалась с вымыслом, но, независимо от того, рассказанным драматично, с искренней и правдивой интонацией. Затем он заронил мысль о возможности искусной имитации другого пола, рассказав свою сказку о Бабочке. К тому времени, когда он рассказал «правду» о своем поле, Буриску уже был очарован им полностью.

Буриску отбросил все подозрения, потому что он *хотел* поверить в рассказанную ему историю. С этого момента все было совсем несложно. Ши Пэйпу регулярно симулировал месячные; за относительно небольшие деньги не составило труда раздобыть ребенка, который с успехом был выдан за их сына. Важнее то, что «она» до конца играла свою фантастическую роль с полной отдачей, оставаясь непостижимой и загадочной (чего и ожидал восторженный житель Запада от азиатской женщины), раскрывая свое прошлое, а по сути дела, весь свой опыт через крупицы истории, удивительные и волнующие эпизоды. Как впоследствии объяснял Буриску: «Ши Пэйпу вскружил мне голову... У нас с ним была связь, но в своих в мыслях и мечтах я находился на расстоянии в десятки световых лет от истины».

Буриску воображал, что переживает необычное, экзотическое приключение, воплотившее его заветные фантазии. Не осознавая того, он выпустил наружу свою подавляемую гомосексуальность. Ши Пэйпу воплотил его фантазии, облек их в плоть и кровь, обработав и подготовив перед этим его сознание. Человеческому разуму свойственна определенная двойственность: с одной стороны, он стремится поверить в вещи, которые для него приятны и желательны; с другой стороны, обладает спасительными для него подозрительностью и недоверием ко всем окружающим. Начав обработку слишком торопливо, стремясь поскорее ввести объект в мир фантазии, вы немедленно ощутите, как активизируется эта подозрительная сторона, а сомнения, появившись единожды, уже не исчезнут. Поэтому начинать нужно не торопясь, завоевывая доверие, но тем временем подбрасывать объектам маленькие крупицы чего-то странного, удивительного, возбуждая и щекоча их интерес. Затем вы разрабатываете сюжет своей истории, как будто сочиняете повесть или роман. Вы заложили фундамент доверия — теперь выдумки и фантазии, которыми вы их окутаете, покажутся вполне правдоподобными.

Помните: людям хочется верить в сверхъестественное; нужна лишь небольшая подготовительная работа, маленькая психологическая прелюдия, и они с готовностью погрузятся в мир иллюзий. В случае чего переходите на сторону реальности: предъявляйте осязаемые доказательства (вроде «сына» Буриску), но при этом вкрапляя отдельные фантастичные мазки в свои слова или допуская, чтобы случайный жест вызвал у них ощущение нереальности. Как только почувствуете, что они снова крепко сидят на крючке, продвигайтесь все глубже и глубже в дебри вымысла. Рано или поздно, следуя за вами, они зайдут так далеко, что их воображение заработает уже без вашей помощи —

останется не препятствовать их фантазии довершить начатое, а вам уже не потребуется заботиться даже о малейшем правдоподобии.

Ключи к обольщению

Мир реальности жесток и может быть безжалостным: происходят события, над которыми мы не властны, окружающие думают только о своих интересах, игнорируя наши чувства, время бежит неумолимо, а мы не успеваем выполнить задуманное. К счастью, у нас рано вырабатывается спасительная привычка мечтать. В этом другом, воображаемом мире, который населяем мы же, будущее полно радужных перспектив. Там мы сумеем дорого продать свои гениальные изобретения или повстречаем человека, который перевернет всю нашу жизнь. Наша культура поощряет и даже стимулирует подобные фантазии, постоянно предлагая нам соответствующие образы и сюжеты об удивительных случаях, возможностях и счастливых историях любви.

Проблема заключается в том, что все эти образы и фантазии существуют только в нашем воображении или на киноэкране. На самом-то деле их недостаточно — мы тоскуем по настоящему, тому, что в отличие от бесконечных грез и мечтаний можно подержать в руках. Ваша задача как обольстителя — сделать фантазии осязаемыми, облечь их в плоть, наполнить жизнью или разработать сценарий, напоминающий мечты вашего объекта. Никто не силах противиться обаянию потаенной мечты, на глазах становящейся явью. Вначале вам придется подыскать себе объекты, у которых есть такие тайные и неосуществленные мечты или которые что-то подавляют в себе — это, как правило, и есть идеальные жертвы обольщения. Медленно и постепенно вы будете возводить здание иллюзии, которую им предстоит увидеть, ощутить,

О ЗАРОЖДЕНИИ
ЖЕЛАНИЙ
Куртизанка
мыслится нам
ускользающим,
зыбким образом,
который никак не
удается нарисовать
в воображении,
придать ему
определенные
очертания, формы.
Она — память
о переживании,
точка, где мечта
трансформируется
в реальность,
а может быть,
реальность в мечту.
Яркие краски
блекнут, имя ее
становится едва
слышным отголо-
ском — даже
отголоском
отголоска, посколь-
ку оно было ею
позаимствовано у
каких-то древних
предшественниц.
Образ куртизан-
ки — сад наслаж-
дений, в который
попадает возлюб-
ленный, вдыхая
аромат то одного
цветка, то другого,
не в силах понять,
какой же из
ароматов так
пьянит его.

переживая наяву собственные сны. Это настолько сильное потрясение, что люди утрачивают
связь с реальностью, и ваша выдумка начинает
казаться им самым вещественным и настоящим,
что только есть в жизни. Ну а стоит им потерять
чувство реальности, они, «как жареные жаво-
ронки» (согласно характеристике, которую дал
Стендаль женщинам — жертвам лорда Байрона), сами падают к вам в рот.

Большинство людей неверно понимают иллюзию. Всякому фокуснику известно, что вовсе
не обязательно создавать ее из чего-то гранди-
озного и напыщенного; грандиозное и напы-
щенное, напротив, может разрушить ее, при-
влекая слишком пристальное внимание к вам и
вашим хитроумным замыслам. Вместо этого
создайте иллюзию обыденности. Когда ваши
жертвы почувствуют себя в безопасности — ибо
нет ничего угрожающего в ординарности, —
тогда у вас появляется пространство для маневра, и вы можете начинать кружить им головы.
Ши Пэйпу не сразу начал рассказывать байки
про свой пол; он выжидал, добивался, чтобы
Бориску подошел поближе. Когда Бориску привязался к нему, Ши Пэйпу продолжал носить
мужскую одежду. Оживляя фантазию, вы не
должны считать, что она непременно должна
быть невероятной, нереальной. Чрезмерная,
неестественная театральность сделает фантазию
занимательной, забавной, но едва ли обольстительной. Ваша цель, напротив, не неестествен-
ность, а сверхъестественность — нечто странное и в то же время привычное, вроде *дежавю*
или воспоминаний детства — что-то слегка
иррациональное и напоминающее сон. Сверхъестественное, смесь реального и нереального,
обладает сильнейшей властью над нашим воображением. Фантазиям, которые вы претворяете
в жизнь для своих объектов, не нужно быть чем-
то эксцентричным или из ряда вон выходящим;

они, напротив, должны корнями уходить в реальность, лишь намеком указывая на нечто необычное, фантастическое или оккультное (например, разговор о роке и судьбе). Вы туманно напоминаете людям какие-то их детские образы или, возможно, какой-то персонаж из книги или фильма. Даже до того, как Буриску стала известна история Ши Пэйпу, у него возникало странное, сверхъестественное чувство, будто в этом, обычном на вид человеке есть что-то удивительное, фантастическое. Как добиться сверхъестественного эффекта? Секрет в том, чтобы оставаться обольстительным и непостижимым.

Эмма Харт имела абсолютно прозаическое происхождение: отец у нее был деревенским кузнецом в Англии восемнадцатого века. Она была красавицей, но помимо этого не обладала какими-то особыми достоинствами, не блистала талантами. Тем не менее ей удалось стать одной из известнейших соблазнительниц в истории, которая сначала обольстила сэра Уильяма Гамильтона, английского посла при дворе в Неаполе, а затем (уже в качестве леди Гамильтон, супруга сэра Уильяма) вице-адмирала лорда Нельсона. При первом знакомстве с нею возникало поразительное, сверхъестественное чувство, будто перед вами — фигура из далекого прошлого, персонаж из античной истории или из греческого мифа. Сэр Уильям был ценителем и собирателем античного искусства. Эмма — вполне сознательно — напомнила ему своим обликом ожившую греческую статую или мифологический персонаж с рисунков того времени. Дело было не только в том, как причесаны ее волосы, и не в платье отнюдь, но в позах, поворотах головы, жестах, походке. Создавалось впечатление, что один из рисунков, которые он коллекционировал, вдруг ожил и превратился в живую женщину. Сэр Уильям

Почему же куртизанка ускользает, не поддаваясь изучению? Она не хочет, чтобы кто-то раскусил, что она собой представляет, она желает сохранить свое могущество и власть. Она предлагает правду о себе — скорее же, о страстях, вызываемых ею. Что же она дает? Вашу же собственную личность, да еще счастливый час, который вам милостиво позволено провести в ее присутствии, упоенно ее созерцая. Любовь оживает, когда на нее смотришь; разве этого недостаточно? Она представляет собой производительную силу иллюзии, место зарождения желания, отправной пункт лицезрения плотской красоты.

Линн Лонер, «Жизнеописания куртизанок. Эпоха Возрождения»

545

Любовь вновь стояла на ее жизненном пути, на этот раз в облике молодого германского офицера Конрада Фридриха, который представился ей в Нейи, обратившись с просьбой о помощи. Он нуждался в аудиенции и просил, чтобы Полина помогла ему добиться ее, воспользовавшись своим влиянием на Наполеона. Он сразу же произвел на Полину впечатление, и она прогуливалась с ним по саду, пока они не подошли к гроту. Здесь она остановилась и, устремив на молодого человека загадочный взгляд, велела ему назавтра в тот же час быть на этом месте — возможно, ей удастся порадовать его добрыми вестями.

полюбил устраивать в своем неапольском доме званые вечера, на которых Эмма, соответствующим образом одетая, позировала в живых картинах, воссоздавая образы античной мифологии и истории. Десятки мужчин объяснялись ей в любви, ведь она была олицетворением их детских воспоминаний, воплощением идеала красоты и совершенства. Ключевыми для этого творения фантазии были некоторые общие культурные ассоциации — мифология, исторические героини-обольстительницы, такие как Клеопатра. В любой культуре имеется набор подобных персонажей из отдаленного и не такого уж далекого прошлого. Вы вызываете ассоциации — сходство и по духу и по внешнему облику, — но вы осязаемы, состоите из плоти и крови. Что может быть более захватывающим, чем это чувство реального соседства с некоей фантастической фигурой, словно всплывшей из давних, полузабытых воспоминаний?

Однажды вечером Полина Бонапарт, сестра Наполеона, давала бал. Когда бал окончился, в саду к ней подошел красивый германский офицер и обратился с просьбой помочь ему передать письмо императору. Полина обещала, что постарается исполнить просьбу, а затем, с загадочным блеском в глазах, велела ему назавтра в тот же час прийти на то же место. Офицер явился, и его встретила молодая женщина, которая провела его в комнаты близ сада, а затем в великолепный салон, в центре которого находилась роскошная ванна. Спустя несколько минут через боковую дверь вошла другая молодая женщина, одетая в платье из тончайшей ткани. Это была Полина. Зазвонили колокольчики, появились горничные, они начали готовить ванну, подали офицеру шелковый халат, а затем скрылись. Впоследствии офицер описывал все происшедшее с ним, как волшебную сказку, и у него создалось впечатление, что у Полины появился каприз изобразить некую мифологическую обольстительницу. Она была очень красива и к тому же обладала достаточной властью, чтобы заполучить любого мужчину, какого захочет, но ей было неинтересно просто затащить мужчину в постель, ей хотелось придать всему вид романтического приключения, и она приглашала свой объект разделить с ней эту прихоть, эту фантазию.

Играть разные роли чертовски привлекательное занятие. Мы осознаем это еще в детстве, когда впервые испытываем радостный трепет от возможности как бы побывать в чужой шкуре, подражая взрослым или вымышленным персонажам. Мы растем, и общество закрепляет за нами определенные социальные роли, но какая-то часть нашего *Я* тоскует по той игре, которая когда-то доставляла столько радости, по тем маскам, которые мы могли носить и менять. Нам по-прежнему хочется поиграть в эту игру, исполнить в этой жизни не одну, а несколько ролей. Потакайте этому желанию своих объектов, сперва давая им понять, что вы играете роль, а затем приглашая их принять в этом участие и разделить фантазию с вами. Чем больше все будет похоже на игру или выдумку, тем лучше. Заметьте, Полина начала обольщение с загадочного приказа офицеру прийти на другой день; затем другая женщина провела его по каким-то таинственным комнатам. Сама Полина появилась не сразу, а когда вошла, то не заговорила ни о делах с Наполеоном, ни о каких других банальных и обыденных вещах. Она выглядела как эфирное создание, которое приглашало его в волшебную сказку. Ночь была вполне реальной, но все происходившее казалось сверхъестественным, напоминало эротический сон.

Казанова заходил в игре еще дальше. Он путешествовал с огромным гардеробом и сун-

Молодой офицер с поклоном удалился... В своих мемуарах он во всех подробностях вспоминает то, что произошло, когда он вернулся на указанное место на следующий день после первой встречи с Полиной: «В назначенный час я вновь прибыл в Нейи, добрался до указанного мне места в саду и стоял там в ожидании. Ждать пришлось недолго, и вскоре передо мной предстала дама, которая любезно меня приветствовала и через боковую дверцу провела внутрь грота. Меня долго вели по лабиринту комнат и галерей, наконец я очутился в просторном, богато убранном зале, в центре которого стояла роскошная ванна. Я вдруг подумал, что мое приключение начинает приобретать весьма романтичный поворот, почти как в сказке, и не успел я об этом подумать, как в зал через потайную дверь вошла женщина в платье тончайшего батиста. Она приблизилась и с улыбкой спросила, нравится ли мне здесь. Я в то же мгновение узнал в ней очаровательную сестру Наполеона и не мог не заметить, что платье подчеркивает каждую черточку ее безукоризненной фигуры. Она протянула мне руку для поцелуя и велела сесть рядом с ней на кушетку. В этой ситуации соблазнителем явно был не я... Спустя некоторое время Полина потянула за шнурок сонетки и приказала вошедшей горничной приготовить ванну, меня же она пригласила разделить ванну с ней. Облаченные в купальные костюмы

дуком, полным вещиц, почти театральной бутафории, многие из которых он дарил своим объектам — украшения, веера и прочие безделки. Многое из того, что он говорил и делал, было заимствовано им из прочитанных романов и услышанных рассказов. Он окутывал женщин романтической атмосферой, возвышенной, однако вполне реальной и осязаемой, о чем недвусмысленно свидетельствовали все их органы чувств. Подобно Казанове, нужно и вам научиться воспринимать мир как своего рода подмостки театра. Научитесь исполнять свои роли непринужденно, с легкостью и изяществом; постарайтесь добиться ощущения некоторой театральности и иллюзорности; вызывайте удивление и смущение окружающих легкой, едва уловимой ирреальностью слов и поступков. Станьте виртуозным актером в повседневной жизни. Наша культура почитает актеров за то, что им позволено играть роли. Этому все мы в той или иной степени завидуем.

На протяжении нескольких лет кардинал де Роган терялся в догадках, чем он мог обидеть или оскорбить свою королеву Марию-Антуанетту. Она почти не глядела в его сторону. Затем, в 1784 году, графиня Деламотт-Валуа призналась ему, что королева собирается не только изменить это положение, но даже подружиться с кардиналом. Королева, сказала Деламотт-Валуа, готовится сделать это на следующем своем официальном приеме — она особым образом кивнет ему.

Во время приема Роган и в самом деле заметил некоторое изменение в поведении королевы по отношению к себе — она вскользь бросила на него едва уловимый взгляд. Радость переполняла кардинала. Теперь, как предполагала графиня, между ними может начаться переписка, и Роган дни напролет писал и переписывал свое первое послание королеве. К его восторгу, она удостоила его ответом. Вслед за тем королева пожелала побеседовать с ним наедине и назначила встречу в садах Версаля. Роган был вне себя от восторга и нетерпения. Вечером он встретился с королевой в саду, упал перед нею на землю и целовал подол ее платья. «Можете надеяться, что прошлое забыто», — произнесла она. В этот момент раздались голоса, они приближались, и королева, испугавшись, что их могут увидеть вместе, торопливо скрылась, сопровождаемая камеристками. Но вскоре, вновь через графиню, королева удостоила Рогана просьбой: ей безумно хочется приобрести изумительное, уникальное по красоте и тонкости работы бриллиантовое ожерелье. Требуется посредник, который бы согласился приобрести для нее драгоценность, поскольку король счел вещицу слишком дорогой. Для выполнения этого дела королева избрала Рогана. Кардинал согласился с готовностью: выполнив поручение, он докажет свою преданность, а королева будет у него в долгу. Роган приобрел ожерелье. Графиня должна была передать его королеве. Теперь Роган ожидал, что королева вначале выразит ему признательность, а со временем и отблагодарит его за услугу.

Но он так и не дождался монаршей благодарности. На самом деле плутовка-графиня оказалась настоящей мошенницей — королева вовсе не кивала кардиналу, ему это привиделось. Письма, что он получал от нее, оказались подделками, к тому же довольно грубыми. Дама, которая разговаривала с ним в саду, была переодетой проституткой, нанятой сыграть роль королевы. Ожерелье, разумеется, было подлинным, но, как только Роган расплатился за него и передал в руки графине, оно исчезло. Драгоценное изделие разделили на фрагменты, которые впоследствии были распроданы в разных

из тонкого полотна, мы провели в кристально чистой голубоватой воде не менее часа. Затем нас ожидал изумительный обед — стол был сервирован в соседней комнате. Я засиделся до рассвета. Перед уходом с меня взяли обещание поскорее прийти снова, и впоследствии я провел с принцессой еще не один чудесный вечер».

Гаррисон Брент,
«Полина Бонапарт»

странах Европы за огромные деньги. Когда же Роган, не выдержав, осмелился заговорить об этом с королевой, известие об необычной покупке разнеслось повсюду. Люди верили рассказу Рогана о том, что королева получила колье, а теперь делает вид, что этого не было. Эта выдумка была первым шагом, с которого началось крушение ее репутации.

У всякого в жизни есть свои потери, разочарования, боль. Мысль о том, что можно вернуть утраченное, что ошибки могут быть исправлены, чрезвычайно притягательна. Убежденный в том, что королева готова простить ему какую-то ошибку, им совершенную, Роган буквально галлюцинировал, ему виделись самого разного рода вещи: кивки, которых в действительности никогда не было, письма, которые на самом деле были небрежнейшим образом подделаны, Мария-Антуанетта, которая оказалась проституткой. Человеческий разум совершенно беспомощен перед иллюзией, особенно когда в дело включаются сильные желания. И ничто не может быть сильнее, чем желание изменить прошлое, исправить ошибки и все уладить. Выявить эти желания у ваших жертв и создать правдоподобную фантазию будет нетрудно: мало кому под силу разоблачить долгожданную иллюзию, в которую так хочется поверить.

Символ: Шангри-Ла.
У каждого человека есть своя воображаемая страна — идеальное место, где все люди добры и благородны, где сбываются мечты, исполняются желания, где жизнь полна приключений и романтики. Устройте своим объектам путешествие в эти края, дайте им краем глаза увидеть чудесную страну Шангри-Ла сквозь горный туман, и они безоглядно полюбят вас.

Оборотная сторона

У этой главы нет оборотной стороны. Никакое обольщение не может продвигаться без создания иллюзий, без ощущения мира настоящего, но отличного от реальности.

15

Изолируй свою жертву

В изоляции человек слабеет. Постепенно изолируя жертву, вы добьетесь того, что она все легче будет поддаваться вашему влиянию. Изоляция может быть психологической: заполняя все поле зрения жертвы приятным и лестным вниманием, которое вы ей оказываете, вы вытесняете из ее мыслей все прочее. Она видит только вас и только о вас может думать. Изоляция может быть и физической: вы изымаете жертву из привычного окружения, отдаляете от друзей, семьи, дома. Дайте ей ощущение, что она находится на грани, в преддверии: покидает один мир и, оставляя прошлое позади, решительно вступает в другой. Изолированная подобным образом, жертва лишена поддержки извне, и ее гораздо легче ввести в заблуждение. Заманите обольщаемого на свою территорию, где для него нет ничего привычного.

Изоляция — эффект экзотики

В самом начале пятого века до н. э. Фу Чай, китайский правитель царства У, разбил своего злейшего врага, Ху Чена, правителя царства Юэ, одержав над ним победу в нескольких сражениях. Ху Чен, захваченный в плен, принужден был исполнять обязанности конюха в конюшнях Фу Чая. Позднее ему разрешили вернуться на родину, но с условием, что ежегодно он будет выплачивать дань как деньгами, так и в виде даров Фу Чаю. С годами дань увеличивали, так что царство У процветало, а Фу Чай богател.

Однажды к Фу Чаю прибыли от Ху Чена посланцы: они хотели знать, согласится ли он принять в дар (для покрытия части дани) двух красавиц наложниц. Фу Чаю стало любопытно, и он принял предложение. Женщин привезли через несколько дней. Правитель ожидал их прибытия с нетерпением и велел доставить их прямо во дворец. Женщины приблизились к трону. Волосы их были уложены в изысканные прически, в стиле, называемом Скопление облаков, и украшены жемчугами и яркими перышками зимородка. При ходьбе у них на щиколотках тихонько позвякивали нефритовые подвески, издавая нежные мелодичные звуки. В воздухе разлился тончайший аромат каких-то благовоний. Правитель был доволен. Одна из девушек была намного красивее другой; ее имя было Си Ши. Красавица смотрела ему в глаза смело, без тени смущения, она была весьма уверена в себе и кокетлива, он не привык наблюдать подобное поведение у столь юных девушек.

Фу Чай распорядился устроить торжества по поводу их прибытия. В залах дворца пировали гости, разгоряченные вином; Си Ши танцевала перед правителем. Она и пела ему своим чарующим голосом. Возлежащая на ложе из белого нефрита, она казалась ему богиней, сошедшей с небес. Правитель не отходил от нее ни на шаг.

Л е д и А н н а: Так короля [Генриха VI] убил не ты?

Р и ч а р д: Пусть я...

Л е д и А н н а: Тебе одно лишь место впору — ад.

Р и ч а р д: Нет, есть еще одно — сказать посмею ль?

Л е д и А н н а: Тогда — тюрьма!

Р и ч а р д: О нет, твоя постель.

Л е д и А н н а: Пусть населят твою постель кошмары!

Р и ч а р д: Да, так и есть, пока я не с тобой.

... но, миледи... Спрошу: не столь же ли достоин кары

553

Виновник смерти
твоего супруга
И свекра твоего,
как их убийца?
Л е д и А н н а: Ты
сам, палач, один
всему виной.
Р и ч а р д: О нет,
твоя краса всему
виной!
Твоя краса мне в
снах моих внушала
Предать мечу весь
мир лишь для того,
Чтобы час один
прожить в твоих
объятьях.
Вильям Шекспир,
«Король Ричард III»
(Пер. М. Донского)

И на следующий день он тоже повсюду ходил за ней. К его приятному удивлению, девушка оказалась остроумной, находчивой и образованной, она цитировала стихи классических поэтов лучше, чем он сам. Даже оставляя ее ради выполнения государственных дел, он ни на минуту не расставался с нею в мыслях. Он стал брать ее с собою на деловые встречи, обращался к ней за советом по различным важным вопросам. Она посоветовала ему меньше слушать министров и советников: к чему, если он умнее их всех, вместе взятых, а его суждение самое мудрое?

Влияние Си Ши возрастало день ото дня. Ей было нелегко угодить; если правителю не удавалось выполнить какую-то ее прихоть, глаза ее наполнялись слезами, его сердце таяло, и он бросался выполнять любой каприз. Однажды она попросила построить для нее дворец за пределами столицы. Разумеется, просьба была выполнена. А когда правитель посетил дворец, то был поражен великолепием чертогов, хотя и знал, во сколько обошлось строительство: Си Ши не пожалела денег, обставляя и украшая его. Там было искусственное озеро с перекинутыми через него мраморными мостиками. Фу Чай привык проводить там время, сидя у озера и любуясь тем, как Си Ши расчесывает волосы, глядя в воду, словно в зеркало. Ему нравилось смотреть, как она забавлялась с птичками в украшенных драгоценными камнями клетках или просто прогуливалась по дворцу своей изумительной походкой, напоминая тонкую веточку ивы, колышущуюся от ветерка. Проходили месяцы, правитель переселился во дворец. Он пропускал заседания Совета, забыл о семье и друзьях, пренебрегал исполнением своих государственных обязанностей. Он потерял счет времени. Когда к нему прибывали советники с сообщениями о неотложных делах, он отмахивался или слушал рассеянно, не вни-

кая в суть. Если ему приходилось все же заняться чем-то, что отвлекало его от Си Ши, он
выходил из себя и волновался лишь о том, чтобы не прогневать ее.

Однажды до него все же сумели донести из-
вестия о том, что страна стоит на грани ката-
строфы: громадные суммы, истраченные на
постройку дворца, буквально опустошили каз-
ну, страна обнищала, начались народные волнения, назревает бунт. Правитель спешно вернулся в столицу, но было уже слишком поздно:
войска царства Юэ вторглись на территорию У
и захватили столицу. Все было потеряно. Фу
Чай так и не сумел вернуться к своей любимой.
Чтобы не сдаваться в плен правителю Юэ, своему бывшему конюху, он предпочел покончить
с собой.

Мало кто догадывался, что Ху Чен годами
вынашивал идею этого вторжения и что изощренное обольщение Си Ши было частью его
коварного замысла.

Толкование

Ху Чен хотел быть уверен в успехе своего
плана. Он понимал, что главный враг — не армия Фу Чая, не его деньги или другие богатства,
а его ум. Вот если бы удалось надолго и всерьез
отвлечь его, занять мысли чем-то совершенно
далеким от государственных дел, победа далась
бы легко, упала бы в руки, подобно созревшему
плоду.

Ху Чен разыскал самую красивую девушку в
своем царстве. В течение трех лет он обучал ее
различным искусствам — не только пению,
танцу и каллиграфии, но и искусству одеваться,
носить платье, разговору, искусству кокетничать и пленять. И тщательно подготовленный
план сработал: Си Ши не давала Фу Чаю ни
минуты роздыха. Все в ней было столь необычно, экзотично и незнакомо. Все больше внима-

и знала, как заставить управителя смотреть на себя, не отрывая взгляда. Фу Чай едва взглянул на вторую девушку, он не сводил глаз с Си Ши, и еще до того, как аудиенция была окончена, многим придворным стало ясно, что им придется считаться с новой силой. Было очевидно, что правитель будет покорен Си Ши и в хорошем и в дурном... Си Ши раскинула сети соблазна и уловила в них сердце чувствительного монарха... Разгоряченная вином, она запела песню У, чтобы угодить утратившему разум правителю; и вот она незаметно переходит от пения к танцу, грациозно двигаясь под нежные звуки музыки... Но она не только пела и танцевала, чтобы угодить правителю — о, она была способна на большее.

ния уделял он ее прическе, красоте, ее улыбкам и неповторимой походке, а чем больше любовался ей, тем менее его мысли занимали дипломатия и война. Ей удалось добиться того, что правитель потерял рассудок.

Сегодня каждый из нас — сам себе правитель, обороняющий крошечное царство своей собственной жизни, мы обременены ответственностью самого разного рода, нас окружают советчики и помощники. Мы воздвигаем вокруг себя стену — учимся противостоять влиянию окружающих нас людей, становимся недоверчивыми и подозрительными. Для того чтобы преодолеть это предубеждение, вы — как обольститель — должны, подобно Си Ши, отвлечь свои объекты, увести от одолевающих их забот и мыслей — это филигранная работа, и проделывать ее нужно неторопливо и тонко. А выманить их из крепости лучше всего поможет вам экзотика. Предложите им нечто неизведанное, что привлечет к себе внимание и поразит их. Это могут быть не совсем обычный внешний вид или манера одеваться, неординарное поведение, с помощью которых вы сможете постепенно вводить их в свой мир — удивительный и неповторимый. Внезапные перемены настроения помогут вам выбить объект из колеи. Не беспокойтесь, если разрушение, которое вы олицетворяете, вызовет у них смятение — это не что иное, как признак того, что они слабеют. Люди в большинстве своем двойственны: с одной стороны, они наиболее комфортно чувствуют себя в привычной обстановке, занимаясь рутинными делами, с другой — все это им надоело, и они страдают от скуки и радуются всему, что кажется им экзотичным и нездешним. Они могут противиться, сомневаться, но устоять против перспективы экзотических удовольствий мало кому удается. Чем дальше увлекаете вы их в свой удивительный мир, тем слабее их сопротивление. Когда, как правитель У, они спохватятся и осознают, что происходит, будет уже слишком поздно.

Изоляция — эффект «Только ты»

В 1948 году двадцатидевятилетняя актриса Рита Хэйуорт, известная как голливудская богиня любви, переживала не самые лучшие времена. Ее брак с Орсоном Уэллсом рушился, недавно скончалась ее мать, ролей не предлагали. Тем летом она отправилась из Голливуда в Европу. Уэллс находился в Италии, а она в глубине души все-таки надеялась на то, что их прежние отношения восстановятся.

Рита сначала остановила свой выбор на Французской Ривьере. Ее засыпали приглашениями, особенно от состоятельных мужчин, ведь ее считали не просто красавицей, но самой красивой женщиной в мире. Аристотель Онассис и иранский шах звонили ей по телефону почти ежедневно, умоляя о встрече. Она отклоняла любые предложения. Через несколько дней после прибытия, однако, она получила приглашение от Эльзы Максвелл, светской дамы, на небольшую вечеринку в Каннах. Сначала Рита отказалась, но Максвелл настаивала, уговаривала ее купить новое платье и советовала немного опоздать и устроить из своего появления триумф.

Рита согласилась — она надела белоснежное платье в греческом стиле, великолепные рыжие волосы струились по открытым плечам. Реакция на ее появление была такой, к которой она уже привыкла: разговоры мгновенно смолкли, все присутствующие — и мужчины, и женщины — повернулись в ее сторону, мужчины разглядывали ее с восхищением, женщины с ревностью. Какой-то человек поспешил к ней и проводил ее к ее столику. Это был тридцатисемилетний принц Али Хан, сын Ага Хана III, известного во всем мире лидера партии Исламской Исмаи-

Она обладала острым умом, а ее проницательность в вопросах политики поражала Фу Чая. Если Си Ши нужно было чего-то добиться, она проливала слезы, которые разбивали сердце влюбленного, так что он не мог отказать ей ни в чем. Ибо она была, по словам Фан Ли, единственной и неповторимой Си Ши, обаяние которой было столь притягательным, что пред ним не мог устоять никто, многие же поддавались ему даже против своей воли. Расшитые шелковые занавеси, украшенные кораллами и жемчугом, мебель из источающего аромат дерева и ширмы, инкрустированные нефритом и перламутром, — эти предметы роскоши окружали его возлюбленную... Он выстроил для нее дворец на холме возле того

557

знаменитого прозрачного озера, с тех пор носящего имя Ван У — правителя У. Здесь Си Ши развлекала влюбленного Фу Чая тем, что расчесывала волосы, склонившись над водой, как над зеркалом…

Элоиза Толкотт Гибберт, «Расшитая вуаль: портреты знаменитых китаянок»

лии, одного из самых богатых людей в мире. Риту предупредили о том, что Али Хан, известный повеса и волокита, будет на вечере. К ее ужасу, оказалось, что они сидят рядом, и за весь вечер он ни разу не отошел от нее. Он задавал ей миллион вопросов — о Голливуде, о ее интересах и так далее. Немного расслабившись, она разоткровенничалась. В зале были и другие красивые женщины, аристократки, актрисы, но Али Хан не обращал на них никакого внимания, он вел себя так, как будто Рита была здесь единственной. Он пригласил ее потанцевать, и, хотя он оказался отличным танцором, она почувствовала неуверенность и скованность — слишком уж тесно он прижимал ее. Все же, когда он предложил подвезти ее до отеля, она согласилась. Они мчались вдоль моря по шоссе Гранд Корниш, ночь была великолепна. За один вечер она, казалось, забыла обо всех заботах и горестях и была благодарна за это, но она по-прежнему любила Уэллса, и интрижка с ловеласом, вроде Али Хана, совсем не входила в ее планы.

Али Хан вынужден был на несколько дней отлучиться по делам; прощаясь, он умолял Риту остаться на Ривьере до его возвращения. Все это время он непрерывно звонил ей. Каждое утро она получала громадный букет цветов. В телефонных разговорах он высказывал беспокойство из-за того, что свидания с ней настойчиво ищет шах Ирана — он настаивал, чтобы она отказалась от встречи с шахом, и она наконец уступила. В эти дни Рите встретилась цыганка-гадалка, и актриса согласилась, чтобы та погадала ей. «Ты стоишь на пороге самой большой любви в своей жизни, — поведала цыганка. — Это кто-то, кого ты уже знаешь… Доверься ему целиком и полностью. Только в этом случае ты наконец обретешь долгожданное счастье». Рита, имевшая слабость к оккультному и мистическому, терялась в догадках, кого же имела в виду гадалка, и решила немного задержаться с отъездом. Вернулся Али Хан, он пригласил ее погостить в его дворце на берегу Средиземного моря — это идеальное место, где она сможет спрятаться от прессы и забыть обо всех несчастьях, сказал он и пообещал, что будет хорошо себя вести. Она сдалась и согласилась. Жизнь в замке напоминала волшебную сказку: по мановению руки к ней спешили слуги-индусы, предупредительные, готовые исполнить любое ее желание. По вечерам они танцевали, одни в огромном зале. Уж не о нем ли говорила гадалка?

Али Хан пригласил своих друзей, чтобы познакомить с ней. В этой странной компании она снова почувствовала себя одинокой, накатила депрессия; она решила покинуть замок. В этот самый момент, словно прочитав ее мысли, Али Хан предложил ей поехать в Испанию — страну, которая восхищала и манила ее всю жизнь. Известие об их романе дошло до прессы, репортеры начали охотиться за ними в Испании, раскручивая скандал: у Риты была дочь от Уэллса — разве подобное поведение приличествует матери? Не способствовала улучшению ситуации и репутация Али Хана, это только подливало масла в огонь, но он был рядом и, как мог, защищал от репортеров. Теперь она была еще более одинокой, чем прежде, и еще больше привязалась к нему.

Незадолго до конца поездки Али Хан сделал Рите предложение. Она отказала: ей казалось, что он не похож на тех, за кого выходят замуж. Он поехал с ней в Голливуд, где давешние друзья встретили ее без прежнего радушия. Слава богу, что рядом был Али Хан, на которого она могла опереться. Годом позже она все же сдалась, приняла предложение Али Хана и, отказавшись от карьеры, переехала жить в его замок.

АЛИ ХАН И ЖЮЛЬЕТТ ГРЕКО

В Каире Али снова случайно встретился с певицей Жюльетт Греко. Он пригласил ее танцевать. «У вас слишком дурная репутация», — был ответ. «Мы будем сидеть на приличном расстоянии друг от друга. Что вы делаете завтра?» — не унимался он. «Завтра я лечу в Бейрут». Когда назавтра она поднялась на борт самолета, Али был уже там, посмеиваясь ее удивлению... В обтягивающих черных кожаных брючках и черном свитере, Греко томно вытянулась в кресле своего парижского дома и заметила: «Говорят, я опасная женщина. Что ж, а Али был опасным мужчиной, по-своему необыкновенно обаятельным. Бывают мужчины, которые знают подход к женщине. Он приглашает тебя в ресторан, и какая бы красотка к нему ни подошла, он на нее и не взглянет. Он заставляет почувствовать себя королевой. Конечно, я все это понимала. Я ему не верила. Я смеялась и сама обращала его внимание на хорошеньких женщин. Но это я... Большинство женщин рады такому вниманию к себе. Это чистое тщеславие. Она думает: „Он будет только со мной, остальные не страшны...“ Для Али важнее всего было, что чувствует женщина. Он был великим обольстителем, настоящим волшебником. Он умел заставить вас почувствовать себя счастливой, с ним все было так просто. Никаких забот. Не о чем волноваться. Не о чем сожалеть. Зато всегда было: "Что я могу для тебя сделать?

ТОЛКОВАНИЕ

Али Хан, как и множество мужчин, влюбился в Риту Хэйуорт, увидев ее в фильме «Джильда» в 1948 году. Он преисполнился решимости каким-то образом завоевать эту женщину. Узнав о том, что Рита приезжает на Ривьеру, он уговорил свою подругу Эльзу Максвелл заманить актрису к себе на вечеринку и посадить их за столик рядом. Ему было известно о крахе ее замужества, а познакомившись с ней, он почувствовал, как она несчастна и одинока. Он задумал оградить ее от всего в этом мире — от проблем, других мужчин, от страхов и подозрений относительно его самого — словом, от всех бед и опасностей. Осуществление плана он начал с демонстрации своего интереса к ней: непрерывные телефонные звонки, цветы, которыми он ее забрасывал, подарки — все было нацелено на то, чтобы она постоянно вспоминала о нем. Это он нанял гадалку, чтобы та заронила зерно, предсказав их совместное будущее. Когда Рита начала склоняться к нему, он специально собрал друзей, зная, что среди них она почувствует себя чужой и, следовательно, потянется к нему как к единственной опоре. Ее зависимость от него еще возросла во время поездки в Испанию — в непривычной обстановке, осаждаемая журналистами, она просто вынуждена была броситься к нему за помощью. Постепенно он завладел всеми ее мыслями, куда бы она ни отправилась, куда ни повернулась — повсюду был он. Наконец она уступила, из слабости, и еще потому, что ее самолюбию льстило его внимание. Околдованная, она забыла о его ужасной репутации, отбросила сомнения, которые были ее единственным спасением от него.

Незаурядным обольстителем Али Хана сделали не состояние и красота. На самом деле он

560

был не так уж хорош собой, а дурной славы, что ходила о нем, было достаточно, чтобы забыть о богатстве. Секрет успеха крылся в его стратегии: он изолировал свои жертвы, обрабатывая их медленно и настолько виртуозно, что они не замечали этого. Внимание, которым он окружал, было столь интенсивным, что женщине начинало казаться, будто сейчас в его глазах она — единственная в мире. Такая изоляция воспринималась как наслаждение; женщина сама не замечала, как привязывалась к нему, как он, медленно заполняя своим вниманием к ней ее мысли, вытесняет оттуда друзей и близких. Ее естественные сомнения относительно этого человека начисто смывались отравляющим и мощным воздействием на ее эго. Али Хан добивался почти полной власти над женщиной тогда, когда отправлялся с нею в путешествие в какой-нибудь удивительный уголок мира — края, которые он прекрасно знал, а женщина терялась, чувствуя себя заблудившимся ребенком.

Не давайте своим объектам времени на сомнения и волнения или на то, чтобы сопротивляться вам. Пусть ваше внимание будет настолько обильным, почти избыточным, чтобы вытеснить все прочие мысли и проблемы. Помните — люди в глубине душе мечтают, чтобы их увлек прочь и повел за собой кто-то, кто знает, куда идти. Это может стать настоящим наслаждением — подчиниться и позволить увести себя, даже ощущать себя слабым и зависимым, если только обольщение было достаточно медленным и деликатным.

Чего тебе хочется?" Билеты на самолет, автомобили, яхты; возникало чувство, что ты на розовом облаке».

ЛЕОНАРД СЛЕЙТЕР, «АЛИ: БИОГРАФИЯ»

Помести их в уединенное место,
из которого им некуда будет податься,
и они так и умрут там, не найдя выхода.

Сунь-Цзы

Ключи к обольщению

Окружающие могут казаться нам сильными, способными управлять своей жизнью, но все это, как правило, только фасад. Под ним люди куда более хрупки, чем вы полагаете. Им помогает казаться сильными своеобразная система страховочных ремней, которыми они буквально опутывают себя, — друзья, семья, повседневные рутинные обязанности, которые дают чувство целостности, безопасности и уверенности. Выбейте неожиданно почву у них из-под ног, оставьте их в одиночестве в незнакомом месте, где приметы их привычной жизни отсутствуют вовсе или неузнаваемо искажены, и перед вами предстанут совсем другие личности.

Сильного и уверенного человека трудно обольстить. Но даже сильных можно сделать беспомощными, если удастся изолировать их и выбить из-под ног привычную почву. Перекройте им общение с друзьями и родными своим постоянным присутствием, добейтесь отчуждения мира, который они считают привычным для себя, увезите в незнакомые для них места. Пусть они поживут в *вашей* среде. Намеренно нарушайте привычный им ритм жизни, заставляйте делать то, чего они никогда не делали прежде. Они будут волноваться, но это только облегчит вашу задачу — запутать их, ввести в заблуждение. Все это следует преподносить в форме радостного, приятного переживания, и тогда в один прекрасный день ваши объекты проснутся с ощущением, что все, привычное и уютное прежде, теперь далеко и чуждо. Тогда в поисках опоры они бросятся к вам, подобно тому, как испуганный ребенок, плача, ищет маму, когда в комнате выключают свет. В обольщении, как и в военной кампании, изолированный объект слаб и уязвим.

В романе Сэмюэля Ричардсона «Кларисса», написанном им в 1748 году, распутник Ловелас пытается соблазнить красавицу героиню. Кларисса юна, добродетельна, к тому же ее бдительно охраняют родные. Но Ловелас опытный обольститель. Сначала он принимается ухаживать за сестрой Клариссы, Арабеллой. Кажется, между ними уже все решено. Тут он внезапно переключает внимание на Клариссу, добиваясь того, чтобы в Арабелле вспыхнули ревность и обида на сестру. Их брат Джеймс, разгневанный и возмущенный поведением Ловеласа, сражается с ним на дуэли, и тот ранит его. Все семейство теперь объединяется против Ловеласа в единодушном порыве, а тот продолжает, как ни в чем не бывало, тайком обмениваться с Клариссой письмами и встречается с ней в доме ее подруги. Это становится известно семье, ее обвиняют в том, что она идет против родных. Кларисса невиновна: она не отвечала на письма Ловеласа и не договаривалась с ним о свиданиях, никак не поощряла его. Но родители теперь решают избавить ее от опасности, выдав замуж за состоятельного человека много старше ее. Одна-одинешенька в целом мире, в ожидании свадьбы с человеком, который кажется ей отталкивающим, она бросается за помощью к Ловеласу как к единственному избавителю. В конце концов он спасает ее от замужества, сбежав с нею в Лондон, где она, однако, оказывается в полной изоляции. В этих обстоятельствах ее отношение к нему меняется к лучшему, она смягчается. А ведь все было виртуозно срежиссировано самим Ловеласом — разлад в семье, приведший к отчуждению Клариссы от родных, — словом, весь сценарий был продуман им.

Часто злейшие враги обольстителя — это родные и друзья объектов. Они находятся вне магического круга, неподвластны вашим чарам; от них может исходить голос разума, отрезвляющий жертву. Необходимо работать тонко и незаметно, стараясь добиться отчуждения объекта от его близких. Дайте понять, что они ревнуют или завидуют счастью объекта, встретившего вас, или что они уже стары, ничего не понимают и утратили вкус к приключениям. Последний аргумент невероятно эффективен в отношении молодых людей с не вполне сформировавшейся личностью, которые готовы в любой момент взбунтоваться против любой авторитарной фигуры, а особенно против родителей. Вы олицетворяете яркие краски жизни, друзья и родители — серую скуку и обыденность.

В трагедии Шекспира «Ричард III» Ричард, тогда еще герцог Глостер, убивает короля Генриха VI и его сына, принца Эдварда. Вскоре после того он начинает домогаться леди Анны, вдовы принца Эдварда, которой прекрасно известно, что он сделал с двумя самыми близкими ей людьми, и которая ненавидит его, как только может ненавидеть женщина. Все же Ричард делает попытку ее обольстить. Метод его прост: он рассказывает ей о злодеянии, объясняя, что пошел на это из-за своей любви к ней. Он хотел, чтобы она не принадлежала никому, кроме него. Чувства его были такими сильными, что он совершил убийство. Разумеется, леди Анна не только не сочувствует подобной логике, но и с омерзением отвергает ее. Но он настаивает. Он застиг Анну в момент крайнего смятения и душевного разлада — она охвачена неутешным горем и при этом совершенно одинока, в целом мире некому поддержать ее и утешить. Поразительно, но его речи начинают действовать.

Убийство не входит в арсенал обольщения, однако обольститель совершает своего рода убийство психологическое. То, что связывает нас с прошлым, представляет собой препятствие для настоящего. Даже оставшиеся в прошлом, с кем мы более не общаемся, продолжают, тем не менее, тянуть нас, пытаясь удержать в прошлом. Как обольститель вы испытываете эту хватку прошлого на себе, когда вас будут сравнивать с предыдущими поклонниками, и сравнение может оказаться не в вашу пользу. *Не допускайте этого.* Вытесните прошлое своим вниманием в настоящем. В случае необходимости постарайтесь дискредитировать предыдущего любовника, тонко или не очень, смотря по ситуации. Не бойтесь даже разбередить старые раны — пусть вновь испытают старую боль и увидят, какой контраст с горьким прошлым являете вы и насколько лучше настоящее. Чем надежнее вам удастся изолировать их от прошлого, тем крепче окажется их привязанность к вам в настоящем.

Принцип изоляции можно применить и буквально, увлекая объект в какое-то экзотическое место. Таким методом пользовался Али Хан; лучше всего подошел бы необитаемый остров, ведь острова, отрезанные от остального мира, как правило, ассоциируются у нас с поистине райскими наслаждениями. Римский император Тиберий пустился в разгул, после того как перебрался жить на остров Капри. Опасность совместных путешествий состоит в том, что объекты находятся в слишком тесной близости — в таких условиях трудно сохранить флер таинственности. Но если вы отправитесь с ними в края, достаточно притягательные, чтобы отвлечь на себя их внимание, у них просто не будет возможности слишком концентрироваться на вашей персоне, выискивая банальности. Клеопатра уговорила Цезаря отправиться в путешествие по Нилу. Продвигаясь все дальше в Египет, он одновременно отстранялся от Рима, и Клеопатра казалась все более притягательной и удивительной. У Натали Барни — обольстительницы-лесбиянки начала двадцатого века — был длительный роман с поэтессой

Дитя, сестра моя!
Уедем в те края,
Где мы с тобой не
разлучаться
сможем,
Где для любви —
века,
Где даже смерть
легка,
В краю желанном,
на тебя похожем.
И солнца
влажный луч
Среди ненастных
туч
Усталого ума
легко коснется,
Твоих неверных
глаз
Таинственный
приказ —
В соленой пелене
два черных солнца.
Там красота, там
гармоничный строй,
Там сладострастье,
роскошь и покой...
В каналах корабли
в дремотный
дрейф легли.
Бродячий нрав
их — голубого
цвета,
Сюда пригнал
их бриз
Исполнить твой
каприз.
Они пришли с другого края света.
А солнечный закат
Соткал полям
наряд,

Рене Вивьен, с которой они многократно ссорились, но после разрыва их всякий раз вновь тянуло друг к другу. Как-то, чтобы вновь добиться любви Вивьен, Барни пригласила ее посетить остров Лесбос, на котором сама Натали уже много раз бывала прежде. Тем самым она не только изолировала Вивьен, но и обезоружила, очаровала ее, ведь это место, родина легендарной Сафо, вызвала целый рой поэтических ассоциаций, так что Натали Барни начала казаться ей воплощением самой Сафо. Не отправляйтесь со своими объектами абы куда, подберите такое место, которое вызовет наиболее желательные для вас ассоциации.

Обольстительная власть изоляции простирается далеко за пределы империи секса. Когда к кружку преданных почитателей Махатмы Ганди присоединялись новички, им предлагалось порвать связи с прошлым, с друзьями и семьями. Такого рода отречение являлось и является обязательным требованием во многих религиозных сектах. Люди, добровольно изолирующие себя таким образом, неизмеримо более уязвимы и подвержены воздействию и внушению. Политические деятели харизматического типа часто поощряют и даже культивируют в людях ощущение инаковости, чужеродности. Джон Ф. Кеннеди весьма эффективно проделал это, тонко и изящно дискредитируя годы правления Эйзенхауэра: комфортное житье 1950-х годов, заявил он, компрометирует американские идеалы. Он звал американцев следовать за ним, в новую жизнь, к покорению новых рубежей, звал к опасностям и приключениям. Это звучало обольстительно и маняще, это был непреодолимый соблазн, особенно для молодежи, которая и оказала Кеннеди основную эмоциональную поддержку.

Наконец, последнее: на каком-то этапе в обольщении должен возникнуть некий намек на опасность. Ваши объекты должны почувствовать, что, отправляясь с вами, они отваживаются на захватывающие приключения, но при этом чего-то и лишаются — части своего прошлого, комфорта, уюта и привычного домашнего тепла. Активно поддерживайте эти двойственные чувства. Щепотка такой пряности, как страх, как нельзя лучше подходит для этого блюда; хотя слишком сильный страх отупляет, однако в малых дозах он поддерживает в нас жизнь. Это как прыжки с парашютом — волнует, возбуждает и в то же время страшновато. А единственный человек, способный вовремя подхватить их и не дать упасть, конечно же вы.

Символ: Крысолов.
Загадочный человек в красном с
золотом плаще уводит из дому
детей, наигрывая на своей
колдовской флейте. За-
чарованные,
они не замечают,
что ушли слишком
далеко, оставив где-
то дома и родителей.
Они даже не видят пеще-
ры, в которую он их замани-
вает и которая захлопывается
за ними навеки.

Оборотная сторона

Опасность этой стратегии очевидна: если изолировать объект слишком резко, можно вызвать у него панику, которая приведет к побегу. Изоляция должна происходить очень и очень постепенно, шаг за шагом, и при этом подаваться так, чтобы вызывать только положительные эмоции. Встречаются и люди слишком хрупкие, которых вообще практически невозможно оторвать от их опоры. Талантливая куртизанка нового времени Памела Гарриман решила эту проблему следующим образом: изолируя свои жертвы от семей, бывших или настоящих жен, она очень быстро, не мешкая, строила на месте старых разорванных связей новую уютную среду обитания, в которой ее возлюбленные чувствовали себя комфортно. Она ошеломляла их своей заботой, ничего не упуская, не оставляя без внимания ни одной их потребности. Так, в случае с Авереллом Гарриманом, миллиардером, ставшим впоследствии ее мужем, она в буквальном смысле создала для него новый дом, ничем не напоминавший ему о прошлом и полный радостей настоящего. Неразумно вынуждать обольщаемых слишком долго находиться в подвешенном состоянии, не имея вокруг ничего привычного и утешительного, на чем можно было бы остановить взгляд. Вместо этого предложите взамен привычных вещей, от которых вы их отрезали, новый уютный дом и множество новых маленьких радостей.

Третья фаза
У ОБРЫВА: ИДЕМ НА КРАЙНИЕ МЕРЫ ДЛЯ ЗАКРЕПЛЕНИЯ ДОСТИГНУТОГО

Основная цель на этом этапе — закрепить все то, чего вам удалось добиться: влияние, которое вы имеете на них, чувство любви и привязанности, внутреннее напряжение ваших жертв. Ваш крючок засел глубоко, теперь вы можете водить их из стороны в сторону, пока они не ослабеют. Показав, насколько далеко вы готовы зайти ради своих жертв, продемонстрировав благородство и великодушие (16: Покажи себя), вы вызовете мощную ответную реакцию, бурную вспышку положительных эмоций. У каждого имеются скрытые раны, подавляемые желания, детские несбыточные надежды. Вытащите эти надежды и желания на поверхность, чтобы вашим жертвам казалось, будто с вами они получают то, чего у них никогда не было в детстве. Таким образом, вы проникнете к ним в душу, вызвав бурю неподвластных им чувств (17: Возвращение в прошлое). Теперь можете отправляться с вашими жертвами за пределы, которые они для себя определили, позволяя им проявить свои темные стороны, добавляя к обольщению ощущение опасности (18: Попирай запреты и табу).

Вам необходимо усилить действие своего обаяния, а для этого самое время придать обольщению видимость чего-то возвышенного и одухотворенного, ибо ничто иное не в состоянии так эффективно смутить и очаровать вашу жертву. Вами руководит не соблазн, но предопределение, рок, неземные мысли и всё, что только есть высокого и прекрасного (19: Обращайся к духовным соблазнам). Эротическое меркнет перед духовным. Теперь ваши жертвы подготовлены должным образом. Намеренно причиняя им боль, вызывая страхи и тревогу, вы подведете их к самому краю пропасти, а уж здесь достаточно будет легкого толчка, чтобы привести к падению (20: Смешивай наслаждение с болью). Доведенные до немыслимого напряжения, они будут искать утешения.

16

Покажи себя

Люди в большинстве своем хотят быть обольщенными, они идут вам навстречу добровольно и с желанием. Если вашим усилиям сопротивляются, то причина, возможно, в том, что вы недостаточно далеко зашли и не успели помочь жертвам подавить одолевающие их сомнения относительно ваших мотивов, глубины ваших чувств и тому подобного. Достаточно одного, но точно подгаданного по времени действия, поступка, демонстрирующего, насколько сильно вы желаете завоевать их, чтобы все сомнения рассеялись. Не бойтесь глупо выглядеть в глазах своих жертв или совершить ошибку — любое ваше деяние, напоминающее самопожертвование или нечто, совершенное во имя их, настолько потрясет их чувства, что всего остального они просто не заметят. Ни в коем случае не показывайте, что вас обескураживает сопротивление, не жалуйтесь. Вместо этого примите вызов — совершите любой безрассудный, героический или по-рыцарски благородный поступок. Настала очередь окружающих, пусть они в свою очередь проявят себя, а вы теперь недосягаемы, за вас придется побороться.

ОБОЛЬСТИТЕЛЬНОЕ ДОКАЗАТЕЛЬСТВО

На словах каждый может многое, все выспренне рассказывают о своих чувствах, распинаясь о том, как много мы для них значим. Но, если поведение никогда не соответствует этим словам, мы начинаем сомневаться в их искренности и подозреваем, что имеем дело с шарлатаном, лицемером или трусом. Лесть и красивые слова способны воздействовать лишь до определенного предела. Неизбежно наступает момент, когда вам приходится на деле доказывать своей жертве, насколько слова соответствуют действительности.

Доказательство такого рода несет две функции. Во-первых, оно подавляет любые гложущие вас сомнения. Во-вторых, любое действие, приоткрывающее в вас какие-то положительные качества, уже само по себе обладает мощным обольстительным потенциалом. Продемонстрировав смелость или бескорыстие, вы вызовете сильную положительную эмоциональную реакцию. Не беспокойтесь, вашим действиям не обязательно быть настолько героическими или самоотверженными, чтобы в процессе вы лишились всего. Чаще всего достаточно просто выказать благородство. В самом деле, в мире, где люди только и делают, что разговаривают, копаются в себе и рефлексируют, любое действие покажется решительным и обольстительным.

Встретить сопротивление в процессе обольщения вполне естественно и нормально. Чем больше препятствий вам приходится преодолевать, тем, разумеется, сильнее будет наслаждение, ожидающее вас в конце; но нередко бывает и так, что обольщение срывается, потому что обольститель неверно истолковывает сопротивление объекта. Часто, слишком часто в подобных случаях сдаются без боя. Прежде всего вам необходимо осознать основополагающий закон обольщения: сопротивление — это при-

Воинской службе подобна любовь. Отойдите, ленивцы! Тем, кто робок и вял, эти знамена невмочь. Бурная ночь, дорожная даль, жестокая мука, Тяготы все, все труды собраны в стане любви. Будешь брести под дождем, из небесной струящимся тучи, Будешь, иззябший, дремать, лежа на голой земле... Хочешь остаться любим — всякую спесь позабудь. Если не будет тебе дороги открытой и ровной, Если перед тобой дверь заперта на засов — Не устрашись ничего и спускайся во двор прямо с крыши

знак того, что в процесс вовлечены чувства другого человека. Единственные люди, которых невозможно обольстить, — это личности холодные и бесчувственные. Сопротивление эмоционально и может превратить его в его противоположность, совсем как в джиу-джитсу, где можно использовать физическое усилие противника для того, чтобы положить его же на лопатки. Если вам сопротивляются из недоверия, то явно бескорыстный поступок, показывающий, на что вы готовы, чтобы доказать свои чувства, окажется действенным лекарством. Если сопротивление объясняется целомудрием или тем, что объект хранит верность кому-то другому, тем лучше — добродетель и подавляемые желания легко преодолеваются действием. Как написала однажды талантливейшая обольстительница Натали Барни: «Величайшая добродетель — потребность безоглядно поддаться соблазну».

Проявить себя можно двумя способами. Первый способ — экспромт, неподготовленный поступок: предположим, возникла такая ситуация, что ваш объект нуждается в помощи — требуется разрешить проблему или просто оказать ему или ей небольшую услугу. Предвидеть подобную ситуацию вы не можете, но следует быть готовым к тому, что она может возникнуть в любой момент. Поразите объект, вложив в это больше, чем на самом деле требуется, — пожертвуйте более значительную сумму денег, уделите больше времени, потратьте больше сил, чем от вас ожидают. Ваш объект может начать часто использовать такие моменты, даже подстраивать их, устраивая своего рода испытание: отступите ли вы или бесстрашно примете вызов? Вы не должны колебаться ни секунды, отступать нельзя, иначе все будет потеряно. Если потребуется, сделайте вид, что дело стоило вам больших усилий, чем на самом деле, но не

Или в высоком окне выищи надобный лаз. Женщина рада бывать причиною смертного риска: Это им верный залог самой горячей любви.

Публий Овидий Назон, «Наука любви» (Пер. М. Гаспарова)

Мужчина говорит:
«Плод, сорванный в
собственном саду,
должен казаться
слаще, чем плод,
добытый с дерева
чужого человека, и
то, что дается нам
большим усилием,
ценится дороже,
нежели то, что
было достигнуто
без труда. Как
гласит пословица:
„Большой награды
не добиться, коли
как следует не
потрудиться"».
Женщина говорит:
«Если невозможно
добиться большой
награды, не
приложив усилий,
тогда вы, должно
быть, выбиваетесь
из сил от того
непосильного
труда, что взвали-
ваете на себя, дабы
заслужить мило-
стей, которых вы
непрестанно ищете,
ведь то, чего вы
просите, — наи-
большая награда».
Мужчина говорит:
«Я приношу вам
всю благодарность,
которую только

говорите об этом, а покажите косвенно — через утомленный вид, слухи, дошедшие через третье лицо, и тому подобное.

Другой способ показать себя — решительный поступок, который вы сами запланировали и подстроили заранее и осуществили в удобный для вас момент. К такому решению проблемы можно прибегнуть в том случае, если объект продолжает испытывать по отношению к вам сомнения и вам кажется, что ситуация становится все хуже. Здесь потребуется эффектный поступок, настоящий подвиг, причем особенно важно, чтобы от объекта не укрылось, сколько мучений, времени и труда вы на него затратили.

Просто невероятно, какой обольстительной может быть опасность. Осторожно и незаметно подведите свой объект к кризису, к опасному моменту или постарайтесь сделать так, чтобы он попал в неудобное положение, и вот уже у вас появляется возможность сыграть спасителя, галантного кавалера, рыцаря. Это вызовет сильнейшие ответные чувства, которые без труда можно перевести в любовь.

КОЕ-КАКИЕ ПРИМЕРЫ

1. Во Франции 1640-х куртизанка Марион д'Орме пользовалась у мужчин огромным успехом. Она славилась своей красотой, в числе ее любовников были сам кардинал Ришелье, а также и многие другие известнейшие государственные деятели и прославленные военачальники. Добиться ее расположения было непросто и считалось особым достижением.

Месяцами парижский повеса граф де Граммон добивался благосклонности д'Орме, и вот наконец она дала согласие на то, чтобы провести с ним вечер. Граф предвкушал сладостную встречу, но в день свидания получил от нее письмо, в котором она рассыпалась в извинениях — у нее внезапно случился ужасный приступ мигрени, она вынуждена оставаться в постели, их встречу придется отложить. Графу показалось, что его отодвинули в сторону ради чего-то более интересного — д'Орме, надо сказать, была столь же капризна и ветрена, сколь прекрасна.

Граммон не колебался. На закате он верхом отправился в Маре, где жила д'Орме. Вскоре он увидел человека, торопливо направлявшегося к дому куртизанки, — он узнал герцога де Бриссака и мгновенно понял, ради кого ему было отказано в свидании. Бриссака, по всей видимости, неожиданная встреча с графом не порадовала, однако тот, не обращая на это внимания, быстро приблизился и заговорил: «Бриссак, друг мой, вы должны оказать мне услугу первостепенной важности: у меня свидание — первое! — с красоткой, что живет здесь; встреча не займет много времени — мы с ней только договоримся о свидании в будущем. Сделайте одолжение, дайте мне надеть ваш плащ и подержите мою лошадь, пока я не вернусь; главное, не удаляйтесь от этого места». Не ожидая ответа, Граммон сдернул с герцога плащ и сунул ему в руку поводья своего коня. Обернувшись, он увидел, что Бриссак смотрит ему вслед, поэтому притворился, что входит в дом, а сам скользнул в темноту, крадучись обошел дом с другой стороны и незамеченным отправился к д'Орме.

Граммон постучал в дверь, и прислуга впустила его в дом, приняв за герцога. Он направился прямиком в будуар хозяйки. Она лежала на кушетке в роскошном пеньюаре. Граф отбросил в сторону плащ Бриссака — д'Орме в страхе отпрянула. «В чем дело, искренняя моя? — спросил он. — Ваша головная боль, судя по всему, прошла?» Она, казалось, не находила места от волнения, стала уверять, что голова все еще болит, настаивала, чтобы он ушел. В конце

способен выразить, за столь мудро высказанное обещание любви в награду за тяжкие труды. Бог препятствует тому, чтобы я или кто-либо другой мог добиться любви у столь достойной женщины без того, чтобы вначале не завоевать ее многими и усердными трудами».

АНДРЕАС КАПЕЛЛАНУС, «О любви»

БЕЗУПРЕЧНЫЙ РЫЦАРЬ

Чтобы стать верным вассалом своей дамы... трубадур должен был пройти четыре этапа: претендента, просителя, кандидата и любовника. Достигнув последнего этапа любовного посвящения, он коленопреклоненно приносил присягу верности, которая скреплялась поцелуем. При такой идеализированной форме любви-преклонении, являвшейся прерогативой аристократической элиты эпохи рыцарства, феномен любви рассматривался как состояние благодати, а обряд посвящения, включая принесение клятвы на верность — эквивалент рыцарской акколады (посвящения в рыцари), — был неотъемлемо

576

концов, ей решать, назначать ли свидание или отменять его. «Мадам, — спокойно отвечал он, — я понимаю, что вас волнует: вы боитесь, что мы столкнемся здесь с де Бриссаком; но на этот счет вы можете быть совершенно спокойны». При этих словах он приоткрыл окно и показал ей Бриссака, который, понурясь, прилежно прогуливал взад-вперед коня, будто обычный конюх. Зрелище было презабавное; д'Орме расхохоталась и, обняв графа, воскликнула: «Милый кавалер, я больше не хочу ждать; вы столь любезны и столь эксцентричны, что не простить вас просто невозможно». Он рассказал ей всю историю без утайки, и она пообещала, что, прогуливай герцог коня хоть целую ночь, она никогда больше не впустит его к себе. Они договорились о свидании назавтра. Выйдя на улицу, Граммон с благодарностью возвратил герцогу его плащ и извинился за долгое отсутствие. Бриссак был весьма любезен, он даже подсадил Граммона в седло и помахал на прощание, когда тот поскакал прочь.

Толкование

Граф де Граммон отлично знал, что большинство потенциальных обольстителей легко отказываются от намеченной цели, ошибочно принимая каприз, кокетство или внешнюю холодность за действительное отсутствие интереса. На самом деле подобные вещи могут иметь тысячу объяснений: может, вас хотят испытать, проверить, насколько серьезны ваши намерения. Колючий прием — идеальный экзамен в этом случае: если вы отступаете при первом же осложнении, стало быть, эти отношения вам больше не нужны. А может случиться, что ваши объекты не уверены не в вас, а в самих себе или пытаются сделать выбор между вами и кем-то еще. Что бы там ни было, сдаваться просто абсурдно. Достаточно один раз недвусмысленно показать, на что вы готовы, — такая демонстрация способна отмести все сомнения.

Тем же ударом вы уничтожите соперников, поскольку в большинстве они, как и все люди, скованны и застенчивы, только и думают о том, как бы не оказаться в глупом положении, и лишь в очень редких случаях готовы пойти на риск.

Имея дело с объектами сложными или оказывающими сопротивление, лучше всего импровизировать, приблизительно так, как делал это де Граммон. Если ваши действия будут внезапными, неожиданными для объектов, это выбьет их из колеи. Постарайтесь что-то о них поразузнать, пошпионить немного — лишняя информация никогда не помешает. Самое важное — в каком ключе вы собираетесь преподнести свою демонстрацию. Если вы по природе беспечны и игривы, что ж, вы можете позабавить свои объекты, одновременно показать себя и развлечь их. В этом случае не будет иметь особого значения, если ваша попытка провалится, вас простят, даже если выяснится, что вы немного смошенничали. Объекты будут пребывать в том самом приятном настроении, которое вы им навеете. Заметьте, что граф ни разу не выказал ни малейшего признака гнева или обиды. Все, что он сделал, это приоткрыл занавес и показал, как герцог прогуливает его лошадь; увидев это, д'Орме расхохоталась и растаяла — сопротивление было сломлено. С помощью одной удачной выдумки он показал, на что способен ради того, чтобы добиться ее благосклонности.

2. Полина Бонапарт, сестра Наполеона, сменила столько любовников, что доктора опасались за ее здоровье. Кавалеры так быстро надоедали ей, что ни один не удерживался долее нескольких недель; единственным удовольствием была для нее новизна. В 1803 году Наполеон выдал ее

связан с воспитанием дворянина и делами доблести. Признаки истинного влюбленного и безупречного рыцаря почти полностью совпадали. Влюбленный должен служить своей даме и повиноваться ей так же, как рыцарь — своему лорду. В обоих случаях обет свято соблюдался.

Нина Эптон, «Любовь и французы»

замуж за князя Камилло Боргезе, но это ничего не изменило, разве что интрижки участились. Поэтому, когда в 1810 году она встретила майора Жюля де Канувилля, все были уверены, что и эта связь не продлится дольше обычного. Конечно, майор был человеком незаурядным — славный солдат, великолепно образованный, отменный танцор и один из самых красивых мужчин во французской армии. Но в список кавалеров тридцатилетней Полины входили десятки мужчин, обладавших не меньшим количеством достоинств.

Спустя несколько дней после того, как начался этот роман, к Полине прибыл придворный дантист. Из-за зубной боли она не спала по ночам. Дантист вынес приговор: зуб следует вырвать немедленно, сейчас же. В те времена не применяли обезболивающих средств, и, увидев устрашающие инструменты, Полина пришла в ужас. Забыв о мучительной боли, она отказалась от операции.

Майор Канувилль лежал на диване в шелковом халате. Вмешавшись, он попытался подбодрить Полину, уговорить ее решиться на удаление зуба: «Мгновение боли — и все кончено навсегда... Даже ребенок может выдержать это, не проронив ни звука». — «Хотела бы я посмотреть, как это получится у вас». Канувилль поднялся, подошел к дантисту и, ткнув пальцем в один из зубов у себя во рту, приказал вырвать его. Совершенно здоровый зуб вырвали, причем Канувилль даже глазом не моргнул. После этого Полина не только позволила дантисту закончить лечение, но и взглянула на Канувилля по-новому: ни один мужчина прежде не совершал ради нее ничего подобного.

Шли недели и месяцы, а они все не расставались. Это сердило Наполеона. Полина была замужем; кратковременные интрижки дозволялись, но глубокая привязанность выглядела предосудительной. Он направил Канувилля в Испанию с донесением. Выполнение поручения требовало его долгого отсутствия — за это время Полина наверняка должна была подыскать замену.

Канувилль, однако, разрушил все расчеты. Он скакал без остановки днем и ночью, не спешиваясь ни чтобы поесть, ни чтобы отдохнуть. Благодаря этому путь до Саламанки занял у него всего несколько дней. Там, обнаружив, что путь отрезан и дальнейшее продвижение невозможно, он, не дожидаясь дальнейших распоряжений, отправился назад в Париж — один, без сопровождения, по территории, занятой неприятелем. Их с Полиной ждала лишь краткая встреча — Наполеон приказал ему снова отправляться в Испанию. На сей раз прошли месяцы, прежде чем ему позволено было вернуться, но, когда это произошло, их связь тут же возобновилась — небывалая демонстрация преданности со стороны Полины. На сей раз Наполеон отослал Канувилля в Германию, а оттуда в Россию, где он доблестно сражался и погиб в 1812 году. Он был единственным, кого Полина когда-либо дожидалась и по кому даже носила траур.

Толкование

Порой в обольщении наступает момент, когда объект уже начинает проникаться к вам все более глубокой симпатией, но внезапно отступает. По какой-то причине ваши мотивы вдруг начинают казаться им корыстными, возникают подозрения, что все, что вам от них нужно, это постель, или деньги, или помощь в продвижении по службе — да мало ли что еще. Люди настолько неуверенны в себе, что подобные сомнения способны разрушить все волшебное здание обольщения. В случае с Полиной Бонапарт она привыкла использовать мужчин

С этими словами он кинулся в канал вниз головой. Дама, придя от увиденного в ужас, подняла крик и побежала к дому, добежав же, упала в обморок. Едва придя в себя, она приказала людям бежать к каналу и посмотреть, что произошло с несчастным Сен-Преем, который на самом деле топиться не собирался и потому недолго пребывал в воде, а вынырнув, оделся и отправился себе в Париж, где и провел несколько дней. Тем временем распространился слух о его гибели. Мадам де ля Мэзонфор была глубоко тронута тем, на какие крайние меры подвигло его чувство к ней. Поступок сей казался ей высшим проявлением любви; возможно, к тому же она открыла для себя кое-что весьма привлекательное в обнаженном кавалере, чего не могла заметить, когда он был одет. Так или иначе, она горевала об утрате, раскаивалась в своей жестокости и не делала из этого тайны. Слухи об этом достигли ушей Сен-Прея, после чего он немедленно воскресил себя и, не теряя времени, поспешил воспользоваться всеми преимуществами благого к себе расположения дорогой его сердцу возлюбленной.

Граф Бюсси-Рабутен, «Histoires amouresuses des Gaules»

как орудие наслаждения, прекрасно зная при этом, что и сама служит им таким же орудием. Ей, другими словами, был присущ абсолютно циничный взгляд на вещи. Но ведь зачастую цинизм служит защитой для тех, кто неуверен в себе. Полина втайне боялась, что ни один из ее мужчин никогда по-настоящему не любил ее, что всем им было нужно от нее одно из двух — или секс, или помощь в карьерных и политических делах. Когда Канувилль на деле продемонстрировал, что готов ради нее на любую жертву — будь то зуб, карьера или жизнь, — он превратил ее из самовлюбленной гедонистки в преданную любящую душу. Конечно, нельзя сказать, что в такой реакции Полины начисто отсутствовал эгоизм, ведь его поступки прежде всего льстили ее самолюбию. Если ради нее мужчина решился на такие подвиги, значит, она этого заслуживает. Но в ответ на проявленное им благородство она должна была и сама подняться до того же уровня и на преданность ответить такой же преданностью и верностью.

Позаботившись о максимальном благородстве и безрассудстве совершаемых вами поступков, вы добьетесь того, что обольщение выйдет на новый уровень. Это вызовет сильные ответные чувства и поможет утаить любые скрытые мотивы, буде таковые у вас имеются. Принесенную вами жертву непременно должны заметить, но вам касаться этой темы опасно: если вы сами пуститесь объяснять, как было трудно, это будет выглядеть бахвальством. Такая ошибка может пустить насмарку все ваши старания. Сделайте все возможное, чтобы те, ради кого вы все это делаете, сами заметили: вы лишились сна, заболели, не задумываясь тратили свое драгоценное время, поставили под удар свою карьеру, извели больше денег, чем можете себе позволить. Можете подчеркнуть, преувеличить все это, чтобы добиться большего эффекта, только ни в коем случае не распространяйтесь на эту тему и не рассказывайте, как вам себя жалко: страдайте молча, пусть видят, с каким благородством они столкнулись. Поскольку практически все остальные в этом мире руководствуются лишь собственной выгодой, устоять перед вашим бескорыстием и великодушием будет просто невозможно.

3. В последнее десятилетие девятнадцатого века и в начале века двадцатого Габриэль д'Аннунцио почитался в Италии первым среди романистов и драматургов. При этом многие итальянцы его недолюбливали. Писал он цветисто и напыщенно, при личном общении производил впечатление человека самовлюбленного и чересчур экстравагантного — то обнаженным гарцевал по пляжу верхом на лошади, то одевался и вел себя как человек эпохи Возрождения, — подобных примеров его эксцентричности было множество. Многие его произведения были о войне, прославляли тех, кто бесстрашно бросает вызов смерти и побеждает в поединке с ней, — тема весьма занимательная для тех, кому никогда не приходилось самому рисковать собой в подобных обстоятельствах. Поэтому, когда началась Первая мировая война, никого не удивило, что д'Аннунцио выступил с лозунгом о присоединении Италии к Антанте и участии ее в военных действиях. Он развил бурную деятельность, успевал, казалось, повсюду со своими речами, призывающими к войне, — и добился-таки своего: в 1915 году Италия наконец объявила войну Германии и Австрии. Роль д'Аннунцио в этом была вполне предсказуемой. Но что по-настоящему удивило итальянцев, так это то, что не юный уже, пятидесятидвухлетний человек добровольцем пошел в армию. Прежде он никогда не проходил военной службы, на кораблях страдал от морской болезни, но разубедить его было невозможно. В конце концов власти

УРОК АМУРА

В одном из больших городов Франции жил некий сеньор из знатного рода, который изучал различные науки, стремясь постичь, что такое добродетель и честь и что должен делать человек, чтобы стать добродетельным. И уже к семнадцати-восемнадцати годам он так в этом преуспел, что мог служить примером для всех остальных. И тем не менее все его ученые занятия завершились уроком, который ему преподал Амур. А для того чтобы упомянутый сеньор лучше всего этому уроку внял и его усвоил, Амур принял облик прекрасной дамы, которая приехала в этот город по какому-то делу. Но прежде чем бог любви успел покорить юношу красотой этой дамы, он овладел ее собственным сердцем, и дама пленилась достоинствами сего сеньора, а он был так хорош собою, так статен, так красноречив, что во всем этом ему не было равных. Вы ведь знаете, как быстро разгорается пламя, стоит ему только заняться в сердце и в воображении, поэтому вы поймете, что Амур не мог успокоиться, пока не соединил их обоих и не подчинил себе, наполнив того и другого таким смятением, что все мысли их, и желания, и речи стали только пламенем, которое он в них зажег. А так как молодости свойственна робость, сеньор этот был очень медлителен и осторожен. Но дама была настолько полна любви и покорна ей, что никакой силы даже не требовалось.

определили его на какой-то пост в кавалерийский полк, надеясь, что на передовую он не попадет.

Италия, надо сказать, не относилась к державам с большим военным опытом, а в итальянской армии просто царил хаос. Как-то так случилось, что д'Аннунцио упустили из виду, а он тем временем принял решение оставить кавалерийскую часть и сформировать собственное подразделение. (Не забывайте, он был художником и не имел об армейской дисциплине даже отдаленного представления.) Присвоив себе звание *Commandante*, он каким-то немыслимым усилием преодолел свою морскую болезнь и организовал целую серию дерзких вылазок группы катеров, которые под покровом ночи врывались в порты и гавани и торпедировали стоявшие на рейде австрийские суда. Он научился летать на самолете и совершал опасные боевые вылеты. В августе 1915 года он пролетел над Триестом, который в тот момент был захвачен неприятелем, и разбросал с самолета итальянские флажки и тысячи листовок с призывами к надежде, написанными в его неподражаемом стиле: «Близок конец ваших мук! Уже занимается заря радости, ее приход неотвратим. С небесных высот, на крыльях Италии, бросаю я вам эту клятву, это послание из глубины сердца». Он поднимал свой самолет на неслыханную по тем временам высоту, прорывался сквозь неприятельский обстрел. Австрийцы назначили за его голову выкуп.

В 1916 году д'Аннунцио был сбит, тяжело ранен: он ослеп на один глаз, второй был серьезно поврежден. Узнав, что его летная карьера окончена, он отправился на излечение домой в Венецию. В те годы первой итальянской красавицей и законодательницей моды считалась графиня Морозини, бывшая возлюбленная кайзера Германии. Ее великолепный палаццо располагался на Канале Гранде, напротив дома д'Аннунцио. Писатель-воин атаковал ее письмами и стихами, в которых описания его военных подвигов перемежались объяснениями в любви. Он, слепой на один глаз и почти ничего не видящий вторым, пересекал канал во время воздушных налетов на Венецию, чтобы лично доставить очередное послание. Д'Аннунцио был несравнимо ниже Морозини по положению — простой литератор, не аристократ, — но ее покорила эта готовность идти ради нее на риск. Она отдавала себе отчет в том, что такое безрассудство могло в любой момент стоить ему жизни, но это лишь придавало ее ощущениям дополнительную остроту.

Невзирая на запреты врачей, д'Аннунцио возобновил полеты, совершая еще более бесшабашные рейды, чем прежде. К концу войны он прославился по всей Италии как доблестный герой. Где бы он ни появлялся, на площадях собирались толпы, люди приветствовали его и с воодушевлением слушали его речи. По окончании войны он со своими соратниками возглавил поход на Фиуме, городок на побережье Адриатики, и занял его. Более года просуществовала новоявленная автономная республика под руководством поэта-вождя. Никто и не вспоминал о довольно бесславном прошлом писателя-декадента. В его славном настоящем не было места прежним ошибкам.

Толкование

Обольщение призывает нас вырваться из повседневности и рутины и с трепетом и восторгом окунуться с головой в неизведанное. Смерть — крайнее выражение неизведанного. В периоды хаоса, смуты и смерти — эпидемии чумы, поразившей Европу в Средние века, террора Французской революции, воздушных налетов на Лондон во время Второй мировой

Однако стыд, присущий особам женского пола, какое-то время удерживал ее от того, чтобы высказать все чувства свои и желания. Но в конце концов твердыня сердца ее, свято хранившая ее честь, не устояла, и дама эта согласилась не отказывать юноше в том, что давно уже было ему предназначено. Но, дабы испытать его терпение, твердость и любовь к ней, она заставила его выдержать тяжелое испытание и заверила его, что, если он окажется достаточно стойким, она будет любить его превеликой любовью, а если нет, то она никогда ему этого не простит. Он должен был лечь с ней в постель и не требовать от нее ничего, кроме поцелуев и нежных слов. Молодой человек, решив, что не может быть большей радости, чем та, которую она ему обещала, согласился на все. Настал вечер, и он с честью выдержал испытание, устояв против всех соблазнов, которыми она его искушала, и не нарушил ни в чем своей клятвы. И хотя он в душе и считал, что мука эта стоит всех мук чистилища, — так сильна была его любовь, так крепка надежда и он так твердо верил в то, что любовь эта, достающаяся ему с таким трудом, будет длиться вечно, что выдержал все и встал с постели, ничем не потревожив своей любимой.

Даму же, как мне думается, поведение его не обрадовало, а скорее удивило: она сразу же заподозрила, что либо любовь его не столь уж велика, как ей казалось, либо он не нашел в ней того, что ожидал,

войны — люди часто отбрасывают обычную осторожность и совершают поступки, на которые нипочем не решились бы в другое время. Их охватывает своеобразное опьянение. Есть что-то невыразимо обольстительное в опасности, риске, в том, чтобы мчаться сломя голову неведомо куда. Покажите, что обладаете бесстрашием, азартом и безрассудством, что вам незнаком обычный страх смерти, что простые смертные замирают перед вами в немом восторге.

Тем самым вы не выказываете свои чувства по отношению к другому человеку, но помогаете увидеть и понять кое-что о себе самом: вы стремитесь навстречу опасности. Вы — не простой болтун и бахвал. Таким путем можно мгновенно заработать харизму. Все политические деятели — Цезарь, Черчилль, де Голль, Кеннеди, — имевшие возможность показать себя на поле сражения, обладали несокрушимой харизмой. Долгое время д'Аннунцио был в общем мнении не более чем фатом и дамским угодником; военная доблесть изменила это представление, осенила его славой героя, наполеоновским ореолом. Положа руку на сердце, он и прежде был вполне успешен в качестве обольстителя, а тут стал поистине дьявольски привлекательным, просто неотразимым. Вовсе не обязательно, однако, совершать подобные подвиги, рискуя собственной жизнью, — чтобы приобрести заряд обольстительной энергии, вполне достаточно находиться где-то рядом. Ничто не привлекает к себе сильнее, чем люди, играющие в прятки со смертью. Окружающие потянутся к вам; кажется, они надеются, что рядом с героем и они засветятся хотя бы отраженным светом его славы.

4. Один из вариантов сказания о короле Артуре гласит, что великий рыцарь сэр Ланселот увидал как-то королеву Гиневру, супругу короля Артура, и безумно, страстно полюбил ее с первого взгляда. Поэтому, узнав однажды, что королева похищена неким злым рыцарем, сэр Ланселот не колебался ни секунды — забыв обо всех прочих своих обязанностях, он бросился им вдогонку. Когда под ним пал загнанный конь, он продолжил свой путь пешком. Наконец он почувствовал, что близок цели, но настолько утомился, что упал, не будучи в силах ступить более ни шагу. Мимо проезжала повозка, запряженная несколькими лошадьми; она была тесно набита отвратительного вида людьми, закованными в кандалы. В те дни в подобных повозках было принято возить преступников — убийц, предателей, разбойников и воров. Их провозили по каждой улице в назидание горожанам. Проехав хоть однажды в такой повозке, свободный человек до конца жизни лишался всех своих прав. Повозка палача вызывала у людей такой ужас, что, увидев ее — даже пустую, — прохожие вздрагивали от страха и торопливо осеняли себя крестным знамением. И все же сэр Ланселот остановил возницу, уродливого карлика: «Именем Господа, ответь, не встретил ли ты на дороге мою госпожу, королеву?» — «Если согласишься отправиться в путь на повозке, которой я правлю, — отвечал карлик, — то к утру узнаешь, что с королевой». И он тронул повозку с места. После минутного колебания Ланселот бросился к нему и, настигнув в два прыжка, забрался в повозку.

Всюду, куда ни они приезжали, вокруг повозки толпились горожане. Рыцарь, сидевший среди преступников, вызывал особое любопытство. В чем он провинился? Как его казнят — живьем сдерут с него кожу? Или утопят? А может, сожгут на костре из терновых веток? Наконец карлик отпустил Ланселота, не сказав ему ни слова о местонахождении королевы. В до-

и нимало не оценила ни его благородства, ни терпения, ни верности клятве. И вот, прежде чем выполнить свое обещание, она решила потребовать от него еще одного доказательства любви. Для этого она попросила его поговорить с ее компаньонкой, очень красивой девушкой, которая была моложе ее, и поухаживать за ней, чтобы те, кому часто приходилось встречать его у нее в доме, уверились, что он приходит туда ради этой девушки, а не ради нее самой.

Молодой человек, будучи уверен, что она любит его так же сильно, как и он, покорно согласился и из любви к ней стал ухаживать за этой девушкой. Ту же и красота его, и нежные речи совершенно пленили: притворство она приняла за чистую правду и горячо его полюбила, не сомневаясь, что и он ее любит. Когда дама увидела, что все у них зашло уже достаточно далеко, а молодой человек продолжает, тем не менее, требовать от нее обещанной награды, она позволила ему прийти к ней спальню в час пополуночи, сказав, что долго испытывала его любовь и верность и теперь хочет вознаградить его за все долготерпение. Можно себе представить, как обрадовался молодой человек. И он явился к ней точно в назначенный час. Но, чтобы еще раз испытать его любовь, дама эта сказала своей красавице компаньонке: «Я знаю, как тебя любит этот сеньор; думаю, что и ты любишь его не меньше. И я так сочувствую вам обоим, что хочу предоставить вам возможность побыть подольше

вершение всех бед теперь никто не желал разговаривать с рыцарем, которого видели сидящим вместе с преступниками в повозке палача, — все шарахались от него, как от больного чумой. Он продолжал свои поиски, и на всем протяжении пути другие рыцари поносили его, осыпали проклятиями и всячески выказывали ему свое презрение. Проехав в повозке, он утратил отныне рыцарское достоинство. Но никто и ничто не могло остановить или задержать его. Наконец ему стало известно, что похитителем королевы был злодей, рыцарь Мелигант. Он вызвал Мелиганта на поединок. Ланселот еще не полностью оправился после изнурительного преследования и был слаб. Казалось, что поражение его неизбежно, но до него дошел слух, что за поединком будет наблюдать королева, и это придало рыцарю сил. Он уже занес меч, чтобы убить Мелиганта, и в этот момент поединок был прекращен. Гиневра махала ему рукой.

Ланселот был так счастлив, что вновь видит свою даму, что едва сдержал радостный крик. Но, к его горестному удивлению, королева гневно хмурилась и даже не взглянула на своего спасителя.

Обращаясь к отцу Мелиганта, она произнесла: «Сир, этот человек трудился напрасно. Я объявляю, что нисколько не рада ему и не питаю к нему ни малейшей благодарности». Ланселот пришел в отчаяние, но не показал виду и не отступился. Прошло немало времени, прежде чем после множества испытаний ему все же удалось добиться того, чтобы королева, смягчившись, вернула ему благосклонность и разделила с ним ложе. Однажды он спросил ее: почему тогда, у Мелиганта, она публично отвергла его? Не потому ли, что он лишился всех рыцарских почестей, проехав в страшной повозке палача? Королева отвечала: «Прежде чем решиться поехать в ней ради меня, ты помедлил и дал ей отъехать на целых два шага. По правде говоря, именно из-за того твоего колебания я и не хотела с тобой знаться».

Толкование

Возможность отличиться, совершив самоотверженный или бескорыстный поступок, подчас появляется внезапно. И тут необходимо показать, на что вы способны, мгновенно, не тратя время на раздумья. Может быть, нужно броситься на помощь, а может, оторвать от сердца дорогую вам вещицу или оказать какую-то услугу — главное, требуется все бросить и сделать то, чего от вас ждут в настоящий момент. Может статься, вы будете действовать неумело или даже сделаете какую-то глупость — что с того, ведь судить вас будут не по этим ошибкам, а по готовности действовать ради другого, не заботясь о том, какие последствия это будет иметь для вас.

В подобных случаях колебание, каким бы кратковременным и мимолетным оно ни было, может в несколько мгновений свести на нет все ваши тяжкие труды, разрушив обольстительные чары и продемонстрировав во всей красе ваши эгоизм, неблагородство и трусость. Такова, во всяком случае, мораль истории Ланселота, как она была описана в двенадцатом веке Кретьеном де Труа. Помните: важно не только и не столько то, *что* вы делаете, сколько то, *каким образом* вы делаете это. Если вы и на самом деле эгоистичны, научитесь это скрывать. Реагируйте быстрее и как можно более непосредственно, преувеличенно эмоционально, не бойтесь выглядеть взволнованным и даже показаться глупым — ведь до такого состояния вас довела любовь. Если придется прыгать в повозку пала-

вдвоем и поговорить обо всем на досуге».

Бедная девушка была так счастлива, что не стала скрывать своей любви и ни за что не захотела упустить этот случай. И, послушав во всем совета дамы, она пошла к ней в спальню, разделась и улеглась там в мягкую постель. Дама же оставила дверь приоткрытой и зажгла светильник, так что всю красоту этой девушки при свете можно было легко разглядеть. А сама, вместо того чтобы уйти, незаметно спряталась за спинкой кровати. Бедный юноша, будучи вполне уверен, что увидит свою любимую, как та ему обещала, в назначенный час не преминул явиться и с большой осторожностью прокрался в спальню.

Закрыв дверь, он разделся, снял свои меховые туфли и улегся в постель, где рассчитывал обрести желанное счастье.

И не успел он протянуть руки, чтобы обнять ту, кого он считал своей возлюбленной, как девушка обвила ему шею руками, стала называть его самыми нежными словами, и красота ее была так велика, что ни один отшельник не устоял бы перед таким искушением. Но как только он узнал ее голос и увидел, кто с ним лежит в постели, любовь, торопившая его поскорее лечь, заставила его столь же поспешно вскочить: рядом с ним была другая, а не та, из-за кого он столько выстрадал.

И вот, негодуя в душе на свою возлюбленную и на эту девушку, он вскричал: «Ни ваше безрассудство,

ча ради спасения Гиневры, позаботьтесь о том, чтобы ей стало известно: вы не колебались ни секунды.

5. Примерно в 1531 году в Риме жила удивительная молодая женщина, Туллия д'Арагона. Согласно представлениям того времени, ее нельзя было назвать идеальной красавицей: она была высокого роста, хрупкая и тоненькая, а тогда ценились крупные женщины с пышными формами. Кроме того, ей были чужды слащавость, жеманство и прочие ужимки, с помощью которых девушки привлекали внимание мужчин. Нет, у нее были другие достоинства. Она безукоризненно владела латынью, могла обсуждать последние новинки литературы, играла на лютне и замечательно пела. Словом, в ней была прелесть новизны, а поскольку многих мужчин привлекает к себе именно это, то она пользовалась у них громадным успехом. Был у нее постоянный любовник, дипломат, и мысль о том, что она принадлежит лишь ему одному, сводила остальных поклонников с ума. Они соревновались в попытках удостоиться ее внимания, слагали в ее честь вирши, каждый надеялся занять место фаворита. Никому из них это не удавалось, но они не оставляли стараний.

Конечно, кое-кто отходил в сторону, оскорбленный ее невниманием, они-то и стали распространять слухи, что она — просто-напросто шлюха, только очень дорогая. Повторяли сплетню (не исключено, что правдивую), будто она заставляет стариков плясать под ее лютню и разрешает тем, чей танец ей понравится, сжимать ее в своих объятиях. Преданные воздыхатели Туллии — люди, как на подбор, высокородные — с негодованием называли подобные слухи клеветой и злобными измышлениями. Они составили бумагу, которую позаботились разослать повсеместно: «Наша достопочтенная госпожа, высокородная и благородная госпожа Туллия д'Арагона, воистину превосходящая и затмевающая своими достоинствами всех дам прошлого, настоящего и будущего... Всякий, кто откажется признать это, будет наказан занесением в позорные списки одним из нижеподписавшихся рыцарей».

Туллия оставила Рим в 1535 году, переехав вначале в Венецию, где ее возлюбленным стал поэт Торквато Тассо, а оттуда в Феррару, которая в те времена славилась своим двором — пожалуй, одним из самых изысканных в Италии. Там ее появление поистине произвело сенсацию. Чудесный голос, умелое пение, даже написанные ею стихи — придворные превозносили и восхваляли их на все лады. Она основала литературную академию. Себя она называла музой, а вокруг нее, как и в Риме, сформировался кружок преданных молодых людей. Они повсюду сопровождали ее, вырезали ее имя на коре деревьев, складывали в ее честь сонеты и распевали их всем и каждому, кто только соглашался слушать.

Один молодой вельможа буквально потерял рассудок — он был доведен до того, что не мог думать ни о чем и ни о ком, кроме Туллии; ему казалось, все влюблены в нее, а она никому не отвечает взаимностью. Твердо решив во что бы то ни стало похитить Туллию и жениться на ней, молодой человек всеми правдами и неправдами пытался уговорить ее позволить ему навестить ее ночью. Он клялся в вечной любви и верности, осыпал ее драгоценностями и другими подарками, просил ее руки. Она отказывала. Он выхватил кинжал, но Туллия стояла на своем, и тогда он вонзил его себе в грудь. Юноша выжил, а репутация Туллии теперь еще укрепилась: ни деньги, ни драгоценности не могли купить ее милости, или так казалось... Даже когда с годами ее красота поблекла, все же всег-

ни коварство той, которая все это устроила, не заставят меня ни в чем изменить себе. А вам я посоветовал бы беречь вашу честь и доброе имя». И с этими словами, вне себя от гнева, он вышел и с этого дня довольно долго не появлялся у своей дамы. Но так как Амур никогда не теряет надежды, он убедил влюбленного, что чем непреклонней тот станет и чем больше выдержит испытаний, тем радость потом будет полнее и долговечней. Дама же, когда она все это узнала, была так довольна и так восхищена его безмерной и стойкой любовью, что ей не терпелось поскорее увидеть его, чтобы получить у него прощение за тяготы, которые она заставила его вынести.

А встретившись с ним, она сказала ему так много

да рядом с ней оказывался поэт или философ, готовый взять ее под свою защиту. Мало кому из них была известна правда: Туллия действительно была куртизанкой, и одной из наиболее высокооплачиваемых.

Толкование

У каждого из нас непременно есть какие-то изъяны. Некоторые свойственны нам от рождения, и исправить их невозможно. У Туллии изъянов было немало. По своим внешним данным она отнюдь не соответствовала идеалам эпохи Ренессанса. К тому же она была рождена вне брака, от куртизанки. Однако в глазах тех мужчин, что попадали во власть ее чар, все это не имело ни малейшего значения. Все затмевал ее образ — возвышенной и благородной красавицы, недоступной, за обладание которой приходится бороться. Этот образ позаимствован из Средневековья — времен рыцарей, трубадуров и прекрасных дам. Тогда женщине, как правило уже связанной узами брака, удавалось регулировать отношения между полами, отказывая в своих милостях до тех пор, пока рыцарь не представит доказательств того, что чувства его искренни, а сам он достоин любви. Он должен был справиться с испытанием — отправиться в дальний путь на поиски сокровищ, жить среди прокаженных или совершить смертельно опасный подвиг во имя прекрасной дамы. И все это следовало выполнять без страха и упрека. Хотя времена трубадуров давно прошли, схема осталась: по сути дела, мужчине и нравится испытывать себя, соревноваться, принимать брошенный вызов, подвергаться испытаниям и возвращаться победителем. В нем есть мазохистская струнка: ему нравится испытывать боль. И странно, чем большего требует женщина, тем более желанной она кажется. Женщина, добиться которой легко, не может в представлении мужчины быть дорогим сокровищем.

Заставьте окружающих искать вашего внимания, показать, достойны ли они вас, и вы увидите, как охотно они примут вызов, желая добиться вашего расположения. Подобные вызовы разжигают искру соблазна — докажи, что *в самом деле меня любишь*. Когда человек (любого пола) отвечает на вызов, от другого ждут в ответ того же, и обольщение набирает силу. Заставляя людей проявить себя, вы к тому же повышаете себе цену и скрываете свои изъяны. Ваши объекты зачастую настолько поглощены тем, чтобы самоутвердиться, что не обращают внимания на ваши недостатки или промахи.

Символ: Турнир.
Яркие, многоцветные знамена, лошади в нарядных попонах, а дама смотрит из-под руки на воинственных рыцарей. Она слушала, как они клялись ей в любви, опускаясь на одно колено, слушала бесконечные песни и красивые клятвы. Это у них хорошо получается. Но вот трубит труба, и начинается сражение. На турнире нет места притворству и колебаниям. У ее избранника должно быть окровавлено лицо и переломаны конечности.

Оборотная сторона

Стараясь доказать, что вы достойны своего объекта, не забывайте, что разные объекты воспринимают вещи по-разному. Демонстрация физической силы не произведет впечатления на тех, кто не ценит физическую силу; она лишь покажет, что вы кичитесь своим совершенством и хотите, чтобы вами восхищались. Обольститель должен уметь чувствовать и понимать такие вещи и наилучшим образом проявить себя, применяясь к слабостям и вкусам обольщаемых. Для кого-то красивые слова, особенно изложенные на бумаге, будут более верным свидетельством, нежели безрассудные деяния. Имея дело с такими людьми, рассказывайте им о своих чувствах в письмах — это тоже своего рода доказательство, а если письмо поэтично, то действует подчас лучше, чем какой-то демонстративный поступок. Изучите свой объект получше и нацельте свое доказательство преданности и любви точно в источник их сомнений или сопротивления.

Закон

17

Возвращение
в прошлое

Люди, испытавшие в прошлом что-то приятное, впоследствии тяготеют к тому, чтобы повторить эти переживания. Самые добрые наши воспоминания относятся, как правило, к счастливому периоду раннего детства и зачастую связаны с родителями. Постарайтесь вернуть свою жертву к моментам детства. Включив себя в эдипов треугольник, поместите ее в позицию ребенка. Не понимая природы собственной эмоциональной реакции, она даже не заметит, как полюбит вас. Можно обратиться к прошлому по-другому, позволив жертве сыграть роль ласкового и заботливого родителя. В любом случае вы предлагаете им осуществить запретную фантазию: шанс вступить в любовную связь с мамочкой или папулей, сыном или дочуркой.

Эротическая регрессия[1]

Став взрослыми, мы склонны придавать слишком большое значение своему детству, идеализируем и переоцениваем его. Мы легко и охотно забываем, какие страдания причиняли нам в детстве беспомощность, слабость, зависимость и бессилие. Мы и не вспоминаем об этом, рисуя себе сентиментальную картинку этакого потерянного рая. Мы не помним боль, в памяти остаются одни только радости. Почему? Потому что ответственность и многочисленные обязанности взрослой жизни ложатся на наши плечи тяжким бременем — таким тяжким, что мы втайне тоскуем по безмятежной поре детства вместе с ее зависимостью, тоскуем по тем людям, которые окружали нас заботой, помогали во всем, брали на себя решение наших проблем. Надо сказать, что — осознаем мы это или нет — наши мечты о детстве несут и определенный эротический заряд, поскольку чувство зависимости от взрослого у ребенка подсознательно окрашено сексуальными полутонами. Дайте людям ощущение, что они, как в детстве, защищены и могут на вас положиться, и они перенесут на вас самые разнообразные свои фантазии — включая чувство влюбленности или сексуального влечения, — которые прежде связывали с другими. Мы даже себе не признаемся в этом, однако все мы мечтаем вернуться в прошлое, в детство, подобно лягушачьей шкурке сбросить с себя обличье взрослых и дать выход детским эмоциям, еще сохранившимся глубоко в душе.

С самого начала своей профессиональной деятельности Зигмунд Фрейд столкнулся с непонятным феноменом: многие пациентки влюблялись в него. Со временем объяснение было найдено: на своих сеансах Фрейд помогал паци-

> Я подчеркиваю, что любимый человек представляет собой подмену идеального эго. Два человека, любящие друг друга, обмениваются своими эго-идеалами. То, что они любят друг друга, означает, что каждый из них любит идеал самого себя в другом. На Земле вообще не было бы любви, если бы не эта иллюзия. Мы влюбляемся потому, что не можем иначе достичь образа, в котором заключены наши лучшие, идеальные черты, лучшая часть нас. Исходя из этой концепции, можно заключить с очевидностью, что возникновение любви возможно лишь на определенном уровне развития культуры

---

[1] Регрессия (здесь) — возвращение в предыдущее состояние или на более раннюю стадию развития.

594

ентке погрузиться в воспоминания детства, в которых, согласно его теории, и крылись причины болезни или невроза. Она рассказывала о своем отношении к отцу, о том, как впервые испытала чувство нежности и любви, а также о том, как столкнулась с пренебрежением и грубостью. Процедура пробуждала сильнейшие эмоции и воспоминания. В каком-то смысле женщина совершала путешествие во времени, возвращаясь назад, в детство. Этот эффект еще усиливался тем, что сам Фрейд был немногословен, держался довольно отстраненно, порою даже холодно, но вместе с тем сочувственно — другими словами, своим поведением и отношением он вполне соответствовал традиционной фигуре отца. К тому же во время сеанса пациентка лежала на кушетке в беспомощном, пассивном положении, что и чисто внешне подкрепляло ассоциации с ролями родителя и ребенка. В конце концов наступал момент, когда пациентка, запутавшись, проецировала некоторые из тех чувств, анализом которых они занимались, на самого Фрейда. Сама того не сознавая, она отождествляла его со своим отцом. Фрейд назвал этот феномен «перенесением», и это понятие стало важной частью его методики лечения. Психоаналитик, добиваясь того, чтобы пациенты переносили подавляемые эмоции на него, получал возможность вскрывать их внутренние проблемы и переводить их с бессознательного на сознательный уровень.

Эффект перенесения, однако, проявлялся настолько мощно, что с некоторыми пациентками, ослепленными вспыхнувшим чувством, Фрейд просто не мог работать. В самом деле, перенесение — действенный способ формирования сильной эмоциональной привязанности; не в этом ли и заключается суть и конечная цель любого обольщения? Метод имеет широчайшее применение и за пределами психоанализа. Чтобы

или по достижении определенного этапа развития личности. Само по себе развитие эгоидеала характеризует прогресс человечества. Когда люди полностью удовлетворены собой такими, какие они есть, любовь невозможна. Перенос эгоидеала на другого человека — наиболее характерная отличительная черта любви.

ТЕОДОР РЕЙК,
«О ЛЮБВИ
И ВОЖДЕЛЕНИИ»

[В Японии]
традиционный
подход к воспита-
нию детей во
многом, кажется,
представляет собой
воспитание
пассивной
зависимости.
Ребенка очень
редко оставляют
одного, без
присмотра, как
днем, так и ночью,
ведь дети почти
всегда спят рядом с
матерью. На
прогулках ребенка
не толкают перед
собой в коляске,
позволяя ему
оказаться лицом
к лицу с новым для
него миром,
а накрепко
привязывают
в уютном коконе
к материнской спине.

использовать его в реальной жизни, вам придется взять на себя роль психоаналитика, поощряя
людей к разговорам об их детстве. Большинство
пойдет на это охотно и с радостью, а наши воспоминания так живы и эмоциональны, что какая-
то часть нас возвращается в прошлое от одних
разговоров о детских годах. К тому же в довери-
тельных беседах то и дело всплывают маленькие
секреты: мы извлекаем важную информацию о
слабостях, особенностях характера, информацию, которую мы должны собирать по крупицам,
не упуская ничего. Не принимайте каждое слово
своих объектов за чистую монету: вы часто будете сталкиваться с тем, что они драматизируют
или, напротив, идеализируют события детства.
Слушая их рассказы, обращайте внимание на
интонации голоса, паузы, всевозможные неконтролируемые жесты, движения, нервные реакции, а особенно на все то, о чем говорится с
неохотой, что они отрицают, что заставляет их
нервничать. Многие слова и утверждения на
самом деле имеют противоположное значение.
Если, к примеру, они говорят вам, что ненавидели своего отца, можете быть уверены, что за этим
скрывается большое разочарование — в действительности они любили отца сильно, может, даже
слишком сильно, но, скорее всего, никогда в
жизни не получали от него достаточно внимания, всего того, чего ожидали. Внимательно
прислушивайтесь к тем темам и историям, которые всплывают в разговоре снова и снова. Самое
важное — научитесь анализировать эмоциональные реакции и видеть, что стоит за ними.

Пока они говорят, вы должны оставаться в
роли психоаналитика, внимательного, но невоз-
мутимого, слушать молча, время от времени
вставляя нейтральные замечания, не порицая
никого и не высказывая своих оценок. Позаботьтесь о том, чтобы удерживать определенную дистанцию, а по сути дела, сохранять не-

которое равнодушие — и тогда они начнут переносить свои эмоции и проецировать самые различные фантазии на вас. С той информацией, которую вам удастся собрать об их детстве, и с тем капиталом доверия, который вы стяжаете, уже можно начинать работать над регрессией. Предположим, вы докопались до существования в прошлом сильной привязанности между ребенком и одним из родителей, братом или сестрой, учителем или еще кем-то — речь идет о какой-либо ранней привязанности, отбросившей тень на всю дальнейшую жизнь вашего избранника. Разобравшись, что именно оказало столь мощное воздействие на него, вы сможете принять на себя эту роль. А может статься, что вы обнаружите в его прошлом дефект, зияющую брешь — например, нелюбящего отца. Теперь начинайте действовать как родитель, но заменяя при этом исходные равнодушие и пренебрежение теплотой и любовью, которых никогда не давал вашему объекту настоящий родитель. У каждого с детства остались незажившие раны — разочарования, болезненные воспоминания, утраты. Завершите то, что не было завершено. Дознайтесь, чего всю жизнь недоставало вашим объектам, и у вас в руках ингредиенты, из которых можно состряпать великолепное обольщение.

Главное при этом — не просто болтать, предаваясь воспоминаниям. Этого мало. Вам требуется нечто большее — заставить людей проиграть в своей настоящей жизни некоторые мотивы из прошлого, да так, чтобы они и не догадывались о том, что происходит. Регрессия, которую вы можете вызвать, распадается на четыре основных типа.

Регрессия в младенчество. Первые в жизни узы — узы между матерью и ребенком — самые крепкие. Человеческим детям, в отличие от де-

Когда мать кланяется, ребенок кланяется вместе с ней, так что принятые в обществе правила приличия усваиваются автоматически, пока дитя еще чувствует биение материнского сердца. Эмоциональная стабильность, таким образом, почти полностью зависит от физического состояния матери... Дети усваивают, что демонстрация пассивной зависимости — лучший способ добиться расположения и любви. В японском языке есть для этого особый глагол «амаэру», который в словаре переводится как «злоупотреблять любовью другого; изображать ребенка». Согласно утверждению психиатра Дои Такео, именно здесь кроется ключ к пониманию личности японцев. Это продолжается и во взрослой

тенышей большинства животных, свойственен длительный период беспомощности, слабости, на всем протяжении которого они полностью зависят от матери. Это и создает привязанность, которая оказывает мощное воздействие на всю их последующую жизнь. Работая над регрессией этого типа, очень важно воссоздать ощущение беззаветной любви матери к своему дитяти, любви безоговорочной, не зависящей ни от каких условий. Ни при каких обстоятельствах не осуждайте свои объекты — позволяйте им делать, что заблагорассудится, даже плохо себя вести, в то же время окружите их любовной заботой, теплом и уютом. Многие при этом почувствуют, что словно вернулись в раннее детство, когда мама была всегда рядом, утешала и помогала. Это действует практически на любого человека, поскольку безоговорочная любовь наиболее редка и ценится особенно высоко. Вам даже не потребуется применяться к каким-то конкретным деталям их детства: такой род привязанности приходилось испытывать почти всем людям. Уделите внимание тому, чтобы усилить это чувство погружения в радостный мир детства — теплая атмосфера, приятные занятия, яркие, веселые краски.

Эдипова регрессия. После связи матери и ребенка следует эдипов треугольник, составленный матерью, отцом и ребенком. Треугольник этот формируется в период самых ранних, неосознанных эротических фантазий у ребенка. Мальчику хочется, чтобы мать принадлежала только ему, у девочки возникает такое же желание по отношению к отцу, однако добиться этого никогда не удается, поскольку у детей всегда имеются конкуренты: за любовь и внимание родителя с ними соперничает второй родитель или другие взрослые. Безоговорочная любовь младенчества уходит: теперь, и это неизбежно, родители иногда отказывают ребенку, когда он их о чем-то просит. Перенесите свою жертву в этот период жизни. Играйте роль родителя любящего, но порой строгого и требовательного. Детям вообще-то нравится строгость в разумных количествах — как доказательство того, что взрослым они небезразличны. И взрослые дети тоже будут рады, если к вашей нежности примешается немного строгости и жесткости.

В отличие от младенческой эдипову регрессию необходимо изготовить точно по индивидуальной мерке. Все зависит от того, что вам удастся разузнать. Не владея достаточной информацией, вы рискуете потратить время зря. Вы, например, станете нянчиться со своим объектом, как с ребенком, проявляя строгость и требовательность, и все это лишь для того, чтобы в конце концов столкнуться с разочарованием: может выясниться, что ваше продуманное поведение вызывает у этого человека только отрицательные эмоции — уж слишком много строгостей и дисциплины было в его детстве. Или, к примеру, вы наведете на воспоминания о родителе, которого объект боялся или ненавидел, и неприязнь будет автоматически перенесена на вас. Не начинайте погружения в прошлое, пока не выясните всего, что только можете, о детских годах своего объекта — от чего он страдал, чего ему не хватало, чем он был «перекормлен» и так далее. Если объект был сильно привязан к родителю, но эта привязанность носила частично негативный характер, эдипова регрессия все же может оказаться весьма эффективной. Мы всегда испытываем двойственные чувства по отношению к родителю: с одной стороны, мы его любим, но, с другой стороны, одновременно мучаемся от сознания

женщины, полные материнской любви. Женщины, лишенные материнской любви, — это категория женщин, на которых мужчины никогда не хотят жениться... Женщина должна уметь посмотреть на мужчину глазами матери».

Ян Бурима,
«За маской:
о сексуальных демонах, священных матерях, трансвеститах, разбойниках, бродягах и других героях японской культуры»

своей зависимости от него. Не бойтесь вызвать к жизни эти противоречивые переживания, которые вовсе не мешают нам испытывать к родителям самую глубокую привязанность. Не забудьте внести эротическую нотку в свое родительское поведение. Теперь ваши объекты не только могут получить отца или мать в свое полное распоряжение, они получают нечто большее — что-то, что было прежде запрещено, а теперь дозволено.

Регрессия к идеалу. В детстве мы нередко создаем в своем воображении некую идеальную фигуру. Сначала это такой человек, каким мы сами хотели бы стать. Мы представляем себя отважными путешественниками, романтическими героями. Затем, становясь подростками, мы переключаем внимание с себя на окружающих, часто проецируя на них свои представления об идеале. Наша первая любовь — мальчик или девочка — может показаться нам носителем тех идеальных качеств, которыми хотели обладать мы сами (или нам может казаться, что идеальными будут наши отношения с ними). Чаще всего мы не расстаемся со своими идеалами, только с годами закапываем их поглубже. Втайне мы страдаем от разочарования, мучаемся из-за того, что приходится постоянно идти на компромисс, из-за того, что с возрастом все отдаляемся от идеала. Помогите своему объекту вновь пережить встречу с юношеским идеалом, оказаться рядом с тем человеком, с которым ему хотелось быть, — и вы вызовете другой тип регрессии, создадите ощущение возврата в отроческий возраст. Отношениям между вами и тем, кого вы соблазняете, в большей мере свойственно равенство, чем в предыдущих случаях, — они больше напоминают отношения между братом и сестрой. И на самом деле часто идеалом для нас становятся именно наши братья или сестры. Чтобы добиться такого эффекта, приложите все усилия, чтобы воспроизвести глубокое и чистое настроение юношеской влюбленности.

Обратная родительская регрессия. В этом случае возвращаться в детство придется вам: вы должны сознательно сыграть роль милого, очаровательного ребенка, к тому же не чуждого сексуальности. Молодые всегда кажутся чрезвычайно обольстительными людям постарше. В обществе юных у них возникает такое чувство, будто их собственная молодость вернулась. Но на самом деле они все-таки старше, и вот к вселяющему силы заряду бодрости, который несет общение с молодыми людьми, примешивается приятная возможность поиграть в их отца или мать. Если ребенок потенциально способен испытывать эротические чувства по отношению к своему родителю — чувства, которые подавляются в зародыше, — то с аналогичной проблемой со своей стороны может сталкиваться и родитель. В отношениях со своими объектами возьмите на себя роль ребенка, и некоторые из этих подавляемых и загнанных вглубь эротических чувств выявятся. Может показаться, что эта стратегия требует внушительной разницы в возрасте, однако это не всегда так. Черты маленькой девочки, подчеркнуто выраженные у Мэрилин Монро, действовали с не меньшей силой на ее ровесников. Акцентируя собственную слабость или беззащитность, вы к тому же предоставляете своим объектам приятную возможность изобразить защитника.

Несколько примеров

1. Родители Виктора Гюго разошлись вскоре после появления на свет будущего писателя в 1802 году. Причиной развода послужила связь матери Виктора, Софи, с генералом, начальни-

ком ее мужа. Она забрала троих своих сыновей у отца и уехала из Парижа, объявив, что будет растить детей сама. Отныне мальчики вели сумбурную жизнь с частыми переездами, периодически страдая от недостатка средств, в то время как мать была увлечена продолжающейся интрижкой с генералом. Из всех мальчиков Виктор более всех был привязан к матери, он идеализировал ее, соглашался с ней во всем и разделял все ее воззрения, унаследовав от нее и ненависть к отцу. Но в детстве ему никогда не доставалось вдоволь ласки и внимания от своей обожаемой матушки. В 1821 году она умерла в бедности и долгах. Виктор долго не мог оправиться от потрясения, вызванного ее смертью.

Год спустя Гюго женился на девушке, с которой его связывала еще детская влюбленность. Адель внешне удивительно походила на его мать. Жизнь в браке поначалу складывалась удачно, однако сходство Адели с его матерью оказалось не только внешним: в 1832 году Гюго обнаружил, что жена изменяет ему с французским литературным критиком Сен-Бёвом, который к тому же считался тогда лучшим другом писателя. В те годы Гюго уже приобрел известность, но так и не научился быть расчетливым. Он, в сущности, всегда был простодушным человеком, о таких говорят «душа нараспашку». И все же у него не поворачивался язык рассказать кому-то об этой двойной измене: это было слишком унизительно. Он решил проблему по-своему — сам стал заводить бесчисленные связи с актрисами, куртизанками, замужними дамами. Гюго не знал удержу, порой назначая свидания поочередно двум, а то и трем разным женщинам в один день.

В конце 1832 года одну из пьес Гюго наметили к постановке в театре, и он проводил отбор актеров на роли. Двадцатишестилетняя актриса

Жюльетт Друэ пробовалась на одну из второстепенных ролей. Обычно державшийся в дамском обществе легко и непринужденно, Гюго вдруг почувствовал такую скованность в присутствии Жюльетт, что начал заикаться. Перед ним, без сомнения, была самая прекрасная из всех женщин, которых ему приходилось видеть в своей жизни. Ее красота в сочетании со спокойной сдержанностью испугала его. Нечего и говорить, что Жюльетт получила роль. А Гюго обнаружил, что молодая актриса постоянно присутствует в его мыслях. Ее всегда окружали толпы обожателей. Нечего и надеяться, что она может снизойти до него, обратить на него внимание, — по крайней мере, он так думал. Однако как-то вечером он попросил разрешения проводить ее до дому после спектакля, и, к его радости, она отнеслась к этому как к должному — его предложение не удивило и не рассердило ее, более того, она пригласила его зайти. Он остался у нее на ночь, и вскоре они проводили вместе почти каждую ночь.

Гюго вновь был счастлив. К его радости, Жюльетт бросила сцену, перестала общаться с прежними друзьями и даже выучилась готовить. Раньше она любила модно одеваться и не пропускала ни одной вечеринки; теперь она стала секретарем Гюго, редко выходила из дома, который он для нее купил, и жила, казалось, только его посещениями. Однако спустя некоторое время Гюго вернулся к старому образу жизни, начал заводить интрижки на стороне. Она не сетовала — ведь он всегда возвращался к ней. И Гюго действительно все больше привязывался к ней.

В 1843 году трагически погибла любимая дочь Гюго, что повергло его в глубочайшее горе. Единственным способом забыться и отвлечься от грызущей тоски были новые интрижки. Вскоре он встретил и полюбил молодую замужнюю даму, принадлежавшую к аристократическому обществу, Леони д'Оне. С Жюльетт он виделся все реже и реже. Прошло несколько лет, и Леони в полной уверенности, что он предпочтет ее, предъявила ультиматум: он должен полностью отказаться от встреч с Жюльетт, в противном случае между ними все кончено. Гюго не пошел у нее на поводу. Вместо этого он предложил устроить соревнование: он будет встречаться с обеими, а через некоторое время сердце подскажет ему, которую предпочесть. Леони выходила из себя от ярости, но поделать ничего не могла. Роман с Гюго к тому времени уже привел к крушению ее брака, пошатнулось и ее положение в обществе; теперь она зависела от него. Ей ничего не оставалось, как согласиться, — правда, она была уверена в своей победе: ведь она находится в самом расцвете лет, а в волосах у Жюльетт уже проглядывает седина. Итак, она старалась делать вид, что предложенное состязание ее устраивает, но время от времени она не выдерживала, срывалась и осыпала его упреками. Жюльетт, напротив, держалась так, будто ничего особенного не происходит. Когда бы Гюго ни пришел к ней, она встречала его приветливо, стараясь, как всегда, окружить материнской лаской и теплом.

Состязание затянулось на несколько лет. В 1851 году у Гюго произошел конфликт с Луи-Наполеоном, кузеном Наполеона Бонапарта, в то время президентом Франции. Гюго в прессе подвергал нападкам диктаторские замашки президента, критиковал его желчно, остроумно, но безрассудно, поскольку мстительность Луи-Наполеона была общеизвестна. Жюльетт, опасаясь за жизнь писателя, настояла, чтобы он из своего дома перебрался к друзьям, а затем, выправив фальшивый паспорт, тайком уехал в

Брюссель. Все шло по намеченному плану: спустя некоторое время Жюльетт присоединилась к нему и привезла вещи, которыми он дорожил больше всего. Надо ли говорить, что этот отважный поступок помог ей стать победительницей в затянувшемся состязании.

И все же, когда Гюго несколько обвыкся на новом месте, его интрижки возобновились. Наконец, опасаясь за здоровье немолодого уже писателя и боясь, что ей уже не под силу соперничать с очередной двадцатилетней кокеткой, Жюльетт выдвинула спокойное, но твердое требование: больше никаких женщин, в противном случае она оставит его навсегда. Гюго, захваченный врасплох, понял, что она говорит серьезно, взвесив каждое слово; он разрыдался и, опустившись перед ней на колени, поклялся на Библии, а затем на томике своего знаменитого романа «Отверженные», что никогда более не собьется с пути истинного. Клятву свою он держал до самой смерти Жюльетт, последовавшей в 1883 году.

Толкование

Любовная жизнь Гюго была результатом его отношения к матери. Ему всегда недоставало ее любви. Женщины, с которыми он вступал в связь, почти всегда внешне походили на нее, он словно пытался восполнить таким образом дефицит материнской любви. Жюльетт Друэ не знала ничего этого, когда познакомилась с Гюго, однако, по всей видимости, безошибочно уловила две вещи: глубокое разочарование, причиненное ему женой, а также то, что всю жизнь он так и не повзрослел. Его эмоциональные всплески, постоянная потребность во внимании — это черты, свойственные скорее маленькому мальчику, чем взрослому мужчине. Они оставались вместе до самого конца именно потому, что эта женщина смогла дать ему то, чего он всегда был лишен: настоящую, крепкую и не ставящую никаких условий материнскую любовь.

Жюльетт никогда не осуждала и не критиковала Гюго за его безобразные выходки; у нее он чувствовал себя в полной безопасности, словно в утробе матери. В ее присутствии он еще более чем обычно чувствовал себя маленьким мальчиком. Мог ли он в чем-то отказать ей или бросить ее? Когда же в конце концов она пригрозила, что оставит его, он расплакался, как испуганный ребенок, потерявший мать. К концу жизни ее власть над ним была полной и всеобъемлющей.

Любовь «ни за что» — редкость, ее трудно встретить. Но именно о такой любви все мы мечтаем. Вам не обязательно заходить так далеко, как Жюльетт Друэ: обычно малейшего намека на преданность и внимание или на то, что вы принимаете своих возлюбленных такими, каковы они есть, со всеми недостатками, достаточно, чтобы они заняли по отношению к вам позицию ребенка. Их может немного испугать чувство зависимости от вас, они могут испытать подспудное ощущение раздвоенности, периодически может возникать потребность в самоутверждении, как это бывало с Гюго, когда он пускался во все тяжкие. Но привязанность к вам будет по-прежнему крепкой, и они будут возвращаться к вам в поисках материнской любви, никогда ранее не испытанной ими или навеки утраченной — и вдруг обретенной, благодаря вам.

2. На рубеже девятнадцатого и двадцатого веков в маленьком германском городке жил учитель Мут; работал он в школе для мальчиков. К своим ученикам Мут с годами начал испытывать живейшую ненависть. Ему было уже под пятьдесят,

много лет он служил в одной и той же школе, втолковывая детям основы греческого и латыни — приверженец классических наук, настоящий книжный червь. Он всегда требовал от мальчиков строгой дисциплины, но в последнее время обстановка стала невыносимой: ученики совсем отбились от рук, их не интересовал Гомер. Они слушали отвратительную музыку, читали только современные книжки. В мальчишках бродил бунтарский дух, однако Мут видел в них кучку ленивых разгильдяев. Ему нестерпимо хотелось проучить их, сделать их жизнь невыносимой: в ответ на их бесчинства он прибегал к наказаниям. Чаще всего это помогало.

Однажды ученик, которого Мут особенно недолюбливал, — высокомерный, хорошо одетый юноша по имени Ломан — встал и заявил: «Я не могу работать в этой комнате, учитель. Здесь слишком пахнет тиной». (Тина было прозвище, которым мальчики нарекли учителя.) Учитель подскочил к Ломану и, заломив ему руку назад, вытолкал из класса. После уроков он заметил, что Ломан оставил в классе тетрадку для упражнений и, рассеянно пролистывая ее, обнаружил запись о некоей артистке Розе Фрёлих. В голове учителя родился план: он поймает Ломана с этой артисткой — без сомнения, женщиной сомнительной репутации — и добьется исключения мальчишки из школы.

Первым делом нужно было узнать, где она выступает. Проделав огромную работу, он наконец обнаружил ее след в клубе «Голубой ангел». Он отправился туда. Прокуренный зал был полон мужчин, по виду рабочих — он привык смотреть на таких свысока. Роза была на сцене, пела какую-то песенку. Ее манера смотреть, словно она заглядывала прямо в глаза каждому в зале, была довольно вульгарной, однако Муту это почему-то показалось очаровательным. Он немного расслабился, выпил вина. После представления он прошел в ее уборную, намереваясь допросить ее с пристрастием насчет Ломана. Очутившись у нее, он вдруг почувствовал странную неловкость, но, собрав всю свою решимость, обрушился на нее с обвинениями в том, что она совращает школьников, пригрозив, что обратится в полицию. Роза, однако, не казалась ни испуганной, ни смущенной. Она обернула слова Мута против него: может, это *он* совращает мальчиков. Она говорила насмешливо, в голосе слышалась издевка. Да, Ломан дарит ей цветы и угощает шампанским — так что с того? Никто прежде не разговаривал с Мутом подобным образом; обычно люди терялись от его резкого, авторитарного тона. Казалось бы, он должен почувствовать себя оскорбленным: она, женщина ниже его по положению, говорила с ним, школьным учителем, как с равным. Удивительно, но он не рассердился и не ушел — что-то удержало его.

Она замолчала и начала натягивать на ногу чулок, не обращая на Мута никакого внимания; он не отрываясь следил за тем, как она растирает обнаженное колено. Он заставил себя вернуться к разговору о Ломане и полиции. «Вы не представляете себе, что это за жизнь, — сказала она. — Всякий, кто сюда приходит, думает, что он — единственный, что, кроме него, на берегу нет ни одного камешка. А если им отказываешь, начинают угрожать полицией!» — «Мне очень жаль, если я оскорбил чувства дамы», — проговорил Мут робко. Когда он поднялся со стула, их колени соприкоснулись, и по спине у него пробежал холодок. А она — теперь она была с ним любезна — предложила вина. Она пригласила его заходить еще, а потом, извинившись, убежала на сцену.

Весь день назавтра он вспоминал ее голос, ее лицо. Думать о ней во время урока казалось чем-то запретным и потому волновало. Едва дождавшись вечера, он отправился в клуб, убеждая себя, что собирается выследить и поймать на месте преступления Ломана, и вновь оказался в уборной Розы, снова пил вино и ощущал странное безволие. Она попросила его помочь застегнуть ей платье; все выглядело так, будто ему оказана честь, и он был благодарен за это. Помогая ей затянуть корсет, он совсем забыл о Ломане. Он с трепетом ощущал, что его вводят в новый, незнакомый ему мир. Она легонько щипала его за щеки, трепала по подбородку и время от времени позволяла ему украдкой увидеть, как стягивает чулки, обнажая ноги.

Теперь учитель Мут стал завсегдатаем «Голубого ангела» — каждый вечер он спешил туда, к Розе, помогал ей одеваться, любовался на нее во время выступлений, испытывая странную гордость. Он стал бывать в клубе настолько часто, что Ломан и его приятели перестали там появляться. Он занял их место — теперь он приносил ей цветы, платил за ее шампанское, прислуживал ей. Да, такому старику, как он, удалось взять верх над самонадеянным мальчишкой Ломаном! Ему нравилось движение, которым она поощрительно трепала его подбородок, когда ему удавалось чем-то угодить ей. А когда она сердилась, бросала ему в лицо пуховку для пудры или сталкивала со стула — тут он приходил в настоящий восторг. Ведь это означало, что он нравится ей. Мало-помалу он привык выполнять все ее капризы. Это обходилось в копеечку, но он не жалел денег, не позволяя ей встречаться с другими мужчинами. В конце концов он сделал ей предложение. Они поженились, это вызвало скандал в обществе: он потерял работу, а там и все свои сбережения; все кончилось тем, что он оказался за решеткой. Однако до самого конца он ни в чем не винил Розу. Напротив, он чувствовал угрызения совести из-за неспособности дать ей все, чего она заслуживает.

Толкование

Учитель Мут и Роза Фрёлих — персонажи романа Генриха Манна, написанного в 1905 году. Позднее по нему был снят фильм «Голубой ангел», в главной роли снялась Марлен Дитрих. То, как Роза обольстила Мута, полностью вписывается в классическую схему эдиповой регрессии. Во-первых, женщина обращается с мужчиной так, как мать обращается с маленьким мальчиком: она бранит его, но не агрессивно, а, скорее, нежно поддразнивая. Она, как и мать, понимает, что тот, кто рядом с нею, слаб и плохо ведет себя не со зла. Она не скупится на похвалу и поощрение. Когда мужчина начинает погружение в прошлое, она добавляет к отношениям физический компонент — как бы случайные, волнующие прикосновения, тончайшие сексуальные обертоны. В награду за регрессию мужчина получает то, что неосуществимо в реальной жизни, — возможность переспать с «матерью». В отношении к матери всегда присутствует элемент состязания, который даже преувеличивает значение материнской фигуры. Мужчина хочет владеть ею единолично — желание, осуществлению которого в детстве всегда мешал отец, но сейчас, когда соперники — просто другие мужчины, это становится вполне реальным.

Главное для регрессии этого типа — видеть в своих объектах детей и обращаться с ними соответственно. Ничто в них не кажется вам угрожающим, вы не принимаете всерьез ни их положения в обществе, ни авторитета. Ваша манера держаться не оставляет сомнений в том, что вы считаете себя более сильной стороной. Чтобы добиться такого эффекта, полезно представить себе, как выглядели эти люди в детстве;

сильные и влиятельные, они неожиданно утрачивают все влияние и силу, стоит вам в воображении вернуть их в детство. Не забывайте, что эдиповой регрессии подвержены люди определенного типа. Ищите таких, кто, подобно учителю Муту, всячески старается подчеркнуть свою взрослость, нетерпимых, застегнутых на все пуговицы пуритан, зацикленных на себе. Они силятся подавить свои регрессивные тенденции, скрывая за строгостью свои слабости. Часто именно те, кто на первый взгляд держится особенно уверенно и прекрасно владеет собой, вполне созрели для регрессии. В действительности они втайне мечтают об этом, а их власть, положение и ответственность — скорее тягостное бремя, чем удовольствие.

3. Французский писатель Франсуа Рене де Шатобриан родился в 1768 году и рос в средневековом замке в Бретани. Замок был мрачным и холодным, казалось, его населяют древние призраки. Семья жила очень уединенно, почти в изоляции. Шатобриан проводил почти все время со своей сестрой Люсиль, их дружба и привязанность были настолько сильны, что в округе шли упорные слухи о кровосмесительной связи. Однако, когда юноше было около пятнадцати лет, в его жизни появилась новая женщина по имени Сильфида. Эту женщину он сотворил в своем воображении — в ней сочетались лучшие качества всех героинь, богинь и куртизанок, о которых он читал в книгах. Он постоянно вызывал ее черты перед своим мысленным взором, даже слышал ее голос. Он представлял ее целомудренной и непорочной, хотя при этом порой они занимались вещами, далекими от целомудрия. Эта связь длилась целых два года, но позднее он уехал в Париж, и там Сильфиду заменила земная женщина из плоти и крови.

СИЛЬФИДА

Я наделил ее [Сильфиду] глазами, виденными у одной деревенской девушки, и чудесным свежим цветом лица другой. Портреты гранд-дам эпохи Франциска I, Генриха IV и Людовика XIV, висевшие в гостиной, подсказали мне остальные черты, и я позаимствовал для нее даже прелесть изображений Мадонны в церквах. Это волшебное создание невидимо преследовало меня повсюду, я вел с нею беседы, как с живым человеком; облик ее изменялся в зависимости от степени моего безумия.
То Афродита без покрывала, то Диана, окутанная лазорево-алой дымкой, то Талия в смеющейся маске, то Геба с кубком юности —

Французская публика, приходившая в себя после страшных событий террора 1790-х, с восторгом приняла первые книги Шатобриана, видя в них дух новизны. Страницы его романов изобиловали таинственными, продуваемыми ветром замками, погруженными в раздумья героями, возвышенными героинями. Наступала эпоха романтизма. Сам Шатобриан напоминал героев своих произведений и, несмотря на довольно непривлекательную наружность, пользовался успехом у женщин — с ним они могли на время покинуть скучный и обыденный мирок своих замужеств и окунуться в волнующую романтическую атмосферу. Недаром Шатобриана прозвали чародеем: несмотря на то что он состоял в браке и к тому же был ревностным католиком, его любовные истории множились год от года. Но не только любовные похождения заполняли его дни — ему, от природы неуемному, не сиделось на месте, он путешествовал по Ближнему Востоку, побывал в Соединенных Штатах, объехал всю Европу. Но нигде он не мог найти то, что искал, не удавалось ему и встретить женщину, о которой мечталось: как только притуплялось первое чувство новизны, он терял интерес к очередному приключению. К 1807 году количество женщин в его жизни уже было так велико, а удовлетворение от этого столь ничтожно, что он принял решение удалиться в провинцию, в свое имение Валле-о-Лу. Там он начал писать свои воспоминания, ставшие вершиной его творчества. Так прошло десять лет.

К 1817 году, однако, жизнь Шатобриана расстроилась совершенно. Безденежье вынудило его отказаться от Валле-о-Лу и продать имение. Накануне пятидесятилетия он внезапно почувствовал себя стариком, ему казалось, что он не только преждевременно состарился, но и выдохся — вдохновение оставило его. В тот год он посетил писательницу мадам де Сталь, давно хворавшую и теперь находившуюся на смертном одре. Он провел несколько дней у ее постели вместе с ее ближайшей подругой Жюльетт Рекамье. Любовные истории мадам Рекамье были широко известны. Ее супруг был много старше ее, и уже довольно давно они не жили вместе; она разбила сердца множества мужчин, на ее счету были такие известные всей Европе люди, как князь Меттерних, герцог Веллингтон, писатель Бенджамин Констант. Однако ходили слухи, что ей, несмотря ни на что, до сих пор удавалось сохранить девственность. Теперь ей было около сорока, однако она принадлежала к тому типу моложавых женщин, которые выглядят юными в любом возрасте. Объединенные общей печалью — кончиной мадам де Сталь, — они с Шатобрианом стали друзьями. Она слушала его так внимательно, она была так восприимчива к его чувствам и так чутко улавливала малейшую перемену настроения, что ему показалось, будто он наконец встретил женщину, которая способна его понять. К тому же в мадам Рекамье было что-то неземное. Ее походка, голос, глаза — недаром многие мужчины называли ее эфирным созданием, ангелом. Восхищение Шатобриана вскоре переросло в жгучее плотское желание обладать ею.

Год спустя после того, как произошло их знакомство, она сделала ему сюрприз: по ее совету один из ее друзей приобрел Валле-о-Лу. Друг надолго уехал, и она предложила Шатобриану провести некоторое время вместе с ней в бывшем его имении. Предложение было принято с радостью. Шатобриан водил ее по окрестностям, показывая самые красивые уголки, объясняя, что для него значил каждый клочок земли, предаваясь воспоминаниям, связанным с этими местами. Рядом с ней к нему возвращалась молодость, в душе разгорались чувства, которые казались навсегда забытыми.

Он предавался воспоминаниям о далеких годах детства. Порой, когда они шли рядом с мадам Рекамье, он заглядывал в эти прекрасные и такие добрые глаза, и по спине пробегал холодок от внезапного узнавания — но, как мучительно он ни старался понять, кого именно она ему напоминает, ему никак не удавалось вспомнить до конца. Единственное, что он знал точно, — это что дело касается каких-то очень давних и прочно забытых событий прошлого. «Я намерен использовать то недолгое время, отпущенное мне, чтобы описать свою юность, — говорил он, — поскольку и ныне ее сущность остается для меня осязаемой».

Казалось, мадам Рекамье отвечала взаимностью на любовь Шатобриана, но, как обычно, настаивала на том, чтобы их отношения оставались платоническими. Чародей, однако, оправдал свое прозвище. Его поэзия, меланхоличный вид, а главное, его настойчивость сделали свое дело, и она наконец уступила — возможно, впервые в жизни. Теперь, став любовниками, они сделались неразлучной парой. И все же Шатобриан был неисправим — со временем он почувствовал, что не может долго довольствоваться одной женщиной. Вновь заговорила его кипучая наутра, возобновились любовные похождения. Вскоре они с Рекамье перестали встречаться.

В 1832 году Шатобриан путешествовал по Швейцарии. Его жизнь снова дала крен; только на сей раз он и вправду был стар, одряхлел не только телом, но и духом. Среди альпийских красот его вновь стали посещать странные воспоминания о детских годах, о замке в Бретани. До него донесся слух, что в тех же местах отдыхает мадам Рекамье. Он не виделся с ней много лет и без промедления поспешил к гостинице, в которой она остановилась. Она встретила его так же ласково, как прежде; они вместе гуляли, а по вечерам подолгу сидели, предаваясь воспоминаниям.

Однажды Шатобриан упомянул о том, что собирается наконец закончить написание своих воспоминаний. Он рассказал ей о самом сокровенном: о Сильфиде, его воображаемой возлюбленной и подруге юношеских лет. Когда-то он надеялся, что встретит Сильфиду в настоящей жизни, но все реальные женщины бледнели, не выдерживая сравнения с идеалом. С годами он совсем забыл о своей выдуманной подруге, но теперь, став стариком, он не только вернулся к мыслям о ней, но и вновь мог видеть ее лицо и слышать голос. И только теперь, вспомнив все, он осознал, что на самом деле ему посчастливилось встретить настоящую Сильфиду — ею была мадам Рекамье. В облике и голосе было достаточно сходства. Но куда важнее было иное сходство — тихий и нежный нрав, целомудрие, девственность. Прочитав ей только что написанные строки о Сильфиде, он признался, что хочет снова стать молодым и верит, что только она способна вновь вернуть ему молодость. Вдохновляемый мадам Рекамье, он вновь приступил к работе над мемуарами, которые впоследствии получили известность под названием «Замогильные записки». Большинство критиков сошлись во мнении, что книга стала его шедевром. Шатобриан посвятил свои воспоминания мадам Рекамье, преданность которой хранил до конца дней, до смерти, наступившей в 1848 году.

Толкование

Вряд ли будет ошибкой сказать, что у каждого из нас есть свой идеальный образ человека, которого мы мечтаем встретить и полюбить. Чаще всего образ этот складывается по крупицам из отдельных черт разных людей, которых мы встречали в юности, персонажей книг и даже кинофильмов. Прототипами идеала могут послужить и люди, оказавшие на нас сильное влияние, — например, учитель. Черты подобного идеала, как правило, расплывчаты, неясны, его трудно описать словами. Они, однако, не имеют ничего общего с поверхностными увлечениями.

Для переходного возраста — а в эту пору все мы становимся идеалистами — характерны особенно усердные попытки отыскать этот идеальный тип в жизни. Часто предметам наших первых влюбленностей в большей степени свойственны черты сходства с ним, чем любви последующих лет. Для Шатобриана, жившего полузатворником в средневековом замке, такой первой любовью стала сестра Люсиль, которую он обожал и идеализировал. Понимая, однако, что Люсиль недоступна, он взамен создал фигуру в своем воображении, наделив ее всеми положительными качествами сестры — благородством, нежностью, целомудрием, отвагой.

Мадам Рекамье, скорее всего, не было известно об идеальном типе Шатобриана, но она могла кое-что узнать о нем самом еще задолго до встречи. Прежде всего она прочитала все его книги, в значительной степени автобиографичные. Она знала, что он сокрушается по утраченной юности; а уж его бесконечные любовные похождения, все новые романы, бесславно завершавшиеся один за другим, не были секретом ни для кого, как не была секретом и его неугомонная натура. Мадам Рекамье была мастерицей подлаживаться под людей, проникая в их мысли, именно поэтому она организовала поездку в Валле-о-Лу, где, как ему казалось, осталась часть его утраченной молодости. Им овладели воспоминания, он словно вернулся во времена юности, в годы, прожитые в Бретани, в замке. Мадам Рекамье не мешала ему, напротив, поощряла. Очень важным обстоятельством, конечно, оказалось совпадение: она действительно напоминала идеал его юности, не столько внешне, сколько по характеру: целомудрием, добротой, благородством. (Тот факт, что очень многие мужчины влюблялись в нее, позволяет предположить, что у многих мужчин идеалы юности совпадают.) Мадам Рекамье была воплощением Люсиль/Сильфиды. Потребовались годы, прежде чем Шатобриан осознал это, а когда это случилось, он был очарован ею окончательно.

Воплотить в себе чей-то юношеский идеал практически невозможно. Но если вам удастся создать хотя бы его отдаленное подобие, пробудить воспоминания об этом идеальном образе, этот человек без оглядки пойдет за вами по тропе обольщения. Для осуществления этой регрессии вам придется поработать психоаналитиком. Добейтесь того, чтобы ваши объекты приоткрыли перед вами свое прошлое, рассказали о былых влюбленностях, а точнее, о самой первой любви. Будьте внимательны к любым выражениям разочарования, чтобы понять, чего именно они тогда не получили, что оставило их неудовлетворенными. Побывайте с ними в местах, где прошло их детство или юность. В этой регрессии основная задача — воссоздание не отношений ребенка с надежным и заботливым родителем, а романтического духа первой полудетской любви. Вашим отношениям с объектом должен быть присущ оттенок целомудрия. Взрослая жизнь постоянно требует от нас компромиссов, лукавства и определенной жесткости. Создайте идеальную атмосферу, исключающую подобные вещи, позволяя партнеру ощутить некую общую, роднящую вас незащищенность, чистоту, даже непорочность. Это придаст всему происходящему сходство с мечтой, объектам должно казаться, что они, хотя это и невозможно, переживают встречу с первой любовью. Действуйте без спешки, дайте событиям развиваться неторопливо, при каждой встрече старайтесь открыться с новой стороны, позволяя увидеть все новые идеальные качества. Повторное переживание былых счастливых мгновений — это ощущение настолько сильное, что устоять перед ним просто невозможно.

4. Однажды летом 1614 года несколько представителей высшего английского дворянства, в число которых входил архиепископ Кентерберийский, встретились, чтобы поговорить о графе Сомерсете, фаворите короля Якова I, которому в то время минуло сорок восемь лет. Молодой граф был фаворитом короля вот уже восемь лет, стяжав за это время несметное богатство, власть и столько всевозможных титулов, что прочим уже не на что было надеяться. Как избавиться от столь могущественного человека? Заговорщики искали, но не могли найти решения.

Спустя некоторое время Яков, инспектируя королевские конюшни, заметил молодого человека, которого прежде не встречал при дворе: двадцатидвухлетнего Джорджа Виллерса, дворянина не слишком знатного рода. От глаз придворных, сопровождавших короля, не укрылся внимательный взгляд, которым король проводил Виллерса, как и то, с каким интересом он позднее о нем расспрашивал. Никто не мог бы поспорить с тем, что юноша был, бесспорно, хорош собой, ангельское лицо сочеталось у него с очаровательной, немного детской манерой держаться. Когда весть о монаршем интересе к Виллерсу достигла заговорщиков, решение пришло мгновенно: они нашли то, что искали, а именно юношу, способного отвлечь короля от омерзительного фаворита. Однако подобные вещи нельзя пускать на самотек, иначе то, что казалось вполне осуществимым, может просто не состояться. Обольщению следует помочь, подтолкнуть в нужном направлении. Поэтому, ни во что не посвящая Виллерса, они для начала свели с ним знакомство.

Король Яков I был сыном Марии Стюарт, королевы Шотландии. Детство его напоминало ночной кошмар: отец его, фаворит матери и его собственные регенты были убиты; мать сначала выслали из страны, а позднее казнили. Будущий король, а тогда юный принц Джеймс, был вынужден изображать дурачка, чтобы избежать участи своих близких. Он не выносил вида мечей, малейший намек на ссору или спор выводил его из равновесия. Когда его двоюродная сестра, королева Елизавета I, скончалась в 1603 году, не оставив наследника, он стал королем Англии.

Яков I окружал себя яркими, веселыми молодыми людьми, предпочитая, по всей видимости, общество мальчиков. В 1612 году умер принц Генри, его сын. Король был безутешен. Ему необходимо было отвлечься и ободриться, а давний его фаворит, граф Сомерсет, был уже не столь свеж и привлекателен. Момент идеально подходил для обольщения. И вот заговорщики приступили к обработке Виллерса под видом того, что дружески хотят помочь юноше преуспеть при дворе. Они позаботились о гардеробе для него, об украшениях, подарили сверкающую карету, не упустив ничего, на что мог обратить свое внимание король. Виллерсу наняли учителей верховой езды, фехтования, тенниса и танцев, обучили обращению с охотничьими собаками и птицами. Особое внимание было уделено искусству вести разговор — как умело польстить, отпустить ловкий комплимент или шутку, вовремя вздохнуть. К счастью, Виллерс оказался способным и восприимчивым учеником; от природы наделенный живостью, он держался непринужденно и, казалось, ничем не смущался. Вскоре заговорщикам посчастливилось определить его на место королевского виночерпия: каждый вечер он наливал королю вино, так что это позволяло ему близко видеть молодого человека. Прошло несколько недель, и король полюбил юношу, который казался воплощенным вниманием и кротостью, а именно в этом король нуждался сейчас более всего. Как это было прекрасно, иметь возможность заниматься его воспитанием, формированием его характера, заботиться о нем, даже баловать. А как отменно он был сложен!

Заговорщики убедили Виллерса в необходимости разорвать помолвку с его возлюбленной: король был однолюбом и не переносил соперничества. В скором времени Яков I потребовал, чтобы Виллерс находился при нем неотлучно, так благотворно действовал на него невинный и добродушный юноша. Король произвел Виллерса в постельничие и теперь мог каждый вечер оставаться с ним наедине. Особенно умиляло Якова то, что новый любимец никогда ни о чем его не просил, поэтому баловать его было особенно приятно.

К 1616 году Виллерс полностью вытеснил прежнего фаворита. Теперь он носил титул герцога Бэкингема и стал членом королевского Тайного совета. К ужасу заговорщиков, он за короткое время заполучил еще больше привилегий, чем было у его предшественника, графа Сомерсета. Король прилюдно звал его любимым, поправлял на нем камзол, причесывал ему волосы. Яков I ревниво оберегал фаворита от всего, заботясь о том, чтобы сохранить его юношескую чистоту. Он был безмерно внимателен к молодому человеку, он старался выполнить малейшую его прихоть и, по сути дела, стал его рабом. Вообще складывалось впечатление, что король иногда впадает в детство: стоило Стини (ласковое прозвище, данное им Виллерсу) войти в комнату, и он начинал вести себя как ребенок. Яков I и его фаворит оставались неразлучными до самой смерти короля в 1625 году.

Толкование

Родители, вне всяких сомнений, оставляют в нас неизгладимый отпечаток на всю жизнь, пусть даже мы не всегда понимаем и замечаем это. Но и дети не в меньшей мере влияют на своих родителей, наполняя их жизнь и по-своему обольщая.

Родители могут играть роль защитников, при этом они в свою очередь, проникаясь духом и энергией своего ребенка, заново проживают какую-то часть собственного детства. И точно так же, как ребенок борется, подавляя неосознанное сексуальное влечение к родителю, родитель вынужден подавлять собственное эротическое влечение к ребенку, лежащее непосредственно под той нежностью, которую он испытывает. Поэтому роль ребенка — великолепный, почти безотказный прием, ведущий к успеху в обольщении. Чувствуя себя более сильными, надежными и более ответственными, чем вы, ваши объекты с готовностью отправятся прямиком в расставленные сети. При этом у них будет ощущение, что им нечего бояться. Подчеркните свою незрелость, слабость, и вы вызовете восхитительную иллюзию, что они защищают вас, подобно родителям, а потребность в этом велика, особенно у людей постарше. Они и не заметят, как вы проникаете им в душу, незаметно нашептываете свою волю — ведь так часто именно дети управляют взрослыми. Ваша наивность вызывает желание уберечь вас, но несет еще и сильную сексуальную нагрузку. Непорочность невероятно соблазнительна; нередко люди даже с опытными партнерами любят играть в лишение невинности. Всколыхните в них дремлющую, но от этого не менее сильную и неосуществимую сексуальную фантазию — интимные отношения с ребенком, — и в надежде на ее претворение в жизнь они пойдут за вами на край света. В довершение всего не исключено, что в вашем присутствии они и сами повернутся лицом к прошлому, заражаясь от вас детским радостным и легким настроением.

Виллерсу многое из того, о чем было сказано выше, было дано от природы, но вам, скорее всего, придется немного потрудиться. К счастью, почти в каждом из нас живы детские качества, которые совсем нетрудно подчеркнуть и несколько утрировать. Постарайтесь, чтобы ваши поступки и действия казались непосредственными и стихийными. Любой сексуальный элемент в вашем поведении должен выглядеть неосознанным, невинным. Подобно Виллерсу, не просите ни о чем. Родителям больше по душе дети, которые не выпрашивают подарки, вызывая тем большее желание эти подарки делать. Притворяясь, что вы совершенно доброжелательны, не осуждаете и не критикуете никого из окружающих, вы добьетесь того, что все ваши поступки будут казаться более естественными и наивными. Старайтесь не терять веселого, бодрого настроя, не переходя, однако, черты и не скатываясь к скудоумию. Утрируйте все присущие вам проявления слабости, то, чего вы не умеете, с чем не можете справиться. Не забывайте: большинство взрослых вспоминают детские годы с любовью, но часто, как парадоксально это ни покажется, особенно сильную ностальгию по тем временам испытывают те, на чью долю выпало трудное детство. Дело в том, что в силу обстоятельств им так и не пришлось *прожить* свое детство, а значит, они не имели возможности и нормально повзрослеть, отсюда и эта тяга к раю, которого они никогда не знали. Именно к этой категории следует отнести и Якова I. Люди этого типа — созревшие плоды, полностью готовые к обратной регрессии.

Символ: Постель. Ребенок, лежащий ночью один в своей кроватке, беззащитный, охваченный страхом, он зовет родителей. Рядом, в соседней комнате, их постель — широкая, запретная, на ней происходит что-то, о чем ребенку знать не положено. Дайте обольщаемому почувствовать то и другое — беспомощность и ощущение греха, — словно вы укладываете его в постельку и баюкаете.

Оборотная сторона

Чтобы вывернуть наизнанку стратегию регрессии, нужно на всем протяжении обольщения оставаться взрослым. Подобное весьма редко встречается, по-видимому, по той простой причине, что не доставляет никакого удовольствия. Обольщение — игра, которая подразумевает воплощение в жизнь разного рода фантазий. Быть солидным, обремененным массой проблем взрослым — не фантазия наша, а долг. Более того, человек, который остается полностью взрослым в отношениях с вами, не заслуживает того, чтобы его обольщали. В обольщении любого сорта — политическом, журналистском, личном — объект должен обратиться к прошлому! Единственная опасность — что ребенок, устав от подчиненного положения, может восстать и пойти против родителей. Вы должны быть к этому готовы и в отличие от родителей постараться на это не обижаться.

18

Попирай запреты и табу

В любом обществе существуют социальные ограничения, диктующие, как далеко можно зайти в своих действиях. Некоторые из них, самые фундаментальные запреты и табу, уходят корнями в глубь времен; другие, более поверхностные, определяются правилами вежливости и пристойного поведения. Ощущение, что вас подводят к самому краю любых подобных ограничений, чрезвычайно обольстительно — воспользуйтесь этим. Люди прямо-таки жаждут приоткрыть и исследовать свою темную сторону. Даже самая романтическая влюбленность не должна состоять из одной нежности и мягкости; намекните на то, что вам присуща некоторая жестокость, даже с привкусом садизма. Разница в возрасте для вас ничего не значит, брачные узы не останавливают, не пугают и родственные связи. Достаточно, подведя свою жертву к запретной черте, вызвать в ней желание переступить ее вместе с вами, а потом ей будет трудно остановиться. Ведите жертву дальше, чем она рассчитывала, — чувство общей вины и соучастия создаст крепкие узы.

Утраченное эго

В марте 1812 года двадцатичетырехлетний Джордж Гордон Байрон опубликовал первые главы своей поэмы «Паломничество Чайльд Гарольда». Поэма изобиловала привычными готическими образами — руины аббатства, путешествие по таинственному Востоку, но от прочих произведений ее отличала фигура заглавного героя, который одновременно был и ее главным злодеем: Чайльд Гарольд — человек, погрязший во грехе, попирающий устои общества, но каким-то образом избегающий наказания. К тому же действие поэмы происходило не в какой-то вымышленной или далекой стране, а в современной Англии. О «Паломничестве...» сейчас же заговорил весь Лондон. Первый тираж был распродан почти мгновенно. В считаные дни разошелся слух: поэма о развращенном молодом аристократе на самом деле автобиографична.

Теперь лорда Байрона наперебой приглашали в дома самых высокопоставленных персон, а многие представители избранного общества оставили свои карточки в приемной его лондонского дома. Вскоре он стал завсегдатаем в их салонах. Удивительно: он не только оправдал, но даже превзошел все ожидания. Поражала его демоническая красота, эти вьющиеся локоны, обрамляющие лицо ангела. Одежда — он носил черное — подчеркивала его бледность. Он был немногословен, что само по себе производило впечатление, а когда начинал говорить, слушателей завораживали глухие звуки его низкого голоса, в котором было что-то порочное. Он немного прихрамывал (одна нога у него от рождения была деформирована), так что, когда оркестр играл вальс (этот танец был особенно моден тогда, в 1812 году), он стоял в стороне, отрешенно глядя поверх голов танцующих. Дамы сходили с ума. Однажды при встрече с

Видел я как-то коня: он узде не хотел подчиниться И, закусив удила, молнии несся быстрей,—
Но покорился и встал, ощутив, что на встрепанной гриве
Мягкие вожжи лежат, что ослабела узда.
Все, что запретно, влечет; того, что не велено, жаждем.
Стоит врачу запретить, просит напиться больной...
Больше хотим мы того, что другой бережет.
Привлекает вора охрана сама.
Редкий доступному рад.
К женщине часто влечет не краса, а пристрастье супруга:
Что-то в ней, видимо, есть, что привязало его...

ним у леди Розберри началось такое сердцебиение (от смешанного чувства страха и восторга), что она вынуждена была удалиться. Женщины соперничали, вырывая право сесть поближе к своему кумиру, завладеть его вниманием, пасть его жертвой. Правда ли то, что он повинен в тайных грехах, подобно его герою?

Леди Кэролайн Лэм — жена Уильяма Лэма, сына лорда Лэма и леди Мельбурн, — блистала в свете, но в глубине души молодая женщина чувствовала себя несчастной. В юности она мечтала о том, что на ее долю выпадут романтические приключения, путешествия. Однако на деле ей была уготована скучная роль светской дамы, вежливой молодой жены, а ей этого было мало. Леди Кэролайн одной из первых прочитала поэму Байрона, и ее привлекло в ней нечто большее, нежели просто новизна сюжета. Впервые увидев лорда Байрона на званом обеде, в окружении женщин, она издали поглядела ему в лицо, а потом молча пошла прочь; в тот вечер она записала в своем дневнике: «Сумасбродный, скверный, знакомство с ним опасно». Потом добавила: «Прекрасное бледное лицо — мой рок».

На другой день, к удивлению леди Кэролайн, лорд Байрон окликнул ее. По всей вероятности, он заметил, как она отошла от него, и был заинтригован ее необычным поведением — он с презрением относился к агрессивным женщинам, которые постоянно вились вокруг, но он, кажется, относился с презрением вообще ко всему на свете, включая собственный успех. Он допоздна засиживался у нее в будуаре, играл с ее детьми, помогал ей подобрать платье к вечернему выходу в свет. С ней он говорил о себе, о своей семье: описывал жестокого отца, бесконечные смерти, которые сыпались на его семью, словно кара, полуразрушенное аббатство, доставшееся ему в наследство, свои приключения в Турции и

Греции. Его жизнь поистине была готическим романом, как и жизнь Чайльда Гарольда.

В считаные дни они стали любовниками. Теперь, однако, расклад изменился: потерявшая голову леди Кэролайн преследовала Байрона с несвойственной женщинам безудержностью. Она одевалась в лакейскую ливрею, пробиралась к Байрону в экипаж, писала ему страстные письма, выставляла их отношения напоказ. Ей наконец-то представился шанс сыграть роль романтической героини из ее девических фантазий! Байрона она начинала тяготить. Ему уже нравилось шокировать; теперь он сознался ей, на какой тайный грех намекал в «Чайльде Гарольде» — речь шла о его гомосексуальных связях во время путешествия. Он делал жестокие замечания, демонстрировал свое безразличие. Но это, казалось, только поощрило ее к дальнейшим действиям. Она то посылала ему локон своих волос, но срезанных не с головы, то гналась за ним по улице, устраивая публичные сцены, — наконец семья увезла ее за границу, чтобы не доводить дело до шумного скандала. Когда Байрон недвусмысленно дал ей понять, что между ними все кончено, она лишилась рассудка.

В 1813 году старый друг Байрона Джеймс Уэбстер пригласил поэта погостить у себя в загородной усадьбе. Уэбстер был женат, однако его не страшило, что у Байрона репутация соблазнителя: его супруга, леди Фрэнсис, молодая и красивая женщина, была при этом тихой и целомудренной, и у мужа не было сомнений, что она устоит перед таким искушением, как Байрон. Но все же Уэбстер испытал облегчение, обнаружив, что Байрон редко заговаривает с Фрэнсис и она также не проявляет особого интереса к гостю. Но спустя несколько дней со времени приезда Байрона, когда однажды хозяйке случилось остаться наедине с ним в бильярдной комнате, она обратилась к нему с вопросом: как может женщина, которой нравится мужчина, дать это понять ему, если сам он не замечает? Байрон нацарапал несколько слов на листке бумаги и передал ей ответ. Прочитав написанное, она вспыхнула. Уезжая, Байрон пригласил супругов нанести ответный визит и погостить у него в пресловутом аббатстве. Там благопристойная леди Фрэнсис увидела его пьющим вино из человеческого черепа. Они допоздна засиживались в одной из потайных комнат аббатства, читая стихи и целуясь. Создавалось впечатление, что рядом с Байроном мысль об адюльтере вовсе не кажется леди Фрэнсис недопустимой.

В то самое лето в Лондон приехала сводная сестра Байрона, Августа. Байрон не виделся с сестрой довольно давно. Внешне они походили друг на друга — то же лицо, те же изысканные манеры; Августа казалась женской ипостасью Байрона. А он выказывал к ней более чем братские чувства. Он приглашал ее в театр, на балы, принимал у себя дома, обращался с ней как с близким другом, на что она вскоре стала отвечать тем же. Вскоре нежная любовь Байрона и его сестры перешла в плотские отношения.

Августа была верной и преданной женой, имела троих детей, но устоять против ухаживаний сводного брата оказалось немыслимо трудно. Он пробуждал в ней странное чувство, почти страсть, чувство более сильное, чем ей доводилось испытывать к другим мужчинам, включая ее мужа. Для Байрона связь с Августой стала своего рода пределом, венчающим список его страшных грехов. Вскоре в письмах друзьям он открыто признался в содеянном. С упоением читал он ответы потрясенных адресатов, а его длинное стихотворение «Невеста Абидоса» повествовало о кровосмесительной связи брата и сестры. О связи Байрона с Августой — беременной от него — поползли слухи. Возмущенное светское общество от него отвернулось, но женщин он волновал еще больше прежнего, а его книги приобретали все большую популярность.

Аннабелла Милбанк, кузина леди Кэролайн Лэм, познакомилась с Байроном в самом начале 1812 года, в пору, когда в Лондоне только о нем и говорили. Аннабелла была девушкой приземленной, трезвой, интересовалась только наукой и вопросами религии. Но что-то в Байроне привлекло и ее внимание. Интерес, казалось, был взаимным: они не только подружились; к немалому ее смущению, он проявлял и чувства иного рода, даже предложил выйти за него замуж. Однако это произошло в разгар скандальной истории с леди Кэролайн, так что Аннабелла не приняла предложения Байрона всерьез. Почти год она не видела его, издали узнавая новости о нем, донеслись до нее и слухи об инцесте. И, несмотря ни на что, в 1813 году она написала своей тетушке: «Я считаю это знакомство настолько желанным, что даже рискнула бы отважиться на то, что именуют флиртом, лишь бы только испытать это наслаждение». Читая его новые стихи, она записала, что «его описания любви почти заставляют *меня* полюбить». Ее восхищение Байроном все росло, и вскоре он узнал об этом. Между ними возобновились дружеские отношения, а в 1814 году он повторно сделал ей предложение; на этот раз оно было принято. Байрон в ее глазах был падшим ангелом, и она надеялась, что сможет его переделать.

Все вышло иначе. Байрон и сам надеялся, что супружеская жизнь поможет ему остепениться, но почти сразу по завершении церемонии бракосочетания осознал, что сделал ошибку. Он сказал Аннабелле: «Скоро вы поймете, что вышли замуж за дьявола». Спустя несколько лет брак распался.

СЕКСУАЛЬНОСТЬ И ЗАПРЕТ

Впоследствии она [женщина] уже не в силах разрушить связь между чувственными переживаниями и запретом и оказывается психологически импотентной, т. е. фригидной, в то время когда ей наконец разрешаются подобные переживания. Поэтому у многих женщин появляется стремление сохранить тайну даже тогда, когда сношения ей уже разрешаются; у других появляется способность нормально чувствовать только в том случае, когда условия запрета снова имеют место при какой-либо тайной любовной связи. Изменяя мужу, она в состоянии сохранить любовную верность второго разряда. Я полагаю, что условие запрета имеет в любовной жизни женщины то же значение, что унижение полового объекта у мужчины... Культурная женщина обыкновенно не нарушает запрета в течение периода ожидания, и таким образом у нее создается тесная связь между запретом с сексуальностью... Вред первоначального запрета сексуального наслаждения сказывается в том, что позднейшее разрешение его в браке не дает уже полного удовлетворения. Но и неограниченная половая свобода с самого начала не приводит к лучшим результатам. Легко доказать, что психологическая ценность любовной потребности понижается тотчас же, как только удовлетворение становится слишком доступным. Чтобы увеличить возбуждение либидо,

В 1816 году Байрон покинул Англию, чтобы никогда не вернуться. Он много путешествовал по Италии; всем и каждому была известна его история — скандальные любовные связи, инцест, его жестокость к любовницам. Но где бы он ни появлялся, итальянки, в особенности замужние аристократки, буквально преследовали его, и каждая совершенно ясно давала понять, что готова без колебания пасть очередной жертвой демонического поэта. Женщины, говоря по правде, вели себя с ним как истинные агрессоры. Как сказал Байрон своему другу Шелли: «Никто не выдержал столько испытаний, как я, бедняжка, — меня подвергали насилию чаще, чем кого бы то ни было со времен Троянской войны».

ТОЛКОВАНИЕ

Женщины во времена Байрона играли, зачастую против собственной воли, роль, навязываемую им обществом. Женщину рассматривали как олицетворение пристойности и приличий, оплот целомудрия; если мужчинам дозволялось давать выход своим дурным порывам и страстям, то для женщины это было немыслимо. За налагаемыми на женщин социальными запретами крылись, однако, страх и нежелание высвободить аморальную и необузданную часть женской психики.

Женщины, сознающие свое неравенство, годами вынужденные подавлять свое естество и страдающие от этого, зачитывались готическими романами и повестями. В этих книгах действовали бесстрашные, готовые к опасностям и приключениям героини, способные не только на добрые, но и на дурные поступки и в этом похожие на мужчин. Сюжеты напоминали сладкие грезы, которым женщины предавались в годы девичества — в том возрасте, в котором мечтать им еще дозволялось. Женщин же, подобных Кэролайн Лэм, романтическая литература буквально подстрекала взбунтоваться против сложившегося порядка вещей. Байрон появился на сцене как нельзя более кстати. Он стал той вспышкой молнии, которая высветила невысказанные женские чаяния. Для одних запретным плодом был адюльтер, для других — романтический бунт, возможность вырваться на волю, стать неуправляемой, иррациональной. (За намерением исправить Байрона слишком явственно угадывалось истинное желание — полностью поддаться его воле.) Но во всех случаях их влекло не искушение плоти, не банальный соблазн, но притягательная власть запретного: Байрону не было ведомо, что такое пределы и границы, он всегда заводил своих подруг много дальше, чем они предполагали и чем намеревались. Женщины не просто влюблялись в него, они позволяли ему производить переворот в их жизни, порой разрушая ее до основания. Этот удел казался им более желанным, нежели связывающие по рукам и ногам брачные узы.

В каком-то смысле женские проблемы начала девятнадцатого века в начале века двадцать первого распространились на оба пола. Отдушины для дурного поведения мужчин — война, грязная политика, проституция и куртизанки — ушли или уходят в прошлое. Сегодня общественные нормы требуют пристойности и сдержанности не только от женщин, но и от мужчин. И многим это дается с немалым трудом. В детстве нам еще дозволяется давать выход дурным сторонам натуры — сторонам, которые имеются у каждого человека. Но под давлением общества (прежде всего осуществляемого через родителей) мы постепенно учимся подавлять в себе рвущиеся наружу скверные или извращенные черты. Для того чтобы существовать в обществе, мы вынуждены подавлять свою темную сторону, но порой это может обернуться надломом личности, расщеплением психики, осно-

необходимо препятствие, и там, где естественные сопротивления удовлетворению оказываются недостаточными, люди всех времен создавали условные препятствия, чтобы быть в состоянии наслаждаться любовью. Это относится как к отдельным индивидам, так и к народам. Во времена, когда удовлетворение любви не встречало затруднений, как, например, в период падения античной культуры, любовь была обесценена, жизнь пуста. Нужны были сильные «реактивные образования», чтобы создать необходимые аффективные ценности.

Зигмунд Фрейд, «Сексуальность и психология любви»

ОБОЛЬЩЕНИЕ КАК
ЖЕЛАНИЕ
ПОКОРИТЬСЯ

Дело тут в особого
рода ощущении:
чувстве, что вами
овладели. Очень и
очень многие
испытывают
настоящий ужас
при мысли, что
будут вынуждены
подчиниться
чьей-то воле:
например, что
кто-то заставит их
против воли
расхохотаться, или
защекочет до
смерти, или, хуже
того, станет
говорить какие-то
вещи, явно верные,
которых они не в
силах будут понять,
что-то, выходящее
за пределы их
предрассудков и
усвоенной ими
мудрости. Другими
словами, они не
хотят поддаться
обольщению,
поскольку оболь-
щение ставит перед
необходимостью
выйти за рамки, те
самые рамки, что
означают стабиль-
ность и безопас-
ность и кажутся

вательная и немаловажная часть которой надежно скрыта под пристойной наружностью.

Став взрослыми, мы втайне желаем возвратить эту утраченную часть своей индивидуальности — нашу детскую половинку, более раскрепощенную, не такую зашоренную. Поэтому нас невольно тянет к людям, которые, став взрослыми, не утратили целостности — нас не отвращает даже потенциальная опасность зла и разрушения. Вы способны, подобно Байрону, стать вспышкой, высвечивающей эти желания. Только непременно научитесь держать эту способность под контролем и использовать с умом. Когда объекты, привлеченные ореолом недозволенности, начнут запутываться в ваших тенетах, не переиграйте, чрезмерно преувеличивая собственную опасность, — это отпугнет их. Позднее, когда ваше обаяние уже окончательно покорит их, можете развернуться полнее. Если же они станут подражать вам, как леди Кэролайн подражала Байрону, увлекайте их дальше, подмешайте в отношения немного жестокости, втяните их во что-то греховное, преступное, запретное, что бы это ни было. Докопайтесь до потерянной индивидуальности, погребенной где-то в глубине: чем больше раскрепощаются жертвы, тем крепче ваша хватка. Остановившись на полпути, вы рискуете рассеять чары и пробудить их от сна. Поэтому продвигайтесь вперед, насколько это возможно.

Прямо в грязь он лезет поминутно...
Бедняга человек!
Иоганн Вольфганг Гёте

Ключи к обольщению

Общество и культура базируются на ограничениях и запретах — такой тип поведения считается приемлемым, а другой — нет. Границы размыты, существенно меняются со временем.

Альтернативой является анархия, беззаконие природы, но оно чуждо и страшит нас. Мы, тем не менее, странные звери: в тот самый момент, когда налагается какое-либо ограничение, будь то физическое или психологическое, нас начинает мучить любопытство. Что-то внутри нас так и тянет зайти за запретную черту и познать, что за нею кроется.

Когда в детстве нам не велели заходить в лесу дальше определенного места, то становилось ясно, что именно туда-то и хочется попасть больше всего. Но мы становимся старше и, как следствие, сдержаннее и пристойнее; между тем нашу жизнь окружает все большее число границ и лимитов. Не принимайте, однако, благопристойность за довольство жизнью. Она лишь прикрывает собой вынужденный компромисс, фрустрацию. Можем ли мы исследовать темную сторону нашей личности, не подвергаясь наказанию или общественному порицанию? Она прорывается в наших снах. Иногда мы просыпаемся в испуге, с чувством вины за убийство, нанесение увечья, кровосмешение или адюльтер, совершенные нами во сне, и не сразу осознаем, что никто, кроме нас, об этом не догадывается. Но стоит намекнуть человеку, что с вами он получит возможность совершить путешествие к темной стороне, за границы приемлемого и дозволенного, что вы поможете ему открыть клапан и высвободить часть индивидуальности, запертой, подобно скелету, в шкафу, — и в вашем распоряжении все необходимое для обольщения, и весьма эффективного.

Чтобы добиться успеха, недостанет раззадоривания на словах, дразнящих рассказов об эфемерных фантазиях. Вам придется пойти дальше, переступить грань, ибо потрясение и соблазн черпают силу не в словах, а в той реальности, в которую вы способны повести свои объекты. Как Байрон, в определенный момент

незыблемыми, пока обольститель неожиданно не заставит их дрогнуть и зашататься. Обольщение представляет собой желание покориться, позволить захватить себя.

ДАНИЭЛЬ СИБОНИ, «БЕССОЗНАТЕЛЬНАЯ ЛЮБОВЬ»

вы можете даже слегка подтолкнуть их туда, куда им заходить уже не хочется. Если они пошли за вами из чистого любопытства, то могут почувствовать страх и заколебаться, но если уже проглотили приманку, то будут не в силах противиться и послушно последуют за вами, ибо, шагнув за барьер, очень трудно остановиться и повернуть назад. Человеческая природа требует большего и не знает в этом удержу. Именно вы будете определять, когда же следует остановиться.

Как только люди узнают о чем-то, что это недозволено, у них сейчас же возникает желание испробовать или заполучить это. Вот почему женатый мужчина или замужняя женщина кажутся особенно соблазнительной целью — чем более кто-то для нас запретен, тем сильнее желание. Джордж Виллерс, герцог Бэкингемский, был фаворитом сначала Якова I, а затем его сына и наследника короля Карла I. Он никогда и ни в чем не знал отказа. В 1625 году, посетив Париж, он увидел прекрасную королеву Анну и беззаветно полюбил ее. Можно ли было вообразить более недоступную цель, более невозможную, чем королева державы-соперника? Он без труда мог получить любую женщину, но недоступность королевы затмевала в его глазах достоинства всех прочих, воспламеняла, сжигала — до тех пор пока он, не в силах более сдерживаться, не поставил в весьма затруднительное положение и самого себя и свою страну, попытавшись публично поцеловать ее.

В романе «Зыбучий песок» японского писателя Юнихиро Танасаки, написанном в 1928 году, Соноко, страдающая от безделья жена респектабельного юриста, решает брать уроки живописи, чтобы убить время. Здесь она знакомится с другой ученицей, прелестной Мицуко. Они становятся подругами, а затем Мицуко соблазняет ее. Соноко вынуждена без конца изворачиваться и лгать мужу, объясняя их частые встречи с Мицуко. Мало-помалу та вовлекает ее во все более гнусные и грязные истории, включая любовный треугольник со странным молодым мужчиной. Всякий раз, когда Соноко поддается и испытывает новое запретное наслаждение, Мицуко, не останавливаясь на этом, затягивает ее все дальше и дальше. Соноко колеблется и страдает, ее мучат угрызения совести — женщина ясно сознает, что находится во власти юной обольстительницы, которая совратила ее с истинного пути, умело воспользовавшись обстоятельствами: ее скукой, сознанием собственной ненужности. Но, несмотря на это, она, будучи не в силах противиться обаянию Мицуко, поддается и следует за ней — и после каждого предосудительного поступка ей хочется все большего.

Дайте своим объектам, привлеченным соблазном запретного, возможность угнаться за вами в предосудительном поведении. Любой вызов обольстителен. Не спешите, бросьте им вызов не раньше, чем будете уверены, что они готовы уступить вам. Очарованные, они и не заметят, что вы завели их на край пропасти.

Грандиозный обольститель и великолепный повеса Франции восемнадцатого века герцог Ришелье имел слабость к молоденьким девушкам и обожал подкреплять обольщение всякого рода греховными шалостями, к которым молодость особенно восприимчива. Например, он мог прокрасться в дом, где девушка жила со своими родителями и забраться прямо к ней в постель; то, что родители были совсем рядом, лишь придавало остроты приключению. Иногда он притворялся, что их вот-вот застигнут на месте преступления, так чтобы мгновенный испуг усилил радостное волнение и трепет. Он старался восстановить девушку против родителей, высмеивая их набожность, ханжество или лицемерие. Стратегией герцога было развенчать в глазах своих жертв ценности, имеющие для них наибольшее значение, а именно ценности, которые устанавливают границы. Если речь идет о юных существах, то обольститель может с толком использовать такие вещи, как семейные узы, религиозные устои и тому подобное; однако эта стратегия применима к людям любого возраста, поскольку у каждой воспринимаемой всерьез ценности имеется своя теневая сторона, за каждой стоит сомнение, желание исследовать, что эти ценности запрещают.

В Италии эпохи Возрождения случалось, что проститутка, одевшись как знатная дама, отправлялась в церковь. Ничего нельзя было придумать более волнующего для мужчины, чем эта возможность, стоя рядом с женой, в окружении родных, друзей и служителей церкви, переглядываться с доступной женщиной.

У каждой религии или системы ценностей неизбежно возникает своя изнаночная сторона, темная территория, на которую вытеснено все, этой системой запрещаемое. Подразните ваши объекты, вовлеките их в то — что бы это ни было, — что покажется им расшатыванием семейных устоев, представление о которых у них зачастую эмоционально, но довольно поверхностно, как и у всего, навязываемого извне.

Одного из самых обаятельных и обольстительных мужчин двадцатого столетия, Рудольфо Валентино, называли «сексуальной грозой». Женщин влекла к нему его странная двойственность; он мог быть удивительно нежным и чутким, но к этому примешивался едва уловимый оттенок жестокости. Порой он бывал опасно решителен и настойчив, казалось даже, что он способен на насилие. Киностудии, как только могли, обыгрывали эту необычную противоречивость, изо всех сил эксплуатируя ее, и не только в экранных образах — к примеру,

ПОЧЕМУ МУЖЧИНЫ ИДУТ К ПРОСТИТУТКАМ Вот как мсье Моклер анализировал отношение мужчины к проституткам: «Ни любовь пылкой, но хорошо воспитанной любовницы, ни его брак с женщиной, которую он уважает, не могут заменить собой проститутку человеческому животному в те порочные моменты, когда он жаждет наслаждения быть униженным, но так, чтобы при этом не пострадал его авторитет в обществе.

известие о том, что Валентино был жесток с собственной женой, перепевалось на все лады. Смесь женственности и мужеподобия, насилия и нежности во все времена выглядела греховной и притягательной. Любви полагается быть нежной и деликатной, но в действительности она вполне способна высвободить необузданные и разрушительные эмоции; и вот это-то потенциальное безрассудство, ниспровергающее нормальную рассудочность, и привлекает нас в любви. Подойдите ближе к необузданной, граничащей с насилием грани любви, подмешав крупицу жестокости к ласкам и нежности, особенно если обольщение продвинулось к тем заключительным этапам, когда объект уже находится в вашей власти. Куртизанка Лола Монтес славилась тем, что прибегала к физическому насилию, чуть что хватаясь за хлыст, а Лу Андреас-Саломе порой проявляла по отношению к своим любовникам исключительную жестокость иного рода: играя кокетку, внезапно становилась холодной как лед и неприступной. Жестокость эта лишь крепче привязывала к ней мужчин. Роль мазохизма в обольщении может быть колоссальной.

Чем более недозволенным выглядит ваше поведение, тем более мощное воздействие на обольщаемого оно способно оказать. Вызовите у своих объектов ощущение соучастия в преступлении, проступке, вину за которые они разделяют с вами. Постарайтесь создать ситуацию, в которой только вам двоим было бы известно нечто такое, о чем не догадываются окружающие. Обменивайтесь фразами и взглядами, тайный смысл которых понятен лишь вам и никому более. Притягательность лорда Байрона для леди Фрэнсис многократно усиливалась опасной близостью ее супруга — например, когда, сидя рядом с ним, она прятала в вырез декольте любовное послание Байрона. Герой

Ничто не может заменить этого противоестественного, но сильного наслаждения, когда ты можешь все говорить, все делать, осквернять и высмеивать что угодно, не боясь расплаты, осуждения или ответственности. Это бунт против устоев общества, устоев его собственной сложившейся личности и его религиозных верований». Мсье Моклеру слышится призыв дьявола в темной страсти, опоэтизированной Бодлером. «Проститутка представляет собой бессознательное, позволяя нам на время скинуть бремя ответственности».

Нина Эптон, «Любовь и французы»

637

Сердца и взоры отправляются в путешествие по дорогам, которые всегда приносят им радость; и если кто попытается помешать им, он добьется лишь того, что они исполнятся большего пыла, видит Бог... Так было и с Тристаном и Изольдой. Когда их любовь была объявлена запретной и соглядатаи и стража следили за тем, чтобы они не были вместе, они страдали невыносимо. Теперь любовь стала для них пыткой, во много раз худшей, чем прежде; их влечение друг к другу стало многократно сильнее и мучительнее...

Женщины совершают многие поступки только потому, что делать это запрещено, и не стали бы совершать того же,

романа Сёрена Кьеркегора «Дневник обольстителя» позаботился, чтобы его письмо было передано юной Корделии, чьей взаимности он добивался, во время семейного обеда, на котором оба они присутствовали; не желая признаться соседям по столу, что записка от него, она вынуждена была, преодолевая смущение, выдумывать какие-то объяснения. В другой раз при стечении народа он громко отпускал какое-то замечание, которое имело для нее особый смысл, поскольку представляло собой цитату из его письма к ней. Все это придавало приключению пикантность, заставляя девушку, с одной стороны, чувствовать себя почти соучастницей преступления, а с другой — ощущать единение с ним против всего мира.

В легенде о Тристане и Изольде прославленные влюбленные достигли высот блаженства и радости именно *благодаря тому*, что нарушили табу. Изольда была помолвлена с королем Марком, ей предстояло в самом скором времени стать замужней дамой. Тристан — преданный вассал и воин на службе у Марка, который по возрасту годился ему в отцы. Вся история производит впечатление похищения невесты у отца. Представляя собой сжатое изложение концепции любви в западном мире, легенда продолжает волновать сердца на протяжении многих веков, а основную идею ее можно трактовать и так: без препятствий, без ощущения запретности любовь слаба и бесцветна.

Из-за того, что сегодня люди становятся все более раскованными, стремятся к вседозволенности, по крайней мере в приватной сфере, обольщение только усложняется и теряет изрядную часть своей прелести. Старайтесь, по возможности, придать обольщению утраченный аромат греховности и недозволенности, пусть даже это ощущение будет только психологическим или иллюзорным. Должны быть препятствия, которые приходится преодолевать, и социальные устои, для того чтобы их расшатывать. Просто необходимо преступать законы и попирать нормы ради того, чтобы обольщение состоялось. Может создаться впечатление, что снисходительное ко всему современное общество практически не устанавливает никаких ограничений; и все же потрудитесь обнаружить хоть что-нибудь. К вашим услугам всегда найдутся какие-нибудь табу, священные коровы, поведенческие стандарты — словом, можно сыскать сколько угодно «боеприпасов» для возбуждения чувства недозволенности и запретности.

Символ: Лес. Детям запрещают бегать в лес, который простирается за безопасной оградой их дома. Там, в лесу, страшно: там заросли, дикие звери и разбойники. Но как же хочется сбежать туда, в темноту, которая так и тянет к себе, зовет — и перед этим зовом невозможно устоять. А оказавшись в запретном лесу, дети хотят зайти все глубже и глубже.

не будь это запретным... Наш Господь Бог дал Еве свободу делать все, что захочет, со всеми плодами, цветами и растениями, которые росли в раю, кроме единственного, который Он запретил ей трогать под страхом смерти... Она сорвала запретный плод, нарушив Божью заповедь... но я твердо убежден, что Ева даже не посмотрела бы на этот плод, если бы не было ей дано столь строго запрета.

Готфрид фон Штрассбург, «Тристан»

Оборотная сторона

Обратным случаем к нарушению запретов можно считать неукоснительное соблюдение правил пристойного поведения. Обольщению эта умеренность противопоказана. Сказанное не означает, что обольстительной силой обладает только зло или дикая необузданность; доброта, благородство, аура духовности и возвышенности могут быть безмерно притягательными в силу того, что эти качества очень редко встречаются. Но приглядитесь, и вы увидите здесь ту же игру. Человек, чьи доброта или благородство не выходят за рамки стандартов, предписанных обществом, не способен обратить на себя внимание. Силой обладает тот, кто переходит границы и достигает крайнего выражения этих качеств — чтобы обольстить нас, нужно быть Махатмой Ганди или Кришнамурти, не меньше. Подобные люди не только способны убедительно обосновать высокодуховное отношение к жизни на словах, они полностью отказываются от комфорта, от всех материальных благ ради того, чтобы жить в согласии со своими аскетическими идеалами. Они тоже преступают границы, нарушают общепринятые нормы поведения, поскольку обществу не под силу достичь подобных высот. В обольщении респектабельное соблюдение норм и уважение к правилам означает полное бессилие.

Обращайся к духовным соблазнам

Каждому человеку свойственна неуверенность — нет ни одного, кого бы не одолевали сомнения в своих внешних данных и достоинствах иного рода, в своей сексуальности. Если ваше обольщение слишком прямолинейно и обращено исключительно к плотской стороне, вы рискуете возбудить неуверенность у намеченной жертвы, в результате чего она будет ощущать себя крайне скованно. Вместо этого выманите ее из скорлупы комплексов, направьте ее внимание на утонченные и возвышенные материи, религиозный или оккультный опыт, произведения высокого искусства. Покажите себя с лучшей стороны: ненарочито выкажите пренебрежение к приземленным, бездуховным вещам, говорите о звездах, судьбе и предопределенности, о скрытых нитях, связывающих вас с объектом обольщения. Затерянная в тумане возвышенных материй, жертва почувствует легкость и раскованность. Углубите действие своего обольщения, трактуя кульминацию сексуальных отношений как духовное слияние двух душ.

Святыня

Лиана де Пужи была в Париже 1890-х королевой куртизанок. Худощавая и гибкая, похожая на мальчика, она была новинкой, и с ней искали знакомства самые обеспеченные мужчины Европы. Она пользовалась поистине головокружительным успехом. К концу десятилетия она, однако, ощущала только безнадежную скуку и усталость. «Что за стерильная жизнь, — писала она подруге. — Каждый день одно и то же: прогулки в Буа[1], скачки, примерки и достойное завершение вялого дня: обед!» Больше всего тяготило куртизанку навязчивое внимание ее обожателей, каждый из которых стремился единолично обладать ею.

Как-то весенним днем 1899 года Лиана прогуливалась в открытом экипаже по аллеям Булонского леса. Встречные мужчины, как всегда, приподнимали шляпы, приветствуя ее. Но ее внимание привлекло нечто иное: молодая женщина с длинными светлыми волосами, которая смотрела на нее глазами, полными обожания. Лиана улыбнулась девушке, а та улыбнулась и поклонилась в ответ.

Спустя несколько дней Лиана стала получать карточки и цветы от двадцатитрехлетней американки. Натали Барни — ею оказалась та самая блондинка с восхищением во взгляде из Булонского леса — просила о встрече. Лиана пригласила Натали к себе, но, чтобы хоть немного развлечься, решила устроить маленький розыгрыш: вместо нее на кровати в темном будуаре устроилась горничная, а сама Лиана тем временем спряталась за ширмой. Точно в назначенный час прибыла Натали. На ней был костюм флорентийского пажа, в руках — букет цветов. Опустившись перед ложем на колени, она стала говорить о своем восхищении красотой курти-

<hr>

[1] Bois do Boulogne — Булонский лес.

Ах! Всегда быть в состоянии любить, любить открыто, не скрываясь! Провести всю мою жизнь у твоих ног, как в наши последние дни, проведенные вместе. Защищать тебя от воображаемых сатиров, так чтобы только одна я могла бросить тебя на это ложе из мха... Мы вновь обретем друг друга на Лесбосе и с наступлением сумерек уйдем в глубь леса и потеряем путь, ведущий в наш век.

занки, уподобляя ее ангелам с полотен Фра Анжелико. Тут, однако, из-за ширмы раздался тихий смех — поняв, что над ней подшутили, Натали вскочила на ноги и, вспыхнув, бросилась к выходу. Когда же Лиана попыталась остановить гостью, та осыпала ее упреками: лицо у куртизанки прекрасное, ангельское, а вот сердце, оказывается, злое. Пристыженная Лиана шепнула: «Приходите завтра утром. Я буду одна».

Молодая американка появилась назавтра, в том же костюме. Она оказалась остроумной и темпераментной собеседницей; Лиане не хотелось ее отпускать, и она предложила ей присутствовать при своем ежеутреннем ритуале — продуманный до мелочей макияж, подбор одежды, украшений; это было настоящее священнодействие, совершаемое куртизанкой перед тем, как явить себя миру. Натали смотрела завороженно и заметила, что боготворит красоту, а Лиана — самая красивая из всех женщин, которых ей когда-либо доводилось встречать. Изображая пажа, она сопроводила Лиану до экипажа, с поклоном открыла перед ней дверцу, и в тот день они отправились на обязательную прогулку по Булонскому лесу вдвоем. Когда они доехали до парка, Натали села на пол — так, чтобы ее не видели многочисленные господа, приветствовавшие Лиану поднятием шляпы. Она читала посвященные Лиане стихи собственного сочинения и призналась, что считает своим долгом спасти куртизанку, вырвав ее из тисков неприглядной жизни, жертвой которой она стала.

В тот вечер Натали пригласила ее в театр, где Сара Бернар играла Гамлета. В антракте она говорила Лиане, что сама очень похожа на Гамлета — она разделяет его жажду совершенства, его ненависть к тирании — в ее случае тирании мужчин над женщинами. Лиане теперь ежедневно приносили цветы от Натали, целое море

643

цветов, и телеграммы в стихах, воспевающие ее красоту. Мало-помалу на смену восторженным словам и взглядам приходили иные знаки поклонения — ласковое прикосновение, вначале случайное, робкое, затем более смелое, а за ним даже поцелуй — и этот поцелуй отличался от всего, что Лиане приходилось испытывать прежде. Однажды утром в присутствии Натали Лиана собиралась принять ванну. Не успела она выскользнуть из шелковой пижамы, как Натали неожиданно бросилась к ногам подруги и осыпала поцелуями ее тонкие лодыжки. Высвободившись, куртизанка в замешательстве опустилась в ванну, и что же — Натали, сбросив одежду, присоединилась к ней. Слухи разносятся быстро; спустя несколько дней весь Париж знал: у Лианы де Пужи появилась любовница — Натали Барни.

Лиана не делала попыток утаить свою новую связь; в романе «Сапфическая идиллия» она подробнейшим образом воспроизвела каждую деталь того, как обольщала ее Натали. До этого у нее никогда не было подобного опыта с женщинами, и она описывала свою связь с Натали как своего рода мистическое переживание. Даже в конце своей долгой жизни она признавала, что этот эпизод оставил самый глубокий след в ее душе.

Рене Вивьен, молодая англичанка, сбежала в Париж из дома, где ей угрожало замужество, которого хотел ее отец, но не она. Рене, возвышенная натура, писала стихи и была одержима мыслями о смерти; из-за сильнейшей неуверенности в себе она постоянно предавалась самобичеванию, чувствуя, что отличается от окружающих и подозревая в себе какой-то изъян. В 1900 году Рене встретилась в театре с Натали Барни. Что-то в мягком, сочувственном взгляде американки растопило обычную скованность Рене; она дала ей почитать свои стихи, а та в ответ прислала свои. В скором времени они стали видеться постоянно. Рене рассказала о близкой подруге, которая была у нее когда-то, их связывало нечто большее, чем просто дружба, однако отношения между ними оставались платоническими — сама мысль об интимной близости казалась ей отталкивающей. Натали поведала о древнегреческой поэтессе Сафо, воспевавшей любовь между женщинами как единственно чистую и целомудренную. Однажды вечером Рене, вдохновленная этими беседами, пригласила Натали к себе. В своей квартире она устроила что-то вроде часовни. Повсюду в комнате стояли свечи и вороха белых лилий, цветов, которые ассоциировались у нее с Натали. В ту ночь они стали любовницами. Вскоре они поселились вдвоем, но, когда Рене стало известно о неверности Натали, любовь ее перешла в столь же пылкую ненависть. Она порвала с Натали все отношения, съехала с квартиры и заявила, что не хочет никогда более ее видеть.

Шли недели, месяцы, Натали посылала ей стихи и письма, пыталась подстеречь ее у дома — ничего не помогало. Рене не желала и слышать о ней. Но однажды в опере Натали, сев рядом с Рене, протянула листок с посвященными ей стихами. Она говорила, что раскаивается в происшедшем и умоляет не отказывать ей в просьбе: она просила Рене совершить с ней вдвоем паломничество на греческий остров Лесбос, родину легендарной Сафо. Только там они смогут очиститься сами и вернуть чистоту своим отношениям. Рене не могла устоять. На острове они прошли по местам, связанным с именем великой поэтессы, воображая, что время повернуло вспять и они оказались в языческой древности, не знающей греха. Натали казалась Рене воплощением самой Сафо. По возвращении в Париж Рене писала ей: «Моя белокурая Сирена, я не хочу, чтобы тебе пришлось уподо-

В городе Капсе в Барберии был когда-то богатейший человек, у которого в числе нескольких других детей была дочка, красивая и миловидная, по имени Алибек. Она, не будучи христианкой и слыша, как многие бывшие в городе христиане очень хвалят христианскую веру и служение Богу, спросила однажды одного из них, каким образом с меньшей помехой можно служить Богу. Тот отвечал, что те лучше служат Богу, кто бежит от мирских дел, как то делают те, кто удалился в пустыни Фиваиды. Девушка, будучи простушкой лет, быть может, четырнадцати, не по разумному побуждению, а по какой-то детской прихоти, не сказав никому ничего, на следующее утро совсем одна тихонько пустилась в путь, направляясь к пустыне Фиваиды, и с большим трудом, пока не прошла еще охота, добралась через несколько дней до тех пустынь. Увидев издали хижинку, направилась к ней и нашла на пороге святого мужа, который, удивившись, что видит ее здесь, спросил ее, чего она ищет. Та отвечала, что, вдохновленная Богом, идет искать, как послужить Ему и кого-нибудь, кто бы наставил ее, как подобает служить. Почтенный муж, видя, что она молода и очень красива, боясь, чтобы дьявол не соблазнил его, если он оставит ее у себя, похвалил ее доброе намерение и, дав ей немного поесть корней от злаков, диких яблонь, фиников и напоив водою, сказал ей: «Дочь моя, недалеко отсюда живет святой муж, лучший, чем я,

биться тем, кто населяет землю... Хочу, чтобы ты оставалась собой, ибо именно такой ты меня очаровала». Рене умерла в 1909 году, с Натали они были неразлучны до самого конца.

ТОЛКОВАНИЕ

Лиану де Пужи и Рене Вивьен тяготили сходные вещи: обе они были эгоцентричны и полностью поглощены собой. У Лианы причиной этому послужило постоянное похотливое внимание мужчин. Невозможность укрыться от их жадных взглядов вызвала надлом в ее душе. Рене в свою очередь предавалась неумеренной рефлексии, безудержно копаясь в своих проблемах, размышляя о подавляемых лесбийских наклонностях, о неизбежности смерти. Результатом было презрение, граничащее с ненавистью, которую она начала испытывать к себе.

Натали Барни была совсем иной: живая и жизнерадостная, она легко относилась ко всему и отлично ладила с окружающим миром. Все ее обольщения — а к концу жизни ее победы исчислялись сотнями — шли по сходному сценарию: захватив жертву врасплох, она концентрировала ее внимание на красоте, поэтичности и целомудрии лесбийской любви. Почти обожествляя эти утонченные понятия, она предлагала женщинам вместе с нею поклоняться им; совместно они принимали участие в маленьких ритуалах, во множестве изобретаемых ею, — придумывали друг для друга ласковые прозвища, ежедневно посылали друг другу телеграммы в стихах, облачались в маскарадные костюмы, совершали паломничества по святым местам. Это неизбежно вело к двум последствиям: рано или поздно женщины невольно переносили благоговейное чувство с абстрактных понятий на саму Натали, которая казалась им не менее прекрасной, возвышенной и достойной поклонения. Кроме того, позволив увлечь себя в новый для них одухотворенный мир, они освобождались от груза, обременявшего их тела, души, индивидуальности. Они больше не старались подавить свою природную сексуальность. Ласки и поцелуи Натали воспринимались ими как что-то чистое и невинное, они словно пребывали в Эдемском саду до грехопадения.

Религия — это могучее живительное средство, ибо она выводит нас за пределы нашего эго, соединяя нас, слабых и приземленных, с чем-то неизмеримо более значительным. Когда мы предаемся размышлениям о предмете поклонения, о святыне (будь то Бог или природа), все обременяющие нас тяготы уносятся прочь. Мы словно вот-вот оторвемся от земли и воспарим, настолько реально это восхитительное ощущение легкости. Во все времена были, есть и будут люди, не удовлетворенные своим телом, слишком приземленным, управляемым животными инстинктами.

Обольститель, уделяющий чересчур большое внимание плотским, чувственным моментам, рискует вызвать у своих объектов чувство неловкости, а то и неприязнь. Прикуйте их внимание к чему-то иному — прекрасному, возвышенному, достойному восхищения. Это может быть природа, произведение искусства, даже Бог (или боги — язычество никогда не выходит из моды): люди так хотят верить во что-нибудь. Добавьте кое-какие ритуалы, маленькие церемонии, имеющие значение для вас двоих. По возможности постарайтесь походить на предмет поклонения — ваша естественность, благородство, утонченность поспособствуют тому, что ваши объекты перенесут свое благоговение на вас. Религия и одухотворенность полны сексуальных обертонов, но не торопитесь их раскрывать — вы зай-

наставник в том, что ты желаешь обрести; к нему отправься».

И он вывел ее на дорогу. Дойдя до него и получив от него ту же отповедь, она пошла дальше и добралась до кельи одного молодого отшельника, человека очень набожного и доброго, по имени Рустико, и к нему обратилась с тем же вопросом, какой предлагала и другим. Он, для того чтобы подвергнуть большому испытанию свою стойкость, не отослал ее, как другие, а оставил с собою в своей келье и, когда настала ночь, устроил ей постель из пальмовых ветвей и сказал, чтобы она на ней отдохнула. Когда он это сделал, искушение не замедлило обрушиться на его крепость; познав, что сильно в ней обманулся, он без особых нападений показал тыл, сдался побежденным и, оставив в стороне святые помыслы, молитву и бичевания, начал вызывать в памяти молодость и красоту девушки, а кроме того, размышлять, какого способа и средства ему с нею держаться для того, чтобы она не догадалась, что он, как человек распущенный, стремится к тому, чего от нее желает.

Испытав ее наперед некоторыми вопросами, он убедился, что она никогда не знала мужчины и так проста, как казалось; потому он решил, каким образом, под видом служения Богу, он может склонить ее к своим желаниям.

Сначала он в пространной речи показал ей, насколько дьявол враждебен Господу Богу, затем дал ей понять, что нет более приятного

метесь этим, когда ваши объекты потеряют бдительность. Душевный экстаз отделяет от экстаза любовного всего один шаг.

Вернись ко мне скорее и увлеки меня за собой. Очисть меня в горниле огня Божественной любви, ничего общего не имеющей с животной страстью. Стоит тебе захотеть, и ты — сама душа; если хочешь, освободи и меня от моего тела.

Лиана де Пужи

Ключи к обольщению

Религия — самое обольстительное, что создано человечеством. Смерть — величайший жупел, а практически все религии дают веру в бессмертие, в то, что какая-то часть нас продолжит свое существование и после физической кончины. Мысль о том, что мы являемся бесконечно малой частицей необъятной и равнодушной Вселенной, страшит; религия гуманизирует эту Вселенную, представляя человека любимым и важным созданием. Мы не животные, управляемые слепыми инстинктами, живущие и умирающие без видимой цели, но создания, сотворенные по образу и подобию Высшего существа. Мы способны быть утонченными, понимающими, добрыми. Все, что рождает желание или его видимость, — обольстительно, и ничто не сравнится в этой области с религией.

Удовольствие, наслаждение — та приманка, с помощью которой обольститель затягивает жертву в свою паутину. Но как бы ни был умен обольститель, где-то в глубине души его объекты догадываются об эндшпиле, о неизбежном завершении, к которому все идет. Ваши объекты могут казаться вам раскрепощенными, стремящимися к той же цели, что и вы, но признаемся себе — почти всех нас подспудно тяготит тревога и неловкость от осознания нашей животной природы. Игнорировать это чувство нельзя, иначе вы рискуете, даже после успешного начала, свести все к банальной и пошлой интрижке. Если вы хотите большего, обратитесь к возвышенным чувствам своих объектов, скрывая истинные намерения под маской духовного или мистического.

В романе Гюстава Флобера «Мадам Бовари» Родольф Буланже знакомится с провинциальным лекарем Шарлем Бовари, миловидная жена которого, Эмма, привлекает его внимание. Буланже был «человек грубого, животного темперамента и сметливого ума, он пережил много любовных приключений и отлично разбирался в женщинах». Он безошибочно определяет, что Эмма скучает, задыхается в провинции. Спустя некоторое время, встретив Эмму на празднике, он заговаривает с ней. Он говорит об унынии и грусти, владеющих им: «... сколько раз я, глядя на кладбище при лунном свете, спрашивал себя, не лучше ли было бы соединиться с теми, кто спит в могилах...» Он упоминает о своей дурной репутации, но тут же дает понять, что хотя она и заслуженна, но его вины в том нет: «Разве вы не знаете, что есть души, постоянно подверженные мукам?» Несколько раз он пытается дотронуться до руки Эммы, но она отнимает ее. Он ведет разговор о любви, неодолимой силе, соединяющей двух людей. Возможно, они уже встречали друг друга раньше — в мечтах или в каком-то предыдущем существовании. «Вот и мы тоже. Как мы узнали друг друга? Какая случайность привела к этому? Уж, конечно, сами наши природные склонности влекли нас, побеждая пространство: так две реки встречаются, стекая каждая по своему склону». Он вновь берет ее руку в свою, и на этот раз она не противится. После праздника Родольф отсутствует в течение нескольких недель. Наконец он появляется и объявляет, что не хотел больше с нею

Богу служения, как загнать дьявола во ад, на который Господь Бог осудил его. Девушка спросила его, как это делается. Рустико отвечал ей: «Ты вскоре это узнаешь и потому делай то, что, увидишь, стану делать я». И он стал скидывать немногие одежды, какие на нем были, и остался совсем нагим; так сделала и девушка; он стал на колени, как будто хотел молиться, а ей велел стать насупротив себя. ...При виде ее красот совершилось восстание плоти, увидев которую Алибек, изумленная, сказала: «Рустико, что это за вещь, которую я у тебя вижу, что выдается наружу, а у меня ее нет?» — «Дочь моя, — говорит Рустико, — это и есть дьявол, о котором я говорил тебе, видишь ли, теперь именно он причиняет мне такое мучение, что я едва могу вынести». Тогда девушка сказала: «Хвала тебе, ибо я вижу, что мне лучше, чем тебе, потому что этого дьявола у меня нет». Сказал Рустико: «Ты правду говоришь, но у тебя другая вещь, которой у меня нет, в замену этой». — «Что ты это говоришь?» — спросила Алибек. На это Рустико сказал: «У тебя ад; и скажу тебе, я думаю, что ты послана сюда для спасения моей души, ибо, если этот дьявол еще будет досаждать мне и ты захочешь настолько сжалиться надо мной, что допустишь, чтобы я снова загнал его в ад, ты доставишь мне величайшее утешение, а небу великое удовольствие и услугу, коли ты пришла в эти

видеться, но его влечет сюда рок, судьба — словом, неведомая сила, которой он не в силах противиться. Он приглашает Эмму на прогулку верхом и пытается приступить к делу. Эмма кажется испуганной, она хочет вернуться. «Вы, верно, ошиблись, — протестует он. — В моей душе вы — как мадонна на пьедестале... Но вы необходимы мне, чтобы я мог жить!.. Будьте моим другом, моей сестрой, моим ангелом!» Гипнотизируя ее этими словами, он увлекает Эмму в глубину леса, где она отдается ему.

План действий Родольфа можно разделить на три этапа. Вначале он заговаривает о своей печали, меланхолии и разочарованности, что возвышает его в глазах Эммы, указывая на то, как он благороден, как далек от приземленной посредственности обычных людей. Затем он заговаривает о судьбе, магнетическом притяжении двух душ. Это позволяет представить его интерес к Эмме не как сиюминутную прихоть, а как нечто существующее вне времени и предопределенное ходом небесных светил. Наконец, он умело переводит разговор на ангелов, на одухотворенные и утонченные предметы. Переведя беседу в возвышенный, духовный план, он отвлекает Эмму от мыслей о плотском, вызывает у нее эйфорию, и в обольщении, на которое другой потратил бы долгие месяцы, ему удалось добиться успеха за несколько встреч.

Рассуждения Родольфа могут показаться нашим современникам банальными. Однако сама эта стратегия никогда не устареет. Только старайтесь адаптировать ее к моде сегодняшнего дня. Противопоставьте банальной посредственности окружающих собственную возвышенную и одухотворенную натуру. Вас не интересуют деньги, секс или успех — нет, нечто более глубокое, более величественное движет вами. Что именно, не конкретизируйте, говорите расплывчато, воображение жертвы услужливо нарисует картину вашей бездонно глубокой натуры. Звезды, астрология, фатум всегда притягательны; намекните на то, что вам предопределено свыше быть вместе. Подобная неизбежность придаст обольщению больше естественности. Ощущение, что вашими отношениями управляют рок, неизбежность или судьба, производит желаемое действие, особенно в нашем мире, таком приземленном, упорядоченном и рациональном. Если вы решите привлечь религиозные мотивы, рекомендуем обратиться к одной из экзотических, далеких религий с легким языческим компонентом. От языческой духовности особенно легко перейти к языческой простоте нравов. Здесь важно не затянуть время: разбередив души своих объектов, не мешкая переходите к предметам более земным, представив чувственность как распространение духовных вибраций, которые вы испытываете. Другими словами, готовясь к последней решительной атаке, до последнего не выходите из-под прикрытия высокой духовности.

Духовное — не обязательно синоним религиозного или оккультного. Это может быть что угодно, что придает обольщению утонченность и ощущение вечности. В современном мире место религии в определенном смысле заняли культура и искусство. Есть два способа использовать искусство в обольщении: первое — творить его самому, посвящая своему объекту. Натали Барни писала стихи и щедро забрасывала ими свои объекты. Половина успеха Пикассо заключалась в том, что множество женщин мечтали обрести бессмертие на его полотнах, ибо art longa, vita brevis est (жизнь коротка, искусство вечно), как говаривали в Риме. Даже если ваша любовь быстротечна, вы можете придать ей обольстительную иллюзию вечности, увековечив в произведении искусства. Второй путь использования искусства — облагородить

области с той целью, о которой говорила». Девушка простодушно отвечала: «Отец мой, коли ад у меня, то пусть это будет, когда вам угодно». Тогда Рустико сказал: «Дочь моя, да будешь ты благословенная; пойдем же и загоним его туда так, чтобы потом он оставил меня в покое». Сказав так и поведя девушку на одну из их постелей, он показал ей, как следует быть, чтобы можно было заточить этого проклятого. Девушка, никогда до того не загонявшая никакого дьявола в ад, в первый раз ощутила некое неудобство, почему и сказала Рустико: «Правда, отец мой, нехорошая вещь, должно быть, этот дьявол — настоящий враг Божий, потому что и аду, не то что другому, больно, когда его

651

туда загоняют».
Сказал Рустико:
«Дочь моя, не
всегда так будет».
И дабы это не
случилось, они,
прежде чем сойти с
постели, загнали
его туда раз шесть,
так что на этот раз
так выбили ему
гордыню из головы,
что он охотно
остался спокой-
ным. Когда же
впоследствии она
часто возвращалась
к нему —
а девушка всегда
оказывалась
готовой сбить
ее, — вышло так,
что эта игра стала
ей нравиться и она
начала говорить
Рустико: «Вижу, и
хорошо, правду
сказывали те
почтенные люди в
Капсе, что подвиж-
ничество такая
сладостная вещь; и
в самом деле, я не
помню, чтобы я
делала что-либо
иное, что было бы
мне таким удоволь-
ствием и утехой,
как загонять
дьявола в ад;
потому я считаю

с его помощью ваши отношения. Натали Барни приглашала свои объекты в театр, в оперу, в музеи, в места, исполненные красоты, дышащие историей. Конечно, следует избегать вульгарного и приземленного искусства, взывающего к низменным чувствам. Пьеса, фильм или книга могут быть современными, лишь бы в них содержалась некая благородная посылка. Даже политическое событие может оказаться весьма одухотворяющим. Главное — не забывайте об индивидуальных особенностях вашего объекта. Если это человек приземленный и не чуждый цинизма, более осмысленно будет обращение к язычеству или искусству, нежели к оккультным материям или религиозному благочестию.

Символ: Звезды на небе. Им поклонялись народы на протяжении целых эпох, в них видят символ совершенства и божества. Видя их, мы моментально отрешаемся от всего земного и преходящего. Мы чувствуем легкость. Направьте мысли своих объектов ввысь, к звездам, и они не заметят, что происходит тут, на земле.

ОБОРОТНАЯ СТОРОНА

Давая почувствовать, что ваше чувство к объекту не сиюминутно и не поверхностно, как правило, вы добиваетесь в ответ того, что его чувства крепнут и усиливаются. Изредка, впрочем, случается, что человек, напротив, впадает в беспокойство: это своего рода клаустрофобия, боязнь затянувшихся отношений, из которых не будет выхода, нежелание нести ответственность. Помня об этом, старайтесь, чтобы у объекта не создавалось впечатления, будто ваши духовные соблазны могут увести его в этом направлении. Вполне невинные рассуждения о неясном будущем могут спугнуть, если будут восприняты как посягательство на свободу; вам должно обольщать, а не предлагать брачные узы. Ваша цель — добиться, чтобы жертва забылась, затерялась в прекрасном мгновении, погрузилась во вневременные глубины ваших чувств — здесь и сейчас. Религиозный экстаз характеризуется степенью накала чувств, их интенсивностью, а не протяженностью во времени.

Джованни Джакомо Казанова виртуозно использовал в своих обольщениях всевозможные духовные приманки — оккультное, магическое, все, что только могло вызвать у его жертвы возвышенные чувства. У женщины складывалось впечатление, что ради нее он готов на все, что он не из тех, кто просто использует и бросает женщин. Но у нее не было сомнений и в том, что, когда подойдет время расставаться, он поплачет, сделает ей великолепный подарок, а потом спокойно уйдет, не создавая проблем. Этого-то как раз и хотелось многим молодым женщинам — на время отвлечься от брака или от строгой семьи. Часто и в наши дни осознание мимолетности, быстротечности наслаждения придает ему особую прелесть.

скотом всякого, кто занимается чем-либо иным».
...Потому вы, юные дамы, нуждающиеся в утешении, научитесь загонять дьявола в ад, ибо это и Богу угодно, и приятно для обеих сторон, и много добра может от того произойти и последовать.
Из «Декамерона» Боккаччо
(Пер. А. Н. Веселовского)

Закон

20

Смешивай
наслаждение с болью

Грубейшая ошибка обольстителя — показаться слишком хорошим. Поначалу, конечно, доброта и любезность производят хорошее впечатление, но они очень скоро приедаются; если вы же слишком усердно стараетесь угодить, это может показаться признаком слабости и неуверенности в себе. Довольно быть приятным, вместо этого попытайтесь добавить в ваши отношения немного боли. Подманите жертву подчеркнутым вниманием, а потом резко смените курс, напустив на себя безразличие. Пусть волнуется, теряется в догадках, в чем ее вина. Можно даже спровоцировать разрыв, оставив жертву с ощущением пустоты и боли: это даст вам пространство для маневра — ваше сближение, примирение и возврат к прежним добрым отношениям обезоружат их и повергнут на колени. Чем в большие глубины отчаяния вы повергнете свою жертву, тем к большим высотам вы воспарите вместе. Чтобы заострить эротическую составляющую, вызовите возбуждение и смятение.

ЧЕХАРДА ЧУВСТВ

Шел 1894 год. Как-то в жаркий летний полдень дон Матео Диас, тридцативосьмилетний житель Севильи, решил наведаться на местную табачную фабрику. Дон Матео и прежде бывал здесь по делам, но сегодня его интересовало нечто другое. Как он и предполагал, из-за невыносимой жары работницы поскидывали одежду, оставшись полуобнаженными — зрелище, достойное созерцания. Некоторое время он развлекался тем, что разглядывал работниц, но вскоре жара и шум утомили его. Однако, когда он направился к выходу, одна из работниц, девушка лет шестнадцати, окликнула: «Кабальеро, если дадите монетку, я спою вам песенку».

Девушка — звали ее Кончита Перес — казалась совсем юной и была просто прелестна, а искорки в глазах выдавали задорный нрав. Хороша, подумал дон Матео и тут же решил, что непременно займется ей. Он послушал ее пение (песенка показалась ему довольно непристойной), вручил монету, достоинством равную ее месячному жалованью, кончиками пальцев приподнял шляпу и удалился. Ведь торопливость, как известно, никогда не приносит добрых плодов. Прогуливаясь по улице, он обдумывал, чем можно завлечь девчонку. Внезапно кто-то тронул его за руку — рядом шла она. Слишком жарко, чтобы работать.

— Не может ли кабальеро любезно проводить меня до дому?

— Разумеется. Есть у тебя дружок? — спросил он.

— Нет, — отвечала девушка, — я — mozita (чистая, девственница).

Кончита жила с матерью на окраине города. Дон Матео обменялся с женщиной любезностями, сунул ей в руку немного денег (зная по опыту, как важно, чтобы были довольны мате-

Помните: все, что
дается легко, то
мило недолго, —
Изредка между
забав нужен
и ловкий отказ.
Пусть он лежит
у порога, кляня
жестокие двери,
Пусть расточает
мольбы, пусть не
жалеет угроз —
Может корабль
утонуть и в порыве
попутного ветра,
Многая сладость
претит — горечью
вкус оживи!
Вот потому-то
мужьям законные
жены постылы:
Слишком легко
обладать теми, кто
рядом всегда.
Пусть перед мужем
закроется дверь,
и объявит
привратник:
«Нет тебе входу!» — и вновь он
покорится любви.
Стало быть, прочь
тупые мечи,
и острыми бейтесь,
Хоть я и первый
приму раны от
собственных стрел!
Первое время
любовник пускай
наслаждается
мыслью,

Что для него одного
спальня открыта
твоя;
Но, подождав, ты
дай ему знать, что
есть и соперник:
Если не сделаешь
так — быстро
увянет любовь.
Мчится быстрее
скакун, едва
отворится решетка,
Видя, скольких
других нужно,
догнав, обогнать.
Даже угасшая
страсть оживает,
почуяв обиду:
Знаю я по себе, нет
без обиды любви.
Впрочем, повод для
мук не должен быть
слишком заметным:
Меньше узнав,
человек больше
питает тревог.
Можно придумать,
что друг ревниво
тебя опекает
Или что сумрачный
раб строго тебя
сторожит;
Там, где опасности
нет, всегда
наслажденье
ленивей:
Будь ты Лаисы
вольней, а притво-
рись, что в плену.
Дверь запри на
замок, а любовник

ри), а затем откланялся. Он намеревался выждать несколько дней, но нетерпение погнало его к ним уже на следующее утро. Матери не было дома. Они с Кончитой начали разговор в тех же игривых тонах, что и накануне, и тут, к его удивлению, она вдруг уселась ему на колени, обвила руками шею и поцеловала. Все его хитроумные планы улетучились, он заключил ее в объятия и вернул поцелуй. Внезапно девушка вскочила, глаза ее гневно сверкали. «Ты хочешь побаловаться со мной, — крикнула она, — воспользоваться моей слабостью ради минутной прихоти!» Дон Матео возражал, уверяя, что и в мыслях не имел ничего подобного, извинялся, что слишком много себе позволил. Ушел он в крайнем смущении и все раздумывал по дороге, что же произошло: ведь она сама раззадорила его, ему ли чувствовать себя виноватым? И все же он чувствовал вину. Молоденькие девушки порой бывают так непредсказуемы, с ними требуется терпение.

Несколько дней после этого дон Матео вел себя примерно. Он каждый день навещал дочку и мать, осыпал их щедрыми подарками, не делал никаких поползновений — по крайней мере, сначала. Девчонка — настоящий бесенок — так освоилась с его присутствием, что могла начать переодеваться в его присутствии или выйти к нему в ночной рубашке, и ее мельком увиденные прелести сводили его с ума. Несколько раз он пытался похитить поцелуй или ласку, но лишь затем, чтобы она вновь оттолкнула его с сердитой отповедью. Так проходили недели; нужны ли другие доказательства, что это увлечение не было для него минутной прихотью? Устав от бесконечных ухаживаний, в один прекрасный день он отвел мать Кончиты в сторонку и предложил купить для девушки дом. Она будет жить, как королева; он будет делать все, что она только захочет (и, разумеется, ее мать тоже). Идея явно пришлась по душе обеим женщинам, однако назавтра ему передали письмо от Кончиты, в котором та благодарила, но отказывалась от предложения: этим он хочет купить ее любовь. Письмо заканчивалось словами: «Больше ты никогда меня не увидишь». Он поспешил к их дому — увы, утром женщины уехали, не сказав никому ни слова о том, куда направляются.

Дон Матео чувствовал себя ужасно. Да, он выказал себя последним невежей. В следующий раз он будет выжидать месяцы, а если потребуется, годы, не пугая ее решительными действиями. Но тут новая мысль поразила его: он больше никогда не увидит Кончиту. Только сейчас он осознал, как сильно полюбил ее.

Миновала зима, самая тяжелая в жизни Матео. Как-то весенним днем он шел по улице и тут услышал, как кто-то зовет его по имени. Он поднял глаза: у распахнутого окна стояла Кончита, сияющая, радостная. Она сбежала вниз, он целовал ей руки, не помня себя от счастья. Почему она так внезапно исчезла? Все произошло так быстро, отвечала она. Она была испугана — и его настойчивостью, и своими чувствами. Но теперь, снова увидев его, она твердо убедилась, что все это время не переставала любить. Да, она согласна стать его любовницей. Она докажет свои слова, придет к нему. Разлука изменила нас обоих, подумалось ему.

Спустя несколько дней она, как и обещала, появилась у него. Они поцеловались, обнялись. Ему хотелось быть неторопливым, смаковать каждое мгновение, однако так трудно было справиться с собой — он чувствовал себя как бык, которого долго держали взаперти и наконец отпустили на волю. Он повел ее в спальню, не разнимая объятий. Начав снимать с нее нижнее белье, он наткнулся на препятствие — какую-то сложную шнуровку. В конце концов

пусть лезет
в окошко;
Встреть его,
трепетный страх
изобразив на лице;
 Умной служанке
вели вбежать
и вскричать:
«Мы погибли!»,
Чтобы любовник,
дрожа, прятался
где ни пришлось.
Все же совсем его
не лишай безопасной отрады,
Чтоб не казалось
ему: слишком цена
дорога.

Публий Овидий
Назон, «Наука
любви»
(Пер. М. Гаспарова)

ему пришлось остановиться и посмотреть, в чем дело: на ней была надета хитрая полотняная сбруя, подобных штук ему не доводилось видеть. Как он ни старался тянуть и распутывать, шнуровка не поддавалась. Он пришел в такую ярость, что готов был избить Кончиту, но вместо этого неожиданно расплакался. А она невозмутимо объяснила: она согласна, чтобы он делал с ней все, но при этом хочет остаться mozita. Это — ее защита. Вне себя от гнева, Матео отослал ее домой.

На протяжении последующих месяцев мнение дона Матео о Кончите постепенно менялось. Он стал замечать, что она флиртует с другими мужчинами, увидел, как в баре она танцует фламенко — откровенно, вызывающе. Он пришел к выводу, что обманут: не может быть, чтобы Кончита была mozita, просто все это время она водит его за нос, выманивая деньги. Но даже теперь он не мог расстаться с ней. Его место займет другой мужчина — невыносимая мысль. Она предлагала ему провести ночь с ней в постели, при условии, что он не будет пытаться овладеть ею; при этом, словно желая помучить его без причины, прыгала в постель обнаженной (объясняя это жарой). Доведенный до крайней степени отчаяния, он однажды взорвался и предъявил ультиматум: либо она дает ему то, чего он так давно добивается, либо никогда больше его не увидит. Кончита неожиданно ударилась в слезы. Он впервые видел ее плачущей, это растрогало его. Она тоже устала от всего этого, лепетала она дрожащим голосом, если только еще не поздно, она готова принять то предложение, которое однажды отклонила. Пусть он купит для нее дом, и он увидит, какой преданной подругой она станет.

Дон Матео не стал терять времени. Он приобрел для нее виллу, не пожалел денег на ее обустройство. Через восемь дней дом был го-

РАЗЯЩИЕ СТРЕЛЫ ЛЮБВИ

По существу, область эротизма есть область насилия, принуждения... Главная цель эротизма — нанести удар в самую сокровенную сущность живого существа, удар, от которого заходится сердце... Главная цель эротизма — лишить участвующих сдержанности и самообладания, свойственных им в обычной жизни... Мы ни в коем случае не должны забывать, что любовь сулит не только блаженство, но прежде всего страдания и сумятицу. Сама удовлетворенная страсть вызывает

тов. Она примет его там в полночь. Что за наслаждения ждут его!

Дон Матео появился в назначенный час. Зарешеченная дверь, ведущая во дворик, была заперта. Он позвонил в колокольчик. Она подошла к двери с внутренней стороны. «Целуй мне руки, — сказала она сквозь решетку. — Теперь целуй подол моей юбки и носок башмачка». Он проделал все, как она просила. «Хорошо, — сказала она. — Теперь можешь уходить». Потрясение на его лице только вызвало ее смех. Она издевалась, смеялась над ним, а потом созналась: она его терпеть не может. Теперь, когда вилла записана на ее имя, она наконец свободна. Она крикнула, и из тени в глубине дворика появился молодой человек. На глазах у дона Матео, слишком ошеломленного, чтобы уйти, они катались по полу, обнимались и целовались прямо у него на глазах.

На следующее утро Кончита сама пришла к дону Матео — уж не для того ли, чтобы проверить, жив ли он, не наложил ли он на себя руки? К ее удивлению, он был живехонек и ударил ее с такой силой, что она упала. «Кончита, — сказал он, — ты обрекла меня на страдания, выдержать которые не под силу человеческому существу. Какие изощренные пытки ты изобрела — и все, чтобы испробовать их на том единственном, кто страстно тебя любит. Знай же, что я намерен сейчас же силой овладеть тобой». Кончита завизжала, что никогда не будет принадлежать ему, а он наносил ей удар за ударом. Но вот, тронутый ее рыданиями, он остановился. Сквозь слезы она смотрела на него с любовью. «Забудь, что было, — говорила она, — забудь все плохое, что я тебе сделала». Теперь, когда он побил ее, она наконец поверила, что он ее любит. Она все еще *mozita*, а то, что он видел накануне во дворе, — просто представление, чтобы его позлить; как только он

настолько мощное потрясение, а радость при этом настолько велика, что, прежде чем она будет осознана как радость, вначале больше походит на свою противоположность, страдание… Вероятность страдания тем более высока, что только через страдание нам открывается вся значимость объекта любви.

Жорж Батай, «Эротизм: смерть и чувственность»

ушел, она прогнала и того парня. Она принадлежит только ему. «Тебе не придется брать меня силой. Я приму тебя в свои объятия». На этот раз Кончита говорила искренне. К своему величайшему восторгу, он обнаружил, что она и вправду девственна.

Толкование

Дон Матео и Кончита Перес — персонажи романа Пьера Луиса «Женщина и паяц», написанного в 1896 году. Основанный на реальном эпизоде, описанном в мемуарах Казановы, роман позднее лег в основу двух известных фильмов: «Дьявол — это женщина» Йозефа фон Штернберга, с Марлен Дитрих и «Этот смутный объект желания» Луиса Бунюэля. В романе Кончита знакомится с горделивым и агрессивным мужчиной много старше ее и в течение нескольких месяцев превращает его в покорного раба. Метод Кончиты прост: она, стараясь вызвать у него по возможности больше эмоций, использует при этом сильные раздражители, в том числе боль. Возбудив в нем желание, она заставляет его почувствовать собственную низость, когда он пытается овладеть ею. Она позволяет ему играть роль покровителя, но тут же вызывает чувство вины за то, что он якобы хочет купить ее. Ее внезапное исчезновение выбивает его из колеи — он в отчаянии от того, что потерял ее. Поэтому, когда она вновь появляется (а их встреча отнюдь не случайна), он совершенно счастлив, правда, рано: его радость она быстро и весьма умело превращает в слезы. Ревность и унижение предшествуют последней сцене, в которой она отдает ему свою девственность. (Хотя даже после этого согласно сюжету она продолжала мучить его, находя все новые болевые точки.) Всякий раз, когда благодаря ей он падает духом — от чувства собственной

«Разумеется, — произнес я, — я часто говорил вам, что боль обладает для меня особой привлекательностью и ничто не может разжечь во мне страсть сильнее, чем жестокость, безжалостность, а более всего вероломство красивой женщины».
Леопольд фон Захер-Мазох, «Венера в мехах»

вины, от отчаяния, ревности, опустошенности, — она позволяет ему воспарить на крыльях надежды — тем выше взлет, чем ниже было падение. Он уже не может обходиться без нее, надежнее любой веревки привязанный этим чередованием надежд и разочарований.

Ни одно обольщение — и вы в этом не являетесь исключением — не походит на простую прямую дорогу к наслаждению и гармонии. Оно слишком рано увянет, а удовольствие будет слабым и бледным. Именно предшествующее чему-то страдание заставляет нас в полной мере оценить достигнутое. Игра со смертью помогает острее ощутить любовь к жизни; долгая и утомительная дорога делает еще более желанным возвращение домой. Ваша задача — сотворить мгновения, полные печали, отчаяния и муки, создать напряжение лишь для того, чтобы можно было в полной мере ощутить всю прелесть последующего избавления от страданий. Не бойтесь рассердить этим людей: гнев — верный признак того, что они уже у вас на крючке. Не следует опасаться и того, что из-за вашей непокладистости вас могут покинуть — оставляют лишь тех, кто надоел. Путешествие, в которое вы увлечете свои объекты, будет мучительным, но ни в коей мере не скучным. Любой ценой заставьте их поволноваться, держите их на грани. Низвергайте их в бездны, чтобы потом вместе взмыть к вершинам, и по пути они растеряют последние крохи того самообладания, что еще оставалось.

От жестокости до ласки

В 1972 году к Генри Киссинджеру, в то время помощнику президента США Ричарда Никсона по вопросам национальной безопасности, обратилась с просьбой об интервью известная итальянская журналистка Ориана Фаллачи.

ЛЮБОВЬ И СТРАХ

«Oderint dum metuant» (пусть ненавидят, лишь бы боялись), как будто только страх и ненависть могут идти рука об руку, а страх и любовь не имеют ничего общего! Разве не страх именно придает любви интерес? Разве любовь наша к природе не скрывает в себе частицы таинственного трепета, начало и причина которого в сознании, что чудная гармония сил природы вырабатывается беспрерывным уничтожением их и кажущимся беззаконием, а уверенность и неизменность ее законов — постоянной изменчивостью? И этот-то благоговейный трепет приковывает нас к природе больше всего. То же и относительно всякой любви, если только она

Киссинджер давал интервью нечасто: его выводила из себя невозможность повлиять на конечный продукт, в то время как он привык держать все под контролем. Но он читал интервью, взятое Фаллачи у северовьетнамского генерала, и оно показалось ему вполне содержательным и грамотным. Журналистка была прекрасно информирована о вьетнамской войне: что, если ему самому удастся почерпнуть у нее в ходе беседы кое-какую информацию? Почему бы ему в этом случае не воспользоваться, так сказать, ее мыслями? Он решил, прежде чем окончательно дать согласие на интервью, предложить ей предварительную встречу. Он с пристрастием допросит ее по самым разным вопросам; если она пройдет испытание, он позволит ей поработать с ним. Их встреча состоялась и произвела на него впечатление: итальянка оказалась очень неглупой и умела держать удар. Как приятно будет переиграть ее и доказать, что он покрепче ее. Они договорились о следующей встрече для небольшого интервью через несколько дней.

Первый вопрос Фаллачи вызвал раздражение Киссинджера — не огорчен ли он тем, спросила она, что мирные переговоры с Северным Вьетнамом затягиваются? Он не собирался касаться темы переговоров и ясно дал ей это понять в предварительной беседе. Она невозмутимо продолжала, придерживаясь в своих вопросах все той же линии. Он чувствовал себя неуютно, начал сердиться. «Довольно, — прервал он собеседницу. — Я не хочу больше говорить о Вьетнаме». Хотя она и не оставила эту тему немедленно, вопросы явно стали мягче: каково его личное отношение к лидерам Северного и Южного Вьетнама? Он, однако, все же ушел от прямого ответа: «Я не из тех, кто поддается эмоциям. Чувства, эмоции не служат никакой разумной цели». Она перешла к более отвлеченным философским понятиям — войне, миру, одобрительно отозвалась о той роли, которую Киссинджер сыграл в сближении с Китаем. Незаметно для самого себя Киссинджер стал постепенно раскрываться. Он говорил о боли, которую испытывал, занимаясь проблемой Вьетнама, о том, что значит для него власть. И тут она внезапно сделала новый поворот, возобновив острые и нелицеприятные вопросы. Многие считают его не более чем прислужником Никсона. Так ли это на самом деле?.. Так она и продолжала, постоянно меняя направление беседы, то неприкрыто льстя ему, то задавая едкие вопросы. Готовясь к встрече, он собирался выкачать информацию из журналистки, в то же время ничего не открыв о себе; к концу беседы стало очевидно, что ему ничего не удалось узнать от нее, тогда как у него самого вырвалось множество довольно неловких признаний: например, что он считает женщин игрушками или, еще того чище, что он пользуется популярностью у американского народа, потому что люди видят в нем этакого одинокого ковбоя, героя, который только один и способен навести порядок и восстановить справедливость. Когда интервью было опубликовано, босс Киссинджера, Ричард Никсон, высказал ему свое крайнее недовольство.

В 1973 году интервью Фаллачи дал шах Ирана Реза Пехлеви. У шаха было свое понимание того, как следует обращаться с представителями прессы — быть уклончивым и неопределенным в высказываниях, поддерживать разговор на общие темы, держаться корректно и любезно, но твердо стоять на своем, не давая сбить себя с толку. Такой подход срабатывал тысячи раз. Фаллачи начала беседу с личных вопросов, спрашивала, каково это быть монархом, мишенью для террористов и почему шах всегда так печален. Он рассказывал о той громадной ответственности, которую налагает его положе-

…Чудное мраморное создание, она закашлялась и поправила соболью накидку на плечах. «Благодарю вас за урок, — ответил я, — но не стану отрицать, что в вашем безмятежном солнечном мире, точно так же, как и в нашем сыром климате, мужчина и женщина остаются врагами. Любовь может их объединить ненадолго, создав единый разум, единую душу, единую волю, но очень скоро это единство будет вновь разорвано. И вы знаете это не хуже меня: один из них либо должен подчинить себе другого, либо, напротив, добровольно покориться его воле». «Воле женщины, разумеется, — вызывающе произнесла Венера. — И вы знаете это не хуже меня». —

ние, о боли и одиночестве, которые он испытывает. Подобный поворот, казалось, увел разговор в сторону от вопросов о более конкретных профессиональных проблемах, и он расслабился. Фаллачи не прерывала, и ее молчание побуждало его говорить. А затем она резко сменила тему: у него не все гладко со второй женой. Это, безусловно, не может не ранить его. Она задела болевую точку, и Пехлеви почувствовал раздражение. Он попытался изменить направление беседы, но она упорно возвращалась к своему вопросу. К чему тратить время на пустые разговоры о женах и женщинах? — сказал он. А затем разразился филиппикой в адрес всех женщин, порицая их за жестокость и отсутствие творческого начала. Фаллачи атаковала — ему свойственны диктаторские замашки, а в его стране попираются основные демократические свободы. Книги самой Фаллачи, насколько ей известно, занесены здесь в черный список. Это захватило шаха врасплох, он был смущен тем, что не знал главного — кто же сидит перед ним: враг его страны, ниспровергательница основ государственности? А Фаллачи тем временем сменила тон и более мягко стала расспрашивать о его многочисленных достижениях и заслугах. Игра повторилась: стоило ему расслабиться, как она вновь атаковала острым, нелицеприятным вопросом; едва только он начинал раздражаться, она переводила разговор на более приятные темы. Как и Киссинджер, шах сам не заметил, как потерял бдительность и допустил высказывания, о которых сожалел впоследствии: скажем, о своем намерении поднять цены на нефть. А пока он полностью находился во власти ее обаяния, даже начав что-то вроде легкого флирта. «Даже несмотря на то что вы в черном списке в моем государстве, — сказал он в конце интервью, — я вношу вас в белый список в своем сердце».

Толкование

Фаллачи, как правило, интервьюировала сильных мира сего, людей, привыкших и умеющих контролировать ситуацию, внимательно следящих за своими словами, старающихся не допустить компрометирующих или сенсационных высказываний. Это a priori создавало ситуацию конфликта между ней и ее собеседниками, поскольку ее-то задачей было вынудить их раскрыться, а следовательно, обезоружить, лишив привычной сдержанности, и добиться того, чтобы они утратили самоконтроль. Классический подход — коктейль из лести и обаяния — с людьми этого уровня явно не прошел бы: столь примитивная игра мгновенно была бы разгадана. Вместо этого Фаллачи старалась вывести их из равновесия, атаковала, чередуя резкость с мягкостью. Ее вопрос — жесткий, порой жестокий — бил по личным комплексам собеседника, вынуждая занять оборонительную позицию. При этом, однако, Фаллачи достигала еще одного — у объектов возникало подспудное желание оправдаться перед ней, доказать, что они не заслуживают такой негативной оценки. Безотчетно они старались понравиться, добиться ее расположения. Когда она меняла тон, косвенно выказывая свою симпатию, у них возникало ощущение, что победа близка, и они невольно раскрывались, желая закрепить успех. Они и не замечали, как она постепенно все больше завладевает их эмоциями.

В обществе все мы носим разные маски, это наша защита. Что ни говорите, обнажение истинных чувств и переживаний способно привести в смятение кого угодно. Как обольститель, вы должны научиться ослаблять сопротивление. Разумеется, в этом может оказаться эффективным подход чаровника — лесть и внимание, особенно если вы имеете дело с неуверенными в себе людьми, однако на это потребуются ме-

«Конечно, вот почему я и не питаю никаких иллюзий». — «Другими словами, теперь вы мой раб без иллюзий, и я намерена безжалостно попирать вас». — «Госпожа!» — «Вы еще меня не знаете. Признаю — я жестока (ах, какое удовольствие доставляет мне это слово!), но разве я не должна быть такой? Мужчина желает, женщина — объект желания; это единственное преимущество женщины, но преимущество, которое определяет все. Создав мужчину таким уязвимым к страсти, природа предала его на милость женщины, и если у той не хватит здравомыслия обращаться с ним как с жалким, униженным рабом, игрушкой и в конце концов со смехом предать его — что ж, такая

сяцы кропотливой работы и в любой момент возможна осечка. Если вы хотите добиться результатов быстрее или перед вами стоит задача справиться с совсем уж неприступными объектами, лучше всего чередовать резкость с мягкостью и добротой. Своей жесткостью вы создадите внутреннее напряжение — объекты забеспокоятся, огорченные вашим отношением, они начнут задавать себе вопросы: что они сделали не так? чем заслужили ваше неудовольствие? Когда вы смените гнев на милость, они ощутят огромное облегчение, но в глубине души останется опасение, что если они снова чем-то не угодят вам, то все повторится. Пользуйтесь этой схемой, если хотите держать их в подвешенном состоянии. Однако не забывайте, что и резкость, и ласковость следует проявлять очень тонко, лучше всего ограничиться легким намеком на упрек или комплимент. Поиграйте в психоаналитика: отпустите колкое замечание по поводу их скрытых помыслов (вы говорите только правду), а потом сядьте в сторонке и слушайте. Ваше молчание смутит их и может спровоцировать на удивительные признания. Время от времени подкрепляйте свои суждения похвалой, и ради этого они будут стараться угодить вам, словно верные псы.

Любовь — роскошный цветок, но тому, кто захочет обладать им, должно хватить отваги сорвать этот цветок, растущий на краю пропасти.

Стендаль

Ключи к обольщению

Почти каждому человеку в той или иной мере свойственна вежливость. Мы рано научаемся не открывать окружающим своих истинных чувств: мы улыбаемся их шуткам, делаем вид, что нам очень интересны чужие истории и проблемы. Только так и можно жить среди людей. Постепенно это входит в привычку: мы милы и приветливы, даже когда в этом нет необходимости. Мы стараемся уживаться с окружающими, нравиться им, не наступать на больные мозоли, избегать разногласий и конфликтов.

В обольщении приветливость и вежливость, хотя и могут привлечь к себе при первом знакомстве (они так успокаивают и утешают), затем теряют свою силу. Слишком ровное милое поведение может буквально оттолкнуть от вас разочарованный объект. Чувство влюбленности неотделимо от напряжения. Без напряжения, без тревоги и смятения невозможно испытать облегчение, истинное наслаждение и всеобъемлющую радость. Ваша задача — создать это напряжение для ваших объектов, вызывать у них поочередно то тревогу, то кратковременное облегчение, не давать покоя, выматывать, так чтобы кульминация обольщения обрела реальный вес и яркость. Поэтому постарайтесь избавиться от вредного пристрастия к бесконфликтности, тем более что привычка эта по большому счету противоестественна. Чаще всего вы хороши с людьми не в силу природной добродетели, а от страха не понравиться кому-то, от неуверенности в себе. Преодолейте этот страх, и перед вами откроются новые возможности — свобода причинять боль, а затем, как по мановению волшебной палочки, устранять ее. Ваша обольстительная сила возрастет в десятки раз.

Окружающие не настолько будут потрясены вашими действиями, как вы воображаете, и ваша жестокость вовсе не оттолкнет их. В современном мире люди изголодались по новым впечатлениям. Потому боль, причиняемая вами, бодрит и укрепляет их, помогая почувствовать

Постоянная потреб-
ность успокоить
легкое сомнение —
вот что является
ежеминутной
жаждой
любви-страсти...
Так как сильнейший
страх никогда ее не
покидает, наслаж-
дения никогда не
могут надоесть.
Сен-Симон,
единственный
историк, которого
имела Франция,
говорит: «После
многих увлечений
герцогиня Беррий-
ская влюбилась ни
более ни менее как
в Риома, младшего
сына из дома Эйди,
сына одной из
сестер г-жи
де Бирон. Он не
отличался ни
красотой, ни умом;
это был тучный,
коротконогий,
одутловатый и
бледный молодой
человек, лицо
которого, усеянное
множеством
прыщей, изрядно
походило на нарыв;
у него были
прекрасные зубы,

себя более живыми. Теперь им есть на что жаловаться, они получают возможность почувствовать себя жертвами. В результате, когда вы
от боли вернетесь к доброму и хорошему, они
с готовностью простят вам все. Возбудите их
ревность, заставьте терзаться сомнениями — и
когда позднее вы потешите самолюбие своих
объектов тем, что выбрали именно их, отдав им
предпочтение перед соперниками, то доставите
им удвоенную радость. Помните: следует скорее опасаться того, что ваши объекты заскучают,
а не того, что они испытают шок. Причинение
людям боли привязывает их куда сильнее, чем
доброта и ласка. Создавайте напряжение, снять
которое можете только вы. Если вам с трудом
дается эта задача, попытайтесь найти у ваших
объектов черту или свойство, которые вас раздражают, и оттолкнитесь от этого, чтобы затеять
конфликт, необходимый им же в лечебных целях. Чем более правдоподобной будет ваша
жестокость, тем сильнее ее благотворное воздействие.

В 1818 году французский писатель Стендаль,
живший в то время в Милане, познакомился с
графиней Метильдой Висконтини. Любовь
вспыхнула в нем сразу, с первого взгляда. Графиня была высокомерна, с довольно тяжелым
характером, это держало Стендаля в постоянном напряжении, он боялся вызвать ее неудовольствие неудачным замечанием или недостой-
ным поступком. В конце концов, не в силах
более таить свои чувства, он объяснился. Графиня, казалось, была в ужасе, она приказала ему
уйти и никогда не попадаться ей на глаза.

Стендаль атаковал Висконтини письмами, в
которых молил о прощении. Наконец она смяг-
чила свой приговор: он может видеться с ней,
но не чаще двух раз в месяц, не долее часа и не
наедине. Стендаль принял условия: у него не

было выбора. Теперь он жил лишь этими краткими визитами и постоянно пребывал в состоянии нервного напряжения, терзаемый страхом, что она снова передумает и изгонит его, теперь уж навсегда. Это продолжалось два года, и ни разу графиня не выказала ни малейшего признака благоволения. Стендаль не мог понять, почему она продолжает настаивать на соблюдении своих условий — для того ли, чтобы играть им или удерживать на безопасном расстоянии? Он знал лишь, что его любовь только крепнет с каждым днем, становясь невыносимой, пока наконец он не покинул Милан.

Стендаль выплеснул всю свою горечь и боль на страницы знаменитого произведения «О любви», в котором описал воздействие страха на влечение. Прежде всего, если вы испытываете страх перед тем, кого любите, то никогда не сможете в полной мере сблизиться или свыкнуться с ней или с ним. Любимый человек, таким образом, остается для вас тайной, и это лишь усиливает любовь. Во-вторых, в самом страхе есть что-то бодрящее. Он заставляет вас трепетать и волноваться, обдумывать каждый шаг, а это чрезвычайно эротично. Согласно Стендалю, чем ближе любимый человек подводит вас к краю бездны, к ужасу быть брошенным, тем сильнее кружится голова — вами овладевает растерянность. Любовь сродни падению в бездну — она порождает беспомощность и страх, смешанный с упоением.

Руководствуйтесь мудростью писателя, но играйте роль графини: ни в коем случае не становитесь привычными для своих объектов. Это они, а не вы должны испытывать страх и тревогу. Выкажите некоторую холодность, внезапно вспылите, когда они этого не ждут. Если необходимо, ведите себя иррационально. Пусть им покажется, что они навсегда вас теряют,

и ему в голову не приходило, что он способен внушить страсть, в самое короткое время дошедшую до неистовства и оказавшуюся очень прочною, хотя она и не мешала случайным увлечениям и капризам... Ему нравилось возбуждать ревность в принцессе и в свою очередь изображать ревнивца; он часто доводил ее до слез; мало-помалу он приучил ее ничего не делать без его разрешения, даже самые безразличные вещи; иногда он удерживал ее дома, когда она была готова уже ехать в Оперу, а иногда принуждал ее ехать туда против ее воли; он заставлял ее осыпать благодеяниями дам, которых она не любила или к которым ревновала, и делать зло людям, которые ей нравились и к которым он будто бы ревновал ее. Даже в своих нарядах она не пользовалась ни малейшей свободой; он развлекался тем, что заставлял ее причесываться заново или менять платье, когда она была совсем уже одета, и все это так часто и иногда так открыто, что под конец он приучил ее с вечера получать от него распоряжения относительно туалетов и распорядка следующего дня, а утром отменял все, и принцесса обливалась слезами; она дошла до того, что стала посылать ему записки с доверенными слугами, так как он поселился у нее почти сразу же по прибытии в Люксембургский дворец и, пока она совершала свой туалет, записки эти посылались по нескольку раз,

пусть боятся, что их обаяние больше на вас не действует. Дайте им помучиться какое-то время, а потом оттяните от края пропасти. Примирение будет бурным.

В 33 году до Р. Х. Марк Антоний прослышал, что Клеопатра, его возлюбленная, в течение многих лет изменяет ему с его политическим соперником и вместе они замышляют отравить Антония. Клеопатра была искуснейшей отравительницей, и в прошлом ей случалось убивать людей таким образом. Антоний не находил себе места, и однажды он решил поговорить с ней начистоту. Клеопатра не отрицала того, что отравить Антония было вполне в ее власти и никакие меры предосторожности не могли бы ей помешать. Единственное, что может его защитить, — это та любовь, которую она к нему испытывает. Чтобы проиллюстрировать свои слова, она опустила в чашу с вином какие-то цветы. Антоний поколебался, а затем поднес чашу к губам. Клеопатра остановила его, схватив за руку. Она приказала привести пленника и велела ему выпить вино. Осушив чашу, пленник замертво рухнул на пол. Упав к ногам Клеопатры, Антоний признался, что любит ее теперь сильнее, чем прежде. Это признание было продиктовано не трусостью, его храбрость была общеизвестна, и если бы он опасался, что Клеопатра способна убить его, то попросту бросил бы ее и вернулся в Рим. Нет, к ее ногам его поверг не страх, а будоражащее ощущение, что она властна не только над его чувствами, но и над его жизнью и смертью. Отныне он был ее рабом. Ее демонстрация власти над ним была не только действенной, но и эротичной.

Как и у Антония, у многих из нас имеется некоторая неосознанная предрасположенность к мазохизму. Нужно, чтобы кто-то причинил нам боль, заставил страдать, чтобы подавленные, загнанные вглубь склонности вышли на поверхность, стали явными. Необходимо научиться распознавать различные типы скрытых мазохистов, поскольку каждый из них особо чувствителен к определенному типу боли. Довольно часто встречаются, к примеру, люди, уверенные, что они ничего не заслуживают и не стоят в этой жизни. Они не готовы к успеху и поэтому постоянно вредят сами себе. Если вы будете с ними ласковы, признаетесь в своих нежных чувствах, это лишь вызовет у них дискомфорт: ведь они, скорее всего, не оправдают ваших ожиданий и не смогут соответствовать тому идеальному представлению, которое вы наверняка себе о них составили. Подобным особам, саботирующим самих себя, не повредит небольшое наказание: выбраните их, дайте понять, что их несовершенство для вас не секрет. Они считают подобную критику заслуженной, и подобное ваше поведение вызовет чувство облегчения. Можно также без труда вызвать у них чувство вины, чувство, которым они в глубине души наслаждаются.

Другой тип людей — те, для кого настолько непосильны многочисленные обязанности, налагаемые жизнью на каждого из нас, что они спят и видят от них избавиться. Эти люди часто ищут объект для поклонения — религию, гуру, благотворительность. Заставьте их поклоняться себе.

Есть и такие, что хотят играть роль мучеников. Их вы узнаете по той радости, которую они находят в сетованиях, в жалобах на то, что с ними несправедливо обошлись. Дайте им основание для жалоб. Помните: внешность обманчива. Часто сильные на вид люди — киссинджеры и доны матео — втайне желают почувствовать себя наказанными детьми. Как бы то ни было, перемежая боль удовольствием, вы добьетесь прочной привязанности, способной продлиться долгое время.

с указаниями, какие ленты она должна выбрать, а также какое надеть платье и украшения, и он почти всегда заставлял ее носить то, чего ей вовсе не хотелось надевать. Если иногда она осмеливалась предпринять что-либо без его разрешения, он обращался с ней как со служанкой, и слезы лились часто по нескольку дней… Он при всех позволял себе с нею такие грубые выходки, что присутствующие опускали глаза, а герцогиня, не скрывавшая пылкости своих чувств к нему, краснела». Риом был для герцогини всемогущим лекарством от скуки.

Стендаль, «О любви» (Пер. М. Левберг, П. Губера)

Символ: Круча. На краю обрыва люди обычно чувствуют слабость, головокружение и страх. Они против воли представляют, как, сорвавшись, летят в бездну. В то же время возникает искушение: их так и подмывает подойти и заглянуть вниз. Подтолкните свой объект как можно ближе к краю, но в последний момент оттяните назад. Без страха нет восторга и наслаждения.

Оборотная сторона

Люди, на долю которых в жизни выпало много мучений, возненавидят того, кто заставит их вновь испытать боль. Они и так уже настрадались, оставьте их в покое. Лучше окружите их удовольствиями, радостью — и они потянутся к вам всей душой. Допустимо и даже нужно причинять боль тем, кому в жизни все дается легко, сильным и беззаботным. Люди, живущие в удобстве и комфорте, часто страдают от чувства вины, словно они что-то у кого-то украли. Они могут этого не сознавать, но подсознательно стремятся понести какое-нибудь наказание, нуждаются в том, чтобы кто-нибудь задал им хорошую психологическую трепку, после чего земля перестанет уходить из-под ног.

Не забывайте, что тактику «наслаждение через боль» нельзя применять на ранних этапах обольщения. Кое-кто из величайших обольстителей в истории — Байрон, Цзян Цин (госпожа Мао), Пикассо — обладали садистической способностью вызывать душевные муки у тех, кто их любил. Если бы их жертвы заранее знали, что их ожидает, бежали бы куда глаза глядят. В самом деле, подобные обольстители заманивают жертву в свои сети, притворяясь воплощением доброты и любви. Даже Байрон при первом знакомстве с женщиной вел себя подобно ангелу, так что его демоническая репутация казалась ей злобными наговорами — обольстительное сомнение, ведь оно давало иллюзию, что только она одна способна понять его по-настоящему. Жестокость его вырывалась наружу позднее, когда было уже слишком поздно. Жертва уже запутывалась в тенетах собственных эмоций, а его бессердечие лишь усиливало глубину ее чувств.

Поэтому поначалу наденьте маску ягненка, сделав своей приманкой ласку и внимание. Завладейте их сердцем, а потом увлекайте в пучину жестоких страстей.

Четвертая фаза
ГОТОВИМСЯ
К ПОСЛЕДНЕМУ УДАРУ

Вначале вы обрабатывали их мысли — обольщение ментальное. Вслед за этим вы повергали их в смятение и волнение — обольщение эмоциональное.

Настало время для рукопашной схватки — обольщения плотского. К этому моменту ваши объекты готовы сдаться, в них бродят желания. Выкажите холодность, отсутствие интереса — и они бросятся за вами, полные нетерпения и любовной энергии (21: Время падения — погоня за преследователем). Чтобы довести жертву до точки кипения, вы должны усыпить ее сознание и взбудоражить чувства. Самое верное — заманить ее в ловушку вожделения, посылая недвусмысленные сигналы, проникающие во все поры, источающие желание, словно отраву (22: Обращение к плотским соблазнам). Момент для нанесения удара наступает, когда напряжение достигло предела, но жертва, хотя ее и переполняет желание, пока не осознает, что вот-вот наступит развязка (23: Искусство решительного шага).

Когда обольщение завершено, возникает опасность, что на смену восторгам придет разочарование и вся тяжкая и кропотливая работа пойдет насмарку (24: Остерегайся наступления реакции).

Если вы заинтересованы в продолжении отношений, будьте готовы постоянно обольщать свою жертву вновь и вновь, то создавая напряжение, то принося облегчение.

Если жертва более вас не интересует, разрыв должен быть быстрым и безболезненным, это позволит вам сохранить свободу (физическую и психологическую) и готовиться к следующим обольщеньям. А затем игра начинается сначала.

Время падения — погоня за преследователем

Если намеченная жертва слишком привыкает видеть в вас агрессора, она начинает отдавать вам все меньше своей энергии, и напряжение ослабевает. Необходимо взбодрить ее, повернуть ситуацию на 180 градусов. Для начала напустите на себя равнодушный вид, а то и исчезните на время — неожиданная отлучка наведет на мысль, что вам становится скучно. Усугубите впечатление, притворившись, будто заинтересовались кем-то другим. Не переигрывайте и не слишком нажимайте, дайте только уловить этот намек, и воображение жертвы довершит картину, вызвав сомнение — то, чего вы добиваетесь. Вскоре она захочет владеть вами, удержать вас в руках, всю ее сдержанность и скованность как рукой снимет. Ваша цель — вынудить жертву добровольно упасть в ваши объятия. Создайте иллюзию того, что это она обольщает обольстителя.

Обольстительное притяжение

В начале 1840-х годов в центре внимания французского мира искусства оказалась молодая женщина по имени Аполлония Сабатье. Ее отличала столь редкая природная красота, что художники и скульпторы рвались увековечить ее черты. К тому же она всегда была очень приятна в обхождении и разговоре и держалась с обаятельной самоуверенностью. Немудрено, что мужчины так и вились вокруг нее. В своем парижском доме, ставшем для них излюбленным местом, она устраивала обеды, на которых постоянно бывали писатели и художники.

Вскоре салон мадам Сабатье — как стали ее называть, хотя она еще не была замужем, — оказался в числе самых модных и значительных литературных салонов в стране. Среди завсегдатаев салона были Гюстав Флобер и Теофиль Готье, его регулярно посещал Александр Дюма-старший.

В декабре 1852 года мадам Сабатье, которой тогда было тридцать лет, получила анонимное письмо. Автор признавался в любви к ней. Боясь, что его чувства покажутся ей смешными, он решил не называть своего имени; однако для него было важно, чтобы она узнала, что он обожает ее, что он любит ее всем сердцем. Сабатье привыкла к знакам внимания — мужчины влюблялись в нее один за другим, — но это письмо отличалось от прочих: в этом человеке она, казалось, пробудила возвышенные чувства, которые были сродни религиозному пылу. В письме, написанном явно измененным почерком, было стихотворение, посвященное ей. Оно называлось «Слишком веселой». Начиналось оно с восхваления ее гармоничной красоты, но заканчивалось так:

Отлучки, отрицания, увертки, ложь, обманные маневры и смирение — все они нацелены на то, чтобы спровоцировать второй этап, эту загадку истинного соблазна. Заурядное обольщение может развиваться с однообразной и прямолинейной настойчивостью, но обольщение истинное продвигается благодаря отсутствию... Это напоминает фехтование: тут также необходимо пространство для ложного выпада. В течение этого периода обольститель [Йоханнес] не только не приближается к ней, но и всячески ищет способов удержать дистанцию, прибегая для того к различным

Так я врасплох тебя застану,
Жестокий преподав урок,
И нанесу я прямо в бок
Тебе зияющую рану.
Как боль блаженная остра!
Твоими новыми устами
Завороженный, как мечтами,
В них яд извергну мой, сестра![1]

В стихах угадывалась какая-то странная раздвоенность, как будто к чистому восторгу загадочного поклонника примешивалась чувственная страсть с оттенком жестокости. Она была заинтригована и встревожена — и не могла догадаться, кто автор письма и стихов.

Второе письмо пришло через несколько недель. Как и прежде, автор говорил о том, что боготворит Сабатье, причем возвышенные духовные мотивы в письме смешивались с чувственными, целомудренные — с порочными. И в этот раз были стихи — «Вся целиком» с такими строками:

И слишком стройно сочетались
В ней все телесные черты,
Чтоб мог беспомощный анализ
Разъять созвучья красоты.
Магическое претворенье
Всех чувств моих в единый лад!
В ее дыханье слышно пенье,
А голос дарит аромат[2].

Было очевидно, что автор зачарован красотой мадам Сабатье, непрестанно думает о ней, но тут и она обнаружила, что и она сама, завороженная стихами, думает о *нем*, думает днем и ночью, гадая, кто же он. Письма продолжали приходить, возбуждая ее любопытство еще

уловкам: он не обращается к ней впрямую, беседуя только с тетушкой, а если и заговаривает, то лишь на самые банальные и скучно-будничные темы; нейтрализует всё иронией и напускным педантизмом; не реагирует на проявления женственности или эротизма; даже находит для нее поклонника, вполне комического персонажа, чтобы разочаровать ее и ввести в заблуждение. Так продолжается до тех пор, пока она не берет инициативу в свои руки и не разрывает помолвку, таким образом завершая обольщение и создавая идеальную ситуацию для полной своей капитуляции.

Жан Бодрияр,
«О соблазне»

---

[1] *Пер. В. Микушевича.*
[2] *Пер. И. Лихачева.*

сильнее. Было так приятно знать, что незнакомца волнует нечто большее, чем просто красивые черты, но не менее лестно было то, что и ее физическая красота не оставляет его равнодушным.

Прошло совсем немного времени, прежде чем мадам Сабатье догадалась, кто мог быть таинственным незнакомцем: молодой поэт, Шарль Бодлер, один из постоянных посетителей ее салона. Он казался очень застенчивым, почти не заговаривал с ней, но ей приходилось видеть кое-какие его стихи, и, хотя в письмах стихотворения были более отточенными и изысканными, стиль показался ей похожим. В салоне Бодлер всегда чинно сидел в углу, но теперь, когда эта мысль пришла ей в голову, она стала замечать, как странно, нервозно он улыбается ей. Он, без сомнения, имел вид влюбленного. Теперь она внимательно наблюдала за ним, и чем дальше, тем более исполнялась уверенности, что именно он — тот аноним. Однако она ничем не выдала своей догадки, так как не хотела делать первого шага — как ни застенчив, как ни скромен он, но он — мужчина, и в какой-то момент ему придется осмелиться и подойти к ней. В том, что это произойдет, она не сомневалась, пока же ничем не выдавала, что разгадала тайну. Неожиданно письма перестали приходить, и мадам Сабатье терялась в догадках, пытаясь понять, что произошло, ведь последнее из писем было полно обожания едва ли не больше, чем предыдущие.

Прошло несколько лет, она нередко вспоминала о своем поклоннике и о письмах, которых она так никогда более и не получала. Однако в 1857 году Бодлер опубликовал сборник стихов «Цветы зла», и мадам Сабатье узнала многие стихотворения — именно те, которые он тогда посылал ей анонимно. Теперь их мог видеть каждый. Немного позже поэт прислал ей подарок: особым образом переплетенный экземпляр книги и письмо, под которым на сей раз стояло его имя. Да, писал он, те письма, как и стихи, принадлежали его перу — простит ли она ему то, что в прошлом он был так загадочен? Тем более что его чувства остались столь же сильными, что и прежде: «Уж не показалось ли Вам на мгновение, что я мог забыть Вас?.. Вы для меня — более чем заветный образ, возникающий во снах, Вы — мой предрассудок, моя вера... моя постоянная спутница, моя тайна! Прощайте, милая сударыня. Я с глубочайшей преданностью целую Ваши руки».

Это письмо оказало на мадам Сабатье более сильное воздействие, чем все предшествовавшие. Возможно, причина была в его детской искренности или в том, что он впервые обращался к ней напрямую, открыто; возможно, ее тронуло то, что он любит ее бескорыстно, ни о чем не прося, не в пример всем прочим мужчинам, которым, как она знала по опыту, рано или поздно что-то бывает от нее нужно. Как бы там ни было, она почувствовала непреодолимое желание встретиться с ним. Назавтра она пригласила его к себе, других гостей в тот день не было. Бодлер явился точно в назначенный час. Он был взволнован, не спускал с нее своих больших глаз, говорил мало, да и то только вежливые общие фразы. Казалось, он где-то витает. Когда он откланялся, мадам Сабатье охватила паника, а на другой день она впервые сама написала ему: «Нынче я спокойна и могу яснее проверить свое впечатление от вечера в четверг, который мы с Вами провели вместе. Могу сказать, не боясь, что Вы обвините меня в преувеличении, что я — счастливейшая из женщин в этом мире, что никогда я не чувствовала яснее, что люблю Вас, и что никогда Вы не казались мне более прекрасным и восхитительным, мой божественный друг!»

...Весть разнеслась повсюду. Доложили даже королеве Гиневре, которая сидела за ужином. Она чуть не умертвила себя, когда ее слуха достиг пущенный коварно слух о гибели рыцаря Ланселота. Она поверила и была так взволнована, что едва могла говорить... Она немедленно поднялась и удалилась, чтобы в одиночестве дать волю скорби и отчаянию, ее охватившим. Одержимая мыслью о том, чтобы убить себя, она непрестанно обхватывала шею рукой. Однако, придя в себя и одумавшись, она воззвала к Богу с мольбой о прощении. Она каялась в грехах против того, кто был предан ей всем сердцем и был бы так же верен ей, останься в живых.

Она припомнила все недобрые поступки и назвала по отдельности каждый из них, не упустив ничего. То и дело королева повторяла: «О, горе! О чем я думала, когда любимый мой предстал передо мной, а я не соблаговолила приветствовать его, не удосужилась даже выслушать! Разве не глупо было отказаться говорить с ним или хоть взглянуть в его сторону?.. Глупо? Нет, да простит мне Бог, это было жестоко и немилосердно!.. Я, одна я виновна в том, что ему был нанесен смертельный удар. Когда он был предо мной, ожидая, что я обрадуюсь, так же, как он, я отвернулась, не взглянув в его сторону, не снизошла до того, чтобы заговорить, — это ли не было для него смертельной раной? В то мгновение, когда я отказалась

Мадам Сабатье никогда еще не доводилось писать подобных писем; для нее было куда привычнее, чтобы добивались ее. Теперь, однако, она утратила привычное хладнокровие. А дело было плохо: Бодлер не сразу ответил на ее признание, а при следующей встрече был холоднее прежнего. Она стала опасаться, что между ними кто-то стоит — уж не появилась ли вновь в его жизни та давняя любовница, Жанна Дюваль, не она ли увлекает его от нее? Как-то вечером она попыталась заключить его в объятия, поцеловать, но не встретила ответа, напротив, он вскоре откланялся, найдя благовидный предлог. Что неожиданно изменило его отношение? Отчего он сделался холодным и неприступным? Теперь она забрасывала его письмами, вымаливала встречи. Не в силах уснуть, она могла бодрствовать ночь напролет в надежде, что он придет. Никогда ей не приходилось испытывать подобного отчаяния. Она должна добиться своего, вернуть его сердце, владеть им, не делить его ни с кем. Она перепробовала самые разные средства — письма, кокетство, всевозможные посулы, — пока не получила от него записку, в которой он сообщал, что больше ее не любит, и так оно и было на самом деле.

Толкование

Бодлер был обольстителем интеллектуальным. Ему хотелось покорить мадам Сабатье с помощью слов, завладеть ее мыслями, заставить полюбить себя. Он сознавал, что физически не выдерживает сравнения с большинством из ее многочисленных поклонников — он застенчив, скован, не особенно хорош собой. Поэтому он прибег к тому, в чем был действительно силен — к поэзии. То, что ему удалось очаровать Сабатье анонимными письмами, доставляло ему какое-то извращенное наслаждение. Он не мог не понимать, что она разгадает тайну анонима — манера его письма была неподражаемой, но хотел, чтобы она решила эту задачу сама, без подсказок. Он перестал писать ей, так как увлекся кем-то другим, но знал, что она не перестает думать о нем, недоумевать, возможно, ожидая его. И после публикации книги он решил написать ей вновь, теперь уже открыто, вспенив старую отраву, впрыснутую раньше. Оставшись с ней наедине, Бодлер понимал, что она ждет, что он начнет действовать, овладеет ей, но его обольщение было совсем иного рода. Кроме того, ему доставляло удовольствие изображать холодность, ощутить власть над женщиной, которую желали столь многие. К тому времени, когда она пыталась добиться от него ответной реакции, для него обольщение уже было завершено. Он влюбил ее в себя, этого было довольно.

Потрясающее воздействие смены настроений Бодлера на мадам Сабатье преподает нам важнейший урок обольщения. Во-первых, всегда лучше держаться от своих объектов на некотором расстоянии. Такие крайности, как анонимность, излишни, но нежелательно показаться навязчивым или попросту примелькаться, слишком часто попадаясь на глаза. Если вы всегда на виду, всегда наступаете, ваша жертва привыкнет быть пассивной, и обольщение провиснет, словно парус в безветренную погоду. А чтобы вас не забывали, обратитесь к написанию писем — они отлично питают воображение. Культивируйте в себе загадочность — не позволяйте узнать себя до донышка. В письмах Бодлера, прелестно неоднозначных, смешивалось плотское и духовное, дразня Сабатье множественностью вероятных истолкований.

Теперь, когда желание и интерес созрели, когда жертва, вероятнее всего, ожидает от вас решительных действий — как ожидала в тот вечер мадам Сабатье, — отступите. Откуда она

говорить с ним, я разрушила его сердце и жизнь. Эти-то две раны и убили его, полагаю, а не удары наемных убийц. О боже! Будет ли мне прощение за это убийство, за этот грех? Никогда! Раньше пересохнут все реки и все моря! О, горе! Каким утешением было бы для меня еще хоть раз увидеть его и заключить в объятия прежде, чем смерть унесла его. Как? Да совсем обнаженной быть рядом с ним, чтобы дать ему насладиться сполна...»
Когда им оставалось шесть или семь лиг до замка, где жил король Бадемагу, прибыл гонец с утешительной вестью о Ланселоте — вестью, которую ей было радостно услышать: Ланселот жив, он возвратился целый и невредимый. Он достойнейшим образом испросил у королевы

только взялась, неожиданная ваша отстраненность? Вы приветливы, но не более, и уж точно, в вашем поведении нет и намека на сексуальное влечение. Выждите на этом этапе денек-другой. Ваше отступление вызовет обеспокоенность; единственный способ рассеять нахлынувшие сомнения — преследовать вас, завладеть вами. В этот момент сделайте еще шаг назад, и вы добьетесь того, что жертва упадет вам прямо в руки, подобно спелому плоду, не ведающему силы притяжения, направляющей ее прямиком к вам. Чем с большей отдачей она вовлекается в процесс погони, тем сильнее окажется эротический эффект. Вы провоцируете жертву, вынуждая применить против вас ее собственные обольстительные возможности, а когда она поддается на эту провокацию, меняетесь ролями, и жертва начинает преследовать вас с неизбывной энергией.

Я отступаю, суля ей победу надо мною. В своем отступлении я демонстрирую перед ней все оттенки любви: беспокойство, страсть, тоску, надежду, нетерпение...

СЁРЕН КЬЕРКЕГОР

Ключи к обольщению

Человеческие существа по своей природе — создания упрямые, своенравные, к тому же они полны подозрений относительно помыслов и побуждений других людей. То, что практически любой объект в ходе обольщения оказывает сопротивление, совершенно естественно. Именно поэтому обольщение редко обходится без препятствий и временных отступлений. Но когда ваши жертвы, преодолев сомнения, начинают наконец поддаваться вашему обаянию, они достигают точки, с которой начинается освобождение. Они могут чувствовать, что вы ведете их за собой, но испытывают от этого удовольствие.

Осложнения и сложности не нравятся никому, вот и ваш объект приготовится к скорой развязке. Вы, однако, должны быть начеку, чтобы в этот самый момент удержаться от решительных действий. Доведите дело до восхитительной развязки, которой от вас ожидают с жадным нетерпением, поддайтесь естественному стремлению скорее довести обольщение до логического конца, и вы упустите великолепную возможность, нагнетая напряженность, придать всему событию больше страсти. В конце концов, разве вам нужна пассивная и слабая жертва, чтобы забавляться с ней, как с безвольной игрушкой? Нет, вам нужно, чтобы ваши партнеры были активными участниками обольщения и в полной мере проявили свою волю. Пусть же гонятся за вами, все сильнее запутываясь при этом в ваших тенетах. Единственный способ добиться от них такого поведения — отступить на шаг назад, вызвав тем самым беспокойство.

Вы и прежде прибегали к стратегическому отступлению (см. гл. 12), но на сей раз все будет иначе. Сейчас объект увлечен вами, так что ваше отступление вызовет приступ паники: это моя ошибка, по всей вероятности, я тому причиной, что-то было сделано не так. Всякий предпочтет именно эту интерпретацию мысли, что от него отвернулись по каким-то иным соображениям: ведь если причина разрыва в нем, то в его власти и вернуть все на круги своя, исправив что-то в своем поведении. Напротив, в том случае, если жертва отвергнута вами по независящей от нее причине, это означает, что в данной ситуации она бессильна. Людям свойственно надеяться. Ждите: теперь жертва придет к вам сама, демонстрируя напор и агрессию, полагая, что эта уловка сработает. Тем самым она резко повысит в ваших отношениях градус эротизма. Вы должны понимать, что сила воли человека напрямую связана с либидо, другими словами, с его сексу-

Правда, что мы не можем полюбить, если не обладаем неким глубинным воспоминанием — в значительной степени подсознательным — о том, что сами были когда-то любимы. Но мы не можем полюбить и в том случае, если это воспоминание о том, что мы были любимы, никогда не ставилось под сомнение; если мы всегда были в этом уверены. Другими словами, любовь невозможна, если нас не любили и если мы не испытывали неуверенности в том, что нас любят… Потребность быть любимым не примитивна. Она приобретается через переживание более поздних этапов детства. Точнее было бы сказать, через разнообразные переживания или

альным влечением. Пока ваша жертва пребывает в пассивном ожидании, уровень эротизма у нее весьма невысок. Когда же она переходит в наступление, становясь активным участником процесса обольщения, переполняясь беспокойством и тревогой, накал страстей растет. Так нагнетайте напряжение насколько удастся.

Отступая, делайте это тонко, едва уловимо; ваша задача — вызвать смутное предчувствие надвигающейся беды. Осознание того, что вы были непривычно холодны или рассеянны, должно забрезжить у вашей жертвы, когда она останется наедине со своими мыслями, зашевелиться в ее душе ядовитым сомнением. Очень скоро росток пустит корни, и ее охватит безумие, которое станет расти само по себе. Ваше коварное отступление пробудит в жертве желание завладеть вами, и она по собственной воле поспешит прямо в руки к вам, без уговоров и принуждения. Эта стратегия отличается от описанной в главе 20 — там мы наносили глубокую рану, двигаясь к наслаждению через боль. В том случае нашей задачей было добиться, чтобы жертва, ослабев, попала к нам в зависимость, теперь же нам нужны жертвы активные и напористые. Какую из двух этих стратегий предпочесть (а совместить их невозможно) — выбор зависит от того, к чему вы стремитесь, и от наклонностей жертвы.

В «Дневнике обольстителя» Сёрена Кьеркегора Йоханнес намерен соблазнить прекрасную юную Корделию. Он начинает с чисто интеллектуального общения с ней, постепенно пробуждая интерес к своей персоне. Потом он начинает писать ей письма, романтические и обольстительные. Ее восхищение сменяется любовью. Несмотря на то что при личном общении Йоханнес неукоснительно соблюдает дистанцию, девушка, в мыслях которой он рисуется натурой глубокой и незаурядной, пребывает в полной уверенности в его любви к ней. Однажды, беседуя с ним, Корделия испытывает странное чувство: с ним что-то не так. Кажется, он испытывает больше интереса не к ее мнениям, а к своим собственным. Проходит несколько дней; ее сомнения крепнут — уже и письма его стали чуть менее романтичными, им чего-то недостает, уж не пошел ли он на попятный? Охваченная тревогой, она, сама не замечая, превращается из преследуемой в преследовательницу. Теперь обольщение становится не в пример интереснее — по крайней мере, для Йоханнеса.

Отступление Йоханнеса исполнено очень изящно; Корделии чудится, будто он относится к ней с меньшей нежностью, чем накануне, причем он добивается этого с помощью едва уловимых оттенков. Оставаясь учтивым, он при этом возвращается от романтических тем к интеллектуальным беседам. Это порождает у нее беспокойные мысли о том, что ее красота и обаяние уже, кажется, на него не действуют. Нужно усилить старания, вернуть его интерес и доказать самой себе, что она по-прежнему имеет над ним власть. Она полна любви, желания, а довела ее до этой точки небольшая демонстрация охлаждения и недостатка внимания со стороны Йоханнеса.

Обоим полам от природы присущи привлекательность и соблазнительность, но приманки у каждого свои. Если, выказывая кому-то симпатию, вы при этом не проявляете сексуального интереса, это почти оскорбительно и будет воспринято как вызов — значит, к вам нужно подобрать ключик, попытаться обольстить вас. Чтобы добиться такого эффекта, вначале продемонстрируйте, что объект вам интересен, прибегнув к письмам или тонким намекам. При личном общении, однако, храните этакую нейтральную бесполость. Будьте приветливы и

через многократное повторение сходных переживаний. Я полагаю, что эти переживания негативны. Ребенок осознает, что он не любим или что любовь матери к нему не безусловна. Дитя узнает, что мать может быть недовольна им, что она может отказать ему в ласке, если он ведет себя не так, как ей хочется, что она может сердиться или раздражаться. Я считаю, что подобное переживание поселяет в младенце чувство тревоги, беспокойства. Мысль о возможной утрате матери внезапно поражает ребенка с силой, которую можно уподобить только землетрясению... Ребенок, который сталкивается с недовольством и неласковостью матери, вначале отвечает на эту угрозу испугом.

Он пытается вернуть утраченное, выражая гнев и враждебность. Пожалуй, только после того, как попытка настоять на своем оканчивается провалом, характер его начинает меняться. Тут-то и возникает нечто странное, чуждое сознательному мышлению, но весьма близкое младенческому образу мыслей. Вместо того чтобы покрепче ухватиться за ускользающий субъект, агрессивно заявляя свои права собственника, ребенок отождествляет себя с объектом, каким тот был ранее. Ребенок начинает в поведении подражать тому, как его мать вела себя с ним в то счастливое время, которое ушло в прошлое. Это прорыв, озарение, первые проблески в постижении феномена любви. Малыш таким образом

дружелюбны, но не более того. В результате такой провокации жертва очертя голову бросится в атаку, вооружившись присущими ее полу обольстительными чарами, — а вам только того и надо.

На последних этапах обольщения сделайте вид, что заинтересовались другим человеком — это еще одна форма отступления. Когда в 1795 году Наполеон Бонапарт впервые встретил молодую вдову Жозефину де Богарне, то был очарован и ее экзотической красотой, и взглядами, которыми она его одарила. Он стал бывать на ее еженедельных званых вечерах. К его радости, она, пренебрегая другими мужчинами, все время проводила подле него, внимая каждому его слову. Он был влюблен и имел все основания полагать, что Жозефина отвечает на его чувство взаимностью.

На одном из званых вечеров хозяйка была мила и внимательна к нему, как и прежде, если не считать того досадного обстоятельства, что она проявляла не меньшее внимание по отношению к другому мужчине. Тот — бывший аристократ, как и сама Жозефина, — принадлежал к типу людей, с которыми Наполеон не мог потягаться ни в обхождении, ни в умении вести беседу. Сомнения и ревность охватили его. Будучи человеком военным, он прекрасно знал, как важно не мешкая перейти в наступление, и спустя несколько недель, проведя стремительную и напористую операцию, заполучил Жозефину в безраздельное владение, а там и женился на ней. Жозефина, обольстительница с недюжинным умом, устроила все очень умело. Она не стала говорить ему, что любит другого, но одного присутствия в ее доме предполагаемого соперника, нескольких, словно случайно перехваченных, взглядов, каких-то поворотов головы, едва заметных жестов было достаточно, чтобы подтолкнуть к этому выводу. Более действенного способа дать понять, что вы утратили влечение к объекту, попросту не существует. Помните, однако, что если ваш интерес к другому окажется слишком явным, демонстративным, вы рискуете добиться противоположного результата. В этой ситуации не следует казаться жестоким; вы добиваетесь только одного — сомнений и беспокойства. Поэтому ваш интерес к другому должен быть едва-едва заметен, почти не виден невооруженным глазом.

Стоит человеку влюбиться в вас — и сколько-нибудь заметное ваше отсутствие будет вызывать беспокойство. Ваша внезапная отлучка на последних стадиях обольщения должна быть чем-то оправданна — найдите для нее хоть какой-то благовидный предлог. Вы ведь хотите не инсценировать решительный разрыв, а заронить легкое сомнение: нельзя ли было найти возможность не уезжать и остаться, не признак ли это охлаждения, не появился ли на горизонте соперник? В ваше отсутствие восхищение вами будет возрастать. Ошибки и промахи будут забыты, вам простят все грехи. К моменту вашего возвращения плод созреет — к вам бросятся с такой радостью, словно вы восстали из мертвых.

Согласно мнению психолога Теодора Рейка, мы вообще научаемся любить только благодаря неудачам в любви. В младенчестве мы купаемся в любви матери — ничего, кроме нее, мы не знаем. Но, став чуть старше, начинаем чувствовать, что ее любовь не так уж безоговорочна. Если мы плохо себя ведем, если чем-то не угождаем ей, она может лишить нас своей любви. Мысль о возможности утратить материнскую любовь, о том, что она может разлюбить нас, переполняет нас тревогой, а сначала и гневом — мы ей покажем, думаем мы, и в припадке раз-

демонстрирует собственным поведением то, чего ждет от своей матери, преподает ей урок того, как она должна вести себя с ним. Он заявляет о том, чего хочет, показывая нежность и любовь к матери — такую же, как та, которую она дарила ему раньше. Это попытка преодолеть отчаяние и чувство утраты, взяв на себя роль матери. Малыш пытается показать, чего ждет, делая это сам: смотри, я хочу, чтобы ты вот так вела себя, чтобы ты была со мной такой же нежной и любящей. Конечно, такое поведение является не результатом расчета или обдуманного планирования, а эмоциональной реакцией, естественной подстановкой ролей с подсознательной целью обольстить мать, выполнив ее желание. Своими действиями ребенок демонстрирует, какой любви ждет от матери. Такая примитивная демонстрация от обратного — пример того, как добиться от нее желаемого. В этой демонстрации живет память о всех проявлениях внимания, нежности, любви, когда-либо полученных от матери или других любящих людей.

ТЕОДОР РЕЙК, «О ЛЮБВИ И ВОЖДЕЛЕНИИ»

дражения устраиваем истерику. Это, однако, никогда не срабатывает, и мало-помалу мы начинаем постигать, что единственный способ не дать матери снова оттолкнуть нас — подражать ей, быть такими же любящими, ласковыми и нежными, как она. Это привяжет ее к нам надежнее всего. Эта схема повторяется на протяжении всей нашей жизни: сталкиваясь с отторжением или холодностью, мы учимся обходительности, галантности, мы учимся любить.

Воссоздайте эту основополагающую схему в своем обольщении. Прежде всего окружите свои объекты вниманием и восхищением. У них не будет уверенности в ваших мотивах, однако это будет так приятно, что лишиться этого удовольствия они не захотят ни в коем случае. Когда, тем не менее, это прекратится (в результате стратегического отступления), они испытают гнев и тревогу, возможно, впадут в истерику, однако на смену им придет тот же, что и в детстве, вывод: единственный способ вернуть вас, заполучить наверняка — подражать вам, стать такими же любящими и так же дарить любовь, как вы. Ситуация изменится на противоположную благодаря страху быть отвергнутым.

В истории любых отношений подобная схема неизбежна. Один из партнеров охладевает, другой его добивается, затем они меняются ролями и так далее, и снова, и снова. Выступая в роли обольстителя, не пускайте ничего на самотек. Позаботьтесь сами, чтобы это произошло. Вы учите партнера быть обольстителем, точно так же, как мать учит ребенка взаимной любви. Ради себя же научитесь добиваться такого обмена ролями. Вы должны не просто играть роль того, чьей любви добиваются, — наслаждайтесь этим, отдайтесь этому целиком. Возможность почувствовать себя объектом преследования собственной жертвы часто доставляет больше наслаждения, чем сама охота.

Символ:
Плод граната.
*Гранатовое деревце посадили,
за ним с любовью ухаживают, по-
ливают, на ветвях появляется плод.
Не торопитесь, не срывайте его с
ветки — гранат окажется жестким и
горьким. Дайте ему созреть, и спелый
гранат, тяжелый и ароматный, сам
упадет вам в руки. Только теперь его
мякоть покажется вам восхитительно сладкой
и сочной.*

ОБОРОТНАЯ СТОРОНА

Иногда игры с отдалением и разлукой способны обернуться для обольстителя горьким разочарованием. Если вас не окажется рядом в важный для объекта момент, это может привести к полной потере его интереса к вам. К тому же слишком многое приходится оставлять на волю случая — пока вы вдали, они могут встретить кого-то, кто затмит вас и отвлечет от вас их мысли. Клеопатра без труда соблазнила Марка Антония, но вскоре он возвратился в Рим. Клеопатра была загадочной и притягательной, но они слишком много времени провели в разлуке — он забыл ее. Тогда она, отбросив свое обычное кокетство и высокомерие, отправилась за ним во время одного из его военных походов. Она знала, что, стоит ему снова увидеть ее, он не замедлит вновь поддаться ее чарам.

Прибегайте к отсутствию как средству обольщения только в том случае, если уверены, что объект любит вас, и ни в коем случае не исчезайте слишком далеко и надолго. Вообще здесь, как нигде, требуется точная дозировка: следите за тем, чтобы ваши письма не стали слишком редкими, не переигрывайте, играя холодность или изображая интерес к другому. Это — стратегия смешивания наслаждения с болью, описанная в предыдущей главе, которая в данном случае вместо искомого результата лишь вызовет у ваших объектов отчаяние и даже желание бросить все и отказаться от вас. Другая неожиданность, с которой вы можете встретиться, — это то обстоятельство, что встречаются люди, неисправимо пассивные. Они ожидают от вас решительных действий, если же их с вашей стороны не последует, они решат, что вы слишком слабы и робки. Пытаясь вынудить такого человека преследовать вас, вы скорее устанете и издергаетесь, чем получите удовольствие, как в случае с более активным партнером. В этом случае продвигайтесь к концу без подобных изысков, добивайтесь своего, а затем прощайтесь и двигайтесь вперед, к новым победам.

Обращение к плотским соблазнам

С объектами, обладающими деятельным, живым умом, иметь дело рискованно: уж если они раскусят ваши манипуляции, то могут засомневаться и во всем остальном. Осторожно отвлеките их внимание, а тем временем пробуждайте в них дремлющие чувства, комбинируя безобидное поведение, не вызывающее ни малейших подозрений, с обликом, полным сексуальности. В то время как ваш сдержанный, невозмутимый, даже бесстрастный вид убаюкивает их мысли и усыпляет бдительность, ваши взгляды, ваш голос, ваша манера говорить должны источать сексуальность и влечение. Пусть эти тонкие флюиды проникают им под кожу, возбуждая чувства и распаляя кровь. Но ни в коем случае не следует принуждать к физическому контакту. Вы должны заражать объекты своим жаром, соблазнять их, пробуждая страсть. Подведите их к этому моменту — такому интенсивному, яркому, настоящему, что нравственность, рассудительность и беспокойство о будущем тают без следа, исчезают, а тело отдается наслаждению.

Нетерпеливо ты
ждешь попасть на
пиры и в застолья,
Хочешь узнать
от меня и для
застолий совет?
Слушай! Заставь
себя ждать:
ожидание — луч-
шая сводня;
Вам промедленье
к лицу — дай
загореться огням!
Будь ты красива
собой или нет, а
станешь красива,
Скравши ночной
темнотой всякий
досадный изъян.
В кончики пальцев
кусочки бери, чтоб
изящнее кушать,
И неопрятной
рукой не утирай
себе губ.
Не объедайся ни
здесь, на пиру, ни
заранее, дома:
Вовремя встань от
еды, меньше, чем
хочется, съев.
Если бы жадно
взялась за еду при
Парисе Елена,
Он бы, поморщась,
сказал: «Глупо ее
похищать!»
Женщины! Знайте
себя! И не всякая
поза годится —
Позу сумейте найти
телосложенью

НАКАЛЯЯ СТРАСТИ

В 1889 году ведущий нью-йоркский импре-
сарио Эрнест Юргенс посетил Францию. Это
была одна из его вылазок, в которых он искал
новые «звезды». Юргенс славился своей честно-
стью — свойство редкое для сомнительного
мира шоу-бизнеса, невероятным чутьем и умением из-под земли отыскивать необычные и
интересные номера. Ему предстояло провести
ночь в Марселе, и, прогуливаясь вдоль набереж-
ной старого порта, он вдруг услыхал вопли,
напомнившие ему сначала завывания влюбленных котов. Звуки неслись из кабачка, где собирался простой люд. Разумеется, он поспешил
войти. Выступала испанская танцовщица Каро-
лина Отеро, и в тот самый момент, когда Юргенс увидел ее, он стал другим человеком.
Двадцатилетнюю танцовщицу отличала броская
красота — высокая, ростом пять футов десять
дюймов (175 см), сверкающие темные глаза,
копна черных волос до пояса, тонкая талия затянута корсетом, напоминая песочные часы. Но
сердце у него екнуло не от этого, а от ее удивительного, зажигательного танца — все ее тело
жило, извивалось, подобно змее, танцуя фанданго, она напоминала какое-то животное в
охоте. Танец ее трудно было назвать профессиональным, но в ней поражала полная раскрепощенность, самозабвенность, с которой она
отдавалась движению, — все остальное попросту теряло значение. Юргенс не мог не заметить, что все мужчины в кабаре смотрят на нее
с открытыми ртами.

После представления Юргенс прошел за
кулисы, чтобы представиться танцовщице. Когда он повел речь о своей работе и о Нью-Йорке,
у Отеро вспыхнули глаза. Он физически ощутил, как его охватил жар и по телу прошла дрожь,
когда она внимательно оглядела его с ног до
головы. Говорила она низким, вибрирующим

голосом, с великолепными раскатистыми «р». Она рассказала, что умела танцевать чуть не с рождения — мать у нее была цыганкой. Отеро говорила с ним, закрывшись в гримуборной и не обращая внимания на вопли поклонников, которые рвались выразить ей свое восхищение, чуть не срывая дверь с петель. Она попросила Юргенса проводить ее, а когда он подавал ей пальто, на мгновение прильнула к нему, будто бы оступившись и потеряв равновесие. А потом они гуляли по городу, взявшись за руки, время от времени она что-то нашептывала ему на ухо. Юргенс обнял ее, чувствуя, что ему изменяет обычная выдержка. Он был семейным человеком, прежде никогда не изменял жене, но тут без колебаний пригласил Отеро в свой гостиничный номер. Она сняла верхнюю одежду — пальто, перчатки, шляпку, — казалось бы, совершенно естественно, но то, *как* она это делала, заставило его забыть обо всем на свете. Юргенс, обычно сдержанный, набросился на нее.

На следующее утро Юргенс заключил с Отеро контракт на очень выгодных для нее условиях — громадный риск, учитывая, что она при всем при том была только дилетанткой, любительницей. Он привез ее в Париж и нанял ей лучшего преподавателя театрального мастерства. Вернувшись в Нью-Йорк, он позаботился о том, чтобы в прессе появились сообщения о сногсшибательно красивой таинственной испанке, полной решимости покорить великий город. Вскоре газеты наводнили противоречивые заметки, в которых репортеры наперебой предлагали истории о ней, одну удивительнее другой — ее называли то графиней из Андалузии, то бежавшей из гарема наложницей, то вдовой арабского шейха. Юргенс зачастил в Париж к Отеро, он не жалел для нее денег и богатых подарков, семью же совершенно забросил.

под стать.
Та, что лицом хороша, ложись, раскинувшись, навзничь;
Та, что красива спиной, спину подставь напоказ.
Миланионовых плеч Аталанта касалась ногами —
Вы, чьи ноги стройны, можете брать с них пример.
Всадницей быть — невеличке к лицу, а рослой — нисколько:
Гектор не был конем для Андромахи своей.
Если приятно для глаз очертание плавного бока —
Встань на колени в постель и запрокинься лицом.
Если мальчишески бедра легки и грудь безупречна —
Ляг на постель поперек, друга поставь над собой,
Кудри разбрось вокруг головы, как филлейская матерь,
Вскинься, стыд позабудь, дай им упасть на лицо.
Публий Овидий Назон, «Наука любви»
(Пер. М. Гаспарова)

Шел 1907 год, к тому времени Красавица Отеро блистала уже добрый десяток лет и была известна по всему миру. Вот что рассказал о тех временах Морис Шевалье: «Я был тогда молод и только начинал карьеру артиста — у меня были первые сольные выступления в Фоли. Имя Отеро вот уже несколько недель не сходило с первых полос газет, и, хотя я знал, кто она такая, я никогда ее прежде не видел, ни на сцене, ни вне ее. Я куда-то торопился, быстро шел, опустив голову, мои мысли были где-то далеко, и тут я поднял глаза. Я увидел Красавицу Отеро, которая, в компании другой женщины, шла в мою сторону. Отеро тогда было уже лет сорок, а мне не исполнилось и двадцати,

Дебют Отеро в Нью-Йорке состоялся в октябре 1890 года. Успех был оглушительным. «Отеро танцует самозабвенно, — писала «Нью-Йорк Таймс», — а ее гибкое, податливое тело вызывает в воображении упругие, эластичные кольца извивающейся змеи». За считаные недели она вошла в моду у нью-йоркского общества, выступая далеко за полночь на приемах, закрытых концертах и вечеринках. За ней ухаживал миллионер Уильям Вандербилт — вечера на его яхте, дорогие украшения... Ее внимания домогались и другие магнаты. Юргенс сознавал, что не в силах выдержать конкуренции, тем не менее он был готов на все, лишь бы удержать ее, — чтобы изыскать средства на подарки, он начал запускать руку в кассу труппы. Спустя несколько месяцев растрата стала достоянием гласности. К тому времени он был уже погибшим человеком. В конце концов Юргенс покончил с собой.

Отеро возвратилась во Францию, в Париж, где впоследствии стала одной из наиболее ярких и скандально известных куртизанок Belle Epoque. Слухи распространялись быстро; скоро всему Парижу было известно, что ночь с Прекрасной Отеро (так ее стали называть) служит лучшим омолаживающим средством, чем любое снадобье. Она была капризна, с характером, ей было трудно угодить, но с этим охотно мирились. Альберт, принц Монако, тяжело переживавший свою мужскую несостоятельность, с Отеро ощущал себя ненасытным зверем. Она стала его содержанкой. За ним последовали и другие особы королевской крови — принц Уэльский Альберт (будущий король Эдуард VII), персидский шах, русский великий князь Николай. Мужчины победнее разорялись, опустошали свои банковские счета, и Юргенс был только одним из множества тех, кого Отеро довела до самоубийства.

Во время Первой мировой войны во Франции в составе армии США оказался двадцатидевятилетний военнослужащий по фамилии Фредерик. Здесь ему посчастливилось выиграть тридцать семь тысяч долларов за четыре дня игры в кости. Дождавшись очередного отпуска, он отправился в Ниццу, где снял номер в роскошном отеле. За ужином в ресторане отеля он узнал Отеро, одиноко сидящую за столиком. Ему приходилось видеть ее выступление в Париже, и он тогда по-детски влюбился в нее. С тех пор минуло десять лет. Теперь ей было под пятьдесят, но с возрастом красота ее нисколько не поблекла. Подкупив кое-кого, он добился позволения подсесть к ее столику. От волнения Фредерик почти лишился дара речи: его сводили с ума близость к ней, то, как она непринужденно устроилась в кресле. Когда Отеро поднялась, их колени соприкоснулись, и она пошла по проходу впереди него свободной, раскованной походкой. Они решили пройтись по бульвару и зашли в ювелирный магазин. Неожиданно для самого себя он отсчитал тридцать одну тысячу за колье с бриллиантами. Отеро провела с ним три ночи. Никогда в жизни он не ощущал себя таким мужественным и сильным. Прошли годы, но он всегда считал, что эти три ночи стоили денег, которые он за них заплатил.

Толкование

Прекрасная Отеро была красива, без сомнения. Однако то же самое можно сказать и о сотнях других женщин. Нашлось бы и множество таких, кто превосходил ее талантом и обаянием. Но Отеро являла собой воплощенный огонь — мужчины могли прочитать это в ее взгляде, в движениях танца, угадать по десяткам различных знаков и примет. Жар, который она излучала, был отражением ее собственного

но — ах! — как она была прекрасна! Высокая, черноволосая, с безупречной фигурой, такой, какие ценились у женщин в те годы, а не легковесной и щуплой, какие в моде нынче — Шевалье улыбнулся. — Конечно, мне нравятся и современные женщины, но в Отеро был какой-то роковой шарм. Мы, все трое, остановились на какое-то мгновение, разглядывая друг друга и не произнося ни слова. Я неотрывно смотрел на Красавицу, не молодую, какой она была когда-то, и, вероятно, не такую уже прекрасную, как в юные годы, но такую женственную! Она прямо посмотрела на меня, а затем, повернувшись к своей спутнице — не знаю, кто она была, видимо, какая-то ее подруга, — что-то сказала ей по-английски, думая, что я не пойму. Но я понял: „Правда, хорошенький мальчик?" — сказала Отеро. Другая ответила: „Это Шевалье". „У него такие красивые глаза", — проговорила Отеро, оглядывая меня с ног до головы. А потом она страшно смутила, просто ошеломила меня своей непосредственностью. „Вот интересно, — сказала она, — захочет ли он со мной переспать? А что, спрошу-ка его самого". Только она выразилась не так деликатно. Ее слова были куда грубее и точнее. Я принял моментальное решение. Вместо того чтобы заговорить, представиться и отдаться на волю случая, я сделал вид, что не понимаю сказанного ею, пробормотал какие-то вежливые слова по-французски и ретировался

желания: она была ненасытна. То, что при этом она оставалась расчетливой и практичной, умело извлекая пользу из своей сексуальности, позволило ей стать куртизанкой и достичь высот в этой роли. Выступая на сцене, она могла воспламенить каждого мужчину в зале, полностью отдаваясь необузданному танцу. В жизни она была не то чтобы холодной, но рассудочной. Мужчине нравится думать, что женщина вся горит не от того, что ее сжигает изнутри ненасытный сексуальный аппетит, а благодаря ему самому, потому-то Отеро и давала понять, что мужчина ее волнует, используя выразительные взгляды, мимолетные прикосновения, вкрадчивые интонации, пикантные замечания. В своих воспоминаниях она признавалась, что принц Альберт был очень плохим любовником. И все же он, подобно множеству других мужчин, был уверен, что рядом с ней он силен, как Геркулес. По сути дела, все в их отношениях держалось на ее неуемной сексуальной энергии, но она умело творила иллюзию того, что сильной стороной являлся мужчина.

Чтобы удержать внимание объекта до завершающей стадии обольщения, главное — не выставлять это намерение напоказ, не заявлять прямолинейно о своей готовности (будь то готовность атаковать или подвергнуться нападению). Все должно идти как бы само собой, подобно слаженному механизму, подчиняться определенной логике, логике не разума, но чувств. Необходимо, чтобы сигналы доходили до объекта не через слова или действия, а через жесты, мимику, пластику вашего тела. Пусть объект увидит это влечение, ощутит его в виде своеобразной ауры, окружающей ваше тело. Оно должно прочитаться в глазах, в дрожании голоса, в ваших непосредственных реакциях, возникающих, когда вы с объектом оказываетесь рядом.

Никто не может научиться всему этому путем тренировок и репетиций, но, если вы выберете жертву (см. гл. 1), которая и впрямь воздействует на вас подобным образом, все пойдет само собой как по маслу. На протяжении всего обольщения вам придется сдерживаться, плести интриги, притворяться, доводя жертву до исступления. В процессе этого чувство неудовлетворенности неизбежно возникнет и у вас, а к тому времени, когда настанет надлежащий момент, вы будете кипеть от желания немедленно броситься в бой. Почувствовав, что объект заинтересовался вами и не повернет назад, отпустите свои подавленные желания на волю, дайте им выплеснуться в кровь и зажечь вас. При этом вам совсем не обязательно переходить к активным действиям, не нужно даже прикасаться к объекту. Сексуальное влечение можно ощутить и без соприкосновения, к тому же оно заразительно — и это прекрасно знала Прекрасная Отеро. Они почувствуют ваш жар и в ответ загорятся сами. Предоставьте им первыми сделать решительный шаг. Это поможет вам замести следы. Второй и третий ход — за вами.

Если речь идет об Отеро, пишите СЕКС заглавными буквами. Она его источала.

МОРИС ШЕВАЛЬЕ

ОСЛАБЛЯЯ ЗАПРЕТЫ

Однажды в 1931 году — дело было в деревушке на Новой Гвинее — девушке по имени Тупеселаи сообщили радостную новость: ее отец, Алламан, который много месяцев назад отправился работать на табачных плантациях, приехал повидаться. С ним был белый человек, гость в этих краях непривычный. Им оказался двадцатидвухлетний австралиец из Тасмании, владелец плантации, на которой работал отец. Звали его Эррол Флинн.

в свою гримерную. Проходя мимо Отеро, я не мог не заметить странной улыбки, которой она меня проводила: словно сытая тигрица, наблюдающая, как удаляется добыча. Какое-то мгновение я ждал, что она повернется и окликнет меня». Что сделал бы Шевалье, если бы она пошла за ним? Его нижняя губа оттянулась в характерной полуусмешке, которая является эксклюзивной собственностью французов. А потом он расплылся в широкой ухмылке: «Я бы притормозил и позволил ей поймать себя».

АРТУР Х. ЛЬЮИС, «КРАСАВИЦА ОТЕРО»

СЕКРЕТ
ПРИВЛЕЧЕНИЯ
МУЖЧИН

«Как вы привлекае-
те мужчин?» —
спросил Красавицу
специальный
корреспондент в
Париже стокголь-
мской газеты
«Афтонбладет» в
интервью 3 июля
1910 года. «Стара-
юсь быть как
можно более
женственной;
одеваюсь так,
чтобы выгодно
подчеркнуть все
особенности
фигуры; тонко
намекаю господам,
что готова уступить,
когда придет
время...»

Флинн ласково улыбался Тупеселаи и не таясь, с интересом разглядывал ее обнаженную грудь. (В то время в обычае жителей Новой Гвинеи было носить только юбку из травы.) Он, коверкая английский язык, чтобы она поняла, сказал ей, что она настоящая красавица, и все повторял ее имя, которое произносил совсем без акцента. Больше он ничего не говорил — да и то сказать, ведь он не говорил на ее языке, — так что она попрощалась и удалилась вместе с отцом. Ближе к вечеру выяснилось, к ее ужасу, что она так приглянулась мистеру Флинну, что он купил ее у отца за двух свиней, несколько английских монет и несколько местных монет-ракушек. Семья жила бедно, и отцу такая цена показалась сходной. У Тупеселаи в деревне был парень, с которым она не хотела расставаться, но не подчиниться отцу она не могла и с тяжелым сердцем уехала на табачную плантацию с мистером Флинном. Все же она не собиралась подружиться с человеком, от которого не ждала ничего хорошего.

Поначалу Тупеселаи ужасно тосковала по своей деревне, переживала и чувствовала себя рыбкой, выброшенной на берег. Но мистер Флинн был вежлив, разговаривал с ней мягким, успокаивающим голосом. Она начала понемногу успокаиваться, а так как он всегда держался на почтительном расстоянии, решила, что быть к нему немного поближе не так уж опасно. Его белая кожа нравилась комарам, вот она и стала натирать его каждый вечер душистыми травами из буша, чтобы отогнать кровососов. Вскоре ей подумалось: мистер Флинн одинок, наверное, ему нужен был друг. Вот зачем он купил ее. По ночам он имел обыкновение читать; она стала вместо этого развлекать его пением и танцами. Иногда он пытался объясниться с ней жестами и словами или изо всех сил коверкая английский, подлаживаясь к местному диалекту. Она понятия не имела, что такое он силится сказать, но это очень забавляло ее. И в один прекрасный день она кое-что поняла: это было слово «плавать». Он звал ее поплавать вместе на реку Лалоки. Она с радостью согласилась, но река кишела крокодилами, и Тупеселаи на всякий случай прихватила с собой копье.

Завидя реку, мистер Флинн, казалось, оживился — он сбросил одежду и нырнул в воду. Она прыгнула за ним и поплыла следом. Он обвил ее руками и поцеловал. Их сносило течением вниз по реке, и она плотнее прильнула к нему. Она забыла о крокодилах, забыла и об отце, о своем парне, о деревне, она вообще забыла обо всем на свете. У излучины реки они выплыли к берегу. Он поднял ее на руки и понес в небольшой безлюдный лесок, росший у самого берега. Все случилось быстро и неожиданно, и это понравилось Тупеселаи. С тех пор это стало их ежедневным ритуалом — река, рощица, — так продолжалось долго, но потом табачная плантация перестала приносить доход и мистер Флинн покинул Новую Гвинею.

С тех пор прошло десять лет, и совсем другая девушка, мексиканка Бланка Роса Вельтер, отправилась на вечеринку в отеле «Риц» в Мехико. Она вошла в бар и, озираясь, пыталась найти своих друзей, когда высокий, немолодой уже человек преградил ей путь и сказал с приятным акцентом: «Вы, должно быть, Бланка Роса». Ему не нужно было представляться — это был знаменитый голливудский актер Эррол Флинн. Его лицо смотрело с афиш по всему городу. Он оказался на той же вечеринке по приглашению ее друзей, Дэвисов, от которых, собственно, и услышал о редкой красоте Бланки Росы — а ей на другой день исполнялось восемнадцать лет. Флинн провел ее к столику в углу. Он держался непринужденно и уверенно, и, заслушавшись его, она вскоре забыла о друзьях. Он говорил о

«Чтобы удержать мужчину, — делилась Отеро немного позднее, в интервью йоганнесбургской „Морнинг Джорнал", — нужно постоянно, при каждой встрече показывать, что вас переполняет воодушевление, что вы с восторгом радуетесь свиданию, как в первый раз; что вам никогда не надоедает его общество. Тогда вы дождетесь и ответной пылкости».

Артур Х. Льюис, «Красавица Отеро»

ее красоте, повторял ее имя, прочил ей будущность звезды. Бланка не успела оглянуться, как он уже приглашал ее погостить в Акапулько, где в то время отдыхал. А чтобы были соблюдены все приличия, он пригласит также Дэвисов, их общих друзей, в качестве сопровождающих Бланку. Это было бы чудесно, сказала она мечтательно, но ее мать ни за что на свете не разрешит ей поехать. Не волнуйтесь об этом, отвечал Флинн; на другой день он нагрянул к ним домой с милым подарком к дню рождения Бланки — это было кольцо с камнем, соответствовавшим ее знаку зодиака. Мать Бланки, не устояв перед обаянием его улыбки, растаяла и согласилась отпустить дочь погостить. Вечером того же дня Бланка уже была на борту самолета, который направлялся в Акапулько. Все это было похоже на волшебный сон.

Дэвисы по настоятельной просьбе матери девушки старались не выпускать Бланку из поля зрения. Как-то Флинн уговорил ее покататься на плоту, который заплыл так далеко в океан, что берег скрылся из виду. Он осыпал ее комплиментами, так что она позволила взять себя за руку и поцеловать в щеку. В тот вечер они танцевали вдвоем, а когда стало совсем поздно, он проводил Бланку до ее номера в отеле и долго потом пел у нее под окном серенады. Таково было завершение прекрасного дня. Среди ночи она проснулась от звука его голоса; он звал ее по имени с балкона. Как он сюда попал? Его номер был этажом выше; должно быть, он как-то слез или спрыгнул вниз — опасный трюк. Она подошла к окну. Ей было совсем не страшно, а любопытно. Он нежно обнял ее, поцеловал. По ее телу пробежала крупная дрожь, почти конвульсия; переполненная новыми, непривычными чувствами, совершенно растерявшись, она вдруг расплакалась — от счастья, объяснила она. Флинн успокоил ее поцелуем и вернулся к себе

702

тем же необъяснимым путем, что и пробрался к ней. Теперь Бланка была безнадежно влюблена и готова была на что угодно, о чем бы он ни попросил. Дело кончилось тем, что спустя несколько недель Бланка отправилась следом за ним в Голливуд. Вскоре она стала известной актрисой, взяв псевдоним Линда Кристиан.

В 1942 году восемнадцатилетняя девушка Нора Эддингтон нашла временную работу — продавщицы сигарет в здании окружного суда в Лос-Анджелесе. В те дни суд больше напоминал сумасшедший дом: его наводнили многочисленные репортеры бульварных изданий, пытавшиеся узнать подробности шумного дела: Эррола Флинна обвиняли в изнасиловании двух девушек. Нора, разумеется, приметила и самого Флинна: высокий, франтоватый артист время от времени покупал у нее сигареты, но ее мысли были далеко — она думала о своем парне, морском пехотинце. Через некоторое время процесс закончился, Флинн был признан невиновным, в здании вновь воцарился порядок. И вот однажды Норе позвонил человек, который тоже покупал у нее сигареты во время суда: то был помощник Флинна, его правая рука; он передал ей приглашение актера побывать у него в особняке на Малхолланд-драйв. Нору Флинн не особо интересовал, на самом деле она его даже побаивалась, но вот ее подружка, та просто умирала от желания побывать у знаменитости. Она уговаривала Нору пойти и взять с собой ее. Ну что ей терять? В конце концов Нора согласилась. В назначенный день за ними заехал помощник Флинна, который и отвез их в великолепный дом на вершине холма. Когда они прибыли, Флинн без рубашки стоял возле плавательного бассейна. Он подошел, поздоровался с обеими девушками. В его движениях было столько грации — словно кошка, подумалось ей, — а манера держаться была такой спокой-

Его поцелуй пробудил во мне чувства, о существовании которых я прежде не знала и не догадывалась, весь мир завертелся и закружился у меня перед глазами. То была какая-то безотчетная радость, и ничто не противилось ей, никакой внутренний голос не проснулся, да он и не смог бы остановить меня. Все это было ново, я не могла противиться этому, и, в конце концов, это было сильнее меня. Поддаться обольщению означает позволить увлечь себя, а он делал это так нежно, с таким благородством.
Линда Кристиан

Сатни, сын фараона, увидел необыкновенной красоты женщину на камнях храма. Он подозвал своего слугу и приказал: «Пойди скажи, что я, сын фараона, дам ей десять слитков золота, если она проведет со мной час». — «Я — Непорочная, я не из простого сословия, — ответила госпожа Тубуит. — Если тебе угодно насладиться со мной, приходи в мой дом. Все будет приготовлено». Сатни отправился к ее дому на лодке. «Ради моей жизни, — сказала Тубуит, — поднимись со мною наверх». На верхнем этаже, где пол был посыпан толченой бирюзой и ляпис-лазурью, Сатни увидел несколько постелей, застланных великолепным

ной, что Нора почувствовала, как все ее тревоги улетучиваются. Флинн провел их по дому, полному заморских диковинок, которые он привозил из дальних странствий. Он так захватывающе рассказывал о своих путешествиях, о приключениях, что ей и самой захотелось испытать что-то подобное. Вел он себя как настоящий джентльмен, даже расспросил ее о женихе, не проявив при этом ни малейшего намека на ревность или соперничество.

Жених навестил Нору на другой день. Почему-то он больше не казался ей таким уж симпатичным, ей было с ним просто неинтересно; они разругались из-за пустяка и расстались, так и не помирившись. В тот же вечер Флинн пригласил ее в город, в знаменитый ночной клуб «Мокамбо». Он пил, шутил, и она с радостью позволила ему держать себя за руку. Но тут ее внезапно охватила паника. «Я католичка и девственница, — выкрикнула она. — Когда-нибудь я пойду к алтарю, с белой фатой на голове, и если тебе кажется, что ты можешь заставить меня забыть об этом, ты ошибаешься». Флинн нимало не смутился и невозмутимо ответил, что ей нечего бояться. Ему просто приятно разговаривать с ней, быть рядом, только и всего. Она немного успокоилась, но все же сдержанным тоном попросила его выпустить ее руку из своей. На протяжении последующих недель они виделись почти ежедневно. Она поступила к нему на службу, стала его личным секретарем. Часто она проводила в его доме и выходные в качестве гостьи. Он приглашал ее то покататься на лыжах, то на морские прогулки на катере. Флинн вел себя безукоризненно, а когда он смотрел на нее или касался ее руки, ее охватывало сильное волнение и еще какое-то необычное чувство, которое она сравнивала с ледяным душем в знойный, жаркий день. Со временем она стала все реже посещать церковь, привычная жизнь уплывала куда-то все дальше и дальше. Хотя внешне между ними все оставалось по-прежнему, в глубине души она понимала, что больше не в силах противиться. Однажды, после очередной вечеринки, она уступила. В результате они с Флинном стали мужем и женой; этот бурный союз продлился семь лет.

Толкование

Женщины, которые на своем жизненном пути повстречались с Эрролом Флинном (а к концу его жизни они исчислялись тысячами), имели все основания не доверять ему: он был настоящим реальным воплощением Дон Жуана (ему, кстати говоря, довелось сыграть легендарного соблазнителя женщин в кино). Флинна всегда окружали женщины, причем каждая из них прекрасно знала, что надеяться на сколько-нибудь длительные отношения с ним просто невозможно. О его темпераменте, авантюризме, любви к приключениям и опасностям ходили самые невероятные, фантастические слухи. У Норы было больше причин, чем у кого бы то ни было, остерегаться Флинна и противиться отношениям с ним: познакомились они во время судебного процесса, на котором его обвиняли в изнасиловании; у нее был возлюбленный; наконец, она была богобоязненной католичкой. Однако и этот бастион пал — она, как и все прочие, не устояла перед его обаянием. Некоторые обольстители, такие, например, как Дэвид Герберт Лоренс, воздействовали преимущественно на ум, интеллект, добиваясь восхищения, поклонения, возбуждая потребность обладать. Можно сказать, что Флинн воздействовал на людей на физиологическом уровне. Его невозмутимая манера держаться, его спокойствие передавались женщинам, заставляя их забыть об осторожности. Все происходило почти в первую же минуту знакомства. Он, как силь-

тончайшим полотном, и множество золотых сосудов на столе.

«Пожалуйста, угощайся», — сказала Тубуит.

«Я не за тем сюда пришел», — ответил Сатни, а невольники тем временем подбросили ароматных трав в огонь.

«Делай то, ради чего мы сюда пришли», — повторил Сатни.

«Первым делом ты составишь документ о моем содержании, — отвечала Тубуит, — и назначишь приданое: отпишешь мне все свое имущество и оформишь это все письменно».

Сатни кивнул со словами: «Приведите сюда школьного писца».

Когда он сделал то, о чем просила Тубуит, она поднялась и переоделась в одеяние из голубого полотна, и Сатни мог видеть сквозь него ее тело.

Его пыл возрос, но она сказала: «Если правда, что ты желаешь насладиться со мной, ты заставишь и своих детей подписаться под моим приданым, чтобы потом они не искали ссоры с моими детьми». Сатни послал за своими детьми. «Если правда, что ты желаешь насладиться со мной, ты прикажешь убить своих детей, чтобы они потом не искали ссоры с моими детьми». Сатни и тут согласился: «Я готов сделать с ними все, чего только пожелает твое сердце». — «Иди в ту комнату», — сказала Тубуит, и в то время, как маленькие тела выбрасывали на съедение бродячим псам и кошкам, Сатни наконец возлег на ложе из слоновой кости и черного дерева, ожидая награды за свою любовь,

нодействующее средство, поражал женщин практически с первой минуты знакомства: он был так непринужден с ними, держался с такой легкостью и изяществом! Они проникались его настроением и с удовольствием покорялись, плыли, как бы отдаваясь на волю создаваемого им течения и оставляя за бортом реальный мир с его тяготами — ничего не было вокруг, только он и она. Затем — в тот же день, а может, спустя месяцы — было прикосновение его руки, взгляд, от которого они невольно ощущали дрожь волнения, вибрацию, опасное физическое возбуждение. Они не могли, не умели скрыть этого — их выдавали выражение глаз, румянец, нервный смех, и тогда он наносил решающий удар. Никто не мог сравниться с Эрролом Флинном в стремительности атаки.

Самым серьезным препятствием на последнем, плотском этапе обольщения может оказаться образованность объекта, та степень, до которой он или она нашпигованы продуктами своего общества, своей цивилизации. Слишком высокий уровень образования часто служит помехой, сковывая тело, притупляя чувства, наполняя ум сомнениями и тревогами, вызывая неуверенность и различные комплексы. Флинн умел вернуть женщину в более нормальное состояние, в котором такие вещи, как влечение, наслаждение, сексуальность, не вызывают никаких негативных ассоциаций. Он приманивал женщин, тянул их в приключение, и ему удавалось увлечь их за собой не с помощью логических построений и аргументов, а благодаря своей открытости, не скованному условностями взгляду на отношения мужчин и женщин, взгляду, который невольно передавался и им. Вы должны понять: всё начинается с вас. Когда подходит время перейти к финальной стадии обольщения, постарайтесь отогнать собственные сомнения, комплексы, неуверенность и смешанное чувство вины и тревоги. Ваша уверенность и непринужденность окажут на жертву воздействие куда более мощное, опьянят ее сильнее, чем любой спиртной напиток. Покажите, что вы радостны, даже немного легкомысленны — ничто вам не препятствует, ничто вас не сковывает, вы ничего не принимаете близко к сердцу. Вы зовете свои объекты сбросить оковы цивилизованности, последовать вашему примеру и просто плыть по течению. Не заговаривайте о работе, обязанностях, браке, о прошлом или будущем. Найдется множество людей, которые с готовностью сделают это за вас. Вместо этого предложите редкое удовольствие затеряться в прекрасном мгновении настоящего, где живут чувства, а разум спит.

Ключи к обольщению

Сегодня — более чем когда-либо — наш ум подвергается постоянной перегрузке, голова пухнет, не выдерживая бремени нескончаемых сведений, как нужных нам, так и не нужных вовсе. Всевозможной информации так много, что нас словно разрывает на куски, мы чувствуем, что не в силах собраться, сосредоточиться. Многие осознают эту проблему и по-своему занимаются ею: пишут статьи, проводят исследования, но все они приводят к единственному результату — появлению дополнительной информации, которую необходимо переварить. Отключить гиперактивный разум, вывести его за пределы заколдованного круга представляется задачей почти невыполнимой; любая попытка только активизирует все новые мысли — этакий лабиринт с зеркальными стенами, из которого нет выхода. Возможно, мы обращаемся к алкоголю, наркотикам, физическим нагрузкам именно как к средствам, помогающим на время замедлить лихорадочную работу мозга, успокоиться и на какое-то время погрузиться в реаль-

и Тубуит легла рядом с ним. «В те времена, — стыдливо говорят тексты, — магия и бог Амон творили многое». Чары жриц были, по-видимому, неотразимыми, если даже «мудрейшие из мужчин» были готовы на все в своем желании оказаться, хоть на несколько мгновений, в их умелых объятиях.

Г. Р. ТАБУИ, «ЧАСТНАЯ ЖИЗНЬ ТУТАНХАМОНА»

ность. Эта неудовлетворенность представляет для умелого обольстителя возможности поистине бесконечные. Вокруг нас — огромное множество людей, мечущихся в поисках избавления от интеллектуальной перегрузки. Соблазн плотских утех — таких простых и немудрящих — заставит их проглотить приманку. Однако помните: единственный способ спасти перегруженное сознание, снять напряжение — помочь ему сосредоточиться, сфокусировать внимание на чем-то одном. Гипнотизер просит пациента смотреть, не отрывая глаз, на блестящий шарик, который качается из стороны в сторону. Как только пациенту удается сконцентрировать на шарике все внимание, сознание его расслабляется, чувства пробуждаются, организм становится восприимчивее к всевозможным новым ощущениям и к внушению. Обольститель — тот же гипнотизер, вам необходимо заставить объект сконцентрировать все внимание на вас.

На всем протяжении процесса обольщения вы старались заполнить собой мысли объекта. Письма и записки, откровенные признания и общие воспоминания — все это помогало вам постоянно быть рядом, даже в те моменты, когда физически вы отсутствовали. Теперь, когда вы добрались до конечного этапа обольщения, необходимо чаще видеться с объектом. Ваше внимание к нему должно сейчас стать более интенсивным. Эррол Флинн был гроссмейстером этой игры. Нацеливаясь на жертву, он отбрасывал все остальное, все, что могло отвлечь. У женщины создавалось впечатление, что ради нее он отодвигает на второй план все — карьеру, кино, друзей. Он приглашал ее на прогулку, чаще всего морскую или по реке, где бы их двоих со всех сторон окружала вода. Мало-помалу остальной мир начинал бледнеть, терять для нее свои краски, а в центре мироздания оказывался

Флинн — яркий, единственно реальный. Чем больше объект думает о вас, тем меньше отвлекается на посторонние мысли о работе и обязанностях. Сосредоточиваясь на одной мысли, ум расслабляется, а все навязчивые мыслишки, которые одолевают нас обычно — действительно ли меня любят, не кажусь ли я глупым или некрасивым, что ждет нас в будущем, — бесследно исчезают. Помните: всё начинается с вас. Не отвлекайтесь и не позволяйте отвлекаться объекту, станьте тем самым блестящим шариком в руках гипнотизера, на котором фокусируется внимание, и объект безоглядно последует за вами.

Как только гиперактивный ум вашего объекта начнет успокаиваться, а его лихорадочная деятельность замедлится, тут же оживут его чувства, и предлагаемые вами плотские соблазны подействуют с удвоенной силой. Теперь от одного вашего жаркого взора они вспыхнут, как солома. Конечно, нам привычнее всего использовать те приманки, которые воздействуют непосредственно на глаза, ведь зрение — это чувство, на которое мы в нашей культуре полагаемся более, чем на все остальные. Слов нет, внешний облик имеет огромное значение, но вам сейчас нужно добиться, чтобы не только зрение, но все чувства пришли в движение. Красавица Отеро не упускала возможности дать мужчинам полюбоваться своей грудью, лицом, походкой, но и духи, и звук голоса — всё в равной мере играло свою роль. Чувства теснейшим образом взаимосвязаны, переплетены — запах, например, может активизировать осязание, а раздражитель, воздействующий на осязание, в свою очередь, активизирует зрение. «Случайный» контакт — на данном этапе пусть это будет простое соприкосновение — даст толчок и приведет к обмену взглядами. Поиграйте немного голосом, интонациями, да просто гово-

ИЗ «ЦВЕТОВ ЗЛА»
Ш. БОДЛЕРА

Когда, закрыв глаза, я, в душный вечер лета,
Вдыхаю аромат твоих нагих грудей,
Я вижу пред собой прибрежия морей,
Залитых яркостью однообразной света;
Ленивый остров, где природой всем даны
Деревья странные с мясистыми плодами;
Мужчин, с могучими и стройными телами
И женщин, чьи глаза беспечностью полны.

За острым запахом скользя к счастливым странам, Я вижу порт, что полн и мачт, и парусов, Еще измученных борьбою с океаном, И тамариндовых дыхание лесов, Что входит в грудь мою, плывя к воде с откосов, Мешается в душе с напевами матросов.

Шарль Бодлер, «Экзотический аромат» Цит. по кн.: «Цветы зла» (Пер. В. Брюсова)

рите чуть медленнее и тише. Ожившие чувства вытеснят рациональные мысли.

Мадам де Лурсай (персонаж романа «Заблуждения сердца и ума», принадлежащего перу литератора XVIII века Кребийона-сына) пытается соблазнить человека много моложе себя, Мелькура. В ее арсенале оружие самых разных видов. То она находит способ показаться ему в откровенном туалете, то ее волосы рассыпаются по плечам; она бросает на него пылкие взгляды, голос ее слегка дрожит. В другой раз, оставшись с ним наедине, она с невинным видом усаживает его поближе к себе; в качестве особо сильного оружия используются и слезы. У Мелькура масса причин сопротивляться: он любит девушку своего возраста, к тому же о мадам ходили такие слухи, которые заставили его остерегаться этой женщины. Но смелые наряды, взгляды, аромат ее духов, звуки голоса, наконец, слезы — все это действует помимо его воли. «Все чувства мои пришли в неописуемое возбуждение». Мелькур отдается во власть соблазна.

Французские распутники и распутницы восемнадцатого века называли это «моментом». Соблазнитель подводит свою жертву к определенной черте, когда она или он невольно выказывают признаки возбуждения — имеются разные симптомы, позволяющие об этом догадаться. Едва уловив появление этих признаков, обольститель должен действовать не мешкая, не давая объекту отвлекаться от происходящего: прошлое, ответственность, сознание — ничто не должно тянуть назад. Тело предается наслаждению безоглядно.

Подводя свои объекты к *моменту*, не забудьте несколько важных вещей. Первое: взъерошенный вид (неубранные волосы мадам де Лурсай, ее смятое платье) сильнее действует на чувства, чем аккуратный, подтянутый облик, поскольку наводит на мысли о спальне. Второе: обращайте внимание на неконтролируемые признаки возбуждения. Пылающие щеки, дрожь в голосе, слезы, неестественный смех, некоторые движения (скажем, невольное подражание, имитация каких-то ваших движений), непрерывное облизывание сухих губ — все это свидетельствует о том, что *момент* близок.

В 1934 году китайский футболист по фамилии Ли познакомился с молодой артисткой Лян Пин. Она все чаще появлялась на матчах с его участием и шумно поддерживала спортсмена. На приемах, встречая ее, он ловил на себе «странный, тоскливый взгляд», причем всякий раз она сразу же отводила глаза. Однажды на приеме она оказалась его соседкой. Они сидели так близко, что ее нога касалась его ноги. Она заговорила с ним, пригласила в кино на новый фильм с ее участием. В кинозале она каким-то естественным движением положила голову ему на плечо; пока шел фильм, она то и дело что-то тихонько нашептывала ему на ухо. После кино они гуляли по улицам, и она приобнимала его рукой за талию. В ресторанчике, куда она предложила зайти, они выпили вина. Ночь они провели в гостиничном номере у Ли, и она поразила его своими настойчивыми ласками и нежными словами. Она не давала ему времени отступить, опомниться, трезво поразмыслить. Три года спустя Лян Пин — ей предстояло вскоре изменить имя на Цзян Цин — проделала все то же самое с Мао Цзэдуном. Вскоре она стала супругой Мао — той самой госпожой Мао, возглавившей «банду четырех».

С наступлением *момента* все моральные суждения улетучиваются, и тело словно возвращается в состояние безгрешности. Дайте понять, что вам безразлично, что о вас подумают окружающие; сами же ни за что не критикуйте и не осуждайте свой объект. Отчасти секрет обаяния Флинна заключался в том, что он принимал женщину полностью, такой, какая она есть. Его не интересовал ни какой-то определенный тип красоты, ни расовая принадлежность женщины, ни ее образованность, ни политические пристрастия. Он просто любил в ней женственность во всех проявлениях. Он манил ее к приключению, освобождению от запретов и ограничений, которые накладывает общество, от моральных суждений. С ним становилась осуществимой мечта, а многие грезят о том, чтобы отбросить скованность, стать агрессивным или греховным, изведать опасность. Поэтому без колебаний отбросьте свою склонность к морализаторству и обличениям. Вы маните свой объект в мир сиюминутных наслаждений — уютный, покойный, — так выбросьте в окошко все запреты и предрассудки.

Символ: Плот, плывущий в открытое море, дрейфуя по течению. Вот уже скрылся из виду берег, и вы остались вдвоем — только вы и море. Волны баюкают, заставляя забыть обо всех заботах и огорчениях, раствориться в безграничном пространстве. Плывите без якоря, без руля и паруса, безоглядно отдавайтесь зыбкому чувству и постепенно скидывайте все оковы.

Оборотная сторона

Нередко люди, понимая, что стоят на пороге решительного момента, впадают в настоящую панику. В этих случаях применение духовных соблазнов поможет вам замаскировать все более плотскую сторону обольщения. Именно так действовала обольстительница-лесбиянка Натали Барни. В пору ее расцвета, на рубеже девятнадцатого и двадцатого веков, лесбийские сексуальные отношения считались в высшей степени предосудительными. Неудивительно, что женщины, впервые сталкиваясь с этим, нередко воспринимали их как нечто постыдное или грязное. Барни так умело подводила их к интимным отношениям через поэзию и мистицизм, что новый опыт не только приносил им успокоение, но даже воспринимался как очищение. Сегодня мало кого пугают сексуальные отношения, но на практике люди зачастую не уверены в себе и испытывают глубокие комплексы. Бесхитростное наступление и прямолинейный переход к интимным отношениям напугает и оттолкнет их. Если вы, напротив, придадите вашим отношениям вид духовного, мистического единения, то они почти не обратят внимания на ваши манипуляции.

23

Искусство решительного шага

Момент настал: уже очевидно, что вашу жертву влечет к вам, но она пока не готова это признать, не говоря уж о том, чтобы действовать. Теперь пора отбросить рыцарственность, доброту, кокетство — наступило время решительных действий. Не давайте жертве времени задуматься о последствиях, спровоцируйте конфликт, напряженность — так, чтобы ваш решительный поступок показался ей избавлением. Колебания или осторожность покажут, что вы думаете о себе, вместо того чтобы полностью находиться в плену чар жертвы. Ни в коем случае не отступайте и не останавливайтесь на полпути, проявляя терпение и понимание, — как раз сейчас от вас требуется обольстительность, а не такт. Один из вас должен пойти напролом, и этот человек вы.

Безупречная развязка

Проведя настоящую военную операцию — надев фальшивую личину кающегося грешника, желающего встать на путь добродетели, — повеса Вальмон расставил западню добродетельной молодой президентше де Турвель. Все шло по его плану до тех пор, пока женщина, приведенная в смятение неожиданным признанием в любви, не настояла, чтобы Вальмон немедля покинул замок, в котором оба они гостили. Он повиновался. Из Парижа, однако, он напоминал ей о себе письмами, в которых описывал свою любовь, с каждым разом все выразительнее. Она умоляла его прекратить переписку, и он вновь подчинился. Затем, спустя некоторое время, он без предупреждения нагрянул в замок. При звуке его голоса госпожа де Турвель зарделась румянцем, она вскочила с места, не смотрела в его сторону — словом, все говорило о том, что он ей небезразличен. Она вновь просила его уехать. «Чего вам бояться? — был ответ. — Я покорно исполняю все ваши требования и никогда не требую ничего взамен». Он держался безукоризненно вежливо, и она понемногу успокоилась. Теперь она не спешила покинуть комнату, когда он входил, и могла смотреть ему в лицо. Когда он предлагал сопровождать ее на прогулке, она не отказывала. Ведь они друзья, говорила она. Она даже позволяла ему во время прогулок брать ее руку в свою — по-дружески.

Однажды в дождливый день непогода помешала им отправиться на обычную прогулку. Он направлялся в гостиную, но увидел, как госпожа де Турвель входит в свою комнату, и окликнул ее; впервые она пригласила и его войти. Вальмон сел с ней рядом; разумеется, он возобновил разговор о своей любви. Она слабо запротестовала, казалось, силы оставляют ее. Он взял ее за руку; она позволила своей руке задер-

...Ведь как бы нам ни хотелось отдаться, как бы мы ни спешили это сделать, нужен все же предлог, а есть ли предлог более для нас удобный, чем тот, что позволяет нам изображать дело так, будто мы уступаем силе? Что до меня, то признаюсь, мне больше всего по сердцу быстрое и ловкое нападение, когда все происходит по порядку, хотя и достаточно быстро, так что мы не оказываемся в крайне неприятной

жаться в его ладонях. Голос ее задрожал, а когда она взглянула на него, то сердце его радостно затрепетало — то был нежный, любящий взгляд. Она пыталась что-то сказать: «Что же, да, я...», но вдруг, не закончив фразы, упала в его объятия. Вальмон, однако, сдержался, не воспользовавшись этим мгновением слабости. Она упала перед ним на колени, плач перешел в рыдания. Она умоляла его помочь ей, сделав решительный шаг: уйти из ее комнаты, оставить ее одну прежде, чем случится нечто ужасное. Он так и сделал. А наутро ему сообщили неожиданную новость: среди ночи госпожа де Турвель внезапно покинула замок и отбыла домой, сказавшись больной.

Вальмон не последовал за ней в Париж. Вместо этого он остался в замке, но позаботился, чтобы президентше стало известно о происшедших с ним переменах: он поздно встает, изменяя своему привычному распорядку, он погружен в себя, кажется бледным и утомленным, а глаза его полны тоски. Теперь он ежедневно ходил в домашнюю часовню, не пропуская ни одной мессы, а после часы напролет бесцельно слонялся по замку. Он знал наверняка, что хозяйка замка сообщит обо всем этом президентше. Затем он написал в Париж знакомому священнику с просьбой передать госпоже де Турвель, что он твердо намерен исправиться и изменить свою жизнь. Он умолял ее об одном, последнем свидании, чтобы проститься и вернуть письма, которые она написала ему за последние несколько месяцев. Согласие на встречу было получено также через священника, и, прибыв в Париж, Вальмон снова оказался наедине с президентшей, вечером, в ее доме.

Он застал госпожу де Турвель в крайнем волнении: бедняжка вся дрожала, избегая смотреть ему в глаза. Они обменялись ничего не значащими словами, обычными любезностями, но затем тон Вальмона неожиданно изменился: он упрекал ее в жестокости к нему, в том, что она явно решила сделать его несчастным. Что ж, всему конец, они расстанутся навсегда, ведь она хочет именно этого. Госпожа де Турвель возражала, оправдывалась: она замужем, у нее нет выбора. Вальмон смягчил тон, от упреков он перешел, в свою очередь, к оправданиям и лести: прежде ему не приходилось испытывать столь сильных чувств, он и теперь едва сдерживается. И все же он никогда не причинит ей вреда. С этими словами Вальмон положил на стол все написанные ею письма.

Госпожа де Турвель приблизилась, вид писем всколыхнул в ее сердце воспоминания обо всех перипетиях их отношений, взволновав до глубины души. Она полагала, что решение покончить с распутной жизнью принято им добровольно, проговорила она с беспокойством в голосе. Отнюдь не добровольно, отвечал он, а из-за того, что она отвергла его. И с этими словами он вдруг оказался рядом, совсем близко, и обнял ее. Она не противилась. «Обожаемая! — с горечью проговорил он. — Вы и не догадываетесь, до какой степени сильна моя любовь к вам! Никогда вам не узнать, как я боготворил вас, насколько это чувство было мне дороже самой жизни! Живите же в мире и блаженстве, да будут ваши дни полны тем самым счастьем, которого вы лишили меня!» Затем он выпустил ее из объятий и повернулся, чтобы уйти.

Внезапно госпожа де Турвель вскочила. «Выслушайте же меня, я настаиваю», — сказала она, хватая его за руку. С этими словами она — почти без чувств — упала в его объятия. На сей раз он, не медля долее, отнес ее на оттоманку, осыпая поцелуями и нежными словами счастья. Сопротивление окончательно растаяло под этим потоком нежности и ласк. «Теперь я ваша всеце-

При этом я выиграл то, что получил возможность вдоволь налюбоваться ее прелестным лицом, еще похорошевшим благодаря покоряющему очарованию слез. Я настолько разгорячился и так мало владел собой, что едва не поддался искушению воспользоваться этой минутой. Как же велика наша слабость, как сильна власть обстоятельств, если даже я, позабыв о своих замыслах, рисковал тем, что преждевременное торжество могло отнять у меня прелесть долгой борьбы с нею и все подробности ее тяжкого поражения, если в порыве юношеского желания я едва не обрек победителя госпожи де Турвель на то, что плодом его трудов оказалось бы только

ло, — проговорила она, — и вы никогда не услышите из моих уст ни слова сожаления или недовольства». Турвель оказалась верна своему слову, а ожидания Вальмона оправдались: радость, которую он познал с нею, превосходила все наслаждения, изведанные им прежде.

ТОЛКОВАНИЕ

Вальмону — персонажу романа Шодерло де Лакло «Опасные связи» — с первого взгляда могло многое открыться о госпоже де Турвель. Она застенчива и впечатлительна. Супруг определенно относится к ней с почтением — возможно, даже чрезмерным. Приверженность Богу, религиозность и добродетель скрывают страстную натуру, не чуждую романтичности, она не сможет остаться полностью безразличной к лестному для нее вниманию восторженного почитателя. До сих пор ни один мужчина, включая даже мужа, не дал ей испытать ничего подобного — всех останавливает и отпугивает ее благочестивая наружность.

Вальмон начинает свое обольщение исподволь, избегая лобовой атаки. Он догадывается, что в глубине души, втайне от себя, Турвель восхищается его дурной репутацией. Заявив, что намерен изменить свою жизнь, он может вырвать у нее желание помочь ему встать на путь исправления — желание, тождественное неосознанному желанию полюбить его. Она лишь едва приоткрылась его влиянию, но этого достаточно. Вальмон наносит точно рассчитанный удар, играя на ее женском тщеславии: она никогда не чувствовала себя по-настоящему желанной и потому невольно польщена его любовью. Конечно, она борется, сопротивляется — лишнее доказательство того, что он ей небезразличен. (Равнодушие — единственное, против чего обольщение совсем бессильно.) Он терпелив, не торопится, не делает ни одного резкого движения, даже когда для этого предоставляется удобный случай. В результате у нее создается иллюзорное чувство безопасности. Во время своего «прощального» визита, однако, он понимает, что почва подготовлена: она обессилена, в смятении, для нее сейчас страшно утратить ставшее уже необходимым ощущение того, что она любима и желанна, — это страшнее, чем все последствия адюльтера. Каждый его шаг продуман до мелочей — драматичная сцена расставания, возврат ее писем, тонкая психологическая игра, построенная на встречах и прощаниях. Когда она хватает его за руку, он понимает, что момент настал. Теперь он не медлит, лишая ее возможности передумать, отказаться от принятого решения. Но все обставлено так, что у нее не возникает сомнений: порыв рожден любовью, а не вожделением. Что за наслаждение — сдаться после долгого сопротивления и борьбы. Теперь развязка приносит ей великое облегчение.

Роль тщеславия в обольщении трудно переоценить. Вы нетерпеливы, не скрываете, что вам нужно лишь немного секса? Тем самым вы сигнализируете, что вами управляет только либидо, а очарование вашей жертвы не играет никакой роли. Вот потому-то и следует оттягивать развязку. Более продолжительное ухаживание польстит тщеславию жертвы. В результате вы только выиграете: решительный шаг, когда до нее дойдет, окажется намного эффектнее и обретет дополнительную силу. Однако, выжидая *слишком* долго — демонстрируя влечение, а затем отступая, словно не отваживаясь на решительный шаг, — вы рискуете вызвать у жертвы неуверенность в себе. «Говорит, что я нравлюсь, а на деле этого не видно; наверное, обманывает». Сомнения такого рода больно бьют по самолюбию (если я не нравлюсь, значит, во мне нет ничего хорошего). Для конечной стадии обольщения это фатально; на каждом шагу вы будете наталкиваться

жалкое преимущество обладания лишней женщиной! Да, она должна сдаться, но пусть поборется, пусть у нее не хватит сил для победы, но окажется достаточно для сопротивления, пусть она испытает всю полноту ощущения собственной слабости и вынуждена будет признать свое поражение. Предоставим жалкому браконьеру возможность убить из засады оленя, которого он подстерег: настоящий охотник должен загнать дичь.

Шодерло де Лакло, «Опасные связи» (Пер. Н. Рыковой)

Знавал я однажды двух братьев, молодых людей благородного и высокого происхождения, получивших самое лучшее образование и отменно воспитанных, которые полюбили двух дам, одна из которых, однако, намного превосходила другую во всех отношениях. Однажды все они были в покоях у этой замечательной дамы, которая в то время оставалась в постели. Братья разошлись каждый к своей госпоже, дабы развлечь их. Один из них беседовал с высокородной дамой, обращаясь к ней со всем мыслимым смирением, робко целуя ей руки, и вел при этом почтительные речи, не делая даже попыток подсесть поближе. Второй брат, безо всяких церемоний

на нечуткость и непонимание. Если только вы поняли, что объекты подготовлены — об этом вам скажет их взгляд, выражение лица, странная нервозность в вашем присутствии, — пора переходить в наступление; дайте при этом понять, что это их чары воздействуют на вас таким образом, что вы больше не владеете собой и готовы на решительные действия. Это сочетание доставит им огромное удовольствие: уступив физически, психологически они ощутят себя победителями.

Чем большую нерешительность обнаруживает любовник, тем надменнее мы с ним обращаемся; чем с большим уважением он воспринимает наше сопротивление, тем большего уважения мы от него требуем. Мы бы охотно сказали мужчинам: «Ах, сжальтесь, не считайте нас такими уж добродетельными; тем самым вы сами вынуждаете нас становиться такими».

Нинон де Ланкло

Ключи к обольщению

Взгляните на обольщение как на новый мир, в который вы вступаете, этот мир отделен от реального и не похож на него. Здесь действуют другие законы; то, что годится для повседневной жизни, может иметь противоположный эффект в обольщении. Наш реальный мир отличает стремление к демократичности — или, если хотите, уравниловке: мы хотим, чтобы все хотя бы казались равными. Чрезмерный дисбаланс силы, власти вызывает зависть и недоброжелательство; мы учимся быть вежливыми, приличными, по крайней мере с поверхности. Даже власть имущие по большей части стараются не выделяться, казаться непритязательными и скромными — они не хотят никого задеть. В обольщении вы можете смело все это отбросить, открыть свою темную сторону, даже причинять боль — в определенной степени вы можете стать более похожим на самого себя. Ваша естественность сама по себе уже будет обольстительна. Проблема заключается в том, что, живя долгие годы в реальном мире, мы теряем способность быть самими собой. Мы зажимаемся, становимся робкими, сверхвежливыми. Ваша задача — вытащить наружу кое-какие свои детские качества, с корнем вырвать напускное смирение. Из всех качеств, которые вам предстоит вновь обрести, важнее всего решительность.

Никто не появляется на свет робким и застенчивым; эти качества — своеобразная защита, которую мы вырабатываем, развиваем в себе с годами. Мы обнаруживаем, что если не будем высовываться, дерзать, пытаться что-то совершить, то не придется и страдать от последствий провала или успеха (бывает и такое). Если мы добры и никого не задеваем, то у нас нет недоброжелателей и врагов — мы выглядим в общем мнении милыми, кроткими, чуть ли не праведниками. В действительности застенчивые люди часто поглощены своими проблемами, озабочены тем, как их воспринимают окружающие, и совсем не так уж безгрешны.

Таким образом, смирение вполне способно с успехом сыграть определенную социальную роль, вот только для обольщения оно смертельно опасно. Возможно, именно вы играете роль тихони и скромника; это маска, которую вы носите постоянно. Пусть так, но, когда дело идет об обольщении, сорвите ее. Дерзость не просто бодрит и придает сил, она эротична, и без нее абсолютно невозможно обойтись, чтобы довести обольщение до развязки. Она — если только вы все делаете правильно и не перешли грань от дерзости к грубости — скажет вашим объектам, что их чары заставили вас забыть о своей обычной скованности. Одновременно это послужит для них и приглашением

и высокопарных слов, повлек свою любимую к оконной нише и тотчас принялся с нею вольничать (а был он весьма силен). Он вскоре доказал ей, что в его обычае любить не так, как это принято у испанцев — переглядываясь, вздыхая да играя словами, — что он понимает любовь в ее истинном смысле, таком, о котором только и мечтает каждый, кто по-настоящему влюблен. Некоторое время спустя, сделав свое дело, он оставил покои. Однако, уходя, сказал брату своему довольно громко, так что вторая дама могла слышать его слова: «Поступай, как я, брат мой, ведь ты топчешься на месте и еще совсем не продвинулся. Следовало бы тебе быть таким же храбрым и отважным, каким бываешь в других местах. Если же ты не проявишь сейчас своей отваги, то будешь опозорен, ибо здесь не место для церемоний и почтения, разве не видишь ты, что твоя дама дожидается атаки». И с этими словами он вышел, оставив брата, который все же, несмотря на совет, сдержался, решив повременить и отложить решительные действия до другого раза. Но дама, надо сказать, никоим образом не оценила его деликатности, заподозрив, что ее возлюбленный то ли чрезмерно холоден в любви, то ли недостаточно смел, то ли скрывает от нее какой-то телесный изъян.

Сеньор де Брантом, «Жизнеописания прекрасных и достойных дам»

последовать вашему примеру. Люди в большинстве своем мечтают о шансе раскрепоститься, выпустить на свободу подавляемую сторону своей личности. Дерзость на финишной прямой обольщения исключает всякую скованность и все сомнения. Не могут в танце вести оба танцора. Один из двоих берет эту роль на себя, второй подчиняется. Обольщению чужды уравнительные тенденции и соглашательство. Если на завершающем этапе вы начнете сдерживать свои порывы из боязни обидеть партнера или сочтете правильным разделение власти — это верное средство для поражения. Обольщение — поле не для политики, а для наслаждения. Не важно, кто предпримет решительный шаг, мужчина или женщина, главное, что этот шаг должен быть сделан. Если вы очень уж беспокоитесь, как бы не задеть партнера и не причинить ему зла, утешайте себя мыслью, что тот, кто сопротивляется, зачастую получает наслаждение во много раз большее, чем нападающая сторона.

В молодости актер Эррол Флинн был необузданным до грубости. Обычно это не приводило ни к чему хорошему: с женщинами, которые ему нравились, он становился не в меру агрессивным. Однажды, путешествуя по Дальнему Востоку, он заинтересовался азиатской практикой тантрического секса, в которой мужчина должен овладеть умением задерживать эякуляцию, тем самым сберегая свою потенцию и увеличивая наслаждение обоих партнеров. Флинн позднее применял эту методу и на уровне обольщения, научившись сдерживать свою природную грубость и оттягивать финал обольщения насколько это возможно. Таким образом, хотя решительность и дерзновение могут творить чудеса, неконтролируемая агрессия и грубость не обольщают, а вызывают страх. Вам следует овладеть искусством регулировать в себе эти качества, включая и выключая их по своей воле. Необходимо также научиться чувствовать, когда и в какой мере они требуются. Откладывая неизбежное, как и в тантризме, можно получить больше удовольствия.

В 1720-е годы герцог Ришелье добивался расположения некоей герцогини. Дама была исключительно хороша собой, так что ни один мужчина не оставался равнодушным. При этом она была слишком добродетельна, чтобы иметь любовника, хотя порой могла вести себя как кокетка. Ришелье терпеливо выжидал. Он подружился с ней, очаровав ее своим блестящим остроумием, благодаря которому он был любимцем дам. Вот эти-то дамы, среди которых была и герцогиня, решили однажды подшутить над ним, обманом заставив его выбежать голышом из своей комнаты в Версальском дворце. Шутка удалась на славу — дамы смогли разглядеть Ришелье во всей красе и от души позабавились, глядя, как он убегает. Вокруг было множество укромных уголков, где мог бы спрятаться Ришелье; он избрал для этого спальню герцогини. Спустя несколько минут он наблюдал, как она входит и раздевается ко сну. Как только были погашены свечи, он пробрался к ней в постель. Она протестовала, пыталась звать на помощь. Он поцелуями закрыл ей рот, и в конце концов она сдалась, к его и своему собственному удовольствию. Ришелье отважился на этот смелый шаг по нескольким причинам. Прежде всего, он был уверен, что нравится герцогине и даже что она втайне испытывает к нему влечение. Она никогда не призналась бы в этом, но он не сомневался, что это так. Во-вторых, она видела его обнаженным, и это неизбежно должно было произвести на нее должное впечатление. В-третьих, она не могла ощутить укола жалости и раскаяния за жестокую шутку, которую сыграли над ним не без ее участия. Рише-

А поцелуи?
Возможно ли их
не вмешивать
в просьбы?
Пусть не дается —
а ты и с недающей
бери.
Ежели будет
бороться и ежели
скажет:
«Негодный!» —
Знай: не своей,
а твоей хочет
победы в борьбе.
Только старайся
о том, чтоб не
ранить нежные
губы,
Чтобы на грубость
твою дева пенять
не могла.
Кто, сорвав
поцелуй, не сорвал
и всего остального,
Истинно молвлю,
тому и поцелуи не
впрок.
Что помешало тебе
достичь полноты
вожделенной?
Стыд? Совсем и не
стыд — разве что
серость твоя.
Публий Овидий
Назон, «Наука
любви»
(Пер. М. Гаспарова)

лье, опытный соблазнитель, понимал, что лучшего момента не придумаешь.

Решительный шаг должен стать приятной неожиданностью, но при этом не слишком большой неожиданностью. Учитесь читать знаки, которые подает вам ваш объект. Его или ее обращение с вами начинает меняться — они становятся более податливыми, начинают подражать вам, копируя слова, жесты, — и все же пока остается нервозность, неуверенность. Они уже, в сущности, готовы сдаться, но пока еще не ожидают с вашей стороны решительных действий. Это и есть время для атаки. Если пропустить этот момент и дождаться, что они уже сознательно будут ждать, когда же вы на что-то решитесь, неожиданности не получится и ваше наступление утратит пикантность. Вы хотите, чтобы в обольщении присутствовали двойственность и напряжение — так чтобы развязка принесла облегчение. Их капитуляция принесет такую разрядку, как долгожданная летняя гроза. Не планируйте свой решительный шаг заранее; он должен казаться экспромтом. Дожидайтесь подходящего момента, как это делал Ришелье. Будьте внимательны, не пропустите благоприятную возможность. Тут-то у вас будет пространство для импровизации, вы сможете создать у объекта ощущение, что не смогли совладать со своим влечением. Если же вы чувствуете, что объект догадывается о ваших намерениях, отступите. Усыпите вначале его бдительность и только тогда наносите удар.

Итальянский писатель пятнадцатого века Банделло рассказывает о молодой венецианской вдове, которая почувствовала страсть к красивому и знатному юноше. Она упросила своего отца пригласить того к себе во дворец, поговорить о делах. Во время их беседы она вошла и предложила показать молодому человеку дворец. Гостя весьма заинтересовала ее спальня: по ее описанию выходило, что это самая красивая и роскошно убранная комната во всем дворце. Однако, когда они проходили мимо, она не предложила туда заглянуть. Он стал просить показать ему комнату, и она уступила. Он был очарован: бархат волшебной красоты, редкостные и дорогие произведения искусства, живописные полотна, горящие повсюду изящные белые свечи. Комнату наполнял изысканный аромат. Вдова задула все свечи, кроме одной, а затем подвела молодого человека к кровати: постель была приготовлена, специальная грелка согревала шелковые простыни. Дальнейшее произошло очень быстро. Следуйте примеру молодой вдовы: придайте своему решающему шагу немного театральности. Пусть он надолго запомнится; ваша напористость должна выглядеть привлекательно, красиво, словно завершающая сцена спектакля. Этого можно добиться внешними эффектами — экзотической или романтичной обстановкой или своим поведением. Вдова сыграла на любопытстве своего объекта, создав таинственную, интригующую атмосферу вокруг спальни. Элемент риска или страха — скажем, вас вот-вот могут найти — обострит чувства. Помните: вы творите мгновение, которое должно стоять вне обыденности, выходить за рамки повседневной жизни.

Старайтесь удерживать свои объекты в состоянии эмоционального возбуждения — это ослабляет их и в то же время повышает патетичность момента. Не давайте ослабеть эмоциональному накалу, заражайте объекты своими собственными чувствами. Когда Вальмону нужно было, чтобы президентша де Турвель была спокойна, сердилась или чувствовала нежность, он первым выказывал это чувство, а ей оставалось лишь следовать за ним, подобно отражению. Люди чрезвычайно восприимчивы к настроениям тех, кто их окружает; восприимчи-

руками, словно от удивления или от усталости. После того как женщина продемонстрировала ему свою любовь с помощью явных знаков, а также с помощью жестов и движений тела, мужчине следует сделать все, что в его силах, чтобы завоевать ее. Здесь не должно быть места колебаниям и нерешительности: раз начало положено, мужчина должен непременно постараться довести дело до конца. И в самом деле, женщины презирают и отметают мужчин, которые робеют и упускают свой случай. Решительность — вот закон, ибо всего нужно добиваться, и нельзя ничего упускать.

«Искусство любви у индусов». Под ред. Эдварда Виндзора

вость эта особенно обострена на завершающих стадиях обольщения, когда уже почти нет сопротивления и объект находится под властью вашего обаяния. К моменту совершения решительного шага вам следует научиться вызывать у своего объекта любое эмоциональное состояние, какое требуется вам, — в противоположность внушению настроения с помощью слов. Вам нужно пробиться в сферу бессознательного, а лучше всего этого можно достичь, если заразить объект своими чувствами, обходя их сознательную способность к сопротивлению.

Многим кажется, что решительный шаг — прерогатива мужчины. Это, однако, не так, история изобилует примерами женщин, успешно бравших инициативу на себя. Существует два основных типа женской инициативы. В первой, более традиционной форме кокетливая женщина пробуждает в мужчине влечение, сама при этом полностью владеет собой. В последнюю минуту, доведя жертву до точки кипения, она отступает, предоставив *ему* сделать решительный шаг. Этим приемом во все времена пользовались куртизанки; именно так Клеопатра соблазнила Антония, именно так Жозефина обольстила Наполеона, а прекрасная Отеро сделала себе состояние с помощью именно такой тактики. Она позволяет мужчине сохранять иллюзии относительно своей мужественности, однако в роли нападающей стороны здесь на самом деле выступает женщина.

Другой вид женской решительности не утруждает себя иллюзиями: женщина просто берет инициативу в свои руки, сама подводит ситуацию к первому поцелую, ведет за собой свой объект. Так действовали королева Марго — Маргарита Валуа, Лу Андреас-Саломе и госпожа Мао. Многим мужчинам это совсем не кажется неуместным, напротив, они находят такое поведение милых дам весьма волнующим.

Все зависит от характера, наклонностей и комплексов объекта. В женской инициативности подобного типа есть своя прелесть, поскольку он встречается даже намного реже первого, а ведь и первый куда как редок. Решительность кажется из ряда вон выходящей, если сравнивать с обычным поведением, допустимым в глазах равнодушного супруга, закомплексованного любовника, нерешительного поклонника. Именно поэтому и необходимо к ней прибегнуть. Если бы все стали смелыми и дерзкими, то дерзость очень скоро утратила бы свою привлекательность.

Символ: Летняя гроза.
Один душный, знойный
день сменяется другим,
этому не видно конца.
Земля высохла и растрескалась. Все
замерло, воздух густой, наэлектризо-
ванный — ни один листок не шелох-
нется. Это затишье перед грозой. Но
вот налетают порывы ветра, и поч-
ти сразу вспыхивает молния, страш-
ная в своем великолепии. Внезапно
начинается ливень, он настигает
мгновенно, не давая времени убежать,
укрыться, но принося чувство невы-
разимого облегчения. Наконец-то!

Оборотная сторона

Если двое сошлись по взаимному согласию, это не обольщение. В этой ситуации обратного случая нет.

Остерегайся
наступления реакции

Опасность подстерегает вас уже после успешно проведенного обольщения. После того как эмоциональный накал достиг максимума, может начаться движение в противоположном направлении — переход к охлаждению, недоверию, разочарованию. Остерегайтесь длительного, затянувшегося прощания: встревоженная жертва начнет цепляться за вас изо всех сил — страдать при этом придется обоим. Коль скоро вы намерены прервать отношения, милосерднее сделать это быстро, внезапно. В случае необходимости вы должны сами разрушить влюбленность, которую вызвали. Если же вы намерены продолжать отношения, опасайтесь утраты энергии, бойтесь того, что подкрадется обыденность, привычка — она может разрушить фантазию. Ни под каким видом не допускайте, чтобы партнер свыкся с вами и перестал ценить ваши отношения, да и вас, скройтесь на время, причините боль, идите на конфликт, лишь бы удерживать интригу и напряжение в обольщении.

Отрезвление

Обольщение представляет собой особое волшебство, очарование. Вы в период обольщения — это не вполне вы, вы в улучшенном виде; ваш облик возвышен и облагорожен, вы играете сразу несколько ролей, скрываете от глаз мелкие недостатки и комплексы. Вы намеренно окружили себя тайной и создали атмосферу взволнованного ожидания, напряжения и интереса, чтобы дать жертве редкую возможность пережить театральное действо в реальной жизни. Благодаря вашему волшебству объект обольщения переносится из мира работы, обязанностей и долга в сказку.

Длить это состояние можно сколь угодно долго, до тех пор, пока вы хотите — и можете — удерживать напряжение интриги, волновать чувства; до тех пор, пока не наступает время завершать обольщение. После этого почти неизбежно наступает момент, когда чары рассеиваются. Облегчение от наступления развязки сменяется упадком сил, эмоциональным спадом. Существует реальная опасность, что он выразится в неприязни к вам вашей жертвы, не осознающей, что происходящее естественно, что подобный спад неизбежен после предшествовавшего накала страстей. Заканчивается действие наркотика, грезы рассеиваются, пелена спадает с глаз. Объект видит вас в истинном свете — и наступает разочарование, поскольку становятся очевидными все ваши недостатки, ведь они обязательно имеются у всех. Вы со своей стороны также могли идеализировать свои объекты, и теперь, когда желание удовлетворено, вам тоже видны все их слабые стороны. (В конце концов, ведь они вам поддались.) Вы тоже можете испытывать разочарование. Даже при самых благоприятных обстоятельствах все же совершается переход от фантазии к реальности, огонь постепенно затухает — если только вы не начнете обольщение по второму кругу.

Вам может казаться, что если вы все равно собираетесь расстаться с жертвой, то все это не играет роли. Однако может статься, что ваши попытки разорвать отношения не только не разрушат магию в глазах партнера, а, напротив, укрепят, так что жертва будет хвататься за вас, силясь удержать. Нет, в любом случае — от разрыва до объединения в супружескую чету — фактор отрезвления необходимо брать в расчет. Правильное поведение в период после обольщения — это тоже искусство.

Для того чтобы избежать нежелательных последствий, вам следует ознакомиться со следующими методиками и овладеть ими.

Борись с инерцией. Часто для того, чтобы у ваших жертв наступило глубокое разочарование, достаточно ощущения, что вы уже не так усердствуете ради них. Припомнив все ваши действия за период обольщения, они могут прийти к выводу, что вы ими манипулировали: пока вам чего-то нужно было от них, вы были готовы на все, теперь же, получив желаемое, ни во что их не ставите. Поэтому, после того как первое обольщение завершилось, покажите, что это еще не конец всему, что вы не утратили интереса, что по-прежнему готовы ради них на все. Часто этого оказывается достаточно, чтобы очарование не разрушилось. Не позволяйте вашим отношениям перейти в повседневную, хотя и уютную, рутину. Вносите сумятицу в отношения, даже если это потребует причинения боли или отката назад. Ни в коем случае не полагайтесь полностью на свои физические данные: приедается все, даже красота может примелькаться, когда ее созерцаешь постоянно. Инерции можно успешно противостоять только с помощью тщательно продуманных мер.

Поддерживай атмосферу таинственности.
Обыденность, рутина — смерть для обольщения. Если объекту известно о вас все, ваши отношения переходят в разряд рутинных. Это удобно, однако теряется элемент фантазии, а с ним и волнение. Без волнения, без опасений и даже страха уходит эротическое напряжение. Помните: действительность не обольстительна. Приберегите кое-какие темные уголки своей натуры, попирайте надежды, глумитесь над ожиданиями. Отлучки свои используйте, чтобы разрушить цепкую, собственническую привязанность, которая позволяет повседневности вкрасться в ваши отношения. Не теряйте загадочности, если не хотите, чтобы вас перестали ценить. В противном случае вам некого будет винить в последствиях, кроме самого себя.

Поддерживай атмосферу *легкости и радости*.
Обольщение, как правило, — все-таки игра, а не вопрос жизни и смерти. На стадии «после», однако, часто — да что там, почти неизбежно — случается, что мы принимаем произошедшее слишком всерьез, начинаем жаловаться, упрекать друг друга, если что-то в отношениях пришлось нам не по сердцу. С такими тенденциями необходимо бороться изо всех сил, поскольку они приводят к крайне нежелательным для вас последствиям. Упреками и сетованиями ничего не добьешься; напротив, это вызовет неприязнь к вам, отторжение и лишь усугубит ваши проблемы. Куда большего можно достичь, сохраняя самообладание. Ваше доброе расположение духа, маленькие хитрости ради того, чтобы порадовать свою жертву и угодить ей, снисходи-

тельное отношение к ее грешкам и ошибкам придадут и самой жертве жизнерадостности, а главное — она станет куда податливее. Пытаться изменить или перевоспитать свою жертву — неблагодарная задача, не стоит даже браться за это; вместо этого склоните ее последовать вашему примеру.

Избегай медленного тления. Часто случается, что для одного из двоих обольщение утрачивает прелесть, но ему не хватает смелости положить всему конец. Вместо того чтобы решительно покончить с надоевшими отношениями, он или она замыкается в себе. Однако этот психологический прием — как и разлука — может против вашей воли вызвать вспышку влечения у партнера и повлечь тягостную череду погонь и отступлений. Все угасает рано или поздно. Если вы чувствуете, что очарование ушло, если уверены, что все безвозвратно окончено, положите этому конец. Сделайте это быстро, без извинений, мучительных и оскорбительных для другого. Часто такое быстрое расставание помогает легче примириться с ситуацией: словно дело в вас, в вашей неспособности долго хранить верность. В противном случае у вашей жертвы может возникнуть гнетущее чувство, что она уже не так хороша для вас, как прежде. Если для вас волшебство действительно рассеялось, не тяните с расставанием из-за ложно понимаемой жалости. Если в вас есть сострадание, постарайтесь, чтобы разрыв был окончательным и бесповоротным. Пусть это выглядит некрасиво, непорядочно — антиобольстительным поведением вы помогаете освободиться своей жертве.

Несколько примеров

1. В 70-е годы восемнадцатого столетия молодой красавец кавалер де Бельрош был без ума влюблен в даму много старше себя, маркизу де Мертей. Мало-помалу интрижка стала утрачивать для него остроту, но как раз в это время между ними то и дело стали вспыхивать ссоры, инициатором которых выступала маркиза. Бельрош был само внимание, сама нежность, он изо всех старался угодить любимой, желая предотвратить очередную непредсказуемую вспышку неудовольствия. Ссоры и вправду прекратились, и со временем Бельрош успокоился, уверившись, что маркиза любит его. В один прекрасный день он явился на очередное свидание, но маркизы не оказалось дома. У дверей его встретил лакей, который сообщил, что ему поручено доставить кавалера в дом в окрестностях Парижа, о существовании которого ему ничего не было известно. В самом деле, маркиза ожидала его там, она пребывала в игривом настроении, была ласкова, приветлива — словом, держалась так, словно это было их первое свидание. Никогда прежде она не была столь пылкой с кавалером. Он удалился на заре, более влюбленный, чем когда бы то ни было, но спустя несколько дней произошла новая ссора. Маркиза снова была с ним холодна, капризна, а как-то на балу он случайно услышал, как она назначает свидание другому. Ревность вспыхнула в нем, но он сдерживался, оставаясь по-прежнему внимательным и любящим, в надежде, что она сменит гнев на милость. Он не хотел потерять эту капризную, но обворожительную женщину.

Маркизе пришлось на продолжительное время отправиться в свой деревенский дом, чтобы уладить какие-то дела. Она пригласила де Бельроша погостить у нее, и он с радостью принял приглашение, вспомнив, что однажды его визит туда вдохнул новую жизнь в их отношения. Его ждал сюрприз: казалось, ее любовь и желание доставить ему радость вспыхнули с новой силой. К тому же на сей раз ему не нужно было уезжать с наступлением зари. Шли дни,

Изнемогает порою душа, пресытившись счастьем, Ибо не так-то легко меру в довольстве хранить. Словно огонь, в горенье своем растративший силы, Изнемогая, лежит, скрывшись под пеплом седым, Но поднеси ему серы — и новым он пламенем вспыхнет, И засияет опять ярко, как прежде сиял, — Так и душа замирает порой в нетревожимой лени: Острым кресалом ударь, чтоб разгорелась любовь! Пусть изведает страх, пусть теплая станет горячей. Пусть побледнеет в лице, мнимой измены страшась! О, четырежды счастливы, о, неисчетно блаженны Те, чья обида могла милую деву задеть, Чтобы она, об измене твоей услыхав боязливо,

маркиза не приглашала других гостей, кроме него. Она окружила его ласками и любовью, ни о каких ссорах не было и речи. И что же вскоре Бельрош почувствовал, что маркиза начинает ему немного надоедать. Он с грустью думал о Париже, о пропущенных балах и праздниках. Прошла еще неделя, и он, не дожидаясь намеченного срока отъезда, поспешно отбыл в город, сославшись на дела. Как-то само собой вышло, что маркиза больше не казалась ему такой же пленительной, как раньше.

Толкование

Маркиза де Мертей, персонаж романа Шодерло де Лакло «Опасные связи», была искушенной обольстительницей и не любила, чтобы любовные интрижки затягивались надолго. Де Бельрош был молод, хорош собой, но и только, никаких иных достоинств она в нем не усматривала. Когда ей стало с ним скучно, она поначалу решила пригласить его в уединенный дом, чтобы привнести какую-то новизну в отношения. Это сработало, но ненадолго. От кавалера нужно было как-то отделаться. Она пробует холодность, ссорится (в надежде, что это оскорбит его), даже демонстрирует интерес к сопернику. Все это лишь усиливает его любовь. Просто бросить его маркиза не может: а что, если он захочет отомстить или — того хуже — усилит попытки вновь завоевать ее? Решение: она намеренно расставляет ему хитрую ловушку, окружив его навязчивым вниманием и любовью. Отказавшись от старой схемы, в которой страсть чередовалась с холодностью, она изображает безоглядную влюбленность. День за днем несет одно и то же, здесь нет места игре, фантазии, она больше не кажется ему недоступной. Мало-помалу очарование тает, словно туман под лучами солнца. В конце концов инициатором расставания оказывается он. Или ему так кажется...

Если вы предвидите, что разрыв окажется делом сложным и долгим (или вам не хватает решимости и твердости), лучше всего проделать следующее: сами разрушьте чары, которые привязывают к вам жертву. Ваша холодность, раздражительность или гнев только вызовут у партнера тревогу и неотступное желание удержать вас любой ценой. Вместо этого начните душить их своей любовью: станьте навязчивыми, перенасыщайте жертву вниманием, демонстрируйте собственнические замашки. Будьте рядом все время, подстерегайте каждое движение, каждый шаг жертвы. Постарайтесь создать у нее ощущение, что такое однообразное восхищение будет длиться вечно. Больше нет в ваших отношениях тайны, кокетства, ссор и примирений — только нескончаемая сладкая любовь. Мало кто способен выдержать эту пытку долго. Несколько недель — и от вас сбегут. Цель будет достигнута.

2. Король Англии Карл II славился распутством. Он неизменно окружал себя любовницами: всегда имелась фаворитка из числа аристократок, а к ней — несметное количество женщин более простых сословий. Король ценил разнообразие. Однажды в 1668 году он побывал в театре на вечернем представлении, и его внимание обратила на себя молодая актриса Нелл Гвин. Облик восемнадцатилетней девушки очаровал его красотой и невинностью. Щеки у нее были по-детски округлы и румяны, но она декламировала со сцены весьма бесстыдные стишки. Взволнованный король решил, что должен обладать ею. После спектакля он провел с Нелл вечер в возлияниях и увеселениях, а после уложил ее на королевское ложе.

Нелл была дочерью рыботорговца и начинала в театре, торгуя апельсинами. Положения актрисы она достигла, пройдя через постели

Бедная, пала без чувств, бледная, пала без слов!
Мне бы такую любовь, чтоб, ревнуя, меня не жалела,
Чтобы ногтями рвалась и к волосам и к щекам,
Чтобы взглянула — и в плач, чтоб яростным взором сверкала,
Чтоб ни со мной не могла, ни без меня не могла!
Спросишь, а долго ли ей о тебе стенать и метаться?
Нет, подолгу томясь, слишком накопится гнев.
Ты ее пожалей, обвей ее белую шею,
Пусть она, плача, к твоей жаркой приникнет груди;
Слезы уйми поцелуем, уйми Венериной лаской —
Так и только так, миром закончится брань.
Из «Науки любви» Овидия
(Пер. М. Гаспарова)

драматургов и других особ, имеющих вес в театре. Она не стыдилась этого. Однажды, когда ее лакей бросился с кулаками на человека, обозвавшего ее шлюхой, она остановила его, сказав: «Он говорит правду. Поищи для драки предлог поосновательнее». Дерзкий юмор и бойкость Нелл Гвин доставляли королю немалое удовольствие, но она была комедианткой, к тому же совсем низкого сословия — едва ли он мог сделать ее фавориткой. Проведя несколько ночей с «прелестницей, умницей Нелл», он вернулся к основной своей любовнице, Луизе Керуаль, французской аристократке хорошего рода.

Луиза Керуаль была весьма неглупа. Она умело распорядилась обстоятельствами, недвусмысленно дав понять королю, что не расстанется так просто со своей девственностью. Ее сопротивление длилось до тех пор, пока он не пообещал ей титул. Карл обожал такого рода приключения и препятствия; он даровал ей титул герцогини Портсмутской. Но ее алчность и неуживчивость изматывающе действовали на нервы и вскоре начали надоедать ему. Чтобы отвлечься, Карл вернулся к Нелл. Когда бы он ни посетил ее, его ждали по-королевски радушный прием, угощение, вино, а главное, ее неподражаемый юмор. Король скучает или хандрит? Она уговаривала его отправиться в кабачок или в игорный дом, а то и поехать в деревню, где Нелл учила его ловить рыбу. Всегда у нее находился для него какой-то приятный сюрприз. Он обожал ее острый язычок, особенно ему нравилось смотреть, как она представляет капризную ломаку Керуаль. У герцогини было обыкновение надевать траур всякий раз, когда где-нибудь в дальней стране умирала титулованная особа. Так она давала понять, что все это ее родственники. Нелл также стала появляться при дворе в черном, скорбно сообщая всем, что носит траур по «Чаму Татарскому» или «Бугу Оронукскому» — своим близким родственникам. Она в глаза называла герцогиню Плакучей ивой и Перекошенной красавицей за ее меланхоличный вид и жеманство. Король теперь проводил больше времени с Нелл, чем с герцогиней. К тому времени, когда Керуаль окончательно вышла из милости, фавориткой стала Нелл, которая и оставалась рядом с королем бессменно до самой его смерти, наступившей в 1685 году.

Толкование

Нелл Гвин была честолюбива и амбициозна. Она хотела славы и власти, но в семнадцатом веке женщина не могла проложить себе путь иначе, как с помощью мужчины, — и можно ли было найти для этой цели кого-то лучшего, чем сам король? Но иметь дело с Карлом было небезопасно. Люди этого склада быстро впадают в хандру, нуждаются в разнообразии, постоянной смене впечатлений.

Нелл мудро подошла к решению проблемы: она позволяла королю иметь сколько угодно других девушек, никогда не жалуясь и не выказывая неудовольствия. Но всякий раз, когда он хотел видеть ее, она старалась развлечь его, чем-то удивить, порадовать. Она давала ему понять, что всегда рада ему и что ее любовь никак не связана с его высоким положением. Многочисленные женщины рано или поздно надоедали королю, обремененному важными делами, действовали ему на нервы постоянными капризами и просьбами. Если одна женщина была способна заменить их всех, восполнить ему все многообразие (а Нелл, актриса, умела играть разные роли), она оказывалась вне конкуренции. Нелл никогда не просила денег, и Карл сделал ее богатой. Она никогда не просила сделать ее офи-

«ВСПЫЛЬЧИ-
ВОСТЬ — ЭТО
ИЗЮМИНКА...»
Словом, горе женщине с характером ровным и монотонным; ее однообразие приедается, претит, вызывает раздражение. Она всегда одинакова, точно изваяние, всегда и во всем соглашается с мужчиной. Она так хороша, так благостна, так благородна, что лишает людей привилегии поссориться и поспорить с ней, а ведь перепалки порой доставляют нам столько радости! Поставьте на ее место живую женщину, капризную, решительную — конечно, в разумных пределах, — и дела пойдут совсем по-другому. Любовник обнаружит всю прелесть разнообразия в одной и той же особе. Вспыльчивость — это изюминка, которая

помогает нам не наскучить. Неугомонный, пылкий нрав, ревность, ссоры, примирения, колкости — все это поддерживает и питает любовь. Разве не очаровательно такое разнообразие?.. А неизменный покой и тишина ведут к одному — безмерной скуке. Обыденность смертельна для любви, ибо как только в сердечные дела вмешиваются порядок и система, страсть исчезает, на смену приходит вялость и апатия, следом является докука, а в конце сюжета маячит отвращение.

Нинон де Ланкло, «Жизнь, переписка и эпикурейская философия Нинон де Ланкло»

циальной фавориткой — да и могла ли? Она не делала попыток возвыситься — он возвысил ее по собственной воле.

Многие ваши объекты подобны королям и королевам — особенно в том, как быстро им все наскучивает. Когда обольщение завершено, таким партнерам трудно продолжать идеализировать вас. Более того, они вполне способны повернуться к другому мужчине или другой женщине, непривычным и потому более волнующим и поэтичным. Они испытывают потребность в новых впечатлениях и часто удовлетворяют ее за счет многообразия партнеров. Вы не добьетесь проку от этих скучающих королей, если будете жалеть себя, осыпать их упреками или требовать привилегий. Так вы только ускорите разрыв, окончательно развеяв очарование обольщения. Вместо этого заставьте их поверить, что вы — совсем не тот человек, которого они знали раньше. Играйте новые роли, превратите ваше общение в захватывающую и радостную игру, удивляя их всякий раз. Станьте неистощимым источником развлечений. Почти невозможно противостоять тому, кто дарит вам удовольствие и при этом не пытается вас привязать или обязать к чему-то. Когда вы вместе, будьте неизменно жизнерадостны и приветливы. Подчеркивайте те стороны своего характера, которые им особенно приятны. Только ни в коем случае не позволяйте возникнуть ощущению, что они вас досконально изучили. В конце концов контроль над ситуацией перейдет в ваши руки, и высокомерные короли и королевы станут вашими рабами.

3. Когда великий джазовый музыкант Дюк Эллингтон приезжал на гастроли, это становилось событием для всех, но особенно для местных дам. О, разумеется, они приходили послушать его музыку, но сам «великий Дюк» завораживал

их своим видом. На сцене Эллингтон был элегантен, держался так непринужденно и раскованно, что казалось, будто он не работает, а развлекается. Он был весьма недурен собой, а его знаменитые глаза, с вечными мешками от постоянного недосыпа, сводили поклонниц с ума. После представления уж обязательно находилась женщина, которая приглашала его за свой столик, другая непременно пробиралась в его раздевалку, еще одна подстерегала у выхода. Для Дюка принципиально важно было оставаться досягаемым; это было его кредо. Когда он нагибался, целуя женщине руку, их глаза встречались. Иногда в ее глазах он читал интерес к нему, и его ответный взгляд сообщал о его готовности. Иногда его глаза говорили первыми; мало кто из женщин мог устоять против этого взгляда, даже те из них, что были счастливы в замужестве.

Женщина, в ушах у которой еще звучит чарующая музыка, поднимается в гостиничный номер, где остановился Эллингтон. На нем отлично сидящий костюм — хорошая одежда его слабость. Комната завалена цветами; в углу пианино. Эллингтон подсаживался к пианино, начинал играть. Музыка и его ненавязчивая, элегантная манера держаться не воспринимались как реальность, они казались женщине чудесным продолжением спектакля, на котором она только что побывала. Когда гастроли заканчивались, Эллингтон, уезжая из города, оставлял ей на память полный скрытого смысла подарок. Все выглядело так, будто, если бы не продолжение турне, они бы не расстались. Шло время, женщина слышала по радио новую песню Эллингтона и понимала, что стихи посвящены ей и только ей. Если Дюку случалось вторично побывать в том же месте и встретить ту женщину, он часто возобновлял связь, пусть даже всего на одну ночь.

Над ней не властны годы. Не прискучит Ее разнообразие вовек.
В то время, как другие пресыщают, Она тем больше возбуждает голод,
Чем меньше заставляет голодать.
Вильям Шекспир, «Антоний и Клеопатра» (Пер. М. Донского)

В Париже оркестр
давал концерт в
Пале Шало. Они
отыграли первое
отделение, после
чего был часовой
перерыв — антракт,
как мы это
называем. В холле
были накрыты
длинные столы с
изысканными
блюдами и
коньяком, шампан-
ским, вином и
настоящей
редкостью для
Парижа... шот-
ландским виски.
Публика — аристо-
краты и прислуга,
кое-кто опустив-
шись на четверень-
ки, сосредоточенно
искали что-то на
полу. Оказалось,
что герцогиня, одна
из устроительниц
вечера, потеряла
крупный бриллиа-
ант... Герцогине
наконец прискучи-
ло зрелище людей,
ползающих по полу
в поисках кольца.
Она высокомерно
огляделась вокруг,
а затем взяла
Дюка под руку

Примерно в 1940-е годы две молодые женщины из Алабамы приехали в Чикаго на бал
дебютанток. Среди выступавших на концерте
был Эллингтон. После концерта девушки, которые обожали его музыку, прорвались к нему
за автографами. Он был обаятелен и мил с
ними, и одна из южанок, неожиданно для самой
себя, спросила, в каком отеле он остановился.
Он ответил, расплывшись в широкой улыбке.
Девушки быстро перебрались из своей гости-
ницы в его, а вечером того же дня позвонили
Эллингтону и спросили, не заглянет ли он к
ним в номер выпить по рюмочке. Он принял
приглашение. Девушки, замирая от восторга,
облачились в нарядные платья, которые только
что купили специально для этого. Когда появился Эллингтон, он повел себя совершенно естественно, словно теплый прием, оказанный ему,
не явился неожиданностью. В конце концов все
трое оказались в спальне, и тут одной из девушек пришла в голову прекрасная идея: ее мать
тоже почитательница Эллингтона. Она ей сейчас же позвонит и позовет Эллингтона к телефону. Дюк, нимало не смутившись и этим
предложением, подыграл ей. Он поговорил по
телефону с матерью девушки, поздравил ее с
тем, какую прекрасную дочь она вырастила, и
просил ее не беспокоиться о девушке — он сам
о ней позаботится. Потом трубку снова взяла
дочь: «Мамочка, у нас все в порядке, ведь мы тут
с самим мистером Эллингтоном, а это безупречный джентльмен». Когда наконец она положила
трубку, все трое вернулись к шалостям, которым предавались перед этим. Для девушек-
южанок приключение запомнилось на всю
жизнь как невинная, но незабываемая ночь радости.

Иногда на одном его концерте собиралось
множество таких любовниц. Эллингтон подходил к каждой и каждую целовал четыре раза

(обычай, придуманный им для таких случаев). При этом каждая была уверена, что настоящие поцелуи со значением получила только она — единственная.

Толкование

У Дюка Эллингтона было две страсти — музыка и женщины. То и другое было неразрывно. Бесчисленные похождения вдохновляли его как музыканта; к тому же он воспринимал каждое как театр, как самодостаточное произведение искусства. Когда подходило время расставания, он всегда обставлял это по-театральному красиво. Последние слова в сочетании с подарком позволяли женщине надеяться, что это не конец, что продолжение возможно. Песни, в которых он намекал на ночь, проведенную вместе, поддерживали у его временных возлюбленных возвышенное настроение еще долго после того, как он покидал их городок. Неудивительно, что женщины старались вернуться, чтобы вновь пережить волнующие минуты. Для женщины это был не просто секс, не дешевка на одну ночь, а романтический эпизод, освещавший ее жизнь. Он был настолько беззаботен, что было просто немыслимо чувствовать себя виноватой, даже мысль о матери или муже не разрушала иллюзии. Эллингтон никогда не комплексовал и не оправдывался по поводу своего редкого женолюбия; такова была его природа, и ни одна женщина не была виновата в том, что он не хранил им верности. Ведь если он был не властен над своими желаниями, как могла она винить его в этом? Невозможно обижаться на такого мужчину или жаловаться на его поведение.

Эллингтон был Повесой-эстетом. Мужчинам этого типа удовлетворение в отношениях с женщинами приносит только одно — постоянное и бесконечное многообразие. Для обычного мужчины распутство рано или поздно кон-

со словами: «Бриллианты, в конце концов, для меня не редкость, а вот когда-то еще я смогу заполучить Дюка Эллингтона?» Они с Дюком удалились. Оркестр начал второе отделение без него, и наконец, ближе к концу выступления, появился счастливо улыбающийся Дюк.

Дон Джордж, «Душка: истинный Дюк Эллингтон»

чается плохо, но Повеса-эстет редко вызывает неприязненные чувства. Соблазнив женщину, он не остается с ней, но и не доводит до мучительного разрыва. Он уходит, а женщина продолжает ждать и надеяться. Чары не рассеиваются назавтра, потому что Повеса-эстет умеет придать расставанию характер приятного и даже экстравагантного переживания. Чары Эллингтона не рассеивались никогда.

Рецепт прост: после окончания обольщения и в момент расставания действуйте в том же ключе, что и раньше, — пусть все будет красиво, возвышенно и доставляет только радость. Если вы сами не начнете оправдываться за свои слабости и раскаиваться в содеянном, другому трудно будет рассердиться или воспылать мстительными чувствами. Обольщение — легкомысленная игра, краткий миг, в который, однако, мы вкладываем всю свою энергию. Расставание должно быть таким же легким и артистичным: вас призывает работа, переезд, какое-то страшно ответственное поручение. Постарайтесь оставить о себе приятную память — и трогайтесь в путь, а ваша жертва долго еще будет вспоминать это восхитительное обольщение, а вовсе не расставание. Вы не наживете врагов, а, напротив, обзаведетесь со временем целым гаремом возлюбленных, к которым при желании всегда сможете вернуться.

4. В 1899 году двадцатилетняя баронесса Фрида фон Рихтхофен вышла замуж за англичанина Эрнеста Уикли, профессора Ноттингемского университета. Переехав к нему, она стала осваиваться с ролью профессорской жены. Уикли был прекрасным мужем во всем, кроме одного — как любовник он был пресноват. Кроме того, тихая жизнь в университетском городке начинала ей надоедать. Время от времени она ездила домой в Германию, там у нее случались

мимолетные любовные приключения, но удовлетворения они ей не принесли, так что она оставила это и стала верной супругой и заботливой матерью троих детей.

Однажды в 1912 году у них гостил бывший студент профессора, Дэвид Герберт Лоренс. Начинающий писатель, Лоренс хотел получить у профессора профессиональный совет. Того еще не было дома, и Фрида как хозяйка дома развлекала гостя. Никогда ей не доводилось встречать столь искреннего и тонко чувствующего молодого человека. Он рассказывал ей о детстве, проведенном в бедности, признался, что не понимает женщин. И к ее жалобам он внимательно прислушивался. Он даже пожурил ее за плохо заваренный чай — почему-то, хотя она была баронессой, это не возмутило, а взволновало ее.

Лоренс стал заходить к ним, но теперь, чтобы повидать не Уикли, а Фриду. В один из дней он признался, что давно в нее влюблен. Она открылась ему в ответном чувстве и заговорила о том, что необходимо подыскать место, где они могли бы тайно встречаться. Вместо этого Лоренс сделал другое предложение: завтра же уходи от своего профессора — уходи ко мне. «А как же дети?» — спросила Фрида. «Если дети для тебя важнее нашей любви, — отвечал Лоренс, — тогда оставайся с ними. Но если ты не решишься бежать со мной в ближайшие дни, то больше никогда меня не увидишь». Перед Фридой встал страшный выбор. Ей не было большого дела до мужа, но дети представляли весь смысл ее существования. И тем не менее через несколько дней она приняла предложение Лоренса. Она просто не могла устоять перед человеком, требовавшим от нее так много, предлагавшим ей отважиться на такую авантюру! Если бы она отказалась, то страдала бы всю жизнь и никогда не простила бы себе этого, ведь такой человек, такая любовь может встретиться в жизни один-единственный раз.

Влюбленные, покинув Англию, направились в Германию. Фрида порой заводила разговор о том, как скучает по детям, но Лоренс нетерпеливо прерывал: она свободна и может возвратиться к ним в любую минуту, но пути назад не будет. Он потащил ее в изматывающий поход по Альпам, где они выбивались из сил, карабкаясь по горам. Баронессе никогда прежде не приходилось заниматься скалолазанием, но Лоренс был тверд: если двое любят друг друга, комфорт им не нужен.

В 1914 году Фрида и Лоренс поженились, но идиллия длилась недолго. Он осыпал ее упреками в лени, непрактичности и неумении вести хозяйство, в тоске по детям. Время от времени он брал ее в поездки по миру, самые дешевые, нигде не позволяя ей осесть, обустроиться, хотя в этом состояла самая большая ее мечта. Они постоянно ссорились. Однажды в Нью-Мексико в присутствии друзей он наорал на нее: «Сейчас же вынь изо рта эту грязную сигарету! И подбери наконец свое жирное брюхо!» — «Ты бы лучше помолчал, а то я расскажу всем о *твоих* недостатках!» — крикнула она в ответ. (Со временем она научилась лечить его его же горьким лекарством.) Оба вышли из комнаты. Друзья в тревоге переглянулись, боясь, что скандал перерастет в драку. Они отсутствовали буквально несколько мгновений и почти сразу же вернулись, держась за руки и со смехом влюбленно глядя друг на друга. Непостижимо, но, прожив много лет в браке, Лоренсы часто вели себя как потерявшие голову от счастья новобрачные.

Толкование

Впервые встретив Фриду, Лоренс сразу же понял, в чем ее слабость: она страдала от безысходности, от ощущения, что жизнь бездарно загублена, ей казалось, что она загнана в угол. Ее муж, подобно многим мужьям, был к ней добр, но никогда не уделял ей достаточно внимания. Она жаждала ярких впечатлений, бури, романтического приключения, но природная лень не позволяла ей самой отправиться им навстречу. Как раз необычные впечатления и бурную жизнь Лоренс был в состоянии предложить ей. С ним она не чувствовала себя в ловушке, ведь в ее власти было вернуться в любой момент. Вместо того чтобы вежливо игнорировать ее, он непрерывно ее критиковал, пилил — тем самым он уделял ей массу внимания, никогда не выказывая равнодушия. Вместо комфорта и скуки он дал ей приключения и романтику. Скандалы, которые он начинал с почти ритуальной частотой, добавляли их жизни остроты, драматичности, и главное, за ними следовали счастливые бурные примирения. Он внушал ей некоторый страх, она никогда не была уверена в нем до конца, и это не давало ей успокоиться. В результате между ними не наступало охлаждение. Их чувства всегда оставались свежими.

Если вы хотите остаться со своим избранником, обольщение не должно заканчиваться никогда. И часто лучший способ добиться, чтобы чувства не охладевали, — превратить жизнь в непрерывный спектакль. Это может быть болезненно — бередить старые раны, вызывать ревность, даже делать вид, что уходите. (Не путайте такой тип поведения с нытьем, придирками и критикой — здесь вы наносите боль с дальним прицелом, не ради страдания как такового, а для того, чтобы разбить застывшие формы и оживить чувства.)

С другой стороны, это может оказаться очень приятно: мысль о том, чтобы снова и снова доказывать свою любовь, обращать внимание на мельчайшие симпатичные детали,

ЛЮБОВНОЕ ЗЕЛЬЕ

Но, по-моему, любовь возрастает, если человек думает, что им пренебрегают, а если он уверен, что он единственный, то страсть как-то мало-помалу гаснет. Это говорю тебе я, которая была гетерой целых двадцать лет... Если хочешь, я расскажу тебе, что я испытала когда-то, немного лет тому назад. Я была любовницей Демофанта, ростовщика, что живет позади Расписного портика. Он никогда не давал мне больше каких-нибудь пяти драхм и считал себя полным хозяином. А любил он меня, Хрисида, какой-то заурядной любовью — не вздыхал, и не плакал, и не приходил к дверям в неурочный час. И вот, когда однажды я не впустила его, потому что со мной

745

был Каллид, художник, заплативший мне вперед десять драхм, он в тот раз просто ушел, осыпая меня бранью. Когда же спустя много дней я опять не приняла его — Каллид снова был со мной, — тогда Демофант, уже разгоряченный, воспламенился по-настоящему и стоял у двери, выжидая, чтобы она открылась, и плакал, и стучал, и грозил убить меня, и рвал на себе одежду, и чего только ни делал! — и кончилось тем, что он дал мне талант [талант — 6 тысяч драхм] и содержал меня один целых восемь месяцев! Жена его говорила всем, что я свела его с ума любовным зельем. А зелье-то было — ревность. Вот и ты, Хрисида, применяй к Горгию это же зелье.

Лукиан,
«Разговоры гетер»
(Пер. Б. Казанского)

создавать новые искушения и соблазны. На самом деле нужно смешать эти два аспекта, поскольку в избыточных количествах ни боль, ни радость не обольстительны. Не дублируйте первое обольщение, поскольку объект уже однажды поддался ему. Просто не забывайте о маленьких уловках, таких, например, как утренние пробуждения от вашего телефонного звонка, демонстрирующих две вещи: что вы по-прежнему неравнодушны и не охладели к нему и что для вас обоих еще ничего не кончено. Подобная маленькая встряска всколыхнет старую отраву, на время отбросит вас обоих к началу, когда ощущения были свежими и острыми.

Помните: уют и покой несут смерть обольщению. Совместное путешествие, в котором вы испытаете трудности, укрепит ваши отношения сильнее, чем любые дорогие подарки и роскошь. Правы молодые, считая, что комфорт любви не нужен (рай в шалаше), и прекрасно, если вы возвращаетесь к осознанию этого: значит, в ваших душах снова вспыхнула искра юности.

5. В 1625 году знаменитая французская куртизанка Нинон де Ланкло встретила и полюбила маркиза де Вилларсо. Нинон была распутницей; философия и наслаждения были для нее важнее любви. Но маркиз внушил ей новые чувства; он был так решителен, напорист, что впервые в жизни она почувствовала, что теряет голову. Маркиз был собственником — черта, к которой она питала живейшее отвращение. Но в нем это казалось таким естественным, почти привлекательным: он просто не мог ничего с собой поделать. Поэтому Нинон согласилась на его условие: в ее жизни не должно быть других мужчин. Со своей стороны она объявила, что не будет принимать от него ни денег, ни подарков. Их отношения — любовь, и не что иное, как любовь.

Она наняла дом в Париже, напротив его дома, и они виделись ежедневно. Однажды маркиз обрушился на нее с обвинениями в том, что у нее будто бы есть другой любовник. Его подозрения были беспочвенны, а обвинения абсурдны, и она сказала ему об этом. Его, однако, такой ответ не удовлетворил, и он продолжал бушевать. На другой день Нинон получила сообщение, что он серьезно заболел и слег в постель. Известие встревожило ее. В безумном порыве в знак своей любви и преданности она решилась отрезать свои прекрасные длинные волосы и послать их ему. Это помогло, маркиз излечился, и их свидания возобновились с новой силой. Друзья и бывшие любовники Нинон жаловались, укоряли ее за это внезапное преображение в преданную подругу, но она не обращала внимания на их упреки — она была счастлива.

Нинон пришло в голову, что им нужно уехать вместе. Маркиз, человек женатый, не мог пригласить ее к себе в замок, но друг маркиза предложил возлюбленным воспользоваться его гостеприимством и провести несколько недель в его замке в провинции. Недели превратились в месяцы, а их маленькая поездка — в затянувшийся медовый месяц. Постепенно, однако, у Нинон складывалось впечатление, что что-то идет не так: маркиз стал все больше походить на супруга. Хотя он оставался таким же страстным, как и прежде, но в нем появилась такая самоуверенность, словно он обладает определенными правами и привилегиями, которых нет у других мужчин. Его собственнические замашки, именно то, что некогда ее пленило, теперь начинали тяготить. Ее это совсем не вдохновляло. Она могла найти и других мужчин, не менее красивых и достойных, которые доставили бы ей те же плотские утехи, не докучая ревностью.

Осознав все это, Нинон не стала терять времени. Она объявила маркизу, что возвращается в Париж и что все между ними кончено. Он страстно умолял ее объяснить, что случилось — как может она быть такой бессердечной? Нинон была тронута, но не изменила принятого решения. Объяснения могли только все усложнить. Возвратившись в Париж, она вернулась к жизни куртизанки. Ее внезапное решение и отъезд потрясли маркиза, но, очевидно, не так уж сильно, ибо не прошло и нескольких месяцев, как разошелся слух, что он увлекся другой женщиной.

Толкование

Женщина часто может месяцами размышлять над малейшими изменениями в поведении своего возлюбленного. Она может сердиться или раздражаться, может даже винить себя. Под грузом ее обвинений мужчина может ненадолго измениться, но раздражение и взаимное непонимание будут лишь нарастать. Какой же из всего этого следует вывод? Если очарование рассеялось, по сути дела, уже слишком поздно спасать положение. Нинон могла бы попытаться проанализировать, что, собственно, развеяло ее влюбленность — любезность, которая внезапно стала раздражать, недостаток пылкости или ощущение, что ее недооценивают. Но к чему тратить время на бесплодные раздумья? Очарование исчезло, и она уехала. Она не стала затруднять себя объяснениями, беспокоиться о том, как Вилларсо перенесет разлуку, она не пыталась облегчить ему расставание. Она просто уехала. Человек, который, как нам порой кажется, очень заботится о другом, стараясь смягчить ситуацию или извиниться, на поверку не заботлив, а только нерешителен. Быть добрым в таких делах на самом деле скорее жестоко. Маркиз в итоге объяснил себе все бессердечием и ветренностью своей возлюбленной. Его самолюбие и гордость не пострадали, он смог пережить расставание и вскоре встретил другую привязанность.

Долгое, затяжное умирание ваших отношений не только причинит ненужную боль вашему партнеру. Оно и для вас будет иметь длительные негативные последствия, надолго обременит вас чувством вины и заставит быть осмотрительным и боязливым. Постарайтесь не чувствовать себя виноватым, даже если вы одновременно и обольститель, и тот, кто первым почувствовал, что очарования больше нет. В этом нет вашей вины. Ничто не длится вечно. Вы доставили своим жертвам радость, вырвав из их повседневности. Если вам удастся еще и безболезненно расстаться, когда-нибудь они испытают к вам благодарность. Чем больше вы будете оправдываться и извиняться, тем больше раните их гордость, пробудив негативные чувства, которые годами будут жить в их душах. Если отношениям пришел конец, ни к чему их выяснять. Не пускайтесь в длительные объяснения, они только осложняют дело. Жертву нужно приносить быстро и безболезненно, не подвергая истязаниям.

6. За пятнадцать лет правления Наполеона Бонапарта французы устали. Слишком много войн, слишком много переживаний. К 1814 году, когда Наполеона сослали на остров Эльба, французы истосковались по миру и спокойствию. К власти вернулись Бурбоны — королевская династия, которая была свергнута революцией 1789 года. Теперь страной правил король Людовик XVIII, толстый, скучный и надутый, но, по крайней мере, в стране воцарился мир.

Затем, в феврале 1815 года, распространилась весть о побеге Наполеона с Эльбы, побеге драматичном, в котором участвовали семь небольших судов и тысяча человек. Предполагали, что Наполеон может направиться в Америку и там начать жизнь сначала. Однако Бонапарту хватило безрассудства высадиться в Каннах. О чем он думал? Тысяча штыков против всех армий Франции? Он выступил со своим отрядом на Гренобль. Что бы там ни было, а его мужество и ненасытная любовь к славе и к Франции вызывали невольное восхищение.

К тому же и французские крестьяне, пораженные явлением «своего» императора, стали присоединяться к нему. В конце концов, этот человек роздал им немало земли и добра, а новый король пытается все отобрать. При виде знаменитых наполеоновских штандартов с орлами, оживших символов революции, крестьяне бросали свои поля и отправлялись в поход вместе с отрядом. На окраине Гренобля их встретил первый из военных отрядов, посланных королем, чтобы остановить Наполеона. Наполеон спешился с коня и пошел им навстречу. «Солдаты Пятой армии! — крикнул он. — Узнаете ли вы меня? Если найдется среди вас тот, кто хочет убить своего императора, пусть выйдет и сделает это. Я к его услугам!» Он рывком распахнул свой серый плащ, словно приглашая целиться в него. На мгновение воцарилась тишина, а затем со всех сторон раздались возгласы: «Да здравствует император!» Одним махом Наполеон удвоил свою армию.

Поход продолжался. Все больше солдат, не забывших ту славу, которую им дал император, переходили на его сторону. Город Лион был сдан без боя. Армии, превосходящие отряд повстанцев по численности, получали приказ остановить его продвижение, но при виде Наполеона во главе войска солдаты короля испытывали настолько сильное эмоциональное потрясение, что немедленно присоединялись к своему императору. Король Людовик бежал из Франции. 20 марта Наполеон победным маршем вошел в Париж и вновь занял дворец, из которого был выдворен тринадцатью месяцами раньше, — все свершилось без единого выстрела.

Крестьяне и армия восторженно приветствовали Наполеона; что же до парижан, они отнеслись к происшедшему с куда меньшим энтузиазмом, в особенности те, кто прежде служил в его правительстве. Они опасались громов и молний на свои головы. Наполеон правил Францией еще сто дней, после чего был повторно свергнут. На этот раз его сослали на удаленный остров Святой Елены, где он оставался вплоть до самой смерти.

Толкование

Наполеон всегда видел во Франции и в своей армии объект обольщения. Как писал о нем генерал де Сегюр: «Он не командует, как мужчина, но обольщает, как женщина». При побеге с Эльбы он запланировал решительный, дерзкий шаг, который, согласно его замыслу, должен был поднять на ноги целую нацию. Свое возвращение во Францию он начал с контакта с людьми, которые сохранили о нем благодарную память и почитали его более других: с крестьянами. Он воскресил символы — революционные цвета, знамена с орлами, — пробуждавшие ностальгию по былому. Он сам шел во главе своего отряда, бесстрашно выходил навстречу своим бывшим солдатам, приказывал им стрелять в себя. Поход на Париж, благодаря которому он вернулся к власти, был чистой воды театром, эмоциональный эффект каждой сцены, каждого шага был тщательно просчитан. Какой разительный контраст был между этой прежней романтической любовью, которая теперь возвращалась, и теперешней пародией на короля.

Повторное обольщение Франции Наполеоном нельзя считать классическим примером обольщения. Оно шло не по обычным этапам, а целиком было построено на одном: старых чувствах и возвращении прежней любви. После того как обольщение (будь то одного человека или целой нации) свершилось, часто наступает реакция, легкий спад, который порой может даже довести до разрыва. Однако в таком случае повторно обольстить тот же объект удается на удивление легко. Старые чувства не исчезают бесследно, они дремлют, чтобы вспыхнуть с новой силой, стоит вам внезапно появиться на горизонте.

Редкое счастье — вновь пережить прошлое, вернуться к своей юности, прежним чувствам. Берите пример с Наполеона: повторное обольщение должно быть ярким, драматичным, насыщенным театральными эффектами. Оживите старые образы, символы — все, что может всколыхнуть воспоминания. Ваши объекты, подобно французам, забудут все плохое между вами, что привело к расставанию, им вспомнится только хорошее. Повторное обольщение должно быть быстрым и решительным. Не давайте объектам времени на раздумья и оценки. Подобно Наполеону, играйте на контрасте с их нынешними возлюбленными, постарайтесь, чтобы на вашем фоне они показались скучными и пресными.

Не всякий объект поддается повторному обольщению; кроме того, оно не всегда уместно. Парижане, когда Наполеон вернулся с Эльбы, оказались достаточно умны, чтобы видеть его насквозь и понять все приемы. В отличие от крестьян с юга страны они ближе знали его и изучили достаточно хорошо. Для них его повторное воцарение случилось слишком скоро, когда еще не прошли усталость и раздражение от первого раза. Если вы намерены повторно обольстить кого-то, остановите свой выбор на тех, кто не успел узнать вас слишком близко, у кого не сохранилось о вас мучительных воспоминаний, кто по природе менее подозрителен, кто в данный момент не слишком удовлетворен своими обстоятельствами. Кроме того, постарайтесь набраться терпения и выждать какое-то время после вашего разрыва. Со временем вы вновь станете казаться привлекательнее, а воспоминания об обидах и ваших ошибках потускнеют. Ни в коем случае не следует считать разрыв или расставание финалом. Тонкий расчет, немного театральности — и вы можете вновь завоевать свою же жертву без особого труда.

Символ: Угли.
Вечером в камине ярко
пылал огонь, а наутро в очаге
остались угли, подернутые зо-
лой. Они медленно тлеют. Не ос-
тавляйте огонь без присмотра. Все
в ваших руках. Если хотите погасить
его, удушить, не подбрасывайте боль-
ше дров. Но, чтобы вернуть его к
жизни, разворошите его, раздувайте
тлеющую искру, пока пламя не разго-
рится, не заполыхает с новой силой.
Только постоянное внимание и
бдительность помогут вам
поддерживать огонь в очаге.

Оборотная сторона

Чтобы удерживать партнера в состоянии влюбленности, его требуется постоянно обольщать вновь и вновь. Однако не возбраняется, чтобы между вами — до определенной степени — возникло чувство близкого знакомства, привычности. Объекту приятно чувствовать, что она или он становится вам ближе, что вы доверяете ему. В некоторых случаях слишком большая загадочность способна породить сомнение. Да и для вас было бы слишком утомительно постоянно поддерживать атмосферу таинственности. Здесь важно не держаться все время на расстоянии, словно вы боитесь чего-то, а время от времени встряхивать свои объекты, не давать им скучать, то и дело удивлять их, как удивляли и раньше. Если проделывать это правильно, ваши объекты постоянно будут испытывать приятное чувство, что они все время узнают вас все лучше, но никогда не могут узнать слишком близко.

Приложение А
ОБОЛЬСТИТЕЛЬНАЯ
ОБСТАНОВКА/
ВРЕМЯ ОБОЛЬЩЕНИЯ

В процессе обольщения жертвы ваши должны мало-помалу начать осознавать внутренние перемены. Под вашим влиянием они ослабляют сопротивление, становятся раскованнее, это позволяет им вести себя иначе, становиться другими людьми. Определенные места, обстановка и обстоятельства могут оказать неоценимую помощь в вашем стремлении изменить и преобразить обольщаемого. Места с волнующей, немного театральной атмосферой — сияние, блеск, радость — создают приподнятое, праздничное, как в детстве, настроение, в котором вашей жертве трудно сохранить будет ясность мысли. Можно добиться того же эффекта, воздействуя на ощущение времени и изменяя его — памятные, волнующие мгновения, стоящие особняком в общем временном потоке, настроение праздника и игры. Заставьте свою жертву почувствовать, что рядом с вами жизнь течет по-другому, иначе, чем в реальном мире.

Время
и пространство праздника

Столетия назад почти во всех цивилизациях жизнь людей была заполнена трудом и повседневными заботами. Но были в году определенные моменты, когда ход обыденной жизни прерывался праздником. Во время этих праздников — будь то сатурналии в античном Риме или танцы вокруг майского шеста в Европе — работа в поле и в мастерских прекращалась. Весь народ — целая деревня или племя — собирался в священном месте, предназначенном для празднования. Люди на время снимали с себя груз ответственности и с полным правом предавались сумасбродству; они надевали маски и карнавальные костюмы, а вместе с ними примеряли на себя другие личности, порой — личности могучих созданий, героев великих мифов их цивилизации. Праздник был не просто развлечением, а отдушиной, отдохновением от бремени повседневной жизни. Он словно изменял течение времени, привносил в жизнь моменты, когда люди получали возможность вырваться за пределы собственной личности. Что-то подобное этому можно встретить еще и сейчас на доживших до наших дней крупнейших карнавалах.

Праздник давал передышку человеку, влачившему скучную, однообразную жизнь, этот опыт в корне отличался от повседневной рутины. Именно таким образом, но, разумеется, на более индивидуальном уровне, вам следует рассматривать обольщение. По мере того как процесс обольщения разворачивается, ваши объекты оказываются в совершенно ином измерении. Окруженные радостью и игрой, здесь они могут поступать не так, как свойственно им в обычной жизни, здесь они могут стать другими людьми, ведь на них маска. Время, которые вы проводите с ними, посвящено им, и только им. Вместо привычного чередования работы и отдыха вы предлагаете им пережить вместе с вами незабываемые, яркие, из ряда вон выходящие моменты. С вами они получают возможность оказаться в удивительных местах, не похожих на те, где они бывали до сих пор, — местах с волнующей, необычной атмосферой. Окружение, обстановка оказывает сильнейшее влияние на расположение духа; в месте, предназначенном для наслаждений и игры, мысли настраиваются на наслаждения и игру. Возвращаясь в реальный мир, к своим будничным обязанностям, ваши жертвы невольно почувствуют контраст и будут теперь мечтать о том, другом месте, где побывали вместе с вами. В итоге вы творите для них пространство и время праздника, мгновения, в которые реальный мир замирает в неподвижности и фантазия берет верх. Наша цивилизация куда как редко предоставляет теперь подобные возможности, а люди жаждут этого. Вот почему практически каждый человек втайне мечтает быть обольщенным, и вот почему они падают вам в объятия, если только вы все делаете правильно.

Вот несколько ключевых рекомендаций по созданию времени и пространства праздника.

Создавай театральные эффекты. Театр создает у нас ощущение другого, волшебного мира. Грим актеров, неестественные, но изящные позы, не совсем обычные костюмы — все эти удивительные зрительные образы наряду с сюжетом пьесы творят иллюзию. Добиться сходного эффекта в реальной жизни можно, если с помощью экстравагантной одежды, макияжа и поведения — не совсем обычного, даже эксцентричного — создать ощущение, что все это вы делаете ради того, чтобы доставить удовольствие своим зрителям. Такое впечатление производили, скажем, богоподобная Марлен Дитрих или знаменитые Денди, подобные Бо Браммелу. Ваши свидания с объектом тоже должны носить налет театральности, что достигается благодаря продуманной обстановке и вашему поведению. Объект не должен знать, чего ему ждать, что случится в следующее мгновение. Создайте интригу, повороты и препятствия, которые приведут к счастливому концу; вы — сценарист, режиссер и актер этого действа. При каждой встрече с вами у объектов будет возникать ощущение, что они участвуют в театральном спектакле. Вы оба испытываете радостное волнение оттого, что надеваете маски, играете разные роли, не имеющие отношения к тем, что навязаны вам реальной жизнью.

Используй визуальный язык наслаждения. О том, что мы находимся за пределами реального мира, нам сообщают определенные типы зрительных раздражителей. Лучше избегать тех образов, которые обладают глубиной, могут спровоцировать интенсивную работу мысли или вызвать чувство вины. Вместо этого постарайтесь создать декорации с массой блестящих предметов и поверхностей — зеркал, водоемов, с непрестанной игрой света, бликов, отражений. Подобные эффекты действуют возбуждающе, они чаруют и пьянят, заставляя забыть обо всем. Чем более ненатурально все выглядит, тем лучше. Покажите своим объектам мир сказочный, необычный, полный ярких красок и звуков, который пробудит в них восхищенного ребенка. Блеск и роскошь — понимание того, что были истрачены, а то и попусту растранжирены деньги, — лишь усилит ощущение, что реальный мир, в котором действуют долг и мораль, находится где-то очень далеко отсюда. Назовем это эффектом борделя.

Толпа или узкий круг. Собравшиеся вместе люди поднимают психологическую температуру, как в оранжерее. Праздники, фестивали, карнавалы немыслимы без того заразительного чувства, которое возникает только в толпе. Старайтесь иногда бывать со своими объектами в подобных местах, чтобы они утратили естественную бдительность. С другой стороны, любая ситуация, при которой люди подолгу находятся вместе в замкнутом пространстве, весьма предрасполагает к обольщению. На протяжении многих лет рядом с Зигмундом Фрейдом существовал небольшой, тесный кружок учеников, посещавших его лекции, — и просто поразительно, сколь многочисленны были любовные романы между ними. Либо увлеките свои объекты в шумную карнавальную толпу, либо введите их в замкнутый мирок избранных.

Позаботься о мистических эффектах. Спиритические или мистические эффекты отвлекают людей от мыслей о реальности, вызывают приподнятый настрой и даже эйфорию. От физического наслаждения подобное состояние отделяет один-единственный небольшой шаг. Используйте любые подручные средства — книги по астрологии, изображения ангелов, экзотично звучащую музыку далекой цивилизации. В салонах Франца Месмера, знаменитого шарлатана восемнадцатого столетия, звучали арфы, воздух был напоен ароматами экзотических духов, а откуда-то издалека (точнее, из дальней комнаты) раздавалось нежное пение высокого женского голоса. Стены были сплошь закрыты зеркалами и цветным стеклом. Одураченные жертвы расслаблялись, чувствовали воодушевление, а в комнате, где их подвергали целительному воздействию магнетических сил, они явственно ощущали некое спиритическое щекотание, вибрации, будто передававшиеся от тела к телу. Любая расплывчатая и неясная мистика помогает заблокировать сигналы реального мира, что еще более облегчает переход от духовного к сексуальному.

Искази ощущение времени у объектов — темп и новизна. Время праздника обладает особыми свойствами — оно словно движется быстрее, в неистовом темпе, это обостряет ощущения и позволяет людям чувствовать себя более живыми, реальными, чем в обычной жизни. Обольщение должно заставлять сердце биться чаще, так что его объект теряет чувство времени. Увлеките его в водоворот, в самый эпицентр бурного движения, в удивительное путешествие, попутно отвлекая его внимание все новыми яркими впечатлениями. Молодость может и пройти, но обольщение, в каком бы возрасте оно ни настигло участников, дает человеку ощущение новизны. А новизна прежде всего означает энергию. Ритм обольщения в определенный момент начинает нарастать, кружа головы. Неудивительно, что Казанова так часто обольщал во время балов, как и то, что вальс был излюбленным инструментом множества повес девятнадцатого века.

Твори яркие мгновения. Повседневная жизнь — это бег по кругу, в ней бесконечно повторяется одно и то же, одно и то же. Праздник, напротив, запоминается нам мгновением, в которое все преображается и в жизнь входит частица вечности и мифа. У обольщения — вашего обольщения — должны иметься подобные пики, моменты, когда происходит что-то необычное и возникает ощущение, будто время течет по-другому. Позаботьтесь о том, чтобы непременно создавать для своих объектов такие мгновения: либо сопровождайте обольщение посещениями театра, карнавалов и других праздничных действ, либо собственноручно творите их в жизни. Это необходимо, ведь театральные эффекты возбуждают сильные чувства. Эти минуты должны нести чистое удовольствие и отдых — не позволяйте никаким мыслям о работе или морали испортить впечатление. Мадам де Помпадур, фаворитка короля Людовика XV, постоянно вновь и вновь обольщала своего любовника, который легко впадал в хандру и скуку; она была неистощима на выдумки, затевала балы, празднества, изобретала игры, создала в Версале небольшой театр. Объекты обольщения ценят подобные вещи, с благодарностью замечая, как вы стараетесь развлечь и порадовать их.

Время и место обольщения — примеры

1. Примерно в 1710 году в Осаке, в Японии, жил молодой человек, сын виноторговца. День и ночь он трудился, помогая отцу, сгибаясь под бременем жизни в семье и нескончаемых обязанностей. Юноша все чаще грезил наяву, уносясь в мечтах из отчего дома. Как и все молодые люди его возраста, он слыхал о кварталах наслаждений в своем городе — то были уголки, где нарушались обычно строгие городские законы сёгуната. Там можно было найти «укийо», или «мир плакучей ивы», — зыбкий мир греховных удовольствий, место, где царили актеры и куртизанки. Вот об этом-то и грезил молодой человек. Однажды ему удалось выкроить свободный вечерок и незамеченным ускользнуть из дому. Не мешкая он направился прямиком в кварталы наслаждений.

Здания — это были рестораны, чайные домики, закрытые заведения для узкого круга клиентов — отличала великолепная отделка, повсюду царила роскошь. Стоило юноше оказаться в заветном квартале, он понял, что очутился в другом мире. Мимо него пробегали актеры, разодетые в разноцветные кимоно. Они держались и разговаривали не как в жизни, а так, словно находятся на сцене. На улицах кипела жизнь, все сновали, торопились. Ближе к ночи зажглись яркие фонари, а перед входом в театр кабуки выставили красочные афиши. И женщины здесь были совсем не такие. Они свободно, без стеснения смотрели на него, держались с раскованностью мужчин. Юноша загляделся на одного из «оннагата» — актеров, исполнявших в театре женские роли. Ему подумалось, что этот мужчина превосходит своей красотой и изяществом большинство известных ему женщин; окружающие обращались к актеру с благоговейным почтением, как к особе королевской крови.

Увидев молодых людей, входящих в чайный домик, юноша последовал за ними. Здесь их встречали гейши самого высокого класса, «таю». Через несколько минут после того, как молодой человек занял свое место, он услышал шум и увидел, что несколько «таю» спускаются по лестнице в сопровождении музыкантов и шутов. Брови у женщин были сбриты и густо подрисованы черной краской. Волосы уложены в замысловатые прически, а кимоно — никогда в жизни ему не приходилось видеть таких прекрасных кимоно. Казалось, женщины не идут, а плывут над полом. В зависимости от того, к чьему столику они подходили и о чем собирались повести разговор, даже их семенящая походка менялась. На юношу они не обращали никакого внимания; да он нипочем и не решился бы подозвать одну из них к столику, однако заметил, что кое-кто из людей постарше находит способ изъясняться с девушками, добродушно подтрунивая и подсмеиваясь над ними. Вино полилось рекой, зазвучала музыка, и наконец несколько гейш — рангом пониже — подошли и к нему. К тому времени у юноши развязался язык. Эти куртизанки оказались куда более приветливыми, и молодой человек совсем потерял счет времени. Домой ему удалось попасть только под утро, а назавтра он с ужасом понял, сколько денег истратил за одну ночь. Беда, если узнает отец...

И все же через пару месяцев он снова туда отправился. Подобно сотням других сыновей Японии, истории которых многократно описаны в литературе того времени, он встал на шаткий путь разбазаривания отцовского состояния в зыбком «ивовом мире».

Обольщение — это другой мир, в который вы вводите свои жертвы. Подобно «укийо», оно разительно отличается от того мира, где мы живем день за днем. Когда жертва находится рядом с вами, этот реальный, внешний мир — с его обязанностями, моралью, кодексами чести — исчезает. Все позволено, в особенности то, что в обычных условиях подавляется и находится под запретом. Разговоры более легкомысленны и рискованны. Одежда и вся обстановка носят налет театральности. Здесь разрешено вести себя по-иному, быть кем-то другим, не испытывая раскаяния и не судя других. Это своеобразный психологический «ивовый мир», который вы создаете для них, к которому они привыкают и уже не могут без него обходиться. Когда вы расстаетесь и они вновь возвращаются к своим повседневным делам, то с удвоенной силой понимают, чего лишаются. В тот момент, когда они погрузятся в созданную вами атмосферу, обольщение можно считать свершившимся. Как и в «ивовом мире», все стоит денег. Щедрость и роскошь неотделимы от обольщения.

2. Это началось в 1960-е; люди попадали в студию Энди Уорхола в Нью-Йорке, проникались ее духом и оставались там навсегда. Уорхол переехал сюда, на Манхэттен, в 1963 году; тогда же один из художников, составлявших его окружение, покрыл часть стен и колонн нового помещения фольгой, а кирпичную стену и кое-что из обстановки густо забрызгал серебряной краской. В центре помещался красный клетчатый диван; впечатление довершали несколько пластмассовых конфет по полтора метра высотой, вертушка, поблескивающая множеством зеркалец, и парящие в воздухе серебристые подушки, наполненные гелием. L-образное помещение студии нарекли Фабрикой, и оно зажило своей жизнью. Приходило все больше людей — так почему бы не держать дверь открытой, решил Уорхол, и он так и поступил. В течение дня, пока Энди работал над живописными полотнами или фильмами, подтягивался народ — артисты, критики, торговцы наркотиками, художники, театральная богема. Лифт продолжал громыхать всю ночь, поскольку публика чувствовала себя здесь как дома. Здесь мог в одиночестве бродить Монтгомери Клифт, потягивая спиртное; тут же блестящая светская дама весело болтала с наркодельцом и смотрителем музея. Народ без конца сновал туда-сюда, люди уходили, приходили новые, все молодые, ультрамодные и шикарные. Это напоминает мне детскую развлекательную передачу по телевизору, сказал как-то Энди Уорхол своему другу, в которой в студию попадают все новые персонажи и каждый говорит или делает что-нибудь забавное. И действительно, все это напоминало именно такое шоу — не происходило ничего серьезного, только болтовня, флирт, кокетничанье и бесконечное позирование друг перед другом, как будто снимается эпизод в кино. Хранительница музейной коллекции могла вдруг захихикать, как подросток, а светские дамы выражались, как уличные проститутки.

К полуночи набивалось столько народу, что было трудно двигаться. Появлялись музыканты, начиналась светомузыка, и все поворачивалось в новом направлении, набирая обороты. В какой-то момент, ближе к утру, толпа начинала рассасываться, а назавтра все повторялось снова. Мало кто, попав на Фабрику однажды, не отправлялся туда снова и снова.

Необходимость изо дня в день делать одно и то же, играть одни и те же опостылевшие роли угнетает нас. Людям катастрофически не хватает обстоятельств, в которых они могли бы поменять маски, повести себя по-иному, стать на время кем-то другим. Ведь именно поэтому мы так любим актеров: они обладают такой свободой и подвижностью по отношению к их собственному эго, о которых мы можем только мечтать. Любое окружение, предлагающее нам шанс сыграть другую роль, стать актерами, невероятно обольстительно. Вы и сами можете создать такую обстановку — как Энди Уорхол создал Фабрику. А можно пригласить свой объект в какое-то знакомое вам место, подходящее для этой цели. В таких местах просто невозможно оставаться настороженным; приподнятая атмосфера праздника, чувство, что все позволено (кроме скуки и серьезности), рассеивают любое сопротивление. Посещение таких мест становится настоящим наркотиком. Чтобы воссоздать подобное настроение, вспомните метафору Уорхола — сравнение с телевизионным шоу. Все должно быть светлым, веселым — шум, яркие краски, путаница и чуть-чуть хаоса. Никакого долга, ответственности, никакого осуждения. Место, в котором можно потеряться.

Приложение B
МЯГКОЕ ОБОЛЬЩЕНИЕ: КАК НАВЯЗАТЬ ЛЮДЯМ ВСЕ ЧТО УГОДНО

Чем меньше вы похожи на человека, желающего что-то продать — включая самого себя, — тем лучше. Слишком нарочитое, откровенное навязывание способно вызвать подозрения, к тому же аудитория может заскучать — непростительный грех с вашей стороны. Постарайтесь, напротив, приблизиться ненавязчиво, обольстительно и вкрадчиво. *Ненавязчиво*: избегайте прямолинейности. Предлагайте средствам массовой информации новости и рассказы о событиях, раскручивайте свое имя так, чтобы этот процесс казался естественным, ненатужным, чтобы за ним не угадывался расчет. *Обольстительно*: поддерживайте дух развлекательности. Ваше имя и имидж неотрывны от позитивных, приятных ассоциаций; вы продаете удовольствие и обещания. *Вкрадчиво*: цельте в подсознание, прибегая к таким образам, которые задерживаются, застревают в памяти, и незаметно размещая среди них, «подклеивая», то, что вы хотите донести до сознания людей. Противиться такому мягкому, ненавязчивому обольщению трудно, устоять против него почти немыслимо.

Ненавязчивая реклама

Обольщение — крайнее выражение власти. Те, кто ему поддается, уступает, делают это не по принуждению, а охотно и с радостью. Редко они испытывают желание отомстить; вам прощают любые манипуляции за доставленное удовольствие, этот редкий в нашем мире товар. К чему же останавливаться, обладая таким могуществом, стоит ли ограничиваться завоеванием одного человека — мужчины или женщины? Под ваше обаяние могут подпасть толпа, электорат, целая нация, для этого нужно лишь применить ту же тактику, которая так успешно срабатывает для одного человека. Единственное отличие — цель (здесь это не секс, а влияние, голоса, внимание) да еще степень накала. Когда речь идет о плотских утехах, вы намеренно вызываете тревогу, причиняете пусть небольшую, но боль, вносите сумятицу. Обольщение на массовом уровне не в пример мягче, оно не так откровенно и более расплывчато. Постоянно способствуя приятному возбуждению масс, вы добьетесь того, что они проглотят все, что вы предлагаете. На вас обратят внимание, потому что смотреть на вас приятно, потому что это доставляет удовольствие.

Давайте сформулируем цель так: навязать себя — как личность, законодателя моды, кандидата на пост. Существуют два способа добиться этого: жесткий (прямое предложение) и мягкий (подход издалека). В случае с жесткой продажей вы излагаете свои доводы прямо, решительно и без обиняков, доказываете, почему ваши таланты, ваши идеи, ваши политические воззрения лучше, чем таланты, идеи и воззрения других людей. Вы расхваливаете свои достижения, приводите статистические данные, апеллируете к мнению экспертов; можно даже слегка припугнуть аудиторию — это допускается в крайнем случае, если ваши призывы игнорируют. Такой подход несколько агрессивен и чреват нежелательными последствиями: некоторых он неизбежно заденет и обидит. Следовательно, ваши идеи встретят их сопротивление, даже если все, что вы говорите, — чистая правда. У других возникнет ощущение, что вы ими манипулируете — кто в наши дни доверяет экспертам и данным статистики, да и ради чего вы так стараетесь? Если же то, что вы говорите, неприятно слышать, это будет действовать на нервы окружающим. В мире, где невозможно добиться успеха, не вовлекая в это массовую аудиторию, на прямоте и искренности вы далеко не уедете.

Мягкий подход, с другой стороны, обладает мощным потенциалом, способным увлечь за собой миллионы — он развлекает и отвлекает, приятен для слуха, сулит только хорошее, с ним можно выходить вновь и вновь, бесконечно, не вызывая ничьего раздражения. Методика ненавязчивой рекламы разработана еще в семнадцатом веке великими шарлатанами Европы. Чтобы продать свои эликсиры и алхимические снадобья, они сначала устраивали в городе веселые представления — шуты и канатоходцы, музыка — словом, балаган, — не имевшие ни малейшего отношения к тому, чем они собирались торговать. На звуки музыки и крики зазывал собиралась толпа, народ шумел, хохотал, а когда веселье достигало апогея, шарлатан поднимался на помост и в краткой, но по-театральному яркой речи характеризовал удивительные свойства эликсира. Шарлатаны обнаружили, что применение этого метода позволяет им резко повысить интерес публики к сомнительным снадобьям и вместо двух-трех сбывать десятки и даже сотни бутылей.

С тех пор на протяжении веков общественные деятели, политические стратеги, специалисты по рекламе и другие перенимали этот метод, поднимали его на новые высоты; суть метода, однако, оставалась и остается неизменной. Сначала постарайтесь доставить публике удовольствие, создав позитивную атмосферу вокруг своего имени или связанной с ним идеи. Вызовите приятное ощущение теплоты и расслабленности. Ни в коем случае не выдавайте своих истинных намерений, не показывайте, что продаете что-то, — это вызовет у окружающих подозрения, что ими манипулируют. Уступите место зрелищам и веселью, пусть на авансцену выйдут добрые чувства, а в это время реклама тихонько скользнет в боковую дверь. И даже тогда скрывайте всеми правдами и неправдами, что продаете себя, или какую-то определенную идею, или кандидата; вы продаете образ жизни, хорошее настроение, вкус к приключению, романтике или бродяжничеству, в крайнем случае, бунт в симпатичной подарочной упаковке.

Вот несколько ключевых компонентов такой мягкой, ненавязчивой рекламы.

Предстань в виде новости, а не рекламы. Важность первого впечатления трудно переоценить. Если аудитория впервые увидит вас в контексте рекламного или пропагандистского блока материалов, вы в их глазах моментально сольетесь с массой прочей рекламы, взывающей к вниманию. А кому же в наше время не понятно, что реклама — не что иное, как обман, искусная манипуляция. Поэтому для первого появления на публике сфабрикуйте событие, какую-нибудь ситуацию, привлекающую внимание, которую средства массовой информации «непреднамеренно» преподнесут как новость дня. Люди обращают больше внимания на то, что им предлагается в новостных программах — в них все выглядит более правдоподобным. Вы вдруг выделяетесь из общего фона, пусть на мгновение, но это мгновение достовернее и убедительнее, чем часы рекламы. Самое важное — правильно срежиссировать детали, создать сюжет драматичный, динамичный, с напряжением и развязкой. Средства массовой информации могут затем пережевывать эту новость, это событие не один день. Во что бы то ни стало скрывайте свое истинное намерение — разрекламировать себя, привлечь внимание.

Делай упор на глубинные эмоции. Ни в коем случае не пытайтесь довести до людского сознания свою идею с помощью прямолинейных, рациональных доводов. От вашей аудитории потребуется усилие, чтобы вникнуть в них, а их внимания это не привлечет. Цельте в сердце, а не в голову. Рассчитывайте слова и образы так, чтобы они взывали к основным инстинктам, пробуждая вожделение, патриотизм, апеллируя к семейным ценностям. Вам будет намного проще привлечь и удержать внимание людей, если добьетесь, чтобы они задумались о своей семье, детях, о своем будущем. Они взволнованы, растроганы. Теперь вы прочно завладели их вниманием и пространством для того, чтобы внушить им ту мысль, какую хотите. Пройдет несколько дней, и публика вспомнит ваше имя, а запомнившееся имя — это половина дела. Можно также окружить себя безотказными и мощными эмоциональными магнитами — военными героями, детьми, святыми, милыми зверюшками и так далее. Пусть любое ваше появление вызывает в памяти эти приятные ассоциации, они добавят убедительности образу. Но не позволяйте, чтобы кто-то другой подбирал или создавал эти ассоциации для вас, и ни в коем случае не полагайтесь в этом на случайность.

Преврати способ подачи сообщения в сообщение. Уделяйте больше внимания форме и способу подачи своего сообщения, это куда важнее его содержания. Образы обольстительнее слов, и потому способ представления — успокаивающие цвета, правильно подобранный фон, завораживающие ритм и движение — и должен стать, по сути дела, вашим истинным сообщением. То, как все будет представлено зрителям, гораздо важнее того, о чем пойдет речь. Аудитория может сфокусироваться на содержании или моральной стороне ваших высказываний лишь поверхностно, а вот зрительный ряд буквально впитывается, проникает под кожу, сохраняясь в памяти прочнее и дольше, чем любые слова или назидательные речи. Зрительный ряд должен оказывать гипнотическое воздействие. Благодаря этому вы сможете вызывать у людей чувство радости или грусти, в зависимости от того, что вам требуется. И чем больше поглощены они ярким зрелищем, тем труднее сохранить ясность мысли, осмыслить и разгадать ваши манипуляции.

Говори на языке объекта — будь проще. Любой ценой старайтесь не показать своего превосходства по отношению к публике. Малейший намек на снобизм, применение сложных или ученых слов, слишком частое апеллирование к данным статистики — все это ведет к фатальному исходу. Вместо этого всячески демонстрируйте, что во всем равны своей аудитории, что вы с ними накоротке. Вы понимаете их, как никто другой, разделяете их мысли, говорите с ними на одном языке. Если народ с определенным цинизмом воспринимает манипуляции политиканов и рекламщиков, используйте это циничное отношение для своих целей. Придайте собственному психо-

772

логическому портрету черты «своего парня», одного из них, со всеми изъянами, без прикрас. Покажите, что разделяете этот скептицизм толпы, разоблачая для них трюки и уловки своего ремесла. Старайтесь, чтобы ваша популярность была по мере возможности негромкой, не бросалась в глаза, чтобы на вашем фоне соперники показались аудитории снобами, бесконечно далекими от народа. Ваша честность и искренность, ваше пренебрежение ловкими стратегическими ходами вызовут к вам доверие масс. Вы — друг народа, такой же, как они, свой. Влезьте им в душу, и они доверятся и станут слушать вас.

Начни цепную реакцию — так поступают все. Человек, который интересен и нужен другим, неизбежно покажется более заманчивым и своему объекту. Примените этот принцип для мягкого обольщения. Вам следует вести себя так, будто вы уже стали предметом обожания народных масс; такое поведение одновременно станет для вас и пророчеством, которому суждено сбыться, и инструментом, позволяющим этому осуществиться. Дайте понять, что находитесь на переднем крае, в авангарде моды или передового образа жизни, и публика со всех ног понесется вдогонку, боясь не угнаться за вами и остаться в хвосте. Насаждайте свой образ, распространяя повсеместно логотипы, слоганы, постеры, — пусть кажется, что вы вездесущи. Объявите свою идею новой модой, и вскоре у нее сыщется множество последователей. Задача — добиться возникновения своего рода вирусной инфекции, когда все больше и больше людей заражались бы друг от друга стремлением заполучить поскорее все, что бы вы ни предложили. Это наиболее эффективный и весьма несложный способ продажи.

Расскажи людям, кто они. Неблагоразумно вступать в какие-либо споры и дискуссии как с отдельными лицами, так и с обществом в целом. Вы встретите сопротивление. Вместо того чтобы безуспешно стараться уговорить окружающих думать по-другому, попытайтесь изменить их личность, повлиять на их восприятие действительности. В отдаленной перспективе это даст вам гораздо более ощутимую власть. Расскажите им, что они собой представляют, создайте образ, личность, которую им захочется примерить на себя и принять. Постарайтесь, чтобы люди ощутили неудовлетворенность своим нынешним статусом. Добившись этого, вы высвободите пространство для того, чтобы предложить им новый образ жизни, новую идею, новую личность. Только слушая вас, они смогут понять, кем они были и кем могут стать. В то же время вы можете изменить их восприятие окружающего мира, контролируя и определяя то, что они видят вокруг себя. Максимально используйте все доступные вам средства для создания возможно более полной картины окружающей действительности — воздействуйте для этого на все их органы восприятия. Ваш образ должен выглядеть не как реклама или пропаганда, а как естественный компонент среды.

НЕСКОЛЬКО ПРИМЕРОВ МЯГКОГО ОБОЛЬЩЕНИЯ

1. Эндрю Джексон был истинным героем Америки. В 1814 году в битве при Новом Орлеане он возглавил небольшой и плохо подготовленный отряд американцев против превосходящих по силе английских войск и одержал победу. Он завоевал индейцев во Флориде. В армии Джексона любили за его грубоватый аскетизм и грубоватую простоту, почти неотесанность: когда нечего было есть, он мог пи-

таться даже желудями, спал на жесткой походной кровати, пил простой сидр, точно так же, как рядовые, его солдаты. Позднее, когда он проиграл президентские выборы в 1824 году — а может, и выиграл, ведь здесь как будто не обошлось без жульничества (на самом деле он набрал больше голосов избирателей, но перевес был таким незначительным, что к выборам подключили Нижнюю палату конгресса, которая, после долгих дебатов, выбрала Джона Квинси Адамса), — он возвратился к себе на ферму в Теннесси. Он и там жил просто, на земле, читал Библию и старался держаться подальше от коррумпированного Вашингтона. Что ж, этого следовало ожидать, Адамс учился в Гарварде, играл на бильярде, пил содовую и питал пристрастие к европейской роскоши, в то время как Джексон, подобно многим американцам — его современникам, рос в бревенчатой хижине. Человек необразованный, простой, от сохи.

Во всяком случае, именно об этом писали американские газеты в течение нескольких месяцев после противоречивых выборов 1824 года.

Подстегнутый этими статьями, народ в тавернах и салунах по всей стране заговорил о том, как нечестно обошлись с военным героем генералом Джексоном, как коварная аристократическая элита плетет заговоры, чтобы захватить власть в стране. Поэтому, когда Джексон выступил с заявлением о своем намерении снова выставить свою кандидатуру на предстоящих выборах 1828 года — но на сей раз в качестве лидера новой политической силы, Демократической партии, — народ воодушевился. Джексон был первым крупным политическим деятелем в стране, получившим прозвище, Старый Гикори[1], и вскоре по всей стране, в крупных

---

[1] Гикори — род североамериканского орешника.

городах и маленьких городках, стали открываться Гикори-клубы. Собрания членов клубов напоминали спиритические бдения. На них обсуждались наболевшие, насущные вопросы (налоги, отмена рабства), и члены клубов не сомневались, что Эндрю Джексон на их стороне. Конечно, трудно было сказать это наверняка — его высказывания всегда были немного расплывчатыми, — но вопрос о выборах был шире, нежели просто высказывания по отдельным вопросам: то был вопрос восстановления демократии и возвращения основополагающих американских ценностей в Белый дом.

Гикори-клубы взялись за организацию различных мероприятий — пикники, посадка деревьев гикори, танцы вокруг вытесанного из орешника столба. Проводились многолюдные праздники, отличительной чертой которых было изрядное количество спиртного. Часто такие празднества проводились по вечерам, так что местным жителям издалека были видны торжественные факельные шествия сторонников Джексона. Во время шествий несли также портреты Джексона, карикатуры на Адамса, насмешливые лозунги, высмеивавшие декадентские замашки нынешнего президента. И повсюду был гикори — орешниковые шесты и столбы, метлы, посохи, листья гикори на шляпах. В толпу врезались всадники на конях, подзадоривая народ кричать «Ура!» в честь Джексона или петь песни о Старом Гикори.

Демократы, впервые во время выборов, проводили опросы общественного мнения, выясняя, что рядовые люди думают о кандидатах. Результаты этих опросов публиковались в газетах и красноречиво свидетельствовали о том, что популярность Джексона выше. Да, новое движение захлестнуло страну. Все это подошло к логическому завершению, когда Джексон лично появился в Новом Орлеане на праздновании годовщины той славной победы, что была одержана под его командованием четырнадцать лет назад. Это было беспрецедентным шагом: до той поры ни один кандидат на президентский пост не появлялся перед избирателями лично, это считалось неприличным. Но Джексон был политиком нового типа, настоящим человеком из народа. Кроме того, он настаивал на том, что это было сделано из патриотических соображений, а не ради политики. Представление получилось незабываемым — Джексон торжественно вступил в Новый Орлеан на палубе парохода, когда рассеялся туман. Пушки, палящие с обоих берегов, прочувственные речи, бесконечные празднования — какая-то массовая лихорадка обуяла город. Очевидец рассказывал: «Это было как сон. Никогда еще мир не был свидетелем столь славного, столь великолепного чествования, никогда благодарность и патриотизм не сливались так полно».

На этот раз воля народа претворилась в жизнь. Джексон был избран президентом. И победу ему принес не один какой-то регион: Новую Англию, юг и запад, коммерсантов, фермеров, рабочих — всех охватила лихорадка Джексона.

Толкование

После провала на выборах 1824 года Джексон и его сторонники были преисполнены решимости добиться реванша в 1828 году. Америка становилась все более разноликой, прибывали, развивались прослойки иммигрантов, поселенцев запада, городских трудящихся и так далее. Чтобы выиграть борьбу за мандат, Джексону предстояло преодолеть новые региональные и классовые различия. Одним из первых и наиболее важных шагов, предпринятых его сторонниками, было наладить контакт с газетами по всей стране. В то время как сам Джексон, казалось, полностью отошел от публичной жизни, газеты создавали ему имидж пострадавшего героя, человека из народа, принесенного в жертву. В действительности Джексон отнюдь не был так беден, как большинство его заступников. Он владел одной из самых крупных плантаций в Теннесси, на которой трудились многочисленные невольники. Пил он чаще дорогие изысканные напитки, чем простой сидр, а спал на удобной мягкой постели, застеленной простынями европейского производства. К тому же хотя он был, возможно, и впрямь малообразован, зато невероятно хитер, практичен и проницателен — и эти качества отточились за долгие годы военной жизни, в боях и сражениях.

Имидж человека от сохи скрывал, маскировал все эти подробности, контрастировал с аристократическим имиджем Адамса и успешно соперничал с ним. Таким образом стратеги Джексона восполняли недостаток опыта политической борьбы, добившись того, чтобы выборы обратились к вопросам личности, характера и нравственных ценностей. Оставляя в тени политические проблемы, они обращались к обсуждению тривиальных, бытовых вопросов, таких, как посещение церкви или, скажем, привычка выпивать. Чтобы энтузиазм не падал, они ставили спектакли, которые казались стихийно возникающими чествованиями, а на деле были тщательно срежиссированы и организованы. Поддержке Джексона придали обличье движения, о чем свидетельствовали опросы общественного мнения (которые и способствовали дальнейшему нарастанию процесса). Акция в Новом Орлеане — не считать ее политической можно было бы только с большой натяжкой, а

Луизиана была штатом колеблющимся — окончательно украсила Джексона патриотическим, почти религиозным ореолом.

Общество разделено и продолжает делиться на все более мелкие единицы. Связь между группами людей ослабевает; даже отдельные индивидуумы все чаще чувствуют внутренний конфликт, разлад с самими собой. Чтобы в таких условиях победить на выборах или навязать что-то людям в массовом масштабе, необходимо сгладить эти разногласия и различия — вы должны объединить массы. Единственный способ добиться этого — создать всеохватный образ, который бы привлекал и будоражил внимание людей, воздействуя на фундаментальном, почти бессознательном уровне. Вы не говорите с ними о реальности или об истине — вы предлагаете участвовать в рождении мифа.

Мифы стимулируют поиски идентификации. Создайте миф о себе самом, и простые люди станут искать в вас черты сходства с собой, отождествляя себя с вашим характером, бедами, чаяниями, в то время как вы точно так же отождествляете себя с ними. Этот имидж непременно должен включать ваши недостатки, не скрывать, а подчеркивать те обстоятельства, что вы — не самый лучший оратор, не самый высокообразованный человек, не самый ловкий и пронырливый политик. Кажитесь человечным, приземленным, это поможет скрыть то обстоятельство, что образ выдуман от начала до конца. Если вы хотите, чтобы окружающие приняли ваш имидж, от вас потребуется определенная уклончивость. Это не означает, что вы должны избегать конкретных и подробных разговоров — в таком случае вы рискуете показаться неосновательным, — просто любые разговоры следует смягчать, помещая их в конкретные рамки вашего характера, ценностей, представлений. Скажем, вы стоите за снижение налогов потому, что это поможет семьям, а вы человек, приверженный семье. Вы должны не только вдохновлять, но и быть занятным — несколько популистский, но дружественный, приязненный оттенок. Такая линия поведения вызовет бешенство ваших противников, они постараются вас разоблачить, вывести на чистую воду, разглядеть правду, скрытую мифом. Это, однако, лишь пойдет вам на пользу, они же будут выглядеть в общественном мнении как напыщенные, высокомерные снобы в тисках многочисленных комплексов. Отныне это станет частью их имиджа, что и поможет вам их утопить.

2. В пасхальное воскресенье 31 марта 1929 года нью-йоркские верующие выходили из церкви на Пятой авеню после утренней службы. Они готовились принять участие в традиционном пасхальном шествии. Улицы были перекрыты, люди были одеты в лучшие свои наряды, в особенности женщины, которые демонстрировали образчики последней весенней моды. Это было привычно, такая традиция складывалась годами. Но в тот год участники шествия заметили кое-что необычное. По ступенькам церкви Святого Фомы спускались две молодые женщины. Сойдя с лестницы, они достали из сумочек пачки сигарет «Лаки страйк» и закурили. Теперь они шли вниз по улице, посмеиваясь и весело попыхивая сигаретами. По толпе прошел шумок. Женщины лишь совсем недавно начали открыто курить сигареты, а уж закурить на улице считалось совершенно неприлично для леди. Такое поведение допускалось только для женщин определенного сорта. Эти две дамы, однако, были элегантны, одеты со вкусом и по моде. Собравшиеся смотрели на них во все глаза и

были удивлены еще сильнее, когда дамы приблизились к другой церкви, расположенной неподалеку. Из нее вышли еще две молодые женщины — элегантные, ухоженные и благовоспитанные. Они приблизились к тем, что курили сигареты, а затем, словно руководствуясь внезапным побуждением, вытащили из своих сумочек «Лаки страйк» и попросили у них огня. Теперь все четыре дамы вместе неторопливо продвигались по авеню. К ним постепенно присоединялись новые и новые, и вот уже десять молодых женщин прилюдно курили сигареты с таким видом, как будто не может быть ничего более естественного. Появились фотографы, желающие запечатлеть диковинку. Обыкновенно во время пасхального шествия люди шепотом обсуждали новый фасон шляпок или новый цвет, модный этой весной. В тот год все разговоры крутились вокруг дерзких женщин и их сигарет. На другой день все газеты пестрели сообщениями о происшествии и фотографиями, изображавшими курильщиц.

Историю подхватили газеты по всей стране, и это привело к тому, что в скором времени и в других городах дамы начали закуривать на улицах. Горячая дискуссия продолжалась несколько недель: одни газеты осуждали новую моду, другие вставали на защиту женщин. Прошло, однако, каких-нибудь несколько месяцев, и курение женщин в общественных местах мало-помалу сделалось социально приемлемой нормой поведения. Отныне мало кому приходило в голову выражать по этому поводу свое негодование.

Толкование

В январе 1929 года многие нью-йоркские актрисы-дебютантки получили одинаковые телеграммы от мисс Берты Хант: «В интересах установления равенства полов... Я и другие женщины воспламеним факел свободы, закурив сигареты на Пятой авеню в пасхальное воскресенье». Те из девушек, кому захотелось принять участие в акции, предварительно собрались в офисе, где Берта служила секретарем. Было решено, кто из какой церкви выйдет, как и в какое время они будут встречаться друг с другом — обсудили все до мельчайших деталей. Хант раздала пачки «Лаки страйк». Все было продумано и разработано тщательнейшим образом.

Девушки, однако, и знать не знали о том, что замысел всего этого принадлежал мужчине — начальнику мисс Хант, Эдварду Бернейсу, советнику по связям с общественностью в «Америкэн Тобакко Компани», которая занималась производством сигарет «Лаки страйк». «Америкэн Тобакко» втягивала женщин в курение всеми возможными способами, прибегая к разнообразным хитроумным приемам, и все же потребление было сильно ограничено тем обстоятельством, что курение на улицах считалось неженственным и неприличным. Глава «Америкэн Тобакко» обратился за помощью к Бернейсу, и тот очень помог, применив методику, которая впоследствии стала его фирменным знаком: привлечь общественное внимание, организовывая событие, которое средства массовой информации представляют как новость дня. Продумать и срежиссировать каждую мелочь, но постараться при этом, чтобы все происходящее выглядело естественным, незапланированным. Благодаря тому, что о происшествии узнают многие, оно вызывает вспышку подражательного поведения — в данном случае все больше становилось курящих на улице женщин.

Бернейс, племянник Зигмунда Фрейда и, возможно, величайший гений двадцатого столетия в области пиара, понял фундаментальный закон рекламирования любого товара. Если ваши объекты поймут, что вы от них чего-то добиваетесь — голосов, денег, — они неизбежно станут противиться вашим намерениям. Но замаскируйте это свое стремление впихнуть им товар, придайте ему вид новости дня, и вы не просто сломите сопротивление, но, может, еще и создадите новую моду, которая проделает за вас всю работу. Для достижения успеха необходимо, чтобы сюжет, который вы инсценируете, выделялся среди других событий, освещаемых прессой, однако не выступал из общего ряда слишком далеко, не казался слишком мудреным или одиозным. В случае с пасхальным шествием Бернейс (с помощью Берты Хант) отобрал женщин, которые выглядели элегантно и невызывающе даже с сигаретой в руках. Эти милые дамы нарушали социальное табу, да еще собравшись группой, но при этом выглядели они настолько привлекательно и ярко, что средства массовой информации просто не могли пройти мимо этого. Сюжет, привлекший внимание и отобранный для программ новостей, несет печать неподдельности.

Крайне важно позаботиться о том, чтобы сфабрикованному сюжету сопутствовал положительный ассоциативный ряд. Бернейс добился этого, создав легкий намек на мятеж — красивые женщины объединились ради борьбы за свою свободу. Ассоциации… они могут быть, скажем, патриотическими, возвышенно-духовными или с легким налетом сексуальности — словом, ассоциации приятные и обольстительные заживут своей жизнью. Кто сможет этому воспротивиться? Людей невольно потянет присоединиться к толпе, они даже не заметят, что стали жертвой внушения. Чувство активного участия необыкновенно важно для обольщения. А кому же хочется остаться в одиночестве за бортом нового, растущего движения.

3. Во время президентской кампании 1984 года Рональд Рейган, выставивший кандидатуру на вторичное избрание, любил повторять на своих выступлениях: «В Америке снова утро». Его президентство, утверждал он, вернуло Америке и американцам чувство собственного достоинства. Олимпийские игры в Лос-Анджелесе, проведенные незадолго до того, символизировали для страны возвращение силы и уверенности. Кто бы захотел, если бы такое стало возможным, повернуть стрелки часов вспять, к 1980 году, во времена бесславного президентства предшественника Рейгана, Джимми Картера?

Соперник Рейгана, кандидат от Демократической партии, Уолтер Мондейл, посчитал, что американцы уже устали от сладкозвучных речей Рейгана, что они готовы к честному разговору. На это он и сделал ставку. В своем выступлении по телевидению, которое транслировалось на всю страну, Мондейл заявил: «Давайте говорить начистоту. Мистер Рейган будет повышать налоги, и я буду. Только он не станет говорить вам об этом, а я только что сказал». Он повторял это откровенное заявление много раз в самых разных выступлениях. К октябрю его рейтинг по результатам опросов общественного мнения упал и постоянно держался на самом низком уровне.

Беспокойство тележурналистки с Си-би-эс Лесли Стейл, освещавшей кампанию, росло по мере того, как приближался день выборов. То, что Рейган в своих речах не приводил конкретных фактов, а апеллировал только к чувствам и настроению избирателей, ее не очень настораживало. Хуже было, что средства массовой информации предоставляли ему неограниченное время в эфире и место на газетных полосах; чувствовалось, что Рейган со своей командой вертит прессой, как хочет. Его всегда фотографировали в удачных ракурсах, на портретах он выглядел сильным, настоящим президентом. Ему посвящались остроумные, броские заголовки на первых полосах, а в программах новостей для материалов о Рейгане не жалели пленки — словом, это было грандиозное шоу.

Стейл решила подготовить материал, посвященный тому, как Рейган использует телевидение, скрывая негативные аспекты своей деятельности. Материал начинался с подборки кадров, собираемых его группой все последние годы: вот Рейган отдыхает у себя на ранчо, в джинсах, как рядовой фермер; вот он во Франции на праздновании годовщины высадки англоамериканских войск в Нормандии; вот играет в футбол со своими охранниками; вот он сидит на уроке в городской школе... После того как на экране прошли все эти кадры, Стейл задала вопрос: «Умеет ли Рейган использовать телевидение?» Да, и делает это мастерски. Его критикуют, называя президентом для богатых, но кадры хроники это опровергают. В свои семьдесят три года мистер Рейган, возможно, страдает от каких-то возрастных проблем. Но кадры хроники это опровергают. Американцы хотят снова гордиться своей страной и своим президентом. И кадры хроники подтверждают, что они могут им гордиться. Белый дом полностью взял на себя подготовку материалов и освещение событий в прессе и на телевидении. С какой целью? Продемонстрировать нам главное богатство президента, каковым, по утверждению его помощников, является его личность. Они предоставляют отобранные кадры, на которых он выглядит лидером. Уверенным, со знаменитой походкой ковбоя с рекламы «Мальборо». После новой череды кадров, на которых Рейган пожимал руки сидящим в колясках спортсменам и разрезал ленточку на открытии нового дома для престарелых, Стейл продолжала: «Вторая их цель — скрыть отрицательные моменты. Мистер Рейган пытался затушевать реакцию на свои непопулярные меры с помощью тщательно отобранного ряда сюжетов, по сути дела, не отражающего политику президента, а, напротив, противоречащего ей. Взгляните на альтернативные Олимпийские игры для спортсменов-инвалидов или на открытие дома престарелых. Здесь и намека нет на то, что президент не так давно делал попытки сократить ассигнования на инвалидов и убрать из бюджета статью об обеспечении жильем стариков». И так далее, кадр за кадром, фильм показывал, какая пропасть лежит между благостными картинками на экране и истинной деятельностью Рейгана. «Президент Рейган, — говорила в заключение Стейл, — обвиняется в том, что, проводя кампанию, он выдвигает на первое место изображение, утаивая при этом суть происходящего. Но мы не уверены, что обвинение его остановит, потому что, когда люди видят президента на экране, они приободряются и ощущают прилив оптимизма в отношении своей страны, себя самих, а также в отношении президента».

Допустят ли Лесли Стейл и в дальнейшем к освещению событий в Белом доме, зависело целиком от решения людей Рейгана, и, поскольку ее материал был резко негативным, она приготовилась к худшим для себя последствиям. И вот вечером у нее раздался звонок. Звонил чиновник из Белого дома весьма высокого ранга. «Отличный материал», — сказал он. «Что?» — Лесли не верила своим ушам. «*Отличный материал*», — повторил он. «А текст — текст вы слушали?» — спросила журналистка. «Лесли, когда вы в течение четырех с половиной минут показываете лучшие кадры с Рональдом Рейганом, никто не станет слушать, что там при этом говорится. Разве вам не понятно, что изображение переигрывает ваши слова, оно их бьет? Публика видит картинки, и они блокируют то, что вы пытаетесь донести словами. Они просто не слышат, что вы там говорите. Так что мы считаем, что это были добавочные — и притом бесплатные — четыре с половиной минуты в пользу Рейгана».

Толкование

Большинство сотрудников, отвечавших за работу со средствами массовой информации в команде Рейгана, прошли хорошую подготовку в области маркетинга. Они понимали, как нужно правильно излагать свой материал: уверенно, решительно и с хорошо подобранным изобразительным рядом. Каждое утро они начинали с обсуждения того, какое событие сделать темой дня и как отобразить его в кратком и очень выразительном сюжете, показав президента в наиболее выигрышном свете. Они уделяли внимание каждой детали — стенам за спиной президента в Овальном кабинете, тому, в каком ракурсе камера показывает его, когда он встречается с другими политическими лидерами, и тому, чтобы лишний раз показать его в движении, дать продемонстрировать уверенную, энергичную походку. Изображение способно донести вашу мысль куда лучше, чем любые слова. Как сказал один из чиновников Рейгана: «Чему вы скорее поверите, фактам или собственным глазам?»

Раскрепостите себя, освободитесь от потребности общаться в привычной прямолинейной манере, и перед вами откроются огромные возможности для мягкой продажи. Пусть слова, произносимые вами, будут ненавязчивыми, обтекаемыми и в то же время соблазнительными. Самое пристальное внимание уделите своему стилю, внешности, тому, что о вас рассказывают видимые детали. Предстаньте в движении, если хотите передать ощущение динамичности и прогресса. Надежность свою доказывайте не с помощью фактов и цифр, а посредством ярких красок и уверенности в облике, обращаясь к тому ребенку, который прячется в каждом из нас. Если только вы пустите взаимодействие со средствами массовой информации на самотек, предоставите журналистам свободу действий — ваш успех целиком будет зависеть от них, а свое дело можете считать проигранным. Поэтому не выпускайте инициативу из рук — прессе нужны яркие, драматичные события. Предоставьте их. Вы можете обсуждать какие угодно проблемы — любая тема пройдет на ура, лишь бы материал был подан в занимательной и зрелищной форме. Помните: зрительные образы надолго задерживаются в памяти и остаются там даже тогда, когда слова выветриваются. Не читайте публике морали — назидательный тон никому не нравится. Научитесь передавать свои идеи с помощью ярких образов, вызывающих положительные эмоции и ощущение радости.

4. В 1919 году агент по рекламе Гарри Рейхенбах получил задание от киностудии провести рекламную кампанию перед выпуском в свет фильма «Дева Стамбула». Картина представляла собой самую обычную халтуру — мелодраму с экзотическим местом действия. Раскрутку такой продукции традиционно принято было начинать с ярких красочных плакатов и анонсов. Но идти проторенным путем было не в обычае Гарри. Он начинал свою карьеру в качестве ярмарочного зазывалы, и знал, что единственный способ заманить публику в свой балаган — переплюнуть других зазывал. И вот Гарри откопал в трущобах Манхэттена восемь оборванцев турок и облачил их в костюмы (широченные шаровары цвета морской волны и тюрбаны с золотым шитьем), выданные на киностудии. За несколько репетиций он обучил их тому, что нужно делать, прошел с ними каждый жест и каждую позу, а затем поселил в дорогой отель. В скором времени в газетах появились сообщения (этому немного поспособствовал Гарри) о том, что турецкая делегация прибыла в Нью-Йорк с секретной дипломатической миссией.

Репортеры осаждали гостиницу. Поскольку было очевидно, что их пребывание в Нью-Йорке уже ни для кого не секрет, глава делегации, «шейх Али Бен Мохаммед», пригласил журналистов к себе в номер. Красочные наряды турок, церемонные приветствия и необычные ритуалы произвели на тех огромное впечатление. Шейх объяснил собравшимся, с какой целью они прибыли в Нью-Йорк. Прекрасная молодая женщина по имени Сари, больше известная как Дева Стамбула, была обручена с братом шейха. На беду в нее влюбился проезжий американский солдат, он умыкнул красавицу и увез к себе на родину, в Америку. Ее мать умерла от горя. Шейху удалось узнать, что девушка находится в Нью-Йорке, и он поспешил сюда в надежде вернуть ее брату.

Репортеров заворожил цветистый язык шейха. Романтичная история, которую он поведал, несколько дней занимала первые полосы газет. Шейха фотографировали в Центральном парке и принимали в лучших домах нью-йоркского общества. Наконец Сари была найдена, и пресса взахлеб рассказывала о встрече шейха и рыдающей девушки (актриса с экзотической восточной внешностью). Вскоре после того на экраны Нью-Йорка вышла *Дева Стамбула*. Ее сюжет во многом напоминал историю, поведанную журналистами. Что это — совпадение? Или фильм был оперативно создан по мотивам реальной истории? Никто не знал ответа, но возбужденная публика и не собиралась доискиваться до правды, а между тем фильм «*Дева Стамбула*» побил все рекорды кассовых сборов.

Примерно через год после этих событий Гарри получил новый заказ — на раскрутку фильма «Запретная женщина». Лента была из рук вон плоха, Гарри редко приходилось видеть картины слабее. Кинотеатры не проявляли никакого интереса к ее демонстрации. Гарри принялся за работу. В течение восемнадцати дней во всех центральных газетах Нью-Йорка появлялось объявление: «СМОТРИТЕ НА НЕБО ВЕЧЕРОМ 21 ФЕВРАЛЯ! ЕСЛИ ОНО БУДЕТ ЗЕЛЕНЫМ — ИДИТЕ В „КАПИТОЛИЙ“, ЕСЛИ КРАСНЫМ — В „РИВОЛИ“, РОЗОВЫМ — В „СТРЭНД“, А ЕСЛИ НЕБО БУДЕТ СИНИМ — БЕГИТЕ В „РИАЛЬТО“, ИБО 21 ФЕВРАЛЯ САМО НЕБО ПРЕДСКАЖЕТ ВАМ, ГДЕ В ЭТОТ ВЕЧЕР МОЖНО БУДЕТ УВИДЕТЬ САМОЕ ЗАХВАТЫВАЮЩЕЕ ЗРЕЛИЩЕ В ГОРОДЕ!» («Капитолий», «Риволи», «Стрэнд» и «Риальто» были названиями четырех крупнейших нью-йоркских кинотеатров, на которых фильмы шли первым экраном.) Объявление попалось на глаза практически всему населению города. Все желали знать, что за чудесное зрелище оно обещает. Владелец «Капитолия» спросил Гарри, не знает ли он, в чем тут дело, и Гарри открыл ему секрет: это реклама не приобретенного еще никем фильма. Владелец кинотеатра попросил показать ему «Запретную женщину»; в течение всего просмотра Гарри объяснял свою идею относительно того, что грамотно проведенная рекламная кампания способна отвлечь зрителя от тупости происходящего на экране. Владелец кинотеатра согласился на прокат ленты в течение недели. И вот вечером 21 февраля — как раз в это время разыгралась буря со снегопадом, — когда все глаза устремились на небо, яркие лучи прожекторов, направленные с самых высоких небоскребов, осветили тучи сверкающим зеленым светом. Толпы народа устремились к «Капитолию». В тот вечер зал не смог вместить всех желающих. Те, кто не смог попасть на сеанс, приходили на следующие дни. Как-то само собой получилось, что фильм, несколько дней подряд собиравший полные залы, не показался зрителям таким уж скверным.

Спустя еще год Гарри попросили организовать рекламную кампанию для гангстерского фильма под названием «Вне закона». Вдоль автострад по всей стране он расставил щиты, на которых громадными буквами было написано: «ЕСЛИ ТЫ ТАНЦУЕШЬ ПО ВОСКРЕСЕНЬЯМ — ТЫ ВНЕ ЗАКОНА». На других щитах вместо «танцуешь» стояло «играешь в гольф» или «играешь на бильярде» и так далее. В верхнем углу щитов был изображен значок полицейского с буквами «ПД». Публика делала вывод, что буквы означают «полицейский департамент» (на самом деле то были инициалы Присциллы Дин, актрисы, игравшей в фильме главную роль) и что полиция, при поддержке какой-то религиозной организации, ведет подготовительную работу по принятию закона, запрещающего «греховные» развлечения по воскресеньям. Разгорелись дебаты в прессе. Владельцы театров, дансингов и гольф-клубов развернули целую кампанию протеста против нового пуританского закона; они начали устанавливать вдоль дороги другие щиты, надписи на которых провозглашали, что развлечения по воскресеньям никого не ставят «ВНЕ ЗАКОНА» и что американцы имеют право на отдых и веселье. В течение нескольких недель слова «Вне закона» можно было видеть повсюду, они не сходили у людей с языка. В разгар всей этой неразберихи на экраны вышел фильм — в воскресный день, одновременно в четырех нью-йоркских кинотеатрах (прежде такого еще не бывало). Фильм прошел по всей стране, он не сходил с экранов несколько месяцев — разумеется, его показывали и по воскресеньям. Он стал одним из главных событий года.

Толкование

Гарри Рейхенбах, возможно самый лучший специалист по рекламе в истории кино, всегда помнил уроки своей юности, когда был балаганным зазывалой. Ярмарка — это ослепительный свет, разноцветные огоньки, яркие краски, шум, и здесь всегда толпится народ. Такая обстановка оказывает на людей сильнейшее воздействие, их манит сюда как магнитом. Человек, которому удалось не потерять голову, может быть, и скажет, что все это великолепие — фальшивка, что дикие звери на самом деле приручены, а смертельные трюки безопасны. Но люди так хотят верить в чудо — это одна из сильнейших потребностей. В этой пестрой круговерти, возбужденные неразберихой и шумом, они до времени прячут в карман свой скептицизм и воображают, что чудеса и опасности здесь самые настоящие. Их приводит в восторг то, что кажется одновременно реальным и неправдоподобным. Рекламные трюки Гарри, собственно говоря, воспроизводили эту ярмарочную обстановку. Он приманивал зрителей мишурным блеском экзотических нарядов, фантастической истории, удивительного зрелища. Он старался любой ценой заинтриговать публику, предлагая самые невероятные тайны, загадки, конфликты. Охваченные своего рода лихорадкой, как если бы они оказались на праздничной ярмарке, зрители без раздумий отправлялись в его балаган — на те фильмы, которые он рекламировал.

В наши дни грань, отделяющая реальность от выдумки, новости от фантазии, стерта, размыта еще сильнее, чем во времена Гарри Рейхенбаха. Какие неограниченные возможности дает это для незаметного обольщения! Средства массовой информации сбиваются с ног в поисках таких новостей, которые произвели бы на публику впечатление чего-то яркого, жареного. Дайте им то, чего они хотят. Публика питает слабость к тому, что кажется правдоподобным и вместе с тем чуть-чуть фантастичным — к реальным событиям с налетом кинематографичности. Сыграйте на этой слабости. Выдумывайте и режиссируйте события, как делал это Эдвард Бернейс, события, которые пресса подаст в качестве новостей. Но в данном случае вы не ставите себе задачи породить новую социальную моду, у вас иная, не такая монументальная цель: привлечь к себе внимание людей, заманить их в свои тенета. Придайте своим рекламным трюкам правдоподобие и реалистичность, но при этом краски будут чуть более яркими, чем в настоящей жизни, персонажи чуть более выпуклыми, коллизии чуть более драматичными. Не забудьте добавить немного секса и опасности. Вы создаете гибрид реальной жизни с выдумкой — квинтэссенцию любого обольщения.

Недостаточно, однако, просто привлечь внимание людей, необходимо удерживать его продолжительное время. Добиться этого вы легко сможете, создав конфликт — примерно так же, как сделал это Рейхенбах, спровоцировав общественность на жаркие дебаты о морали. Пока пресса рассуждает о том, не расшатываете ли вы устои, ваше имя склоняется повсюду. Тем самым она создает вам наилучшую рекламу и, сама того не желая, возносит вас на высоту, так что публика взирает на вас с интересом и обожанием.

Библиография

Baudrillard Jean. *Seduction*. Trans. Brian Singer, New York: St. Martin's Press, 1990.

Bourdon David. *Warhol*. New York: Harry N. Abrams, Inc., 1989.

Capellanus Andreas. *Andreas Capellanus on Love*. Trans. P. G. Walsh. London: Gerald Duckworth & Co. Ltd., 1982.

Casanova Jacques. *The Memoirs of Jacques Casanova, in eight volumes*. Trans. Arthur Machen. Edinburgh: Limited Editions Club, 1940.

Chalon Jean. *Portrait of a Seductress: The World of Natalie Barney*. Trans. Carol Barko. New York: Crown Publishers, Inc., 1979.

Cole Hubert. *First Gentleman of the Bedchamber: The Life of Louis-Franзois Armand, Marechal Due de Richelieu*. New York: Viking, 1965.

de Troyes Chretien. *Arthurian Romances*. Trans. William W. Kibler. London: Penguin Books, 1991.

Feher Michel, ed. *The Libertine Reader: Eroticism and Enlightenment in Eighteenth-Century France*. New York: Zone Books, 1997.

Flynn Errol. *My Wicked, Wicked Ways*. New York: G. P. Putnam's Sons, 1959.

Freud Sigmund. *Psychological Writings and Letters*. Ed. Sander L. Gilman. New York: The Continuum Publishing Company, 1995.

Sexuality and the Psychology of Love. Ed. Philip Rieff. New York: Touchstone, 1963.

Fьlцp-Miller Rene. *Rasputin: The Holy Devil.* New York: Viking, 1962.

George Don. *Sweet Man: The Real Duke Ellington.* New York: G. P. Putnam's Sons, 1981.

Gleichen-Russwurm Alexander von. *Tlie World's Lure: Fair Women, Their Loves, Their Power, Their Fates.* Trans. Hannah Waller. New York: Alfred A. Knopf, 1927.

Hahn Emily. *Lorenzo: D. H. Lawrence and the Women Who Loved Him.* Philadelphia: J. B. Lippincott Company, 1975.

Hellmann John. *The Kennedy Obsession: The American Myth of JFK.* New York: Columbia University Press, 1997.

Kaus Gina. *Catherine: The Portrait of an Empress.* Trans. June Head. New York: Viking, 1935.

Kierkegaard Soren. *The Seducer's Diary,* in *Either/Or, Part 1.* Trans. Howard V. Hong & Edna H. Hong. Princeton, NJ: Princeton University Press, 1987.

Lao Meri. *Sirens: Symbols of Seduction.* Trans. John Oliphant of Rossie. Rochester, VT: Park Street Press, 1998.

Lindholm Charles. *Charisma.* Cambridge, MA: Basil Blackwell, Ltd., 1990.

Ludwig Emil. *Napoleon.* Trans. Eden & Cedar Paul. Garden City, NY: Garden City Publishing Co., 1926.

Mandel Oscar, ed. *The Theatre of Don Juan: A Collection of Plays and Views, 1630—1963.* Lincoln, NE: University of Nebraska Press, 1963.

Maurois Andre. *Byron.* Trans. Hamish Miles. New York: D. Appleton & Company 1930.

Disraeli: A Picture of the Victorian Age. Trans. Hamish Miles. New York: D. Appleton & Company 1928.

Monroe Marilyn. *My Story.* New York: Stein and Day, 1974.

Morin Edgar. *The Stars.* Trans. Richard Howard. New York: Evergreen Profile Book,1960.

Ortiz Alicia Dujovne. *Eva Peryn.* Trans. Shawn Fields. New York: St. Martin's Press, 1996.

Ovid. *The Erotic Poems.* Trans. Peter Green. London: Penguin Books, 1982.

Metamorphoses. Trans. Mary M. Innes. Baltimore, MD: Penguin Books, 1955.

Peters H. F. *My Sister, My Spouse: A Biography of Lou Andreas-Salome.* New York: W. W. Norton, 1962.

Plato. *The Symposium.* Trans. Walter Hamilton. London: Penguin Books, 1951.

Reik Theodor. *Of Love and Lust: On the Psychoanalysis of Romantic and Sexual Emotions.* New York: Farrar, Strauss and Cudahy, 1957.

Rose Phyllis. *Jazz Cleopatra: Josephine Baker and Her Time. New York: Vintage Books, 1991.*

Sackville-West Vita. Saint Joan of Arc. London: Michael Joseph Ltd., 1936.

Shikibu Murasaki. The Tale of Genji. Trans. Edward G. Seidensticker. New York: Alfred A. Knopf, 1979.

Shu-Chiung. Yang Kuei-Fei: The Most Famous Beauty of China. Shanghai, China: Commercial Press, Ltd., 1923.

Smith Sally Bedell. Reflected Glary: The Life of Pamela Churchill Harriman. New York: Touchstone, 1996.

Stendhal. Love. Trans. Gilbert and Suzanne Sale. London: Penguin Books, 1957.

Terrill Ross. Madame Mao: The White-Boned Demon. New York: Touchstone, 1984.

Trouncer Margaret. Madame Recamier. London: Macdonald & Co., 1949.

*Wadler Joyce. Liaison. New York: Bantam Books,
1993.*

*Weber Max. Essays in Sociology. Ed. Hans Gerth & C.
Wright Mills. New York: Oxford University Press, 1946.*

*Wertheimer Oskar von. Cleopatra: A Royal Voluptuary.
Trans. Huntley Patterson. Philadelphia: J. B. Lippincott
Company, 1931.*

Научно-популярное издание
Стратегии успеха

Грин Роберт
24 закона обольщения

Генеральный директор издательства *С. М. Макаренков*

Главный редактор *О. Вавилов*
Младшие редакторы: *А. Юсупова, А. Бирюкова*
Выпускающий редактор *Л. Данкова*
В оформлении обложки использованы материалы
по лицензии © *shutterstock.com*
Художественное оформление: *Е.Васильева*
Компьютерная верстка: *Т. Мосолова*
Корректор *Л. Мухина*

Знак информационной продукции согласно
Федеральному закону от 29.12.2010 г. № 436-ФЗ

9 785519 651677